Wissenstest
Staats- und Gesellschaftswissenschaften für die Polizei

**400 Fragen – 400 Antworten
für Ausbildung, Prüfung und Praxis
im Polizeivollzugsdienst des Bundes und der Länder**

von

Professor Dr. Martin H. W. Möllers

und

Professor Dr. Hans-Thomas Spohrer

Fachhochschule des Bundes
für öffentliche Verwaltung
– Fachbereich Bundespolizei –
Lübeck

Bibliografische Information der Deutschen Nationalbibliothek:

Die Deutsche Nationalbibliothek verzeichnet diese Publikation in der Deutschen Nationalbibliografie; detaillierte bibliografische Daten sind im Internet über http://www.dnb.ddb.de abrufbar.

3., überarbeitete und erweiterte Auflage 2011
© **Lübecker Medien Verlag**
Dr. Hatto Neubacher Nachf.
Inh. Gerda Göring
Bahnhofstr. 51
D-23689 Pansdorf
luebecker-medien-verlag@web.de
www.luebecker-medien-verlag.de

Pansdorf 2011

Druck und Bindung:
Advantage-Printpool GmbH
Cecinastr. 37
D-82205 Gilching

ISBN 978-3-941138-05-6

Inhaltsverzeichnis

Vorwort zur 3. Auflage

Ebenso wie der „Wissenstest – Polizeiliches Einsatzrecht" von Anke Borsdorff und Martin Kastner ist der Wissenstest Gesellschaftswissenschaften für die Polizei ein inzwischen etabliertes Lernbuch zur Ergänzung der schon vorhandenen Ausbildungsliteratur geworden. Die Leserinnen und Leser sollen in die Lage versetzt werden, in Gestalt eines einfachen und direkten Frage-Antwort-Dialogs ihre gesellschaftswissenschaftlichen Kenntnisse in den für die Polizei wichtigen Themengebieten zu überprüfen. Auch wenn die hier gestellten Fragen gerade die Praktiker im Einsatz interessieren müssten, richtet sich das Werk in erster Linie an Polizistinnen und Polizisten, die sich in der Aus- oder Fortbildung befinden, wobei nicht nur die Lernenden, sondern auch die Menschen, die für die verschiedenen Prüfungen in den Aus- und Fortbildungslehrgängen sowie in den weitgehend modularisierten Studiengängen der Polizeiführungskräfte zuständig sind. Besonders geeignet erscheint es aus unserer Sicht zur Vorbereitung von schriftlichen und mündlichen Prüfungen sowie Leistungstests jeder Art.

Keinesfalls soll dieser Wissenstest die herkömmlichen Lehrbücher ersetzen. Angesichts der Fächervielfalt in den Gesellschaftswissenschaften haben wir uns bemüht, den Schwerpunkt auf die Bereiche zu legen, die für die tägliche Polizeiarbeit besonders gebraucht werden. Vollständigkeit war daher von uns weder erstrebt noch erscheint sie überhaupt möglich. Es handelt sich vielmehr um die Themenbereiche der staats- und gesellschaftswissenschaftlichen Fächer, wie sie insbesondere an den Hochschulen der Polizei gelehrt werden, auch wenn sie in unterschiedlichen Zusammensetzungen, teilweise auch unter dem Namen „Sozialwissenschaften" und gelegentlich auch in anderen Studienbereichen (z. B. in Rechtswissenschaft) integriert sind. Wir legen hier also keine systematische Gesamtdarstellung der behandelten wissenschaftlichen Materien vor. Dafür wurde jedoch weiterführende Literatur zur jeweiligen Thematik angegeben.

Klare Schwerpunkte liegen auf den besonders umfänglichen und praxisrelevanten Gebieten Staats- und Verfassungsrecht (hier insbesondere Grundrechte) sowie Psychologie, was sich in einer entsprechend hohen Zahl an diesbezüglichen Fragen ausdrückt. Die weiteren Fragen betreffen die Fächer Politikwissenschaft, Völkerrecht, Politisches System der

Europäischen Union, Didaktik und Technik wissenschaftlichen Arbeitens. Diese Fächer sind aus polizeilicher Sicht ebenfalls relevant und daher regelmäßig Bestandteil der Prüfungsordnungen, soweit sie curricular vorgesehen sind. Einige Bundesländer bilden zum Beispiel nicht im Fach Didaktik aus, obwohl ein didaktischer Lehrprozess Gegenstand jeder Einweisung der Mitarbeiterinnen und Mitarbeiter ist und damit Alltag für Führungskräfte.

Hilfreiche Hinweise, Anregungen und Verbesserungsvorschläge nehmen die Autoren gerne entgegen.

Lübeck, im Oktober 2010

Martin H. W. Möllers   Hans-Thomas Spohrer

1. Abschnitt: Staats- und Verfassungsrecht

Unterabschnitt:
Menschenwürde / Menschenrechte / Grundrechte

1. Welche Konzeption liegt den Menschenrechten zu Grunde und welche Rolle spielt darin die Menschenwürde?

Der Begriff der Menschenwürde und der Begriff der Menschenrechte haben europäisch-geistesgeschichtlich betrachtet eine antike, eine christlich-religiöse und eine daran wiederum anknüpfende Wurzel im Zeitalter der Aufklärung. Eingeführt wurde er in Deutschland durch die *Naturrechtslehre* von Samuel von Pufendorf (1632-1694) Ende des 17. Jahrhunderts (vgl. ▢ von Pufendorf). Als einer der berühmtesten Vertreter des Naturrechts hat von Pufendorf wie kein anderer auf die Entwicklung des Staats- und Völkerrechts Einfluss genommen. Seine Naturrechtsordnung wirkte sich auf die geistigen Strömungen seiner Zeit in Europa aus. Übersetzungen ins Englische, Französische und Russische waren die Folge und zeigen die epochale Bedeutung von Pufendorfs Werk an. Vor allem im Ausland wurde er rezipiert, so von John Locke und auch Jean Jacques Rousseau. Außerdem hatte die Lehre von Pufendorfs auch für die Menschenrechtserklärung in den USA erhebliche Bedeutung. Nach seiner Naturrechtslehre ergibt sich die – gleiche – Würde aller Menschen aufgrund ihrer Kreatürlichkeit nach dem Ebenbild Gottes bzw. aufgrund ihrer Vernunft als natürlicher Eigenschaft und der daraus resultierenden sittlichen Autonomie des Individuums. Dieses Menschenbild einer mit dem Menschsein untrennbar verbundenen Würde, die aller staatlichen Gewalt vorausgeht und diese zugleich begrenzt, liegt in zentraler Weise der deutschen Verfassung zu Grunde. Art. 1 Abs. 1 GG verankert in Verbindung mit Art. 79 Abs. 3 GG die Menschenwürde als unabänderlichen Verfassungsgrundsatz. Sie ist höchster Rechtswert, der alle Regelungsbereiche durchdringt. Denn der Zweck allen Rechts kann schließlich nur in der Garantie einer menschenwürdigen Existenz liegen. Verfassungsgeschichtlich betrachtet ist die herausgehobene Stellung der Menschenwürde in der Systematik des Grundgesetzes Ausdruck der an der Naturrechtslehre orientierten Wertgebundenheit der Verfassung. Diese steht in bewusster Abkehr von der sog.

„Wertneutralität" der Weimarer Reichsverfassung und ist zugleich wesentliche Folge der völligen Missachtung der Menschenwürde während des Nationalsozialismus. Daher ist die Menschenwürde unantastbar und unverzichtbar. Sie beginnt mit dem menschlichen Leben und reicht über den Tod hinaus, auch wenn sie sich dabei immer mehr „verflüchtigt". Schließlich hat die Menschenwürde als subjektives Recht unmittelbare Drittwirkung und ist als Element objektiver Ordnung richtungsweisende Wertentscheidung (📖 van Ooyen, Menschenwürde, S. 1254 f.). Das Bundesverfassungsgericht hat als Hilfsmittel zur Konkretisierung des unbestimmten Rechtsbegriffs der Menschenwürde die auf den Philosophen Kant zurückgehende „Objektformel" entwickelt (vgl. ✒ BVerfGE 9, 89).

Als Konzeption der Menschenrechte muss daher schon wegen der Schwierigkeiten, die allein mit der Definition der Menschenwürde und ihrer inhaltlichen Reichweite einhergehen, und angesichts der sich ständig gesellschaftlich (z. B. durch den internationalen Terrorismus) und technisch (z. B. durch die Gentechnik) weiter entwickelnden Welt bilanziert werden: Der Begriff der Menschenrechte setzt zwar eine politische Anthropologie („Natur des Menschen") als Fundament voraus. Soll diese aber nicht zur Ideologie degenerieren, dann kann der „Gehalt" der Menschenrechte nur in einem gesellschaftlich offenen Diskurs gewonnen werden (📖 van Ooyen, Menschenrechte, S. 1048 f.).

📖 *Möllers, Martin H. W. / van Ooyen, Robert Chr. (Hg.): Bundesverfassungsgericht und öffentliche Sicherheit, JBÖS - Sonderband 3, Frankfurt/M 2011; van Ooyen, Robert Chr.: Menschenwürde, in: Möllers, Martin H. W. (Hg.), Wörterbuch der Polizei. 2. Aufl., München 2010, S. 1254-1256; van Ooyen, Robert Chr.: Menschenrechte, in: Möllers, Martin H. W. (Hg.), Wörterbuch der Polizei. 2. Aufl., München 2010, S. 1248-1254; von Pufendorf, Samuel: De officio hominis et civis juxta legem naturalem libri duo. Editio quinta emendatior. Holmiae & Hamburgi. Stockholm und Hamburg 1693.*

2. Welche Problematik ergibt sich aus der Naturrechtslehre, die sich vom Rechtspositivismus abgrenzen will?

Die Naturrechtslehre geht von der Annahme vorstaatlicher, überzeitlicher Rechte des Menschen aus. Diese auf die Kreatürlichkeit der Menschen zurückzuführenden Rechte liegen dem Zweck staatlicher Ordnung zu Grunde und begrenzen damit dessen Herrschaftsanspruch. Rechtsphilosophisch steht damit die Naturrechtslehre im Gegensatz zum *Rechtspositivismus*, der Rechte des Individuums verneint, solange diese nicht auf vor allem von den Staaten gesetztes, positives Recht zurückgreifen können. Nach Auffassung des Rechtspositivismus' ist daher jeder Staat, der Gesetze erlässt, ein „Rechtsstaat". Nach rechtspositivistischer Auffassung müsste damit auch die Diktatur konsequenterweise als „Rechtsstaat" bezeichnet werden (so schon 📖 Kelsen, 1925).

Die Naturrechtslehre hat aber das prinzipielle Problem, dass sie den Gehalt der Menschenrechte als unabänderbare, „ewige" Rechte bestimmt. Dabei soll der Gehalt der Menschenrechte immer fehlerfrei erkannt werden. Hier zeigt allein die geschichtliche Erfahrung, dass dem eben nicht so ist. Betrachtet man z. B. die Vereinigten Staaten als Mitbegründer der neuzeitlichen Menschenrechtstradition, so muss man zur Kenntnis nehmen, dass nicht nur über lange Zeit Menschenrechtsverletzungen, wie die Verbrechen und Diskriminierungen gegenüber der indianischen und schwarzen Bevölkerung, überhaupt nicht als solche begriffen wurden, sondern dass in den USA auch heute noch mit „Guantánamo" und Todesstrafe andere Menschenrechtsauffassungen gelten als in Deutschland und den anderen Staaten der Europäischen Union (vgl. 📖 Schäfer, S. 79 ff.). Auch wenn die Menschenrechte nach der Naturrechtslehre allen Menschen zustehen und sie zum Rechtsträger erklären, so zeigt der Streit um die Frage, ob es zum Beispiel ein *Recht* auf Demokratie, gesunde Umwelt, Asyl, Arbeit, Bildung und gesundheitliche Grundversorgung gibt, dass der Umfang der Menschenrechte noch lange nicht geklärt ist. Es erscheint in diesem Zusammenhang auch sehr schwer zu sein, angesichts einer sich ständig gesellschaftlich und technisch wandelnden Welt (internationaler Terrorismus wirkt sich z. B. erheblich auf den Datenschutz aus) Kriterien zu finden, die den „*ewigen*" Gehalt eines Menschenrechts in für den konkreten Fall bestimmen können (📖 van Ooyen, S. 1248 f.).

📖 *Kelsen, Hans: Allgemeine Staatslehre (1925), 2. Neudruck, Wien 1993;* **van Ooyen**, *Robert Chr.: Menschenrechte, in: Möllers, Martin H. W. (Hg.), Wörterbuch der Polizei. 2. Aufl., München 2010, S. 1248-1254;* **Schäfer**, *Bernhard: Sicherheit und Menschenrechte: Menschenrechtsfreies Guantánamo Bay?, in: Möllers / van Ooyen (Hg.), JBÖS 2004/05, Frankfurt/M 2005, S. 79-106.*

3. Welche historischen Wurzeln gibt es allgemein zu den Grundrechten als Abwehrrechte gegen den Staat?

Das neuzeitliche Verständnis der Menschenrechte lässt sich maßgeblich und nachhaltig auf das Staaten bildende Zeitalter der bürgerlichen Revolutionen zurückführen, in dem die staatliche Herrschaft allein durch Vertrag der Bürger mit dem ausschließlichen Zweck des Schutzes ihrer natürlichen Rechte begründet wird (*Vertragstheorie*). In diesem Zusammenhang ist vor allem John Locke zu nennen, dessen „Zwei Abhandlungen über die Regierung" (1690) auch das Prinzip der Volkssouveränität einschließlich Widerstandsrecht aus den Menschenrechten begründet. Dieses kommt in der amerikanischen Unabhängigkeitserklärung dann programmatisch zum Ausdruck: „*Folgende Wahrheiten erachten wir selbstverständlich: dass alle Menschen gleich geschaffen sind; dass sie von ihrem Schöpfer mit gewissen unveräußerlichen Rechten ausgestattet sind; dass dazu Leben, Freiheit und das Streben nach Glück gehören; dass zur Sicherung dieser Rechte Regierungen unter den Menschen eingesetzt werden, die ihre rechtmäßige Macht aus der Zustimmung der Regierten herleiten; dass, wenn immer irgendeine Regierungsform sich als diesen Zielen abträglich erweist, es das Recht des Volkes ist, sie zu ändern oder abzuschaffen und eine neue Regierung einzusetzen*" (1776). Bis heute ist dieses Verständnis eine der wesentlichen Grundlagen des modernen westlichen Rechts- und Verfassungsstaats (📖 van Ooyen, Menschenrechte, S. 1249; vgl. auch 📖 van Ooyen, Politik und Verfassung, S. 117 ff.).

Die Positivierung des neuzeitlichen Menschenrechtsschutzes beginnt schon vor der amerikanischen „*Bill of Rights*" von 1689 in England insbesondere mit der sog. „*Habeas-Corpus-Akte*" von 1679, die vor allem den Schutz vor willkürlicher Verhaftung verfügte und letztlich auch bei uns das Justizgrundrecht der „Rechtsgarantien bei Freiheitsentziehung" des Art. 104 GG mit bedingte. Während der amerikanischen Staatsgründung sind es dann die „*Virginia Bill of Rights*" (1776), die „*Unabhängigkeitserklärung*" (1776) und die 1791 eingefügten „*Zusatzartikel*" („Bill of Rights") der Bundesverfassung. Parallel hierzu markiert die „*Erklärung der Menschen- und Bürgerrechte*" in der *Französischen Revolution* von 1789 den Durchbruch der Menschenrechtsidee in Kontinentaleuropa (📖 van Ooyen, Menschenrechte, S. 1249).

   van Ooyen, *Robert Chr.: Menschenrechte, in: Möllers, Martin H. W. (Hg.), Wörterbuch der Polizei. 2. Aufl., München 2010, S. 1248-1254; van Ooyen, Robert Chr.: Politik und Verfassung. Beiträge zu einer politikwissenschaftlichen Verfassungslehre. Wiesbaden 2006.*

---

4. Welche Entwicklung haben die Grundrechte in Deutschland seit 1848/49 genommen?

In Deutschland werden die Menschen- und Bürgerrechte – trotz namhafter Naturrechtslehrer wie z. B. von Pufendorf und Kant – zu Beginn des 19. Jahrhunderts nur zögerlich und auch nur bruchstückhaft eingeführt. Erste Ansätze geben die *„Stein-Hardenbergsche Reformen"* in den von Frankreich beeinflussten *„Rheinbund-Staaten"* und im *„süddeutschen Frühkonstitutionalismus"*. Der Grundrechtskatalog der ersten gesamtdeutschen *„Paulskirchenverfassung"* von 1849 ist eher staatsbürgerlich ausgerichtet und scheitert schon durch die Revolution von 1848/49, ehe er richtig zum Tragen kommt. Da in der Weimarer Republik die rechtspositivistische Lehre in der – auch heute noch das Staatswesen beherrschenden – Rechtswissenschaft vorherrschte, fand die naturrechtliche Menschenrechtskonzeption keinen Raum. Folglich enthielt die Weimarer Reichsverfassung (WRV) von 1919 „nur" eine Reihe von quasi unverbindlichen „Grundrechten der Deutschen", die sich als bloße „Programmsätze" verstanden und immer einer gesetzlichen Konkretisierung bedurften. Da die Grundrechte nach Art. 48 WRV sogar durch einfache Rechtsverordnung (RVO) aufgehoben werden konnten (vgl. die „Reichstagsbrandverordnung" von 1933), waren sie auch beliebig einschränk- und sogar aufhebbar (van Ooyen, S. 1249).

Letztlich führte aber die völlige Missachtung der Menschenrechte durch den Nationalsozialismus nach 1945 zu einer Renaissance der Naturrechtslehre. Menschenrechte als vorstaatliche individuelle Rechte, die unveräußerlich sind, unmittelbar gelten und über die sich keine der staatlichen Gewalten – auch nicht eine Verfassungsänderung (vgl. ✎ BVerfGE 94, 49) – in rechtmäßiger Weise hinwegsetzen kann, liegen daher der bundesdeutschen Verfassung fundamental zu Grunde (vgl. Art. 1 Abs. 1 und 2 GG). Mit der Verankerung der Menschenwürde in Art. 1 Abs. 1 GG als „ewigem" Verfassungsgrundsatz (festgeschrieben in Art. 79 Abs. 3 GG: „Grundsätze des Art. 1") und oberstem Wert, auf den die ganze Rechtsordnung schließlich ausgerichtet ist, hat das Grundgesetz die Abkehr von der „Wertneutralität" der WRV vollzogen (⌨ van Ooyen, S. 1249).

⌨ *van Ooyen, Robert Chr.: Menschenrechte, in: Möllers, Martin H. W. (Hg.), Wörterbuch der Polizei. 2. Aufl., München 2010, S. 1248-1254.*

---

5. Grundrechte sind überstaatliche Rechte. Was ist darunter zu verstehen?

Grundrechte sind keine Rechte, die der Staat etwa durch Selbstbeschränkung einer allumfassenden Rechtsetzungsbefugnis dem Menschen gewährt und die er jederzeit wieder aufheben kann. Vielmehr sind sie vorstaatliche Naturrechte, da der Staat sie vorgefunden hat und sie deswegen anerkennen muss. Grundrechte sind deshalb überstaatliche Rechte. Das ergibt sich für Deutschland aus Art. 1 Abs. 2 GG, wonach das „Deutsche Volk" sich zu den (vorstaatlichen) „Menschenrechten *bekennt*".

---

6. Grundrechte gehören als Teil der Verfassung zum objektiven Recht, zusätzlich ist ihnen aber die Qualität subjektiver Rechte zugebilligt worden. Was ist darunter zu verstehen?

Den Grundrechten, die als Teil der Verfassung zweifellos zum objektiven Recht gehören, ist zusätzlich die Qualität subjektiver Rechte zugebilligt worden, weil sich Einzelne auf sie berufen können. Das ergibt sich schon aus Art. 93 Abs. 1 Nr. 4a GG, der bestimmt, dass Verfassungsbeschwerden „von jedermann mit der Behauptung erhoben werden können, durch die öffentliche Gewalt in einem seiner Grundrechte ... verletzt zu sein".

---

7. Wie sind Grundrechte als Anspruchsgrundlagen strukturiert?

Subjektive Rechte haben immer eine dreistufige Struktur, indem sie einen Anspruchinhaber (wer?), einen Anspruchsgegner (von wem?) und einen Anspruchsinhalt (was?) haben. Bei Grundrechten ist der Anspruchinhaber der Grundrechtsträger, der aus dem jeweiligen Grund-

recht zu ermitteln ist. Der Anspruchsgegner ist allgemein aus Art. 1 Abs. 3 GG und konkret aus dem Sachverhalt zu ermitteln. Der Anspruchsinhalt wiederum ergibt sich aus dem jeweiligen Grundrecht.
📖 *Ipsen, Jörn: Staatsrecht II: Grundrechte. 12. Aufl., Neuwied 2009.*

---

8. Wo und in welcher Qualität sind Grundrechte im Grundgesetz verankert?

Die Grundrechte stehen im Grundgesetz zu Beginn in Abschnitt „I. Die Grundrechte", sodass sie – zunächst formal bestimmt – in den Art. 1-19 GG zu finden sind. Allerdings gewähren nicht alle Regelungen dieses Abschnitts Grundrechte, sondern beinhalten Vorschriften, die lediglich im Zusammenhang mit Grundrechten stehen, im Einzelnen z. B. Art. 1 Abs. 2 u. 3, 15, 18, 19 Abs. 1-3 GG. Andererseits enthalten auch die Abschnitte II., III. und IX. Normen, die den Grundrechten historisch und strukturell materiell gleichstehen. Dieses sind *grundrechtsgleiche Rechte*, die das Verhältnis des Einzelnen zum Staat in einer für beide Teile verbindlichen Weise regeln und konkret in Art. 93 Abs. 1 Nr. 4a GG zusammengefasst aufgeführt sind: Art. 20 Abs. 4, 33, 38, 101, 103 und 104 GG.
📖 *Pieper, Hans-Gerd: Grundrechte, Alpmann und Schmidt Juristische Lehrgänge, 13. Aufl., Münster 2008; **Pieroth**, Bodo / **Schlink**, Bernhard: Grundrechte. Staatsrecht II, 25. Aufl., Heidelberg 2009; **Schmidt**, Rolf: Grundrechte sowie Grundzüge der Verfassungsbeschwerde. 11. Aufl., Grasberg bei Bremen 2009.*

---

9. Wer ist alles Träger von Grundrechten?

Wer Träger von Grundrechten ist, bestimmt sich nicht nach der allgemeinen Rechtsfähigkeit. Andererseits ist die Fähigkeit, Grundrechtsträger zu sein, grundsätzlich nicht von der Geschäftsfähigkeit abhängig. Auch Minderjährige sind Träger von Grundrechten. Durch verfassungsrechtlich begründete gesetzliche Bestimmungen können ihre Grundrechte aber eingeschränkt sein. Zum Beispiel beschränkt sich die Berufsfreiheit nach Art. 12 GG während der Schulpflicht auf die freie Wahl der Ausbildungsstätte. Nicht jedes Grundrecht schützt ausnahmslos alle Menschen. Vielmehr werden allgemein Menschen- und Bürgerrechte unterschieden. Die *Menschenrechte* gelten grundsätzlich für alle natürlichen Personen, also nicht nur für Deutsche, sondern auch für Ausländer und Staatenlose, die sich in Deutschland aufhalten. Sie sind im Wortlaut des Grundrechtstextes an Redewendungen wie „jeder" (Art. 2 Abs. 1 u. 2, 5 Abs. 1 GG), „jedermann" (Art. 9 Abs. 3, 17 GG), „alle Menschen" (Art. 3 Abs. 1 GG), aber auch „niemand" (Art. 3 Abs. 3, 4 Abs. 3, 12 Abs. 2 GG) oder bei keiner Bezeichnung (Art. 1 Abs. 1, 4 Abs. 1 u. 2, 5 Abs. 3, 6 Abs. 1, 10 Abs. 1, 13 Abs. 1, 14 Abs. 1 GG) zu erkennen. Außerdem wird auch dem ungeborenen Menschen grundrechtlicher Schutz von der Verschmelzung von Ei und Samenzelle an zugesprochen. *Bürgerrechte* sind dagegen immer an der Bezeichnung „Deutsche" zu erkennen (Art. 8 Abs. 1, 9 Abs. 1, 11 Abs. 1, 12 Abs. 1, 16 Abs. 1, 2 GG) und werden deshalb auch als „Deutschenrechte" bezeichnet. Sie gelten nur für Deutsche, also für deutsche Staatsangehörige oder für sog. Statusdeutsche i. S. v. Art. 116 Abs. 1 GG (letzteres gilt nicht bei Art. 16 Abs. 1 GG).

Nach Art. 19 Abs. 3 GG können grundrechtsfähig aber auch inländische juristische Personen sein, soweit die Grundrechte ihrem Wesen nach auf juristische Personen anwendbar sind. Dabei beschränkt sich einerseits nach Auffassung des BVerfG der Begriff „juristische Personen" auf solche des Privatrechts, da der Staat nicht gleichzeitig Berechtigter und Adressat der Grundrechte sein kann (so ✏ BVerfGE 21, 362 [370]), und erweitert sich andererseits auf sonstige Personenvereinigungen, soweit sie ihren Sitz in Deutschland haben. Deshalb unterfallen nicht nur eingetragene Vereine (e. V.), Aktiengesellschaften (AG), Gesellschaften mit beschränkter Haftung (GmbH) und andere juristische Personen i. e. S. dem Art. 19 Abs. 3 GG, sondern auch sonstige Personenvereinigungen wie zum Beispiel Kommandit- und BGB-Gesellschaften, nicht eingetragene Vereine und politische Parteien. Hier ist aber zu beachten, dass Ausländer sich nicht über den Zusammenschluss zu einer privaten Personenvereinigung die Grundrechtsfähigkeit von Bürgerrechten aneignen können (vgl. dazu ✏ BVerfG in NVwZ 2000, S. 1281 f.).

10. Wer sind die Grundrechtsadressaten?

Die Adressaten der Grundrechte ergeben sich aus Art. 1 Abs. 3 GG. Denn danach sind die Legislative, Exekutive und Judikative an die

Grundrechte gebunden, sodass diese nicht mehr zur Disposition des Gesetzgebers oder der Rechtsprechung stehen. Im Einzelnen sind dies die inländischen staatlichen Organe von Bund und Ländern. Für die *gesetzgebende Gewalt* sind dies der Bundestag und die Landtage, einschließlich parlamentarischer Kommissionen und Ausschüsse (⟋ BVerfGE 67, 142). Für die *vollziehende Gewalt* sind es alle Organe von Bund und Ländern einschließlich ihrer Untergliederungen, die nicht zur Gesetzgebung oder Rechtsprechung gehören. Zur *rechtsprechenden Gewalt* sind die Gerichte des Bundes und der Länder sowie die Rechtsprechungsorgane der mittelbaren Staatsorgane zu zählen. Nicht zu den Grundrechtsadressaten gehören dagegen private Rechtssubjekte. Anerkannt ist aber, dass die Grundrechte in das Privatrecht hineinwirken (sog. Drittwirkung von Grundrechten: seit dem „Lüth-Urteil" st. Rspr. des BVerfG; vgl. ⟋ BVerfGE 7, 198 ff.).

---

11. Ist die Konkretisierung des Grundrechtsinhalts so einfach zu bestimmen wie die Frage nach Grundrechtsträgern und Grundrechtsadressaten?

Die Konkretisierung des Grundrechtsinhalts ist nicht einfach zu bestimmen, weil den Grundrechten mehrere Funktionen zukommen und sie unterschiedliche Schutzgüter und Schutzrichtungen haben. Zum einen haben sie die klassische Funktion als Abwehr-, Leistungs- und Mitgestaltungsrechte, andererseits kommen ihnen aber auch objektiv-rechtliche Funktionen sowie Schutzgewähr- und Ordnungsfunktionen zu. Mit ihrem Inhalt bestimmen die Grundrechte das gesamte rechtliche und gesellschaftliche Leben.

📖 *Jellinek*, Georg: System der subjektiven öffentlichen Rechte, 2. Aufl., Tübingen 1919; *Manssen*, Gerrit: Staatsrecht II. Grundrechte, 6. Aufl., München 2009.

---

12. Grundrechtsfunktion: Was bedeutet es, wenn Grundrechte Freiheit vom Staat gewähren?

Wenn Grundrechte Freiheit vom Staat gewähren, sind sie *Abwehrrechte* gegen Maßnahmen des Staates (status libertatis). Sie richten sich gegen staatliche Eingriffe und gewähren dem Einzelnen entweder bestimmte

im jeweiligen Grundrecht vorgesehene Freiheiten, Freiräume und Frei-
heitsrechte oder überlassen ihm Rechtsgüter zur freien Verfügung. Dadurch kann jeder Einzelne verlangen, dass der Staat Beeinträchtigungen
gegen diese Schutzgüter unterlässt. Die meisten Grundrechte haben nach
ihrer historischen Überlieferung (📖 Ipsen, Rdnr. 80) den *status negati-
vus* und geben sich als Abwehrrechte ggü. dem Staat zu erkennen (📖
Jellinek, S. 94). Das wird im Grundrechtstext u. a. einerseits dadurch
zum Ausdruck gebracht, dass diese Grundrechte „unverletzlich" sind
(Art. 2 Abs. 2 Satz 2, Art. 4 Abs. 1, Art. 10 Abs. 1, Art. 13 Abs. 1 GG),
und andererseits dadurch, dass diese Grundrechte ohne bestimmte Anforderungen weder „beschränkt" (Art. 5 Abs. 2, Art. 8 Abs. 2, Art. 10
Abs. 2, Art. 11 Abs. 2, Art. 13 Abs. 7, Art. 14 Abs. 1 Satz 2, Art. 17a
Abs. 1 u. 2 GG) noch in sie „eingegriffen" (Art. 2 Abs. 2 Satz 3, Art. 13
Abs. 7 GG) werden darf. Aber auch auf andere, ohne typische Rede-
wendungen erkennbare Weise (z. B. bei Art. 6 Abs. 3 GG) kann ein
Grundrecht ein Abwehrrecht darstellen (vgl. 📖 Pieroth / Schlink,
Rdnr. 59).

📖 *Ipsen*, Jörn: *Staatsrecht II: Grundrechte. 12. Aufl., Neuwied 2009*; *Jellinek*,
Georg: System der subjektiven öffentlichen Rechte, 2. Aufl., Tübingen 1919;
Pieroth, Bodo / *Schlink*, Bernhard: *Grundrechte. Staatsrecht II, 25. Aufl., Hei-
delberg 2009.*

**13. Grundrechtsfunktion: Was bedeutet es, wenn Grundrechte Frei-
heit nicht ohne den Staat gewähren?**

Wenn Grundrechte Freiheit nicht ohne den Staat gewähren, handelt es
sich um sog. *Leistungsrechte*. Sie berücksichtigen, dass der Einzelne
seine *Freiheit nicht ohne den Staat* (status civitatis: 📖 Jellinek, S. 114)
haben kann und deshalb auf staatliche Vorkehrungen angewiesen ist (📖
Schmidt, Rdnr. 14). Leistungsansprüche können aber nur dann geltend
gemacht werden, wenn dies dem Wortlaut der Grundrechte zu entnehmen ist (📖 Ipsen, Rdnr. 80). Nur wenige Grundrechte geben den *status
positivus* in Form von Leistungsrechten unmittelbar wieder. Dazu gehören im Wesentlichen der Schutz der Mutter in Art. 6 Abs. 4 GG und die
meisten *Verfahrensrechte*, die den wohl bedeutsamsten Schutz im status
positivus gewähren (so schon 📖 Jellinek, S. 124). Verfahrensrechte
sind hier die Justizgrundrechte der Art. 19 Abs. 4, Art. 101 Abs. 1 Satz 2

und Art. 103 Abs. 1 GG. Weitere Leistungsrechte lassen sich aber mittelbar aus anderen Grundrechten (auch aus in erster Linie Abwehrrechten) ableiten, z. B. das Recht auf Sicherung des Existenzminimums u. a. aus Art. 1 Abs. 1 Satz 2 GG und das Recht auf Schutzimpfung aus Art. 2 Abs. 2 Satz 1 GG. Das Petitionsrecht (Art. 17 GG) beinhaltet auch das Leistungsrecht auf Beantwortung gestellter Petitionen (vgl. die Beispiele bei 📖 Schmidt, Rdnr. 14).

📖 *Ipsen, Jörn: Staatsrecht II: Grundrechte. 12. Aufl., Neuwied 2009; Jellinek, Georg: System der subjektiven öffentlichen Rechte, 2. Aufl., Tübingen 1919; Schmidt, Rolf: Grundrechte sowie Grundzüge der Verfassungsbeschwerde. 11. Aufl., Grasberg bei Bremen 2009.*

---

14. Grundrechtsfunktion: Um welche Grundrechte handelt es sich, welche die Freiheit im und für den Staat gewährleisten?

Wenn Grundrechte die Freiheit im und für den Staat gewährleisten, werden sie als sog. *Mitgestaltungsrechte* bezeichnet. Sie gewährleisten dem Einzelnen als *status activus* staatsbürgerliche Rechte im und für den Staat. Zu diesen staatsbürgerlichen gehören vor allem die Rechte, die der Einzelne als Wähler und Gewählter (Art. 38 Abs. 1 Satz 1 GG), als Wehr- oder Ersatzdienstleistender (Art. 4 Abs. 3 i. V. m. Art. 12a Abs. 2 GG) oder als öffentlich Bediensteter (Art. 33 Abs. 1-3 u. 5 GG) wahrnimmt (📖 Pieroth / Schlink, Rdnr. 65-69).

---

15. Grundrechtsfunktion: Was heißt es, dass Grundrechte Maßstab für die Auslegung und Gestaltung des Rechts sind?

Grundrechte sind Maßstab für die Auslegung und Gestaltung des Rechts, weil sie den Handlungs- und Entscheidungsspielraum des Staates begrenzen. Denn Gesetzgebung, Verwaltung und Rechtsprechung können nur eines Rahmens erfolgen, den die Grundrechte gewähren. Daher kommt ihnen auch eine objektiv-rechtliche Grundrechtsfunktion zu. Das, was die Grundrechte subjektiv den Einzelnen an Freiheiten gewährt, wird dem Staat genommen, unabhängig davon, ob im Einzelfalle eine solche Freiheit wahrgenommen wird oder nicht (📖 Schmidt, Rdnr. 21). Es gilt der Grundsatz, dass die Abwehr-, Leistungs- und Mitgestaltungsrechte in den Vorschriften durch die Exekutive und Judikative grundrechtskonform ausgelegt werden müssen und dass die Legislative keine Rechtsnormen erlassen darf, die im Widerspruch zu den Grundrechten stehen.

  📖 *Pieper, Hans-Gerd: Grundrechte, Alpmann und Schmidt Juristische Lehrgänge, 13. Aufl., Münster 2008; **Schmidt**, Rolf: Grundrechte sowie Grundzüge der Verfassungsbeschwerde. 11. Aufl., Grasberg bei Bremen 2009.*

---

16. Grundrechtsfunktion: Was heißt es, dass Grundrechte auch Schutzgewährrechte sind?

Art. 1 Abs. 1 Satz 2 GG verpflichtet alle staatliche Gewalt, die Menschenwürde zu achten und zu schützen. Daraus ergibt sich eindeutig, dass der Staat nicht nur die Menschenwürde unangetastet lassen soll, sondern dass er auch verpflichtet ist, aktiven Schutz zu gewährleisten, dass auch kein Dritter die Menschenwürde verletzt (📖 Ipsen, Rdnr. 91). *Grundrechte sind damit auch Schutzgewährrechte.* Denn menschliches Leben und menschliche Gesundheit werden z. B. durch terroristische Anschläge und andere gewalttätige Aktionen (z. B. C-Fans in Fußballstadien) bedroht. Der hohe Wert des Rechts auf Leben und des Rechts auf körperliche Unversehrtheit (Art. 2 Abs. 2 Satz 1 GG) verpflichtet daher den Staat – vor allem die Polizei – zu schützendem Einschreiten. Die rasante technische Entwicklung mit ihren neuen Produkten und Prozessen schafft auch neue Gefahren, die ebenso außer Kontrolle geraten können wie die Entwicklung selbst. Daher sind z. B. atomare und elektromagnetische Gefahren sowie Schädigungen durch Lärm, chemische Verseuchungen von Erde, Wasser, Wald und Luft, Gefahren durch die Gentechnik und Anderes denkbar. Unabhängig davon, wer diese Entwicklung initiiert und befördert, muss der Staat den technischen Fortschritt kontrollierend und die betroffenen Grundrechte (z. B. Art. 2 Abs. 2 Satz 1, Art. 14 Abs. 1 GG) schützend begleiten. Wenn staatliche Einrichtungen – wie etwa die meisten Hochschulen – nach außen wichtige gesellschaftliche Funktionen erfüllen sollen, diese Einrichtungen im Inneren aber Konflikte und kollidierende Interessen hervorrufen, dann trifft den Staat die Pflicht, sich der beteiligten Grundrechte (hier z. B. Art. 5 Abs. 3, Art. 12 Abs. 1 Satz 1 GG) so anzunehmen, dass sie geschützt und zugleich die Funktionen der Einrichtung gesichert werden. Ähnliches gilt für gesellschaftliche Einrichtungen (z. B. die ungestörte

Religionsausübung oder private Schulen und Hochschulen), deren Bestandsschutz der Staat gewährleisten muss, wenn diese Einrichtungen von den Grundrechten vorausgesetzt und ihr Bestehen von ihnen auch geschützt werden (hier z. B. Art. 4 Abs. 2, Art. 7 Abs. 4 GG). Der Staat ist zu ihrem Schutz vor allem dann verpflichtet, wenn sie aus eigener Kraft im Einzelnen Fall oder auch allgemein nicht mehr bestehen können. Schließlich trifft den Staat eine Schutzpflicht bei privatrechtlichen Konflikten. Dies ist immer dann der Fall, wenn grundrechtlich geschützte Interessen aufeinanderprallen und so ungleich sind, dass die eine Seite mit ihren gegenüber der anderen keine Chance hat (z. B. bei Arbeitnehmern gegenüber Arbeitgebern, Mietern gegenüber Vermietern). In diesen Fällen muss der Staat für das chancenlose Grundrecht eintreten (🕮 Pieroth / Schlink, Rdnr. 88).

🕮 *Ipsen, Jörn: Staatsrecht II: Grundrechte. 12. Aufl., Neuwied 2009;* **Pieroth,** *Bodo /* **Schlink**, *Bernhard: Grundrechte. Staatsrecht II, 25. Aufl., Heidelberg 2009.*

17. Grundrechtsfunktion: Was heißt es, dass Grundrechte auch Teilhaberechte sind?

Wenn Grundrechte auch Schutzgewährrechte sind (s. o. Frage 16.), dann muss berücksichtigt werden, dass diese Interpretation auch auf Lücken stößt: Denn Arbeitslosen nützt die Freiheit der Berufswahl (Art. 12 Abs. 1 GG) nichts; ebenso wenig Obdachlosen, dass die Wohnung grundsätzlich unverletzlich (Art. 13 Abs. 1 GG) ist. Auch auf den Schutz des Eigentums (Art. 14 Abs. 1 GG) kann sich nur berufen, wer vermögenswerte Rechte hat. Daraus ergibt sich im Weiteren, dass *Grundrechte auch Teilhaberechte* sein können und der Staat verpflichtet ist, im Rahmen seiner (wirtschaftlichen) Leistungskraft allen Bürgern die Teilhabe an allen Grundrechten zu ermöglichen.

18. Grundrechtsfunktion: Grundrechte haben eine Ordnungsfunktion. Was bedeutet das?

Die Grundrechte sprechen bestimmte Lebens- und Gesellschaftsbereiche an, bei denen sie konkrete Schutzbereiche gewähren. Dazu gehören z. B. die besonders geschützte Privatsphäre Ehe (Art. 6 Abs. 1 GG), Familie

(Art. 6 Abs. 1 GG) und Wohnung (Art. 13 Abs. 1 GG) sowie Bereiche der Kommunikation (Art. 5, 8, 9, 10 GG) und des religiösen Lebens (Art. 4 Abs. 1 u. 2 i. V. m. Art. 140 GG). Weitere Schutzbereiche sind beim wirtschaftlichen Leben mit Eigentum (Art. 14 Abs. 1 GG) und Beruf (Art. 12 Abs. 1 GG), Verkehr (Art. 11 Abs. 1 GG) und Handel (Art. 2 Abs. 1 GG) verankert. Ebenso schützen die Grundrechte das politische Leben in Parteien (Art. 9 Abs. 1 i. V. m. Art. 21 GG) und Vereinigungen (Art. 9 Abs. 1 GG), auf Demonstrationen (Art. 8 Abs. 1 u. 2 GG) und Versammlungen (Art. 8 Abs. 1 GG), in Rundfunk und freier Presse (Art. 5 Abs. 1 Satz 2 GG) sowie auch das kulturelle Leben in Rundfunk und Presse (Art. 5 Abs. 1 Satz 2 GG) sowie in Kunst und Wissenschaft, Forschung, Lehre (Art. 5 Abs. 3 GG) und Schule (Art. 7 Abs. 1 GG). Daraus lässt sich ableiten, dass die Grundrechte einen Rahmen für die Ordnung des gesellschaftlichen Lebens bilden.

19. Welche Schutzgüter verteidigen Grundrechte?

Die Grundrechte enthalten eine große Anzahl verschiedener Schutzgüter. An erster Stelle stehen die *Lebensgüter*, zu denen die Menschenwürde (Art. 1 Abs. 1 GG), das Leben (Art. 2 Abs. 2 Satz 1, 1. Alt. GG), die körperliche Unversehrtheit (Art. 2 Abs. 2 Satz 1, 2. Alt. GG) und die Freiheit der Person (Art. 2 Abs. 2 Satz 2 GG) gehören. Die Lebensgüter setzen sich in der *Privatsphäre* fort. Dazu zählen der Persönlichkeitsschutz (Art. 2 Abs. 1 GG), die Unverletzlichkeit der Wohnung (Art. 13 GG) und das Brief-, Post- und Fernmeldegeheimnis (Art. 10 GG). Schon teilweise außerhalb der Privatsphäre stehen die *engeren Sozialbeziehungen*. Diese beziehen sich auf Ehe und Familie (Art. 6 GG), die Erziehung der Kinder (Art. 6 GG) und das Schulwesen (Art. 7 GG). Eine Vielzahl von grundrechtlichen Schutzgütern bezieht sich auf menschliche Handlungsmöglichkeiten. Dazu sind zu rechnen die Meinungsäußerung (Art. 5 Abs. 1 Satz 1, 1. Alt. GG), künstlerische und wissenschaftliche Tätigkeiten (Art. 5 Abs. 3 GG), die Versammlung (Art. 8 GG), die Bildung von Vereinigungen und Gesellschaften (Art. 9 GG), der Ortswechsel (Art. 11 GG), die Ausübung eines Berufes (Art. 12 GG), Petitionen (Art. 17 GG) und schließlich für alle nicht konkret benannten Handlungen die allgemeine Handlungsfreiheit (Art. 2 Abs. 1 GG). Schließlich gehören zu den grundrechtlichen Schutzgütern auch Rechte,

nämlich das Eigentum und das Erbrecht (Art. 14 Abs. 1 GG) sowie sonstige vermögenswerte Rechte (Art. 14 Abs. 1 GG). Schutzgut ist auch die Gleichheit vor dem Gesetz (Art. 3 Abs. 1 GG).
📖 *Ipsen, Jörn: Staatsrecht II: Grundrechte. 12. Aufl., Neuwied 2009.*

20. In welche Schutzrichtung gehen Grundrechte?

Da die meisten Grundrechte grundsätzlich Abwehrrechte gegen den Staat sind, ergibt sich daraus auch schon die Schutzrichtung. Insbesondere bei polizeilichen Maßnahmen handelt es sich regelmäßig um Eingriffe in die Freiheitssphäre der Bürger, sodass dadurch in Grundrechte eingegriffen wird. Die Grundrechtsträger können deshalb vom Staat die Unterlassung der Beeinträchtigung grundrechtlicher Schutzgüter verlangen. Nur wenn vom Staat ein positives Tun verlangt wird, handelt es sich nicht um Abwehr-, sondern um Leistungsrechte.

21. Welche Garantien können Grundrechte außer den subjektiven Rechten gewähren?

Außer den subjektiven Rechten gewähren einige Grundrechte auch objektive Einrichtungsgarantien (📖 Möllers, S. 23). Nach Carl Schmitt werden privatrechtliche *Institutsgarantien* (z. B. Eigentum und Erbrecht: Art. 14 Abs. 1 GG, Privatschulen: Art. 7 Abs. 4 GG) von öffentlich-rechtlichen *institutionellen Garantien* (Ehe und Familie: Art. 6 Abs. 1 GG, Berufsbeamtentum: Art. 33 Abs. 5 GG) unterschieden (📖 Schmitt, S. 140 ff.). Solche Einrichtungen entziehen sich grundsätzlich der Verfügungsgewalt des Gesetzgebers. Ob sich aus Art. 5 Abs. 1 GG das Institut der freien Presse und aus Art. 5 Abs. 3 GG die Institution der Universität in ihrer traditionellen Gestalt herleiten lassen, ist umstritten und eher abzulehnen (so auch bei 📖 Pieroth / Schlink, Rdnr. 72 m. w. N.).
📖 *Möllers, Martin H. W.: Polizei und Grundrechte. Lehrbuch zu den Grundrechten in der polizeilichen Praxis, Blaue Reihe: Studienbücher für die Polizei, 2. Aufl., Frankfurt/M 2011; Pieroth, Bodo / Schlink, Bernhard: Grundrechte. Staatsrecht II, 25. Aufl., Heidelberg 2009; Schmitt, Carl: Verfassungsrechtliche Aufsätze aus den Jahren 1924 bis 1954. Materialien zu einer Verfassungslehre, 2. Aufl., Berlin 1973.*

22. Auf welche Weise werden die Grundrechte selbst geschützt?

Durch Gesetz wirken die Legislative, durch Verwaltungs- und Realakt die Exekutive, durch Gerichtsentscheidungen die Judikative und durch Handlungen die Menschen auf die Grundrechte ein. Zu ihrem Schutz hat das Grundgesetz verschiedene Vorkehrungen getroffen. Zum einen ist als Schutz der Grundrechte in Bezug auf die Legislative, die Exekutive und Judikative die *Bindung aller staatlichen Gewalt an die Grundrechte* nach Art. 1 Abs. 3 GG anzusehen. Dadurch ist aber nicht der *Inhalt* der Grundrechte geschützt, sondern nur, dass es Grundrechte geben muss, sodass die Grundrechte selbst geändert werden können (h. M.). Einen besseren Schutz bietet die *Wesensgehaltsgarantie* nach Art. 19 Abs. 2 GG, die bestimmt, dass kein Grundrecht in seinem Wesensgehalt angetastet werden darf. Ferner bietet einen Grundrechtsschutz auch die Möglichkeit, dass jeder Bürger eine Verfassungsbeschwerde nach Art. 93 Abs. 1 Nr. 4a GG erheben kann. Gegenüber der Legislative bietet einen zusätzlichen Grundrechtsschutz die sog. Ewigkeitsklausel nach Art. 79 Abs. 3 GG, welche unter anderem die in Art. 1 und 20 GG niedergelegten Grundsätze schützt, sodass dadurch auch die Grundrechte mittelbar einen gewissen Schutz erfahren. Nach Art. 79 Abs. 3 GG ist die in Art. 1 Abs. 1 GG aufgeführte Menschenwürde geschützt. Jedes Grundrecht enthält aber einen Teil Menschenwürde. So ist unabhängig von der – nur schwer eindeutig zu beantwortenden – Frage, was Menschenwürde ist, zu untersuchen, was jeweils der Menschenwürde*kern* eines Grundrechts ist und was zu dem darüber hinaus gehenden Bereich zu zählen ist. Eine Abgrenzung ist auch hier nicht einfach zu finden. Bei der Betrachtung z. B. des Art. 5 Abs. 1 Satz 1, 1. Alt. GG könnte angeführt werden, dass es gegen die Menschenwürde verstößt, wenn jemand das, was er denkt, nicht sagen darf. Allerdings muss es auch Grenzen geben, nämlich wenn gegen die Menschenwürde eines anderen verstoßen wird (zum Beispiel durch Beleidigung). Geschützt durch Art. 79 Abs. 3 GG i. V. m. Art. 1 Abs. 1 GG ist also bei jedem Grundrecht der Menschenwürdekern, dessen Bereich aber nur schwer zu definieren ist (📖 Schmidt, Rdnr. 224). Nach Art. 79 Abs. 3 GG ist auch das in Art. 20 Abs. 1 GG aufgeführte *Demokratieprinzip* geschützt. Dem Demokratieprinzip immanent sind Gleichheits- und Kommunikations-Grundrechte wie die Meinungs- und Pressefreiheit (Art. 5 Abs. 1 GG), die Versammlungs- (Art. 8 GG) und Vereinigungsfreiheit (Art. 9 GG); ebs. gehören dazu die freie Entfaltung der Persönlichkeit (Art. 2 Abs. 1 GG) und der Gleichheitsgrundsatz (Art. 3 GG). Gegenüber der Exekutive bietet die *Rechtswegegarantie* nach Art. 19 Abs. 4 GG ebenfalls einen zusätzlichen Grundrechtsschutz, da alle grundrechtseingreifenden Maßnahmen der vollziehenden Gewalt gerichtlich überprüft werden können. Die Rechtswegegarantie ist wiederum über das *Rechtsstaatsprinzip*, das mit seinen wesentlichen Elementen in Art. 20 Abs. 2 u. 3 GG verankert ist, mittelbar von Art. 79 Abs. 3 GG geschützt. Zum Wesen des Rechtsstaates gehört jedenfalls auch das Gleichheits-Grundrecht des Art. 3 GG, das somit auch über das Rechtsstaatsprinzip mittelbar von Art. 79 Abs. 3 GG geschützt wird. Einen gewissen Schutz vor Eingriffen in die Grundrechte durch Menschen bietet Art. 18 GG. Dieser sieht die Verwirkung von Grundrechten vor für solche Menschen, welche die in Art. 18 GG aufgeführten Grundrechte zum Kampf gegen die freiheitliche demokratische Grundordnung missbrauchen.

📖 *Schmidt, Rolf: Grundrechte sowie Grundzüge der Verfassungsbeschwerde. 11. Aufl., Grasberg bei Bremen 2009.*

---

23. Was sind Grundrechtskonkurrenzen?

Grundrechtskonkurrenzen liegen dann vor, wenn ein Grundrechtsträger sich auf mehrere Grundrechte gleichzeitig stützen kann. Dabei tritt eine echte Grundrechtskonkurrenz nur dann ein, wenn ein Grundrecht zu einem anderen spezieller ist. In diesen Fällen tritt das generelle Grundrecht (lex generalis) hinter dem spezielleren (lex specialis) zurück (vgl. 📖 Herrmann / Lang / Schneider, S. 33 f.; Einzelbeispiele bei 📖 Ipsen, Rdnr. 490 ff., 586 f.). Subsidiär ist die allgemeine Handlungsfreiheit (Art. 2 Abs. 1 GG) zu den speziellen Freiheitsrechten (seit ✐ BVerfGE 6, 32 [36 f.], st. Rspr.). Dies gilt auch, soweit das „Recht auf informationelle Selbstbestimmung" oder das „allgemeine Persönlichkeitsrecht" betroffen sind (a. A. allerdings 📖 Ipsen, Rdnr. 744). Eine Prüfung der allgemeinen Handlungsfreiheit (Art. 2 Abs. 1 GG) in einer Klausur erfolgt daher erst, wenn zuvor mindestens ein spezielles Grundrecht geprüft wurde.

⊞ *Herrmann*, Ronald / *Lang*, Gerd / *Schneider*, Andreas: Polizeirelevante Grundrechte. Anleitung für Studium und Ausbildung, 3. Aufl., Stuttgart, 2008; *Ipsen*, Jörn: Staatsrecht II: Grundrechte. 12. Aufl., Neuwied 2009.

24. Müssen Grundrechte beschränkt werden?

Das gesellschaftliche Leben ist auf Gemeinschaft ausgerichtet. Daraus ergibt sich, dass die einzelnen Grundrechte nicht exzessiv in Anspruch genommen werden können, sondern dass ihnen Beschränkungen auferlegt sind. Diese Beschränkungen ergeben sich einerseits daraus, dass Dritte ebenfalls Grundrechte für sich in Anspruch nehmen können und es dadurch zur Grundrechtskollision kommen kann, und andererseits aus den Gemeinschaftswerten, die im Interesse der Allgemeinheit liegen und als Fundamentalprinzipien in die Verfassung (Grundgesetz) eingegangen sind (vgl. ✐ BVerfGE 28, 243 [260 f.]; 33, 1 [10 f.]; 39, 334 [366 f.]; 80, 367 [374]). Dass die Grundrechte deshalb staatlichen Beschränkungen unterliegen, ergibt sich bereits aus einzelnen Grundrechten selbst, indem sie konkret von „Schranken" (Art. 5 Abs. 2, Art. 14 Abs. 1 Satz 2 GG) sprechen oder davon, dass die im Grundrecht aufgeführten „Rechte beschränkt" (Art. 8 Abs. 2; Art. 10 Abs. 2 Satz 1 GG) oder „eingeschränkt" (Art. 11 Abs. 2, Art. 17a Abs. 1 u. 2, vgl. auch Art. 19 Abs. 1 Satz 1 GG) werden. Andere Grundrechte wiederum sprechen von „Eingriff" (Art. 2 Abs. 2 Satz 3 GG). Deshalb können Grundrechte generell durch Gesetze oder individuell durch Verwaltungsakte und Urteile aufgrund eines Gesetzes eingeschränkt werden (vgl. ⊞ Katz, Rdnr. 639). Allgemein unterschieden werden verfassungsunmittelbare Schranken, Gesetzesvorbehaltsschranken und verfassungsimmanente Schranken.

⊞ *Katz*, Alfred: Staatsrecht. Grundkurs im öffentlichen Recht, 17. Aufl., Heidelberg 2007.

25. Was sind verfassungsunmittelbare Schranken?

Einzelne Grundrechte schränken das Grundrecht schon in der Verfassung ein. Oder es kann andererseits auch angenommen werden, dass nicht eingeschränkt, sondern umgekehrt die sachliche Reichweite der Grundrechtsnorm beschrieben wird (so z. B. ⊞ Katz, Rdnr. 640). Zum

Beispiel haben alle Deutschen nach Art. 8 Abs. 1 GG „nur" das Recht, sich ohne Anmeldung oder Erlaubnis „friedlich" und „ohne Waffen" zu versammeln. Von Verfassungs wegen wird also der Normbereich des Grundrechts unmittelbar eingegrenzt. Solche Einschränkungen finden sich außer in Art. 8 Abs. 1 GG z. B. auch noch in Art. 2 Abs. 1 GG: „... soweit er nicht die Rechte anderer verletzt und nicht gegen die verfassungsmäßige Ordnung oder das Sittengesetz verstößt.", in Art. 5 Abs. 2 GG: „Diese Rechte finden ihre Schranken in den Vorschriften der allgemeinen Gesetze, den gesetzlichen Bestimmungen zum Schutze der Jugend und in dem Recht der persönlichen Ehre.", in Art. 9 Abs. 2 GG „Vereinigungen, deren Zwecke oder deren Tätigkeit den Strafgesetzen zuwiderlaufen oder die sich gegen die verfassungsmäßige Ordnung oder gegen den Gedanken der Völkerverständigung richten, sind verboten." Oder in Art. 13 Abs. 2 GG: „Durchsuchungen dürfen nur durch den Richter, bei Gefahr im Verzuge auch durch die in den Gesetzen vorgesehenen anderen Organe angeordnet und nur in der dort vorgeschriebenen Form durchgeführt werden." (vgl. 📖 Katz, Rdnr. 640).
📖 *Katz, Alfred: Staatsrecht. Grundkurs im öffentlichen Recht, 17. Aufl., Heidelberg 2007.*

26. Was sind Gesetzesvorbehaltsschranken?

In den Schutzbereich der Grundrechte darf grundsätzlich nur eingegriffen werden, wenn die Einwirkung auf einer gesetzlichen Grundlage beruht. Die Zulässigkeit einer Grundrechtsschutzbereichseinwirkung bleibt also einem Gesetz vorbehalten, das durch das vom Volk vertretene Parlament verabschiedet wurde, sodass niedrigerrangiges Recht damit keine Eingriffe in das Schutzgut von Grundrechten regeln dürfen. Diese Gesetze markieren somit die Grenze zwischen Individual- und Sozialsphäre und stellen die individuellen Handlungsmöglichkeiten den Rechten anderer bzw. den Belangen der Allgemeinheit gegenüber (vgl. 📖 Ipsen, Rdnr. 159; 📖 Schmidt, Rdnr. 154 ff.). Aus diesem Parlamentsvorbehalt ergibt sich des Weiteren, dass die wesentlichen Entscheidungen, vor allem solche, die in die Freiheitssphäre der Bürger eingreifen, vom Gesetzgeber bestimmt sein müssen und nicht ins Ermessen der Exekutive gestellt sein dürfen. Diese sog. Wesentlichkeitstheorie (s. dazu 📖 Katz, Rdnr. 641) steht im engen Zusammenhang mit dem Vorbehalt und dem

Vorrang des Gesetzes, der sich aus Art. 20 Abs. 3 GG ergibt. Für die Polizei bedeutet dies, dass sie für ihr Handeln immer eines Parlamentsgesetzes als Rechtsgrundlage bedarf, da nahezu alle ihre Maßnahmen in die Freiheitssphäre der Bürger eingreifen. Polizeiliches Einschreiten lässt sich also nicht aus einer Rechtsverordnung oder niedrigerrangigem Recht herleiten (zur Intensität des Grundrechtseingriffs vgl. ✒ BVerfGE 33, 125 [158 ff.]; 33, 303 [345]; 63, 266 [288]; 76, 171 [184 f.]; 82, 209 [224 ff.]; 88, 103 [115 ff.]). Innerhalb der Vorbehaltsschranken unterscheidet das Grundgesetz Eingriffs-, Schranken- und Regelungsvorbehalte (vgl. dazu 📖 Schmidt, Rdnr. 165 ff.).

📖 *Ipsen, Jörn: Staatsrecht II: Grundrechte. 12. Aufl., Neuwied 2009; Katz, Alfred: Staatsrecht. Grundkurs im öffentlichen Recht, 17. Aufl., Heidelberg 2007; Schmidt, Rolf: Grundrechte sowie Grundzüge der Verfassungsbeschwerde. 11. Aufl., Grasberg bei Bremen 2009.*

---

27. Zu den (Gesetzes)Vorbehaltsschranken: Was bedeutet „durch ein Gesetz" im Gegensatz zu „auf Grund eines Gesetzes"?

Vorbehaltsschranken, die *durch ein Gesetz* markiert werden, beziehen sich auf solche Beschränkungen, die bereits durch das Gesetz selbst festgelegt sind. Zum Beispiel erhält nur derjenige nach § 5 Abs. 1 DRiG die Befähigung zum Richteramt, der ein rechtswissenschaftliches Studium an einer Universität mit der ersten Prüfung und einen anschließenden Vorbereitungsdienst mit der zweiten Staatsprüfung abschließt; die erste Prüfung besteht aus einer universitären Schwerpunktbereichsprüfung und einer staatlichen Pflichtfachprüfung. „Durch Gesetz" wird damit die Berufsausübung bereits geregelt und so die Berufsausübungsfreiheit nach Art. 12 Abs. 1 Satz 1 GG beschränkt. Dagegen beschränkt den Beruf der Polizeikommissarin bzw. des Polizeikommissars bei der Bundespolizei die AP-gDBPOLV, die Verordnung über die Ausbildung und Prüfung für die Laufbahn des gehobenen Polizeivollzugsdienstes in der Bundespolizei. Es handelt sich um eine Rechtsverordnung (RVO), die „auf Grund" des § 15 Abs. 1 Nr. 2 BBG i. V. m. § 3 Abs. 2 BPolBG erlassen wurde. Wenn § 94 Abs. 2 StPO die Beschlagnahme von Gegenständen vorsieht, dann tritt die grundrechtliche Beschränkung (Art. 14 Abs. 1 Satz 1 GG) aber erst ein, wenn die Beschlagnahme durch Verwaltungsakt (VA) vollzogen wird. Vorbehaltsschranken, die aufgrund *eines Gesetzes* markiert werden, beziehen sich daher auf solche Beschränkungen, die ein Gesetz erst auslöst: Die Vorbehaltsschranke wird erst z. B. in einer RVO, einer Satzung oder in einem VA, die jeweils aufgrund eines Gesetzes erfolgen, wirksam.

28. Was sind Eingriffsvorbehalte?

Um einen Eingriffsvorbehalt handelt es sich immer dann, wenn das betreffende Grundrecht grundsätzlich als „unverletzlich" gilt. Zu den unverletzlichen Grundrechten zählen zum Beispiel das Recht auf Leben (Art. 2 Abs. 2 Satz 1, 1. Alt. GG) und das Recht auf körperliche Unversehrtheit (Art. 2 Abs. 2 Satz 1, 2. Alt. GG), die Freiheit der Person (Art. 2 Abs. 2 Satz 2 GG), die Glaubensfreiheit (Art. 4 Abs. 1 u. 2 GG) und die Gewissensfreiheit (Art. 4 Abs. 1, 2. Alt. GG), die aber keinen Eingriffsvorbehalt enthalten, das Brief-, Post- und Fernmeldegeheimnis (Art. 10 Abs. 1 GG) sowie die Unverletzlichkeit der Wohnung (Art. 13 Abs. 1 GG). Entsprechend stehen die Eingriffsvorbehalte in Art. 2 Abs. 2 Satz 3, 10 Abs. 2 und 13 Abs. 2 u. 3 GG, auch wenn der Eingriff nicht deutlich zum Ausdruck kommt – wie in Art. 10 Abs. 2 GG, wo von „Beschränkungen" die Rede ist. Eingriffe sollen nur im Einzelfall und daher als Ausnahmefall vom ansonsten als unverletzlich gewährleisteten Grundrecht gelten. Dennoch ist nicht von der Hand zu weisen, dass es für Eingriffe in Art. 2 Abs. 2 GG eine nicht zu überschauende Vielzahl von Gesetzen gibt. Als Beispiel seien nur § 81a StPO für die körperliche Unversehrtheit und § 127 StPO für die Freiheit der Person genannt. Ebenso gestatten den Staatsorganen die §§ 102 ff. StPO Eingriffe in die Unverletzlichkeit der Wohnung und §§ 99 f., 100a f. StPO Eingriffe in das Post- und Fernmeldegeheimnis.

29. Was sind Schrankenvorbehalte?

Schrankenvorbehalte sind die häufigste Form des Gesetzesvorbehalts in den Grundrechten. Sie finden sich z. B. beim Recht auf die freie Entfaltung seiner Persönlichkeit in Bezug auf die „verfassungsmäßige Ordnung" (Art. 2 Abs. 1 GG), bei der Meinungs-, Informations- und Pressefreiheit in Bezug auf die „allgemeinen Gesetze" (Art. 5 Abs. 2 GG), bei der Versammlungsfreiheit (Art. 8 Abs. 2 GG), bei der

der Versammlungsfreiheit (Art. 8 Abs. 2 GG), bei der Freizügigkeit (Art. 11 Abs. 2 GG), beim Eigentum (Art. 14 Abs. 1 Satz 2, 2. Alt GG), beim Auslieferungsverbot (Art. 16 Abs. 2 Satz 2 GG). Die in den Grundrechten aufgeführten Schranken haben teilweise keine konkreten Voraussetzungen, z. B. Art. 14 Abs. 1 Satz 2 GG: „... Schranken werden durch die Gesetze bestimmt.", teilweise sind sie aber an besondere Voraussetzungen geknüpft, z. B. Art. 8 Abs. 2 GG: „Für *Versammlungen unter freiem Himmel* kann dieses Recht durch Gesetz oder aufgrund eines Gesetzes beschränkt werden.", Art. 11 Abs. 2 GG: „Dieses Recht darf nur durch Gesetz oder aufgrund eines Gesetzes *und nur für die Fälle* eingeschränkt werden, ...". Unterschieden werden daher einfache und qualifizierte Schrankenvorbehalte, wobei aber jedes schrankenziehende Gesetz dem Übermaßverbot entsprechen muss, sodass der Unterschied zwischen einfachem und qualifiziertem Schrankenvorbehalt eher bedeutungslos ist (📖 Ipsen, Rdnr. 165-166). Soweit der Schrankenvorbehalt durch Parlamentsgesetze ausgeschöpft ist, ist das den Gesetzesschranken zuwiderlaufende Handeln nicht mehr durch die Grundrechte geschützt, sodass sie dann kein subjektives Abwehrrecht gegen staatliches Handeln in Form von Gewalt und Sanktionen darstellen.

📖 *Ipsen, Jörn: Staatsrecht II: Grundrechte. 12. Aufl., Neuwied 2009.*

30. Was sind Regelungsvorbehalte?

Regelungsvorbehalte werden auch als Ausgestaltungsvorbehalte bezeichnet. Sie sind immer dann anzutreffen, wenn das Schutzgut des Grundrechts (zumindest auch) durch das Recht erst erzeugt wird. Insofern gibt es ausdrückliche oder implizite Regelungsvorbehalte in Art. 6 GG (Ehe, Familie), Art. 12 Abs. 1 Satz 2 GG (Berufsausübung), Art. 14 Abs. 1 Satz 2, 1. Alt. GG (Eigentum), wobei allerdings im Einzelnen die Abgrenzung zu den Schrankenvorbehalten nicht immer einfach ist (s. 📖 Ipsen, Rdnr. 168). Grundrechte mit Regelungsvorbehalten sind üblicherweise vom Zitiergebot des Art. 19 Abs. 1 Satz 2 GG ausgenommen, weil nach juristischer Auffassung das Grundrecht eben nur so weit reicht, wie alle Regelungen zusammengenommen es zulassen. So werden zum Beispiel bei der Eigentumsfreiheit nach Art. 14 Abs. 1 GG die Sicherstellung, Einziehung oder Vernichtung von Sachen von der in Satz 2 enthaltenen Regelung „Inhalt und Schranken werden durch die

Gesetze bestimmt" erfasst. Die Polizeipflicht aktualisiert nur die Sozialbindung des Eigentums nach Art. 14 Abs. 2 GG (zur Sozialbindung s. ✐ BVerfGE 20, 351; 64, 72 [80]; vgl. auch ✐ BVerwG, NJW 1986, S. 1626; 1989, S. 2638; vgl. dazu 📖 Heesen / Hönle / Peilert, § 70, Rdnr. 7).

📖 **Heesen**, *Dietrich /* **Hönle**, *Jürgen /* **Peilert**, *Andreas: Bundesgrenzschutzgesetz – Verwaltungs-Vollstreckungsgesetz – Gesetz über den unmittelbaren Zwang, Kommentar, 4. Aufl., Hilden/Rhld. 2002;* **Ipsen**, *Jörn: Staatsrecht II: Grundrechte. 12. Aufl., Neuwied 2009.*

31. Was sind ganz allgemein verfassungsimmanente Schranken?

Einige Grundrechte enthalten weder eine verfassungsunmittelbare noch eine Vorbehaltsschranke, z. B. Art. 3 Abs. 1, 4 Abs. 1 und 2, 5 Abs. 3 GG. Es ergibt sich aber aus der Gemeinschaftsbezogenheit und der Gemeinschaftsgebundenheit der Menschen, dass die in den Grundrechten gewährleisteten Freiheiten sozial gebunden sind. Denn eine durch nichts begrenzte Freiheit ist in einer sozialen Gemeinschaft völlig undenkbar (✐ BVerfGE 30, 173 [191 ff.]). Daraus ergibt sich, dass den vorbehaltslosen Grundrechten nicht etwa eine erhöhte Schutzwürdigkeit zukommt, sondern dass ihnen – wie auch jedem anderen mit verfassungsunmittelbaren und/oder Gesetzesvorbehaltsschranken ausgestattetem Grundrecht – immanent (also drinsteckend) bestimmte Schranken und Begrenzungen innewohnen, die aus der Verfassung selbst zu gewinnen sind (vgl. 📖 Katz, Rdnr. 643). Welchen Umfang die verfassungsimmanenten Schranken tatsächlich einnehmen, ist allerdings sehr umstritten (vgl. 📖 Katz, Rdnr. 644 m. w. N.). Die Rechtsprechung geht davon aus, dass sich solche verfassungsimmanenten Schranken zum einen aus der im konkreten Einzelfall stattfindenden Kollision von einem oder mehreren Grundrechten bei mehreren Grundrechtsträgern ergeben (z. B. ✐ BVerfGE 32, 98 [107 f.]). Zum anderen erfahren die Grundrechte ihre Begrenzung allgemein durch mit Verfassungsrang ausgestattete Rechtswerte, die als „Fundamentalprinzipien" bezeichnet werden (✐ BVerfGE 30, 173 [193]; 83, 130 [139 ff.]). Letztere Begrenzung kann sich einerseits durch eine vom Grundgesetz vorgegebene Kollision unterschiedlicher Grundrechte ergeben, sodass eine sog. *praktische Konkordanz* notwendig wird, andererseits können Begrenzungen durch Fundamentalwerte der Verfassung hinzunehmen sein, weil die Fundamentalprinzipien in *Wechselwirkung* zueinander stehen. Schließlich sind noch weitere verfassungsimmanente Schranken durch die Rechtsprechung anerkannt.

32. Was bedeutet „praktische Konkordanz"?

Da der Grundsatz der Einheit der Verfassung gilt, können Grundrechte eingeschränkt werden, wenn andere Verfassungsgüter, wie z. B. die Grundrechte von anderen, gefunden werden, die in der Abwägung gegen diese stehen und als höherwertig angesehen werden müssen (📖 Manssen, Rdnr. 150, 📖 Schmidt, Rdnr. 193). Soweit mehrere Grundrechte im konkreten Einzelfall aufeinander treffen, kommt es zur Güterabwägung, mit dem ein gerechter und schonender Interessenausgleich angestrebt wird (✎ BVerfGE 32, 98 [107 f.]; 33, 52 [71]). Dabei ist es weitgehend unbestritten, dass ein Grundrecht grundsätzlich dort seine Schranken findet, wo es in ein oder mehrere Grundrechte von einem oder mehreren anderen Grundrechtsträgern eingreifen will und der Eingriff schwerwiegender ist als die Versagung des Grundrechtsschutzes (📖 Katz, Rdnr. 644). Niemand hat also z. B. ein Recht auf Glaubensfreiheit (Art. 4 Abs. 1 und 2 GG) in Bezug auf Menschenopfer, weil dadurch in das Recht auf Leben und körperliche Unversehrtheit Dritter (Art. 2 Abs. 2 Satz 1 GG) erheblich schwerwiegender eingegriffen würde. Da wir in Gemeinschaft leben, können *Grundrechte verschiedener Personen miteinander kollidieren*. Aus Gründen der Güterabwägung müssen alle kollidierenden Grundrechte Begrenzungen ihres Normbereichs hinnehmen. Dabei kommt es vor allem darauf an, dass eine Lösung anzustreben ist, die allen an der Kollision beteiligten Grundrechten zu optimaler Wirksamkeit verhilft, sodass ein schonender Ausgleich hergestellt wird. Grundlage dafür ist die Einheit der Verfassung. Erst die Konkordanz der in den verschiedenen Verfassungsvorschriften geschützten Rechtsgüter wird dem Grundgesetz in seiner Gesamtheit gerecht (vgl. dazu ✎ BVerfGE 41, 29 [50 f.]; 83, 130 [143]; 📖 Katz, Rdnr. 649). Keine Beschränkung darf aber die Menschenwürdegarantie gemäß Art. 1 Abs. 1 Satz 1 GG erfahren, da sie „unantastbar" ist (a. A. 📖 Herdegen, Rdnr. 50).

  Manssen, Gerrit: Staatsrecht II. Grundrechte, 6. Aufl., München 2009; Herdegen, Matthias: Art. 1 Abs. 1 GG, Rdnr. 50, in: Maunz, Theodor / Dürig, Günter u. a.: Grundgesetz, Loseblatt-Kommentar in 6 Leinenordnern, 57. Ergänzungslieferung, München 2010; Schmidt, Rolf: Grundrechte sowie Grundzüge der Verfassungsbeschwerde. 11. Aufl., Grasberg bei Bremen 2009.

---

33. Was bedeutet „Wechselwirkungstheorie"?

Die Wechselwirkungstheorie geht davon aus, dass die einzelnen Grundrechte und andere Fundamentalprinzipien der Verfassung in einer Wechselwirkung zueinander stehen. Auch hier ist Grundlage die Einheit der Verfassung. Anders aber als bei der *praktischen Konkordanz*, die regelmäßig nach einem optimalen Interessenausgleich zwischen zwei oder mehreren Grundrechtsnormen oder Grundrechtsträgern strebt, will die Wechselwirkungstheorie einen Ausgleich zwischen Normbereich des Grundrechts und seinem Schrankenbereich herstellen. Dabei werden die Gesetze, welche den Schutzbereich des Grundrechts einschränken, „im Lichte der besonderen, überragenden Bedeutung des betreffenden Grundrechts auszulegen und von der grundsätzlichen Vermutung für die vom GG gewährte Freiheit her in ihrer das Grundrecht einschränkenden Wirkung zu interpretieren" (Katz, Rdnr. 649) sein. Deshalb ist ein Grundrechtseingriff grundsätzlich nur dann möglich und nur insoweit gerechtfertigt, als dieser Eingriff zum Schutz mindestens gleichwertiger mit Verfassungsrang ausgestatteter Rechtsgüter zwingend geboten ist. So ist z. B. eine Beschlagnahme nach § 94 Abs. 2 StPO nur dann und nur insoweit als Eingriff in den Eigentumsschutz des Art. 14 Abs. 1 GG gerechtfertigt, als sie sich lediglich auf Sachen bezieht, die notwendig für den aus dem Rechtsstaatsprinzip herzuleitenden Strafanspruch des Staates in Form des Beweismittels erstreckt. Die Beschlagnahme darüber hinausgehender Sachen, also solcher, die in einem konkreten Fall *vorhersehbar* als Beweismittel nicht tauglich sind, wäre deshalb verfassungswidrig. Aus Gründen der Einheit der Verfassung ergibt sich also eine *Wechselwirkung aller Fundamentalprinzipien und Grundrechte im Grundgesetz*. Ein Grundrechtseingriff ist nur dann gerechtfertigt, wenn er zum Schutz mindestens gleichwertiger mit Verfassungsrang ausgestatteter Rechtsgüter dient. Für *repressive* Maßnahmen der Polizei kommt regelmäßig das Rechtsstaatsprinzip in Form des Strafverfolgungsanspruchs des Staates als Gemeinschaftswert (Fundamentalprinzip) in Betracht. Für *präventive* Maßnahmen der Polizei ist als Gemeinschaftswert die Öffentliche Sicherheit und Ordnung (Gefahrenabwehr) anzuführen, die sich einerseits aus dem Rechtsstaatsprinzip, andererseits aber auch aus der Schutzpflicht des Staates nach Art. 1 Abs. 1 Satz 2, 2. Alt. GG ergibt (☐ Möllers, S. 41 f.).

☐ *Katz, Alfred: Staatsrecht. Grundkurs im öffentlichen Recht, 17. Aufl., Heidelberg 2007; **Möllers**, Martin H. W.: Polizei und Grundrechte. Lehrbuch zu den Grundrechten in der polizeilichen Praxis, Blaue Reihe: Studienbücher für die Polizei, 2. Aufl., Frankfurt/M 2011.*

---

34. Was ist unter Grundrechtskollision von einem oder mehreren Grundrechten bei mehreren Grundrechtsträgern zu verstehen?

Manche Grundrechte scheinen bereits von Verfassungs wegen zu kollidieren. So gibt es etwa eine Interessenkollision zwischen Kind – Eltern – Staat in den Art. 2 Abs. 1, 4, 6, 7 GG. Eine Grundrechtsbegrenzung findet in diesen Fällen in Form der sog. *praktischen Konkordanz* statt, die eine verfassungsspezifische Güterabwägung darstellt. Denn da wir in Gemeinschaft leben, können *Grundrechte verschiedener Personen miteinander kollidieren*. Aus Gründen der Güterabwägung müssen alle kollidierenden Grundrechte Begrenzungen ihres Normbereichs hinnehmen.

---

35. Was ist unter dem Begriff Wesentlichkeitslehre zu verstehen?

Grundlage ist aber die sich aus Art. 20 Abs. 3 GG ergebende Wesentlichkeitslehre, wonach der Gesetzgeber verpflichtet ist, die wesentlichen Entscheidungen, vor allem solche, die in Freiheits- und Gleichheitsrechte der Bürger eingreifen, selbst zu treffen. Der Gesetzgeber muss deshalb wenigstens die Grundzüge in einem förmlichen Gesetz festlegen. Daraus ergibt sich folgende Überlegung: Da polizeiliche Maßnahmen nahezu immer in Freiheits- und Gleichheitsrechte der Bürgerinnen und Bürger eingreifen, brauchen Polizeibeamte für ihre Maßnahmen auch immer ein *Gesetz*. Eine Rechtsverordnung, eine Satzung, ein Erlass der Dienstaufsichtsbehörde oder eine Weisung des Vorgesetzten genügen daher für Eingriffe in Freiheits- und Gleichheitsrechte in keinem Fall!

36. Welche Bedeutung hat das Verbot des Einzelfallgesetzes?

Das *Verbot des Einzelfallgesetzes* ist in Art. 19 Abs. 1 Satz 1 GG geregelt: Soweit ein Grundrecht nach dem Grundgesetz durch Gesetz oder aufgrund eines Gesetzes eingeschränkt werden kann, muss das Gesetz allgemein sein und darf nicht nur für den Einzelfall gelten. Das soll verhindern, dass zielgerichtet für einzelne Personen die Grundrechte eingeschränkt werden können. Dem Verbot des Einzelfallgesetzes ist deshalb immer dann Genüge getan, wenn das Gesetz abstrakt generell ist. Maßgebend ist dabei nicht, ob es tatsächlich mehrere Fälle schon bei Entstehung des Gesetzes gibt, sondern dass es potenziell für mehrere Fälle gilt.

37. Was ist Sinn und Zweck des Zitiergebots?

Sinn und Zweck des *Zitiergebots* des Art. 19 Abs. 1 Satz 2 GG ist es, den Gesetzgeber zu zwingen, deutlich werden zu lassen, dass er mit einem Gesetz in Grundrechte eingreift. Damit soll den Bürgern auch offensichtlich klar werden, dass er Grundrechtseinwirkungen hinnehmen muss. Insofern führt das Zitiergebot auch zur Rechtsklarheit. Ein Verstoß gegen das Zitiergebot führt deshalb zur Nichtigkeit des Gesetzes. Allerdings gibt es vom Zitiergebot eine Reihe von nachzuvollziehenden Ausnahmen. Grundsätzlich gilt es zunächst nur für nachkonstitutionelles Recht, also für die Rechtsetzung nach Inkrafttreten des Grundgesetzes am 23. Mai 1949. Innerhalb des nachkonstitutionellen Rechts gibt es aber weitere Ausnahmen: Soweit Grundrechtsbeschränkungen aus dem vorkonstitutionellen Recht lediglich unverändert oder mit geringen Abweichungen wiederholt werden, bilden sie ebenso eine Ausnahme vom Zitiergebot wie Gesetze, welche die allgemeine Handlungsfreiheit (Art. 2 Abs. 1 GG) einschränken. Ausgenommen sind auch allgemeine Gesetze i. S. v. Art. 5 Abs. 2 GG und Regelungen nach Art. 12 Abs. 1 GG. Schließlich ergibt sich aus ihrem Sinn und Zweck, dass Regelungsvorbehaltsgesetze, die z. B. Art. 14 Abs. 1 Satz 2, 1. Alt. GG („Inhalt") präzisieren, ebenfalls vom Zitiergebot ausgenommen sind. Denn Grundrechte mit Regelungsvorbehalten sind üblicherweise vom Zitiergebot des Art. 19 Abs. 1 Satz 2 GG ausgenommen, weil nach juristischer Auffassung das Grundrecht eben nur so weit reicht, wie alle Regelungen zusammengenommen es zulassen. So werden zum Beispiel bei der Eigentumsfreiheit nach Art. 14 Abs. 1 GG die Sicherstellung, Einziehung oder Vernichtung von Sachen von der in Satz 2 enthaltenen Regelung „Inhalt und Schranken werden durch die Gesetze bestimmt" erfasst. Die Polizeipflicht aktualisiert nur die Sozialbindung des Eigentums nach Art. 14 Abs. 2 GG (zur Sozialbindung s. ✐ BVerfGE 20, 351; 64, 72 [80]; vgl. auch ✐ BVerwG, NJW 1986, S. 1626; 1989, S. 2638; vgl. dazu ⊞ Heesen / Hönle / Peilert, § 70, Rdnr. 7).

⊞ *Heesen*, Dietrich / *Hönle*, Jürgen / *Peilert*, Andreas: Bundesgrenzschutzgesetz – Verwaltungs-Vollstreckungsgesetz – Gesetz über den unmittelbaren Zwang, Kommentar, 4. Aufl., Hilden/Rhld. 2002.

---

38. Wie sind relative und absolute Wesensgehaltstheorie zu unterscheiden?

Nach Art. 19 Abs. 2 GG darf ein Grundrecht in keinem Falle in seinem Wesensgehalt angetastet werden. Welche Bedeutung diese Bestimmung hat, insbesondere wie weitreichend sie die grundrechtseinschränkenden Maßnahmen wiederum beschränkt, ist in Rechtsprechung und Literatur stark umstritten. Auf eine ausführliche Darstellung der unterschiedlichen absoluten und relativen Wesensgehaltstheorien wird für dieses berufsbezogene Studium zur Kommissarin bzw. zum Kommissar daher verzichtet. Einige Grundzüge lassen sich aber leicht darstellen: Beim Grundrecht auf Leben nach Art. 2 Abs. 2 Satz 1, 1. Alt. GG würde jeder staatliche Eingriff – z. B. beim finalen Rettungsschuss – dieses Grundrecht (und gleichzeitig alle anderen mit ihm) auslöschen, sodass vom Wesensgehalt nichts mehr übrig bleiben würde. Andererseits ergibt sich aus Art. 2 Abs. 2 Satz 3 GG, dass dennoch in dieses Grundrecht eingegriffen werden könnte. Auch bei der Verhängung einer lebenslangen Freiheitsstrafe würde von dem Grundrecht aus Art. 2 Abs. 2 Satz 2 GG nichts übrig bleiben. Es ist deshalb auf den Rechtscharakter der Grundrechte als subjektiv-öffentliche Rechte und Abwehrrechte gegen staatliche Maßnahmen abzustellen. Insofern kann der Wesensgehalt eines Grundrechts nur dann angetastet sein, wenn die Gesetzesvorbehalte so weit gehen, dass einzelne Grundrechte nur noch deklaratorische Bedeutung haben. Wenn aber zwischen Grundrecht und Schutzgut differenziert wird, bildet der Wesensgehalt „eine Vorkehrung dagegen, dass

Grundrechte durch die Vielzahl der – im Einzelfall verhältnismäßigen – gesetzgeberischen Einwirkungen im Ergebnis ihre Geltung faktisch einbüßen (funktionslos werden, leerlaufen)." (📖 Ipsen, Rdnr. 206). Nach der *relativen Wesensgehaltstheorie* ergibt sich der Wesensgehalt im konkreten Einzelfall durch Abwägung zwischen dem Interesse, zu dessen Gunsten die Einschränkung vorgenommen wird, und dem Rechtsgut, das durch das einschränkende Grundrecht geschützt wird. Die *absolute Wesensgehaltstheorie* geht dagegen von einem feststehenden Grundrechtskern aus, der gegen jeden Eingriff geschützt ist. Nach dieser Auffassung wäre grundsätzlich der finale Rettungsschuss, die lebenslange Freiheitsstrafe, die Tötung von Tieren etc. ein Eingriff in den Wesensgehalt des jeweiligen Grundrechts und daher verfassungswidrig (vgl. dazu 📖 Ipsen, Rdnr. 198 ff.; 📖 Herrmann / Lang / Schneider, S. 44 f.). In der Praxis wird der Wesensgehalt eines Grundrechts aber nur selten geprüft.

📖 *Herrmann*, Ronald / *Lang*, Gerd / *Schneider*, Andreas: *Polizeirelevante Grundrechte. Anleitung für Studium und Ausbildung*, 3. Aufl., Stuttgart, 2008; *Ipsen*, Jörn: *Staatsrecht II: Grundrechte. 12. Aufl., Neuwied 2009.*

---

39. Was ist unter dem Bestimmtheitsgebot zu verstehen?

Der *Bestimmtheitsgrundsatz* ergibt sich allgemein aus dem Rechtsstaatsprinzip des Art. 20 Abs. 3 GG und zusätzlich für Strafgesetze aus Art. 103 Abs. 2 GG. Er besagt, dass ein in Grundrechte eingreifendes Gesetz klar und bestimmt sein muss. Problematisch könnte in diesem Zusammenhang sein, dass eine Rechtsvorschrift zu viele unbestimmte Rechtsbegriffe enthält (s. dazu auch 📖 Borsdorff / Kastner, Frage 12, S. 44 ff.).

Nach einem Beschluss des Ersten Senats des Bundesverfassungsgerichts vom 10.1.1995 liegt z. B. ein Verstoß gegen das Bestimmtheitsgebot bei der (seit langem umstrittenen) Frage vor, ob der Begriff der „Gewalt" in § 240 Abs. 1 Satz 1 StGB durch „Sitzblockaden" erfüllt ist (✐ BVerfGE 92, 1 ff.; vgl. 📖 Stuckenberg, S. 556). Der BGH hatte diese Möglichkeit in st. Rspr. bejaht (zuletzt ✐ BGHSt 35, 270 ff.). Das BVerfG hatte in einer früheren Entscheidung nicht feststellen können, dass das Analogieverbot verletzt wird, wenn Gerichte die Gewaltalternative des § 240 StGB auf Sitzdemonstrationen erstrecken, bei denen die Teilnehmer Zufahrten zu militärischen Einrichtungen ohne gewalttätiges Verhalten durch Verweilen auf der Fahrbahn versperren. In seiner jüngsten Entscheidung vertritt das BVerfG dagegen die Auffassung, dass die durch die Strafgerichte vorgenommene Auslegung des Gewaltbegriffs in § 240 Abs. 1 StGB gegen das Bestimmtheitsgebot (hier des Art. 103 Abs. 2 GG) verstößt (✎ BVerfGE 92, 1, 11 f.). Die Richter des BGH akzeptierten den Beschluss des BVerfG nicht und kreierten nur ein halbes Jahr später am 20. Juli 1995 ihre – bis heute in der Polizeipraxis geltende – sog. „Zweite-Reihe-Entscheidung" (✎ BGHSt 41, 181 ff. = NStZ 1995, S. 541 ff. = NJW 1995, S. 2643 ff.). Im Wesentlichen kommt der BGH zu dem Ergebnis, dass die von einer demonstrativen Blockade ausgehende rein psychische, den Gewaltbegriff der Nötigung nicht tangierende Zwangswirkung nur dann besteht, wenn die Möglichkeit der Durchbrechung der Blockade gegeben ist. Dies sei aber immer nur dann der Fall, wenn nur ein einziger Fahrzeugführer an der Weiterfahrt gehindert wird, nicht jedoch, wenn ein weiteres oder mehrere nachfolgende Fahrzeuge durch das Anhalten des ersten Fahrzeugs an der Weiterfahrt physisch behindert und zum Anhalten genötigt würden (vgl. 📖 Möllers / van Ooyen, S. 359-381). In diesen Fällen würden „die durch psychischen Zwang angehaltenen (ersten) Fahrzeuge als ‚Mittel zur Bildung einer Barriere' benutzt" (📖 Dietel / Gintzel / Kniesel, § 15 VersG, Rdnr. 199) und die Fahrer der erstblockierten Fahrzeuge „Werkzeug zur tatsächlichen Behinderung der Nachfolgenden" (✎ BGH, NStZ 1995, S. 542).

📖 ***Borsdorff***, *Anke /* ***Kastner***, *Martin: Wissenstest – Polizeiliches Einsatzrecht. 444 Fragen – 444 Antworten für Ausbildung, Prüfung und Praxis im Polizeivollzugsdienst des Bundes und der Länder, 2. Aufl., Lübeck 2008;* ***Dietel***, *Alfred /* ***Gintzel***, *Kurt /* ***Kniesel***, *Michael: Demonstrations- und Versammlungsfreiheit. Kommentar zum Gesetz über Versammlungen und Aufzüge vom 24. Juli 1953, 15. Aufl., Köln 2008;* ***Möllers***, *Martin H. W. /* ***van Ooyen***, *Robert Chr.: Bürgerfreiheit, Menschenrechte und Staatsräson – ausgewählte Grundrecht-Rechtsprechung im Bereich „Innere Sicherheit", in: van Ooyen / Möllers (Hg.), Das Bundesverfassungsgericht im politischen System, Wiesbaden 2006, S. 368-370;* ***Stuckenberg***, *Carl-Friedrich: BVerfGE 92, 1 – Sitzblockade (mit E 73, 206 – Mutlangen). Die erweiternde Auslegung des Gewaltbegriffs in § 240 I StGB verstößt im Zusammenhang mit Sitzdemonstrationen gegen Art. 103 II GG, in: Menze (Hg.), Verfassungsrechtsprechung, Tübingen 2000, S. 556-560.*

---

40. Welche Bedeutung hat das Übermaßverbot für alle belastenden Maßnahmen der Polizei?

Aus dem Rechtsstaatsprinzip nach Art. 20 Abs. 3 GG ergibt sich, dass es den PVB bei ihrem polizeilichen Handeln in der sog. Eingriffsverwaltung verboten ist, die Bürgerinnen und Bürger übermäßig zu belasten. Dieses Übermaßverbot ist immer nur dann gewahrt, wenn der Grundsatz der Verhältnismäßigkeit gewahrt wird (s. auch 📖 Borsdorff / Kastner, Frage 11, S. 42 ff.). Nach ständiger Rechtsprechung des BVerfG ist daher bei grundrechtseinschränkenden Maßnahmen durch Legislative, Exekutive und Judikative immer der Grundsatz der Verhältnismäßigkeit zu beachten (📖 BVerfG: E 7, 377 [405 u. 407 f.]; 48, 396 [402]; 83, 1 [19]; 90, 145 [173]; vgl. ✒ Ipsen, Rdnr. 169). Dabei ist die Verhältnismäßigkeit im engen Sinne mit der Rechtsgüterabwägung zu erforschen. Die Prüfung des Verhältnismäßigkeitsgrundsatzes wird grundsätzlich in vier Schritten vollzogen: Der Zweck der Grundrechtsbeschränkung muss legitim und das eingesetzte Mittel geeignet, erforderlich und angemessen sein (vgl. dazu die Ausführungen bei 📖 Ipsen, Rdnr. 172 ff.).

📖 ***Borsdorff***, *Anke /* ***Kastner***, *Martin: Wissenstest – Polizeiliches Einsatzrecht. 444 Fragen – 444 Antworten für Ausbildung, Prüfung und Praxis im Polizeivollzugsdienst des Bundes und der Länder, 2. Aufl., Lübeck 2008;* ***Ipsen***, *Jörn: Staatsrecht II: Grundrechte. 12. Aufl., Neuwied 2009.*

---

41. Grundsatz der Verhältnismäßigkeit: Was ist darunter zu verstehen, dass der Zweck der grundrechtsbeschränkenden Polizeimaßnahme legitim sein muss?

Einige Grundrechte setzen dem grundrechtseinschränkenden Gesetzgeber für den legitimen Zweck einen Rahmen. So finden nach Art. 5 Abs. 2 GG u. a. die Meinungs-, Informations- und Pressefreiheit ihre Schranken nur in den Vorschriften der allgemeinen Gesetze, den gesetzlichen Bestimmungen zum Schutze der Jugend und in dem Recht der persönlichen Ehre. Eine Einschränkung der Grundrechte aus Art. 5 Abs. 1 GG durch allgemeine Gesetze ist daher nur dann verfassungsgemäß, wenn diese Gesetze ein vergleichbar bedeutendes Rechtsgut schützen wollen (✒ BVerfGE 7, 198 [210]). Ein Gesetz, welches ein Grundrecht aus Art. 5 Abs. 1 GG aus politischen Gründen einschränken wollte, wäre also nicht legitim (📖 Ipsen, Rdnr. 173). Soweit aber die Grundrechte keine inhaltlichen Bestimmungen enthalten, ist der Zweck grundsätzlich immer dann legitim, wenn er sich im Rahmen der Staatsaufgaben bewegt. Das ist z. B. immer dann in der Regel gegeben, wenn im Sachverhalt eine Rechtsgrundlage angegeben wird (Auf eine komplexere Legitimitätsprüfung wird für dieses berufsbezogene Studium zur Kommissarin bzw. zum Kommissar verzichtet.).

📖 *Ipsen, Jörn: Staatsrecht II: Grundrechte. 12. Aufl., Neuwied 2009.*

---

42. Grundsatz der Verhältnismäßigkeit: Was ist darunter zu verstehen, dass das eingesetzte Mittel geeignet sein muss?

Zur Erreichung des legitimen Zwecks müssen die Maßnahmen, zu denen das grundrechtseinschränkende Gesetz berechtigt, geeignet sein, weil ungeeignete Maßnahmen immer übermäßig sind. Geeignet ist ein Mittel, das den angestrebten legitimen Zweck erstrebt oder zumindest fördert (📖 Schmidt, Rdnr. 174). Um zum Beispiel zu verhindern, dass eine Person mit ihrem Kfz einen bestimmte, sicherheitsgefährdeten Ort nicht befährt, wäre eine Videoaufnahme von Fahrzeug und Person nicht geeignet, wohl aber das Anhalten des Pkws mittels Straßensperre oder mithilfe eines Nagelgitters.

📖 *Schmidt, Rolf: Grundrechte sowie Grundzüge der Verfassungsbeschwerde. 11. Aufl., Grasberg bei Bremen 2009.*

---

43. Grundsatz der Verhältnismäßigkeit: Was ist darunter zu verstehen, dass das eingesetzte Mittel erforderlich sein muss?

Bei der Erforderlichkeit der Maßnahme ist, wenn mehrere geeignete Maßnahmen zur Verfügung stehen, immer auf das mildeste Mittel abzustellen, also auf diejenige Maßnahme, die betroffene Grundrechte am wenigsten beeinträchtigt. Gibt es nur eine einzige geeignete Maßnahme, ist diese auch erforderlich (📖 Schmidt, Rdnr. 176). Um zum Beispiel zu verhindern, dass eine Person mit ihrem Kfz einen bestimmte, sicherheitsgefährdeten Ort nicht befährt, wäre z. B. das Anhalten des Pkws mittels Straßensperre oder mithilfe eines Nagelgitters geeignet. Das mildere Mittel ist die Straßensperre, weil dadurch der Pkw – im Gegensatz zum Einsatz eines Nagelgitters, das zumindest die Reifen zerstört, – nicht beschädigt wird.

📖 *Schmidt, Rolf: Grundrechte sowie Grundzüge der Verfassungsbeschwerde. 11. Aufl., Grasberg bei Bremen 2009.*

---

44. Grundsatz der Verhältnismäßigkeit: Was ist darunter zu verstehen, dass das eingesetzte Mittel angemessen sein muss?

Eine Maßnahme, die geeignet und erforderlich ist, muss außerdem angemessen sein. Sie muss also in einem angemessenen Verhältnis zu dem erstrebten legitimen Zweck stehen und darf für den Betroffenen nicht unzumutbar sein (📖 Schmidt, Rdnr. 179 ff.). Es ist daher immer verfassungswidrig, „mit Kanonen auf Spatzen zu schießen". Um dies festzustellen, wird eine Rechtsgüterabwägung durchgeführt. Denn bei der Angemessenheit geht es um die verhältnismäßige Weise im konkreten Einzelfall (📖 Schmidt, Rdnr. 182).

📖 *Schmidt, Rolf: Grundrechte sowie Grundzüge der Verfassungsbeschwerde. 11. Aufl., Grasberg bei Bremen 2009.*

---

45. Wie funktioniert die Rechtsgüterabwägung bei belastenden polizeilichen Maßnahmen?

Bei belastenden polizeilichen Maßnahmen könnte die Polizei in Grundrechte der Bürgerinnen und Bürger eingreifen. Das bzw. die Grundrechte, welche die betroffene Person hat, stellt das eine Rechtsgut dar. Das andere Rechtsgut begründet die polizeiliche Maßnahme. Eine solche Maßnahme hat – zumindest überwiegend – entweder präventiven oder repressiven Charakter. Für *präventive* Maßnahmen der Polizei ist als Gemeinschaftswert die Öffentliche Sicherheit und Ordnung (Gefahrenabwehr) anzuführen, die sich vor allem aus dem Rechtsstaatsprinzip nach Art. 20 Abs. 3 GG, andererseits aber auch aus der Schutzpflicht des Staates nach Art. 1 Abs. 1 Satz 2, 2. Alt. GG ergibt. Zusätzlich können weitere Rechtsgüter hinzutreten. Für *repressive* Maßnahmen der Polizei kommt ebenfalls regelmäßig das Rechtsstaatsprinzip nach Art. 20 Abs. 3 GG in Form des Strafverfolgungsanspruchs (eigentlich der Strafverfolgungsverpflichtung) des Staates als in der Verfassung verankerter Gemeinschaftswert (Fundamentalprinzip) in Betracht.

Durch Güterabwägung ist festzustellen, welches Rechtsgut höherwertiger ist: Das Rechtsgut, das durch das Grundrecht geschützt wird, oder das, welches durch die Schranke geschützt wird. In das höherwertige Rechtsgut darf nicht eingegriffen werden, sondern nur in das geringerwertige. Bei der Güterabwägung sind alle Grundrechte grundsätzlich gleichwertig. Menschenwürde, Art. 1 GG; Recht auf Leben und auf körperliche Unversehrtheit, Art. 2 Abs. 2 Satz 1 GG; Meinungsfreiheit, Art. 5 Abs. 1 Satz 1, 1. Alt. GG sowie die verfassungsmäßig geschützten Gemeinschaftswerte sind jedoch häufig – aber nicht immer – höherwertig. Es kommt immer auf den Einzelfall an (📖 Möllers, S. 44 f.). Instrumentarien für diese Einzelfallentscheidung sind die „Wechselwirkungstheorie", welche die Frage nach dem Verhältnis zwischen Grundrechtsverbürgung und grundrechtseingrenzenden Bestimmungen beinhaltet, und die Theorie der „praktischen Konkordanz", mit der durch Güterabwägung zwischen (mehreren) Individual- und öffentlichen Interessen ein ausgeglichener Grundrechtsausgleich angestrebt wird, heranzuziehen. Beurteilungskriterien für die Güterabwägung sind nach Auffassung des BVerfG die „Intensität des Eingriffs", das „Gewicht von Gemeinwohlinteressen" und die „im Grundrecht verankerten Individualinteressen" des Betroffenen (🖊 BVerfGE 33, 125, [158 ff.]; 33, 303, [345]; 63, 266, [288]; 76, 171, [184 f.]; 82, 209, [224 ff.]; 88, 103, [115 ff.]; vgl. auch 📖 Manssen, Rdnr. 183 mit Beispielen in 184 f.).
📖 *Manssen, Gerrit: Staatsrecht II. Grundrechte, 6. Aufl., München 2009; Möllers, Martin H. W.: Polizei und Grundrechte. Lehrbuch zu den Grundrechten in der polizeilichen Praxis, Blaue Reihe: Studienbücher für die Polizei, 2. Aufl., Frankfurt/M 2011.*

---

46. Wie lautet der Schutzbereich des Art. 1 Abs. 1 Satz 1 GG?

Persönlicher Schutzbereich: Die Menschenwürde ist unantastbar und gilt für alle natürlichen Personen, unabhängig davon, ob es Deutsche, Ausländer oder Staatenlose sind. Aus der Natur der Sache ergibt sich, dass die Menschenwürde nicht auf juristische Personen im Sinne des Art. 19 Abs. 3 GG anwendbar ist. *Sachlicher Schutzbereich*: Schutzgut ist der soziale Wert- und Achtungsanspruch, der aus der Menschenwürde fließt.

---

47. Die Menschenwürde ist ein unbestimmter Rechtsbegriff und daher konkretisierungsbedürftig. Woraus könnten sich Anhaltspunkte für die inhaltliche Bestimmung des Menschenwürdebegriffs ergeben?

Die Menschenwürde, die nicht nur die individuelle Würde der jeweiligen Person, sondern die Würde des Menschen als Gattungswesen ist, gibt jedem Menschen einen Wert- und Achtungsanspruch, der es verbietet, den Menschen zum bloßen Objekt des Staates zu machen oder ihn einer Behandlung auszusetzen, die seine Subjektqualität prinzipiell in Frage stellt. Menschenwürde besitzt jeder, ohne Rücksicht auf seine Eigenschaften, seine Leistungen, seinen sozialen Status sowie seinen körperlichen oder geistigen Zustand. Menschenwürde geht auch durch „unwürdiges" Verhalten nicht verloren und kann auch keinem Menschen genommen werden. Verletzt werden kann nur der *soziale Achtungsanspruch*, der sich aus der Menschenwürde ergibt (✎ BVerfGE 87, 209 [228]). Als unbestimmter Rechtsbegriff ist die Menschenwürde konkretisierungsbedürftig. Anhaltspunkte für die inhaltliche Bestimmung ergeben sich zunächst aus dem systematischen Kontext mit den weiteren Grundrechten, die zugleich Menschenrechte sind (z. B. Art. 2, Art. 3 GG) und als Konkretisierungen der Menschenwürde einen sog. „Menschenwürdekern" enthalten (dieser ist über Art. 79 Abs. 3 i. V. m. Art. 1 Abs. 1 GG damit ebenfalls einer Verfassungsänderung entzogen). Zur Präzisierung, wann eine Verletzung der Menschenwürde vorliegt, prägte das BVerfG mit der sog. „Objektformel" eine generell-abstrakte Formulierung: „Es widerspricht der menschlichen Würde, den Menschen zum bloßen Objekt im Staat zu machen" (✎ BVerfGE 9, 89). Aber auch die „Objektformel" kann nach Auffassung des Gerichts „lediglich die Richtung andeuten, in der Fälle der Verletzung der Menschenwürde gefunden werden können", denn offenbar „lässt sich das nicht generell sagen, sondern immer nur in Ansehung des konkreten Falles" (✎ BVerfGE 30, 1). So hat das BVerfG den Begriff der Menschenwürde im Laufe der Zeit an Hand einer Vielzahl von Entscheidungen im Grundrechtsbereich näher bestimmt und als Verstoß gegen die Menschenwürde z. B. angenommen bei Folter, unmenschliche, erniedrigende oder unangemessene Strafen, Menschenhandel und Sklaverei, Strafe ohne Schuld, Zwang zur Selbstbezichtigung im Straf- oder Ordnungswidrigkeitsverfahren, Strafverfahren und Untersuchungshaft bei nur noch eng begrenzter Lebenserwartung, Eingriffe in die „Intimsphäre" (Datenschutz), Verwendung eines Lügendetektors (verbotene Vernehmungsmethoden), unmenschliche Unterbringung, Verweigerung des rechtlichen Gehörs, Zurschaustellung von Gefangenen, demütigende oder erniedrigende Behandlung (vgl. 📖 Möllers, S. 95 ff.).

📖 *Möllers, Martin H. W.: Polizei und Grundrechte. Lehrbuch zu den Grundrechten in der polizeilichen Praxis, Blaue Reihe: Studienbücher für die Polizei, 2. Aufl., Frankfurt/M 2011.*

---

48. Wäre das amerikanische Strafsystem der Boot Camps, das von 1994-1997 auch in den Niederlanden erprobt wurde, mit Art. 1 Abs. 1 GG vereinbar?

Boot Camps sind eine besondere Form des Strafvollzugs, insbesondere für jugendliche Straftäterinnen und Straftäter. Sie zeichnen sich dadurch aus, dass sie demütigende und erniedrigende Behandlungen durch das Aufsichtspersonal frönen sowie Eingriffe in die „Intimsphäre" beinhalten. Oft ist auch eine unmenschliche Unterbringung das Wesen von Boot Camps. Damit verfolgen sie das Ziel, Jugendliche, die ein solches „Verfahren" durch- und überstehen, „endgültig" zu resozialisieren und künftig zu verhindern, dass diese wieder straffällig werden können. Abgesehen davon, dass diese Form des US-amerikanischen Strafvollzugs nach europäischen Forschungen die gewünschten Erfolge nicht explizit ausweisen, wäre diese Form des Strafvollzugs nach Entscheidungen des BVerfG nicht mit der Menschenwürde vereinbar und daher in Deutschland verboten.

---

49. Was bedeutet in Art. 1 Abs. 1 Satz 2 GG „achten" bzw. „schützen"?

Aus Art. 1 Abs. 1 Satz 2 GG folgt einerseits, dass die staatlichen Organe die Menschenwürde „achten" müssen. Damit verbunden ist ein Unterlassungsanspruch der Menschen gegen den Staat, selbst Handlungen vorzunehmen, welche die Menschenwürde als Kern der Menschenrechte verletzten. Dadurch dass andererseits die staatlichen Organe die Menschenwürde auch „schützen" müssen, ergibt sich ein Forderungsanspruch gegenüber der staatlichen Gewalt, dafür einzutreten, dass die Menschenwürde als Kern der Menschenrechte nicht von Dritten verletzt wird.

50. Ist Art. 1 Abs. 1 Satz 2, 2. Alt. GG eine Eingriffsermächtigung für die Polizei?

Da Art. 1 Abs. 1 Satz 2, 2. Alt. GG bestimmt, dass der Staat dafür Sorge zu tragen hat, dass die Menschenwürde, die den Kern zu allen nachfolgenden Grundrechten bildet, nicht von Dritten verletzt wird, kann der Staat daraus nicht im Umkehrschluss eine Ermächtigungsgrundlage für sich begründen, in die Grundrechte der Menschen einzugreifen. Eine Eingriffsermächtigung ergibt sich vielmehr nur aus der Verfassung nachrangigen Gesetzen.

51. Welche Grundrechte lassen sich im Einzelnen der freien Entfaltung der Persönlichkeit nach Art. 2 Abs. 1 GG entnehmen und wie lauten ihre Schutzbereiche?

Art. 2 Abs. 1 GG regelt zum einen in Form der *allgemeinen Handlungsfreiheit*, die Persönlichkeit durch selbstbestimmtes Handeln und/oder Unterlassen frei zu entfalten. Zum anderen enthält Art. 2 Abs. 1 GG in Verbindung mit Art. 1 Abs. 1 Satz 1 GG aber auch das *Allgemeine Persönlichkeitsrecht*, das sich darauf bezieht, die Persönlichkeit auch dadurch entfalten zu können, dass jeder selbst über seine personenbezogenen Daten bestimmen kann. Für den persönlichen Schutzbereich gilt: Die allgemeine Handlungsfreiheit ist ein Menschenrecht und gilt daher für alle natürlichen Personen, unabhängig davon, ob es Deutsche, Ausländer oder Staatenlose sind. Sachlicher Schutzbereich der allgemeinen Handlungsfreiheit ist: Schutzgut ist jedes menschliche Handeln, das nicht einem speziellen Grundrecht unterfällt. Auch das Allgemeine Persönlichkeitsrecht ist ein Menschenrecht und gilt daher für alle natürlichen Personen. Schutzgut ist die enge persönliche Lebenssphäre und das Recht auf Selbstbestimmung, z. B. das Recht auf informationelle Selbstbestimmung, das Recht am eigenen Bild, das Recht am eigenen

Wort, das Recht auf Gegendarstellung; aber Art. 10 und 13 GG gehen vor.

---

52. Was ist unter „Rechte anderer", „verfassungsmäßige Ordnung" und „Sittengesetz" im Sinne von Art. 2 Abs. 1 GG zu verstehen?

Zu den Rechten Dritter gehören alle nach dem Grundgesetz und seiner Rechtsordnung als schutzwürdig anerkannten subjektiv-öffentlichen oder privaten Rechte. In erster Linie sind hier solche Rechtsgüter gemeint, welche durch die Grundrechte geschützt werden: vor allem Leben, Gesundheit, Freiheit, Eigentum (vgl. 📖 Ipsen, Rdnr. 734). Niemandem steht also ein Mehr an allgemeiner Handlungsfreiheit gegenüber allen anderen Menschen zu. Weil damit auch jeder Dritte das Recht auf freie Entfaltung seiner Persönlichkeit hat, ist diese Schranke stets in der *verfassungsmäßigen Ordnung* enthalten. Die verfassungsmäßige Ordnung ist, da die allgemeine Handlungsfreiheit ausnahmslos alle Handlungsbereiche der Menschen schützt, entsprechend weit auszulegen. Nach Auffassung des BVerfG kann unter dem Begriff der verfassungsmäßigen Ordnung „nur die allgemeine Rechtsordnung verstanden werden, die die materiellen und formellen Normen der Verfassung zu beachten hat, also eine verfassungsmäßige Rechtsordnung sein muss." (vgl. ✎ BVerfGE 6, 32 [37 f.]; 50, 256 [262]; 59, 275 [278]; 80, 137 [153]; 90, 145 [171 f.], st. Rspr.). Im Sinne des Art. 2 Abs. 1 GG umfasst daher die verfassungsmäßige Ordnung (anders als bei Art. 9 Abs. 2 GG) die Summe aller formell und materiell verfassungsmäßigen Rechtsnormen (vgl. 📖 Ipsen, Rdnr. 737 m. w. N.). Deshalb zählen zur verfassungsmäßigen Ordnung alle bundes- und landesrechtlichen Rechtsnormen sowie auch kommunale Vorschriften, die formell und materiell verfassungsgemäß zustande gekommen sind (✎ BVerfGE 90, 145 [171 f.]). Art. 2 Abs. 1 GG kann also durch jede Rechtsnorm beschränkt werden, soweit diese Gesetze im materiellen Sinn (also Gesetze, Rechtsverordnungen, Satzungen etc.) nach Form und Inhalt mit dem Grundgesetz vereinbar sind. Unter das Sittengesetz fällt – auch wenn es keine allgemeingültige Definition gibt (📖 Katz, Rdnr. 691) – die Summe derjenigen sittlichen Normen, welche die Allgemeinheit als richtig anerkennt und für ein Zusammenleben sittlicher Wesen als verbindlich betrachtet (✎ BVerfGE 6, 389 [434]). Die Schranke des Sittengesetzes transformiert außerrechtliche Normen tengesetzes transformiert außerrechtliche Normen in die Rechtsordnung. Das Sittengesetz gilt nicht unmittelbar, sondern nur, wenn es verfassungsrechtlich anerkannt ist. Das BVerfG hat bisher ein einziges Mal – in einer frühen Entscheidung aus dem Jahre 1957 (⬦ BVerfGE 6, 389 ff.) – das Sittengesetz im Zusammenhang mit Homosexualität als Schranke angewendet. Die Anschauungen über den Inhalt des Sittengesetzes unterliegen (wie dieser einzige Fall bereits zeigt) einem ständigen Wandel (vgl. ⬤ Ipsen, Rdnr. 743). Im Wesentlichen bezieht sich daher die Schrankentrias des Art. 2 Abs. 1, 2. Halbsatz GG auf die Vorschriften der verfassungsmäßigen Ordnung, in der die Rechte anderer und das Sittengesetz sich widerspiegeln.

⬤ *Ipsen, Jörn: Staatsrecht II: Grundrechte. 12. Aufl., Neuwied 2009; **Katz**, Alfred: Staatsrecht. Grundkurs im öffentlichen Recht, 17. Aufl., Heidelberg 2007.*

---

53. Wie ist das Allgemeine Persönlichkeitsrecht nach Art. 2 Abs. 1 in Verbindung mit Art. 1 Abs. 1 GG und seine Sphärenlehre zu erläutern?

Das Allgemeine Persönlichkeitsrecht (APR) ist ein im Grundgesetz in Art. 2 Abs. 1 GG i. V. m. Art. 1 Abs. 1 GG festgeschriebener, besonders geschützter Teilaspekt der allgemeinen Handlungsfreiheit (⬦ BVerfGE 72, 155 [170]), der den Schutz der engeren persönlichen Lebenssphäre beinhaltet, insbesondere die Privat-, Geheim- und Intimsphäre (so schon ⬦ BVerfGE 27, 1), soweit nicht Rechte anderer verletzt oder gegen die verfassungsmäßige Ordnung oder das Sittengesetz verstoßen wird. Von besonderer polizeirelevanter Bedeutung sind in diesem Zusammenhang das *Recht am eigenen Bild* (§§ 22 ff. KunstUrhG), das die Möglichkeit von Bildaufnahmen und Bildaufzeichnungen durch die Polizei beschränkt, sowie das *Recht auf informationelle Selbstbestimmung* (§ 1 Abs. 1 BDSG), das die Befugnis betrifft, dass grundsätzlich die Menschen selbst über die Verwertung ihrer persönlichen Daten bestimmen können (⬦ BVerfGE 65, 1 [41]). Außerdem enthält das APR den Anspruch, durch die Staatsgewalt nicht mit Nachteilen belastet zu werden, die nicht – als formell oder materiell verfassungsgemäße Rechtsnormen – in der verfassungsmäßigen Ordnung begründet sind (⬦ BVerfGE 6, 38). Insofern sind mit dem APR die Ausstrahlungen der Persönlichkeit eines Menschen in allen Beziehungen als Grundrecht anerkannt. Das APR wird deshalb auch in ständiger Rechtsprechung (⚹ BGHZ 13, 334; 24, 72 [76]) als sonstiges absolutes Recht in den Anwendungsbereich der Schadensersatznorm der unerlaubten Handlungen (§ 823 Abs. 1 BGB) einbezogen. Als besonderes Persönlichkeitsrecht ist es darüber hinaus in vielen Spezialvorschriften verankert, z. B. als Urheberrecht im UrhG oder als Namensrecht in § 12 BGB.

Von den aktiven Elementen der *allgemeinen Handlungsfreiheit* grenzt sich das APR ab und gewährleistet für den engsten persönlichen Lebensbereich einen abgestuften, besonders intensiven Grundrechtsschutz nach der sog. „Sphärenlehre". Dabei findet das APR grundsätzlich seine Grenzen in den Rechten anderer; hier ist von besonderer Bedeutung z. B. die Kollision mit der Meinungsfreiheit (Art. 5 Abs. 1 Satz 1, 1. Alt. GG) und der Pressefreiheit (Art. 5 Abs. 1 Satz 2, 1. Alt. GG), welche die freie Berichterstattung durch die Presse sicherstellen soll. In Rechtsprechung und Schrifttum haben sich bezüglich der Sphärenlehre verschiedene Fallgruppen für den abgestuften Grundrechtsschutz herausgebildet (📖 Weinzierl, S. 57):

Die *Individualsphäre* als äußerster Bereich schützt zunächst das „Selbstbestimmungsrecht" des Menschen in seinen Beziehungen zur Umwelt, insbesondere in seinem öffentlichen und beruflichen Wirken (⚹ BAG, in NJW 1990, S. 2272; ⚹ LG Wiesbaden, in CR 1990, S. 652). Ferner gehört dazu auch das Verfügungsrecht über die Darstellung der eigenen Person, insbesondere das Recht am eigenen Namen und Bild sowie am geschriebenen und gesprochenen Wort (Recht vor der Unterschiebung nicht getaner Äußerungen: ⚹ BVerfGE 35, 202 [220]; 54, 148 [153]), u. a. in der Öffentlichkeit durch die Medien. Hier muss es zu einer Güter- und Interessenabwägung kommen, bei der einerseits Art und Zweck der Berichterstattung (öffentliche Unterrichtung oder Sensationsberichterstattung) und andererseits die Persönlichkeit der Betroffenen zu berücksichtigen sind. Bei schwerwiegenden Verletzungen, die i. d. R. aber erst die Bereiche der *Privatsphäre* (s. u.) und/oder *Intimsphäre* (s. u.) betreffen, haben Geschädigte nicht nur ein Recht auf Gegendarstellung (⚹ BVerfGE 63, 131 [142]), sondern können auch einen Anspruch auf Ersatz des immateriellen Schadens in Form von Schmerzensgeld nach § 847 BGB haben (⚹ BGHZ 13, 334; 26, 349: „Herrenreiterfall"; 35, 363; 39, 124). Stärker geschützt als die Individualsphäre ist die *Privatsphäre*, die den häuslichen Lebensbereich, insb. die Familie, als autonomen Bereich privater Lebensgestaltung betrifft und dem „Zugriff" der Öffentlichkeit entzieht (zur Unzulässigkeit der Veröffentlichung des Gehalts eines Fußballspielers s. 🖉 AG Charlottenburg, Urteil vom 22.3.1995 – 6 C 790/94; aber: Kapitalgesellschaft hat keine Privatsphäre: 🖉 BFH, in DB 1998, S. 2399; zum Verfügungsrecht über Daten aus der Sozial- und Privatsphäre bei Presseveröffentlichung vgl. 🖉 OLG Hamburg, in NJW-RR 1999, S. 1550). Nur ausnahmsweise staatlichem Zugriff geöffnet ist schließlich die *Intimsphäre*, d. h. die innere Gedanken- und Gefühlswelt, die sich etwa in vertraulichen Briefen und Tagebuchaufzeichnungen manifestiert sowie den Gesundheitszustand und das Sexualleben betrifft (🖉 BVerfGE 80, 367 [373 ff.]; 88, 87 [97 ff.]). Insofern gilt auch für Krankenunterlagen der Schutz der Intimsphäre (🖉 LG Hamburg, in 🖉 NJW 2001, S. 1221)*: Allgemeines Persönlichkeitsrecht, in: Möllers (Hg.), Wörterbuch der Polizei, 2. Aufl., München 2010, S. 56-57.*

---

54. Wie lautet der Schutzbereich des Rechts auf Leben nach Art. 2 Abs. 2 Satz 1, 1. Alt. GG?

Das Recht auf Leben ist ein höchstpersönliches Menschenrecht und gilt daher nur für natürliche Personen, unabhängig davon, ob es Deutsche, Ausländer oder Staatenlose sind. Schutzgut ist das körperliche Dasein als biologisch-physische Existenz.

---

55. Wie lautet der Schutzbereich des Rechts auf körperliche Unversehrtheit nach Art. 2 Abs. 2 Satz 1, 2. Alt. GG?

Das Recht auf körperliche Unversehrtheit ist ein höchstpersönliches Menschenrecht und gilt daher nur für natürliche Personen, unabhängig davon, ob es Deutsche, Ausländer oder Staatenlose sind. Schutzgut ist die Integrität der Körpersphäre. Dazu gehört auch das Freisein von Schmerzen, Unfruchtbarkeit und Verunstaltungen.

56. Wie lautet der Schutzbereich der Freiheit der Person nach Art. 2 Abs. 2 Satz 2 GG im Zusammenhang mit Art. 104 GG und welche Eingriffe kann die Polizei vollziehen?

Die Freiheit der Person ist ein höchstpersönliches Menschenrecht und gilt daher nur für natürliche Personen, unabhängig davon, ob es Deutsche, Ausländer oder Staatenlose sind. Schutzgut ist die körperliche Bewegungsfreiheit, insbesondere die Freiheit, den Ort, an dem man sich befindet, verlassen zu können. Die Freiheit der Person ist begrenzt auf die körperliche Bewegungsfreiheit und steht in der Tradition des zunächst in England entwickelten Instituts des „habeas corpus" (lat. wörtlich: „du habest einen Körper"), mit dessen Hilfe Freiheitsbeschränkungen durch die öffentliche Gewalt begrenzt und verfahrensrechtlichen Anforderungen unterworfen wurden. Art. 2 Abs. 2 Satz 2 GG steht unter Gesetzesvorbehalt des Art. 2 Abs. 2 Satz 3 GG in Form des Eingriffsvorbehalts, da die Freiheit der Person ein *unverletzliches* Grundrecht ist. Näher ausgestaltet ist dieser Eingriffsvorbehalt durch Art. 104 GG, der kein eigenes Freiheitsrecht ist, aber dieselbe Freiheit zum Inhalt hat. Verstöße gegen Art. 104 GG bedeuten damit stets auch eine Verletzung der Freiheit der Person. Insofern kommt auch Art. 104 GG Grundrechtscharakter zu. Wie es sich aus Art. 104 Abs. 2 GG ergibt, ist die Freiheitsentziehung ein Unterfall der Freiheitsbeschränkung. Die Freiheitsentziehung ist ein besonders nachhaltiger Eingriff in die Freiheit der Person und nur unter den Voraussetzungen des Art. 104 Abs. 2 GG statthaft (📖 Ipsen, Rdnr. 253). Alle Maßnahmen des unmittelbaren Zwangs sind Eingriffe in die Freiheit der Person, weil Betroffene ihnen nicht ausweichen können. Auch solche Maßnahmen, die selbst zwar keinen unmittelbaren Zwang darstellen (z. B. das „Anhalten" im Rahmen der Identitätsfeststellung), aber mit Mitteln des unmittelbaren Zwangs durchgesetzt werden können, sind als Eingriffe in die Freiheit der Person zu werten. Vorladungen zum Verkehrsunterricht (bei Androhung „nur" eines Bußgeldes) und Vorladungen zur Polizei sind demnach keine Eingriffe in die Freiheit der Person. Polizeiliche Eingriffe wie die Vorführung, die Abschiebung, das Verbringen zur Blutprobenentnahme oder die Pflicht, als Zeuge oder Angeklagter zur Hauptverhandlung zu erscheinen, können grundsätzlich aber nicht als Freiheits*entziehung*, sondern lediglich als Freiheits*beschränkung* gewertet werden.

📖 *Ipsen, Jörn: Staatsrecht II: Grundrechte. 12. Aufl., Neuwied 2009.*

---

57. Wie unterscheiden sich die Gleichheitsgrundrechte von den Freiheitsgrundrechten und wie lauten die Schutzbereiche der Gleichheitsgrundrechte des Art. 3 GG?

Die Gleichheitsrechte gewährleisten im Gegensatz zu den Freiheitsrechten keinen Handlungsbereich, „sondern sichern die Gleichbehandlung aller Bürger durch den Staat." (📖 Katz, Rdnr. 597). Daraus ergibt sich das *Diskriminierungs-* oder auch *Willkürverbot*, das bestimmt, dass Unterschiede nur bei sachlichen Gründen gemacht werden dürfen. Entsprechend besagt der *Gleichheitssatz*, dass wesentlich Gleiches gleich und wesentlich Ungleiches ungleich zu behandeln ist. Unterschieden werden spezielle Gleichheitsrechte (Art. 3 Abs. 2, Abs. 3, 33 Abs. 2, 38 Abs. 1 GG) und der allgemeine Gleichheitssatz des Art. 3 Abs. 1 GG. Mit dem Satz „Alle Menschen sind vor dem Gesetz gleich" ist nicht eine Rechtsgleichheit aller Menschen im engen Sinne zu verstehen. Auch ergibt sich daraus nicht der Verfassungsauftrag zur Herstellung tatsächlicher Gleichheit. Das belegen bereits die Grundrechte der allgemeinen Handlungsfreiheit, der Berufsfreiheit und die Gewährleistung des Eigentums, die faktische Ungleichheit ja gerade garantieren. Der natürlichen Freiheit steht eine natürliche Ungleichheit gegenüber (vgl. 📖 Schmidt, Rdnr. 324; 📖 Ipsen, Rdnr. 748 f.).

Grundrechtsträger des Art. 3 Abs. 1 GG, das ein Menschenrecht ist und als *lex generalis* aller Gleichheitsgrundrechte gilt, sind alle natürlichen Personen. Über Art. 19 Abs. 3 GG sind auch alle Personenvereinigungen des Privatrechts Träger des Grundrechts aus Art. 3 Abs. 1 GG. Schutzgut ist die ubiquitär (überall) geltende Rechtsgleichheit, nicht nur die Rechtsanwendungsgleichheit, jedoch nicht die tatsächliche Gleichheit der Menschen (vgl. 📖 Ipsen, Rdnr. 753; 📖 Schmidt, Rdnr. 322). Der allgemeine Gleichheitssatz bezieht sich darauf, dass mit Gleichheit nicht Identität, sondern Vergleichbarkeit gemeint ist. Insofern ist im Gegensatz zu den Freiheitsrechten, bei denen der Grundrechtsträger Einwirkungen abwehrte oder Leistungen beanspruchte, beim allgemeinen Gleichheitssatz immer ein dreipoliges Verhältnis zwischen Grundrechtsträger, Grundrechtsadressaten und einem Dritten kennzeichnend. Nicht das Übermaß des staatlichen Eingriffs, sondern die Gleichheitswidrigkeit der Einwirkung macht mit dem allgemeinen Gleichheitssatz nach Art. 3 Abs. 1 GG der Grundrechtsberechtigte geltend. Die Berufung auf Art. 3 Abs. 1 GG setzt deshalb immer den Bezug zu einem Dritten voraus (📖 Ipsen, Rdnr. 754), wobei dies keine real vorhandene Person sein muss. Grundrechtsträger und in Bezug genommener Dritter bilden ein Vergleichspaar, das in einzelnen, nicht aber in allen Merkmalen (dann Identität!) übereinstimmt (📖 Ipsen, Rdnr. 755). „Die verfassungsrechtliche Frage lautet deshalb jeweils, ob trotz der *Vergleichbarkeit* eine *Ungleichbehandlung* zu rechtfertigen ist oder ob umgekehrt – wenn sich das Vergleichspaar erheblich unterscheidet – trotz der *Unvergleichbarkeit* eine *gleiche Behandlung* gerechtfertigt werden kann. " (📖 Ipsen, Rdnr. 757). Als Rechtfertigung von Ungleichbehandlungen hat das BVerfG die Übereinstimmung von Gesetzen mit dem allgemeinen Gleichheitssatz am Merkmal des „Willkürverbots" geprüft. Danach ist es dem Gesetzgeber verboten, „wesentlich Gleiches willkürlich ungleich, (...) wesentlich Ungleiches willkürlich gleich (zu) behandeln" (✏ BVerfGE 4, 144 [155], st. Rspr.; vgl. dazu 📖 Schmidt, Rdnr. 324). Später entwickelte das BVerfG dazu die sog. „neue Formel": Danach ist das Gleichheitsgebot verletzt, „wenn eine Gruppe von Normadressaten im Vergleich zu anderen Normadressaten anders behandelt wird, obwohl zwischen beiden Gruppen keine Unterschiede von solcher Art und solchem Gewicht bestehen, dass sie ungleiche Behandlung rechtfertigen könnten." (✏ BVerfGE 55, 72 [88]).

Zu den speziellen Gleichheitsrechten zählen die Gleichberechtigung von Mann und Frau (Art. 3 Abs. 2 Satz 1, Abs. 3 Satz 1, 1. Alt. GG), die übrigen Diskriminierungsverbote (Art. 3 Abs. 3 GG), der gleiche Zugang zu öffentlichen Ämtern (Art. 33 Abs. 2 GG) und die Wahlrechtsgrundsätze (Art. 38 Abs. 1 Satz 1 GG). Schließlich gehört auch die in diesem Buch nicht behandelte Gleichstellung der unehelichen Kinder (Art. 6 Abs. 5 GG) zu den speziellen Gleichheitsrechten (vgl. 📖 Schmidt, Rdnr. 343 ff.).

Die Gleichberechtigung von Frauen und Männern nach Art. 3 Abs. 2 Satz 1, Abs. 3 Satz 1, 1. Alt. GG ist ein Menschenrecht und gilt daher für alle natürlichen Personen, unabhängig davon, ob es Deutsche, Ausländer oder Staatenlose sind. Schutzgut ist das Verbot, nach dem Geschlecht zu differenzieren. Auch das allgemeine Diskriminierungsverbot nach Art. 3 Abs. 3 Satz 1 GG ist ein Menschenrecht. Schutzgut ist das

Verbot, nach Geschlecht, Abstammung, Rasse, Sprache, Heimat, Herkunft, Glauben, religiöser oder politischer Anschauung zu differenzieren. Das Verbot der Diskriminierung Behinderter nach Art. 3 Abs. 3 Satz 2 GG ist ein Menschenrecht und gilt daher für alle natürlichen Personen, soweit sie eine Behinderung haben. Schutzgut ist das Verbot, Behinderte zu benachteiligen, nicht aber zu bevorzugen.

📖 *Ipsen, Jörn: Staatsrecht II: Grundrechte. 12. Aufl., Neuwied 2009;* **Katz**, *Alfred: Staatsrecht. Grundkurs im öffentlichen Recht, 17. Aufl., Heidelberg 2007;* **Schmidt**, *Rolf: Grundrechte sowie Grundzüge der Verfassungsbeschwerde. 11. Aufl., Grasberg bei Bremen 2009.*

---

58. Welche Grundrechte sind in Art. 4 GG verankert, wie schlüsselt sich die Glaubensfreiheit auf und wie lautet der Schutzbereich der Glaubens- sowie der Gewissensfreiheit?

Art. 4 GG, der im Zusammenhang mit Art. 140 GG i. V. m. Art. 136-139, 141 WRV zu sehen ist, umfasst nach heute herrschender Meinung drei Schutzbereiche: Art. 4 Abs. 1 und 2 GG verankert zum einen dreifach die *Glaubensfreiheit*: in Art. 4 Abs. 1, 1. Alt. GG die „Freiheit des Glaubens", in Art. 4 Abs. 1, 3. Alt. GG die „Freiheit des religiösen und weltanschaulichen Bekenntnisses" und in Art. 4 Abs. 2 GG die „ungestörte Religionsausübung". Ferner schützt Art. 4 Abs. 1, 2. Alt. GG die *Freiheit des Gewissens* und Art. 4 Abs. 3 GG als Sonderform der Gewissensfreiheit das *Recht auf Kriegsdienstverweigerung* (vgl. 📖 Pieroth / Schlink, Rdnr. 503). Da letzteres für die Polizeipraxis keine Rolle spielt, ist es in diesem Buch entbehrlich (vgl. dazu 📖 Schmidt, Rdnr. 420 ff.).

Die Glaubens- und Weltanschauungsfreiheit umfasst einerseits die *Freiheit des* religiösen und weltanschaulichen *Glaubens*, andererseits die *Bekenntnisfreiheit*, also die Freiheit, religiöse und/oder weltanschauliche Überzeugungen nach außen kundzutun. Die Glaubens- und Weltanschauungsfreiheit setzt notwendig eine Gemeinschaft voraus (vgl. 📖 Ipsen, Rdnr. 362 m. w. N.). Nach früher herrschender Auffassung sollte das *Denken* religiöser und nichtreligiöser Wahrheitsüberzeugungen in Art. 4 Abs. 1, 1. Alt. GG geschützt werden, das *Äußern* solcher Wahrheitsüberzeugungen in Art. 4 Abs. 1, 3. Alt. GG sowie das *Handeln* von religiösen und nichtreligiösen Wahrheitsüberzeugungen in Art. 4 Abs. 2

GG (vgl. 📖 Pieroth / Schlink, Rdnr. 503). Diese abstrakt rechtstheoretische Auffassung hilft aber tatsächlich nicht weiter: Das „Denken" bedarf keines Abwehrrechts, da auch ein totalitärer Staat das Denken nicht beschränken oder verhindern kann. Und ob zum Beispiel das Tragen eines Kopftuchs, eines Turbans oder eines Goldkreuzes sowie das Läuten von Glocken, Drehen von Gebetsmühlen oder das zum Gebet Rufen eher ein „Äußern" oder schon ein „Handeln" darstellt, ist höchstens ein juristischer – und für die Polizeipraxis eher überflüssiger – Streit. Daher wird nach heute herrschender Auffassung die „Freiheit des Glaubens" (Art. 4 Abs. 1, 1. Alt. GG), die „Freiheit des religiösen und weltanschaulichen Bekenntnisses" (Art. 4 Abs. 1, 3. Alt. GG) und die „ungestörte Religionsausübung" (Art. 4 Abs. 2 GG) zusammengefasst in die Glaubensfreiheit nach Art. 4 Abs. 1 u. 2 GG.

Die Glaubensfreiheit ist ein Menschenrecht und gilt daher für alle natürlichen Personen, unabhängig davon, ob es Deutsche, Ausländer oder Staatenlose sind. Im Rahmen des Art. 19 Abs. 3 GG können auch die als öffentlich-rechtliche Körperschaften ausgestalteten christlichen Kirchen (vgl. Art. 140 GG i. V. m. Art. 137 Abs. 5 WRV) Grundrechtsträger sein. Schutzgut sind religiöse und nichtreligiöse Wahrheitsüberzeugungen über den Ursprung der Welt und die Stellung des Menschen in ihr, die sich grundsätzlich dem Beweis entziehen. Dagegen ist die Gewissensfreiheit nach Art. 4 Abs. 1, 2. Alt. GG ein höchstpersönliches Menschenrecht und gilt nur für natürliche Personen, unabhängig davon, ob es Deutsche, Ausländer oder Staatenlose sind. Schutzgut der Gewissensfreiheit ist die an den Kategorien von „Gut" und „Böse" orientierte freie Gewissensentscheidung, soweit sie gesellschaftlich anerkannt ist.

📖 *Ipsen*, Jörn: Staatsrecht II: Grundrechte. 12. Aufl., Neuwied 2009; **Pieroth**, *Bodo / Schlink, Bernhard: Grundrechte. Staatsrecht II, 25. Aufl., Heidelberg 2009; **Schmidt**, Rolf: Grundrechte sowie Grundzüge der Verfassungsbeschwerde. 11. Aufl., Grasberg bei Bremen 2009.*

---

59. Welchen Schutzbereich hat die Meinungsfreiheit nach Art. 5 Abs. 1 Satz 1, 1. Alt. GG?

Grundrechtsträger der Meinungsfreiheit sind alle Menschen sowie entsprechend Art. 19 Abs. 3 GG Personenvereinigungen des Privatrechts, soweit sie in der Lage sind, Meinungen zu äußern und zu verbreiten. Schutzgut ist die Freiheit der Meinungsäußerung und der

Schutzgut ist die Freiheit der Meinungsäußerung und der Meinungsverbreitung. Meinungsäußerungen sind in erster Linie Werturteile, unabhängig davon, welchen Inhalt sie haben. Sie können politisch, unpolitisch, öffentlich, privat, vernünftig, unvernünftig, wertvoll, wertlos sein (vgl. ✐ BVerfGE 61, 1 [8]; 65, 1 [41]; vgl. dazu auch die Beispiele bei ▭ Pieroth / Schlink, Rdnr. 551). Werturteile finden aber immer da ihre Grenze, wenn die Äußerung einen Angriff auf die Menschenwürde darstellt. In diesen Fällen geht der Persönlichkeitsschutz vor (vgl. ▭ Manssen, Rdnr. 400; vgl. dazu ✐ BVerfGE 75, 369 [380]; NJW 1995, S. 3303, 3304; grundlegend dazu ✐ BVerfGE 7, 198-230 – Lüth). Grundsätzlich fallen auch Tatsachenbehauptungen unter die Meinungsfreiheit, soweit es sich nicht nur um bloße Tatsachenangaben handelt, wie etwa die Angabe der Personalien bei der Identitätsfeststellung oder um statistische Angaben. Ebenso fällt auch die erwiesen oder bewusst unwahre Tatsachenbehauptung nicht unter den Schutz der Meinungsfreiheit (✐ BVerfGE 85, 1 [15]; 99, 185 [187]; vgl. ▭ Manssen, Rdnr. 400). Äußerung ist jede Form der Kundgabe. Der Schutz des Art. 5 Abs. 1 Satz 1, 1. Alt. GG endet aber dort, wo die Äußerung – z. B. durch Trillerpfeifen – als Druckmittel eingesetzt wird, um Meinungen aufzuzwingen. Geschützt ist auch, dass die Meinung beim Adressaten ankommt und von ihm empfangen werden kann (z. B. greift die Nichtweiterleitung von Gefangenenpost in die Meinungsfreiheit des Absenders und in die Informationsfreiheit des Gefangenen ein: ✐ BVerfGE 35, 35 [39]; BVerfG, NJW 1995, S. 1477; vgl. ▭ Pieroth / Schlink, Rdnr. 558). Ebenso wird die negative Meinungsfreiheit gewährleistet, also das Recht, Meinungen nicht zu äußern und nicht zu verbreiten. Damit gewährt die Meinungsfreiheit einerseits den Schutz, nicht fremde Meinungen als eigene äußern und verbreiten zu müssen, sodass keine Pflicht zur Teilnahme an staatlich organisierten Grußbotschaften und Ergebenheitsadressen, wie sie in totalitären Staaten üblich sind (vgl. ▭ Pieroth / Schlink, Rdnr. 560), besteht. Andererseits schützt die Meinungsfreiheit auch, dass die Meinung dem, dem sie nicht zukommen soll, auch tatsächlich nicht zukommt. Im letzteren Fall ist dann allerdings Art. 10 Abs. 1 GG lex specialis (vgl. ▭ Pieroth / Schlink, Rdnr. 561).

  📖 *Manssen*, Gerrit: *Staatsrecht II. Grundrechte*, 6. Aufl., München 2009; *Pieroth*, Bodo / *Schlink*, Bernhard: *Grundrechte. Staatsrecht II*, 25. Aufl., Heidelberg 2009.

60. Wie grenzt sich die Informationsfreiheit nach Art. 5 Abs. 1 Satz 1, 2. Alt. GG von der Meinungsfreiheit ab und wie lautet ihr Schutzbereich?

Die Informationsfreiheit ist ein eigenständiges Grundrecht (✐ BVerfGE 27, 71) und daher von der Meinungsfreiheit zu unterscheiden. Grundrechtsträger sind zwar auch hier alle Menschen sowie entsprechend Art. 19 Abs. 3 GG Personenvereinigungen des Privatrechts, soweit sie in der Lage sind, sich Informationen zu verschaffen. Aber Schutzgut ist die Unterrichtung aus allgemein zugänglichen Informationsquellen. Als *Informationsquelle* gelten zum einen jeder Informations*gegenstand* selbst und zum anderen jeder denkbare Informations*träger*. Quellen i. d. S. sind also z. B. Bücher, Zeitungen, Rundfunk- und Fernsehsendungen, Internet, Akten, Briefe, öffentliche Reden und mündliche Auskünfte, Plakate, Flugblätter, Verkehrsunfälle, Unglücke, Naturkatastrophen, Gerichtsverhandlungen etc. *Allgemein zugänglich* ist eine Informationsquelle dann, wenn sie technisch (= tatsächlich) geeignet und *bestimmt* ist, der Allgemeinheit, also einem individuell nicht bestimmbaren Personenkreis, Informationen zu verschaffen (✐ BVerfGE 27, 71 [83]; 90, 27 [32]). Als *Unterrichtung* ist die gewollte Entgegennahme der Informationen mit seinen notwendigen Voraussetzungen (z. B. Aufstellen von Antennen und SAT-Schüsseln) zu verstehen. Die Informationsfreiheit ist reines Abwehrrecht und begründet keinen Anspruch gegen den Staat auf Beschaffung bestimmter Informationen (📖 Ipsen, Rdnr. 405). Die Informationsfreiheit schließt auch die negative Freiheit ein, nicht mit Informationen zwangsberieselt zu werden (📖 Pieroth / Schlink, Rdnr. 566).

  📖 *Ipsen*, Jörn: *Staatsrecht II: Grundrechte*. 12. Aufl., Neuwied 2009; *Pieroth, Bodo / Schlink*, Bernhard: *Grundrechte. Staatsrecht II*, 25. Aufl., Heidelberg 2009.

---

61. Welchen Schutzbereich hat die Pressefreiheit nach Art. 5 Abs. 1 Satz 2, 1. Alt. GG?

Grundrechtsträger der Pressefreiheit sind alle *im Pressewesen tätigen* Menschen vom Verleger, über den Redakteur, den Buchhalter und den Zeitungsverteiler bis hin zum Sachbearbeiter in der Anzeigenabteilung sowie Personenvereinigungen des Privatrechts i. S. d. Art. 19 Abs. 3 GG. Schutzgut ist die Freiheit der Gründung und Gestaltung von Presseerzeugnissen (so ✐ BVerfGE 97, 125 [144]), also die Meinungsäußerungsfreiheit in der Presse (so ▢ Ipsen, Rdnr. 417), die von der Beschaffung der Informationen bis zur Verbreitung der Nachrichten und Meinungen reicht (✐ BVerfGE 20, 162 [176]). Geschützt sind auch alle presseinternen notwendigen Hilfstätigkeiten. Unter dem Pressebegriff des Art. 5 Abs. 1 Satz 2, 2. Alt. GG fallen alle zur Verbreitung geeigneten und bestimmten Druckwerke und Informationsträger, die nicht unter den Rundfunk- und Filmbegriff fallen (s. die Nachweise bei ▢ Ipsen, Rdnr. 411). Es gehören dazu Zeitungen inklusive Anzeigenteil, Bücher, Flugblätter, Handzettel, Aufkleber, Plakate, unabhängig vom Niveau des Inhalts. Inzwischen werden auch Ton- und Bildträger, wie Schallplatten, CDs, CD-ROMs, Ton- und Videokassetten als Druckwerke i. S. d. Pressefreiheit definiert (vgl. z. B. § 7 Abs. 1 PresseG NW; vgl. ▢ Pieroth / Schlink, Rdnr. 567). Die Pressefreiheit ist reines Abwehrrecht gegen den Staat und entfaltet keine Wirkung gegenüber Privaten. Die „innere Pressefreiheit" (z. B. Einflussnahme von Herausgeber, Verleger und Chefredakteur auf die Artikel der Journalisten) ist kein verfassungsrechtliches, sondern ein privatautonomes Problem (s. dazu ▢ Ipsen, Rdnr. 420).

▢ *Ipsen, Jörn: Staatsrecht II: Grundrechte. 12. Aufl., Neuwied 2009;* **Pieroth,** *Bodo /* **Schlink,** *Bernhard: Grundrechte. Staatsrecht II, 25. Aufl., Heidelberg 2009.*

---

62. Sind Leserbriefe eher Fälle der Meinungs- oder der Pressefreiheit?

Die Pressefreiheit ist kein Spezialfall der Meinungsäußerungsfreiheit für solche Äußerungen, die sich nur des Mediums der Presse bedienen. Ein

Leserbriefschreiber bedient sich nämlich lediglich der Zeitung, um seine Meinung zu *verbreiten*. Daher kann er sich auf die Meinungsfreiheit berufen. Vielmehr ist der Schutzbereich der Pressefreiheit nach Art. 5 Abs. 1 Satz 2, 1. Alt. GG auf das Presseerzeugnis an sich, die Voraussetzungen und den Vorgang der Herstellung und die Institution der freien Presse bezogen. Als Spezialfall der Meinungsäußerungsfreiheit ist ein Rückgriff auf diese grundsätzlich verwehrt. Ein Leserbrief unterfällt also nicht der Presse-, sondern höchstens der Meinungsfreiheit.

---

63. Welche Schutzbereiche haben die Rundfunk- und die Filmberichterstattungsfreiheit nach Art. 5 Abs. 1 Satz 2, 2. u. 3. Alt. GG?

Die Rundfunkberichterstattungsfreiheit nach Art. 5 Abs. 1 Satz 2, 2. Alt. GG ist ein Menschenrecht und gilt daher für alle natürlichen Personen, unabhängig davon, ob es Deutsche, Ausländer oder Staatenlose sind. Im Rahmen des Art. 19 Abs. 3 GG können aber auch öffentlich-rechtliche Rundfunkanstalten Grundrechtsträger sein. Schutzgut ist die Freiheit der Gründung und Gestaltung von Rundfunkprogrammen des Hörfunks und des Fernsehens, die von der Beschaffung der Informationen bis zur Verbreitung der Nachrichten und Meinungen reicht und damit trotz des engen Wortlauts „Berichterstattung" inhaltlich so weit geht wie bei der Pressefreiheit (✏ BVerfGE 35, 202 [222]). Eingeschlossen sind deshalb auch alle rundfunkinternen notwendigen Hilfstätigkeiten.
Grundrechtsträger der Filmberichterstattungsfreiheit nach Art. 5 Abs. 1 Satz 2, 3. Alt. GG, das ebenfalls ein Menschenrecht ist, sind alle natürlichen Personen sowie private Personenvereinigungen im Sinne des Art. 19 Abs. 3 GG, die mit dem Medium Film von den Vorarbeiten bis zur Aufführung befasst sind (📖 Ipsen, Rdnr. 432). Schutzgut ist die Freiheit der Übermittlung von Gedankeninhalten durch Bilderreihen. Erfasst sind trotz des engen Wortlauts „Berichterstattung" entsprechend der Rundfunkfreiheit alle Filmarten, also nicht nur Dokumentarfilme und Reportagen, sondern auch Spielfilme, Krimis etc. Ebenso geschützt ist die Werbung für den Film und im Film (✏ BVerfGE 21, 271 [278]; 84, 108 [114]; vgl. dazu 📖 Ipsen, Rdnr. 436). Die Filmberichterstattungsfreiheit schützt vor allem die Herstellung und Verbreitung von Filmen, u. a. die Erstellung des Drehbuchs und der Filmaufnahmen sowie deren Kopieerstellung, Einfuhr, Verleih und das Abspielen. Bei der

Rundfunkberichterstattungsfreiheit kommt es dagegen auf die Veranstaltung von Rundfunkprogrammen des Hörfunks oder Fernsehens an (vgl. dazu 📖 Schmidt, vor Rdnr. 480 und Rdnr. 497). Filme auf künstlerischem Niveau unterliegen nicht der Filmberichterstattungsfreiheit, sondern der Kunstfreiheit des Art. 5 Abs. 3 Satz 1, 1. Alt. GG, die im Gegensatz zur Filmberichterstattungsfreiheit keinen formellen Schranken unterliegt. Im Einzelfall muss deshalb immer über die künstlerische Qualität eines Films entschieden werden (vgl. 📖 Ipsen, Rdnr. 434).

📖 *Ipsen, Jörn: Staatsrecht II: Grundrechte. 12. Aufl., Neuwied 2009; Schmidt, Rolf: Grundrechte sowie Grundzüge der Verfassungsbeschwerde. 11. Aufl., Grasberg bei Bremen 2009.*

---

64. Um welche Schrankenart handelt es sich in Art. 5 Abs. 2 GG und wie sind die einzelnen Schranken zu erläutern?

Bezogen auf die Presse-, Rundfunk- und Filmberichterstattungsfreiheit sind – wenn auch nicht in erster Linie durch die Polizei – einschränkende Maßnahmen, wie z. B. Vorprüfungen, Genehmigungen und Verbote mit Erlaubnisvorbehalt *vor* der Herstellung oder Verbreitung eines Geisteswerkes denkbar. Diese Maßnahmen werden aber von Art. 5 Abs. 1 Satz 3 GG ausgeschlossen, das eine *Vorzensur* (nicht aber eine Nachzensur!) verbietet (vgl. 🖉 BVerfGE 83, 130 [155] sowie 📖 Ipsen, Rdnr. 464, 466 m. w. N.). Typische polizeiliche Maßnahmen gegen die in Art. 5 Abs. 1 GG aufgeführten Grundrechte sind z. B. das Entfernen von verkehrsgefährdenden Aushängen, die Durchsuchung von Redaktionsräumen und die Beschlagnahme von Pressematerial. Die Schranken der Meinungs-, Informations-, Presse-, Rundfunk- und Filmberichterstattungsfreiheit sind in Art. 5 Abs. 2 GG in Form einer *verfassungsunmittelbaren Schranke* aufgeführt. Danach dürfen Schranken nur durch „*allgemeine Gesetze*", „*gesetzliche Bestimmungen zum Schutze der Jugend*" und durch das „*Recht der persönlichen Ehre*" aufgestellt werden. In ständiger Rechtssprechung des BVerfG gehören zu den „*allgemeinen Gesetzen*" i. S. d. Art. 5 Abs. 2 GG die Gesetze, die sich weder gegen bestimmte Meinungen als solche richten noch Sonderrecht gegen den Prozess freier Meinungsbildung darstellen (🖉 BVerfGE 95, 220 [235 f.]), sondern vielmehr dem Schutze eines Rechtsguts ohne Rücksicht auf eine bestimmte Meinung dienen, das gegenüber der Betätigung der Meinungsfreiheit den Vorrang hat (✎ BVerfGE 7, 198 [209 f.]). Zu diesen „allgemeinen Gesetzen" zählen zum Beispiel § 185 StGB, der Beleidigungen unter Strafe stellt, oder § 53 BBG, der die Neutralität des Staates durch zurückhaltendes Auftreten seiner Beamtinnen und Beamten fordert. Die *„gesetzlichen Bestimmungen zum Schutze der Jugend"* sind Sonderrecht gegen Meinungsäußerungen, Presseerzeugnisse, Rundfunksendungen und Filme. Das BVerfG betont in ständiger Rechtsprechung den verfassungsrechtlichen Rang des Jugendschutzes und hält eine Gesetzgebung zur Abwehr von Gefahren, die der Jugend drohen, für berechtigt (vgl. ✎ BVerfGE 30, 336 [347, 350]; 77, 346 [356]; 90, 1 [18 ff.]). Solche Gefahren drohen nach Auffassung des BVerfG: „auf sittlichem Gebiet von allen Druck-, Ton- und Bilderzeugnissen, die Gewalttätigkeiten oder Verbrechen glorifizieren, Rassenhass provozieren, den Krieg verherrlichen oder sexuelle Vorgänge in grob schamverletzender Weise darstellen und deswegen zu erheblichen, schwer oder gar nicht korrigierbaren Fehlentwicklungen führen können." (✎ BVerfGE 30, 336 [353 f.]). Zu diesen gesetzlichen Bestimmungen gehört vor allem das Jugendschutzgesetz (JuSchG) von 2002. Das *„Recht der persönlichen Ehre"* ist ebenfalls Sonderrecht gegen solche Meinungsäußerungen, Presseerzeugnisse, Rundfunksendungen und Filme, die ehrverletzenden Charakter haben. Gesetzliche Vorschriften über den Ehrschutz richten sich deshalb gegen die „Meinung als solche" und sollen deren Wirkung unterbinden. Zum Erlass derartiger Vorschriften ist der Gesetzgeber nicht nur berechtigt, sondern dieser ergibt sich aus der Verpflichtung aller staatlichen Gewalt nach Art. 1 Abs. 1 Satz 2 GG, die Menschenwürde zu achten und zu schützen. Denn ehrverletzende Meinungsäußerungen greifen regelmäßig den sozialen Achtungsanspruch eines Menschen an. Das „Recht der persönlichen Ehre" wird vor allem durch die Strafvorschriften, hier insbesondere die §§ 185 ff. StGB, und die zivilrechtlichen Haftungsregelungen der §§ 823, 826 BGB gebildet. Durch richterliche Rechtsfortbildung hat sich aus diesen Vorschriften ein Persönlichkeitsschutz herausgeformt (⌶ Ipsen, Rdnr. 455). Ebenfalls zum „Recht der persönlichen Ehre" ist die gesetzliche Verpflichtung zur Veröffentlichung von Gegendarstellungen zu zählen. Es ist eine Einschränkung der Presse- und der Rundfunkberichterstattungsfreiheit, weil das Gegendarstellungsrecht über Art und Inhalt von Presseerzeugnissen und Rundfunksendungen mitbestimmt (vgl. ✎ BVerfGE 63, 131

[143]). Gleichzeitig stellt es aber eine medienspezifische Form des Ehrschutzes dar, weil es Personen, deren Angelegenheiten in den Medien öffentlich erörtert werden, einen Anspruch darauf einräumt, „an gleicher Stelle, mit derselben Publizität, vor demselben Forum mit einer eigenen Darstellung zu Wort zu kommen" (✐ BVerfGE 63, 131 [142]).
📖 *Ipsen, Jörn: Staatsrecht II: Grundrechte. 12. Aufl., Neuwied 2009.*

---

65. Welchen Schutzbereich hat die Kunstfreiheit nach Art. 5 Abs. 3 Satz 1, 1. Alt. GG?

Grundrechtsträger der Kunstfreiheit sind alle Menschen, die entweder selbst Künstler oder die Mittler von Kunst sind. Dies sind z. B. Galeristen, Verleger und Plattenproduzenten. Entsprechend des Art. 19 Abs. 3 GG sind damit auch Personenvereinigungen des Privatrechts Grundrechtsträger, wenn sie zur Entstehung von Kunstwerken beitragen. Schutzgut ist die Freiheit, Kunstwerke zu schöpfen oder geschöpfte Kunstwerke zu interpretieren (einschließlich Vorbereitung und Übung) sowie diese öffentlich darzustellen und zu verbreiten. Kunst ist formal die Tätigkeit und das Ergebnis der herkömmlichen Gegenstände der Kunst wie Musik, Theater, Malerei etc.; materiell ist Kunst Ausdruck individueller, freier schöpferischer Gestaltung (✐ BVerfGE 30, 173 [188 ff.]; 67, 213 [226]). Die Kunstfreiheit ist reines Abwehrrecht gegenüber dem Staat und begründet keinen Anspruch gegen den Staat auf Förderungen. Soweit Förderungen aber gewährt werden, übernimmt die Kunstfreiheit die Abwehrfunktion gegen eine staatliche Einflussnahme. Die Freiheit der Kunst wird vorbehaltlos gewährt. Die Kunstfreiheit unterliegt damit lediglich den verfassungsimmanenten Schranken.
📖 *Ipsen, Jörn: Staatsrecht II: Grundrechte. 12. Aufl., Neuwied 2009;* **Pieper,** *Hans-Gerd: Grundrechte, Alpmann und Schmidt Juristische Lehrgänge, 13. Aufl., Münster 2008;* **Pieroth,** *Bodo /* **Schlink,** *Bernhard: Grundrechte. Staatsrecht II, 25. Aufl., Heidelberg 2009.*

---

66. Welchen Schutzbereich hat die Wissenschaftsfreiheit nach Art. 5 Abs. 3 Satz 1, 2. Alt. GG?

Grundrechtsträger der Wissenschaftsfreiheit sind alle Menschen, die wissenschaftlich tätig sind, sowie entsprechend Art. 19 Abs. 3 GG Personenvereinigungen des Privatrechts, soweit sie – wie z. B. Institute – Wissenschaft betreiben oder – wie etwa Wissenschaftsorganisationen (z. B. die UG) – Wissenschaft fördern (vgl. 📖 Ipsen, Rdnr. 497 m. w. N.). Ferner sind Grundrechtsträger die wissenschaftlichen Hochschulen, auch wenn sie juristische Personen des öffentlichen Rechts sind (✐ BVerfGE 15, 256 [262]; 21, 362 [373]). Schutzgut ist neben der Kunstfreiheit die Freiheit von Wissenschaft sowie ihre beiden Säulen, die wissenschaftliche Forschung und die wissenschaftliche Lehre (vgl. ✐ BVerfGE 35, 79 [113]). Unter Wissenschaft wird verstanden der ernsthafte, auf einem gewissen Kenntnisstand aufbauende Versuch der Ermittlung wahrer Erkenntnisse durch methodisch geordnetes und kritisch reflektiertes Denken (📖 Pieroth / Schlink, Rdnr. 622). Die Wissenschaftsfreiheit ist reines Abwehrrecht gegenüber dem Staat und begründet keinen Anspruch gegen den Staat auf Förderungen. Soweit Förderungen aber gewährt werden, übernimmt die Wissenschaftsfreiheit die Abwehrfunktion gegen staatliche Einflussnahme. Die Freiheit der Wissenschaft wird im Wesentlichen vorbehaltlos gewährt. Allerdings stellt Art. 5 Abs. 3 Satz 2 GG als der Wissenschaftsfreiheit immanente Missbrauchsschranke fest, dass die Lehre nicht von der Treue zur Verfassung entbindet. Im Übrigen unterliegt die Wissenschaftsfreiheit lediglich den verfassungsimmanenten Schranken (vgl. 📖 Pieroth / Schlink, Rdnr. 621 ff.; 📖 Ipsen, Rdnr. 496 ff.; insb. 506).

📖 *Ipsen*, Jörn: Staatsrecht II: Grundrechte. 12. Aufl., Neuwied 2009; *Pieroth*, Bodo / *Schlink*, Bernhard: Grundrechte. Staatsrecht II, 25. Aufl., Heidelberg 2009.

---

67. Welchen Schutzbereich hat die Versammlungsfreiheit nach Art. 8 Abs. 1 GG und was ist unter den Begriff der Versammlung zu subsumieren?

Die Versammlungsfreiheit nach Art. 8 GG ist ein Bürgerrecht, sodass Grundrechtsträger alle staatsangehörigen Deutschen oder Statusdeutsche nach Art. 116 Abs. 1 GG sind. Da juristische Personen des Privatrechts und sonstige Personenvereinigungen typischerweise Veranstalter von Versammlungen sind, ist Art. 8 GG gemäß Art. 19 Abs. 3 GG auch auf sie anwendbar (vgl. 📖 Gusy, S. 2128). Schutzgut ist die Freiheit der kollektiven Meinungskundgabe, also die Freiheit, sich friedlich und ohne Waffen zu versammeln. Eine *Versammlung* ist das öffentliche oder nichtöffentliche Zusammentreffen an einem Ort von mindestens 2-3 Personen in einer sie verbindenden Struktur zum Zwecke *gemeinsamer* Meinungsbildung und Meinungsäußerung oder Kundgebung (vgl. 📖 Ipsen, Rdnr. 529; 📖 Pieroth / Schlink, Rdnr. 689; 📖 Gusy, S. 2128 f.). Versammlungen sind z. B. politische Diskussionsveranstaltungen, Demonstrationen, wissenschaftliche Kongresse, Betriebsversammlungen, Vereinsabende. Versammlungen sind abzugrenzen von den sog. *Ansammlungen*, also dem zufälligen Zusammenkommen mehrerer Personen, die zwar einen gleichen, aber keinen gemeinsamen Zweck verfolgen. Zu den nicht von Art. 8 Abs. 1 GG geschützten Ansammlungen zählen z. B. Menschenansammlungen bei Unglücksfällen, Menschenaufläufe am Informationsstand einer Partei (📖 Gusy, S. 2128 f.), Märkte, Ausstellungen, Theater- und Kinobesuche, Gottesdienste in Kirchen oder auf freiem Feld, gesellige und sportliche Veranstaltungen (vgl. 📖 Gusy, S. 2128 ff.; vgl. dazu auch ✏ BVerfGE 69, 315 [343]). Geschützt sind aber nur friedliche Versammlungen ohne Waffen. *Friedlich* wird in Rechtsprechung und Literatur negativ in Anlehnung an die gesetzlichen Bestimmungen der §§ 5 Nr. 3, 13 Abs. 1 Nr. 2 VersG abgegrenzt (vgl. 📖 Gusy, S. 2128 ff. m. w. N.). Unfriedlich sind danach Versammlungen, wenn ein gewalttätiger und aufrührerischer Verlauf angestrebt ist oder eintritt (vgl. 📖 Gusy, a. a. O.). Unfriedlich verhält sich ein Versammlungsteilnehmer, wenn er aggressive Handlungen von einiger Gefährlichkeit gegenüber Personen oder Sachen begeht (✏ BVerfGE 69, 315 [360] – Brockdorf-Beschluss vom 14.5.1985[1]). Einzelne unfriedliche Teilnehmer oder unfriedliche Minderheiten einer Versammlung nehmen den übrigen Versammlungsteilnehmern nicht den Schutz des Art. 8 GG (✏ BVerfGE 69, 315 [361]). Waffen i. S. d. Art. 8 GG sind zunächst alle Waffen im technischen Sinne gemäß dem Waffengesetz (WaffG), also vor allem Schuss-, Hieb- und Stoßwaffen sowie Molotow-Cocktails. Darüber hinaus werden aber nach dem Versammlungsgesetz auch alle sonstigen Gegenstände vom Waffenbegriff des Art. 8 Abs. 1 GG erfasst, die – wie z. B. Baseballschläger, Eisenket-

---

1 Der Brokdorf-Beschluss ist zu finden unter BVerfGE 69, 315 ff. oder können zum Beispiel nachgelesen werden bei Grimm, Dieter / Kirchhof, Michael (Hg.): Entscheidungen des Bundesverfassungsgerichts. Studienauswahl in 2 Bänden. Bearbeitet von Michael Eichberger, 2. Aufl., Tübingen 1997, Band II, S. 46-65.

ten, Stuhlbeine, Bierkrüge – objektiv zur Personenverletzung oder zu erheblichen Sachbeschädigungen geeignet sind und subjektiv zu diesem Zwecke auch mitgeführt werden (vgl. 📖 Gusy, S. 2128 ff. m. w. N.). Geschützt wird das Selbstbestimmungsrecht über Ort, Zeitpunkt und Inhalt der Versammlung. In den Schutz eingeschlossen sind auch Handlungen der Vorbereitung und die Organisation der Versammlung sowie ihre Leitung, Teilnahme und u. U. auch die Nachbereitung (📖 Gusy, a. a. O.). Die Versammlungsfreiheit ist Abwehrrecht gegenüber dem Staat und begründet keinen Anspruch gegen den Staat auf staatliche Leistungen (vgl. 📖 Ipsen, Rdnr. 535).

Die Versammlungsfreiheit für Versammlungen in geschlossenen Räumen wird – abgesehen von dem qualifizierten Gesetzesvorbehalt in Art. 17a Abs. 1, 2. Alt. GG – vorbehaltlos gewährt, sodass insoweit die Versammlungsfreiheit, wenn die Versammlungen in geschlossenen Räumen friedlich und waffenlos sind, lediglich den verfassungsimmanenten Schranken unterliegt. Der qualifizierte Gesetzesvorbehalt in Art. 8 Abs. 2 GG bezieht sich auf den Schrankenvorbehalt für Versammlungen unter freiem Himmel, der vor allem im Versammlungsgesetz verwirklicht wurde. „Versammlungen unter freiem Himmel" sind solche, die nicht in geschlossenen, d. h. wenigstens nach den Seiten hin abgeschlossenen Räumen stattfinden". Insofern werden Versammlungen in Innenhöfen und in Stadien zu den Versammlungen in geschlossenen Räumen gerechnet (vgl. 📖 Gusy, S. 2128 ff.).

Die im noch geltenden VersG des Bundes (solange die Länder keine eigenen VersG in Kraft gesetzt haben) enthaltenen Regelungen zur Einschränkung der Versammlungsfreiheit (Art. 8 Abs. 1 GG) müssen im besonderen Maße dem Grundsatz der Verhältnismäßigkeit entsprechen und im Lichte des Art. 8 GG versammlungsfreundlich ausgelegt werden, was von Seiten der Polizei Bemühung um Deeskalation und Kooperation mit dem Veranstalter und den Teilnehmern verlangt. Insgesamt ist von einer sehr hohen Einschreitschwelle der Polizei auszugehen. Deshalb sind Versammlungsverbote und Versammlungsauflösungen als „ultima ratio" anzusehen, nur zum Schutz elementarer Rechts- und Gemeinschaftsgüter zulässig und auch nur dann gerechtfertigt, wenn eine auf Tatsachen beruhende Gefahrenprognose die unmittelbare Gefährdung der öffentlichen Sicherheit und Ordnung erwarten lässt (✒ BVerfGE 69, 315 [352 ff.]; vgl. zur Versammlungsfreiheit 📖 Möllers,

S. 353 ff.). Die strikte Wahrung des Verhältnismäßigkeitsprinzips führt auch dazu, dass die in § 14 Abs. 1 VersG angegebene Frist von 48 Stunden bei sog. *Eilversammlungen* auch unterschritten werden darf und dass die Nichtanmeldung von sog. *Spontanversammlungen* nicht schematisch zur Auflösung oder zum Verbot berechtigt.

📖 *Dietel*, *Alfred / **Gintzel**, Kurt / **Kniesel**, Michael: Demonstrations- und Versammlungsfreiheit. Kommentar zum Gesetz über Versammlungen und Aufzüge vom 24. Juli 1953. 15. Aufl., Köln 2008; **Gusy**, Christoph: Versammlungsfreiheit, in: Möllers (Hg.), Wörterbuch der Polizei, 2. Aufl., München 2010, S. 2128-2130; **Hömig**, Dieter (Hg.): Grundgesetz für die Bundesrepublik Deutschland. Taschenkommentar, 8. Aufl., Baden-Baden 2007; **Ipsen**, Jörn: Staatsrecht II: Grundrechte. 12. Aufl., Neuwied 2009; **Möllers**, Martin H. W.: Aktuelle Entscheidungen des Bundesverfassungsgerichts zur Versammlungsfreiheit zwischen „Rechtsprechungstradition", „Zeitgeist" und „Staatsräson", in: JBÖS 2006/07, Frankfurt/M 2007, S. 353-363; **Möllers**, Martin H. W. / **van Ooyen**, Robert Chr. (Hg.): Bundesverfassungsgericht und öffentliche Sicherheit, JBÖS - Sonderband 3, Frankfurt/M 2011; **Pieper**, Hans-Gerd: Grundrechte, Alpmann und Schmidt Juristische Lehrgänge, 13. Aufl., Münster 2008; **Pieroth**, Bodo / **Schlink**, Bernhard: Grundrechte. Staatsrecht II, 25. Aufl., Heidelberg 2009; **Schmidt-Bleibtreu**, Bruno / **Hofmann**, Hans / **Hopfauf**, Axel (Hg.): Kommentar zum Grundgesetz, 11. Aufl., Neuwied 2008.*

---

68. Welche Grundrechte enthält Art. 9 GG und welche Schutzbereiche decken sie jeweils ab?

Art. 9 GG enthält zwei Grundrechte: die als Bürgerrecht ausgestaltete Vereinigungsfreiheit in Art. 9 Abs. 1 GG und die als Menschenrecht formulierte Koalitionsfreiheit als Sonderfall der allgemeinen Vereinigungsfreiheit in Art. 9 Abs. 3 Satz 1 GG. Die Vereinigungsfreiheit nach Art. 9 Abs. 1 GG ist ein Bürgerrecht. Grundrechtsträger sind alle Deutschen. Ausländer und Staatenlose genießen nicht den Schutz der Vereinigungsfreiheit. Sie müssen sich auf die allgemeine Handlungsfreiheit des Art. 2 Abs. 1 GG berufen, die allerdings erheblichen Vorbehaltsschranken unterliegt. Grundsätzlich haben auch Minderjährige das Grundrecht der Vereinigungsfreiheit; sie können aber aufgrund der allgemeinen Vorschriften nicht *jede* Vereinigung gründen (vgl. 📖 Ipsen, Rdnr. 546 m. w. N.; 📖 Möllers, S. 2083 f.). Art. 19 Abs. 3 GG gilt auch für die Vereinigungsfreiheit. Schutzgut des Art. 9 Abs. 1 GG ist die Freiheit, Vereine und Gesellschaften zu bilden. Die Formulierung „Vereine und Gesellschaften" soll klarstellen, dass nicht nur Vereine i. S. d. BGB geschützt sind, sondern Vereinigungen jeder Art, soweit sie *privatrechtlich* erfolgen (str., aber h. M., vgl. dazu 📖 Pieroth / Schlink, Rdnr. 722; 📖 Ipsen, Rdnr. 551).

Zum Schutzgut gehört einerseits die *Bildung* von Vereinen und Gesellschaften. Als *Individualgrundrecht* ist dies das Recht des Einzelnen, sich mit anderen zusammenzuschließen und Vereine und Gesellschaften zu bilden. Nach h. M. und ständiger Rechtssprechung des BVerfG (✏ E 13, 174 [175]; 80, 244 [253]) schützt Art. 9 Abs. 1 GG andererseits aber auch als *kollektives Grundrecht* die *Betätigung* von Vereinen und Gesellschaften (a. A. 📖 Ipsen, Rdnr. 552). Danach sind die Existenz und Funktionsfähigkeit der Vereinigungen geschützt (vgl. 📖 Pieroth / Schlink, Rdnr. 732), wobei das BVerfG allerdings nur einen Kernbereich des Vereinsbestandes und der Vereinstätigkeit geschützt sieht (✏ BVerfGE 80, 244 [253]). Im Übrigen wird die Betätigung des Vereins über die sonstigen Grundrechte geschützt, soweit sie gemäß Art. 19 Abs. 3 GG ihrem Wesen nach auf Vereinigungen anwendbar sind. Die rechtliche Ordnung des Vereinswesens nach Art. 74 Abs. 1 Nr. 3 GG ist keine Einschränkung der Vereinigungsfreiheit, sondern geht dem Grundrecht vielmehr voraus (vgl. 📖 Ipsen, Rdnr. 556 m. w. N.; vgl. auch 📖 Pieroth / Schlink, Rdnr. 740).

Die Koalitionsfreiheit in Art. 9 Abs. 3 Satz 1 GG ist ein Sonderfall der allgemeinen Vereinigungsfreiheit, da sie sich auf einen bestimmten Koalitionszweck beschränkt, nämlich die Wahrung und Förderung der Arbeits- und Wirtschaftsbedingungen. Die *Arbeitsbedingungen* erstrecken sich dabei z. B. auf Lohn, Arbeitszeit, Arbeitsschutz, Urlaub etc., also auf die Angelegenheiten, die im Zusammenhang mit dem Arbeitsverhältnis stehen. *Wirtschaftsbedingungen* haben darüber hinaus auch wirtschaftliche und sozialpolitische Elemente: Sie beinhalten z. B. die Einführung neuer Technologien, beschäftigen sich mit der Konjunktur oder mit Möglichkeiten des Abbaus von Arbeitslosigkeit. Art. 9 Abs. 3 GG ist im Gegensatz zur Vereinigungsfreiheit nach Art. 9 Abs. 1 GG ein Menschenrecht. Grundrechtsträger der Koalitionsfreiheit sind daher nicht nur alle Deutschen, sondern auch Ausländer und Staatenlose. Nach Art. 19 Abs. 3 GG genießen auch Vereinigungen die Koalitionsfreiheit, soweit sie den Zweck verfolgen, Arbeits- und Wirtschaftsbedingungen zu wahren und zu fördern. Nach allgemeiner Auffassung müssen sie jedoch zusätzliche Merkmale erfüllen: Dazu gehören die sog. *Gegnerfreiheit*, die *Gegnerunabhängigkeit* und die *Überbetrieblichkeit*. Die Gegnerfreiheit bedingt, dass z. B. entweder nur Arbeitnehmer oder nur Arbeitgeber Mitglieder der Koalition sind. Die Gegnerunabhängigkeit erfordert die wirtschaftliche Selbstständigkeit gegenüber der Gegenseite. Schutzgut der Koalitionsfreiheit ist einerseits das Individualgrundrecht, eine solche Koalition zu bilden; dieses gilt für alle Berufe, somit auch für (Polizei-)Beamte (§ 57 BRRG), Richter (§ 46 DRiG) und Soldaten (§ 6 Satz 1 SG). Als kollektives Grundrecht schützt Art. 9 Abs. 3 den Bestand der Koalition und ihr Recht, die koalitionsmäßige Betätigung entsprechend dem Zweck des Grundrechts zu verfolgen. Im Gegensatz zur Vereinigungsfreiheit ist die Betätigungsfreiheit, die sich hier vor allem auf die Tarifautonomie, Werbung, Beratung, gerichtliche Vertretung der Mitglieder, Beteiligung an betrieblicher Mitbestimmung und auf Arbeitskampfmaßnahmen bezieht (s. Art. 9 Abs. 3 Satz 3 GG; so 📖 Pieroth / Schlink, Rdnr. 738 mit Hinweisen auf Entscheidungen des BVerfG), nicht nur auf den Kernbereich beschränkt (✍ BVerfGE 93, 352 [358 ff.]; vgl. 📖 Möllers, S. 2083 f.).

📖 *Ipsen, Jörn: Staatsrecht II: Grundrechte. 12. Aufl., Neuwied 2009;* **Möllers,** *Martin H. W.: Vereinigungsfreiheit, in: Möllers (Hg.), Wörterbuch der Polizei, 2. Aufl., München 2010, S. 2083-2084;* **Pieper,** *Hans-Gerd: Grundrechte, Alpmann und Schmidt Juristische Lehrgänge, 13. Aufl., Münster 2008;* **Pieroth,** *Bodo /* **Schlink,** *Bernhard: Grundrechte. Staatsrecht II, 25. Aufl., Heidelberg 2009.*

---

69. Wie ist der Begriff der Vereinigung nach Art. 9 Abs. 1 GG zu definieren?

Eine Legaldefinition des Begriffs Vereinigung enthält § 2 Abs. 1 VereinsG. Nach Art. 9 Abs. 1 GG ist eine Vereinigung ein auf *bestimmte Dauer* angelegter, ein *Mindestmaß an Organisation* aufweisender, *freiwilliger Zusammenschluss* natürlicher und/oder juristischer Personen, die einen *gemeinsamen Zweck* verfolgen (vgl. 📖 Ipsen, Rdnr. 550 m. w. N.). Das Merkmal der *bestimmten Dauer* unterscheidet Vereinigungen, die in Art. 9 Abs. 1 GG geschützt sind, von Versammlungen, die Art. 8 Abs. 1 GG schützt. Auch ein Zusammenschluss zu einem vorübergehenden Zweck wird von Art. 9 Abs. 1 GG unter Schutz gestellt. Gleiches gilt für das Merkmal „*Mindestmaß an Organisation*", sodass Voraussetzung nur die organisierte Willensbildung ist, die Wahl der Form – z. B. eingetragene und nicht eingetragene Vereine, Handels- und Kapitalgesellschaften, wie GbR, oHG, KG, GmbH, AG, KGaA etc., Konzerne, Holdings, Kartelle, Genossenschaften usw. – aber frei steht (vgl. 📖 Möllers, S. 2083). Dass es sich um einen *freiwilligen Zusammenschluss* handeln muss, ergibt sich aus der negativen Vereinigungsfreiheit (vgl. a. A. 📖 Ipsen, Rdnr. 557), Vereinigungen nicht beizutreten bzw. aus Vereinigungen wieder auszutreten. Die höchstrichterliche Rechtsprechung von BVerfG und BVerwG unterstellen öffentlich-rechtliche Vereinigungen, wie z. B. Rechtsanwalts-, Ärzte-, Industrie- und Handelskammern, nicht dem Schutzbereich des Art. 9 Abs. 1 GG, weil diese nur durch Errichtungsakt entstehen können, nicht privatrechtlich organisiert sind und es am Merkmal des freiwilligen Zusammenschlusses fehlt. Nach dieser Ansicht unterliegen deshalb öffentlich-rechtliche Zwangsvereinigungen mit Zwangsmitgliedschaft nicht dem Schutz des Art. 9 Abs. 1 GG, sondern nur dem Schutz des Art. 2 Abs. 1 GG, mit dem die Zwangsmitgliedschaft vereinbar ist (✏ BVerfGE 10, 89 [102]; 38, 281 [297 f.]; s. dazu 📖 Pieroth / Schlink, Rdnr. 728 ff.), sodass die Zwangsmitgliedschaft nach Auffassung der höchstrichterlichen Rechtssprechung – im Gegensatz zur h. M. in der Literatur (vgl. 📖 Möllers, S. 2083 f.; 📖 Pieroth / Schlink, Rdnr. 728 ff. jeweils m. w. N.) – verfassungsgemäß ist. Der *gemeinsame Zweck* kann sich auf alle Bereiche des gesellschaftlichen Lebens beziehen. In Betracht kommen z. B. wirtschaftliche, sportliche, wohltätige, gesellige, wissenschaftliche, künstlerische Zwecke oder auch die Politik, sodass Bürgerinitiativen und Parteien zu Vereinigungen i. S. d. Art. 9 Abs. 1 GG zählen, bei letzteren ist aber Art. 21 GG lex specialis. Die Gründung politischer Parteien ist z. B. nur über Art. 21 Abs. 1 Satz 2 GG geschützt (so 📖 Ipsen, Rdnr. 550; vgl. 📖 Möllers, S. 2083 f. m. w. N.).

📖 *Ipsen*, Jörn: Staatsrecht II: Grundrechte. 12. Aufl., Neuwied 2009; *Möllers*, Martin H. W.: Vereinigungsfreiheit, in: Möllers (Hg.), Wörterbuch der Polizei, 2. Aufl., München 2010, S. 2083-2084; *Pieper*, Hans-Gerd: Grundrechte, Alpmann und Schmidt Juristische Lehrgänge, 13. Aufl., Münster 2008; *Pieroth*, Bodo / *Schlink*, Bernhard: Grundrechte. Staatsrecht II, 25. Aufl., Heidelberg 2009.

---

70. Um welche Schrankenart handelt es sich in Art. 9 Abs. 2 GG und gilt die Schranke sowohl für die Vereinigungs- als auch für die Koalitionsfreiheit?

Art. 9 Abs. 2 GG enthält ein Verbot bestimmter Vereinigungen. Dieses Verbot ist nach h. M. eine *verfassungsunmittelbare Schranke* in Form der verfassungsrechtlichen Rechtfertigung für einen Eingriff in die Vereinigungsfreiheit (so 📖 Pieroth / Schlink, Rdnr. 745). Die Verbotsgründe des Art. 9 Abs. 2 GG sind abschließend aufgezählt, andere Gründe können nicht zu einem Vereinsverbot führen. Verboten sind Vereinigungen, *deren Zwecke oder deren Tätigkeit den Strafgesetzen zuwiderlaufen*. Zu den Strafgesetzen i. S. d. Art. 9 Abs. 2 GG zählen alle Strafvorschriften des StGB und des Nebenstrafrechts, die ein Verhalten unabhängig von ihrer vereinsmäßigen Begehung pönalisieren (📖 Bergmann, in: Hömig, Art. 9, Rdnr. 6). Ebenso verboten sind Vereinigungen, *die sich gegen die verfassungsmäßige Ordnung richten*. Die verfassungsmäßige Ordnung ist mit der Freiheitlich demokratischen Grundordnung (FdGO) gleichzusetzen und in § 4 Abs. 2 BVerfSchG legaldefiniert. Danach gehören im Einzelnen zur FdGO: Volkssouveränität, Wahlen nach den Wahlrechtsgrundsätzen, das Rechtsstaats- und das Gesetzmäßigkeitsprinzip, der Gewaltenteilungsgrundsatz, das Recht auf Opposition, das Mehrparteienprinzip, die Chancengleichheit der Parteien, Regierung auf Zeit, die parlamentarische Verantwortlichkeit der Regierung, die Unabhängigkeit und Rechtsbindung der Gerichte und der Ausschluss jeder Gewalt- und Willkürherrschaft sowie die Menschenrechte nach dem Grundgesetz (vgl. 📖 Pieroth / Schlink, Rdnr. 749 sowie 📖 Antoni, in: Hömig, Art. 1, Rdnr. 6.). Schließlich sind auch solche Vereinigungen verboten, *die sich gegen den Gedanken der Völkerverständigung richten*. Dies sind insbesondere solche Vereinigungen, welche „die Minderwertigkeit von bestimmten Rassen, Völkern oder Nationen propagieren" (📖 Pieroth / Schlink, Rdnr. 750). Grundsätzlich bedarf es eines *Verbotsverfahrens* und eines *Verbotsaktes* der zuständigen Behörde. Geregelt ist dies in § 3 VereinsG. Art. 21 Abs. 1 und 2 GG ist gegenüber Art. 9 Abs. 1 und 2 GG die speziellere Vorschrift, sodass bei Parteien Art. 9 GG insoweit keine Anwendung findet (vgl. 📖 Ipsen, Rdnr. 569; zum kollidierenden Verfassungsrecht vgl. 📖 Pieroth / Schlink, Rdnr. 752 f.).

Entgegen der Gesetzessystematik gilt aber Art. 9 Abs. 2 GG mit dem Verbot bestimmter Vereinigungen nach h. M. auch für Koalitionen i. S. d. Art. 9 Abs. 3 GG (vgl. ⊞ *Manssen*, Rdnr. 560). Allerdings würde eine Vereinigung, welche die Voraussetzungen des Art. 9 Abs. 2 GG erfüllt, keine Koalition i. S. d. Art. 9 Abs. 3 GG sein. Denn die Wahrung und Förderung der Arbeits- und Wirtschaftsbedingungen läuft weder den Strafgesetzen zuwider, noch richtet sie sich gegen die verfassungsmäßige Ordnung oder die Völkerverständigung; täte sie dies doch, wäre sie keine Koalition mehr.

⊞ *Hömig*, Dieter (Hg.): *Grundgesetz für die Bundesrepublik Deutschland. Taschenkommentar*, 8. Aufl., Baden-Baden 2007; *Ipsen*, Jörn: *Staatsrecht II: Grundrechte*. 12. Aufl., Neuwied 2009; *Manssen*, Gerrit: *Staatsrecht II. Grundrechte*, 6. Aufl., München 2009; *Pieroth*, Bodo / *Schlink*, Bernhard: *Grundrechte. Staatsrecht II*, 25. Aufl., Heidelberg 2009.

71. Welche Grundrechte enthält Art. 10 GG und welche Schutzbereiche decken sie jeweils ab?

Art. 10 Abs. 1 GG enthält drei Menschenrechte. Unterschieden werden das Brief-, Post- und Fernmeldegeheimnis. Ihre Unterscheidung ist mit der historischen Entwicklung des modernen Nachrichtenverkehrs zu erklären. Das *Briefgeheimnis* schützt alle schriftlichen Mitteilungen wie z. B. Telegramme, Drucksachen, Postwurfsendungen, Postkarten außerhalb des Postbereichs dagegen, dass die öffentliche Gewalt von ihrem Inhalt Kenntnis nimmt. Das *Postgeheimnis* schützt alle der Post übergebenen Sendungen, vom Brief über die Warenprobe bis zur Postanweisung von der Einlieferung der Sendung bei der Post bis zur Ablieferung an den Empfänger. Das *Fernmeldegeheimnis* schützt die gesamte individuelle Kommunikation über drahtlose oder drahtgebundene elektromagnetische Wellen z. B. per Telefon, Telefax, Telex, Bildschirmtext oder eMail. Geschützt ist nicht nur der Inhalt der Mitteilung, sondern auch die logistischen Infrastrukturdaten; z. B. Absender, Empfänger, Zeiten und Häufigkeit der Mitteilung, Verteiler, Beförderungsart.

Grundrechtsträger aller drei Menschenrechte sind nicht nur alle Deutschen, sondern auch Ausländer und Staatenlose. Unter den Voraussetzungen des Art. 19 Abs. 3 GG genießen auch privatrechtliche Vereinigungen die Grundrechte aus Art. 10 Abs. 1 GG. Keine Grundrechtsträger sind *juristische Personen des öffentlichen Rechts*, sodass die Kommunikation zwischen Amtsträgern nicht dem Schutz des Art. 10 GG unterfällt und daher für die einzelnen dienstlichen Mitteilungen kein Anspruch auf Vertraulichkeit besteht. Auch der vorgeschriebene „Dienstweg" ist deshalb verfassungsgemäß (vgl. 📖 Ipsen, Rdnr. 279). Das Brief-, Post- und Fernmeldegeheimnis schützt die Privatsphäre bezüglich der Kommunikation nach außen. Sie sind unverletzlich. Damit wird ein wichtiger Aspekt der Privatheit des Einzelnen, nämlich die Vertraulichkeit bestimmter Kommunikationsmedien geschützt. Bei Privatisierung des Post- und Fernmeldeverkehrs hat der Staat die Schutzgewähr für Art. 10 Abs. 1 GG zu übernehmen und dafür Sorge zu tragen, dass die privaten Post-Unternehmen und andere Kommunikationsmittler den Geheimnissen des Art. 10 Abs. 1 GG verpflichtet sind (📖 Pieroth / Schlink, Rdnr. 763).

📖 *Ipsen, Jörn: Staatsrecht II: Grundrechte. 12. Aufl., Neuwied 2009; **Pieroth**, Bodo / **Schlink**, Bernhard: Grundrechte. Staatsrecht II, 25. Aufl., Heidelberg 2009.*

---

72. In welchen Fällen wird in ein Grundrecht aus Art. 10 Abs. 1 GG oder in ein anderes Grundrecht eingegriffen?

Ein *Eingriff* in das Post- oder Briefgeheimnis liegt vor, wenn staatliche Stellen, wie zum Beispiel die Polizei, vom Inhalt der Post- oder Briefsendung oder von den logistischen Daten des Transports von Brief- und Postsendungen Kenntnis nehmen. In das Fernmeldegeheimnis wird z. B. eingegriffen, wenn eine Fangschaltung gelegt oder der Standort des Handybenutzers erforscht wird oder wenn Privatgespräche elektronisch erfasst werden. Insbesondere ist ein Eingriff darin zu sehen, wenn Polizei und Staatsanwaltschaft oder die Nachrichtendienste den Fernmeldeverkehr durch Telefonüberwachung abhören. Das Abhören von Telefongesprächen ist zu unterscheiden von den sog. kleinen und großen Lauschangriffen, durch welche die Kommunikation in Wohnungen bzw. nicht frei zugänglichen Geschäftsräumen abgehört wird. In diesen Fällen ist der Grundrechtstatbestand der Unverletzlichkeit der Wohnung nach Art. 13 GG betroffen. Das Brief-, Post- und Fernmeldegeheimnis unterliegt gem. Art. 10 Abs. 2 Satz 1 GG einem Vorbehalt des Gesetzes (vgl. z. B. die Postbeschlagnahme nach § 99 StPO).

73. Wie lautet der Schutzbereich des Grundrechts der Freizügigkeit nach Art. 11 Abs. 1 GG?

Art. 11 Abs. 1 GG ist ein Bürgerrecht. Daher genießen alle Deutschen i. S. d. Art. 116 Abs. 1 GG Freizügigkeit im ganzen Bundesgebiet. EU-Bürger sind über Art. 39 ff. EG geschützt. Ferner können auch inländische Personenvereinigungen des Privatrechts unter den Voraussetzungen des Art. 19 Abs. 3 GG Träger der Freizügigkeit sein (vgl. 📖 Schmidt, Rdnr. 759). Unter Freizügigkeit wird die Möglichkeit verstanden, an jedem Ort innerhalb des Bundesgebietes Aufenthalt und Wohnsitz zu nehmen. *Wohnsitz* ist die ständige Niederlassung an einem Ort, wobei es nicht darauf ankommt, ob es der erste oder zweite Wohnsitz ist. Das Grundrecht schützt nämlich die Begründung, die Verlagerung oder Aufhebung eines Wohnsitzes und auch die Einrichtung mehrer Wohnsitze. *Aufenthalt* bedeutet dagegen nur ein vorübergehendes Verweilen. Umstritten sind die Mindestanforderungen an den Zeitraum des Verweilens. Insbesondere in Abgrenzung zur körperlichen Bewegungsfreiheit gemäß Art. 2 Abs. 2 Satz 2 GG ist aber nach h. M. ein Mindestmaß an Bedeutung oder Dauer des Verweilens erforderlich. Unbestritten ist es daher, dass eine Übernachtung regelmäßig einen Aufenthalt i. S. d. Art. 11 GG begründet (📖 Schmidt, Rdnr. 753 ff.).

Geschützt werden durch die Freizügigkeit aber nicht der Weg von einem alten zu einem neuen Ort, sondern das *Verlassen des alten Ortes* und das *Erreichen des neu gewählten Ortes*. Insofern erfasst der Schutzbereich weder einen bestimmten Weg noch ein bestimmtes Fortbewegungsmittel. Garantiert wird allein die Erreichbarkeit des Ziels, wobei es unerheblich ist, auf welchem Wege oder mit welchem Fortbewegungsmittel das Ziel erreicht wird. Allerdings müssen der Weg und die Benutzung des Fortbewegungsmittels zum gewünschten Aufenthaltsort zumutbar sein. Auch die *Einreise* und die *Einwanderung* in das Bundesgebiet gehören zum Schutzbereich der Freizügigkeit nach Art. 11 GG, nicht dagegen *Auswanderung* und *Ausreise*. Diese werden von der allgemeinen Handlungsfreiheit gem. Art. 2 Abs. 1 GG abgedeckt. Der Schutzbereich des Art. 11 GG erstreckt sich schließlich auch darauf, dass die Grundrechtsträger ihre persönliche Habe mitnehmen dürfen. Geschützt wird auch die negative Freizügigkeit, welche das Recht beinhaltet, einen *Ortswechsel nicht durchzuführen* (📖 Schmidt, Rdnr. 758).

📖 *Schmidt, Rolf: Grundrechte sowie Grundzüge der Verfassungsbeschwerde. 11. Aufl., Grasberg bei Bremen 2009.*

---

74. Welche Schrankenart enthält Art. 11 Abs. 2 GG und wann liegt ein Eingriff vor?

Art. 11 Abs. 2 GG stellt einem *qualifizierten Schrankenvorbehalt* des Gesetzes (📖 Schmidt, Rdnr. 761) dar. Die Freizügigkeit darf nur durch Gesetz oder aufgrund eines Gesetzes und nur für die Fälle eingeschränkt werden, in denen eine ausreichende Lebensgrundlage nicht vorhanden ist und der Allgemeinheit daraus besondere Lasten entstehen würden oder in denen es zur Abwehr einer drohenden Gefahr für den Bestand oder die freiheitliche demokratische Grundordnung des Bundes oder eines Landes, zur Bekämpfung von Seuchengefahr, Naturkatastrophen oder besonders schweren Unglücksfällen, zum Schutz der Jugend vor Verwahrlosung oder um strafbaren Handlungen vorzubeugen, erforderlich ist (s. näher 📖 Manssen, Rdnr. 588 ff., vor allem aber 📖 Schmidt, Rdnr. 760 ff.). Der Kriminalvorbehalt am Ende von Art. 11 Abs. 2 GG bezieht sich nicht auf den Vollzug von Straftaten, sondern beschränkt sich vielmehr auf präventive Maßnahmen – vor allem durch die Polizei (📖 Schmidt, Rdnr. 763, der auch auf das Problem der Gesetzgebungskompetenz eingeht). Wegen der fundamentalen Bedeutung der Freizügigkeit für die persönliche Lebensgestaltung des Einzelnen sind die genannten Tatbestände nach Entscheidungen des BVerfG eng auszulegen (vgl. dazu 📖 Möllers, S. 732).

📖 *Manssen, Gerrit: Staatsrecht II. Grundrechte, 6. Aufl., München 2009; Möllers, Martin H. W.: Freizügigkeit, in: Möllers (Hg.), Wörterbuch der Polizei, 2. Aufl., München 2010, S. 732; Schmidt, Rolf: Grundrechte sowie Grundzüge der Verfassungsbeschwerde. 11. Aufl., Grasberg bei Bremen 2009.*

---

75. Welche Grundrechte enthält Art. 12 GG und welche Schutzbereiche gewährleisten sie?

Art. 12 GG enthält im ersten Absatz die als Bürgerrecht ausgestaltete Berufs-, Arbeitsplatz- und Ausbildungsstättenfreiheit sowie im zweiten und dritten Absatz das als Menschenrecht formulierte Verbot des Arbeitszwangs und der Zwangsarbeit. Die Berufs-, Arbeitsplatz- und Aus-

bildungsstättenfreiheit wird allgemein als „Berufsfreiheit" zusammengefasst. Grundrechtsträger der Berufsfreiheit nach Art. 12 Abs. 1 GG, das ein Bürgerrecht ist, sind alle Deutschen. Unionsbürger sind über Art. 39 ff. EG geschützt. Grundsätzlich sind auch Minderjährige Grundrechtsträger; wegen der in Art. 7 Abs. 2 GG verfassungsrechtlich begründeten Schulpflicht bezieht sich ihre Freiheit aus Art. 12 Abs. 1 GG lediglich auf die Wahl der Ausbildungsstätte. Denn Art. 7 GG begrenzt das Erziehungsrecht der Eltern aus Art. 6 Abs. 2 GG. Die Schulpflicht ergibt sich aus Art. 7 Abs. 2 GG deshalb, weil hier die Ausnahme von der Schulpflicht bezüglich der Teilnahme am Religionsunterricht festgeschrieben ist (vgl. ⌨ Ipsen, Rdnr. 336). Auch juristische Personen des Privatrechts können nach den Voraussetzungen des Art. 19 Abs. 3 GG Grundrechtsträger der Berufsfreiheit sein (✎ BVerfGE 21, 261 [262]; 30, 292 [312]; 74, 129 [148]). Schutzgüter sind die Berufsfreiheit in Form der Berufswahl- und Berufsausübungsfreiheit sowie die Freiheiten, Arbeitsplatz und Ausbildungsstätte frei zu wählen (⌨ Ipsen, Rdnr. 595). Auch Berufe im öffentlichen Dienst werden von Art. 12 Abs. 1 GG erfasst, Art. 33 GG ermöglicht aber in weitem Umfange Sonderregelungen (✎ BVerfGE 91, 30; s. auch ⌨ Möllers, S. 256 ff. m. w. N. aus der Rechtsprechung). Geschützt ist jeweils die Wahl und die Nichtwahl – als negative Berufsfreiheit –, der Wechsel, die Beibehaltung und die Aufgabe eines Berufs (⌨ Möllers, S. 257).
Ein selbstständiges Grundrecht mit thematischem Bezug zur Berufsfreiheit enthält Art. 12 Abs. 2 und 3 GG mit dem Verbot des Arbeitszwangs und der Zwangsarbeit. Denn wer bereits staatliche Arbeitspflichten erfüllen muss, hat keinen zeitlichen Spielraum mehr für die in Art. 12 Abs. 1 GG verankerte freie Berufsausübung (⌨ Pieroth / Schlink, Rdnr. 866; ⌨ Ipsen, Rdnr. 645). Das Verbot des Arbeitszwangs und der Zwangsarbeit (vgl. Art. 4 Abs. 2 EMRK) ist ein Menschenrecht. Grundrechtsträger sind alle natürlichen Personen, unabhängig davon, ob es Deutsche, Ausländer oder Staatenlose sind. Keine Grundrechtsträger sind jedoch private Personenvereinigungen unter den Voraussetzungen des Art. 19 Abs. 3 GG, da das Verbot des Arbeitszwangs und der Zwangsarbeit ein höchstpersönliches Grundrecht ist. Geschützt wird mit dem Grundrecht die Freiheit von staatlichem Zwang, bestimmte Tätigkeiten ausführen zu müssen. Unter dem Begriff *Arbeitszwang* sind nur solche Tätigkeiten zu verstehen, die Inhalt eines Berufs sein könnten.

Insofern fallen ehrenamtliche Tätigkeiten (wie z. B. die Tätigkeit eines Wahlhelfers), zu denen Bürgerinnen und Bürger (z. B. nach den Kommunalgesetzen) verpflichtet werden können, nicht unter den Begriff des Arbeitszwangs. Dabei schließt der Begriff „Zwang" ein, dass die Durchführung der bestimmten Tätigkeiten staatlich durchgesetzt werden kann. Herkömmliche öffentliche Dienstpflichten (wie z. B. landesgesetzlich vorgeschriebene Feuerwehrdienstpflichten) sind vom Verbot des Arbeitszwangs ausgenommen, wenn sie allgemein und für alle gleich sind. Im Unterschied zu den „herkömmlichen öffentlichen Dienstpflichten", die – etwa bei Naturkatastrophen – zufällig ad hoc für einen gewissen Zeitraum verlangt werden können oder – wie etwa bei den Feuerwehrdienstpflichten – von vornherein zeitlich beschränkt sind, ist Wesen der *Zwangsarbeit*, dass sie praktisch die gesamte Arbeitszeit eines Menschen erfasst. Eine solche Zwangsarbeit ist gem. Art. 12 Abs. 3 GG nur zulässig, wenn sie gerichtlich im Zusammenhang mit einer Freiheitsentziehung angeordnet ist.

📖 *Ipsen, Jörn: Staatsrecht II: Grundrechte. 12. Aufl., Neuwied 2009; **Möllers**, Martin H. W.: Berufsfreiheit, in: Möllers (Hg.), Wörterbuch der Polizei, 2. Aufl., München 2010, S. 256-258; **Pieper**, Hans-Gerd: Grundrechte, Alpmann und Schmidt Juristische Lehrgänge, 13. Aufl., Münster 2008.*

---

76. Wie sind die Begriffe „Beruf" und „Arbeitsstätte" in Art. 12 GG zu definieren?

Beruf ist jede auf Dauer angelegte Tätigkeit zur Schaffung oder Erhaltung einer Lebensgrundlage, die nicht schlechthin gemeinschädlich und daher unter Strafe gestellt ist (🖊 BVerfGE 7, 377 [397]; vgl. auch 📖 Möllers, S. 256; 📖 Ipsen, Rdnr. 596 u. 598; 📖 Hömig, in: Hömig, Art. 12, Rdnr. 4 m. w. N. aus der Rspr.). Für die *Tätigkeit zur Schaffung oder Erhaltung einer Lebensgrundlage* ist es unerheblich, ob sie in selbstständiger oder unselbstständiger Stellung ausgeübt wird. Auch genügt es, wenn die Tätigkeit objektiv darauf gerichtet ist, eine Lebensgrundlage zu schaffen oder zu erhalten. Insofern sind auch gering bezahlte Nebentätigkeiten und entlohnungslose Praktika von Art. 12 Abs. 1 Satz 1 GG geschützt. Für das Merkmal *auf Dauer* genügt die objektive Möglichkeit, ohne dass Dauerhaftigkeit tatsächlich eintritt (vgl. 📖 Möllers, S. 257). Unter der *Gemeinschädlichkeit* der Tätigkeit ist nicht eine moralische, sondern eine soziale Unwertigkeit zu verstehen, die auf die Beeinträchtigung der Rechtsgüter anderer abzielt und daher unter Strafe gestellt ist. Deshalb fallen unter den Berufsbegriff nach Art. 12 Abs. 1 Satz 1 GG wohl Traumdeuter, Prostituierte und Betreiber von staatlich reglementierten Glücksspielen, nicht aber „Berufsverbrecher", „Hehler", „Dealer ", „Zuhälter", „Spion" oder „Berufskiller". Arbeitsplatz ist der Ort, an dem eine berufliche Tätigkeit ausgeübt wird. Die Ausbildungsstätte muss eine berufsbezogene Qualifizierung gewährleisten, sodass allgemein bildende Schulen *im zeitlichen Rahmen der Schulpflicht* nicht zu den Ausbildungsstätten zählen (✐ BVerfGE 58, 257 [273]). Daher zählt die Oberstufe der Gymnasien und Gesamtschulen nicht mehr zu den allgemein bildenden Schulen. Typische Ausbildungsstätten sind z. B. Hochschulen, staatliche Vorbereitungsdienste für Anwärter (z. B. Kommissaranwärterinnen und Kommissaranwärter) und Referendare, Einrichtungen des zweiten Bildungsweges, wie z. B. Kolleg- und Abendschulen oder das Telekolleg, sowie Lehrstellen. Nicht gehören zu den von Art. 12 Abs. 1 Satz 1 GG geschützten Ausbildungsstätten Kurse bei Kultureinrichtungen, wie z. B. Volkshochschulen und Bildungswerke der Wohlfahrtsverbände, soweit im Einzelfall nicht berufsbezogene Qualifikationen durchgeführt werden (dazu 📖 Ipsen, Rdnr. 608; 📖 Möllers, S. 256 ff. m. w. N.; 📖 Pieroth / Schlink, Rdnr. 821).

📖 *Ipsen, Jörn: Staatsrecht II: Grundrechte. 12. Aufl., Neuwied 2009;* **Hömig,** *Dieter (Hg.): Grundgesetz für die Bundesrepublik Deutschland. Taschenkommentar, 8. Aufl., Baden-Baden 2007;* **Möllers,** *Martin H. W.: Berufsfreiheit, in: Möllers (Hg.), Wörterbuch der Polizei, 2. Aufl., München 2010, S. 256-258;* **Pieper,** *Hans-Gerd: Grundrechte, Alpmann und Schmidt Juristische Lehrgänge, 13. Aufl., Münster 2008;* **Pieroth,** *Bodo /* **Schlink,** *Bernhard: Grundrechte. Staatsrecht II, 25. Aufl., Heidelberg 2009.*

---

77. Wie lautet der Schutzbereich des Grundrechts der Unverletzlichkeit der Wohnung nach Art. 13 Abs. 1 GG?

Art. 13 Abs. 1 GG ist ein Menschenrecht. Grundrechtsträger ist damit jeder Mensch, der berechtigterweise (im zivilrechtlichen Sinne), aber nicht notwendig als Eigentümer oder Mieter, eine Wohnung bewohnt. Unter den Voraussetzungen des Art. 19 Abs. 3 GG sind auch Personenvereinigungen des Privatrechts grundrechtsberechtigt. Kein Grundrecht aus Art. 13 GG haben aber Eindringlinge aller Art. Es ist jedoch strittig, ob sich zum Beispiel Hausbesetzer auf die Unverletzlichkeit der Wohnung berufen können oder nicht (📖 Möllers, S. 2046 ff. m. w. N.; 📖 Pieroth / Schlink, Rdnr. 875). Schutzgut ist die räumliche Sphäre, in der sich das Privatleben entfaltet (✏ BVerfGE 89, 1 [12]; s. 📖 Ipsen, Rdnr. 264). Insofern steht Art. 13 Abs. 1 GG im engen Zusammenhang zur freien Entfaltung der Persönlichkeit (*habeas corpus*) gem. Art. 2 Abs. 1 GG (✏ BVerfGE 51, 97 [110]) und ist im Rechtsinstitut des Hausfriedens verankert (📖 Ipsen, Rdnr. 267 m. w. N.). Die Unverletzlichkeit der Wohnung gewährleistet deshalb das Recht, in der Wohnung ungestört und unbeobachtet zu tun und zu lassen, was einem beliebt (📖 Möllers, S. 2047). Mit seinem spezifisch verfassungsrechtlichen Inhalt ist der Begriff „Wohnung", den der sachliche Schutzbereich betrifft, nach dem Schutzzweck der Norm weit auszulegen (vgl. 📖 Möllers, S. 2047 m. w. N.). Wohnung im Sinne von Art. 13 Abs. 1 GG ist jeder nicht allgemein zugängliche feststehende, fahrende oder schwimmende Raum, der zur Stätte des Aufenthalts oder des Wirkens von Menschen gemacht wird (📖 Papier, in: Maunz / Dürig, Art. 13, Rdnr. 10; 📖 Kunig, in: von Münch / Kunig, Art. 13, Rdnr. 1 ff.; anerkannt ist der weite Wohnungsbegriff auch im Strafverfahren: vgl. 📖 Weil, S. 244; 📖 Eisenberg, S. 1037). Grundsätzlich werden daher unter den Wohnungsbegriff des Grundrechts auch Arbeits-, Betriebs- und Geschäftsräume subsumiert sowie Privaträume von der Villa bis zum Zelt vom Schutzbereich erfasst (📖 Hofe, S. 170).

Art. 13 Abs. 1 GG schützt die *räumliche Privatsphäre*. Bewohner sollen das Recht haben, in ihren Räumlichkeiten, die sie der allgemeinen Zugänglichkeit entziehen und unabhängig davon, ob sich darin stets und ausschließlich Privates ereignet (✏ BVerfGE 32, 54 [72]; vgl. 📖 Weil, S. 244; 📖 Hund, S. 335), in Ruhe gelassen zu werden (✏ BVerfGE 75, 318 [328]; vgl. 📖 Kunig, in: von Münch / Kunig, Art. 13, Rdnr. 1). Die Möglichkeit, dort auch nächtigen zu können, wird nicht vorausgesetzt (✏ RGSt 13, 313). Auch muss der Aufenthalt nicht auf längere Dauer angelegt sein. Wohnungen in diesem Sinne sind demnach auch Gast- und Hotelzimmer, ebenso die Unterkunft in einer Obdachlosenbaracke (✏ OLG Bremen, NJW 1966, S. 1766). Außer den Wohnungen i. e. S. fallen unter den Begriff auch die zur Wohnung gehörenden Neben- und

sonstigen Räume, soweit sie für die Öffentlichkeit nicht allgemein zugänglich sind: z. B. Keller, Böden, Treppen, Flure, Toiletten, Waschräume, Garagen, Innenhöfe, allgemein unzugängliche Betriebs- und Geschäftsräume sowie Lkw-Schlafkojen, Campingzelte, Campingwagen, Yachten (✐ RGSt 13, 312), Wohnboote und Wohnmobile, nicht jedoch Autos (✐ BGH, NJW 1997, S. 2189; BGH, NStZ 1998, S. 157 mit Zustimmung ▭ Gössel, NStZ 1998, S. 129). Zur Wohnung gehören auch einzelne unbenutzte Räume (▭ Kastner, S. 2283 f. m. w. N.). Ausgeschlossen vom Schutzbereich werden nach der Rechtsprechung noch nicht bewohnbare Neubauten oder leerstehende Wohnungen (✐ OLG Hamm, NJW 1982, S. 2677). Diese gehören zum sog. „befriedeten Besitztum" (✐ AG Wiesbaden, NJW 1991, S. 188). Nicht in den Schutz des Art. 13 GG fallen ferner Haftäume (✐ BVerfG, JuS 1997, S. 460 mit kritischer Anmerkung Sachs) und Zimmer in Krankenhäusern sowie Gemeinschaftsunterkünfte für Soldaten oder Polizisten, sofern es nicht um einen „Lauschangriff" von außen geht oder der Raum betreten wird, um technische Abhöreinrichtungen aufzustellen (▭ Möllers, S. 2047 f.; vgl. auch ▭ Tröndle / Fischer / Schwarz, § 123 StGB Rdnr. 3).
Im Polizeirecht geht der Begriff der Wohnung dagegen weiter. Er umfasst nicht nur den angesprochenen grundrechtlichen Wohnungsbegriff, sondern auch das befriedete Besitztum. Ein Grundstück gilt als befriedetes Besitztum, wenn es durch zusammenhängende Schutzwehren, wie z. B. Mauer, Zaun, Drähte, Hecke u. a., in äußerlich erkennbarer Weise – nicht aber notwendiger unüberwindbar (z. B. Lagerplätze, Schrebergärten, Friedhöfe: ✐ OLG Stuttgart, NStZ 1983, S. 123) – gegen das willkürliche Betreten durch Nichtberechtigte gesichert ist (zur Definition vgl. ▭ Borsdorff, S. 521). Wegen des besonderen Schutzes gem. Art. 13 GG darf die Polizei eine Wohnung ohne Einwilligung des Wohnungsinhabers nur unter Einhaltung bestimmter gesetzlicher Vorschriften zur Gefahrenabwehr (vgl. §§ 19, 20 ME PolG, §§ 45, 46 BPOLG) und zur Strafverfolgung betreten. Eine Videoüberwachung des Zugangs zu einem Einfamilienhaus und den Gehweg im unmittelbar davor liegenden Bereich berührt den Schutzbereich des Art. 13 GG nicht (✐ BGH, NJW 1998, S. 629, 930), wohl aber das Abhören von Gesprächen im Vorgarten (✐ BGH, NJW 1997, S. 2189 = NStZ 1998, S. 157).
▭ ***Borsdorff***, Anke: Durchsuchungen, in: Möllers (Hg.), Wörterbuch der Polizei, 2. Aufl., München 2010, S. 520-522; ***Eisenberg***, Ulrich: Straf(verfahrens-)

rechtliche Maßnahmen gegenüber „Organisiertem Verbrechen", in: NJW 1993, S. 1033-1039; **Fischer**, *Thomas: Strafgesetzbuch und Nebengesetze, Kommentar, 57. Aufl., München 2010;* **Hofe**, *Gerhard: Abschied vom weiten Wohnungsbegriff des Art. 13 GG? In: ZRP 1995, S. 169-171;* **Hund**, *Horst: Der Einsatz technischer Mittel in Wohnungen. Versuch einer verfassungskonformen Lösung, in: ZRP 1995, S. 334-338;* **Kastner**, *Martin: Wohnung, in: Möllers (Hg.), Wörterbuch der Polizei, 2. Aufl., München 2010, S. 2283-2284;* **Maunz**, *Theodor /* **Dürig**, *Günter u. a.: Grundgesetz, Loseblatt-Kommentar in 6 Leinenordnern, 57. Ergänzungslieferung, München 2010;* **Möllers**, *Martin H. W.: Unverletzlichkeit der Wohnung, in: Möllers (Hg.), Wörterbuch der Polizei, 2. Aufl., München 2010, S. 2046-2048;* **Pieper**, *Hans-Gerd: Grundrechte, Alpmann und Schmidt Juristische Lehrgänge, 13. Aufl., Münster 2008;* **Pieroth**, *Bodo /* **Schlink**, *Bernhard: Grundrechte. Staatsrecht II, 25. Aufl., Heidelberg 2009;* **von Münch**, *Ingo /* **Kunig**, *Philip (Hg.): Grundgesetz-Kommentar, 2 Bde., 6. Aufl., München 2010;* **Weil**, *Stephan: Verdeckte Ermittlungen im Strafverfahren und die Unverletzlichkeit der Wohnung, in: ZRP 1992, S. 243-247.*

---

78. Welche Möglichkeiten des Eingriffs in die Unverletzlichkeit der Wohnung nach Art. 13 Abs. 1 GG hat die Polizei?

Ein Eingriff in die Unverletzlichkeit der Wohnung nach Art. 13 Abs. 1 GG liegt bei jedem körperlichen oder sich technischer Hilfsmittel bedienenden unkörperlichen Eindringen in die Wohnung durch staatliche Gewalt vor. Vor allem gehören Durchsuchungen sowie sog. „kleine" und „große Lauschangriffe" zu den Eingriffsarten in die Unverletzlichkeit der Wohnung. Die Durchsuchung setzt sich aus zwei Handlungselementen zusammen, nämlich das Betreten der Wohnung und die Vornahme von Suchhandlungen in der Wohnung. Unter „Betreten" ist das Eindringen (und auch Verweilen) in die geschützten Räumlichkeiten der Wohnung im Sinne des Art. 13 GG und das Besichtigen durch einfache Nach- oder Umschau zu verstehen, nicht aber z. B. das Öffnen von Schränken und Schubläden. „Durchsuchen" ist die ziel- und zweckgerichtete Suche nach Personen, Sachen und Spuren. Die Durchsuchung ist eine Qualifizierung gegenüber dem Betreten, weil sie neben dem Betreten auch die Vornahme von intensiven Suchhandlungen in der Wohnung erfasst. Erforderlich ist bei Durchsuchungen die Anwesenheit des Wohnungsinhabers; ferner muss der Grund der Durchsuchung bekannt gegeben und eine Niederschrift angefertigt werden (📖 Möllers, S. 164).

  Möllers, Martin H. W.: Polizei und Grundrechte. Lehrbuch zu den Grundrechten in der polizeilichen Praxis, Blaue Reihe: Studienbücher für die Polizei, 2. Aufl., Frankfurt/M 2011.

79. Was ist unter einem „Lauschangriff" zu verstehen?

Terminologisch werden zwei Arten von sog. „Lauschangriffen" unterschieden: Ein „*Großer* Lauschangriff" ist das Abhören und Aufzeichnen des in Wohnungen nicht öffentlich gesprochenen Wortes mittels technischer Mittel durch die Strafverfolgungsbehörden, also zu repressiven Zwecken. Dagegen handelt es sich um einen „*Kleinen* Lauschangriff", wenn diese genannten Maßnahmen von einem in der Wohnung anwesenden, verdeckt ermittelnden Beamten durchgeführt werden (vgl.   Bockemühl, S. 697; zur Herkunft des Begriffs „Lauschangriff" s.   Kutscha). Damit wird unter „Lauschangriff" allgemein der Einsatz technischer Mittel zum Abhören und Aufzeichnen des nichtöffentlich gesprochenen Wortes verstanden. Aus verfassungsrechtlichen Gründen gibt es aber Differenzierung danach, ob *außerhalb* oder *innerhalb* einer Wohnung der „Lauschangriff" stattfindet: Die Durchführung *innerhalb einer Wohnung* führt zum Eingriff in Art. 13 GG. Dieses Grundrecht schützt die räumliche Privatsphäre und ist lex specialis zum Allgemeinen Persönlichkeitsrecht. Die Durchführung des „Lauschangriffs" *außerhalb von Wohnungen* führt dagegen zu einem Eingriff in das Allgemeine Persönlichkeitsrecht aus Art. 2 Abs. 1 i. V. m. Art. 1 Abs. 1 GG. Betroffen ist das spezielle Schutzgut des Rechts am eigenen Wort, teilweise auch des Rechts auf informationelle Selbstbestimmung. Nach der vom BVerfG entwickelten Sphärentheorie unterliegt dieses Grundrecht im Wesentlichen einem einfachen Gesetzesvorbehalt, wenn nicht die Intimsphäre tangiert ist. Diese ist etwa beim Abhören eines vertraulichen Gesprächs zwischen Ehegatten betroffen und verfassungswidrig (✎ BVerfG, Urteil vom 3.3.2004 („großer Lauschangriff") in NJW 2004, S. 999-1022).

  Bockemühl, Jan: Zur Verwertbarkeit von präventiv-polizeilichen Erkenntnissen aus „Lauschangriffen" in Strafverfahren. „Von hinten durch die Brust ins Auge" – Die Legalisierung des „Großen Lauschangriffs" durch die Rechtsprechung des BGH? In: JA 1996, S. 695-700; Kutscha, Martin: Der Lauschangriff im Polizeirecht der Länder, in: NJW 1994, S. 85-88.

80. Welchen Schutzbereich hat die Eigentumsfreiheit nach Art. 14 Abs. 1 Satz 1 GG?

Grundrechtsträger sind nicht nur alle natürlichen Personen ohne Rücksicht auf ihre Nationalität, sondern auch alle inländischen juristischen Personen des Privatrechts (⚖ BVerfGE 4, 17; 50, 321; 66, 130) sowie andere Personenvereinigungen, nicht aber ausländische juristische Personen (⚖ BVerfGE 21, 207 [208 f.]; 23, 229 [236]). Ihr Eigentum wird jedoch durch verschiedene völkerrechtliche Verträge geschützt. Art. 14 GG stellt also ein Menschenrecht dar (so 📖 Ipsen, Rdnr. 676 m. w. N.). Juristische Personen des öffentlichen Rechts haben, auch wenn sie nach Maßgabe der Rechtsvorschriften des Zivilrechts grundsätzlich rechtsfähig und eigentumsfähig sind, nach Auffassung des BVerfG keine Grundrechtsfähigkeit. Sie sind deshalb nicht Träger des Grundrechts aus Art. 14 Abs. 1 GG, soweit das Eigentum der Erfüllung öffentlicher Aufgaben dient (vgl. ⚖ BVerfGE 21, 362 [369]; 61, 82 [100 f.]; 78, 101 [102]). Art. 14 als Grundrecht schützt nicht das Privateigentum, sondern das Eigentum Privater." (⚖ BVerfGE 61, 82 [108 f.]). Bei der Frage nach dem Grundrechtsschutzbereich ist nach Schutzgut und Schutzrichtung zu unterscheiden. Zum Schutzgut gehören private Vermögensrechte und öffentlich-rechtliche Leistungsansprüche. Schutzgut privater Vermögensrechte ist nicht nur das zivilrechtliche Sacheigentum i. S. v. § 903 BGB, sondern „alle vermögenswerte Rechte ..., die dem Berechtigten von der Rechtsordnung in der Weise zugebilligt sind, dass er die damit verbundenen Befugnisse nach eigenverantwortlicher Entscheidung zu seinem privaten Nutzen ausüben darf." (⚖ BVerfGE 83, 201 [209]). Das Vermögen als solches ist nicht Eigentum i. S. d. Art. 14 Abs. 1 GG, sondern nur einzelne vermögenswerte Rechte (📖 Schmidt-Bleibtreu, in: Schmidt-Bleibtreu / Klein, Art. 14, Rdnr. 3c; ⚖ BVerfGE 4, 7 [17]; 72, 176 ff.; 74, 129 [148]; 78, 232 [243]; 81, 108 [122], st. Rspr.). Insofern entfällt grundsätzlich eine Berufung auf Art. 14 Abs. 1 GG bei allen staatlichen Geldzahlungspflichten wie z. B. Steuern und anderen öffentlichen Abgaben, da sie aus dem Gesamtvermögen und nicht aus einzelnen vermögenswerten Rechten zu leisten sind. Als Ausnahme gilt – auch unter Berücksichtigung des Übermaßverbots – lediglich die sog. „Erdrosselungssteuer". Aus Art. 14 Abs. 1 GG lässt sich aber nicht entnehmen, wo die Grenze für eine noch zulässige Steuerlast liegt (so 📖 Ipsen, Rdnr. 685 m. w. N.; ✎ BVerfGE 91, 207; 93, 165). Vermögenswerte subjektive Rechte des öffentlichen Rechts fallen nach h. M. (vgl. 📖 Schmidt-Bleibtreu, in: Schmidt-Bleibtreu / Klein, Art. 14, Rdnr. 4 m. w. N. sowie 📖 Pieroth / Schlink, Rdnr. 908) und Rechtsprechung des BVerfG nur dann unter den Eigentumsschutz des Art. 14 Abs. 1 GG, wenn sie zu einem erheblichen Teil auf eigene Leistungen begründet worden sind und zur Sicherung der Existenz dienen (✎ BVerfGE 69, 272 [300]). Deshalb fallen Renten, soweit sie zu einem erheblichen Teil auf eigene Leistungen begründet wurden, unter die Eigentumsgarantie des Art. 14 Abs. 1 GG. Zusatzrenten können hingegen verfassungsgemäß aufgerechnet werden, wenn sie nicht zur Sicherung der Existenz dienen, da etwa eine Pension diese Funktion bereits übernimmt. Nicht unter den Eigentumsschutz des Art. 14 Abs. 1 GG fällt die Kürzung von Subventionen, die daher regelmäßig dem Gesetzgeber erlaubt ist. Ebenso wenig unterfallen staatliche Sozialleistungen (z. B. Sozialhilfe, Wohngeld), die in Erfüllung von Fürsorgepflichten gewährt werden, dem Eigentumsschutz des Art. 14 Abs. 1 GG. Versorgungsrechtliche Ansprüche der Beamten und Versorgungsempfänger (anders bei den vermögensrechtlichen Ansprüchen der Berufssoldaten: ✎ BVerfGE 16, 112; 22, 422; 44, 281; 87, 348) unterliegen ebenfalls nicht der Eigentumsgarantie des Art. 14 Abs. 1 GG; der Kernbestand dieser Ansprüche wird aber in gleicher Weise über die Sonderregelung des Art. 33 Abs. 5 GG geschützt (📖 Schmidt-Bleibtreu, in: Schmidt-Bleibtreu / Klein, Art. 14, Rdnr. 4a).

📖 *Ipsen, Jörn: Staatsrecht II: Grundrechte. 12. Aufl., Neuwied 2009; **Pieroth**, Bodo / **Schlink**, Bernhard: Grundrechte. Staatsrecht II, 25. Aufl., Heidelberg 2009; **Schmidt-Bleibtreu**, Bruno / **Hofmann**, Hans / **Hopfauf**, Axel (Hg.): Kommentar zum Grundgesetz, 11. Aufl., Neuwied 2008.*

---

81. Was ist unter dem verfassungsrechtlichen Eigentumsbegriff einschließlich der Bestands- und Institutsgarantie zu verstehen?

Art. 14 Abs. 1 Satz 1 GG gewährleistet Eigentum und Erbrecht. Damit gibt die Vorschrift einen grundrechtlichen Schutz gegen staatliche Eingriffe aller drei Gewalten (✎ BVerfGE 24, 367; 35, 348 [361]; 45, 333; 46, 334; 50, 290; 52, 1; 93, 165 [Erbrecht]) und stellt damit ein Abwehrrecht dar (📖 Ipsen, Rdnr. 694 m. w. N.). Nach h. M. enthält Art. 14 GG neben den subjektiven Rechten im 1. Absatz auch eine Bestands- und Institutsgarantie (📖 Möllers, S. 528). Das Schutzgut des Art. 14 GG ist anders als die einzelnen Handlungsfreiheiten, die sich auf eine „natürliche" Freiheit zurückführen lassen, im Wesentlichen durch das positive Recht geprägt (📖 Ipsen, Rdnr. 697). Da der verfassungsrechtliche Eigentumsbegriff aber viel weiter geht als der privatrechtliche, ist der Gesetzgeber in Art. 14 Abs. 1 Satz 2 GG ausdrücklich aufgefordert, den „Inhalt" des Eigentums zu bestimmen. Dabei hat der Gesetzgeber lediglich die Aufgabe, den in der Wirtschaft anerkannten Vermögenswerten die rechtliche Anerkennung zuzufügen (vgl. ausführlich 📖 Eschenbach, S. 558 ff.) und die (neuen) Vermögenswerte damit verkehrsfähig zu machen (s. 📖 Starck / Berg / Pieroth; 📖 Rill / Ehlers / Hänni, S. 67.). Der Gesetzgeber hat z. B. bei einer Sache, die solange verborgen gelegen hat, dass der Eigentümer nicht mehr zu ermitteln ist (sog. „Schatz"), die Eigentumsfrage in § 984 BGB geregelt. Danach wird das Eigentum an dem Schatz je zur Hälfte dem Entdecker und dem Grundeigentümer zugerechnet. „Die Begründung von Miteigentum ist eine am Gerechtigkeitsgedanken orientierte, sinnvolle Regelung, weil der Grundeigentümer ohne die Entdeckung nichts von seinem Glück erfahren hätte, andererseits der Entdecker sich in einer fremden Eigentumssphäre betätigt hat (📖 Ipsen, Rdnr. 699; vgl. zum Lübecker Schatzfund ✒ BGHZ 103, 101). Als Sacheigentum ist das gemäß § 984 BGB erworbene Miteigentum ein vermögenswertes Recht im Sinne des Art. 14 Abs. 1 Satz 1 GG und genießt grundsätzlich dessen Schutz. Wenn aber Landesdenkmalschutzgesetze eine von § 984 BGB abweichende Regelung über Regalien treffen, bleiben die Bestimmungen des BGB unberührt. Das ergibt sich aus Art. 73 EGBGB. In einem solchen Fall wird gar nicht erst ein vermögenswertes Recht erworben, weil die Rechtsordnung über die Landesdenkmalschutzgesetze das Eigentum an dem Schatz dem Land zugeordnet hat (vgl. 📖 Ipsen, Rdnr. 699 sowie ✒ BVerfGE 78, 205 [211 f.]).

📖 *Eschenbach, Jürgen: Der verfassungsrechtliche Schutz des Eigentums, Berlin 1996; Ipsen, Jörn: Staatsrecht II: Grundrechte. 12. Aufl., Neuwied 2009; Möllers, Martin H. W.: Eigentumsfreiheit, in: Möllers (Hg.), Wörterbuch der Polizei, 2. Aufl., München 2010, S. 528-530; Pieper, Hans-Gerd: Grundrechte, Alpmann und Schmidt Juristische Lehrgänge, 13. Aufl., Münster 2008;*

Rill, Heinz Peter / *Ehlers*, Dirk / *Hänni*, Peter: *Eigentumsschutz, Sozialbindung und Enteignung bei der Nutzung von Boden und Umwelt.* Heft 51 der Veröffentlichungen der Vereinigung der Deutschen Staatsrechtslehrer, Berlin 1992; *Starck*, Christian / *Berg*, Wilfried / *Pieroth*, Bodo: *Der Rechtsstaat und die Aufarbeitung der vor-rechtsstaatlichen Vergangenheit*, Berlin 1992.

82. Wie sind Inhalt und Schranken der Eigentumsfreiheit zu bestimmen?

Nach § 903 Satz 1 BGB kann der Eigentümer einer Sache mit der Sache nach Belieben verfahren und andere von jeder Einwirkung ausschließen, soweit nicht das Gesetz oder Rechte Dritter entgegenstehen. Damit wird diese Vorschrift der Sozialbindungsklausel in Art. 14 Abs. 2 GG gerecht, mit der zum Ausdruck kommt, „dass das Eigentum nicht isoliert, sondern nur in seiner Einbindung in staatliche und gesellschaftliche Zusammenhänge gesehen werden kann." (📖 Ipsen, Rdnr. 703). Daraus ergibt sich bereits, dass die Schranken des Eigentums sich nicht nur auf die Gefahrenabwehr beziehen, sondern auch weitere Gemeinwohlinteressen einbeziehen (✐ BVerfGE 18, 121 [131 f.]; 21, 150 [155 f.]; 38, 348 [370 f.]; 55, 249 [257 ff.]; 83, 82 [86]). Wenn Gesetze Befugnisse der Eigentümer einschränken, sind sie am Übermaßverbot zu messen (s. ✐ BVerfGE 74, 203 [214]; 📖 Ipsen, Rdnr. 705). In der Regel werden die Befugnisse der Eigentümer nicht aufgehoben, sondern lediglich eingeschränkt. Eine Aufhebung des Eigentümerrechts – unter Beachtung des Übermaßverbotes – ergibt sich aber dann, wenn es um die Beseitigung von Gefahrenquellen geht.

83. Welche politischen Grundrechte gibt es und wie sind jeweils ihre Schutzbereiche ausgestaltet?

Ingesamt gibt es drei sog. politische Grundrechte, weil Verstöße gegen sie Mittel zur Aufrechterhaltung totalitärer Regime sind. Dabei enthält Art. 16 GG zwei Tatbestände, die als *Bürgerrechte* ausgestaltet sind: das Verbot des Entzugs der Staatsangehörigkeit (Art. 16 Abs. 1 Satz 1 GG) und das Verbot der Auslieferung (Art. 16 Abs. 2 Satz 1 GG). Verstöße gegen diese beiden Grundrechte bezwecken, eine unliebsame Opposition zu verdrängen. Das dritte politische Grundrecht ist das Grundrecht auf Asyl nach Art. 16a Abs. 1 GG, das weder ein Menschen- noch ein Bürgerrecht ist, da nur politisch Verfolgten Grundrechtsschutz gewährt wird. Das Verbot der *Zwangsentziehung der Staatsangehörigkeit* gewährleistet Art. 16 Abs. 1 Satz 1 GG. Denn keinem deutschen Staatsangehörigen darf durch hoheitliche Gewalt die Staatsangehörigkeit entzogen werden (vgl. 📖 Katz, Rdnr. 832 m. w. N.). Grundrechtsträger sind nicht nur alle deutschen Staatsangehörigen, sondern auch Personen, welche die deutsche Staatsangehörigkeit besessen, aber durch einen gegen Art. 16 Abs. 1 GG verstoßenden Rechtsakt verloren haben. Die Personen deutscher Volkszugehörigkeit (sog. Statusdeutsche) nach Art. 116 Abs. 1 GG sind dagegen nicht Grundrechtsträger, auch nicht in Form einer analogen Anwendung des Art. 16 Abs. 1 GG (vgl. 📖 Ipsen, Rdnr. 894 m. w. N.). Unterschieden wird bei die *Entziehung* (Art. 16 Abs. 1 Satz 1 GG) und der *Verlust* der deutschen Staatsangehörigkeit (vgl. 📖 Möllers, Ausbürgerungsverbot, S. 176 f.). Schutzgut des Art. 16 Abs. 1 GG ist die deutsche Staatsangehörigkeit, also die Mitgliedschaft im deutschen Staatsverband. Diese gewährleistet die *Aufnahmepflicht im Staatsgebiet* in Form der Aufenthaltsgestattung und der Einreise sowie den *diplomatischen Schutz im Ausland* für die Staatsangehörigen. Letzterer ist aber nur völkerrechtlich gewährt und gibt dem einzelnen Bürger keinen Anspruch darauf.

Im Gegensatz zu Art. 16 Abs. 1 Satz 1 GG sind beim Auslieferungsverbot *alle* Deutschen i. S. v. Art. 116 Abs. 1 GG Grundrechtsträger. Dazu gehören also nicht nur Personen mit deutscher Staatsangehörigkeit, sondern auch alle Personen deutscher Volkszugehörigkeit (sog. Statusdeutsche), wobei Einbürgerungsbewerber nicht unter den Schutz des Art. 16 Abs. 2 GG fallen (✏ BVerfG, NJW 1994, S. 2016; vgl. 📖 Möllers, Auslieferungsverbot, S. 192; 📖 Ipsen, Rdnr. 908). Schutzgut ist das Verbot der Auslieferung an das Ausland. Art. 16 Abs. 2 GG schützt dagegen nicht vor Strafverfolgung, denn auch im Ausland begangene Straftaten werden nach § 7 Abs. 2 Nr. 1 StGB in Deutschland strafrechtlich verfolgt, wenn der Täter zur Zeit der Tat Deutscher war. „Auslieferung ist die zwangsweise Entfernung einer Person aus dem Hoheitsbereich des Staates und Überführung in den Bereich einer ausländischen Hoheitsgewalt auf Ersuchen des ausländischen Staates." (✏ BVerfGE 10, 136 [139]). Grundsätzlich ist damit die Auslieferung von Deutschen ans Ausland verboten. Daraus ergibt sich, dass auch die *Durchlieferung* verfassungsrechtlich unzulässig ist (✎ BVerfGE 10, 136 [139]; 📖 Möllers, Auslieferungsverbot, S. 192; 📖 Ipsen, Rdnr. 911). Dagegen ist nach h. M. die *Rücklieferung* mit Art. 16 Abs. 2 GG vereinbar, wenn Betroffene nur vorläufig aufgrund einer Rückführungszusage aus dem Ausland in die Bundesrepublik Deutschland verbracht worden sind (✎ BVerfGE 29, 183 [193 f.]; vgl. auch 📖 Ipsen, Rdnr. 912). Dies wird von der verfassungsimmanenten Schranke des Grundrechts erfasst (kollidierendes Verfassungsrecht mit der Strafrechtspflege). Zur Erleichterung der Auslieferung von Deutschen an einen Mitgliedstaat der Europäischen Union und auch an einen internationalen Gerichtshof, soweit rechtsstaatliche Grundsätze gewahrt sind, ist seit Ende 2000 ein qualifizierter Gesetzesvorbehalt als Satz 2 aufgenommen worden. Insofern ist die *Überstellung von Deutschen an Gerichte zwischenstaatlicher Einrichtungen*, denen die BRD angehört (z. B. IStGH), mit Art. 16 Abs. 2 GG vereinbar. Hier ist aber vor allem zu beachten, dass „*rechtsstaatliche Grundsätze*" vom ausländischen Staat gewahrt sein müssen. Aus dem Wortlaut des Art. 16a Abs. 1 GG ergibt sich, dass nur politisch Verfolgten dieses Grundrecht zusteht. Das Grundrecht auf Asyl ist damit kein Menschen- oder Bürgerrecht. Rechtsdogmatisch liegt in der Grundrechtsträgerschaft der Schwerpunkt des Asylrechts, nicht im Schutzbereich und bei den Schranken des Asylrechts. Deutsche können nicht Träger des Asylgrundrechts sein, sondern nur ausländische Staatsangehörige und Staatenlose, die politisch verfolgt werden. Der Begriff „politisch" ist nach Ansicht des BVerfG nicht zu eng zu sehen, sondern ist an historisch festgestellten Verfolgungen festzumachen und knüpft an das Diskriminierungsverbot des Art. 3 Abs. 3 GG an. Eine politische Verfolgung ist somit dann gegeben, wenn der Staat dem Einzelnen in Anknüpfung an seine politische Überzeugung, seine religiöse Grundentscheidung oder an für ihn unverfügbare Merkmale, die sein Anderssein prägen, gezielt Rechtsverletzungen zufügt, die ihn ihrer Intensität nach aus der übergreifenden Friedensordnung der staatlichen Einheit ausgrenzen. Soweit solche Diskriminierungen von der reinen Benachteiligung in Verfolgung durch die Staatsorgane umschlagen, soll Asyl gewährt werden. Verfolgung setzt eine gegenwärtig drohende, gezielte Beeinträchtigung von Rechtsgütern – insbesondere Leben, Leib oder persönliche Freiheit – voraus, durch die Betroffene in eine ausweglose Lage gebracht werden (✎ BVerfGE 80, 315 [355]). Sofern andere Güter als Leben, Leib oder persönliche Freiheit gezielt betroffen sind, ist eine Verfolgung immer dann gegeben, wenn die Verfolgung eine die Menschenwürde verletzende Intensität erreicht (✐ BVerfGE 54, 341 [357]; 76, 143 [157]). Betroffene müssen nach der Rechtsprechung die Verfolgung entweder bereits erlitten oder das Land wegen einer unmittelbar drohenden politischen Verfolgung verlassen haben (sog. *Vorverfolgung*). Daneben wird eine politische Verfolgung auch bei sog. *Nachfluchtgründen* anerkannt, wenn nämlich die Verfolgungsgefahr erst entsteht, nachdem Betroffene das Land verlassen haben (vgl. ⌂ Ipsen, Rdnr. 926 m. w. N.). Beachtlich sind aber nur *objektive* Nachfluchtgründe, also solche Tatsachen, die durch Vorgänge oder Ereignisse im Heimatland unabhängig von der Person des Asylantragstellers herbeigeführt wurden, z. B. wenn durch die Asylantragstellung eines Dritten ein Nachfluchtgrund dadurch geschaffen wird, dass für die in der Heimat Verbliebenen Sippenhaft droht (✐ BVerfGE 88, 92-97). Unterschieden wird vom Bundesverfassungsgericht auch zwischen „regionaler" und „örtlich begrenzter" Gruppenverfolgung, z. B. bei Christen in der Türkei (✐ BVerfGE 105, 204-214).

⌂ *Ipsen, Jörn: Staatsrecht II: Grundrechte. 12. Aufl., Neuwied 2009;* **Katz,** *Alfred: Staatsrecht. Grundkurs im öffentlichen Recht, 17. Aufl., Heidelberg 2007;* **Möllers,** *Martin H. W.: Ausbürgerungsverbot, in: Möllers (Hg.), Wörterbuch der Polizei, 2. Aufl., München 2010, S. 177-176,* **Möllers,** *Martin H. W.: Auslieferungsverbot, in: Möllers (Hg.), Wörterbuch der Polizei, 2. Aufl., München 2010, S. 192;* **Möllers,** *Martin H. W. /* **van Ooyen,** *Robert Chr. (Hg.): Bundesverfassungsgericht und öffentliche Sicherheit, JBÖS - Sonderband 3, Frankfurt/M 2011;* **Pieper,** *Hans-Gerd: Grundrechte, Alpmann und Schmidt Juristische Lehrgänge, 13. Aufl., Münster 2008.*

---

84. Welche Rolle übernehmen die Justizgrundrechte?

Die Justizgrundrechte regeln das Justizverfahren verfassungsrechtlich so, dass es rechtsstaatlichen Anforderungen entspricht. Die Justizgrundrechte sind Grundnormen für Gerichtsorganisation und Gerichtsverfahren und im Einzelnen einfachrechtlich z. B. in der ZPO, in der StPO und im GVG geregelt. Die Rechtswegegarantie bezieht sich dagegen auf die Eröffnung des Rechtswegs und regelt nicht die Gerichtsorganisation bzw. das Gerichtsverfahren, auch wenn sie allgemein zu den Justiz-

grundrechten gezählt wird (✎ Manssen, Rdnr. 792 ff., insb. Rdnr. 801).
Ob die Justizgrundrechte tatsächlich Grundrechte sind, ist zumindest für
die außerhalb des Abschnitts I des GG „Die Grundrechte" (Art. 1-19
GG) stehenden strittig. Diese ergeben sich aus den Art. 101, 103 und
104 GG. Behauptet jemand, in einem seiner Justizgrundrechte verletzt
zu sein, so hat er das Recht, eine Verfassungsbeschwerde einzulegen
wie bei einer Verletzung der Grundrechte der Art. 1-19 GG (Art. 93
Abs. 1 Nr. 4a GG). Die Justizgrundrechte werden daher weitgehend wie
Grundrechte des Abschnitts I des GG behandelt. Sie sind grundrechtsgleiche Rechte. Der Rechtsschutz, der durch das Beschreiten des
Rechtswegs ermöglicht wird (Art. 19 Abs. 4 Satz 1 GG), wird durch die
Justizgrundrechte ergänzt und vervollständigt. Ein wesentliches Merkmal des Rechtsstaates ist die Kontrolle staatlichen Handelns durch unabhängige Gerichte. Denn nur durch Gerichte, die mit sachlich und persönlich unabhängigen Richtern besetzt sind, ist ein lückenloser Rechtsschutz zu gewährleisten. Der Rechtsschutz wird durch die Verfassungs-
gerichtsbarkeit als die „Krönung" des Rechtsstaates vervollständigt. Daher gehören die Justizgrundrechte zusätzlich zu ihrer Funktion als
grundrechtsgleiche Rechte zu den Wesenselementen des Rechtsstaatsprinzips nach Art. 20 Abs. 3 GG, sodass sie allen natürlichen und juristischen Personen zu gewährleisten sind, die am deutschen Rechtsstaat
teilnehmen.

📖 *Manssen*, Gerrit: Staatsrecht II. Grundrechte, 6. Aufl., München 2009.

85. Was ist Schutzgut der Rechtswegegarantie nach Art. 19 Abs. 4 GG?

Die Rechtswegegarantie ist ein *Menschenrecht*, unter den *Justizgrundrechten* ist es das einzige formelle Grundrecht aus dem ersten Abschnitt
des Grundgesetzes (📖 Katz, Rdnr. 525; vgl. auch 📖 Ipsen,
Rdnr. 826 ff.). Träger des Grundrechts sind deshalb nicht nur Deutsche,
sondern auch Ausländer und Staatenlose (📖 Ipsen, Rdnr. 827). Voraussetzung ist, dass ihnen ein durch die öffentliche Gewalt verletzbares
subjektives Recht zustehen kann. Insofern gilt die Rechtswegegarantie
grundsätzlich auch für juristische Personen des Privatrechts (vgl. Art. 19
Abs. 3 GG). Als Rechtsschutzrecht gilt die Rechtswegegarantie auch für
ausländische juristische Personen (vgl. 📖 Schmidt-Bleibtreu, in:

Schmidt-Bleibtreu / Klein, Art. 19, Rdnr. 13; 📖 Antoni, in: Hömig, Art. 19, Rdnr. 13; vgl. auch 📖 Ipsen, Rdnr. 828 m. w. N. und 📖 Möllers, S. 1593 f. m. w. N.). Juristische Personen des öffentlichen Rechts sind keine Grundrechtsträger und können sich daher nur dann auf die Rechtswegegarantie stützen, wenn sie ausnahmsweise grundrechtsfähig sind, z. B. wenn der Staat als Fiskus tätig ist (st. Rspr.: 🖉 BVerfGE 6, 49; 45, 78 m. w. N.; 75, 192; vgl. 📖 Schmidt-Bleibtreu, in: Schmidt-Bleibtreu / Klein, Art. 19, Rdnr. 13a). Schutzgut des Art. 19 Abs. 4 GG ist die Eröffnung des Rechtswegs zu den Gerichten bei Verletzungen subjektiver Rechte durch die öffentliche Gewalt. Die Gewährleistung der Rechtswegegarantie des Art. 19 Abs. 4 GG erfolgt nur unter bestimmten Voraussetzungen. Zum einen ist sie Abwehrfunktion gegen die *öffentliche Gewalt*, zum anderen greift sie nur bei subjektiver Rechtsverletzung, um Popularklagen zu verhindern. Der Begriff der „öffentlichen Gewalt" in Art. 19 Abs. 4 GG wird durch das BVerfG eng ausgelegt: Akte der gesetzgebenden Gewalt fallen nicht unter den Schutz der Rechtswegegarantie. Der Rechtsweg gegen Gesetze ist in Art. 93 Abs. 1 Nr. 2, 4a und Art. 100 Abs. 1 GG abschließend geregelt (🖉 BVerfGE 24, 33 [49]; 45, 297 [334]; BVerfG, NJW 1997, S. 650), weil nur das Bundesverfassungsgericht, nicht aber die Instanzengerichte die Verfassungswidrigkeit von Gesetzen feststellen kann. Weil Art. 19 Abs. 4 GG nur den Schutz *durch* den Richter, nicht jedoch *gegen* den Richter gewährleistet, sind Entscheidungen der rechtsprechenden Gewalt ebenfalls nicht zur öffentlichen Gewalt i. S. d. Rechtswegegarantie zu zählen. Denn sonst würde ja ein unendlicher Rechtsschutz in Gang gesetzt (📖 Manssen, Rdnr. 799). Erfasst werden hingegen alle Maßnahmen der deutschen vollziehenden Gewalt, soweit sie öffentlichrechtlich sind (vgl. 📖 Möllers, S. 1594). Damit ist der Begriff der „öffentlichen Gewalt" in Art. 19 Abs. 4 GG mit dem der „vollziehenden Gewalt" im Sinne des Art. 20 Abs. 3 GG gleichgesetzt (so 🖉 BVerfGE 10, 264 [267]). Den Grundrechtsträgern will die Rechtswegegarantie verhelfen, ihre materiellen Abwehrrechte gegen den Staat verfahrensrechtlich durchzusetzen. Schutzrichtung der Rechtswegegarantie ist damit der Anspruch auf effektiven Rechtsschutz. Die Rechtswegegarantie gehört damit als *status positivus* zu den *Leistungsrechten* (📖 Ipsen, Rdnr. 840).

📖 *Hömig*, Dieter *(Hg.): Grundgesetz für die Bundesrepublik Deutschland. Taschenkommentar, 8. Aufl.*, *Baden-Baden 2007;* **Ipsen**, Jörn: Staatsrecht II: *Grundrechte. 12. Aufl.*, *Neuwied 2009;* **Katz**, *Alfred: Staatsrecht. Grundkurs im öffentlichen Recht, 17. Aufl.*, *Heidelberg 2007;* **Manssen**, *Gerrit: Staatsrecht II. Grundrechte, 6. Aufl.*, *München 2009;* **Möllers**, *Martin H. W.: Rechtswegegarantie, in: Möllers (Hg.), Wörterbuch der Polizei, 2. Aufl.*, *München 2010, S. 1593-1594;* **Pieper**, *Hans-Gerd: Grundrechte, Alpmann und Schmidt Juristische Lehrgänge, 13. Aufl.*, *Münster 2008;* **Schmidt-Bleibtreu**, *Bruno / **Hofmann**, Hans / **Hopfauf**, Axel (Hg.): Kommentar zum Grundgesetz, 11. Aufl.*, *Neuwied 2008.*

---

86. Wie lautet der Schutzbereich des Rechts auf den gesetzlichen Richter nach Art. 101 Abs. 1 GG?

Nach Art. 101 Abs. 1 GG sind Ausnahmegerichte unzulässig. Außerdem darf niemand seinem gesetzlichen Richter entzogen werden. Das Grundrecht auf den gesetzlichen Richter ist ein Menschenrecht, da es jedem Menschen zusteht. Nach der Rechtsprechung des BVerfG steht dieses Recht jedem zu, „der an einem gerichtlichen Verfahren als Partei beteiligt ist, gleichgültig, ob er eine natürliche oder eine juristische, eine inländische oder eine ausländische Person ist." (✎ BVerfGE 18, 441 [447]). Daraus und aus dem Rechtsstaatsprinzip, dass allen Beteiligten in gerichtlichen Verfahren gleiche Rechte zubilligen will, ist schlüssig zu folgern, dass auch juristische Personen des öffentlichen Rechts Träger dieses Grundrecht sind (vgl. 📖 Ipsen, Rdnr. 848), wobei das Bundesverfassungsgericht allerdings nach „Individualrechten" und „objektiven Verfahrengrundsätzen" unterscheidet (✎ BVerfGE 61, 82 [104]; anders noch 6, 45 [49 f.]; 13, 132 [139 f.]). Schutzgut des Art. 101 GG ist die Verhinderung der Manipulation und der sachfremden Einflussnahme auf die Justiz, insbesondere durch die vollziehende Gewalt (✎ BVerfGE 17, 294 [299]). Außerdem soll das Vertrauen der Rechtsuchenden und der Allgemeinheit in die Unparteilichkeit und Sachlichkeit der Gerichte gewährleistet werden. Zum Schutzgut gehört zum einen nach Art. 101 Abs. 1 Satz 1 GG das *Verbot*, Ausnahmegerichte zu bilden. Solche Ausnahmegerichte liegen vor, wenn sie in Abweichung von der gesetzlichen Zuständigkeit besonders gebildet und zur Entscheidung einzelner konkreter oder individuell bestimmter Fälle berufen sind (✎

BVerfGE 3, 213 [223]; 10, 200 [212]; 14, 56 [72]). Nicht zu den Ausnahmegerichten gehören die *Sondergerichte*, die im Voraus für bestimmte Sachgebiete abstrakt generell zur Entscheidung berufen werden (z. B. Disziplinargerichte für Beamte und Soldaten; Ehrengerichte für Rechtsanwälte; Berufsgerichte für Ärzte; Schifffahrtsgerichte etc.). Sie sind bei Beachtung des Vorbehalts des Gesetzes nach Art. 101 Abs. 2 GG zulässig (✎ BVerfGE 18, 241 [257]; 26, 186 [192]; vgl. 📖 Möllers, S. 1560 f.). Es handelt sich in diesen Fällen um Landesgerichte; Bundesgerichte können nur errichtet werden, wenn das im Grundgesetz ausdrücklich vorgesehen ist. Zum Schutzbereich des Rechts auf den gesetzlichen Richter gehört zum anderen nach Art. 101 Abs. 1 Satz 2 GG das *Gebot*, dass niemand seinem gesetzlichen Richter entzogen werden darf. Gegen dieses Gebot könnte die Polizei verstoßen. Gesetzlicher Richter ist einerseits das Gericht als organisatorische Einheit, z. B. Amtsgericht, Landgericht. Andererseits ist gesetzlicher Richter das Gericht als Spruchkörper, z. B. Abteilungen bei den Amtsgerichten, Kammern bei den Landgerichten, Senate bei den Oberlandesgerichten und beim Bundesgerichtshof. Schließlich ist gesetzlicher Richter der im Einzelfall zuständige Richter des zuständigen Spruchkörpers. Dabei bestimmt sich der gesetzliche Richter aus Sicht der richterlichen Funktion. Somit sind nicht nur alle Berufsrichter, sondern auch ehren- und nebenamtliche Richter, Laienrichter oder Ersatzrichter begrifflich erfasst (📖 Möllers, S. 1560 f. m. w. N.).

📖 *Ipsen*, Jörn: Staatsrecht II: Grundrechte. 12. Aufl., Neuwied 2009; *Möllers*, Martin H. W.: Recht auf den gesetzlichen Richter, in: Möllers (Hg.), Wörterbuch der Polizei, 2. Aufl., München 2010, S. 1560-1561; *Pieper*, Hans-Gerd: Grundrechte, Alpmann und Schmidt Juristische Lehrgänge, 13. Aufl., Münster 2008.

---

87. Was ist im Einzelnen unter den Begriff des „gesetzlichen Richters" nach Art. 101 Abs. 1 Satz 2 GG zu subsumieren?

Erfasst werden mit dem Begriff des „gesetzlichen Richters" gemäß Art. 101 Abs. 1 Satz 2 GG die Richter der staatlichen Gerichte, nicht die der ausnahmsweise privaten Gerichte, wie z. B. Schiedsgerichte i. S. v. §§ 1025 ff. ZPO oder Parteischiedsgerichte i. S. v. § 14 PartG (s. 📖 Pieroth / Schlink, Rdnr. 1059; 📖 Möllers, S. 1560 f.). Die staatlichen

Gerichte sind organisatorisch von der gesetzgebenden und von der vollziehenden Gewalt streng getrennt (Art. 92 GG). Der Richter ist persönlich und sachlich unabhängig (Art. 97 GG) und gegenüber den Verfahrensbeteiligten neutral. Welches Gericht, welcher Spruchkörper und welcher Richter zur Entscheidung eines konkreten Einzelfalles sachlich zuständig ist, muss durch Parlamentsgesetz vor Verwirklichung eines Sachverhaltes bestimmt sein, der einen gesetzlichen Tatbestand bildet. Außerdem muss der gesetzliche Tatbestand abstrakt-generell formuliert sein und darf nicht für einen Einzelfall gelten (Art. 19 Abs. 1 Satz 1 GG). Durch Gesetz ist so eindeutig wie möglich festzulegen, welche Gerichtsbarkeit (z. B. ordentliche Gerichtsbarkeit, Verwaltungsgerichtsbarkeit, Arbeitsgerichtsbarkeit etc.) und welches Gericht der in Frage kommenden Gerichtsbarkeit *sachlich zuständig* ist. Die sachliche Zuständigkeit der Gerichtszweige ist für die ordentliche Gerichtsbarkeit durch das GVG (vgl. § 13 GVG) und für die Sondergerichte durch die Prozessordnungen (VwGO, FGO, ArbGG, SGG) festgelegt (📖 Ipsen, Rdnr. 850). Auch die *örtliche Zuständigkeit* eines Gerichts (z. B. Amtsgericht Köln, Amtsgericht Hamburg) unterliegt dem Gesetzesvorbehalt (✒ BVerfGE 2, 307 [319 f.]), ebs. die *instanzielle Zuständigkeit* eines Gerichts (z. B. Amtsgericht Köln, Landgericht Köln), die als Sonderform der sachlichen Zuständigkeit im GVG und den Prozessordnungen geregelt wird. Die Zuständigkeit eines jeden Richters muss aber nicht in einem formellen Gesetz geregelt sein. Vielmehr genügt es, durch *Geschäftsverteilungspläne* des zuständigen Gerichts so eindeutig wie möglich festzulegen, welcher Spruchkörper des in Frage kommenden Gerichts zuständig ist und bei Kollegialgerichten, welche Richter des in Frage kommenden Spruchkörpers zuständig sind. Die Geschäftsverteilungspläne sind vor Beginn des Geschäftsjahres und für dessen Dauer zu erstellen (vgl. 📖 Möllers, S. 1560 f. m. w. N.).

📖 *Ipsen, Jörn: Staatsrecht II: Grundrechte. 12. Aufl., Neuwied 2009;* **Möllers**, *Martin H. W.: Recht auf den gesetzlichen Richter, in: Möllers (Hg.), Wörterbuch der Polizei, 2. Aufl., München 2010, S. 1560-1561;* **Pieper**, *Hans-Gerd: Grundrechte, Alpmann und Schmidt Juristische Lehrgänge, 13. Aufl., Münster 2008;* **Pieroth**, *Bodo /* **Schlink**, *Bernhard: Grundrechte. Staatsrecht II, 25. Aufl., Heidelberg 2009.*

---

88. Wie lautet der Schutzbereich des Anspruchs auf rechtliches Gehör nach Art. 103 Abs. 1 GG?

Der Anspruch auf rechtliches Gehör will jedem die Möglichkeit geben, sich in einem Prozess mit rechtlichen und tatsächlichen Argumenten zu behaupten. Dadurch soll verhindert werden, dass mit den Menschen „kurzer Prozess" gemacht wird (📖 Möllers, S. 1566). Wie bei Art. 101 GG haben die am Gerichtsverfahren Beteiligten, insbesondere die Parteien, im Strafverfahren der Angeklagte Anspruch auf rechtliches Gehör. Dies können natürliche oder juristische, inländische oder ausländische Personen sein. Der Anspruch auf rechtliches Gehör „gilt auch uneingeschränkt für Verfahren, die vom Untersuchungsgrundsatz beherrscht werden." (✎ BVerfGE 75, 201 [215]). Als Grundrechtsträger können hier dementsprechend auch sein: Ausländer und Staatenlose, ausländische juristische Personen des Privatrechts, ausländische nichtrechtsfähige Personenvereinigungen und auch der Staat einschließlich der juristischen Personen des öffentlichen Rechts. Der im Grundgesetz verankerte Anspruch auf Gewährung rechtlichen Gehörs ist eine Folgerung aus dem Rechtsstaatsgedanken für das Gebiet des gerichtlichen Verfahrens. Der Einzelne soll nicht bloßes Objekt des gerichtlichen Verfahrens sein, sondern er soll vor einer Entscheidung, die seine Rechte betrifft, zu Worte kommen, um Einfluss auf das Verfahren und sein Ergebnis nehmen zu können. Art. 103 Abs. 1 GG garantiert insofern den Beteiligten an einem gerichtlichen Verfahren, dass sie Gelegenheit erhalten, sich zu dem einer gerichtlichen Entscheidung zu Grunde liegenden Sachverhalt vor Erlass der Entscheidung zu äußern (✎ BVerfGE 84, 188 [190]). Art. 103 Abs. 1 GG dient damit dem Schutz der Menschenwürde und der Wahrheitsfindung. Die Parteien, im Strafverfahren der Angeklagte, sollen gleichberechtigt – quasi als Subjekte – am Gerichtsverfahren teilnehmen und zur Wahrheitsfindung beitragen. In der Regel kennen sie den entscheidungserheblichen Sachverhalt am besten.

📖 *Möllers, Martin H. W.: Rechtliches Gehör, in: Möllers (Hg.), Wörterbuch der Polizei, 2. Aufl., München 2010, S. 1566-1567; **Pieper**, Hans-Gerd: Grundrechte, Alpmann und Schmidt Juristische Lehrgänge, 13. Aufl., Münster 2008.*

89. Welche drei Merkmale beinhaltet der Anspruch auf rechtliches Gehör nach Art. 103 Abs. 1 GG im Einzelnen?

Der Anspruch auf rechtliches Gehör verlangt zum einen das *Recht auf Information* und verpflichtet damit das Gericht, die Beteiligten vollständig über den Inhalt des Gerichtsverfahrens aufzuklären und sie über alle für die gerichtliche Entscheidung maßgeblichen Umstände zu unterrichten, z. B. über alle Äußerungen der Gegenseite (⚖ BVerfGE 55, 95 [99]), über von Amts wegen eingeführte Tatsachen und Beweismittel (⚖ BVerfGE 15, 214 [218]), über Auffassungen von gerichtlichen Sachverständigen (⚖ BVerfG, NJW 1998, S. 2273) und über Rechtsansichten des Gerichtes, wenn die Beteiligten mit diesen Rechtsansichten nicht rechnen müssen (⚖ BVerfG, DtZ 1994, S. 68; vgl. 📖 Pieroth / Schlink, Rdnr. 1077 m. w. N.). Der Anspruch auf rechtliches Gehör umfasst zum anderen das *Recht auf Äußerung* und gibt den Beteiligten das Recht (nicht die Pflicht), sich im Gerichtsverfahren mündlich oder schriftlich zu den Tat- und Rechtsfragen vor Erlass einer Entscheidung zu äußern. Dazu gehört auch das Recht, Anträge zu stellen. Die Beteiligten müssen die Möglichkeit haben, das gerichtliche Verfahren und die gerichtliche Entscheidung zu beeinflussen (📖 Pieroth / Schlink, Rdnr. 1077 m. w. N.). Schließlich umfasst der Anspruch auf rechtliches Gehör auch das *Recht auf Berücksichtigung*, dass das Gericht das Vorbringen der Beteiligten zur Kenntnis nimmt, auf Erheblichkeit und Richtigkeit überprüft und in Erwägung zieht. Das Gericht muss in der Urteilsverkündung auf das tatsächlich und rechtlich erhebliche Vorbringen eingehen. Das Gericht darf zudem nur solche Tatsachen seiner Entscheidung zu Grunde legen, zu denen sich die Beteiligten äußern konnten, z. B. der Angeklagte muss in einem Strafverfahren zu allen Tatsachen gehört werden, die maßgebend dafür sind, ob und wie er verurteilt wird, also zu einer Freiheitsstrafe oder zu einer Geldstrafe, zu einer Freiheitsstrafe von 4 oder von 5 Jahren.

📖 *Pieroth*, Bodo / *Schlink*, Bernhard: Grundrechte. Staatsrecht II, 25. Aufl., Heidelberg 2009.

---

90. Welchen Schutzbereich umfasst das Verbot rückwirkender Strafgesetze (nulla poena sine lege) nach Art. 103 Abs. 2 GG?

Das in Art. 103 Abs. 2 GG verankerte Gesetzlichkeitsprinzip bestimmt, dass eine Tat nur bestraft werden kann, wenn die Strafbarkeit gesetzlich bestimmt war, bevor die Tat begangen wurde. Dieser Grundsatz wird in der Rechtssprache teilweise auch als *Garantiefunktion des Strafgesetzes* bezeichnet und wegen seiner überragenden Bedeutung für die Strafrechtsordnung in § 1 StGB wortgleich wiederholt. Das Gesetzlichkeitsprinzip wird oft auch mit dem lat. Satz „nullum crimen, nulla poena sine lege" umschrieben. Auf Art. 103 Abs. 2 GG kann sich grundsätzlich jedermann berufen; es ist daher ein Menschenrecht. Für juristische Personen gilt es, soweit gegen sie strafrechtliche (z. B. § 73 Abs. 3 StGB: Verfall) oder strafrechtsähnliche Sanktionen (§ 30 OWiG: Geldbuße gegen juristische Personen und Personenvereinigungen) verhängt werden können. Denn „Sanktionen nach dem Ordnungswidrigkeitenrecht stehen den Strafsanktionen gleich." (📖 Ipsen, Rdnr. 868; vgl. ✎ BVerfGE 71, 108 [114]). Das Gesetzlichkeitsprinzip als objektives Verfassungsrecht garantiert als Ausfluss des Rechtsstaatsprinzips den Schutz des Bürgers vor willkürlicher Ausdehnung und Ausübung der staatlichen Strafgewalt und räumt damit den Grundrechtsträgern ein Abwehrrecht ein, mit dessen Hilfe Bestrafungen verhindert werden können (📖 Ipsen, Rdnr. 878). Es erfasst neben dem Kriminalstrafrecht auch das Ordnungswidrigkeiten- sowie – umstritten – auch das Disziplinar- und Standesrecht (✎ BVerfG, NJW 2004, S. 739, hier S. 744; 📖 Kastner, S. 831 m. w. N.).

📖 *Ipsen, Jörn: Staatsrecht II: Grundrechte. 12. Aufl., Neuwied 2009; **Kastner, Martin:** Gesetzlichkeitsprinzip, in: Möllers (Hg.), Wörterbuch der Polizei, 2. Aufl., München 2010, S. 831; **Pieper,** Hans-Gerd: Grundrechte, Alpmann und Schmidt Juristische Lehrgänge, 13. Aufl., Münster 2008.*

---

91. Welche vier verschiedenen Gewährleistungen bietet das Gesetzlichkeitsprinzip des Art. 103 Abs. 2 GG?

Das Gesetzlichkeitsprinzip gehört zu den Justizgrundrechten (📖 Möllers, Justizgrundrechte, S. 1045); es gewährleistet erstens den Gesetzesvorbehalt, zweitens das Verbot rückwirkender Strafbegründungen und

Strafschärfungen (nulla poena sine lege), drittens das Verbot einer gewohnheitsrechtlichen Bestrafung (nulla poena sine lege scripta) und viertens die Bestimmtheit der gesetzlichen Straftatbestände (nulla poena sine lege certa).

Die Voraussetzungen der Strafbarkeit müssen grundsätzlich in einem Parlamentsgesetz enthalten sein. Die gesetzgebende Gewalt hat die Strafbarkeit festzulegen. Nur ausnahmsweise kann dieses durch eine Rechtsverordnung oder Satzung geschehen, wenn das zu Grunde liegende Gesetz die Voraussetzungen der Strafbarkeit derart bestimmt, dass den untergesetzlichen Normen nur noch eine Spezifizierung (Konkretisierung) verbleibt (*Blankettgesetz*). Ein typisches Blankettgesetz ist § 315a Nr. 2 StGB, der eine Strafbarkeit darauf begründet, dass zur Sicherung des Verkehrs erlassene Rechtsvorschriften verletzt werden. Diese sind dann die blankettausfüllenden Normen. Die Voraussetzungen sowie Art und Umfang der Strafe müssen in ihren wesentlichen Merkmalen schon dem Gesetz entnommen werden können. Das Gesetzlichkeitsprinzip erfordert somit, dass der Anwendungsbereich strafbegründender oder strafschärfender Vorschriften nicht im Wege der Analogie erweitert werden darf. Dieses Analogieverbot gilt allerdings zunächst nur im *materiellen* Strafrecht. Im Strafverfahrensrecht kommt eine Analogie auch zum Nachteil des Täters oder Teilnehmers grundsätzlich durchaus in Betracht (📖 Kastner, S. 831). Stets erlaubt ist außerdem im materiellen Strafrecht eine Analogie *zu Gunsten* des Täters (z. B. eine analoge Anwendung von Strafmilderungsvorschriften – vgl. 🖉 BGHSt – GrS – 30, 105). Es gibt also kein umfassendes Analogieverbot im Strafrecht. Die erforderliche Abgrenzung zwischen verbotener Analogie und zulässiger Auslegung kann im Einzelfall problematisch sein (📖 Kastner, a. a. O.).

Weiterhin beinhaltet das Gesetzlichkeitsprinzip ein Rückwirkungsverbot, d. h. weder das Gesetz noch der Richter dürfen strafbegründenden oder strafschärfenden Bestimmungen rückwirkende Kraft beilegen. Dieses Rückwirkungsverbot umfasst das „Ob" und das „Wie" der Strafbarkeit; es gilt im gesamten Bereich des materiellen Strafrechts, jedoch nicht im Strafprozessrecht: Die rückwirkende Beseitigung von Prozessvoraussetzungen oder Prozesshindernissen (z. B. die Abschaffung der Verjährung im Jahre 1979 durch das 16. StrÄndG hinsichtlich noch nicht verjährter Mordtaten) ist also grundsätzlich zulässig, soweit nicht im Einzelfall – bei völlig abgeschlossenen Sachverhalten der Vergangenheit – aus dem rechtsstaatlichen Vertrauensschutzgedanken etwas anderes folgt (📖 Kastner, S. 831). Keine Rückwirkung ist eine Änderung der höchstrichterlichen Rechtsprechung zu Lasten des Straftäters, z. B. in Bezug auf die Senkung des Grenzwertes der absoluten Fahruntauglichkeit (✐ BVerfG, NJW 1995, S. 125 f.; s. 📖 Kastner, S. 831). Für die Maßregeln der Besserung und Sicherung, die ja ihrem Wesen nach keine Strafen darstellen, gilt das Rückwirkungsverbot ebenfalls nicht (vgl. § 2 Abs. 6 StGB; 📖 Kastner, ebd.). Das Rückwirkungsverbot des Art. 103 Abs. 2 GG ist Teil des allgemeinen Rückwirkungsverbots, das seinerseits Teil des Vertrauensschutzes und der Rechtssicherheit, also ein Element der Rechtsstaatlichkeit ist. Das Rückwirkungsverbot des Art. 103 Abs. 2 GG gilt aber im Gegensatz zum allgemeinen Rückwirkungsverbot ausnahmslos, während das allgemeine Rückwirkungsverbot nur grundsätzlich gilt und eine *Güterabwägung* erfordert (📖 Möllers, Grundrechte, S. 228).

Ferner ist anerkannter Bestandteil des Gesetzlichkeitsprinzips das Verbot gewohnheitsrechtlicher Strafbegründung oder Strafschärfung. Während die Bildung ungeschriebenen Gewohnheitsrechts im Zivil-, Verwaltungs- und sogar Verfassungsrecht grundsätzlich unbedenklich ist, muss sich das Strafrecht auf geschriebene Rechtsnormen über strafbares Verhalten beschränken, die im verfassungsmäßig vorgegebenen Wege förmlich zustande gekommen und für jedermann erkennbar schriftlich niedergelegt worden sind. Unbedenklich ist allerdings die Entstehung strafeinschränkenden Gewohnheitsrechts, etwa die gewohnheitsrechtliche Anerkennung gesetzlich nicht normierter Rechtfertigungsgründe oder Entschuldigungsgründe (📖 Kastner, S. 831).

Schließlich müssen Strafgesetze hinsichtlich ihrer Tatbestandsvoraussetzungen und Rechtsfolgen ein Mindestmaß an inhaltlicher Bestimmtheit aufweisen. Zwar verbietet dieser *Bestimmtheitsgrundsatz* nicht grundsätzlich die Verwendung von unbestimmten Rechtsbegriffen und Generalklauseln im Strafrecht (vgl. z. B. § 240 Abs. 2 StGB [dazu 📖 Möllers / van Ooyen, S. 376 ff.]; Beispiele für ausreichende Bestimmtheit sind: besonders schwerer Fall eines Delikts, Gefahr für die öffentliche Sicherheit und Ordnung), doch müssen Inhalt, Bedeutung und Tragweite sowie der daraus resultierende Anwendungsbereich der jeweiligen Strafvorschrift für den Bürger hinreichend erkennbar sein. Die das strafbare Verhalten festlegenden Tatbestandsmerkmale sind im Gesetz so konkret zu umschreiben, dass sich ihr Sinngehalt zumindest im Wege der Auslegung sicher ermitteln lässt (vgl. z. B. ✎ BVerfG, NJW 1995, S. 1141 = NStZ 1995, S. 275 – 3. Sitzblockaden-Entscheidung; BVerfG, NJW 2000, S. 3637 – Vereinsverbot; vgl. auch ⌨ Kastner, a. a. O.). Art. 103 Abs. 2 GG steht unter keinem Gesetzesvorbehalt und kann deshalb nicht eingeschränkt werden. Insofern ist ein Zurückbleiben hinter den oben dargestellten Anforderungen immer ein Eingriff in Art. 103 Abs. 2 GG. Ein solcher Eingriff kann durch die gesetzgebende oder rechtsprechende Gewalt erfolgen (⌨ Pieroth / Schlink, Rdnr. 1097).

⌨ *Kastner, Martin: Gesetzlichkeitsprinzip, in: Möllers (Hg.), Wörterbuch der Polizei, 2. Aufl., München 2010, S. 831;* **Möllers***, Martin: Justizgrundrechte, in: Möllers (Hg.), Wörterbuch der Polizei, 2. Aufl., München 2010, S. 1045;* **Möllers***, Martin H. W.: Polizei und Grundrechte. Lehrbuch zu den Grundrechten in der polizeilichen Praxis, Blaue Reihe: Studienbücher für die Polizei, 2. Aufl., Frankfurt/M 2011;* **Möllers***, Martin H. W. /* **van Ooyen***, Robert Chr.: Bürgerfreiheit, Menschenrechte und Staatsräson – ausgewählte Grundrecht-Rechtsprechung im Bereich „Innere Sicherheit", in: van Ooyen / Möllers (Hg.), Das Bundesverfassungsgericht im politischen System, Wiesbaden 2006, S. 359-381;* **Pieroth***, Bodo /* **Schlink***, Bernhard: Grundrechte. Staatsrecht II, 25. Aufl., Heidelberg 2009.*

---

92. Wie lautet der Schutzbereich des Verbots der Doppelbestrafung (ne bis in idem) nach Art. 103 Abs. 3 GG?

Zu den Justizgrundrechten gehört das Verbot der Mehrfachbestrafung nach Art. 103 Abs. 3 GG (⌨ Möllers, Justizgrundrechte, S. 1045); es wird lat. als „ne bis in idem (crimen judicetur)" bezeichnet und bedeutet „dass nicht zweimal wegen desselben (Verbrechens geurteilt werde)". Dieses sog. Verbot doppelter Strafverfolgung ergibt sich für das deutsche Strafrecht schon als prozessuale Konsequenz aus der materiellen Rechtskraft eines Strafurteils, die eine erneute Verfolgung aufgrund der allg. Strafgesetze wegen derselben Straftat grundsätzlich wegen des „Strafklageverbrauchs" ausschließt (s. ⌨ Kastner, S. 1319). Auf Art. 103 Abs. 3 GG kann sich grundsätzlich jedermann berufen; es ist daher ein Menschenrecht (⌨ Ipsen, Rdnr. 881). Für juristische Personen gilt es, soweit gegen sie strafrechtliche (z. B. § 73 Abs. 3 StGB:

Verfall) oder strafrechtsähnliche Sanktionen (§ 30 OWiG: Geldbuße gegen juristische Personen und Personenvereinigungen) verhängt werden können. Schutzgut ist die individuelle Gerechtigkeit und der Rechtsfrieden. Nach Art. 103 Abs. 3 GG darf niemand wegen derselben Tat aufgrund der *allgemeinen Strafgesetze* mehrmals bestraft werden. Dabei wird ein vollständig abgeschlossenes Strafverfahren vorausgesetzt. Als dieselbe Tat, die weit auszulegen ist, gilt der geschichtliche Vorgang, auf den Anklage und Eröffnungsbeschluss hinweisen, sowie das gesamte Verhalten des Angeklagten, das mit ihm eine natürliche Einheit bildet. Dieser Vorgang ist nicht notwendig mit dem (engeren) Tat- und Handlungsbegriff des materiellen Strafrechts (§ 52 StGB) identisch (vgl. 📖 Möllers, Grundrechte, S. 231). Als *allgemeine Strafgesetze* gelten nur die Normen des (Kriminal-)Strafrechts, nicht die Normen des Ordnungswidrigkeiten- und des Disziplinarrechts (✐ BVerfGE 21, 391 [400 f.]; vgl. auch 📖 Ipsen, Rdnr. 883). Ist dieselbe Tat unter die Normen des Strafrechts und des Disziplinarrechts zu subsumieren, so ist sowohl eine Strafe als auch eine (nicht strafrechtliche) Disziplinarmaßnahme zulässig. Die Gründe für eine Bestrafung liegen in der Störung des allgemeinen Rechtsfriedens, die Zwecke ergeben sich nach heutiger Auffassung vornehmlich aus der Resozialisierung des Täters, aber auch aus dem Schutz der Allgemeinheit vor dem Täter (§ 2 Abs. 1 StVollzG). Die Gründe für eine Disziplinarmaßnahme liegen dagegen in der Verletzung der besonderen Rechte und Pflichten des Beamtentums; die Zwecke ergeben sich aus der Sicherung der Funktionsfähigkeit des öffentlichen Dienstes (📖 Möllers, Grundrechte, 231 f.).

📖 *Hömig, Dieter (Hg.): Grundgesetz für die Bundesrepublik Deutschland. Taschenkommentar, 8. Aufl., Baden-Baden 2007; Ipsen, Jörn: Staatsrecht II: Grundrechte. 12. Aufl., Neuwied 2009; Kastner, Martin: Ne bis in idem (crimen judicetur), in: Möllers (Hg.), Wörterbuch der Polizei, 2. Aufl., München 2010, S. 1319; Möllers, Martin: Justizgrundrechte, in: Möllers (Hg.), Wörterbuch der Polizei, 2. Aufl., München 2010, S. 1045; Möllers, Martin H. W.: Polizei und Grundrechte. Lehrbuch zu den Grundrechten in der polizeilichen Praxis, Blaue Reihe: Studienbücher für die Polizei, 2. Aufl., Frankfurt/M 2011; Schmidt-Bleibtreu, Bruno / Hofmann, Hans / Hopfauf, Axel (Hg.): Kommentar zum Grundgesetz, 11. Aufl., Neuwied 2008.*

---

93. Was ist unter „Bestrafung" im Sinne des Verbots der Doppelbestrafung nach Art. 103 Abs. 3 GG zu verstehen?

Die Bestrafung erfolgt durch ein rechtskräftiges Urteil, das eine Strafe verhängt. Dem entspricht, obwohl das dem Wortlaut des Art. 103 Abs. 3 GG nicht zu entnehmen ist, auch ein freisprechendes rechtskräftiges Urteil. Die Rechtskraft eines jeden Urteils schützt die individuelle Freiheit des Betroffenen und gewährt Rechtssicherheit. Auch nach einer sonstigen strafprozessualen Entscheidung (Strafbefehl, Einstellung des Verfahrens) kann eine (Kriminal-)Strafe nicht verhängt werden, wenn der Vorgang vollständig erfasst und abschließend geregelt ist und wenn die Entscheidung mit Rechtskraft (vgl. §§ 410 Abs. 3, 373a StPO) ergeht (📖 Möllers, S. 232). Das Verbot der Mehrfachbestrafung gilt für die Urteile deutscher Gerichte. Dazu gehören auch die Urteile der DDR-Gerichte. Aufgrund des Art. 18 Abs. 1 des Einigungsvertrages bleiben die Urteile dieser Gerichte wirksam und werden als rechtskräftige Urteile behandelt (📖 Möllers, a. a. O.). Das gilt nicht für die Gerichtsurteile der europäischen Gerichte oder für die Urteile ausländischer (auch Besatzungs-)Gerichte. Soweit der Grundsatz ne bis in idem völkerrechtlich im Verhältnis zu anderen Gerichten (z. B. IStGH, EuGH) vereinbart ist, hat er für die Bundesrepublik Deutschland keinen Verfassungsrang.

📖 *Hömig, Dieter (Hg.): Grundgesetz für die Bundesrepublik Deutschland. Taschenkommentar, 8. Aufl., Baden-Baden 2007; **Möllers**, Martin H. W.: Justizgrundrechte, in: Möllers (Hg.), Wörterbuch der Polizei, 2. Aufl., München 2010, S. 1045; **Möllers**, Martin H. W.: Polizei und Grundrechte. Lehrbuch zu den Grundrechten in der polizeilichen Praxis, Blaue Reihe: Studienbücher für die Polizei, 2. Aufl., Frankfurt/M 2011; **Sachs**, Michael (Hg.): Grundgesetz, Kommentar, 5. Aufl., München 2009.*

---

94. Was ist unter „Strafverfolgung" im Sinne des Verbots der Doppelbestrafung nach Art. 103 Abs. 3 GG zu verstehen?

Obwohl Art. 103 Abs. 3 GG nur von unzulässiger „Mehrfach*bestrafung*" spricht, verbietet sie nach allg. Meinung grundsätzlich bereits die erneute Straf*verfolgung* wegen der gleichen Straftat, sodass gegebenenfalls schon eine erneute Verfahrenseinleitung unzulässig ist (vgl. 🖉 BGH, NJW 1991, S. 2780 m. w. N.; 📖 Möllers, S. 232 f. m. w. N.).

Der Grundsatz ne bis in idem wirkt sich insoweit als Prozesshindernis aus (📖 Kastner, S. 1319). Nach einem rechtskräftig verurteilenden und einem rechtskräftig freisprechenden Strafurteil muss sich grundsätzlich niemand erneut verantworten. Der staatliche Strafanspruch ist verbraucht. Im Interesse der materiellen Gerechtigkeit sind jedoch gewisse Durchbrechungen des Verbotes der Doppelverfolgung statthaft (Hauptfall: § 362 StPO; vgl. ferner § 373a StPO). Die Verurteilung eines Täters wegen einer Inlands- oder Auslandstat *im Ausland* hindert die erneute Strafverfolgung in Deutschland grundsätzlich nicht; allerdings ist dann die Anrechnungsregelung aus § 51 Abs. 3 StGB zu beachten. Der Grundsatz ne bis in idem schützt nämlich nur vor Doppelbestrafung bzw. Doppelverfolgung durch die deutsche Staatsgewalt. Allein die Entscheidung eines deutschen Gerichts führt deshalb nach Art. 103 Abs. 3 GG zu einem Strafklageverbrauch (✎ BVerfGE 12, 62 [66]; 75, 1 [15]). Fällt aber die nach deutschem Strafrecht zu erwartende Strafe nach Anrechnung neben der im Ausland bereits verhängten und vollstreckten Strafe nicht ins Gewicht oder ist der Beschuldigte wegen der Tat im Ausland rechtskräftig freigesprochen worden, so kann die Staatsanwaltschaft in den in § 153c Abs. 1 StPO aufgeführten Fällen von der Verfolgung der Tat absehen (📖 Kastner, a. a. O.). Im sog. *Schengen-Raum* ist außerdem die Vorschrift des Art. 54 SDÜ zu beachten. Danach gilt: Wer durch eine Vertragspartei rechtskräftig abgeurteilt worden ist, darf durch eine andere Vertragspartei wegen derselben Tat nicht mehr verfolgt werden, vorausgesetzt, dass im Falle einer Verurteilung die Sanktion bereits vollstreckt worden ist, gerade vollstreckt wird oder nach dem Recht des Urteilsstaates nicht mehr vollstreckt werden darf. Dieses seit dem Inkrafttreten des Schengener Durchführungsübereinkommens wirksame Verbot der Doppelbestrafung gilt auch für die auf einem deutschen Schiff begangene Straftat, wenn diese in einem Schengenstaat – hier: Spanien – bereits abgeurteilt worden ist (✎ LG Mannheim, NStZ-RR 1996, S. 147; Zur Auslegung und Anwendung des Art. 54 SDÜ vgl. ferner: ✎ BGH, wistra 1997, S. 268; ✎ OLG Hamburg, wistra 1996, S. 193; ✎ OLG Karlsruhe, StV 1997, S. 360; ✎ OLG Saarbrücken, NStZ 1997, S. 245; vgl. auch 📖 Kastner, S. 1319). Art. 103 Abs. 3 GG steht unter keinem Gesetzesvorbehalt und kann deshalb nicht eingeschränkt werden. Allerdings ergibt sich aus § 362 StPO, dass bei Wiederaufnahmeverfahren (aus § 373a StPO bei abgeschlossenen Strafbefehlsverfahren) der Grundsatz ne bis in idem einschränkend ausgelegt werden kann (📖 *Möllers*, S. 233 m. w. N.). Aus den dort angegebenen Gründen ist eine Wiederaufnahme zu Ungunsten des Angeklagten zulässig. Diese Gründe erweisen sich bei einer Güterabwägung als so hochrangig, dass eine Durchbrechung der Rechtssicherheit zwingend geboten ist; der sonst durch die Rechtskraft gewährte Schutz entfällt (📖 *Möllers*, S. 233 f.; vgl. 📖 Pieroth / Schlink, Rdnr. 1114). Eine Wiederaufnahme zu Gunsten des rechtskräftig Verurteilten ist mit Art. 103 Abs. 3 GG vereinbar und unter den Voraussetzungen des § 359 StPO zulässig.

📖 *Hömig, Dieter (Hg.): Grundgesetz für die Bundesrepublik Deutschland. Taschenkommentar, 8. Aufl., Baden-Baden 2007;* **Kastner***, Martin: Ne bis in idem (crimen judicetur), in: Möllers (Hg.), Wörterbuch der Polizei, 2. Aufl., München 2010, S. 1319;* **Möllers***, Martin H. W.: Polizei und Grundrechte. Lehrbuch zu den Grundrechten in der polizeilichen Praxis, Blaue Reihe: Studienbücher für die Polizei, 2. Aufl., Frankfurt/M 2011;* **Pieroth***, Bodo /* **Schlink***, Bernhard: Grundrechte. Staatsrecht II, 25. Aufl., Heidelberg 2009;* **Schmidt-Bleibtreu***, Bruno /* **Hofmann***, Hans /* **Hopfauf***, Axel (Hg.): Kommentar zum Grundgesetz, 11. Aufl., Neuwied 2008.*

---

95. Mit welchem Grundrecht steht Art. 104 GG in enger Beziehung?

Da Art. 104 GG Rechtsgarantien bei freiheitsentziehenden Maßnahmen gewährt, steht dieses Grundrecht mit dem Grundrecht der Freiheit der Person nach Art. 2 Abs. 2 Satz 2 GG in enger Beziehung. Bei Freiheitsentziehung werden nach Art. 104 GG Rechtsgarantien von Verfassungs wegen gewährt. In die körperliche Bewegungsfreiheit darf nur aufgrund eines Gesetzes eingegriffen werden (Art. 2 Abs. 2 Satz 3 GG). Art. 104 GG verstärkt und vertieft diese Vorbehaltsschranke insbesondere durch zusätzliche verfahrensmäßige Sicherungen. Art. 104 GG setzt voraus, dass der Schutzbereich des Art. 2 Abs. 2 Satz 2 GG betroffen ist. Daher wird Art. 104 immer in Verbindung mit Art. 2 Abs. 2 Satz 2 GG genannt.

96. Welche Rechtsgarantien bei freiheitsentziehenden Maßnahmen der Polizei haben Betroffene nach der Verfassung?

Die Rechtsgarantien bei Freiheitsentzug nach Art. 104 GG gehören zu den Justizgrundrechten (📖 Möllers, Justizgrundrechte, S. 1045). Voraussetzung einer jeden Freiheitsbeschränkung ist ein Parlamentsgesetz. Eine Rechtsverordnung ist ausreichend, wenn sie lediglich der Konkretisierung des gesetzlichen Eingriffstatbestandes dient. Nicht ausreichend ist die analoge Anwendung eines Gesetzes oder eine gewohnheitsrechtliche Grundlage. Wird gegen die im Gesetz enthaltenen Normen verstoßen, ist das nicht nur ein Verstoß gegen ein einfaches Gesetz, sondern auch ein Verfassungsverstoß (Art. 104 Abs. 1 Satz 1 GG). Die verletzte Person kann eine Verfassungsbeschwerde erheben (Art. 93 Abs. 1 Nr. 4a GG). Werden freiheitsbeschränkende Maßnahmen durchgeführt, sind Misshandlungen seelischer oder körperlicher Art zur Brechung des Willens (Folter; vgl. dazu 📖 Brunkhorst, S. 21 ff.; 📖 Schmidt, S. 29 ff.; 📖 Rosenau, S. 37 ff.) verboten (Art. 104 Abs. 1 Satz 2 GG). Insoweit darf das Grundrecht auf körperliche Unversehrtheit (Art. 2 Abs. 2 Satz 1 GG) auch durch ein Gesetz nicht eingeschränkt werden. Es handelt sich hier um eine Konkretisierung der Menschenwürde (Art. 1 Abs. 1 GG), die trotz Diskussionen im Zusammenhang mit einem Fall der Androhung von Misshandlungen bei der Polizei nach wie vor Bestand hat (📖 Möllers, Grundrechte, S. 235; vgl. dazu auch 📖 Möllers, Menschenwürde, S. 351 ff.). Weitere Voraussetzungen müssen vorliegen, wenn es sich um eine *Freiheitsentziehung* handelt. Eine Freiheitsentziehung ist eine Einschließung auf engem Raum, die ohne oder gegen den Willen des Eingeschlossenen erfolgt (völlige Entziehung der körperlichen Bewegungsfreiheit, z. B. in einer Justizvollzugsanstalt, in einem Lager). Die Einschließung darf nicht bloß kurzfristig erfolgen, z. B. Strafhaft, Untersuchungshaft, Beugehaft nach § 901 ZPO, Ordnungshaft, Unterbringung in einer geschlossenen Anstalt. Keine Freiheitsentziehung ist die zwangsweise Vorführung zur Blutentnahme. Die Freiheitsentziehung des Art. 104 Abs. 2 GG ist eine intensive Form der Freiheitsbeschränkung und als deren Unterfall zu betrachten (📖 Möllers, S. 235; zum Unterschied zwischen Freiheitsbeschränkung und Freiheitsentziehung vgl. 📖 Kastner, Freiheitsbeschränkung, S. 726 f.). Art. 104 Abs. 2-4 GG betrifft die Anordnung und Fortdauer einer Freiheitsentziehung, nicht aber deren Verlauf. Voraussetzung einer derartigen Freiheitsentziehung ist eine vorherige richterliche Entscheidung (Richtervorbehalt). Der Richter prüft nicht nur, ob die gesetzlich vorgesehenen Voraussetzungen einer Freiheitsentziehung gegeben sind, sondern auch, ob diese Maßnahme verhältnismäßig ist. Der Richter muss den Betroffenen gem. Art. 103 Abs. 1 GG vor seiner Entscheidung hören. Ausnahmsweise kann eine vorläufige Freiheitsentziehung, z. B. in Form der vorläufigen Festnahme (vgl. dazu 📖 Kastner, Vorläufige Festnahme, S. 2200 f.) auch durch ein Organ der vollziehenden Gewalt erfolgen, wenn sonst der mit der Freiheitsentziehung verfolgte Zweck nicht verwirklicht werden kann. Die richterliche Entscheidung ist nachträglich einzuholen. Das muss nach Art. 104 Abs. 2 Satz 2 GG *unverzüglich* geschehen, d. h. ohne eine Verzögerung, die nicht durch sachliche Gründe gerechtfertigt ist (📖 Möllers, Grundrechte, S. 236). Wird als Organ der vollziehenden Gewalt die Polizei tätig, muss der Betroffene am Ende des Tages nach seiner Festnahme aus dem Gewahrsam entlassen werden (bis spätestens 24 Uhr), wenn nicht innerhalb dieser Frist eine richterliche Entscheidung die Freiheitsentziehung rechtfertigt (Art. 104 Abs. 2 Satz 3 GG). Ist jemand wegen des Verdachts einer strafbaren Handlung vorläufig festgenommen worden, so ist er spätestens am Tag nach der Festnahme dem Richter vorzuführen (vgl. Art. 104 Abs. 3 GG). Die Frage, ob das Grundgesetz Polizeibeamten grundsätzlich erlaubt, Tatverdächtige bis zu 48 Stunden ohne Richterbeschluss festzuhalten, ist daher so zu beantworten: Die Frist von 48 Stunden ist eine Begrenzung nach oben. Festgenommene sind also immer *unverzüglich* dem gesetzlichen Richter vorzuführen. Sollte es der Polizei innerhalb dieser Frist nicht gelingen, die festgehaltene Person einem Richter vorzuführen, ist sie – selbst bei Tatverdacht zu einem schweren Verbrechen – jedenfalls in die Freiheit zu entlassen (vgl. dazu 📖 Ipsen, Rdnr. 257; 📖 Maunz / Dürig, Art. 104, Rdnr. 23-33). *Nähere Regelungen* ergeben sich aus der StPO, der ZPO, aus dem Gesetz über das gerichtliche Verfahren bei Freiheitsentziehungen vom 29.6.1956 (BGBl. I 1956, 599) sowie aus den Polizei- und Unterbringungsgesetzen der Länder. Von jeder richterlichen Entscheidung über die Anordnung oder Fortdauer der Freiheitsentziehung ist unverzüglich ein Angehöriger des Festgenommenen oder eine Person seines Vertrauens zu benachrichtigen (Art. 104 Abs. 4 GG). Die Benachrichtigung ist vom Richter, der über die Haft oder deren Fortdauer zu entscheiden hat, von Amts wegen vorzunehmen. Wer aus dem Kreis dieser Personen zu benachrichtigen ist, hat der Richter zu bestimmen. Angehörige sind die in § 52 StPO aufgeführten Personen. Vertrauensperson ist u. a. der Wahlverteidiger. Der Festgenommene hat einen Anspruch darauf, dass die Benachrichtigung erfolgt. Keinen diesbezüglichen Anspruch haben die Angehörigen oder die Vertrauenspersonen. Der Zweck des Art. 104 Abs. 4 GG besteht darin, ein spurloses Verschwinden von Personen zu verhindern (☐ Möllers, Grundrechte, S. 236).

☐ **Brunkhorst**, *Hauke: Die Folterdebatte des repressiven Liberalismus, in: JBÖS 2004/05, Frankfurt/M 2005, S. 21-28;* **Ipsen**, *Jörn: Staatsrecht II: Grundrechte. 12. Aufl., Neuwied 2009;* **Kastner**, *Martin: Freiheitsbeschränkung, in: Möllers (Hg.), Wörterbuch der Polizei, 2. Aufl., München 2010, S. 726-727;* **Kastner**, *Martin: Freiheitsentziehung, in: Möllers (Hg.), Wörterbuch der Polizei, 2. Aufl., München 2010, S. 727-729;* **Kastner**, *Martin: Vorläufige Festnahme, in: Möllers (Hg.), Wörterbuch der Polizei, 2. Aufl., München 2010, S. 2200-2201;* **Maunz**, *Theodor / **Dürig**, Günter u. a.: Grundgesetz, Loseblatt-Kommentar in 6 Leinenordnern, 57. Ergänzungslieferung, München 2010;* **Möllers**, *Martin: Justizgrundrechte, in: Möllers (Hg.), Wörterbuch der Polizei, 2. Aufl., München 2010, S. 1045;* **Möllers**, *Martin H. W.: Paradigmenwechsel im Bereich der Menschenwürde? Der Einfluss der Staatsrechtslehre auf die Rechtsprechung des Bundesverfassungsgerichts, in: van Ooyen / Möllers (Hg.), Das Bundesverfassungsgericht im politischen System, Wiesbaden 2006, S. 351-358;* **Möllers**, *Martin H. W.: Polizei und Grundrechte. Lehrbuch zu den Grundrechten in der polizeilichen Praxis, Blaue Reihe: Studienbücher für die Polizei, 2. Aufl., Frankfurt/M 2011;* **Rosenau**, *Hartmut: Heiligt der Zweck die Mittel? – Theologisch-ethische Bemerkungen zu Gewalt und Folter, Toleranz und Intoleranz, in: JBÖS 2004/05, Frankfurt/M 2005, S. 37-49;* **Schmidt**, *Rolf: Zur rechtlichen Zulässigkeit von Folter, um Menschenleben zu retten, in: JBÖS 2004/05, Frankfurt/M 2005, S. 29-35.*

---

97. Welchen Schutz gewährt die Verwirkung der Grundrechte nach Art. 18 GG?

Als handelnde Grundrechtsträger kommen – in Abhängigkeit vom jeweiligen Grundrecht – als natürliche Personen Deutsche sowie Nichtdeutsche in Betracht. Außerdem kann die Verwirkung von Grundrechten auch inländische juristische Personen nach Art. 19 Abs. 3 GG treffen (vgl. § 39 Abs. 2 BVerfGG). Für Parteien geht Art. 21 Abs. 2 GG vor, bei Vereinigungen werden, wenn die Voraussetzungen für Art. 18 GG vorliegen, regelmäßig auch die Voraussetzungen für ein Vereinsverbot nach Art. 9 Abs. 2 GG gegeben sein (vgl. ⊞ Krebs, in: von Münch / Kunig, Art. 18, Rdnr. 22 m. w. N.). Das GG gewährt in Art. 18 GG der freiheitlichen demokratischen Grundordnung Schutz vor Privatpersonen. Verwirkbar sind grundsätzlich nur die abschließend in Art. 18 GG aufgezählten Grundrechte, keine anderen. Als Voraussetzung für eine Verwirkung von Grundrechten nach Art. 18 GG, die nur das Bundesverfassungsgericht feststellen kann, müssen eines oder mehrere der aufgezählten Grundrechte mit dem willentlichen – nicht zwingend schuldhaften – Ziel gebraucht worden sein, die freiheitlich demokratische Grundordnung zu bekämpfen. Grundlage ist eine andauernde staatsfeindliche politische Betätigung, wobei es vor allem auf die Gefährlichkeit des Grundrechtsträgers für die Zukunft ankommt. Legaldefinitionen der freiheitlichen demokratischen Grundordnung finden sich in erster Linie in § 4 Abs. 2 BVerfSchG, aber auch in § 92 Abs. 2 StGB. Die praktische Bedeutung der Grundrechtsverwirkung ist gering. Sie ist zwar beim BVerfG mehrmals beantragt, aber vom Gericht bisher noch nicht ausgesprochen worden (vgl. ✐ BVerfGE 11, 282 f.; 38, 23 ff.).

⊞ *von Münch, Ingo / Kunig, Philip (Hg.): Grundgesetz-Kommentar, 2 Bde., 6. Aufl., München 2010.*

---

98. Was ist zu erforschen, wenn nach der „Intensität der Maßnahme" gefragt wird?

Bei der „Intensität der Maßnahme" oder „Intensität des Eingriffs" ist – unabhängig von dem jeweiligen Grundrecht – lediglich festzustellen, ob und wie sehr der Betroffene durch die Maßnahme belastet wurde oder nicht. Dabei ist zwar aus Sicht der betroffenen Person der Sachverhalt zu beurteilen, aber nach ganz objektiven Kriterien. Subjektiv wird jede Person sich durch eine Maßnahme der Polizei belastet sehen, selbst wenn sie z. B. nur kurz angehalten wird. Bei einer Beschlagnahme von Filmmaterial etwa kommt es also darauf an festzustellen, welche Auswirkungen tatsächlich auf den Betroffenen zukommen. Bekommt ein Fernsehreporter, dessen Berufszweck es ist, „sensationell" sein zu müssen, seinen Film, auf dem eine schwere Straftat dokumentiert ist, aus

Beweissicherungsgründen beschlagnahmt, trifft diesen die Maßnahme erheblich intensiver als wenn es ein zufällig vorbeikommender Urlauber war, der die Filmaufnahmen gemacht hat.

---

99. Welches Fundamentalprinzip der Verfassung kann die Polizei zur Stützung ihrer präventiven oder repressiven Maßnahmen heranziehen?

Jede Polizeimaßnahme muss von Gemeinwohlinteresse gedeckt sein. Unterschieden werden einerseits präventive Maßnahmen, die zur Gefahrenabwehr der Aufrechterhaltung der öffentlichen Sicherheit und Ordnung dienen sowie repressive Maßnahmen, die dem Strafverfolgungsanspruch des Staates dienen. Beide Maßnahmenarten sind auf das Rechtsstaatsprinzip zurückzuführen, das in Art. 20 Abs. 3 GG verankert ist.

---

100. Was wollen die Grundrechte nicht schützen, sodass das Individualinteresse eines Betroffenen an der Ausübung seines Grundrechts eher gering erscheint?

Zunächst einmal ist grundsätzlich davon auszugehen, dass jedes Grundrecht von hohem Rang ist. Es ist aber immer zu fragen, ob ganz objektiv das jeweilige Grundrecht die konkreten Handlungen des Betroffen schützen will. Das ist regelmäßig dann nicht der Fall, wenn erstens mit der Ausübung des eigenen Grundrechts, Grundrechte anderer beeinträchtigt werden sollen, wenn zweitens mittels Inanspruchnahme des eigenen Grundrechts eine rechtswidrige Handlung (z. B. eine Straftat) begangen oder drittens die Bestrafung für eine bereits durchgeführte Straftat vereitelt werden soll.

📖 *Möllers, Martin H. W. / van Ooyen, Robert Chr. (Hg.): Bundesverfassungsgericht und öffentliche Sicherheit, JBÖS - Sonderband 3, Frankfurt/M 2011.*

Unterabschnitt:
Verfassungsprinzipien und Staatsorganisation

101. Welche Merkmale gehören unbedingt zum Prinzip der Demokratie im Sinne des Grundgesetzes?

Kernelemente im Sinne des Typuskerns der Grundgesetz-Demokratie bilden das Prinzip der Volkssouveränität auf Basis der individuellen Freiheit gemäß Art. 20 Abs. 2 Satz 1 GG, ferner der Pluralismus aller gesellschaftlichen Bereiche, der zum Ausdruck kommt durch das Mehrparteiensystem, das Vorhandensein von Verbänden und die freie Marktwirtschaft. Schließlich gehören zum Typuskern regelmäßige periodische Wahlen, bei denen die Zeitabstände nicht zu groß sein dürfen und die Wahlrechtsgrundsätze eingehalten werden. In diesem Zusammenhang ist das Recht auf die verfassungsmäßige Bildung und Ausübung einer Opposition zu sehen, das gleichermaßen das Mehrheitsprinzip und den Minderheitenschutz beinhaltet. Ausgangspunkt dafür sind die Chancengleichheit aller politischen Kräfte, Öffentlichkeit / Publizität sowie die repräsentative Demokratie im Sinne des Art. 38 Abs. 1 Satz 2 GG. *Zur Begründung lässt sich anführen:* Art. 20 Abs. 2 Satz 1 GG formuliert den tragenden Grundgedanken des demokratischen Prinzips, wonach alle staatliche Gewalt auf den Volkswillen zurückführbar sein muss. Das verfassungsrechtliche Demokratiegebot und der Satz von der Volkssouveränität ergeben zusammen mit Art. 20 Abs. 2 Satz 2 GG und der übrigen Ausgestaltung der Demokratie im Grundgesetz (Art. 28, 38 Abs. 1 Satz 2 GG), dass die Staatsgewalt „vom Volke in Wahlen ...“ ausgeübt wird und diese hinführen zum Bundestag (Art. 38 Abs. 1 GG). Damit hat das Grundgesetz die Entscheidung für die repräsentative Demokratie gefällt. Der politische Wille des Volkes muss sich in periodisch wiederkehrenden Wahlen äußern können. Dadurch wird das Parlament gebildet. Allerdings genügt nicht die Institution der Wahl schlechthin. Einmal gehören dazu gewisse Wahlmodalitäten, d. h. die Wahlen müssen allgemein, frei, gleich und geheim (nicht aber unbedingt unmittelbar) sein. Weiter müssen die Voraussetzungen für eine echte Wahlmöglichkeit vorhanden sein. Dazu ist wiederum Folgendes zu verlangen: Ein Mehrparteiensystem als Ausdruck des Pluralismus', das Institut einer Opposition und das Prinzip einer Mehrheitsentscheidung müssen dem Bürger die Möglichkeit geben, einer politischen Gruppe die Legitimation zur Herrschaft zu versagen und eine andere Gruppe mit politischen Führungsaufgaben zu betrauen. Die damit verbundene Chance von Minderheiten, Mehrheit zu werden, wird durch die Chancengleichheit politischer Parteien gewährleistet. Die Grundrechte der Kommunikation, d. h. die Meinungs- und Pressefreiheit sowie die Versammlungs- und auch die Vereinigungsfreiheit eröffnen erst die Möglichkeit des Zusammenschlusses gesellschaftlicher Gruppen sowie das Zustandekommen von Meinungsbildern. Sie geben eine relative Offenheit des politischen Prozesses, die Voraussetzung für eine politische Willensbildung ist. Die Kommunikationsgrundrechte ermöglichen zugleich, dass sich politische Willensbildung des Volkes nicht in Wahlen erschöpft, sondern sich „öffentliche Meinung" durch eine „Öffentlichkeit" bildet, die eine nicht zu unterschätzende Kontrollfunktion erfüllt.

📖 *van Ooyen, Robert Chr.: Demokratieprinzip, in: Möllers (Hg.), Wörterbuch der Polizei, 2. Aufl., München 2010, S. 443-445.*

---

102. Bei wem liegt in einer Demokratie die verfassungsgebende Gewalt?

Nach dem Prinzip der Volkssouveränität, die heute in allen demokratischen Staaten gilt, liegt die verfassungsgebende Gewalt grundsätzlich beim Volk (grch. démos krateín = das Volk herrscht). Diese Aussage bezieht sich auf die Quelle der Staatsgewalt und bedeutet nicht, dass das Volk sie ständig und unmittelbar ausübt. Art. 20 Abs. 2 Satz 1 GG schreibt das Demokratieprinzip als Verfassungsnorm mit seiner Aussage „Alle Staatsgewalt geht vom Volke aus" fest.

---

103. Welche Aufgaben erfüllt der Deutsche Bundestag im Rahmen der demokratischen Ordnung des Grundgesetzes?

Die Rechte des Deutschen Bundestags als unserer Volksvertretung werden in *kollegiale* und *politische* Rechte unterteilt. Aus der Selbstständigkeit des Parlaments ergeben sich grundsätzlich die kollegialen Rechte, aus dem Wählerauftrag lassen sich die politischen Rechte herleiten. Zu den *kollegialen Aufgaben* gehört zunächst das Selbstversammlungsrecht. Dieses berechtigt den Bundestag, den Beginn und die Dauer seiner Versammlungen selbst zu bestimmen. Ferner hat der Deutsche Bundestag das Geschäftsführungsrecht, indem er den Gang seiner Geschäfte selbst regelt. Er wählt einen Vorstand und gibt sich eine eigene Geschäftsordnung. Sie regelt u. a., ob und welche Ausschüsse gebildet werden, wer die Tagesordnung bestimmt, in welcher Reihenfolge die Redner aufgerufen werden, wie lang ihre Redezeit ist und wann welche Ordnungsstrafen zu verhängen sind. Schließlich hat der Bundestag das Wahlprüfungsrecht. Das Parlament kann nachprüfen, ob der einzelne Abgeordnete auch rechtmäßig gewählt ist.

Zu den *politischen Rechten* des Deutschen Bundestags gehören vor allem das Gesetzgebungsrecht, das Interpellationsrecht, das Recht, Petitionen zu überweisen, das Enquêterecht sowie das Recht, die Regierung zu ernennen und abzusetzen. Zum Gesetzgebungsrecht gehört nicht nur das Recht, einen Gesetzentwurf als sog. Gesetzesinitiative vorzulegen, die nach unserer Verfassung auch anderen Staatsorganen (Bundesregierung und Bundesrat) zustehen, sondern vor allem das Recht zur alleinigen Gesetzgebung. Es ist das wichtigste Recht der Volksvertretung. Mit dem Interpellationsrecht (lat. interpellare = befragen) hat der Bundestag ferner das Recht, die Regierung zu befragen, zum Beispiel durch kleine und große Anfragen, und das Recht, erhaltene Bittschriften von Bürgern und Körperschaften zur Erledigung an die Regierung weiterzuleiten. Das Enquêterecht (lat. inquisitio = Untersuchung) gibt dem Bundestag das Recht, Untersuchungsausschüsse einzurichten, die Aufklärung bringen sollen über bestimmte Sachverhalte, die nicht nur politischer, sondern jeder Art sein können (z. B. Naturkatastrophen, Unglücksfälle, politische oder gesellschaftliche Skandale). Diese Untersuchungsausschüsse können in demselben Maße Beweise erheben wie Untersuchungsrichter. Es besteht die Pflicht, als Zeuge oder Sachverständiger auszusagen, wobei auch der Eid abgenommen werden kann. Das Parlament hat auch das Recht, die Regierung zu bestimmen und abzuberufen. Nach dem Grundgesetz (vgl. Art. 62 ff. GG) wählt der Bundestag den Bundeskanzler, der seine Minister vorschlägt, die dann vom Bundespräsidenten ernannt werden. Die Abwahl des amtierenden Bundeskanzlers kann nur durch Neuwahl eines anderen zum Bundeskanzler (mit absoluter Mehrheit) erfolgen (sog. konstruktives Misstrauensvotum). Das Grundgesetz gibt ferner in Art. 61 GG die Möglichkeit der Anklage des Bundespräsidenten. Für den Deutschen Bundestag sieht das Grundgesetz darüber hinaus noch die Mitwirkung der Volksvertretung bei der Wahl des Bundespräsidenten (Art. 54 GG), bei der Wahl der Richter des Bundesverfassungsgerichts (Art. 94 GG) und in den Richterwahlausschüssen für die Bundesgerichtshöfe (Art. 95 GG) vor. Ferner stellt der Deutsche Bundestag den Bundeshaushalt fest (Art. 110 GG) und entlastet die Bundesregierung (Art. 114 GG). Gegebenenfalls obliegt dem Bundestag die Feststellung des Spannungs- (Art. 80a GG) sowie (Art. 115a GG) des Verteidigungsfalles (Aufstellung nach ⌨ *Reineck*, S. 66 ff.).

⌨ *Möllers, Martin H. W.: Deutscher Bundestag, in: Möllers (Hg.), Wörterbuch der Polizei, 2. Aufl., München 2010, S. 455-460; **Reineck**, Karl-Michael: Allgemeine Staatslehre und Deutsches Staatsrecht. 15. Aufl., Hamburg 2007.*

---

104. Grundlage der Demokratie ist die auf individueller Freiheit beruhende Volkssouveränität, die nichts anderes besagen will, als dass alle staatliche Gewalt vom Volke ausgeht. Polizeibeamte des Bundes üben – z. B. bei vorläufigen Festnahmen – unmittelbar gegen Bürgerinnen und Bürger Staatsgewalt aus. Über welche „Stationen" sind polizeiliche Maßnahmen nach dem Grundgesetz auf den Volkswillen zurückzuführen?

Vom Verfahrensablauf ist zunächst festzustellen, dass die einzelnen Polizeibeamten über das EAV und die Laufbahnprüfungen in die Verwaltungsorganisation des Bundes aufgenommen werden. Die Organisation der Bundesverwaltung wiederum steht der Bundesregierung zu, die über den Bundeskanzler vom Bundestag gewählt wurde. Die Abgeordneten des Deutschen Bundestags sind zuvor unmittelbar vom Volk gewählt. „Ursprungsstation" für die Polizeimaßnahmen ist daher Art. 20 Abs. 2 Satz 1 GG, wonach alle Staatsgewalt vom Volke ausgeht. Die unmittelbare Ausübung der Staatsgewalt findet dabei gemäß Art. 20 Abs. 2 Satz 2, 1. Halbs. GG durch Wahlen und Abstimmungen statt, die mittelbare Ausübung nach Art. 20 Abs. 2 Satz 2, 2. Halbs. GG durch die „Besonderen Organe" der drei Gewalten. Dadurch ist zunächst die Legislative zu legitimieren: Diese setzt sich aus den Abgeordneten des Deutschen Bundestags zusammen, die nach Art. 38, 39 GG gewählt werden und nach den Vorschriften der Art. 76 ff. GG ihre Gesetzgebungsfunktion ausüben. Da der Bundesrat an der Gesetzgebung beteiligt ist, ist noch seine Legitimation über die Art. 28, 50 ff. GG i. V. m. allen Landesverfassungen zu ergänzen. Für die Verabschiedung der Gesetze ist auch die Unterschrift des Bundespräsidenten notwendig; ihm steht außerdem die Ernennung der Bundesbeamten zu. Legitimiert wird der Bundespräsident über die Art. 60, 63 f., 82 Abs. 1 Satz 1, 54 ff. GG. Die Bundesregierung wird über den Bundeskanzler legitimiert, dessen Wahl und Abwahl über Art. 62 ff., insbesondere Art. 63-65, 67 GG geregelt ist. Die Bundesregierung legitimiert letztlich über Art. 86, 87 GG die Bundesverwaltung.

📖 *van Ooyen, Robert Chr.: Volkssouveränität, in: Möllers (Hg.), Wörterbuch der Polizei, 2. Aufl., München 2010, S. 2185-2187.*

---

105. Die Staatslehre kennt zwei Grundformen der demokratischen Verfassungsgebung. Welche beiden sind das und für welche deutschen Verfassungen sind bzw. waren sie eingesetzt?

Die erste Grundform ist die Wahl oder Bestimmung einer *verfassungsberatenden Versammlung* durch das Volk oder durch Volksvertreter. Die verfassungsberatende Versammlung entwirft den Verfassungstext. Abschließend folgt dann die Inkraftsetzung der Verfassung durch *Volksabstimmung* in einem sog. Referendum. Als Beispiel für diese Form der demokratischen Verfassungsgebung mit *Volksabstimmung* kann die Brandenburgische Landesverfassung von 1992 angeführt werden. Die andere Grundform besteht aus der Wahl einer *verfassungsgebenden Versammlung*, die den Verfassungstext entwirft. Sein *Beschluss* und die Inkraftsetzung erfolgt danach durch die Versammlung selbst. Als Beispiele für diese Form der demokratischen Verfassungsgebung mittels verfassungsgebender Versammlung kann einerseits die Weimarer Reichsverfassung von 1919 sowie andererseits die Sächsische Landesverfassung von 1992 angeführt werden.

106. Woher hatten die Vertreter des Parlamentarischen Rats ihre Legitimation? Reichte diese aus, um das Grundgesetz zu legitimieren und ist die Aussage in der Präambel: „...hat sich das Deutsche Volk kraft seiner verfassungsgebenden Gewalt dieses Grundgesetz gegeben", nicht nur eine „kühne Behauptung"?

Das Problem der Legitimation bestand darin, dass die Bevölkerung wegen der Provisoriumstheorie nicht direkt am Zustandekommen der Verfassung beteiligt war: Weder waren die Mitglieder des Parlamentarischen Rats von der Bevölkerung direkt gewählt, noch fand nach dem Abschluss der Arbeiten am Verfassungstext eine Volksabstimmung statt. Die Vertreter im Parlamentarischen Rat leiteten ihre Legitimation also allein aus Landtagswahlen ab, die unter „normalen" Umständen nicht dazu legitimieren können, eine Bundesverfassung ohne Volksabstimmung zu verabschieden (📖 Möllers, S. 876).

Die Bürger der östlichen Bundesländer haben sich nach der Wiedervereinigung durch Beitritt zur Bundesrepublik Deutschland nach Art. 23 GG a. F. zum bis dahin bewährten Grundgesetz über die Wahl der Volkskammerabgeordneten bekannt. Für die Bürger in den westlichen Bundesländern hat sich das Grundgesetz als dauerhaftes Verfassungswerk herausgestellt, wie aus vielen Indizien geschlossen werden kann: Eine überwältigende Mehrheit der Bevölkerung in der Bundesrepublik hat das Grundgesetz als „ihre Verfassung" akzeptiert. Dies wird z. B. dadurch deutlich, dass vor allem bei Bundestagswahlen – immer noch – eine permanent hohe Wahlbeteiligung festzustellen ist, wenn man diese mit Wahlbeteiligungen in anderen europäischen Ländern vergleicht. Weitere Indizien sind die Anrufung von Verfassungsorganen unter Berufung auf das Grundgesetz, Meinungsumfragen zur Verfassung und die tatsächliche Befolgung der verfassungsrechtlichen Regelungen durch die Bundes- und Landesorgane. Auch aus dem Umstand, dass Reformen des Grundgesetzes (z. B. anlässlich der Wiedervereinigung in Art. 5 des Einigungsvertrags festgelegt oder durch die Föderalismusreform von 2006) nur marginal ausgefallen sind, lässt erkennen, dass das Grundgesetz sich als dauerhaftes Verfassungswerk herausgestellt hat.

📖 *Möllers, Martin H. W.: Grundgesetz, in: Möllers (Hg.), Wörterbuch der Polizei, 2. Aufl., München 2010, S. 875-878.*

---

107. Was bedeutet der Grundsatz des freien Mandats, wo ist er im Grundgesetz festgelegt und wie stellt er sich in der Realität dar?

Der Grundsatz des freien Mandats ist in Art. 38 Abs. 1 Satz 2 GG festgelegt. Das Amt des Abgeordneten ist höchst persönlich, der Abgeordnete kann sich (ähnlich wie bei der Eheschließung) nicht vertreten lassen. Er ist an Aufträge und Weisungen nicht gebunden, jeder Abgeordnete entscheidet nach seiner eigenen freien Überzeugung, sein Mandat ist also frei. Würde der Abgeordnete an Weisungen seiner Auftraggeber gebunden sein – wie es das Mandat der Abgeordneten beim Rätemodell oder der Vertreter der Ständeversammlung in der deutschen ständischen Monarchie verlangten – hätte er ein unfreies, gebundenes oder auch imperatives Mandat (📖 Möllers, S. 44). Art. 38 Abs. 1 Satz 2 GG geht davon aus, dass Abgeordnete Vertreter des ganzen Volkes, an Aufträge und Weisungen nicht gebunden und nur ihrem Gewissen unterworfen sind. Darin ist also das Repräsentationsmodell als Prototyp mittelbarer Demokratie verankert. Es wird hier das Bild eines völlig autonomen, nur nach eigener Gewissensentscheidung agierenden Abgeordneten entworfen. Danach wären die Abgeordneten als „Vertreter des ganzen Volkes" auf das Gemeinwohl des ganzen Volkes verpflichtet und nicht zur Wahrnehmung besonderer (egoistischer) Interessen berufen. Abgeordnete sollen für die Dauer der Wahlperiode (rechtlich) sachgerecht und frei entscheiden können aufgrund des Vertrauens ihrer Wählerinnen und Wähler. In diesem Bild ist somit für Parteien und Fraktionen als wesentliche Kräfte für die parlamentarische Willensbildung kein Raum. Das Parlamentsplenum wäre das eigentliche Aktionsfeld, in welchem politische Überzeugungsbildung auf der Grundlage rationalen Dialoges stattfindet. In der parlamentarischen Wirklichkeit ist dieses Modell nie voll realisiert worden. Am nächsten kam ihm wohl die Gepflogenheit in den (liberalen) Honorationenparlamenten der konstitutionellen Monarchie. In der politischen Realität sehen sich Abgeordnete einer Vielzahl faktischer Bindungen ausgesetzt. Dazu gehören zum Beispiel: Abgeordnete sind in der Regel Mitglieder und damit auch Repräsentanten einer bestimmten politischen Partei (vgl. Art. 21 GG; §§ 1, 2, 17 PartG; §§ 6, 7, 18, 20, 21, 27 BWahlG). Sie vertreten daher Ziele und Programm ihrer Partei. Die Partei hat sie als Kandidatin oder Kandidat nominiert und den Wahlkampf geführt. Die Wählerinnen und Wähler wählen immer zuerst nach Parteien, genauer nach deren Programm und deren Partei-führung, dann erst die Person der bzw. des Abgeordneten. Abgeordnete sind in der Regel auch Mitglied einer Parlamentsfraktion. Ein Bruchteil der Gesamtzahl aller Abgeordneten bildet im Parlament die Fraktion. Die Fraktion ist eigenständiges Entscheidungszentrum der Partei. In die Fraktion haben sich die Abgeordneten einzuordnen (Fraktionsdisziplin), damit zur Erreichung der Mehrheit ein einheitliches Verhalten bei parlamentarischen Abstimmungen erzielt wird (📖 Möllers, S. 45 f.). Vor allem direkt mit der Erststimme gewählte Abgeordnete, aber auch mit der Zweitstimme gewählte Listenkandidaten sind zusätzlich Wahlkreis-vertreter. Es wird erwartet, dass die besonderen Interessen des Wahl-kreises berücksichtigt werden. Besonders landwirtschaftlich geprägte Regionen stehen z. B. in Konkurrenz zu Industrieregionen, Ländern, in denen Steinkohle gefördert wird, Küstenländern mit Werften und Fi-schern etc.; hier sollen jeweils die spezifischen Wähler-, Partei- oder sonstigen Interessen von den gewählten Wahlkreisvertretern wahrge-nommen werden. Der einzelne Abgeordnete ist zusätzlich an spezielle gesellschaftliche Interessen gebunden. Oft ist er Anhänger eines be-stimmten (ideologischen) Parteiflügels oder einer fachlich-beruflichen Parteigruppe (z. B. Jurist, selbstständiger Unternehmer, Umweltschützer usw.). Die Abgeordneten haben regionale Bindungen, sie gehören nur einem der sechzehn Bundesländer an und könnten zudem zum Beispiel Vertriebene/r sein. Jeder Abgeordnete hat einen beruflichen Hintergrund zum Beispiel als Arbeiter, Beamter, leitender Angestellter oder Selbst-ständiger, der ihn sozial prägt. Die Abgeordneten könnten darüber hin-aus Mitglieder und/oder Funktionäre von Gewerkschaften, Berufs- und Interessenverbänden sein sowie bestimmte weltanschauliche oder kirch-liche Bindungen haben und sich möglichen finanziellen oder ideellen Förderern verpflichtet fühlen etc. (📖 Möllers, S. 46).

📖 *Möllers, Martin H. W.: Das politische System der Bundesrepublik Deutsch-land nach der Wiedervereinigung. Einführung in Staatsrecht und Politik für das Studium an der Fachhochschule des Bundes für öffentliche Verwaltung. Deut-sche Hochschulschriften, Band 710 (🖥), Egelsbach 1993.*

108. Ist das freie Mandat des Abgeordneten in der repräsentativen Demokratie mit dem Fraktionszwang vereinbar?

Bei Abstimmungen in Parlamenten treten die Abgeordneten einer Fraktion zumeist geschlossen – wie mit einer Stimme – auf. Es stellt sich somit die Frage, ob das freie Mandat des Abgeordneten in der repräsentativen Demokratie mit dem Fraktionszwang vereinbar ist. Die Mitglieder einer Fraktion gehören üblicherweise derselben Partei an. Nur dann, wenn bei der Vorberatung zu einem Parlamentsbeschluss den einzelnen Abgeordneten unter Androhung von Parteistrafen auferlegt würde, ihre Stimme in einem bestimmten Sinne abzugeben, würde überhaupt „Fraktions*zwang*" vorliegen. Das wäre mit dem Wesen des freien Mandats tatsächlich nicht vereinbar. Davon zu unterscheiden ist aber die „Fraktions*disziplin*" (📖 Möllers, S. 459). Zu jedem Parlamentsbeschluss findet in den Fraktionen eine offene Aussprache statt, in der die anstehenden Probleme von allen Fraktionsmitgliedern eingehend erörtert und beraten werden bis ein von allen getragener Konsens gefunden ist. Maßgeblich für Lösungen sind die in den Parteiprogrammen aufgestellten Richtlinien. Diesen zu folgen hat sich jeder einzelne Abgeordnete mit dem Beitritt zu seiner Partei und mit der Bereitschaft, sich zur Wahl zu stellen, einverstanden erklärt. Nur deshalb ist er von den Parteifreunden als Abgeordnetenkandidat auf den Parteitagen gewählt worden. Würde nun ein Abgeordneter schwerwiegend gegen die Beschlüsse der Fraktionssitzungen oder gegen die Parteiprogrammrichtlinien verstoßen, etwa weil er seine politische Auffassung geändert hat, wäre ein Ausschluss aus der Fraktion durchaus zulässig. Sein Mandat als Abgeordneter würde er aber behalten, auch in den Fällen, wenn der Abgeordnete freiwillig seine Fraktion verlässt. Eine andere Fraktion kann den Abgeordneten aufnehmen oder er bleibt fraktionslos Mitglied des Parlaments. Verzichtet er auf sein Mandat, wird der auf der Wahlliste folgende Kandidat seiner alten Partei Parlamentsabgeordneter.

📖 *Möllers, Martin H. W.: Deutscher Bundestag, in: Möllers (Hg.), Wörterbuch der Polizei, 2. Aufl., München 2010, S. 455-460.*

109. Angenommen, es käme in einigen Wahllokalen in Deutschland bei Bundestagswahlen zu offenen, also nicht geheimen Wahlvorgängen, weil die Ortsanwohnerinnen und Ortsanwohner der Meinung sind, dass ohnehin jeder wüsste, was die anderen wählen würden. Da in diesen Wahlbezirken die Wahlen aufgrund der Bestimmungen des BWahlG und der BWahlO wiederholt werden mussten, soll bei der Nachwahl die Polizei – nach Auffassung konservativer Abgeordnete die Bundeswehr – damit betraut werden, in diesen Wahllokalen die Durchführung der geheimen Wahl zu überwachen. Können das Bundeswahlgesetz und die Bundeswahlordnung mit dem Ziel geändert werden, einen freiwilligen Verzicht auf die Wahrung des Wahlgeheimnisses zuzulassen und ließe sich auch das Grundgesetz entsprechend ändern?

Eine Änderung des Bundeswahlgesetzes und der Bundeswahlordnung mit dem Ziel, einen freiwilligen Verzicht auf die Wahrung des Wahlgeheimnisses zuzulassen, ist, da sie dem in Art. 38 Abs. 1 GG niedergelegten Grundsatz einer geheimen Wahl entgegensteht, mit dem Grundgesetz nicht zu vereinbaren. Es müsste also zuerst das Grundgesetz geändert werden. Im Hinblick auf die Möglichkeit einer Verfassungsänderung des Art. 38 Abs. 1 GG mit dem Ziel, eine freiwillige offene Stimmabgabe zuzulassen, stellt sich die Frage, ob diese mit Art. 79 Abs. 3 GG in Einklang zu bringen ist. Da Art. 79 Abs. 3 GG nur die Kerngehalte der in Art. 1 und 20 GG von einer Grundgesetzänderung ausnimmt, nicht jedoch die Wahlrechtsgrundsätze des Art. 38 Abs. 1 GG ausdrücklich erwähnt, ließe sich folgern, dass die angesprochene Verfassungsänderung möglich ist. Das wäre jedoch anders, wenn die geheime Wahl als unverzichtbares Recht zum Kerngehalt der Demokratie im Sinne von Art. 20 Abs. 1 und Abs. 2 GG zu rechnen ist. Hierzu ist festzustellen, dass die in Art. 38 Abs. 1 GG enthaltenen Wahlrechtsgrundsätze nicht zwingend dem Kerngehalt der Demokratie zuzurechnen sind. Beispielsweise kann das im Hinblick auf die unmittelbare Wahl mit plausiblen Gründen bezweifelt werden. Im Hinblick auf die geheime Wahl muss jedoch wegen der Bedeutung für die Durchführung einer freien, demokratischen Wahl davon ausgegangen werden, dass sie zum Kerngehalt der Demokratie zählt. Hierzu ist festzuhalten, dass der erwähnte Grundsatz zunächst der Sicherung einer geheimen Wahl in

Bezug auf den einzelnen Wähler dient. So gesehen könnte eine vordergründige Betrachtungsweise zu der Ausnahme führen, dass auch die rechtliche Möglichkeit für einen freiwilligen Verzicht mit dem Grundsatz der gleichen Wahl in Einklang steht. Dem ist jedoch entgegenzuhalten, dass die Wahlrechtsgrundsätze, unter ihnen das Prinzip der geheimen Wahl, nicht nur dem Einzelnen dienen, sondern der Sicherung demokratischer Wahlen schlechthin. Die Möglichkeit, die Stimme freiwillig offen abzugeben, könnte nicht nur den Einzelnen unter psychologischen Zwang setzen, sondern auch dazu führen, dass diejenigen, welche sich der Möglichkeit zur Realisierung einer geheimen Wahl bedienen wollen, leicht als Systemfeinde eingestuft werden (vgl. als Beispiel die Wahlen in der DDR). Die Möglichkeit einer offenen Stimmabgabe würde mithin den Grundsatz einer geheimen Wahl verletzen (⌑ Möllers, S. 2224). Außerdem könnte von einer offenen Stimmabgabe eine Wahlwerbung ausgehen, die in Wahllokalen untersagt ist. Insofern wäre auch das Prinzip der freien Wahl betroffen. Somit kann selbst über eine Verfassungsänderung nicht die Möglichkeit zum generellen, freiwilligen Verzicht auf Wahrung des Wahlgeheimnisses geschaffen werden.

⌑ *Möllers*, *Martin H. W.: Wahlrechtsgrundsätze, in: Möllers (Hg.), Wörterbuch der Polizei, 2. Aufl., München 2010, S. 2223-2224;* *Reimer*, *Franz: Privatisierung des Wahlgeheimnisses? Die Wahlrechtsgrundsätze unter Sparzwang, ZRP 1/2003, 8-10.*

---

110. Wäre es verfassungsrechtlich zulässig, § 6 Abs. 6 BWahlG dahingehend zu ändern, dass an Stelle der 5 % Klausel eine solche von 20 % tritt?

Eine 20 %-Sperrklausel könnte gegen den in Art. 38 Abs. 1 GG enthaltenen Grundsatz der gleichen Wahl verstoßen. Das Prinzip der gleichen Wahl bedeutet, dass jede Stimme das gleiche Gewicht besitzt. Dabei ist aber zwischen dem *Zählwert* und dem *Erfolgswert* der Stimmen zu unterscheiden. Vom gleichen Zählwert spricht man dann, wenn jede gültige Stimme in gleicher Weise und mit gleichem Gewicht gezählt wird. Gegen diesen Grundsatz verstößt die Sperrklausel nicht. Daneben könnte es aber auch auf den gleichen Erfolgswert der Stimmen ankommen. Dieser bedeutet, dass dem Stimmenanteil einer politischen Gruppierung auch ein entsprechender Mandatsanteil entspricht, das Parlament also ein getreues Spiegelbild des durch die Stimmabgabe geäußerten Wählerwillens darstellt. Ist dieses nicht der Fall, so ist ein gleicher Erfolgswert nicht gegeben. Im vorliegenden Falle blieben alle Stimmen, welche auf Parteien abgegeben würden, die weniger als 20 % der Zweitstimmen erhielten, bei der Listenmandatsvergabe unberücksichtigt. Darin läge offensichtlich eine Verletzung des Prinzips des gleichen Erfolgswertes der Stimmen. Es fragt sich daher, ob und in welcher Weise der Grundsatz der gleichen Wahl auch auf den gleichen Erfolgswert abstellt. Dabei ist i. S. d. Rechtsprechung des BVerfG davon auszugehen, dass grundsätzlich auch der Erfolgswert der Stimmen dem Gleichheitsgrundsatz unterliegt. Hiervon darf nur dann ausnahmsweise abgewichen werden, wenn Zweck und Natur des Wahlverfahrens dieses – wie zum Beispiel beim Mehrheitswahlsystem – notwendigerweise erfordern. Das ist aber beim Verhältniswahlsystem nicht der Fall. Insofern stellt die ergänzende Sperrklausel schon an sich einen Verstoß gegen den Grundsatz der Erfolgswertgleichheit dar (✎ BVerfGE 1, 208, 9. Leitsatz). Dabei ist allerdings zu berücksichtigen, dass Sperrklauseln vor allem dem Ziel dienen sollen, sog. „Splitterparteien" aus dem Parlament fernzuhalten und somit die Funktionsfähigkeit des Parlamentarismus zu erhöhen. Auch die Funktionsfähigkeit des Parlaments und die Sicherung regierungsfähiger Mehrheiten stellen einen hohen für das Funktionieren des Verfassungssystems bedeutsamen Wert dar. Daher wird man um dieser Ziele willen geringfügige Einschränkungen des Grundsatzes der gleichen Wahl im Hinblick auf den Erfolgswert in Kauf nehmen dürfen. Demzufolge hat auch das BVerfG eine 5 %-Sperrklausel für zulässig erklärt (✎ BVerfGE 1, 208 [248] und Leitsatz 11). Die Erhöhung der Sperrklausel auf 20 % ginge indessen erheblich über das Hinnehmbare hinaus und könnte zu einer gröblichen Missachtung des Volkswillens beitragen. Eine Sperrklausel von 20 % wäre somit verfassungswidrig.

---

111. Welche demokratischen Wahlsysteme gibt es, welche Vor- und Nachteile haben sie jeweils und welches Wahlsystem haben wir in Deutschland nach dem BWahlG?

Im heutigen Wahlrecht unterscheidet man im Grundsatz zwei Wahlsysteme: das Mehrheitswahlsystem und das Verhältniswahlsystem. In den demokratischen Staaten der Erde können diese Systeme mit zahlreichen

Variations- und Kombinationsmöglichkeiten versehen sein. Basis des Mehrheitswahlsystems, das es z. B. in Großbritannien und Frankreich gibt, ist es, dass die Person oder die Liste (Partei) gewählt ist, welche die einfache oder absolute Mehrheit der abgegebenen Stimmen auf sich vereinigt. Bei der Wahl nur einer Person – etwa die Wahl des Bundespräsidenten nach Art. 54 Abs. 6 GG – ist deshalb auch nur dieses Verfahren anwendbar. Bei der Wahl von Parlamenten nach dem Mehrheitswahlsystem wird das Wahlgebiet in so viele Wahlkreise aufgeteilt, wie Sitze im Parlament zu vergeben sind. Jeder Wahlkreis entsendet einen Abgeordneten. Beim *relativen* Mehrheitswahlsystem ist derjenige Abgeordnete in seinem Wahlkreis gewählt, der mehr – und wenn auch nur eine einzige – Stimmen als jeder seiner Mitbewerber erhält. Das bedeutet, dass die Stimmen, die seine Mitbewerber bekommen haben, nicht mehr berücksichtigt werden. So kann zum Beispiel ein Kandidat gewählt sein, der nur 25 % der abgegebenen Stimmen erhalten hat. Damit hinter einem Direktkandidaten genügend Wählerstimmen stehen, kann das Mehrheitswahlrecht *qualifizierte Mehrheiten* verlangen. So kann beim *absoluten* Mehrheitswahlsystem (so in Frankreich) nur der Bewerber in das Parlament einziehen, der mehr als die Hälfte der in seinem Wahlkreis abgegebenen Stimmen erhalten hat. Gelingt dies nicht im ersten Wahlgang, so findet eine Stichwahl zwischen den beiden Kandidaten mit den meisten Stimmen statt (📖 Möllers, Politisches System, S. 50).

Das Verhältniswahlsystem will vermeiden, dass alle Stimmen für erfolglose Kandidaten unter den Tisch fallen. Vielmehr soll die Zusammensetzung des Parlaments das möglichst genaue Spiegelbild der abgegebenen Stimmen sein. Beim Verhältniswahlsystem werden die zu vergebenden Sitze auf die einzelnen Parteien im selben Verhältnis verteilt wie Stimmen – gemessen an der Gesamtzahl der abgegebenen Wählerstimmen im Wahlgebiet – auf ihre Listen entfallen sind. Die Verhältniswahl ist deshalb nur bei der Wahl von Vertretungskörperschaften wie alle Parlamente anwendbar. Aber auch beim Verhältniswahlrecht fallen Stimmen unter den Tisch, die nämlich das Mindesterfordernis an Stimmen für einen Sitz nicht erreichen. Wenn zum Beispiel bei 10 Mio. Wählerinnen und Wähler ein Parlament 100 Sitze haben soll, werden für einen Abgeordnetensitz 100.000 Stimmen erforderlich. Das Wahlrecht der Weimarer Republik (bis 1933) ließ offen, welche Gesamtzahl der

Reichstag tatsächlich haben würde und vergab für je 60.000 abgegebene Stimmen ein Reichstagsmandat. Kommen aber nur 40.000 Stimmen zusammen, bleiben diese 40.000 Stimmen erfolglos. Beim Verhältniswahlrecht wird die Meinungsvielfalt der Wähler im Parlament ziemlich genau widergespiegelt. Es birgt aber in sich die Gefahr der Zersplitterung und hat daher zum Nachteil, dass bei einer großen Zahl von Parteien eine regierungsfähige Mehrheit nicht mehr oder nur sehr schwer gefunden werden kann. Zur Lösung dieses Problems dient die Einführung von so genannten Sperrklauseln. Bei einer Sperrklausel von zum Beispiel 5 % bedeutet das, dass bei der Verrechnung nur Parteien berücksichtigt werden, die mindestens 5 % der abgegebenen gültigen Stimmen erhalten haben (⬚ Möllers, Politisches System, S. 51).

Jedes Wahlsystem hat Vor- und Nachteile. Die Nachteile des einen Systems sind gleichzeitig die Vorteile des anderen. Beim Mehrheitswahlsystem werden vorteilhaft einerseits die enge Bindung von Wählern und Gewählten gesehen sowie andererseits die Verhinderung des Einzugs kleiner Splittergruppen in das Parlament, sodass sich eindeutige parlamentarische Mehrheitsverhältnisse herausbilden, die ein stabiles Regierungssystem erwarten lassen. Bei der Verhältniswahl wird eine fast optimale Repräsentation aller politischen Kräfte, also eine wirklichkeitsnahe Abbildung der Wähler gewährleistet. Außerdem fallen grundsätzlich keine Wählerstimmen unter den Tisch, sodass sich im Wesentlichen ein gleicher Erfolgswert aller Stimmen ergibt. Eine Entscheidung für das eine oder andere Wahlsystem oder auch für eine Mischform hat überwiegend historische Ursachen oder richtet sich nach gegenwärtig bevorzugten Vorstellungen.

In Deutschland haben wir zur Wahl des Deutschen Bundestags das Verhältniswahlsystem, ein Proporzverfahren, das durch Persönlichkeitselemente ergänzt wird. Denn entscheidend für die Zusammensetzung des Parlaments ist die Zweitstimme, welche die proportionale Sitzverteilung der einzelnen Parteien bestimmt. Es handelt sich nicht etwa um ein Mischverfahren aus Mehrheits- und Verhältniswahl. Dabei wirkt sich außerdem die Wahlbeteiligung innerhalb eines Bundeslands auf die Zusammensetzung des Bundestages aus. Denn nicht nur die unterschiedliche Stimmenanzahl, sondern auch die unterschiedliche Wahlbeteiligung in den Bundesländern macht sich auf die Verteilung der Sitze bemerkbar. Bei der Bundestagswahl 1990 hat Hessen, das in 22 Wahlkreise eingeteilt ist und daher 22 Direktkandidaten in den Bundestag entsandte, noch weitere 26 Abgeordnete über die Landesliste nach Bonn geschickt, während Bayern 45 direkte Wahlkreisabgeordnete, aber nur 41 Listenplätze erhielt. Diese Differenzen ergaben sich aus der unterschiedlichen Wahlbeteiligung, die im Bundesdurchschnitt bei 77,8 %, in Hessen aber überdurchschnittlich bei 81,1 % aller Wahlbeteiligten lag und in Bayern dagegen unterdurchschnittlich nur bei 74,4 %. Die Verteilung über die Landeslisten ermöglicht somit auch einen Ausgleich unter den Ländern. Daher kommt es sehr auf die Wahlbeteiligung aller Bürgerinnen und Bürger an, damit die spezifischen Landesinteressen gut im Bundestag vertreten werden.

📖 *Möllers, Martin H. W.: Das politische System der Bundesrepublik Deutschland nach der Wiedervereinigung. Einführung in Staatsrecht und Politik für das Studium an der Fachhochschule des Bundes für öffentliche Verwaltung. Deutsche Hochschulschriften, Band 710 (⊟), Egelsbach 1993; Möllers, Martin H. W.: Wahlsystem, in: Möllers (Hg.), Wörterbuch der Polizei, 2. Aufl., München 2010, S. 2224-2230.*

---

112. Welche Funktion haben die Wahlrechtsgrundsätze?

Eine Wahl ist nur dann demokratisch, wenn bestimmte Wahlrechtsgrundsätze eingehalten werden. Daher haben sie nach Art. 38 Abs. 1 GG verfassungsrechtlichen Rang (vgl. 📖 Möllers, Wahlrechtsgrundsätze, S. 2223 f.). Der Grundsatz der *allgemeinen Wahl* bedeutet, dass das Wahlrecht alle Staatsbürger gleichermaßen haben. Gegenbeispiel ist das Zensuswahlrecht, wie zum Beispiel das Dreiklassenwahlrecht in Preußen, bei dem das Wahlrecht abhängig vom Einkommen ist und nur diejenigen wählen dürfen, die überhaupt über ein Einkommen verfügen. Auch Wahlsysteme, die nur Männer, nicht aber Frauen zur Wahl zulassen, sind nicht allgemein. Formale Zulassungsvoraussetzungen (z. B. Einschreibung in Wählerlisten) sind aber dann nicht verboten, wenn sie allgemein sind und von jedem Staatsbürger ohne weiteres erfüllt werden können. Materiell sind Einschränkungen nur zulässig, wenn sie sich aus dem Wesen des Wahlrechts ergeben (📖 Möllers, Politisches System, S. 48). Dazu gehört etwa die Voraussetzung einer hinreichenden geistigen Reife, die erst durch ein Mindestalter erreicht werden kann (vgl. §§ 12 ff. BWahlG). Beim Grundsatz der *unmittelbaren Wahl* wählen die

Wählerinnen und Wähler ihre Abgeordneten direkt und nicht durch eine Mittelsperson. Im Gegensatz dazu steht das *Wahlmännersystem*, bei dem das Volk Wahlfrauen und Wahlmänner wählt, die ihrerseits die endgültige Wahl vornehmen (so z. B. die Präsidentschaftswahlen in den USA). Ob dieser Wahlrechtsgrundsatz zwingend ist, ist heute umstritten. Aus dem Grundgesetz ergibt sich, dass die Wahlen zum Deutschen Bundestag (auf Bundesebene) für das Deutsche Volk die einzige Möglichkeit ist, *unmittelbar* seine Staatsgewalt auszuüben, indem es wenigstens ein Verfassungsorgan direkt wählt (vgl. ✐ BVerfGE 3, 49 f.; 7, 69). Daraus lässt sich ableiten, dass bei uns der Grundsatz der unmittelbaren Wahl zwingend ist (📖 Möllers, Wahlrechtsgrundsätze, S. 2223 f. m. w. N.). Der Grundsatz der *freien Wahl* besagt, dass kein Zwang oder ein sonstiger unzulässiger Druck von außen auf den Wähler ausgeübt werden darf. Wahlwerbung, wie zum Beispiel die Hirtenbriefverlesung in der Kirche am Wahlsonntag ist kein Zwang (✐ OVG Münster, JZ 1962, 767), er dient allein der politischen Willensbildung des Volkes, die grundsätzlich staatsfrei zu verlaufen hat. Ob eine Wahlpflicht (wie etwa in Belgien) bereits gegen diesen Wahlrechtsgrundsatz verstößt, ist in der Literatur umstritten. Die überwiegende Meinung lehnt einen Verstoß mit dem Hinweis ab, dass der Wähler ja in der Wahlkabine die Wahl selbst nicht zu vollziehen braucht (zur Gegenmeinung vgl. 📖 von Münch / Kunig, Art. 38 Rdnr. 39 m. w. N.). Dieser Wahlrechtsgrundsatz steht in enger Bindung mit dem Grundsatz der geheimen Wahl (s. u.). Der Grundsatz der *gleichen Wahl* besagt, dass das Gewicht jeder Stimme gleich sein muss („one man, one vote"). Das Prinzip der Wahlgleichheit verlangt dabei die Gleichheit des Zählwerts und grds. auch die Gleichheit des Erfolgswerts (✐ BVerfGE 1, 208, 9. Leitsatz). *Gleicher Zählwert* bedeutet, dass jede gültige Stimme in der gleichen Weise und mit gleichem Gewicht gezählt wird. *Gleicher Erfolgswert* bedeutet, dass dem Stimmenanteil einer politischen Gruppierung auch ein entsprechender Mandatsanteil entspricht. Ausnahmen davon sind nur hinsichtlich des Erfolgswerts und auch nur dann zulässig, wenn funktionelle Gründe dazu zwingen. Es liegt zum Beispiel in der Natur des Mehrheitswahlsystems, dass eben nur die Stimmen erfolgreich sind, die auf den mit Mehrheit gewählten Kandidaten entfallen (✐ BVerfGE 208 [244 f.]). Als funktionelle Gründe sind auch solche Ausnahmen vom gleichen Erfolgswert zu sehen, die zur Sicherung der Handlungs- und

Entscheidungsfähigkeit und damit der Funktionsfähigkeit des Parlaments geboten sind, wie etwa die Verhinderung von Parteienzersplitterung. Bei der Verhältniswahl in der Bundesrepublik Deutschland sind deshalb geringe Sperrklauseln (5 % nach § 6 Abs. 6 BWahlG) zur Verhinderung des Einzugs kleiner Splitterparteien in den Bundestag vom Bundesverfassungsgericht für zulässig befunden worden. Die Gleichheit der Wahl muss nicht nur beim Wahlvorgang selbst, sondern auch bei der Wahlvorbereitung, der Wahlwerbung und der Wahlkampfkostenerstattung gewährleistet sein. Der Grundsatz der geheimen Wahl besagt, dass jeder die Rechtspflicht hat, sein Wahlrecht unbeeinflusst und unbeobachtet ausüben. Das bedeutet, dass andere Personen keine Kenntnis von seiner Wahlentscheidung nehmen können dürfen, damit sie nicht in ihrer freien Wahlentscheidung selbst beeinflusst werden. Damit kann auch kein freiwilliger Verzicht auf Geheimhaltung der Stimmabgabe gewährt werden (vgl. ⬚ Möllers, Politisches System, S. 49 f.).

⬚ *Maunz*, Theodor / *Dürig*, Günter u. a.: Grundgesetz, Loseblatt-Kommentar in 6 Leinenordnern, 57. Ergänzungslieferung, München 2010; *Möllers*, Martin H. W.: Das politische System der Bundesrepublik Deutschland nach der Wiedervereinigung. Einführung in Staatsrecht und Politik für das Studium an der Fachhochschule des Bundes für öffentliche Verwaltung. Deutsche Hochschulschriften, Band 710 (⬚), Egelsbach 1993; *Möllers*, Martin H. W.: Wahlrechtsgrundsätze, in: Möllers (Hg.), Wörterbuch der Polizei, 2. Aufl., München 2010, S. 2223-2224; *von Mangoldt*, Hermann / *Klein*, Friedrich / *Starck*, Christian (Hg.): Kommentar zum Grundgesetz, Bde. 1-3, 6. Aufl., München 2010; *von Münch*, Ingo / *Kunig*, Philip (Hg.): Grundgesetz-Kommentar, 2 Bde., 6. Aufl., München 2010.

---

113. Welche beiden Auszählverfahren werden bei Wahlen angewendet?

Zur Errechnung der Sitzverteilung als mathematisches Auszählverfahren werden zwei Verfahren angewandt, das *Höchstzahlverfahren* nach d'Hondt und das *Proporzverfahren* nach Hare / Niemeyer. In den meisten demokratischen Staaten wird heute das *Höchstzahlverfahren* nach dem Belgier d'Hondt verwandt. Dieses System funktioniert so: Im ersten Schritt werden die Gesamtzahlen der Stimmen der Parteien durch 1, 2, 3, 4, 5, 6, 7, 8, usw. geteilt. Im zweiten Schritt werden jetzt die Zahlen aller Parteien miteinander verglichen. Dabei ergibt sich bei der Zuordnung der errechneten Zahlen eine Rangfolge. Für die Sitzverteilung sind dann genau so viele Höchstzahlen der Reihenfolge zu berücksichtigen, wie es Mandate zu verteilen gibt. Diese werden dann auf die Parteien verteilt. In der nachfolgenden Tabelle wird ein einfaches Modellbeispiel mit 3 Parteien, die sich 12 Sitze proportional teilen, gegeben (nach 📖

Beispiel: Es sind 12 Sitze zu vergeben.		
An Wählerstimmen entfielen auf:		
Partei A	Partei B	Partei C
500.000	150.000	275.000
Parteiwählerstimmenanzahl geteilt durch:		
1 500.000 ⇨ **01**	150.000 ⇨ **05**	275.000 ⇨ **02**
2 250.000 ⇨ **03**	075.000 ⇨ **11**	137.500 ⇨ **06**
3 166.667 ⇨ **04**	050.000 ⇨ 16	091.667 ⇨ **09**
4 125.000 ⇨ **07**	037.500 ⇨ 19	068.750 ⇨ 13
5 100.000 ⇨ **08**	030.000 ⇨ 21	055.000 ⇨ 15
6 083.333 ⇨ **10**	025.000 ⇨ 22	045.833 ⇨ 17
7 071.429 ⇨ **12**	021.429 ⇨ 23	039.286 ⇨ 18
8 062.500 ⇨ 14	018.750 ⇨ 24	034.375 ⇨ 20
Die hier zu vergebenden 12 Sitze werden in der Folge der Höchstzahlen an die Parteien verteilt		
Die Sitze verteilen sich dann:		
Partei A	Partei B	Partei C
7	2	3

Tabelle 1   Höchstzahlverfahren nach d'Hondt

Katz, S. 149; vgl. auch 📖 Möllers, S. 52).

Aus Tabelle 1 lässt sich erkennen, dass Partei C mehr als die Hälfte der Stimmen von Partei A errungen hat. Dennoch bekommt sie nach diesem Auszählverfahren nicht einmal die Hälfte der Sitze, die Partei A erhält. Bei den zuletzt zu verteilenden Sitzen, auf die es aber im Ergebnis ankommt, begünstigt das Höchstzahlverfahren nach d'Hondt die größten Parteien. An Stelle des Höchstzahlverfahrens nach d'Hondt wird daher zunehmend inzwischen das *Proporzverfahren* nach Hare / Niemeyer gebräuchlich und seit 1987 für die Bundestagswahl eingeführt. Es berechnet die Sitzverteilung nach der mathematischen Proportion durch Anwendung der Formel: (Gesamtzahl der Sitze x Stimmenanzahl der Partei) : Gesamtzahl der Stimmen aller Parteien. Ein anderer Rechenweg ist, die Gesamtzahl der abgegebenen Stimmen (im Beispiel: 925.000) durch die Zahl der Sitze (hier: 12) zu dividieren und durch den so gefundenen Wahlquotienten (hier also 77083,33) die Zahl der Stimmen jeder Partei zu teilen. Aus den errechneten Zahlen ist vor dem Komma abzulesen, wie viel Sitze jede Partei mindestens erhält. Die dann noch zu vergebenden Sitze werden den Parteien in der Reihenfolge der größten Zahlenbruchteile hinter dem Komma zugeteilt. Die nachfolgende Tabelle 2 (nach 📖 Katz, S. 149; vgl. auch 📖 Möllers, S. 53) zeigt die Berechnungen an. Nach diesem Verfahren werden die kleineren Parteien, insbesondere die kleinsten, günstiger, die größte Partei schlechter behandelt als beim Höchstzahlverfahren. Es gibt also auch hier Ungerechtigkeiten, ein völlig gerechtes Wahlverfahren kann es nicht geben, denn die Partei, die den letzten zu vergebenden Sitz erhält, wird immer im

Beispiel: Es sind 12 Sitze zu vergeben		
An Wählerstimmen entfielen auf:		
Partei A	Partei B	Partei C
500.000	150.000	275.000
Für jede Partei wird berechnet:		
(Gesamtzahl der Sitze x Stimmenzahl der Partei)		
(Gesamtzahl der Stimmen aller Parteien)		
(12 x 500.000)	(12 x 150.000)	(12 x 275.000)
925.000	925.000	925.000
6,49	**1,95**	**3,57**
Vor dem Komma ist abzulesen, wie viel Sitze jede Partei mindestens erhält (6+1+3). Die dann noch zu vergebenden Sitze (2) werden den Parteien in der Reihenfolge der größten Zahlenbruchteile hinter dem Komma zugeteilt.		
6,49 ⇨ 03	**1,95 ⇨ 01**	3,57 ⇨ **02**
Die Sitze verteilen sich dann:		
Partei A	Partei B	Partei C
6	**2**	**4**

Tabelle 2   Proporzverfahren nach Hare / Niemeyer

Vorteil vor der Partei sein, die den letzten gerade verfehlt.

📖 *Katz, Alfred: Staatsrecht. Grundkurs im öffentlichen Recht, 17. Aufl., Heidelberg 2007; **Möllers**, Martin H. W.: Das politische System der Bundesrepublik Deutschland nach der Wiedervereinigung. Einführung in Staatsrecht und Politik für das Studium an der Fachhochschule des Bundes für öffentliche Verwaltung. Deutsche Hochschulschriften, Band 710 (📖), Egelsbach 1993.*

---

114. Wirkt es sich auf die Zusammensetzung des Bundestages aus, wenn in einem Bundesland wegen Wahlverdrusses die Wahlbeteiligung unter dem Bundesdurchschnitt liegt?

Tatsächlich wirkt sich die Wahlbeteiligung innerhalb eines Bundeslands auf die Zusammensetzung des Bundestages aus. Denn nicht nur die unterschiedliche Stimmenanzahl, sondern auch die unterschiedliche Wahlbeteiligung in den Bundesländern macht sich auf die Verteilung der Sitze bemerkbar. Bei der Bundestagswahl 1990 hat Hessen, das in 22 Wahlkreise eingeteilt ist und daher 22 Direktkandidaten in den Bundestag entsandte, noch weitere 26 Abgeordnete über die Landesliste nach Bonn geschickt, während Bayern 45 direkte Wahlkreisabgeordnete, aber nur 41 Listenplätze erhielt. Diese Differenzen ergaben sich aus der unterschiedlichen Wahlbeteiligung, die im Bundesdurchschnitt bei 77,8 %, in Hessen aber überdurchschnittlich bei 81,1 % aller Wahlbeteiligten lag und in Bayern dagegen unterdurchschnittlich nur bei 74,4 %. Die Verteilung über die Landeslisten ermöglicht somit auch einen Ausgleich unter den Ländern. Daher kommt es sehr auf die Wahlbeteiligung aller Bürgerinnen und Bürger an, damit die spezifischen Landesinteressen gut im Bundestag vertreten werden.

---

115. Welche wesentlichen Merkmale des Bundesstaates sind allgemein und im Sinne des Grundgesetzes zu nennen?

Der Bundesstaat (Föderation) ist eine Verbindung mehrerer Staaten zu einem Gesamtstaat (Bund), in dem jedoch die Staatlichkeit der Gliedstaaten (Länder) erhalten bleibt. Man spricht vom föderalistischen Bundesstaat, wenn die Aufgaben- und Kompetenzverteilung ihr Schwergewicht bei den Gliedstaaten hat, und vom unitarischen Bundesstaat, wenn das Schwergewicht der Verteilung beim Gesamtstaat liegt (vgl. 📖 Katz, Rdnr. 70). Die staatlichen Aufgaben und Befugnisse sind zwischen Bund und Gliedstaaten aufgeteilt. Meistens sind Verteidigungs- und Außenpolitik Bundessache, sodass alle Außenbeziehungen zu anderen Staaten nur über den Gesamtstaat (Bund) abgewickelt werden. Der Bundesstaat gründet sich nicht auf eine theoretische Konstruktion, sondern ist eine historisch gewachsene Erscheinung. Demzufolge ist das Bild von Bundesstaaten sehr unterschiedlich. Dennoch sind allen Bundesstaaten einige Wesensmerkmale eigen, die eine rechtliche Umschreibung zulassen: Der Bundesstaat ist ein Gemeinwesen, in dem mehrere Staaten (Länder) durch eine Verfassung (= staatsrechtlich) in der Weise zusammengeschlossen sind, dass *sowohl der Gesamtstaat (Bund) als auch die Gliedstaaten (Länder) Staatsqualität* haben. Aus der Staatsqualität von Bund und Ländern folgt, dass nicht nur der Bund, sondern *auch die Länder* jeweils als Gebietskörperschaften mit eigener – wenn auch gegenständlich beschränkter – originärer, somit *ursprünglicher Hoheitsgewalt ausgestattet* sind, also ihre Hoheitsgewalt von keiner anderen Ebene abgeleitet ist. In der Regel hat der Bund einen politischen und rechtlichen Vorrang. Das bedeutet etwa, dass die Bundesverfassung zum Beispiel Vorschriften über die Gestaltung der Länderverfassungen oder Zwangsvorkehrungen gegen bundeswidriges Verhalten enthalten kann. Dafür sehen andererseits die Bundesverfassungen meistens ein Mitbestimmungsrecht der Länder in Bundesangelegenheiten in Form eines Bundesrats, Senats oder einer Staatenkammer vor. Das Recht zur Gesetzgebung – wenigstens für Teilbereiche – hat also nicht nur der Bund, sondern haben auch die Länder. Allerdings ist die Verfassungsautonomie der Länder auf die *Homogenität mit dem Gesamtstaat* regelmäßig eingeschränkt (vgl. Art. 28 GG). Daher müssen sich die Länder an der Staatsform des Bundes orientieren. Ist der Bund zum Beispiel eine Republik, müssen auch die Länder Republiken und dürfen keine Monarchien sein. Außerdem verfügen die Länder wie der Bund über *eigene Staatsorgane*, die einen aufgrund von Kompetenzabgrenzungen festgelegten *Kernbereich von Kompetenzen* auf den Gebieten der Gesetzgebung, Verwaltung und Rechtsprechung (letzteres umstritten) besitzen müssen. Darüber hinaus verlangt das Bundesstaatsprinzip, dass neben dem Bund auch die Länder über einen *angemessenen Anteil am Gesamtsteueraufkommen* verfügen können. Neben Elementen der Kompetenzabgrenzung zwischen Gesamtstaat und Gliedstaaten muss es in einem funktionsfähigen Bundesstaat aber auch Elemente *gegenseitiger*

Einflussnahme und Durchdringung geben, die sich zum Beispiel in der Mitwirkung bei der Verabschiedung von Bundesgesetzen über eine zweite Kammer, in der Ländervertreter sitzen (zum Beispiel Ober- und Unterhaus; Senat und Repräsentantenhaus; Bundestag und Bundesrat), oder durch die Wahrnehmung von Aufsichtsrechten bei der *Ausführung von Bundesgesetzen durch die Länder* (vgl. Art. 84, 85 GG) niederschlagen kann. Daneben muss es auch Formen gleichberechtigten *Zusammenwirkens* (vgl. Art. 91a f. GG) geben, zum Beispiel im Rahmen von Gemeinschaftsaufgaben (📖 Möllers, Politisches System, S. 20 ff.). Mit der Erhaltung der Staatlichkeit der Länder mit eigenen Parlamenten und Regierungen unterscheidet sich der Bundesstaat vom Einheitsstaat, der nur eine Ebene staatlicher Willensbildung kennt. Die Vorzüge eines Bundesstaates liegen unter anderem darin, dass er es ermöglicht, kulturelle und wirtschaftliche Besonderheiten verschiedener Regionen besser zu berücksichtigen (vgl. auch Art. 29 Abs. 1 GG). Der Bundesstaat bedeutet zugleich eine Form *vertikaler Gewaltenteilung*, die sich nicht nur auf die staatliche Ebene, sondern auch auf die innerparteilichen und innerverbandlichen Strukturen auswirkt. Ein zusätzliches Element horizontaler Gewaltenteilung bedeutet die für einen Bundesstaat kennzeichnende Zweite Kammer als Vertretungsorgan föderalistischer Interessen. Schließlich verbindet sich mit dem Bundesstaat bei entsprechenden historischen Vorbedingungen zugleich eine demokratische Komponente, trägt dieser doch durch die Vielzahl politischer Handlungsebenen dazu bei, die politischen Strukturen im Sinne einer Meinungsvielfalt aufzulockern. Auch ist zu bedenken, dass die staatlichen Stellen der Länder leichter in der Lage sind, die lokalen Erfordernisse etwa bei Projektplanungen (Klinikum, Sportanlagen etc.) oder im sozialen Bereich zu berücksichtigen (📖 Heyde / Ziller, S. 8). Als Nachteile des Bundesstaates lassen sich beispielsweise nennen, dass er – was allerdings umstritten ist – höhere Kosten und einen erhöhten Koordinierungsaufwand erfordert. Auch gerät der Bundesstaat leicht in Widerspruch zu den sozialstaatlichen Forderungen nach Einheitlichkeit der Lebensverhältnisse, etwa auf dem Gebiet des Schul- und Bildungswesens oder im Bereich der Polizei. Man könnte auch die Frage aufwerfen, ob ein Bundesstaat in Europa nicht in einem gewissen Widerspruch und Spannungsverhältnis zu den gesamteuropäischen Zielsetzungen nach großräumigem Zusammenwirken und der technisch bedingten Tendenz zu weiträumigen Projekten steht. Bundesstaaten sind außer der Bundesrepublik Deutschland zum Beispiel noch Österreich, die Schweiz und die USA (vgl. 📖 Möllers, Politisches System, S. 21 f.).

Als Merkmale des Bundesstaates im Sinne des Grundgesetzes sind zu nennen: 1. Bund und Länder üben nach Art. 30 GG originäre Herrschaftsgewalt aus. Die Gesamteinheit der staatlichen Aufgaben in der Bundesrepublik wird vom Grundgesetz in zwei Aufgabenbereiche geteilt. Der eine wird vom Bund, der andere von den Ländern wahrgenommen. Zu den Bundesaufgaben im Bereich der Gesetzgebung besagt Art. 70 GG, dass die Länder (grundsätzlich) das Recht zur Gesetzgebung haben, soweit das Grundgesetz nicht dem Bunde Gesetzgebungsbefugnisse verleiht. Als Landesaufgaben gelten vor allem Schule und Kultur, Polizei, Gemeindeverfassung und die eigene staatliche Organisation. Soweit Bund und Länder staatliche Aufgaben wahrnehmen, üben sie gegenständlich beschränkte, originäre Herrschaftsgewalt aus. 2. Es besteht Weisungsabhängigkeit der Länder vom Bund. Die Länder sind bei der Wahrnehmung einiger Landesaufgaben von den Weisungen des Bundes abhängig. Der Bund hat einige Einwirkungsrechte auf die Länder (Nicht-Souveränität der Länder). Das ergibt sich zum Beispiel aus Art. 28 GG (Verfassungshomogenität), Art. 31 GG (Bundesrecht bricht Landesrecht), Art. 84 f. GG (Bundesaufsicht), Art. 37 GG (Bundeszwang), Art. 91 Abs. 2 GG (Bundesintervention). 3. Die Länder wirken an der Willensbildung des Bundes mit. Der Bund ist nämlich bei der Wahrnehmung einiger Bundesaufgaben von der Mitwirkung der Länder abhängig. Eine Mitwirkung der Länder erfolgt bei der Gesetzgebung in jedem Fall, bei der vollziehenden Gewalt des Bundes und bei der Rechtsprechung des Bundes in einem mehr oder weniger eingeschränkten Maße. Die Mitwirkung der Länder erfolgt u. a. durch den Bundesrat. 4. Bundesrecht bricht Landesrecht nach Art. 31 GG. Bundesrecht hat Vorrang vor Landesrecht, wenn dieselbe Materie sowohl vom Bundesgesetzgeber als auch vom Landesgesetzgeber rechtlich geregelt worden ist und wenn die Regelungen auch ohne den Grundsatz „Bundesrecht bricht Landesrecht" gültig wären. Daraus ist zu folgern: Jedes Bundesrecht hat Vorrang vor jedem Landesrecht. Landesrecht, das dem Bundesrecht entgegensteht, ist nichtig. 5. Es besteht Verfassungshomogenität von Bund und Ländern nach Art. 28 GG. Die Verfassungen der Länder müssen dem Wesensgehalt der wesentlichen Verfassungsprinzipien des

Bundes, Republik, Demokratie, Rechtsstaat, Sozialstaat und nicht Bundesstaat entsprechen. Rechtsgrundlage ist Art. 28 i. V. m. Art. 20 GG. Zweck ist es, die bundesstaatliche Einheit so zu schützten und Tendenzen zur Verselbständigung der Gliedstaaten vorzubeugen. 6. Es besteht schließlich Bundestreue. Diese bedeutet die Rechtspflicht zu wechselseitiger Unterstützung und gegenseitiger Rücksichtnahme zwischen Bund und Ländern sowie unter den Ländern, wenn eine Grundgesetznorm den Konflikt nicht regelt. Aus der Bundestreue können sich somit zusätzliche, nicht ausdrücklich im Grundgesetz festgelegte Pflichten für Bund und Länder sowie außerdem eine Beschränkung in der Ausübung von Rechten ergeben, die dem Bund bzw. den Ländern ausdrücklich im Grundgesetz gewährt sind. Beispiele sind etwa der horizontale Finanzausgleich und die Pflicht der Länder, die völkerrechtlichen Verträge des Bundes zu beachten. Rechtsgrundlage ist ungeschriebenes Verfassungsrecht (vgl. ⊞ Ipsen, Rdnr. 703 ff. sowie ⊞ Möllers, Bundesstaatsprinzip, S. 382 ff. m. w. N.).

⊞ *Heyde, Wolfgang / Ziller, Gebhard: Legislative – Exekutive – Rechtsprechung. Aufgaben, Organisation, Arbeitsweise, 19. Aufl., Troisdorf 2003; Ipsen, Jörn: Staatsrecht I: Staatsorganisationsrecht. 21. Aufl., Neuwied 2009; Möllers, Martin H. W.: Bundesstaatsprinzip, in: Möllers (Hg.), Wörterbuch der Polizei, 2. Aufl., München 2010, S. 382-387; Möllers, Martin H. W.: Das politische System der Bundesrepublik Deutschland nach der Wiedervereinigung. Einführung in Staatsrecht und Politik für das Studium an der Fachhochschule des Bundes für öffentliche Verwaltung. Deutsche Hochschulschriften, Band 710 (⊟), Egelsbach 1993.*

---

116. Inwiefern üben Bund und Länder originäre Herrschaftsgewalt aus?

Die Gesamteinheit der staatlichen Aufgaben in der Bundesrepublik wird vom Grundgesetz in zwei Aufgabenbereiche geteilt. Der eine wird vom Bund, der andere von den Ländern wahrgenommen; dazu folgende Beispiele: Bundesaufgaben im Bereich der Gesetzgebung ergeben sich aus Art. 70 ff. GG, insbesondere den Rechtsvorschriften zur ausschließlichen und konkurrierenden Gesetzgebung des Bundes. Landesaufgaben sind alle anderen – also im Grundgesetz nicht genannten – Aufgaben. Dazu gehören vor allem Kultur, Polizei, Gemeindeverfassung, (landes-)

staatliche Organisation. Soweit Bund und Länder staatliche Aufgaben wahrnehmen, üben sie gegenständlich beschränkte, originäre Herrschaftsgewalt aus.

---

117. Welche Aufgabe erfüllt der Bundesrat im Rahmen der bundesstaatlichen Ordnung?

Der Bundesrat hat die Aufgabe, die in einem Bundesstaat erforderliche Mitwirkung der Gliedstaaten an der gesamtstaatlichen Willensbildung sicherzustellen. Er hat dabei Länderinteressen wahrzunehmen.

---

118. Welche Mitwirkungsmöglichkeiten hat der Bundesrat auf Bundesebene?

Das Bundesstaatsprinzip bewirkt eine Aufteilung staatlicher Befugnisse und Aufgaben auf Bund und Länder; es bewirkt dadurch eine vertikale Gewaltenteilung. Der Bundesrat hat verschiedene im Grundgesetz festgelegte Mitwirkungsmöglichkeiten. Dazu gehört die *Gesetzesinitiative* nach Art. 76 Abs. 1 GG, die bestimmt, dass Gesetzesvorlagen u. a. vom Bundesrat eingebracht werden können. Tatsächlich wird hiervon vergleichsweise selten Gebrauch gemacht. Dem Bundesrat steht ferner bei der *Gesetzgebung* nach Art. 77, 78 GG zu, dass er bei jedem Bundesgesetz mitwirken darf. Der Grad der Beteiligung richtet sich danach, ob es sich um Zustimmungs- oder Einspruchsgesetze handelt. Im ersten Fall kann der Bundesrat das Zustandekommen eines Gesetzes letztlich verhindern, im zweiten kann er vom Bundestag überstimmt werden. Der Bundesrat wirkt auch bei einer *Grundgesetzänderung* nach Art. 79 Abs. 2 GG mit. Eine Grundgesetzänderung ist ohne zwei Drittel Zustimmung des Bundesrates nicht möglich. Dadurch soll eine Verfassungsänderung erschwert sowie u. a. sichergestellt werden, dass gegen den Willen der Länder keine Verschiebung der Kompetenzen zugunsten des Bundes durchgesetzt werden kann. Bei der *Ausführung von Bundesgesetzen* nach Art. 84, 85 GG kommt dem Bundesrat ebenfalls Mitwirkung zu. Zahlreiche Bundesgesetze werden in Ermangelung eines Verwaltungsunterbaus des Bundes von Länderbehörden als „eigene Angelegenheit" ausgeführt oder „im Auftrag" des Bundes. Im ersten Fall

steht dem Bund die Rechtsaufsicht, im zweiten die Rechts- und Fach-
aufsicht zu. Bei der *Wahl der Richter des Bundesverfassungsgerichts*
nach Art. 94 Abs. 1 Satz 2 GG werden die Mitglieder des Bundesverfassungsgerichts je zur Hälfte vom Bundestage und vom Bundesrate gewählt. Schließlich ist der Bundesrat beim *Gemeinsamen Ausschuss* nach
Art. 53a Abs. 1 Satz 1 GG beteiligt. Der Gemeinsame Ausschuss mit
insgesamt 48 Mitgliedern besteht zu zwei Dritteln aus Mitgliedern des
Bundestages und zu einem Drittel aus Mitgliedern des Bundesrates. Jedes Bundesland entsendet also ein Mitglied an den Gemeinsamen Ausschuss. Anders als auf Bundesratsebene ist der Landesvertreter hier wei-
sungs*un*abhängig! Bei der *Präsidentenanklage* nach Art. 61 Abs. 1
Satz 1 GG steht dem Bundesrat das Recht zu, den Bundespräsidenten
vor dem Bundesverfassungsgericht anzuklagen. Weitere Mitwirkungsmöglichkeiten des Bundesrats ergeben sich bei der *Feststellung des Verteidigungsfalles* nach Art. 115a Abs. 1 Satz 1 GG: Die Feststellung, dass
das Bundesgebiet angegriffen wird oder ein solcher Angriff unmittelbar
droht, kann der Bundestag nur mit Zustimmung des Bundesrates treffen.
Ebenso erfordert Art. 81 GG die Mitwirkung des Bundesrates beim *Gesetzgebungsnotstand*. Ähnlich ausgestaltet ist die Rolle des Bundesrates
beim *inneren Notstand* nach Art. 91 Abs. 2 Satz 2 GG.

📖 *Möllers, Martin H. W.: Bundesrat, in: Möllers (Hg.), Wörterbuch der Polizei, 2. Aufl., München 2010, S. 377-379.*

**119. Welchen verfassungsrechtlichen Einfluss außer über den Bun-
desrat haben die Länder auf die Verfassungsorgane des Bundes?**

Das Grundgesetz gibt den Ländern verfassungsrechtlichen Einfluss auf
die Verfassungsorgane des Bundes über den Bundesrat hinaus in drei
Fällen: Bei der *Wahl der Bundesversammlung* nach Art. 54 GG sind die
Länder bei der Bestellung der Bundesversammlung über ihre Länderpar-
lamente beteiligt. Sie wählen die Hälfte der Mitglieder der Bundesversammlung. In der Regel handelt es sich um Abgeordnete der Volksvertretungen der Länder und bekannte Persönlichkeiten, von denen bekannt
ist, dass sie bestimmte Parteien bevorzugen. Denn gewählt wird jeweils
nach dem Parteienproporz des Landesparlaments. Die Länder wirken
ferner im *Richterwahlausschuss* nach Art. 95 Abs. 2 GG mit. Die Richter der obersten Gerichte werden vom für das jeweilige Sachgebiet zu-

ständigen Bundesminister gemeinsam mit einem Richterwahlausschuss gewählt. Dieser setzt sich aus den für das jeweilige Sachgebiet zuständigen Ministern der Länder und einer gleichen Anzahl von Mitgliedern zusammen, die vom Bundestag gewählt werden. Schließlich steht den Ländern noch die *Anrufung des Bundesverfassungsgerichts* nach Art. 93 Abs. 1 Nr. 2 ff. GG zu. Eine Landesregierung kann bei Meinungsverschiedenheiten oder Zweifeln über die förmliche und sachliche Vereinbarkeit von Bundesrecht oder Landesrecht mit dem Grundgesetz oder die Vereinbarkeit von Landesrecht mit sonstigem Bundesrecht das Bundesverfassungsgericht anrufen (📖 Stüwe, S. 219 ff.).

📖 *Stüwe, Klaus: Bundesverfassungsgericht und Opposition, in: van Ooyen, Robert Chr. / Möllers, Martin H. W. (Hg.): Das Bundesverfassungsgericht im politischen System, Wiesbaden 2006, S. 215-228.*

---

120. Welche Vor- und Nachteile des föderativen Systems könnten gesehen werden?

Als Nachteile des Bundesstaates können höhere Kosten, was aber strittig ist, und ein höherer Koordinierungsaufwand genannt werden. Auch gerät der Bundesstaat leicht in Widerspruch zu den sozialstaatlichen Forderungen nach Einheitlichkeit der Lebensverhältnisse, die zum Beispiel auf dem Gebiet des Schul- und Bildungswesens, aber auch bei der Polizei nicht gegeben sind, wenn Vielfalt herrscht. Man könnte auch die Frage aufwerfen, ob der Bundesstaat in Europa nicht im gewissen Widerspruch und Spannungsverhältnis zu den gesamteuropäischen Zielsetzungen nach großräumigem Zusammenwirken und der technisch bedingten Tendenz zu weiträumigen Projekten steht.

Als Vorteile sind zu sehen, dass der Bundesstaat er ermöglicht, kulturelle und wirtschaftliche Besonderheiten verschiedener Regionen besser zu berücksichtigen (vgl. auch Art. 29 Abs. 1 GG) und der Bundesstaat zugleich eine Form vertikaler Gewaltenteilung ist, die sich nicht nur auf die staatliche Ebene, sondern auch auf die innerparteilichen und innerverbandlichen Strukturen auswirkt. Ein zusätzliches Element horizontaler Gewaltenteilung bedeutet die für einen Bundesstaat kennzeichnende Zweite Kammer als Vertretungsorgan föderalistischer Interessen. Schließlich verbindet sich mit dem Bundesstaat bei entsprechenden historischen Vorbedingungen zugleich eine demokratische Komponente, trägt dieser doch durch die Vielzahl politischer Handlungsebenen dazu bei, die politischen Strukturen im Sinne einer Meinungsvielfalt aufzulockern.

---

121. Aufgrund der Zunahme ausländerfeindlicher Einstellungen bei der Polizei erlässt die Bundesregierung gestützt auf Art. 73 Nr. 8 GG nachfolgende Rechtsverordnung, die gegen welche Elemente des Rechtsstaatsprinzips verstoßen könnte? Wäre die Entscheidung anders zu treffen, wenn die nachstehenden Vorschriften entweder wörtlich direkt in das Bundesbeamtengesetz (z. B. als § 55a BBG) oder sogar in das Grundgesetz (z. B. als Art. 60a GG) aufgenommen würden?

---

§ 1 (1) Bundesbeamte, die innerhalb oder außerhalb des Dienstes rechtsradikale Äußerungen tun oder rechtsradikale Stellungnahmen abgeben, sind aus dem Dienst zu entfernen.
(2) Die Entfernung aus dem Dienst erfolgt durch die zuständigen Verwaltungsgerichte.

Die Rechtsnorm verstößt zum einen gegen den Bestimmtheitsgrundsatz, der sich gegen das Element der Rechtssicherheit richtet und daher das Rechtsstaatsprinzip nach Art. 20 Abs. 3 GG verletzt. Denn die Vorschrift enthält eine Reihe von „Blankonormen", die viel zu vage sind: Was bedeutet „rechtsradikal", was sind „Äußerungen"? Es besteht nämlich deshalb das Gebot der Bestimmtheit und Normklarheit, damit die Rechtsfolge kalkulierbar ist und nicht willkürlich – möglicherweise aus sachfremdem Grund – eintritt. Im vorliegenden Fall ist der Tatbestand zu unpräzis, sodass ein Verstoß gegen den Grundsatz der Bestimmtheit vorliegt.

Darüber hinaus verstößt die Rechtsfolge in § 1 der RVO gegen das Verhältnismäßigkeitsprinzip, insbesondere gegen die Angemessenheit des Mittels. Im vorliegenden Fall gibt es nämlich nur als einzige Rechtsfolge die „Entlassung", die auch bei „kleinen" Verstößen gegen die RVO schon eintritt. Eine solche Rechtsfolge ist zu hart und zu einschneidend. Da es keine abgestufte Zweck – Mittel – Relation gibt, wie z. B. Rüge, Verweis oder andere, ist der Grundsatz der Verhältnismäßigkeit nicht eingehalten.

Ferner könnte gegen das Gewaltenteilungsprinzip verstoßen sein, das in Art. 20 Abs. 2 Satz 2, 2. Halbs. GG verankert ist. Dazu ist zunächst festzustellen, dass unter Gesetzgebung der Erlass allgemeinverbindlicher Rechtsnormen in Form einer generellen Regelung zu verstehen ist. Im vorliegenden Fall handelt es sich zwar nicht um ein Gesetz im formellen Sinne, sondern (nur) um eine Rechtsverordnung. Diese stellt aber ein „Gesetz" im materiellen Sinn dar, da sie generelle Regelungen beinhaltet. Ein derartiges Gesetz, das solche erheblich in Grundrechte einschneidende Regelungen enthält, darf aber die Bundesregierung gem. Art. 20 Abs. 2 Satz 2, 2. Halbs. GG nicht von sich aus erlassen. Sondern aus dem Wesentlichkeitsprinzip, also dem Schutz des Kernbereichs, ergibt sich, dass dies allein der gesetzgebenden Gewalt und somit dem Bundestag vorbehalten ist. Das regelt im Übrigen auch Art. 80 Abs. 1 Satz 1 GG, der eine Konkretisierung des Rechtsstaatsprinzips darstellt. Im Ergebnis liegt daher bei der RVO ein „grober" Verstoß gegen Art. 20 Abs. 2 Satz 2, 2. Halbs. GG, in dem das Gewaltenteilungsprinzip verankert ist, sowie gegen weitere Elemente des Rechtsstaatsprinzips nach Art. 20 Abs. 3 GG vor.

Würden die Vorschriften direkt in das BBG aufgenommen, würde zwar kein Verstoß gegen den Grundsatz der Gewaltenteilung mehr vorliegen, es blieben aber immer noch die Verstöße gegen das Rechtsstaatsprinzip im Übrigen, nämlich gegen den Grundsatz der Bestimmtheit und gegen das Verhältnismäßigkeitsprinzip. Ob die Aufnahme der Vorschriften in das Grundgesetz verfassungsgemäß ist, entscheidet sich nach Art. 79 Abs. 3 GG. Hier ist festzustellen, dass das Rechtsstaatsprinzip als ein Grundsatz des Art. 20 GG in seinem Wesensgehalt vor Verfassungsänderungen geschützt ist. Die Verstöße gegen das Rechtsstaatsprinzip, den Grundsatz der Bestimmtheit und den Grundsatz der Verhältnismäßigkeit stellen solche elementaren Verstöße dar.

---

122. Zeithistoriker bezeichnen die „Verordnung des Reichspräsidenten zum Schutz von Volk und Staat" (Reichstagsbrandverordnung) vom 28. Februar 1933[2] als die „wichtigste Grundlage" der Herrschaft Hitlers. Inwiefern wurde durch diese Verordnung das Fundament zur totalitären Willkürherrschaft des „Dritten Reiches" gelegt?

Durch diese Notverordnung nach Art. 48 Abs. 2 Weimarer Reichsverfassung (WRV) wurden die wichtigsten Grundrechte der Weimarer Verfassung außer Kraft gesetzt [Zn. 1[3]]. Dies betraf nicht nur die für das Funktionieren einer Demokratie unerlässlichen Kommunikationsgrundrechte der Meinungsfreiheit (Art. 118 WRV), der Versammlungsfreiheit (Art. 123 WRV) und der Vereinigungsfreiheit (Art. 124 WRV). Vor allem richtete sich die Notverordnung gegen den jahrhundertealten rechtsstaatlichen Grundsatz „Habeas Corpus", gegen die Freiheit der Person und ihren Schutz vor willkürlicher Verhaftung (vgl. Art. 114 WRV). Mit dieser Notverordnung sollte die scheinlegale Grundlage zunächst zur Verhaftung von politischen Gegnern auf der Linken geschaffen werden, insbesondere der Kommunisten, denen der Reichstagsbrand vom 27. Februar 1933 angelastet wurde. Da aber die Notverordnung im Gegensatz zur Forderung von Art. 48 Abs. 2 WRV nicht nur „vorübergehend", sondern für die ganze Zeit der NS-Herrschaft galt, und da keine Möglichkeit zur Aufhebung der Notverordnung durch den Reichstag bestand, wurde sie ein Instrument zum Kampfe gegen alle Gegner des NS-Regimes. Sie bot die Handhabe zur willkürlichen Verhaftung durch die Polizei ohne Angabe von Gründen und ohne Möglichkeit zum rechtlichen Gehör sowie zum unbefristeten Freiheitsentzug ohne Gerichtsurteil. So verstieß die Notverordnung insbesondere gegen die Rechtsstaatlichkeit.

Als gravierende Verstöße gegen dieses Prinzip können auch die in der Notverordnung enthaltenen Strafrechtsnormen angesehen werden, da sie mit ihren bewusst dehnbaren Formulierungen [Zn. 16-17] das Element der Rechtssicherheit und mit ihren drastischen Strafsanktionen [insb. Zn. 32-37] das Element der Verhältnismäßigkeit verletzten. Der Sinn

---

2 Textausschnitt auf S. 394.
3 Die Zeilen-Nummern (Zn.) beziehen sich auf den hier abgedruckten Textauszug ab S. 394.

von Art. 48 WRV, in Situationen des Notstandes durch Notverordnungen die Republik zu retten, wurde also durch die Notverordnung vom 28. Februar 1933 ins Gegenteil verkehrt. Art. 48 WRV wurde als ein Instrument zur Zerstörung vor allem des rechtsstaatlichen Charakters der Weimarer Republik und zur Etablierung einer rechtsfreien Willkürherrschaft missbraucht.

---

123. Gegen welches Staatsziel des Grundgesetzes verstößt § 4 der sog. Reichstagsbrandverordnung[4] vor allem?

---

§ 4 der Reichstagsbrandverordnung verstößt vor allem gegen das Rechtsstaatsprinzip im Sinne des Art. 20 Abs. 3 GG. Denn die in der Notverordnung enthaltene Strafrechtsnorm verletzt durch ihre dehnbaren Formulierungen [Zn. 19-20[5]] den Bestimmtheitsgrundsatz, der nicht nur dem Element der Rechtssicherheit zuwiderhandelt, sondern richtet sich damit auch gegen das in Art. 103 Abs. 2 GG verankerte grundrechtsgleiche Recht des Verbots rückwirkender Strafgesetze (vgl. z. B. 🖉 BVerfG, NJW 1995, S. 1141 = NStZ 1995, S. 275 – 3. Sitzblocka-den-Entscheidung; BVerfG, NJW 2000, S. 3637 – Vereinsverbot; vgl. auch 📖 Kastner, S. 831). Schließlich verletzt die drastische Strafsanktion der Strafnorm [Zn. 21-22] das Element der Verhältnismäßigkeit, das ebenfalls Teil des Rechtsstaatsprinzips ist.
📖 ***Kastner**, Martin: Gesetzlichkeitsprinzip, in: Möllers (Hg.), Wörterbuch der Polizei, 2. Aufl., München 2010, S. 831.*

---

124. Welche in der Bundesrepublik über Art. 79 Abs. 3 GG geschützten Grundsätze aus Art. 20 GG werden durch das Ermächtigungsgesetz[6] abgeschafft und wie ist logisch-konstruktiv aus dem Ermächtigungsgesetz zu begründen, warum mit seiner Verabschiedung Deutschland zur Einmann-Diktatur wurde?

Abgeschafft wurde die parlamentarische Demokratie nach Art. 20 Abs. 1 (Demokratie) und Abs. 2 Satz 1 (Volkssouveränität) GG [vgl.

---

4   Textausschnitt auf S. 396.
5   Die Zeilen-Nummern (Zn.) beziehen sich auf den hier abgedruckten Textauszug ab S. 394.
6   Textausschnitt auf S. 394.

dazu insb. Zn. 4-7 u. 8-10[7]] sowie die klassische Gewaltenteilung zwischen Legislative und Exekutive nach Art. 20 Abs. 2 GG [Zn. 12-14]. Das Ermächtigungsgesetz erlaubte, dass für etwa vier Jahre Reichsgesetze durch die Reichsregierung beschlossen werden konnten. Dabei sollten auf diese Weise auch Verfassungsänderungen möglich sein. Damit wurde die gesetzgebende Gewalt in weitestgehendem Umfang der Exekutive überlassen. Der Reichstag schaltete sich selber aus dem Gesetzgebungsprozess aus. Die im Ermächtigungsgesetz vorgesehene Ausfertigung und Verkündung der Reichsgesetze ausschließlich durch den Reichskanzler bedeutete zudem die Ausschaltung des Reichspräsidenten aus dem Gesetzgebungsverfahren. Denn diese Rechte hatten zuvor dem Reichspräsidenten zugestanden (Art. 70 WRV). Auch auf das Notverordnungsrecht (Art. 48 WRV) kam es nun nicht mehr an, weil jetzt verfassungsändernde Gesetze durch die Regierung möglich waren.

Schließlich hatte die starke Stellung des Reichskanzlers im Gesetzgebungsverfahren, verbunden mit der Ausschaltung des Reichstages, über den Wortlaut des Ermächtigungsgesetzes hinaus zur Folge, dass die Reichsregierung die Bedeutung eines kollegialen Beratungs- und Entscheidungsorgans verlor und zu einem dem Reichskanzler faktisch nachgeordneten Organ verkümmerte. Im Ergebnis bedeutete das Ermächtigungsgesetz die Beseitigung der parlamentarischen Demokratie, die Aufhebung der klassischen Gewaltenteilung zwischen Legislative und Exekutive und die Errichtung einer Einmann-Diktatur. Politisch wurde dadurch nicht nur die parlamentarische Opposition ausgeschaltet, sondern auch der konservative Koalitionspartner der Nationalsozialisten (DNVP) zurückgedrängt, der sich vor allem einen Rückhalt beim Reichspräsidenten hätte erhoffen können.

---

125. Was veranlasste auch die nichtsozialistischen Abgeordneten der bürgerlichen Parteien, dem Ermächtigungsgesetz vom 24. März 1933 im Reichstag ihre Zustimmung zu geben?

Als plausible Erklärungen können zum Beispiel angeführt werden: Die Verabschiedung des Ermächtigungsgesetzes wurde durch den „Tag von Potsdam" am 21.03.1933 psychologisch vorbereitet. Viele Vertreter der

---

7   Die Zeilen-Nummern (Zn.) beziehen sich auf den hier abgedruckten Textauszug ab S. 396.

bürgerlichen Parteien hatten außerdem hinsichtlich der eigenen Fähigkeiten Selbstzweifel, ob sie die politische und ökonomische Krise zu meistern in der Lage sein könnten. Diese Selbstzweifel brachten die Resignation, die zur Zustimmung führte. Hinzu traten Befürchtungen, eine nationalsozialistische Führerdiktatur ohnedies nicht verhindern zu können, und die Hoffnung, durch ihre Zustimmung noch am ehesten ein Minimum an Rechtsstaatlichkeit zu sichern. Wahrscheinlich spielten auch attraktive Versprechungen, wie sie z. B. in Bezug auf ein den Interessen der katholischen Kirche weit entgegenkommendes Reichskonkordat getroffen wurden, sowie eine opportunistische Anpassung an die neuen Machtverhältnisse eine Rolle. Außerdem sind die Wirkung des sozialen Drucks durch die Öffentlichkeit, die Furcht vor Repressalien für den Fall einer Weigerung sowie die Unterschätzung der NSDAP nicht zu unterschätzende Faktoren, die zur Zustimmung des Ermächtigungsgesetzes führten.

126. Welche wesentlichen präsidentiellen und parlamentarischen Elemente des Weimarer Regierungssystems einschließlich ihrer Verbindungen lassen sich bestimmen und was versteht man in diesem Zusammenhang unter den Präsidialkabinetten?

Die Weimarer Republik war ein parlamentarisch-präsidentielles Mischsystem. Die wichtigsten parlamentarischen Elemente sind die politische Verantwortlichkeit des Reichskanzlers (und der Minister) gegenüber dem Reichstag durch Misstrauensvotum und die Auflösung des Reichstags durch die Exekutive. Diese wurde hier jedoch durch den Reichspräsidenten und nicht durch den Kanzler ermöglicht. Zu den präsidentiellen Elementen gehört vor allem die Direktwahl des Reichspräsidenten durch das Volk, die dessen feste Amtszeit und eine gleich starke demokratische Legitimation wie beim Reichstag ergab. Ferner gestattete die WRV die Möglichkeit der Amtsanklage des Reichspräsidenten durch den Reichstag vor dem Staatsgerichtshof, den Oberbefehl über die Streitkräfte für den Reichspräsidenten und insbesondere seine Notstandskompetenz nach Art. 48 WRV, welche die so genannte „Diktaturgewalt" des Reichspräsidenten eröffnete. Denn die Notverordnung ermöglichte dem Reichspräsidenten den Einsatz von Militär sowie das Notverordnungsrecht mit Suspendierung von wichtigen Grundrechten.

Die Verbindung beider Elemente ergibt sich vor allem daraus, dass die Reichsregierung vom Parlament und vom Reichspräsidenten doppelt abhängig ist. Denn der Reichskanzler wurde nicht vom Reichstag gewählt, sondern vom Präsidenten ernannt und entlassen! Ferner gab es die Möglichkeit der Auflösung des Reichstags durch den Präsidenten. Dem Reichstag stand also ein mit gleicher demokratischer Legitimation ausgestatteter Reichspräsident gegenüber, der aus den beiden zuletzt aufgeführten Kompetenzen und derjenigen des Art. 48 WRV über eine sehr starke Stellung verfügt. Als Präsidialkabinette bezeichnet man die Regierungen in der Endphase der Weimarer Republik. Es sind vom Reichspräsidenten (Hindenburg) abhängige und ohne Rücksprache mit dem Reichstag eingesetzte Minderheitskabinette, die quasi dem Mechanismus folgten: Einsetzen der Regierung, Notverordnungen mit Hilfe Art. 48 WRV, wiederholte Auflösung des Reichstags: Die Regierungsbildung auf der Grundlage parlamentarischer Mehrheiten wurde ab 1930 unter dem Reichskanzler Brüning unmöglich, bei der Reichstagswahl von 1932 errang schließlich die NSDAP die meisten Mandate und zusammen mit der KPD die sogenannte „negative Mehrheit". D. h. über 50 % der Mandate fiel somit an Parteien, die in erklärter Gegnerschaft zur Weimarer Demokratie standen. Nach dem Sturz des von der SPD tolerierten Kanzlers Brüning durch den Präsidenten (1932) folgen die „reinen Präsidialkabinette", die nun völlig ohne parlamentarischen Rückhalt mit Hilfe der Notverordnungen Hindenburgs regierten (die Rechtskonservativen von Papen und von Schleicher). Schließlich ernannte der greise Hindenburg am 30.01.33 Hitler zum Reichskanzler. Dem Auftakt der nationalsozialistischen „Machtergreifung" folgte mithilfe der als Notverordnung in Kraft gesetzten „Reichstagsbrandverordnung" die Ausschaltung der Kommunisten und mit dem „Ermächtigungsgesetz" die der Verfassung.

---

127. Welche Konsequenzen hat der Verfassungsgeber des GG aus den Erfahrungen der Weimarer Zeit in Hinblick auf das Verhältnis von Bundestag – Bundeskanzler sowie Bundesregierung – Bundespräsident getroffen?

Das GG hat sich anders als die WRV für ein parlamentarisches Regierungssystem entschieden, das den Bundespräsidenten im Vergleich zum

Reichspräsidenten weitgehend entmachtet, auf repräsentative Aufgaben beschränkt und die führende Stellung des Bundeskanzlers grundsätzlich ausschließlich an den Bundestag anbindet. Einige Kompetenzen, die bei Funktionsstörungen wichtig sind, setzen zudem ein Zusammenwirken von Kanzler und Präsident voraus. Die wichtigsten Regelungen sind: Der Bundespräsident wird nicht direkt, sondern durch die Bundesversammlung gewählt (Art. 54 GG), sodass sich die Kompetenz primär auf repräsentative und formelle Funktionen beschränkt (z. B. Art. 60, 59, 82 GG). Nach Art. 63 u. 67 GG ist Wahl und Sturz des Bundeskanzlers alleinige Sache des Bundestags. Der Bundespräsident hat hier kein politisches Ermessen, sondern nur die Möglichkeit einer rechtlichen Prüfung. Einzige Ausnahme ist die Reservefunktion in Art. 63 Abs. 4 GG. Das Misstrauen ist zudem konstruktiv ausgestaltet, der Regierungssturz also erschwert. Nach Art. 68 GG steht dem erschwerten Sturz des Kanzlers als Entsprechung die im Vergleich zu Weimar eingeschränkte Möglichkeit der Bundestagsauflösung gegenüber. Durch die Bindung an die Vertrauensfrage kann der Bundestag einer Auflösung endlich zuvorkommen, indem er das Vertrauen ausspricht, oder gar einen neuen Kanzler wählt. Die Kompetenz ist dabei dualistisch verteilt: Bei der Auflösung müssen Kanzler (Vorschlag) und Präsident (Entscheidung) zusammenwirken. Art. 67 und Art. 68 GG bedingen also insgesamt eine höhere Bestandsgarantie von Regierung und Bundestag. Schließlich beinhaltet der Gesetzgebungsnotstand nach Art. 81 GG im Unterschied zu Art. 48 WRV keine „Diktaturgewalt" des Bundespräsidenten bzw. des Kanzlers. Die Verabschiedung einer Gesetzesvorlage am Bundestag vorbei ist an bestimmte Voraussetzungen und Grenzen geknüpft: Sie bedarf der Zustimmung des Bundesrats, ist wiederum dualistisch verteilt (Vorschlag Bundesregierung, Entscheidung Bundespräsident), ist bei weiteren Vorlagen zeitlich auf einmalig sechs Monate befristet und es ist festgelegt, dass eine Änderung bzw. Aufhebung des GG unzulässig ist.

---

128. Welche unterschiedlichen verfassungsrechtlichen Vorstellungen lassen sich aus einem Vergleich des Amts des Bundespräsidenten mit dem des Reichspräsidenten in der Weimarer Republik ableiten?

Die Weimarer Erfahrungen haben in kaum einem Teil der Institutionen des Grundgesetzes so stark zur Wandlung eines Amtes beigetragen wie bei dem des Bundespräsidenten. Der Bundespräsident soll im Gegensatz zu dem vom Volk gewählten Reichspräsidenten keine vom Parlament unabhängige Legitimationsquelle besitzen. Seine Wahl durch die Bundesversammlung, die zur Hälfte aus den Mitgliedern des Bundestages und einer gleichen Zahl von Mitgliedern, die von den Landtagen gewählt werden, besteht, soll zudem das föderative Element der Ordnung gegen den zentralisierenden Einfluss der Weimarer Reichspräsidenten unterstreichen. Im Gegensatz zum Reichspräsidenten verfügt der Bundespräsident kaum über Funktionen, die ihm eine aktive Gestaltung des politischen Lebens ermöglichen. Ihm ist der Oberbefehl über die Streitkräfte entzogen. Auch das Notverordnungsrecht des Reichspräsidenten wurde ihm nicht übertragen. Sein Einfluss auf Regierung und Parlament ist bewusst klein gehalten worden. So kann der Bundespräsident die Kanzlerwahl nur noch in die Wege leiten, aber nicht mehr bestimmen. Das Recht der Parlamentsauflösung des Reichspräsidenten wurde beim Bundespräsidenten auf die in Art. 63 Abs. 4 und Art. 68 Abs. 1 beschriebenen Situationen begrenzt. Die Weimarer Reichsverfassung hatte den Präsidenten als unabhängige Kraft neben und gegenüber dem Reichstag gestellt und ihn damit zum zweiten Pfeiler der konstitutionellen Ordnung gemacht. Das Grundgesetz ist von dieser dualistischen Konstruktion abgegangen. Das Schwergewicht der Exekutivmacht geht im Grundgesetz auf die Bundesregierung und dabei insbesondere auf den Bundeskanzler über. Darin zeigt sich eine konsequentere Ausgestaltung der parlamentarischen Demokratie als in Weimar.

---

129. Welcher innerhalb des Potsdamer Abkommens[8] mehrfach auftretende verfassungsrechtliche Begriff war nicht näher definiert und führte in der Besatzungszeit zu unterschiedlichen politischen Entwicklungen? Lässt sich das an den Bestimmungen dieses Ausschnitts erkennen, dass die Alliierten zum Zeitpunkt der Verabschiedung des Abkommens die Einheit Deutschlands erhalten wollten oder sprechen einzelne Bestimmungen mehr für Teilung?

Wie sich insbesondere an Zn. 39, 52, 53, 60 und 62[9] sehen lässt, tritt der verfassungsrechtliche Begriff der Demokratie mehrfach auf. Er führte deshalb zu unterschiedlichen Entwicklungen, weil der Begriff von der Sowjetunion anders aufgefasst wurde als von den westlichen Staaten. Im Westen verstand man unter Demokratie die *parlamentarische Demokratie* auf der Basis individueller Selbstbestimmung mit Pluralismus, Menschenrechten, individuelle Freiheit und freie Marktwirtschaft. Dagegen verstand die von der marxistisch-leninistischen Lehre beeinflusste sowjetische Auffassung unter Demokratie die sogenannte „*Volksdemokratie*" auf der (utopischen) Basis eines angenommenen homogenen (gleichgeschalteten) Volkswillens. Diese volksdemokratische Auffassung unterstellte die Identität des Bürgers mit dem Staat, dessen Teil er selbst ist, und machte daher die Menschenrechte aus ihrem Selbstverständnis heraus entbehrlich, weil die Bürger nicht vor sich selbst in ihren Grundrechten geschützt sein müssten. Ebenso wurde Pluralismus zugunsten der Ein-Parteien-Herrschaft abgelehnt, Freiheit nicht individuell, sondern nur im und zum Wohle des Kollektivs zugelassen sowie die Planwirtschaft errichtet.

Dass die Alliierten zum Zeitpunkt der Verabschiedung des Potsdamer Abkommens die Einheit Deutschlands erhalten wollten, lässt sich hier an den Bestimmungen in den Zn. 24, 65-67, 76-77 sehen. Allerdings enthalten eine Reihe der Bestimmungen auch Inhalte, die eine Teilung vorprogrammierten. Durch die Maßgabe, dass jeder Oberbefehlshaber seine Zone nach den Weisungen seiner Regierung regiert (Zn. 19-20), war vorbestimmt, dass wegen erheblicher ideologischer Unterschiede bezüglich der Demokratie zwischen den Westalliierten und der Sowjet-

---

8   Textausschnitt auf S. 397.
9   Die Zeilen-Nummern (Zn.) beziehen sich auf den hier abgedruckten Textauszug ab S. 397.

union verschiedene Regierungssysteme in den Besatzungszonen installiert wurden. Denn westliche Auffassungen zum politischen Regierungssystem standen in Widerspruch zur sowjetischen Auffassung. Mit der Bestimmung, dass jede Besatzungsmacht ihre Reparationen aus ihrer Zone entnehmen konnte (Zn. 81-87), war die Basis für eine einheitliche wirtschaftliche Entwicklung Deutschlands entzogen. Die Sowjetunion, die vor dem Krieg nicht zu den Industrienationen gezählt werden konnte und in besonderer Weise von den Kriegseinwirkungen betroffen war, hatte schon in früheren Verhandlungen die Frage der Reparationen betont und erfolgreich für sich die Hälfte der Reparationsleistungen gefordert. Es war deshalb zu erwarten, dass sie in ihrer Besatzungszone die Demontage exzessiv betreiben würde, während den Amerikanern schon aus Transportgründen in dieser Hinsicht Grenzen gesetzt waren. Damit war in den Besatzungszonen eine unterschiedliche wirtschaftliche Entwicklung eingeleitet, in deren Folge mit Massenflucht aus der Sowjetischen Besatzungszone zu rechnen war, die schließlich die Verriegelung der Grenze zu Westdeutschland durch den Bau der Mauer bedingte.

---

130. Welche Kernaussagen zum politischen System enthält Art. 13 der Russischen Föderation in den Absätzen 1-4? Warum ist Art. 13 in die Verfassung der Russischen Föderation aufgenommen worden und gibt es im Grundgesetz einen ähnlichen Artikel?

Die erste Kernaussage bezieht sich auf den Pluralismus, der sich insbesondere aus den Absätzen 1 und 3 ergibt. Die zweite Kernaussage beschreibt die Abkehr vom Primat der Partei (Einparteiensystem). Sie ergibt sich vor allem aus Absätze 2 und 4. Da das Grundgesetz ein Demokratieverständnis verankert, in dem nach unserer Auffassung zur Demokratie immer die Volkssouveränität auf Basis individueller Freiheit gehört, aus der sich der Pluralismus zwangsläufig ergibt, ist ein entsprechender Artikel entbehrlich. Pluralismus ergibt sich wohl mittelbar aus vielen Artikeln des Grundgesetzes. Aus historischen Gründen musste die russische Verfassung aber anders vorgehen: Pluralismus ist ausdrücklich als demokratische Grundlage in die Verfassung aufgenommen worden. Damit bekennt sich die Russische Föderation zur Volkssouveränität auf der Basis individueller Selbstbestimmung. Pluralismus wurde jedoch unter kommunistischer Ideologie als bürgerliches Instrument zur

Unterdrückung der Arbeiterklasse strikt abgelehnt und stattdessen gesellschaftliche Einheit propagiert. In Entsprechung der Hinwendung zum Pluralismus ist die Abkehr vom Primat der Partei in die Verfassung festgeschrieben; unter sowjetischer Herrschaft erhob die KPdSU aber den Anspruch, alle gesellschaftlichen Regelungen von politischen über wirtschaftliche und religiöse Belange bis hin zu den Freizeitaktivitäten festsetzen zu können. Deshalb ist es bemerkenswert, dass nunmehr mit Art. 13 der Verfassung der russischen Föderation deutlich Abstand von dieser bisherigen sozialistischen Ideologie genommen wird.

---

131. Wäre eine Änderung des Grundgesetzes dahingehend möglich, dass der Bundesminister der Justiz gleichzeitig Präsident und als solcher Vorsitzender des ersten Senats des Bundesverfassungsgerichts ist?

Die Regelung könnte gegen Grundsätze des Rechtsstaates nach Art. 20 Abs. 3 GG verstoßen, zu denen auch das Prinzip der Gewaltenteilung nach Art. 20 Abs. 2 Satz 2 GG zählt, und damit gemäß Art. 79 Abs. 3 GG unzulässig sein. Dazu sind folgende Überlegungen notwendig: Der Bundesminister der Justiz ist gemäß Art. 62 GG Mitglied der Bundesregierung, welche die Spitze der vollziehenden Gewalt des Bundes darstellt. Wäre er gleichzeitig Präsident des Bundesverfassungsgerichts und Vorsitzender des ersten Senats, hätte er die Möglichkeit, Prozessabläufe zu steuern und Verfassungsstreitigkeiten zu beeinflussen und zwar nicht nur durch sein Stimmrecht als „Verfassungsrichter". Damit würde der Justizminister als Mitglied der vollziehenden Gewalt in den Kernbereich der rechtsprechenden Gewalt eingreifen können. Gerade die rechtsprechende Gewalt muss aber aus rechtsstaatlichen Gründen und zur Vermeidung bzw. Begrenzung einer Politisierung der Justiz in besonders klarer Weise von der gesetzgebenden und vollziehenden Gewalt abgegrenzt sein. Nur so wird ihre Unabhängigkeit nicht gefährdet. Dies gilt besonders für das Bundesverfassungsgericht als Hüter der Verfassung. Die vorgetragene Regelung würde also gegen den Aspekt der personellen Gewaltenteilung verstoßen und mit Art. 79 Abs. 3 i. V. m. Art. 20 Abs. 2 Satz 2 GG nicht zu vereinbaren sein.

132. Wie ist die Objektformel des Bundesverfassungsgerichts unter Berücksichtigung des Autonomiegedankens bei Kant zu verstehen?

Die Objektformel des Bundesverfassungsgerichts hat sich ursprünglich aus Kants Sittenlehre entwickelt und seinen rechtstheoretischen Niederschlag im Kommentar zum Grundgesetz von Maunz / Dürig (📖 Dürig, in: Maunz / Dürig, Art. 1 Abs. 1 GG, Rdnr. 28). Sie bezieht sich auf die Menschenwürdegarantie des Art. 1 Abs. 1 Satz 1 GG, wonach die Würde des Menschen unantastbar ist. Dieser Satz gibt einen verbindlichen Maßstab für alles staatliche Handeln, bestimmt und begrenzt zugleich Staatszweck und Staatsaufgabe. Die Menschenwürdegarantie „verpflichtet, nicht nur im Staat-Bürger-Verhältnis die Menschenwürde zu achten und zu schützen, sondern darüber hinaus die Gesamtrechtsordnung so zu gestalten, dass auch von außerstaatlichen Kräften ... eine Verletzung der Menschenwürde rechtlich nicht stattfinden darf." (📖 Böckenförde, S. 1217). Die faktische Umsetzung dieser Unantastbarkeit verankerte Dürig in der so genannten Objektformel, wonach die Menschenwürde immer dann verletzt ist, „wenn der konkrete Mensch zum Objekt, zu einem bloßen Mittel, zur vertretbaren Größe herabgewürdigt wird" (📖 Dürig, ebd.). Diese Objektformel hat das Bundesverfassungsgericht 1971 in seinem Abhörurteil[10] relativiert: „Was den in Art. 1 GG genannten Grundsatz der Unantastbarkeit der Menschenwürde anlangt, der nach Art. 79 Abs. 3 GG durch eine Verfassungsänderung nicht berührt werden darf, so hängt alles von der Festlegung ab, unter welchen Umständen die Menschenwürde verletzt sein kann. Offenbar lässt sich das nicht generell sagen, sondern immer nur in Ansehung des konkreten Falles. Allgemeine Formeln wie die, der Mensch dürfe nicht zum bloßen Objekt der Staatsgewalt herabgewürdigt werden, können lediglich die Richtung andeuten, in der Fälle der Verletzung der Menschenwürde gefunden werden können." (✏ BVerfGE 30, 1-33 [25]). Daraus ergibt sich, dass auch die auf Kants Sittenlehre (vgl. dazu 📖 Ziegeler) zurückzuführende Objektformel, die Dürig seit 1958 nicht mehr überarbei-

---

10 Das „Abhörurteil" ist zu finden unter BVerfGE 30, 1 ff. oder kann zum Beispiel nachgelesen werden bei Grimm, Dieter / Kirchhof, Michael (Hg.): Entscheidungen des Bundesverfassungsgerichts. Studienauswahl in 2 Bänden. Bearbeitet von Michael Eichberger, 2. Aufl., Tübingen 1997, Band I, S. 210-230 oder bei Schwabe, Jürgen (Hg.): Entscheidungen des Bundesverfassungsgerichts. Studienauswahl (Band 1-100), 7. Aufl., Hamburg 2000, S. 20-21.

tet hat und daher bis 2003 als Standard im GG-Kommentar von Maunz / Dürig festgeschrieben blieb, im Einzelfall zu konkretisieren ist (vgl. dazu die Ausführungen bei ⌨ *Will*, S. 1239) und daher faktisch einer Interpretation, also einer Abwägung bedarf. Insbesondere vor dem Hintergrund, dass Voraussetzung der Menschenwürde die nur dem Menschen (und eben nicht Tieren) inne wohnende Autonomie ist, also das Ich-Bewusstsein, die Vernunft und die Fähigkeit zur Selbstbestimmung (vgl. ⌨ *Dreier*, Art. 1 GG, Rdnr. 69), werden Fragen zum konkreten Inhalt der (unantastbaren) Menschenwürde immer dann gestellt, wenn es gerade an dieser Autonomie – wie z. B. bei Embryonen – fehlt. In diesen Fällen hat auch weder das BVerfG noch die Legislative den Schutz der Menschenwürde des Embryos konsequent durchgehalten (so ⌨ *Will*, S. 1237). In der Quintessenz ist dabei aber festzustellen, dass zwar die Konkretisierungsbedürftigkeit der Objektformel keine absolute Unantastbarkeit der Menschenwürde bestehen lässt. Allerdings lässt diese Interpretation des Art. 1 Abs. 1 GG Menschenwürdestandards zu, die einem staatlichen Handeln – zum Beispiel der Polizei – Grenzen aufzeigt. Würde alles staatliche Handeln wertungsoffen und abwägungsoffen sein, gäbe es als Konsequenz keine Maßnahmengrenzen mehr (vgl. ⌨ *Möllers*, S. 354-356).

⌨ ***Böckenförde***, *Ernst-Wolfgang: Bleibt die Menschenwürde unantastbar? In: Blätter 10/2004, S. 1216-1227;* ***Dreier***, *Horst (Hg.): Grundgesetz-Kommentar, Band 1, Art. 1-19, 2. Aufl., Tübingen 2008;* ***Maunz***, *Theodor /* ***Dürig***, *Günter u. a.: Grundgesetz, Loseblatt-Kommentar in 6 Leinenordnern, 57. Ergänzungslieferung, München 2010;* ***Möllers***, *Martin H. W.: Paradigmenwechsel im Bereich der Menschenwürde? Der Einfluss der Staatsrechtslehre auf die Rechtsprechung des Bundesverfassungsgerichts, in: van Ooyen / Möllers (Hg.), Das Bundesverfassungsgericht im politischen System, Wiesbaden 2006, S. 351-358;* ***Will***, *Rosemarie: Christus oder Kant. Der Glaubenskrieg um die Menschenwürde, in: Blätter 10/2004, S. 1228-1241;* ***Ziegeler***, *Ernst: Kants Sittenlehre in gemeinverständlicher Darstellung. Leipzig 1919.*

---

133. Wie sind die verfassungsrechtlichen Grundlagen zum Folterverbot zu erläutern?

Grundsätzlich ergibt das Recht auf körperliche Unversehrtheit nach Art. 2 Abs. 2 Satz 1, 2. Alt. GG, dass der Staat und seine ausführenden Organe wie die Polizei körperliche Misshandlungen zu unterlassen hat.

Allerdings bestimmt Art. 2 Abs. 2 Satz 3 GG, dass in dieses Grundrecht aufgrund eines Gesetzes eingegriffen werden könnte. Betroffen ist aber im Zusammenhang mit dem Folterverbot nicht nur das Recht auf körperliche Unversehrtheit nach Art. 2 Abs. 2 Satz 1, 2. Alt. GG, sondern auch die Freiheit der Person nach Art. 2 Abs. 2 Satz 2 GG, da Misshandlungen faktisch nur gegenüber Menschen vollzogen werden können, die im Gewahrsam der Polizei stehen. Daher steht das Folterverbot immer im Zusammenhang mit freiheitsbeschränkenden Maßnahmen. Werden diese durchgeführt, treten automatisch die Rechtsgarantien ein, die Art. 104 GG eröffnet. Nach Art. 104 Abs. 1 Satz 2 GG sind Misshandlungen seelischer oder körperlicher Art zur Brechung des Willens (Folter) verboten. Insoweit darf das Grundrecht auf körperliche Unversehrtheit nach Art. 2 Abs. 2 Satz 1 GG auch durch ein Gesetz nicht eingeschränkt werden. Es handelt sich hier um eine Konkretisierung der Menschenwürde, die in Art. 1 Abs. 1 GG verankert ist. Daher ist bereits verfassungsrechtlich ein *absolutes* Folterverbot verankert, auch wenn in der Staatsrechtslehre die Ansicht vertreten wird, dass eine „präventive Folter" – euphemistisch auch als „lebensrettende Aussageerzwingung" (so Brugger) oder „Rettungsfolter" (so Starck) bezeichnet (nähere Hinweise bei 📖 Möllers, S. 71) – verfassungsrechtlich erlaubt sei (📖 Möllers, S. 69 ff.).

📖 *Möllers, Martin H. W.: Polizei und Grundrechte. Lehrbuch zu den Grundrechten in der polizeilichen Praxis, Blaue Reihe: Studienbücher für die Polizei, 2. Aufl., Frankfurt/M 2011.*

---

134. Welche zulässigen Möglichkeiten der Verwendung der Bundeswehr im Inneren gibt es und wo sind dafür die verfassungsrechtlichen Grundlagen anzusiedeln?

In Art. 35 Abs. 1 GG ist die Amtshilfe geregelt, die der Bundeswehr die Grundlage für (nur) technische Hilfeleistungen gibt. Art. 35 Abs. 2 Satz 2 GG ist die verfassungsrechtliche Grundlage für die regionale Katastrophenhilfe und Art. 35 Abs. 3 GG für die überregionale Katastrophenhilfe. Art. 87a Abs. 4 GG regelt den Einsatz der Bundeswehr beim Inneren Notstand und Art. 87a Abs. 3 Satz 2 GG die Unterstützung polizeilicher Maßnahmen im äußeren Notstand.

---

135. Welche Rahmenbedingungen ergeben sich aus Art. 35 Abs. 2 GG für einen Einsatz der Streitkräfte zur Unterstützung der Polizei im Inneren?

Nach Art. 35 Abs. 2 GG können die Streitkräfte in Fällen des Katastrophennotstandes bzw. bei besonders schweren Unglücksfällen wie Polizeikräfte eingesetzt werden. Wenn die Streitkräfte auf Anforderung eines Landes nach Art. 35 Abs. 2 Satz 2 GG „zur Hilfe" eingesetzt werden, dürfen sie durchaus Waffen verwenden, jedoch nur jene, die das Recht des betreffenden Landes auch für dessen Polizeikräfte vorsieht. Die Verwendung der Streitkräfte mit spezifisch militärischen Waffen bei der Bekämpfung von Naturkatastrophen und besonders schweren Unglücksfällen ist demzufolge nicht erlaubt. Wenn eine Verwendung der Streitkräfte nach Art. 35 Abs. 2 GG in Form von „Polizeikräften" erfolgt, so haben sie auch die geltenden polizeirechtlichen Befugnisse anzuwenden. Sollten polizeiliche Aufgaben erfüllt werden, so hätte dies auf Grundlage der Regelungen des einschlägigen Landespolizeigesetzes zu erfolgen.

---

136. Auf welcher verfassungsrechtlichen Grundlage beruhen das Verfahren und die Schranken einer Grundgesetzänderung und wie ist es zu erläutern?

Die ausschlaggebende Grundrechtsnorm für eine Verfassungsänderung ist Art. 79 GG. Hieraus ergeben sich formelle und materielle Schranken. Zu den *formellen Schranken* zählen zunächst, dass ein förmliches Bundesgesetz mit Gesetzgebungsverfahren nach Art. 76 ff. GG erforderlich ist und dass der Wortlaut des Grundgesetzes ausdrücklich geändert oder ergänzt werden muss. Schließlich ist zur Annahme des Gesetzes eine qualifizierte zwei Drittel-Mehrheit der Stimmen der Mitglieder des Deutschen Bundestages als auch eine zwei Drittel-Mehrheit der Stimmen des Bundesrats notwendig. Zu den *materiellen Schranken* zählen zunächst, dass die Gliederung des Bundes in Länder und die grundsätzliche Beteiligung der Länder bei der Gesetzgebung des Bundes nicht betroffen sein darf. Schließlich ist die größte materielle Schranke, dass die in Art. 1 und in Art. 20 GG niedergelegten Grundsätze nicht betroffen sein dürfen.

---

137. Wie gliedert sich die Bundesverwaltung allgemein und speziell in Bezug auf die Bundespolizei?

Grundsätzlich unterschieden werden die unmittelbare und mittelbare Bundesverwaltung. Daneben gibt es aber auch noch die privatrechtlich organisierte und die erwerbswirtschaftliche Bundesverwaltung.

An der Spitze der *unmittelbaren Bundesverwaltung* stehen die *Obersten Bundesbehörden*: Sie haben einerseits Verfassungsaufgaben zu erfüllen, sodass sie Verfassungsorgane sind, andererseits entstehen bei ihnen auch Verwaltungsaufgaben und oft stehen sie an der Spitze einer umfangreichen Verwaltungshierarchie mit einem Behördenunterbau. Als solche unterstehen sie keiner anderen Behörde. Zu den Obersten Bundesbehörden zählen vor allem das Bundeskanzleramt und die Bundesministerien. Die Stellung einer Obersten Bundesbehörde haben auch das Bundespräsidialamt und der Bundesrechnungshof.

Für die Bundespolizei ist Oberste Bundesbehörde das Bundesministerium des Innern (BMI).

Bei den *Bundesoberbehörden* handelt es sich um aus den Ministerien ausgegliederte, aber selbstständige und zentralisierte Behörden, die für das gesamte Bundesgebiet zuständig sind und dem Ministerium unterstellt sind. Im Regelfall haben sie keinen Verwaltungsunterbau. Zu diesen Bundesoberbehörden gehören z. B. das Bundesverwaltungsamt, das Statistische Bundesamt, das Bundesamt für Sicherheit in der Informationstechnik, das Kraftfahrtbundesamt, das Bundeskartellamt und für die Kriminalpolizei auf Bundesebene das Bundeskriminalamt in Wiesbaden. Mit sogar erheblichem Verwaltungsunterbau ist das für die Bundespolizei zuständige und ebenfalls als Bundesoberbehörde ausgestaltete Bundespolizeipräsidium (BPOLP) in Potsdam.

Bundesmittelbehörden sind Behörden, die in der Hierarchie zwischen der Ministerialebene und der Stufe der Unterbehörden stehen, einen räumlich begrenzten Zuständigkeitsbereich besitzen und daher in der Regel nicht für das gesamte Bundesgebiet zuständig sind. Mittelbehörden sind unmittelbar einem Ministerium nachgeordnet wie z. B. die Wehrbereichsverwaltungen oder die Bundesfinanzdirektionen, die zum

1.1.2008 aus den Oberfinanzdirektionen (OFD) ausgegliedert wurden, sodass die OFD nunmehr reine Landesmittelbehörden sind. Die Bundespolizei hat nach der Neuorganisation 2008 keine Bundesmittelbehörde mehr, wie es sich aus § 1 Abs. 1 BPolZV, der Verordnung über die Zuständigkeit der Bundespolizeibehörden vom 22. Februar 2008 (BGBl. I 2008, 250) ergibt. Die fünf Bundespolizeipräsidien, die ehemals einzige Bundespolizeidirektion in Koblenz und die Bundespolizeiakademie waren vor der Neuorganisation solche Mittelbehörden, sind aber in dieser Funktion aufgelöst. Seit dem 1. März 2008 wurden ihre Aufgaben zum kleinen Teil von der neu eingerichteten Oberbehörde BPOLP übernommen; die Behörden selbst wurden zu Bundesunterbehörden herabgestuft.

Bei den *Bundesunterbehörden* handelt es sich allgemein um die unterste Verwaltungsstufe eines räumlich begrenzten Bundesgeschäftsbereichs, die der zuständigen Mittelbehörde oder – ausnahmsweise – einer Oberbehörde unterstellt ist. In der Regel sind dies vor allem die „Ämter", z. B. das Bundesvermögensamt.

Bundesunterbehörden für die Bundespolizei waren früher die Bundespolizeiämter. Nach der Neuordnung sind es die Bundespolizeidirektionen, in die auch die Bundespolizeiinspektionen integriert sind.

Bei der *mittelbaren Bundesverwaltung* handelt es sich um bundesunmittelbare Körperschaften, Anstalten und Stiftungen, die aufgrund von Bundesgesetzen errichtet worden sind. Die Träger der mittelbaren Bundesverwaltung sind nicht in den staatlichen Behördenaufbau eingegliedert, stehen also nicht im Instanzenzug der unmittelbaren Staatsverwaltung. Sie stehen unter „Staatsaufsicht". Soweit ihnen das Recht der Selbstverwaltung zusteht (sog. „eigener Wirkungskreis"), beschränkt sich die Staatsaufsicht auf die Gesetzmäßigkeit der Verwaltungstätigkeit (Rechtsaufsicht). *Körperschaften* sind mitgliedschaftlich verfasste und unabhängig vom Wechsel ihrer Mitglieder bestehende Organisationen. Die als unterstaatliche Verwaltungsträger eingerichteten Körperschaften des öffentlichen Rechts dienen öffentlichen Zwecken; ihnen stehen im Allgemeinen hoheitliche Befugnisse zu. Sie erfüllen ihre Angelegenheiten im Wege der Selbstverwaltung und haben Satzungsgewalt, stehen aber unter staatlicher Rechtsaufsicht. Unterschieden werden *Gebietskörperschaften*, deren Mitgliedschaft sich aus dem Wohnsitz (z. B. Gemeinde, Gemeindeverbände) ergibt, *Personalkörperschaften*, deren

Mitgliedschaft sich aus der Zugehörigkeit zu einer Gruppe (z. B. Kammern; Hochschulen) ergibt, *Realkörperschaften*, deren Mitgliedschaft sich aus dem Eigentum an einer Liegenschaft oder auf Besitz an einem Betrieb ergibt (z. B. IHK; Jagdgenossenschaft), und *Verbandskörperschaften*, bei denen Mitglieder nur juristische Personen des öffentlichen Rechts sind (z. B. Kommunalverband Rhein-Ruhr; Handwerkskammern).

Zu den Körperschaften auf Bundesebene mit Polizeibezug gehört die Fachhochschule des Bundes für öffentliche Verwaltung mit ihrem Fachbereich Bundespolizei in Lübeck. Auf Landesebene ist z. B. die „Hochschule der Polizei" in Hamburg zu nennen.

Eine *Anstalt* des öffentlichen Rechts ist eine zur Wahrnehmung öffentlicher Aufgaben eingerichtete gesonderte Organisation. Es gibt keine Mitglieder, sondern allenfalls Benutzer. Ihrem Träger bleibt dauernd ein maßgeblicher Einfluss erhalten. Als Ausnahmen können die öffentlich-rechtlichen Rundfunkanstalten (z. B. Deutsche Welle, als Rundfunkanstalt des Bundesrechts eine gemeinnützige, rechtsfähige Anstalt des öffentlichen Rechts für den Auslandsrundfunk) angesehen werden, die bei der Erfüllung ihrer Aufgaben unabhängig sind; hier besteht seitens des Trägers nur die Rechtsaufsicht. Ansonsten unterscheidet man *rechtsfähige Anstalten*, zu denen die Juristischen Personen des öffentlichen Rechts mit Recht der Selbstverwaltung und Satzungsgewalt zählen (z. B. die Bundesanstalt für Finanzdienstleistungsaufsicht in Bonn und die Bundesanstalt für Wasserbau in Karlsruhe, die den oberbehördlichen Bundesämtern gleichstehen), *teilrechtsfähige Anstalten*, die nur Dritten, nicht dem Träger gegenüber vermögensrechtlich verselbstständigt (ausgegliedert) sind, und *nichtrechtsfähige Anstalten*, die zwar organisatorisch, nicht aber rechtlich verselbstständigt sind. Zu den Anstalten des Bundes gehören zum Beispiel die Bundesagentur für Arbeit (BA) in Nürnberg und die Bundeszentrale für politische Bildung (BpB) in Bonn und Berlin.

Für die Bundespolizei könnte man die Badeanstalt auf dem Gelände der BPOLAK als nichtrechtsfähige Anstalt nennen, auf Landesebene sind es jedenfalls z. B. Schulen und Justizvollzugsanstalten.

Stiftung bedeutet die Widmung von Vermögen zu einem bestimmten Zweck. Die rechtsfähige Stiftung des öffentlichen Rechts erfüllt mit dem ihr zugewendeten Vermögen ausschließlich Aufgaben der öffentlichen Verwaltung. Der Einfluss des Trägers ist auf den Errichtungsakt beschränkt. Stiftungen des öffentlichen Rechts sind zum Beispiel die „Stiftung Hilfe für behinderte Kinder" und die „Stiftung Preußischer Kulturbesitz".

Bei der *privatrechtlich organisierten Bundesverwaltung* werden öffentliche Aufgaben (Verwaltungsaufgaben) in der Form des Privatrechts – zum Beispiel als eingetragener Verein oder als Gesellschaft mit beschränkter Haftung (e. V., GmbH) – wahrgenommen. Zu der privatwirtschaftlich organisierten Bundesverwaltung zählen zum Beispiel das Goethe-Institut München, das als e. V. organisiert ist, weil es weltweit operiert. Großforschungseinrichtungen des Bundes werden regelmäßig als GmbH geführt, um die Haftung zu begrenzen. Zur erwerbswirtschaftlichen Bundesverwaltung, die zum Teil als Beteiligungsverwaltung des Bundes ausgestaltet ist, kann festgestellt werden: Der Bund besitzt ein umfangreiches Bundesvermögen und hat einigen Beteiligungsbesitz, der erwerbswirtschaftlichen Zwecken mit Gewinnausschüttung dient. Die Beteiligungserträge (Gewinne) kommen dem Bundeshaushalt zugute. Verluste werden aber auch vom Bundeshaushalt aufgefangen. Zur erwerbswirtschaftlichen Bundesverwaltung bzw. Beteiligungsverwaltung des Bundes gehört zum Beispiel die Deutsche Lufthansa – Aktiengesellschaft (AG).

📖 *Möllers, Martin H. W.: Bundesverwaltung, in: Möllers (Hg.), Wörterbuch der Polizei, 2. Aufl., München 2010, S. 390-392.*

---

138. Welchen Aufbau und welche Aufgaben hat eine Ministerialverwaltung?

In der Ministerialverwaltung lassen sich drei Ebenen von Leitungsfunktionen festhalten: An der Spitze steht die obere Leitungsebene mit dem Minister, den Staatssekretären, und weiteren Führungsgehilfen. Hier fallen Hauptabteilungen oder Abteilungsgruppen in den Zuständigkeitsbereich von Staatssekretären. Zur mittleren Leitungsebene zählen die Abteilungen und Unterabteilungen; die untere Leitungsebene bildet die Basisorganisation, die in Referate gegliedert ist. Zu den Hauptaufgaben der Ministerialverwaltung zählt die Programmentwicklung. Darunter sind die Entwürfe von Gesetzen und Verordnungen zu verstehen sowie Forschungs- und Förderungsprogramme. Weiterhin zu den Hauptaufgaben gehören die Steuerung nachgeordneter Behörden sowie Vollzugsaufgaben. Besonders erwähnenswert ist das Aufstellen des Haushaltsplans. Darüber hinaus fallen in den ministeriellen Zuständigkeitsbereich Hilfsaufgaben für die politische Führung, die darin bestehen, dass Rede- und Antwortentwürfe für parlamentarische Anfragen usw. ausgearbeitet werden.

---

139. Wie unterscheidet sich die Ministerialverwaltung von der übrigen Verwaltung?

Die Ministerialverwaltung hat innerhalb der Exekutive eine spezifische Rolle. Sie ist zum einen Hilfsorgan des Ministers bei der Erledigung seiner politischen Aufgaben in der Regierung, gegenüber dem Parlament bzw. dem Bundesrat und der Öffentlichkeit. Dabei ist sie das Bindeglied zwischen der politischen Führung des Ressorts, die durch den Minister und seine Staatssekretäre vertreten wird, und der nachgeordneten ausführenden Verwaltung. Sie formuliert die Aufgaben, welche die übrige Verwaltung auszuführen hat und wirkt zudem als Teil der nicht regierenden Exekutive oft auch als Spitze einer Verwaltungshierarchie mit eigenem Verwaltungsunterbau. Mit anderen gesellschaftlichen Kräften, vor allem mit den Parteien, Verbänden und mit Vertretern aus Wissenschaft und Technik, pflegt die Ministerialverwaltung intensive Außenkontakte und hat damit eine gewisse „Scharnierfunktion". Den Verbänden und auch anderen gesellschaftlichen Kräften ist daran gelegen, frühzeitig zu erkennen, was zu wessen Vor- oder Nachteil eine Regelung – zum Beispiel durch Gesetz – erfahren soll. Dabei wollen sie auch auf die Gestaltung politischer Programme durch die Ministerialverwaltung Einfluss nehmen. Der Ministerialverwaltung dienen diese Außenkontakte hauptsächlich zur Informationsbeschaffung. Die Ministerialverwaltung trägt vor allem zur Informationsverarbeitung, Konsensbildung und Konfliktregelung bei. Denn bei ihr liegt das Expertenwissen. Auf der Referatsebene sind das die Referatsleiterinnen bzw. Referatsleiter und ihre Referentinnen und Referenten, die den Sachverstand eines Ministeriums verkörpern. Denn die Referate der Ministerien sind stark spezialisiert. Die Folge ist, dass die Referatsleiterinnen und Referatsleiter, Referentinnen, Referenten, Sachbearbeiterinnen und Sachbearbeiter einen hohen Grad an spezifischem Sachverstand besitzen. Darüber hinaus stehen der

Ministerialbürokratie vielfältige Mittel der Kommunikations- und Informationstechnologie zur Verfügung. Durch die Spezialisierung und die vielfältigen Mittel der Exekutive hat die Ministerialbürokratie ein bedeutendes Gewicht, das im Verhältnis zur oberen Leitung, insbesondere zur politischen Leitung (Minister) und noch mehr im Verhältnis zum Parlament nicht ohne Problematik ist.

---

140. Welche speziellen Aufgaben nehmen das Außenministerium, das Innenministerium, das Justizministerium, das Finanzministerium und das Wirtschaftsministerium wahr?

Die Frage nach den Aufgaben bezieht sich nur die Ministerien, die bisher in jeder Wahlperiode eingerichtet waren. Diese Ministerien gelten als besonders wichtig und Einfluss nehmend auf die staatlichen Handlungen und sind deshalb für die jeweiligen Minister besonders Karriere fördernd.

Der Auswärtige Dienst nimmt die auswärtigen Angelegenheiten des Bundes wahr. Er pflegt die Beziehungen der Bundesrepublik Deutschland zu auswärtigen Staaten sowie zwischen staatlichen Einrichtungen. Der Auswärtige Dienst besteht als Zentrale aus dem Auswärtigen Amt (AA) und den Auslandsvertretungen, die zusammen eine einheitliche Bundesbehörde bilden. Auftrag, Aufgaben und Organisation des Auswärtigen Dienstes sind im Gesetz über den Auswärtigen Dienst (GAD) geregelt. Danach dient der Auswärtige Dienst einer dauerhaften, friedlichen und gerechten Ordnung in Europa und zwischen den Völkern der Welt der Wahrung der unverletzlichen und unveräußerlichen Menschenrechte als Grundlage jeder menschlichen Gemeinschaft, der Erhaltung der natürlichen Lebensgrundlagen der Erde und dem Schutz des kulturellen Erbes der Menschheit, der Achtung und Fortentwicklung des Völkerrechts, dem Aufbau eines vereinten Europa und der Einheit und Freiheit des deutschen Volkes. Aufgabe des Auswärtigen Dienstes ist es insbesondere, die Interessen der Bundesrepublik Deutschland im Ausland zu vertreten, die auswärtigen Beziehungen, vor allem auf politischem, wirtschaftlichem, entwicklungspolitischem, kulturellem, wissenschaftlichem, technologischem, umweltpolitischem und sozialem Gebiet zu pflegen und zu fördern, die Bundesregierung über Verhältnisse und Entwicklungen im Ausland zu unterrichten, über die Bundesrepublik

Deutschland im Ausland zu informieren, Deutschen im Ausland Hilfe und Beistand zu leisten, bei der Gestaltung der Beziehungen im internationalen Rechtwesen und bei der Entwicklung der internationalen Rechtsordnung mitzuarbeiten und die außenpolitische Beziehungen betreffenden Einrichtungen der Bundesrepublik Deutschland im Ausland im Rahmen der Politik der Bundesregierung zu koordinieren. Der Auswärtige Dienst unterstützt die Verfassungsorgane des Bundes bei der Wahrnehmung ihrer internationalen Kontakte und erfüllt die im Konsulargesetz geregelten Aufgaben.

Das Bundesministerium des Innern (BMI) ist schwerpunktmäßig zuständig für die Wahrung der inneren Sicherheit und des Rechtsfriedens sowie Angelegenheiten des Staats- und Verfassungsschutzes. Darüber hinaus hat es Maßnahmen und Strategien auf dem Gebiet der Bekämpfung des internationalen Terrorismus, der organisierten Kriminalität und der Rauschgiftkriminalität wahrzunehmen sowie Angelegenheiten der Bundespolizei (z. B. grenzpolizeilicher Schutz des Bundesgebietes, Aufgaben der Bahnpolizei und Luftsicherheitsaufgaben, Schutz von Bundesorganen etc.). Das BMI hat sich mit Verfassungsangelegenheiten, dem Staatsrecht sowie den Ausländer- und Asylangelegenheiten zu befassen. Ferner gehören dazu die Angelegenheiten für Vertriebene/Aussiedler sowie Hilfsmaßnahmen für Deutsche in den Staaten Ostmittel-, Ost- und Südosteuropas. Zu den Aufgaben des Ministeriums zählen auch die Angelegenheiten des öffentlichen Dienstes einschließlich Besoldung/Tarif; ferner die Kultur- und Sportförderung auf Bundesebene. Das BMI hat Maßnahmen des Bevölkerungsschutzes, der Notfallvorsorge und zivilen Verteidigung, der Koordinierung der Medienpolitik innerhalb der Bundesregierung, der Verwaltungsorganisation und des Kommunalwesens sowie die Rechts- und Verwaltungsvereinfachung („Entbürokratisierung") durchzuführen. Außerdem sind beim BMI angesiedelt: Der Beauftragte der Bundesregierung für Aussiedlerfragen, der Drogenbeauftragte der Bundesregierung, der Bundesbeauftragte für den Datenschutz sowie die Geschäftsstelle: „Arbeitsstab Berlin/Bonn", außerdem die Bundesakademie für öffentliche Verwaltung. Darüber hinaus gehören zahlreiche Dienststellen und Einrichtungen zum Geschäftsbereich des BMI. Beispiele hierfür sind: Bundesamt für Migration und Flüchtlinge, Dienststellen der Bundespolizei, des Bundeskriminalamts, des Bundesamts für Verfassungsschutz, des Statistischen

Bundesamts, der Bundesanstalt Technisches Hilfswerk (THW). Es gehören ferner das Bundesarchiv, die Bundeszentrale für politische Bildung und die Bundesbeauftragte für die Unterlagen des Staatssicherheitsdienstes der ehemaligen Deutschen Demokratischen Republik dazu. Das BMI übt außerdem die Rechtsaufsicht über bestimmte Einrichtungen des öffentlichen Rechts aus. Dazu gehören u. a. die Deutsche Ausgleichsbank, das Haus der Geschichte der Bundesrepublik Deutschland und die „Stiftung Preußischer Kulturbesitz".

Das Bundesministerium der Justiz (BMJ) ist zuständig für die Gerichtsverfassungen, die Verfahrensordnungen, das Recht der juristischen Berufe und der Laufbahnen in der Rechtspflege, die Rechtstatsachenforschung, die freiwillige Gerichtsbarkeit, das Konkursrecht und das Kostenrecht. Außerdem ist das BMJ zuständig für das materielle bürgerliche Recht mit Nebengesetzen, das internationale Zivilprozessrecht und den zwischenstaatlichen Rechtshilfeverkehr in Zivilsachen. Das BMJ regelt auch das materielle Strafrecht, das Recht der Ordnungswidrigkeiten und des Strafvollzugs, das Bundeszentralregisterrecht, das Recht der Entschädigung für Strafverfolgungsmaßnahmen, das Gnaden-, Immunitäts- und Straffreiheitsrecht, den zwischenstaatlichen Rechtsverkehr in Strafsachen sowie die kriminologische Forschung und die Kriminalstatistik. Darüber hinaus ist es auch zuständig für das Handels- und Wirtschaftsrecht einschließlich des Gesellschaftsrechts, des gewerblichen Rechtsschutzes sowie des Urheber- und Verlagsrechts. Das BMJ prüft Verfassungsrecht, Verfahren vor dem Bundesverfassungsgericht sowie das übrige öffentliche Recht einschließlich des Völkerrechts und des Rechts der Europäischen Gemeinschaft sowie Menschenrechtsfragen. Gemeinsam mit dem BMI ist das BMJ „Verfassungsministerium". Das BMJ ist von den übrigen Ministerien zu beteiligen, wenn Regelungen des Grundgesetzes berührt werden. Es prüft, ob Gesetze, Verordnungen und zwischenstaatliche Vereinbarungen mit vorrangigem Recht, vor allem mit dem Grundgesetz, vereinbar sind. Im Rahmen der Rechtsförmlichkeitsprüfung wirkt es darauf hin, dass die Gebote der Rechtslogik, der Gesetzestechnik, der förmlichen Einheitlichkeit und einer klaren Rechtssprache beachtet werden, und prüft die ihm zugeleiteten Gesetzes- und Verordnungsentwürfe auf ihre Notwendigkeit, Wirksamkeit und Verständlichkeit. Es prüft Rechtsfragen im Zusammenhang mit der beruflichen, verwaltungs- und strafrechtlichen Rehabilitierung von Unrecht und offenen DDR-Vermögensfragen.

Der Bundesminister der Finanzen (BMF) ist als Haushaltsminister für die gesamte Haushaltspolitik des Bundes, insbesondere für die Aufstellung des Bundeshaushalts und des Finanzplans des Bundes sowie die Rechnungslegung über Einnahmen und Ausgaben, Vermögen und Schulden des Bundes zuständig. Im engen Zusammenhang damit stehen die Zuständigkeiten für die Steuer- und Finanzpolitik und die nationale und internationale Währungspolitik. Als Fachminister steht der Bundesminister der Finanzen an der Spitze der Bundesfinanzverwaltung, deren Behörden die Zölle und Verbrauchssteuern sowie Abgaben im Rahmen der Europäischen Union erheben und ferner das Bundesvermögen betreuen. Die Durchführung und Abwicklung des Lastenausgleichs sind unter anderem weitere Arbeitsbereiche.

Der Geschäftsbereich des Bundesministeriums für Wirtschaft und Technologie (BMWi) umfasst die gesamte Wirtschaftspolitik der Bundesregierung. Diese Politik basiert auf den Prinzipien der Sozialen Marktwirtschaft, einer Wirtschaftsordnung, die ein hohes Maß an ökonomischer und damit gesellschaftlicher Freiheit der Bürger garantiert. Schwerpunkte im Arbeitsgebiet des Ministeriums sind neben dieser ordnungspolitischen Aufgabe die Sicherung freizügiger außenwirtschaftlicher Beziehungen, die Förderung mittelständischer Unternehmen, der Ausgleich regionaler Unterschiede in der Bundesrepublik Deutschland durch eine aktive Strukturpolitik, die Sicherung der Energieversorgung und eine Industriepolitik, welche die deutsche Wettbewerbsposition stärkt.

📖 *Möllers*, Martin H. W.: Bundesverwaltung, in: Möllers (Hg.), Wörterbuch der Polizei, 2. Aufl., München 2010, S. 390-392; **Möllers**, Martin H. W.: Bundesregierung, in: Möllers (Hg.), Wörterbuch der Polizei, 2. Aufl., München 2010, S. 379-381.

---

141. Welches sind die Aufgaben des Parlamentarischen Staatssekretärs und was unterscheidet ihn vom beamteten Staatssekretär?

Die Aufgabe des Parlamentarischen Staatssekretärs ist vor allem die politische Entlastung des Ministers. Er übernimmt die „Vertretung" des Ministers im Kabinett, im Bundestag bei der Beantwortung parlamentarischer Anfragen, vor den Ausschüssen des Parlaments, bei internationalen Veranstaltungen u. a. Nachdem die administrative Entlastung der Minister durch die Vermehrung der Zahl beamteter Staatssekretäre erreicht war, strebte man im Jahre 1967 eine Entlastung der Minister auch im politischen Bereich an. Die „Parlamentarischen" Staatssekretäre schienen als Parlamentarier geeignet, diese Funktion zu übernehmen. Der Parlamentarische Staatssekretär unterscheidet sich vom beamteten dadurch, dass er kein Beamter ist und wird. Er ist Politiker wie sein Minister und Mitglied des Bundestages. Seine Amtsdauer ist an die seines Ministers gebunden, er steht damit in besonders enger Abhängigkeit von diesem. Außerdem werden ihm keine Abteilungen des Ministeriums unterstellt.

---

142. Welche strukturellen Vorteile und Einflussmöglichkeiten hat die Ministerialverwaltung gegenüber dem Bundestag?

Die Ministerialverwaltung des Bundes hat gegenüber dem Bundestag Vorteile und Einflussmöglichkeiten: Aufgrund ihrer homogeneren, geschlosseneren Binnenstruktur – Laufbahnbeamte der Staatsverwaltung gegenüber „freischaffenden" Politikern der konkurrierenden Parteien – besitzt die Ministerialverwaltung eine große „Schlagkraft" und Handlungsfähigkeit. Der Status eines Beamten ist ein Lebensberuf, der sich durch Kontinuität auszeichnet, während ein Politiker der Fluktuation unterliegt, da er auf Zeit gewählt wird. Darüber hinaus hat die Ministerialverwaltung eine höhere Professionalisierung durch die Fachkunde und Spezialisierung der Beamten. Im parlamentarischen Regierungssystem stellt sich die Parlamentsmehrheit (= Regierungsmehrheit) oft schützend vor die Ministerialverwaltung, um Nachteile für die Regierung zu vermeiden. Die (Fach)-Verwaltung einigt sich mit den Fach- und Interessenverbänden über Gesetzentwürfe oft schon vor der parlamentarischen Erfassung. Auch dadurch ergibt sich ein mittelbarer Einfluss der Verwaltung auf das Parlament, dass ein großer Teil der Abgeordneten selbst dem öffentlichen Dienst angehört. Dadurch ergibt sich häufig die Tendenz, Politik zu „verwalten" bzw. zu „bürokratisieren". Nicht zuletzt ist zu bedenken, dass die Initiativfunktion in der Gesetzgebung, die ja eine der klassischen Parlamentsfunktionen ist, zu ca. 80 % bei der Regierung und ihrer Ministerialverwaltung liegt, und dass die Ministerialbeamten einen leichteren Zugang zur Ressortspitze und damit zum Kabinett haben.

143. Welche Einfluss- und Kontrollmöglichkeiten besitzt der Bundestag gegenüber der Verwaltung?

Das Parlament ist das unmittelbar demokratisch legitimierte Verfassungsorgan mit entsprechendem politischem Führungsanspruch. Insbesondere hat der Bundestag den Vorteil des verfassungsgemäßen Vorrangs in Fragen der Gesetzgebung und des Haushalts. Die Regierungsfraktionen des Parlaments können mittelbar über ihre Kabinettsmitglieder auf die Verwaltung einwirken, dies schließt u. U. die Ämterpatronage mit ein. Die zentrale Parlamentsaufgabe der Kontrolle der Exekutive – insbesondere durch die Opposition – wird namentlich wahrgenommen durch Große und kleine Anfragen, Fragestunden sowie Haushalts-, Fach-, Untersuchungs- sowie Petitionsausschüsse. Einfluss des Bundestags besteht darüber hinaus über das Budgetrecht, den Wehrbeauftragten und den Bundesrechnungshof.

144. Welche Aufgaben und Funktionen haben „Politische Beamte"?

Vorwiegend in der Ministerialverwaltung findet man „Politische Beamte". Diese können im Gegensatz zu sonstigen Beamten jederzeit und ohne Begründung in den einstweiligen Ruhestand versetzt werden. „Politischer Beamter" wird man durch Dienstgrad oder Dienststellung. In der Ministerialverwaltung sind beamtete Staatssekretäre und Abteilungsleiter, also die Ministerialdirektoren, generell politische Beamte. Bei bestimmten Behörden – wie zum Beispiel beim Auswärtigen Amt, beim Bundesnachrichtendienst oder beim Verfassungsschutz – beginnt der „Politische Beamte" beim Leitenden Regierungsdirektor (Besoldungsstufe A 16). Dieses Institut ist eingerichtet, damit die von der Parlamentsmehrheit getragene Regierung jederzeit in der Lage sein kann, politisch relevante Führungspositionen der Verwaltung mit Mitarbeitern zu besetzen, die eine optimale Erfüllung der gestellten Aufgaben erwarten lassen, bzw. sich von denen zu trennen, von denen volles Engagement für den eingeschlagenen politischen Kurs nicht erwartet werden kann.

Denn der Wählerauftrag soll unverzüglich und engagiert umgesetzt werden.

145. Warum muss die Verwaltung kontrolliert werden? Welche Kontrollarten gibt es allgemein?

Die Verwaltung muss einer Kontrolle unterliegen, weil sie der Öffentlichkeit gegenüber verantwortlich ist, im Einklang mit Recht und Gesetz zu handeln und die vorhandenen Mittel im Sinne einer sparsamen Haushaltsführung einzusetzen. Die Kontrolle beugt dem Missbrauch, der Korruption, der Unrechtmäßigkeit und mangelnder Zweckmäßigkeit vor oder beseitigt sie. Man unterscheidet – je nach Zielsetzung – zum einen die Rechtmäßigkeitskontrolle und die Zweckmäßigkeitskontrolle. Zum anderen spricht man von interner und externer Kontrolle der Verwaltung.

146. Ein Mittel, um das Handeln der Verwaltung zu überwachen, stellt die interne Kontrolle dar. Was versteht man darunter, welche internen Kontrollinstanzen gibt es und was ist an der internen Kontrolle problematisch?

Interne Verwaltungskontrolle findet innerhalb des Verwaltungsapparates unter einheitlicher Leitung oder – was allerdings umstritten ist – durch die höhere Behörde statt. Sie kann hierarchisch durch Vorgesetzte und/ oder der vorgesetzten Behörde durch Rechts-, Fach- und Dienstaufsicht erfolgen. Eine Kontrolle ergibt sich aber auch durch die in Referate gegliederten Querschnittseinheiten wie zum Beispiel Haushalts-, Organisations- oder Personalreferat sowie Vorprüfstellen. Weiterhin ist nicht unbeachtlich die Eigenkontrolle des Mitarbeiters (vgl. § 56 BBG) und die gegenseitige Kontrolle der Mitarbeiter, vor allem der Untergebenen. Denn je höher eine Person steht, desto mehr wird sie beobachtet und dadurch kontrolliert. Zur internen Kontrolle gehört auch die Überwachung durch den Personalrat, der sorgfältig über alle personellen und organisatorischen Maßnahmen wacht, die von den offiziellen Kontrollen weniger erreicht werden. Zur internen Kontrolle gehören schließlich noch behördeninterne Kontrollbeauftragte, wie zum Beispiel ein Sicherheitsbeauftragter oder Dezernate für interne Ermittlungen (auf EU-Ebene z. B. OLAF, das Europäische Amt für Betrugsbekämpfung; vgl. 📖 *Reimer*, S. 622 f.). Problematisch an der internen Kontrolle ist vor allem, dass es Bedenken gegen die Unabhängigkeit der Kontrolleure gibt. Denn es besteht die Besorgnis der Befangenheit, weil es eine kollegiale Verstrickung gibt nach dem Prinzip „eine Krähe hackt der anderen kein Auge aus".

📖 *Katz, Alfred: Staatsrecht. Grundkurs im öffentlichen Recht, 17. Aufl., Heidelberg 2007; **Reimer**, Norbert: Europäisches Amt für Betrugsbekämpfung, in: Möllers (Hg.), Wörterbuch der Polizei, 2. Aufl., München 2010, S. 622-623.*

---

147. Welche Arten der externen Kontrolle der Verwaltung gibt es und welche Probleme treten bei der externen Kontrolle der Verwaltung auf?

Die externe Kontrolle wird von Institutionen (Instanzen) geübt, die selbst nicht Teil der Verwaltungsorganisation sind. Dazu gehören vor allem die Gerichte, hier insbesondere die Verfassungs-, Verwaltungs-, Finanz- Sozial-, Zivil- und Strafgerichte. Zu bedenken bezüglich der Effektivität der Kontrolle ist hier die mangelnde Praxisnähe des Gerichts und die zeitliche Dimension. Darüber hinaus sind psychologische Belastungen, Kostenfaktoren und viele andere Faktoren maßgebend dafür, dass die gerichtliche Kontrolle nicht besonders effektiv ist. Zur externen Kontrolle gehören ferner die Regierung sowie das Parlament. Der Deutsche Bundestag ist das unmittelbar demokratisch legitimierte Verfassungsorgan mit entsprechendem politischem Führungsanspruch. Er hat den Vorteil des verfassungsgemäßen Vorrangs in Fragen der Gesetzgebung und des Haushalts. Die Regierungsfraktionen des Parlaments können mittelbar über ihre Kabinettsmitglieder auf die Verwaltung einwirken, unter Umständen einschließlich von Ämterpatronagen. Die zentrale Parlamentsaufgabe der Kontrolle der Exekutive insbesondere durch die Opposition wird namentlich wahrgenommen durch große und kleine Anfragen im Rahmen der Interpellationsrechte, durch die Budgetkontrolle sowie die Ausschusskontrolle. Letztere ergibt sich zum Beispiel durch Bildung von Fachausschüssen, Haushaltsausschüssen, Untersuchungsausschüssen, Enquête-Kommissionen und durch den Petitionsausschuss. Der Bundestag setzt aber auch besondere Organe der Kontrolle – wie zum Beispiel Wehrbeauftragte, Datenschutzbeauftragte, Bürgerbeauftragte (zum Beispiel Frauenbeauftragte) – ein. Bei der parlamentarischen Kontrolle ist mit Blick auf die Effektivität zu beachten, dass die Kontrollfunktion nur eine unter vielen Aufgaben des Parlaments ist. Oft fehlen auch die Sachkunde und die Zeit. Weiter spielen politische Gesichtspunkte und politische Wertungen sowie unterschiedliche Gemeinwohlvorstellungen bei der Ausübung der Kontrolle eine wesentliche Rolle.

Wichtige externe Kontrollorgane der Verwaltung sind auch die Rechnungshöfe, welche die Finanzkontrolle innehaben. Es handelt sich um eine hauptberufliche und spezialisierte Kontrollinstanz, die ihre Kontrolle durch Stichprobenverfahren ausübt, wobei insbesondere erst nachträglich kontrolliert wird. Hier treten Probleme des Sachverstands auf („Fachidioten"), regelmäßig werden „Korrektheitskontrollen" durchgeführt, die zum Teil die praktischen Auswirkungen zu wenig berücksichtigen – wie zum Beispiel bei der Kontrolle von Hochschulen. Dagegen bilden wesentliche Kontrollinstanzen die Parteien und Verbände sowie die Öffentlichkeit. Sie kontrollieren und kritisieren die Handlungen der Verwaltung. Zur Öffentlichkeit sind vor allem die Medien zu zählen sowie Bürgerinitiativen und Petitionen an Bundestag und Landtage. Dabei haben die Medien meist nur punktuelle Kontrollen und veröffentlichen lediglich aktuelle Krisenerscheinungen. Daneben übt aber auch die Wissenschaft – hier vor allem die Politik- und Sozialwissenschaft – zum Beispiel durch Lieferung von Gutachten oder durch Forschungsvorhaben eine Kontrollfunktion aus. Ein Mangel ist dabei darin zu sehen, dass der Wissenschaft häufig aber der Praxisbezug fehlt.

Allgemein ist festzustellen, dass die umfassende – weil notwenige – Sachkenntnis der Kontrolleure nicht gegeben ist. Oft ist auch die Unabhängigkeit der Kontrolleure zu bezweifeln, sodass Besorgnis der Befangenheit und kollegialer Verstrickungen besteht. Außer den Gerichten, allen voran das Bundesverfassungsgericht, hat kaum eine Kontrollinstanz die politische Macht, Änderungen bei der Verwaltung zu bewirken. Daher ist insgesamt festzustellen, dass den externen Kontrolleuren wegen Fehlens von Maßstäben, der Objektivierbarkeit der Methoden und genauen Zielvorgaben die Professionalität fehlt. Ungelöst ist insbesondere auch das Problem der Erfassung und Messung politischer Erfolge bzw. dies ist nur Wertungssache.

 📖 *Katz, Alfred: Staatsrecht. Grundkurs im öffentlichen Recht, 17. Aufl., Heidelberg 2007.*

---

148. Welche Gründe werden in der Literatur angeführt, dass es der Verwaltung an „Bürgernähe" mangelt und welche möglichen Ursachen für die Bürokratisierung lassen sich anführen?

In der Literatur wird die Bürokratie seit Jahren kritisiert. Dabei werden immer wieder die gleichen Erscheinungen und Probleme angesprochen, auf welche die mangelnde Bürgernähe der Verwaltung zurückgeführt werden kann. So wird kritisiert, dass es zu viele Gesetze und Verordnungen gibt. Diese Vorschriftenflut stiftet Verwirrung und Behinderung von Beamten und Bürgern und kann anliegens- und situationsgerechtes Handeln verhindern. Selbst Beamte übersehen oft nicht mehr alle einschlägigen Vorschriften. Hinzu kommt eine unverständliche Rechts-, Fach- und Verwaltungssprache. Unpersönlichkeit und Bürgerferne der Behörden bzw. der Behördenmitarbeiter sind ein weiteres Kriterium der Bürokratiekritik. Der Bürger wird nicht in seinen persönlichen Anliegen ernst genommen, sondern nur schematisch „als Nummer" behandelt. Dabei ist wegen der Spezialisierung und Arbeitsteilung der organisatorische Zuständigkeitswirrwarr für den Behördenbesucher undurchschaubar geworden. Eine ungünstige geographische Lage der Behörde und eine schlechte bauliche und räumliche Ausstattung der Behörde führen zur Bürokratiekritik. Schlechtes Arbeitsklima in einer Behörde – zum Beispiel wegen Personalknappheit oder mangelhaftem Führungsstil – wirkt sich auch auf das Publikum aus. Es kommt hinzu, dass die Beamten keine persönliche Verantwortung mehr übernehmen wollen und allenfalls noch Teilzuständigkeiten haben. Die Zersplitterung in Fachbehörden (Ressorts) verhindert die Bearbeitung vieler Probleme in ihrem ganzen praktischen Zusammenhang. Da die Beamten unkündbar sind, liegt der Verdacht nahe, dass sie sich nicht mehr genügend anstrengen, dass also kein Leistungsprinzip vorherrscht. Außerdem sind die Beamten zu sehr daran orientiert, bestehende Regeln und Vorschriften nicht zu verletzen und weniger daran, bestimmte Ziele möglichst optimal zu erreichen; statt konstruktiver Aufgabenorientierung herrscht defensive Regelorientierung vor.

Eine mögliche Ursache der Bürokratisierung könnte das *Rechtsstaatsprinzip* sein. Denn wegen der notwendigen Gleichbehandlung aller Bürger und der Verhinderung von Beamtenwillkür ist eine starke Regelbindung notwendig, die dann zum Beispiel auch verwaltungsgerichtliche Kontrollen ermöglicht. Eine weitere Ursache könnte die *politische Verantwortlichkeit* sein. Denn um politische Verantwortlichkeit auch in der zentralstaatlichen Demokratie zu gewährleisten, müssen hierarchische Leitungs- und Aufsichtsstrukturen bis hin zum Minister existieren. Eine dritte Ursache könnte das *Organisationswachstum* sein. Da die Bürger wachsende Leistungsansprüche an den Sozial- und Verwaltungsstaat stellen, nimmt die Zahl und Größe der Verwaltungsbehörden zu. Damit wird auch die Steuerbarkeit und Kontrollierbarkeit des Behördensystems immer schwieriger. Eine weitere Ursache könnte auch die *Arbeitsteilung* sein. Denn eine fachliche Spezialisierung führt zur Arbeitsteilung, diese wiederum zu Koordinationsproblemen. Mögliche Ursache ist ferner eine *falsche Ausbildung der Beamten.* Die Ausbildung der Beamten orientiert sich möglicherweise zu wenig an den Bedürfnissen und Erwartungen der Bürger bzw. der Gesellschaft. Sie ist vielleicht zu sehr auf innerbürokratische Effizienssteigerung bzw. Regeleinhaltung ausgerichtet. Als letzte Ursache ist noch der *Verwaltungs- bzw. Behördenegoismus* zu nennen. Das Eigeninteresse vieler Verwaltungsmitarbeiter zum Beispiel an Karriere, Beförderung und Einfluss führt zur Abschottung „nach außen", also gegenüber Politik, Bürgern und Öffentlichkeit. Die Bürokratie der verschiedenen Behördenzweige entwickelt sich zu sehr als ein je eigenständiges, isoliertes soziales System.

📖 **Albrecht**, *Richard /* **Reidegeld**, *Eckart: Verwaltungssprache und Bürgerinteressen: Sprachbarrieren im Publikumsverkehr in ihrer Bedeutung für Rechtsinanspruchnahme und Rechtsausschöpfung. Möglichkeiten und Grenzung der Überwindung, in: ZfRSoz 1980. H. 2, Jg. 1, S. 232-248;* **Albrecht**, *Wilma: Formulare und „Bürgernahe Verwaltung", in: ZfSSV 1986. Nr. 6, Jg. 40, S. 161-172;* **Beyer**, *Lothar /* **Brinckmann**, *Hans: Kommunalverwaltung im Umbruch. Verwaltungsreform im Interesse von Bürgern und Beschäftigten (= Zukunft durch öffentliche Dienste, Bd. 2), Köln 1990;* **Grunow**, *Dieter: Bürgernahe Verwaltung. Theorie, Empirie, Praxismodelle. Frankfurt/M 1988;* **Grunow**, *Dieter: Verwaltung in Nordrhein-Westfalen. Zwischen Ärmelschoner und E-Government, Münster 2003;* **Möllers**, *Martin H. W.: Bürgernähe der Verwaltung als Thema der Ausbildung von Beamten des gehobenen nichttechnischen Dienstes. Deutsche Hochschulschriften, Band 556 (⎙), Egelsbach 1992.*

---

149. Welche Maßnahmen zur Entbürokratisierung können ergriffen werden?

Um den kritisierten Erscheinungen und Problemen entgegenzuwirken, sind verschiedene Möglichkeiten für Maßnahmen der Entbürokratisierung notwendig. Zunächst könnten umfängliche *Vorschriftenbereinigungen* vorgenommen werden und dadurch eine *Rechtsvereinfachung* erreicht werden. Es könnte nach sinnvoller Möglichkeit die *Privatisierung öffentlicher (staatlicher) Leistungen* angestrebt und die *Einrichtung von Beratungs- und Informationsstellen* (Bürgerberatung) vorangetrieben werden. Dazu wäre auch eine *Stärkung der Verantwortung nachgeordneter Stellen* durch Delegation und Dezentralisierung notwendig. Weiter sind die Bürger umfassend über die Behörde, deren Aufgaben und Organisation zum Beispiel mittels Merkblättern, Broschüren und Tagen der offenen Tür sowie durch einen gelungenen Internetauftritt zu informieren. Günstige Öffnungszeiten, Sondersprechstunden, eine übersichtliche Beschilderung und Wegweisung im Amtsgebäude gehören ebenso zur Bürgernähe wie freundliche Warteräume, Zugangsmöglichkeiten für Rollstuhlfahrer, eine Anbindung an den öffentlichen Personennahverkehr, die Bereitstellung nahe gelegener Parkplätze und Verständlichkeit im Schriftverkehr. Ferner könnten Bürger oder Betroffene vor bestimmten Maßnahmen der Behörde befragt und beteiligt werden, wo immer es möglich ist. Wünschenswert wäre zudem eine bessere Aus- und Fortbildung der Beamten auch zu Fragen nichtbürokratischen Verwaltungshandelns, insbesondere Informations- und Fortbildungsveranstaltungen für Behördenmitarbeiter zum Themenkreis Bürgernähe für Bedienstete mit Publikumskontakt und für deren Vorgesetzte. In diesen Zusammenhang gehört die Verbesserung der inneren Organisation und der Zuständigkeitsverteilung auch nach Kriterien der Bürgernähe sowie eine Beurteilung und Förderung der Bediensteten auch nach ihrem Verhalten gegenüber den Bürgern. Die Forderung nach Bürgernähe gilt auch für solche Behörden, die keinen oder wenig Publikumsverkehr haben wie zum Beispiel Ministerien. Denn diese erstellen die Vorschriften und Bestimmungen für die Arbeit ihres nachgeordneten Geschäftsbereichs, einschließlich der entsprechenden Gesetz- und Verordnungsentwürfe. Diese Vorschriften können nämlich Auswirkungen auf die Bürgerfreundlichkeit des Verwaltungshandelns im nachgeordneten Bereich haben. Außerdem sind die Ministerien regelmäßig auch für die Fortbildung im nachgeordneten Bereich zuständig. Diese Ausführungen gelten auch für übergeordnete Behörden wie zum Beispiel Bezirksregierungen, die nachgeordnete Behörden mit Publikumskontakt zu beaufsichtigen haben.

📖 *Grunow, Dieter: Verwaltung in Nordrhein-Westfalen. Zwischen Ärmelschoner und E-Government, Münster 2003.*

---

150. Was sollte eine Behörde mit Publikumsverkehr – z. B. die Bahnpolizeiwache auf dem Frankfurter Hauptbahnhof – alles tun, um möglichst bürgernah zu sein? Gilt die Forderung nach Bürgernähe auch für Polizeiführerinnen und Polizeiführer, die keinen oder nur wenig Publikumsverkehr haben?

Eine Behörde mit Publikumsverkehr sollte umfassende Information an die Bürgerinnen und Bürger geben und darin Aufgaben und Organisation beschreiben. Dies ist z. B. in Form eines Tags der offenen Tür oder durch Merkblätter und Broschüren sowie durch einen gelungenen Internetauftritt herstellbar. Vorteilhaft ist die Befragung und Beteiligung von Bürgern bzw. von Betroffenen vor bestimmten Maßnahmen der Behörde, wo immer es möglich ist. Soweit nicht rund um die Uhr geöffnet ist, sollten die Öffnungszeiten den Besuchern angepasst werden, nicht den Mitarbeitern, sodass auch von Sondersprechstunden Gebrauch gemacht wird. Außerdem muss geregelt sein, wer jeweils Ansprechpartner/in für die Bürger ist. Von großer Wichtigkeit ist eine übersichtliche Beschilderung und Wegweisung im Amtsgebäude (Bahnhof). Der Zugang zur Amtsstube muss barrierefrei auch für Gehbehinderte und Rollstuhlfahrer eingerichtet sein. Die Angst vor der Bürokratie und den Bürokraten (vor allem denen mit Polizeigewalt) sind durch freundliche Warteräume zu gestalten. Die Verständlichkeit im Schriftverkehr ist so selbstverständlich, dass hierfür entsprechende Mitarbeiterschulungen vorzusehen sind, wenn es entsprechende Mängel bei den Mitarbeiterinnen und Mitarbeitern gibt. Überhaupt sollten regelmäßig Informations- und Fortbildungsveranstaltungen zum Themenkreis Bürgernähe für Polizeibeamte mit Publikumskontakt und für deren Vorgesetzte eingerichtet werden. Insgesamt ist die innere Organisation zu verbessern, wozu auch eine Zuständigkeitsverteilung nach Kriterien der Bürgernähe eine Rolle spielen muss sowie die Beurteilung und Förderung der Bediensteten auch nach ihrem Verhalten gegenüber den Bürgern.

Soweit die Polizeiführerinnen und Polizeiführer Vorschriften und Bestimmungen für die Arbeit ihrer nachgeordneten Mitarbeiterinnen und Mitarbeiter erstellen, haben diese Vorschriften in der Regel auch Auswirkungen auf die Bürgerfreundlichkeit der vor Ort tätigen Polizeibeamtinnen und Polizeibeamten im nachgeordneten Bereich. Die Polizeiführerinnen und Polizeiführer sind oft auch für die Fortbildung im nachgeordneten Bereich zuständig. Daraus ergibt sich, dass die persönliche Einstellung des Polizeiführers zur Bürgernähe auch das Verhalten der Mitarbeiter entsprechend prägen wird.

📖 *Grunow, Dieter: Bürgernahe Verwaltung. Theorie, Empirie, Praxismodelle. Frankfurt/M 1988; **Grunow**, Dieter: Verwaltung in Nordrhein-Westfalen. Zwischen Ärmelschoner und E-Government, Münster 2003.*

2. Abschnitt: Völkerrecht

Unterabschnitt:
Rechtliche Grundlagen internationaler Beziehungen

---

151. Was ist unter dem Begriff „Internationale Beziehungen" zu verstehen?

Internationale Beziehungen betreffen jede Art von Umgang der Staaten und der internationalen Organisationen miteinander auf internationaler Ebene. Internationale Beziehungen werden informell gepflegt und durch das Völkerrecht verrechtlicht.

---

152. Wie lassen sich „Staatsrecht" und „Völkerrecht" voneinander abgrenzen?

„Staatsrecht" ist im Gegensatz zum Völkerrecht das nationale Recht des Staates. Es wird im innerstaatlichen Bereich weitgehend mit *Verfassungsrecht* gleichgesetzt. Unter „Völkerrecht" werden die Normen zusammengefasst, welche die Beziehungen zwischen Völkerrechts*subjekten* – das sind Staaten und internationale Organisationen – auf internationaler Ebene regeln. Dabei bildet das Völkerrecht seine Strukturen und Begriffe weitgehend in Analogie zu den privaten nationalen Rechtsordnungen (daher: Privatrechtsanalogie).
📖 ***Herdegen***, *Matthias: Völkerrecht. 8. Aufl., München 2009.*

---

153. Wie ist der Begriff des Völkerrechts zu erläutern und welche Regelungsbereiche kennt das Völkerrecht?

Völkerrecht ist internationales Recht, das alle Rechtsnormen umfasst, welche die Beziehungen der Mitglieder der Internationalen Gemeinschaft zueinander regeln. Klassisch kannte das Völkerrecht vor allem nur Staaten als Träger eigener Rechte und Pflichten im Frieden und im Kriege (📖 Herdegen, § 1, Rdnr. 3). Denn genauso wie innerhalb eines Staates das Zusammenleben geregelt werden muss, gibt es eine Ordnung der Staatenwelt, der Völkergemeinschaft. Bis zu Beginn des 20. Jahr-

hunderts war den Staaten die Freiheit anerkannt, Kriege als Mittel der Politik einzusetzen. Dies wurde nach dem Ersten Weltkrieg durch das Verbot des Angriffskriegs und mit der Charta der Vereinten Nationen (VN) 1945 beendet und stattdessen ein umfassendes Gewaltverbot eingeführt (📖 Herdegen, § 1, Rdnr. 2). Geschaffen wurden internationale Organisationen wie die VN, der Europarat und die NATO, welche die anstehenden Konflikte zu lösen suchen. Diese internationalen Organisationen sind von der Völkergemeinschaft geschaffen, sodass nicht nur Staaten Rechtssubjekte, also Träger von Rechten und Pflichten im Völkerrecht sind, sondern auch diese Organisationen. Auf gleicher Ebene stehen – mit zum Teil nicht umfassender, sondern nur partieller Völkerrechtssubjektivität – Aufständische, der Heilige Stuhl, der Malteser Ritterorden, das IKRK und die (natürlichen / juristischen) Einzelpersonen (📖 Fischer / Köck, S. 110 ff.). Die natürliche Person ist allerdings bisher nur in wenigen Regelungsbereichen Rechtssubjekt, da das Völkerrecht nach wie vor am Grundsatz der Mediatisierung des Menschen durch die Zwischenschaltung des Staats festhält. Dies ist insoweit ein Anachronismus, da „in jeder Rechtsordnung letztlich nur der Mensch Rechtssubjekt sein kann,... auch die Staaten und internationalen Organisationen ihre Rechtssubjektivität in der Ordnung des Völkerrechts von Einzelmenschen ableiten" (📖 Hobe, S. 160). Träger von völkerrechtlichen Rechten und Pflichten ist der Mensch vor allem in Bezug auf die Menschenrechte, als Flüchtling sowie im Bereich der Verantwortlichkeit von Verbrechen gegen die Menschlichkeit, Völkermord und Kriegsverbrechen (📖 van Ooyen, S. 2180).
Materielle Regelungsbereiche des Völkerrechts sind insbesondere das Diplomaten- und Konsularrecht, die Friedenssicherung, der Menschenrechts-, Flüchtlings- und Minderheitenschutz, die Internationalen Gemeinschaftsräume Hohe See, Meeresboden, Weltraum und Antarktis, der Umweltschutz, das Kriegs-, Neutralitäts- und humanitäre Völkerrecht, das rechtsgeschäftliche Handeln (Vertragsrecht), die Folgen völkerrechtswidrigen Handelns und die internationale Gerichtsbarkeit (📖 van Ooyen, S. 2181 ff.).

📖 *Fischer, Peter / Köck, Herbert Fr.: Völkerrecht. Das Recht der universellen Staatengemeinschaft, 6. Aufl., Wien 2004; Herdegen, Matthias: Völkerrecht. 8. Aufl., München 2009; Hobe, Stephan: Einführung in das Völkerrecht. 9. Aufl.,*

Stuttgart 2008; *van Ooyen, Robert Chr.: Völkerrecht, in: Möllers (Hg.), Wörterbuch der Polizei, 2. Aufl., München 2010, S. 2180-2184.*

154. Was sind Internationale Organisationen?

Völkerrechtssubjekte richten durch völkerrechtliche Verträge Organisationen ein. Sie gelten als „internationale Organisationen", wenn die Völkerrechtssubjekte sie völkerrechtsfähig als Träger völkerrechtlicher Rechte und Pflichten eingerichtet haben. Sind sie nicht völkerrechtsfähig, handelt es sich um „zwischenstaatliche Organisationen".

155. Was wird jeweils mit den Begriffen „primäres Völkerrecht", „sekundäres Völkerrecht", „Staatengemeinschaftsrecht", „Gemeinschaftsrecht" und „Unionsrecht" bezeichnet?

Das „primäre Völkerrecht" sind die völkerrechtlichen Verträge, das Völkergewohnheitsrecht und die allgemeinen Rechtsgrundsätze des Völkerrechts. Das vom primären Völkerrecht abgeleitete Völkerrecht wird als „sekundäres Völkerrecht" bezeichnet. Dieses sekundäre Völkerrecht, das internationale oder zwischenstaatliche Organisationen für ihre Mitglieder verbindlich festlegen, ist begrifflich als „Staatengemeinschaftsrecht" festgelegt.

In Angrenzung dazu ist die Europäische Union (EU) eine supranationale Organisation, die auf völkerrechtlicher Grundlage für alle Mitgliedstaaten nicht nur verbindliches Recht setzen kann. Vielmehr kann die EU mit ihrem Recht im nationalen Bereich der Mitgliedstaaten unmittelbar anzuwendendes Recht erlassen, das sogar entgegenstehendes nationales Recht verdrängt („Anwendungsvorrang"). Dieses Recht der Europäischen Union zusammen mit seinen völkerrechtlichen Grundlagen wird als „Gemeinschaftsrecht" – seit dem Lissabonner Vertrag als „Unionsrecht" bezeichnet.

---

156. Wie ist das Spannungsverhältnis des Völkerrechts zum Grundgesetz und welche Position nimmt der Bundespräsident darin ein?

Das Völkerrecht gilt nicht automatisch in der innerstaatlichen Rechtsordnung. Es bedarf – im Unterschied etwa zur Verordnung der EU – eines innerstaatlichen Rechtsakts, der die Vollziehbarkeit von Völkerrecht erklärt. Das Grundgesetz ist aber eine „völkerrechtsfreundliche" Verfassung, wie es sich zum Beispiel schon aus der Präambel, aber auch aus Art. 24 und Art. 26 GG ergibt. Den innerstaatlichen Rechtsakt sieht das Grundgesetz für die „allgemeinen Regeln des Völkerrechts", zu denen zumindest das Völkergewohnheitsrecht gehört, in Art. 25 GG sogar mit Vorrang gegenüber den einfachen Gesetzen vor. Abgesichert wird dies durch Art. 100 Abs. 2 GG, nach dem in einem Rechtsstreit ggf. die Entscheidung des Bundesverfassungsgerichts einzuholen ist. Der Bundespräsident vertritt den Bund völkerrechtlich. Er schließt nach Art. 59 Abs. 1 Satz 2 GG im Namen des Bundes die Verträge mit auswärtigen Staaten. Außerdem beglaubigt er und empfängt er die Gesandten (Satz 3). Völkerrechtliche Verträge erlangen dagegen über Art. 59 Abs. 2 GG innerstaatliche Verbindlichkeit, indem mit der parlamentarischen Zustimmung der Rechtsanwendungsbefehl in Form eines Bundesgesetzes erfolgt. Ausgenommen davon sind bloße Verwaltungsabkommen, die nicht ein Vertragsgesetz, sondern – unter Beachtung des Gesetzesvorbehalts – nur eine Rechtsverordnung (RVO) erfordern.

📖 *van Ooyen, Robert Chr.: Völkerrecht, in: Möllers (Hg.), Wörterbuch der Polizei, 2. Aufl., München 2010, S. 2180-2184.*

---

157. Wieso wird das Grundgesetz als „völkerrechtsfreundliche Verfassung" bezeichnet? Welche verfassungsrechtlichen Grundlagen regeln in diesem Zusammenhang die innerstaatliche Geltung für die drei völkerrechtlichen Quellen?

Das Grundgesetz kennt eine ganze Reihe von Bestimmungen, die es für die internationale und europäische Zusammenarbeit bzw. Integration öffnen und dabei diesem Recht z. T. sogar Vorrang gegenüber nationalen Rechtsquellen einräumen. Dazu gehören z. B. Art. 25, Art. 23 Abs. 1 und auch Art. 16 Abs. 2 Satz 2 GG, der den vorliegenden Sachverhalt der Auslieferung an Staaten der Europäischen Union bzw. an internationale Strafgerichtshöfe regelt. Im Hinblick auf das Völkerrecht sind Art. 25 und Art. 59 Abs. 2 GG zu nennen: Denn Art. 59 Abs. 2 regelt die innerstaatliche Geltung von völkerrechtlichen Verträgen, die zumeist der parlamentarischen Zustimmung in der Form eines Bundesgesetzes bedürfen. Die beiden anderen völkerrechtlichen Quellen nach Art. 38 IGH-Statut – Völkergewohnheitsrecht und Allgemeine Rechtsgrundsätze – fallen dagegen unter Art. 25 GG. Ebenso richtig ist aber auch die Minderheitsmeinung, dass Art. 25 GG sich nur auf das Völkergewohnheitsrecht beziehen könne, weil die Allgemeinen Rechtsgrundsätze ja ohnehin aus der innerstaatlichen Rechtsordnung der Bundesrepublik Deutschland stammen.

 Geiger, Rudolf: Grundgesetz und Völkerrecht. Ein Studienbuch, 4. Aufl., München 2009.

---

158. Welche Völkerrechtssubjekte kennen Sie?

Grundsätzlich und früher ausschließlich sind Staaten Völkerrechtssubjekte. Diese schufen aber insbesondere seit dem Zweiten Weltkrieg internationale Organisationen wie die Vereinten Nationen (VN), den Europarat und die NATO (Nordatlantik-Pakt-Organisation), die anstehenden Konflikte zwischen den Staaten zu lösen suchen. Daher sind diese internationalen Organisationen ebenfalls Rechtssubjekte, also Träger von Rechten und Pflichten im Völkerrecht. Auf gleicher Ebene stehen – mit zum Teil nicht umfassender, sondern nur partieller Völkerrechtssubjektivität – Aufständische, der Heilige Stuhl, der Malteser Ritterorden, das Internationale Komitee vom Roten Kreuz (IKRK) und die natürlichen und juristischen Einzelpersonen. Die natürlichen Personen sind allerdings bisher nur in wenigen Regelungsbereichen Rechtssubjekt, da das Völkerrecht nach wie vor am Grundsatz der Mediatisierung des Menschen durch die Zwischenschaltung des Staats festhält.

---

159. Welche Rechtsquellen gibt es nach Art. 38 IGH Statut?

Im Unterschied zum innerstaatlichen Staats- und Verfassungsrecht existiert im Völkerrecht keine umfassende zentrale Rechtssetzungsinstanz.

Positives Recht entsteht somit vor allem durch die einzelnen rechtssetzenden Akte der Rechtssubjekte selbst. Die primären Rechtsquellen ergeben sich vor allem aus Art. 38 IGH-Statut (Statut des Internationalen Gerichtshofs), der als klassisches Verzeichnis der Völkerrechtsquellen anerkannt ist (☐ Stein / von Buttlar, Rdnr. 23). Danach gehören zu den primären Rechtsquellen die völkerrechtlichen Verträge (Art. 38 Nr. 1 (a) IGH-Statut), das Völkergewohnheitsrecht als Praxis mit einhergehender Rechtsüberzeugung (Art. 38 Nr. 1 (b) IGH-Statut) und die von den Kulturvölkern anerkannten allgemeinen Rechtsgrundsätze (Art. 38 Nr. 1 (c) IGH-Statut). Zum Völkergewohnheitsrecht gehören auch die einseitigen Rechtsakte, wie z. B. die Anerkennung, das Versprechen und der Verzicht (vgl. ☐ Stein / von Buttlar, Rdnr. 24). Ferner sind als Hilfsquellen, d. h. als bloße Mittel zur Feststellung von Rechtsnormen, anerkannt: die gerichtlichen Entscheidungen – insbesondere des Internationalen Gerichtshofs (IGH), aber auch des Europäischen Gerichtshofs für Menschenrechte (EGMR) und die Völkerrechtslehre (Art. 38 Nr. 1 (d) IGH-Statut). Eine Rangordnung zwischen den Rechtsquellen Vertrag – Gewohnheitsrecht – Rechtsgrundsätze gibt es nicht. In der Praxis spielen jedoch die durch Rechtsvergleichung innerstaatlicher Rechtsordnungen zu ermittelnden allgemeinen Rechtsgrundsätze eher eine subsidiäre Rolle. Festzuhalten bleibt jedoch, dass das Völkerrecht kein völlig dispositives (frei verfügbares) Recht ist, welches über das Vertrags- und Gewohnheitsrecht in beliebiger Weise gesetzt werden könnte. Heute ist allgemein anerkannt, dass es fundamentale Rechtsnormen gibt, die für jedes Völkerrechtssubjekt zwingend sind und Vorrang haben (sog. ius cogens). Nach Art. 53 Wiener Vertragsrechtskonvention ist daher ein Vertrag nichtig, der gegen *ius cogens* verstößt. Dazu gehören zum Beispiel: die Menschenrechte, das Gewaltverbot, das Verbot des Völkermords sowie der Grundsatz, dass Verträge einzuhalten sind („pacta sunt servanda"). Gegenüber dem primären ist das sekundäre Völkerrecht abgeleitetes und damit rangniedrigeres Recht. Als Beispiel kann hier die Charta der Vereinten Nationen (UN-Charta) genannt werden. Als völkerrechtlicher Vertrag gehört sie zu den primären Völkerrechtsquellen. Die UN-Charta ermächtigt den UN-Sicherheitsrat in Art. 24 UN-Charta, in bestimmten Fällen völkerrechtlich verbindliche Resolutionen erlassen zu können. Die Verbindlichkeit ergibt sich aus Art. 25, 48 UN-Charta

(📖 Herdegen, § 20, Rdnr. 3). Diese Resolutionen sind dann Sekundärquellen (vgl. 📖 van Ooyen, S. 1800 f.; 📖 Herdegen, § 20, Rdnr. 3).
📖 *Herdegen, Matthias: Völkerrecht. 8. Aufl., München 2009; Stein, Torsten / von Buttlar, Christian: Völkerrecht. 12. Aufl., Köln 2008; van Ooyen, Robert Chr.: Völkerrecht, in: Möllers (Hg.), Wörterbuch der Polizei, 2. Aufl., München 2010, S. 2180-2184.*

160. Welche Hilfsquellen – soft law – gibt es im Völkerrecht?

Das Völkerrecht kennt Instrumente, die sich in der Grauzone zwischen unverbindlicher Proklamation und rechtsverbindlicher Festlegung befinden. Für sie gilt der Begriff „soft law" (📖 Herdegen, § 20, Rdnr. 4). Zu diesen Hilfsquellen gehören zum Beispiel die Resolutionen der UN-Generalversammlung (also nicht die des UN-Sicherheitsrats!). Ferner sind solche Resolutionen und Erklärungen von Repräsentativorganen anderer internationaler Organisationen oder von Staatenkonferenzen dazu zu rechnen. Mit „soft law" soll juristisch zum Ausdruck kommen, dass kein klar erkennbarer Rechtsbindungswille hinter der Erklärung steht.
📖 *Herdegen, Matthias: Völkerrecht. 8. Aufl., München 2009.*

161. Erläutern Sie die Rechtsquellen! Gilt Völkerrecht überhaupt?

Eine Rangordnung zwischen den Rechtsquellen Vertrag – Gewohnheitsrecht – Rechtsgrundsätze gibt es nicht. In der Praxis spielen jedoch die durch Rechtsvergleichung innerstaatlicher Rechtsordnungen zu ermittelnden allgemeinen Rechtsgrundsätze eher eine subsidiäre Rolle. Festzuhalten bleibt jedenfalls, dass das Völkerrecht kein völlig dispositives, also frei verfügbares, Recht ist, welches über das Vertrags- und Gewohnheitsrecht in beliebiger Weise gesetzt werden könnte. Es ist allgemein anerkannt, dass es fundamentale Rechtsnormen gibt, die für jedes Völkerrechtssubjekt zwingend sind und Vorrang haben. Dazu gehören zum Beispiel: die Menschenrechte, das Gewaltverbot, das Verbot des Völkermords sowie der Grundsatz, dass Verträge einzuhalten sind („pacta sunt servanda"). Diese fundamentalen Rechtsnormen werden als „ius cogens" bezeichnet. Nach Art. 53 Wiener Vertragsrechtskonvention ist ein Völkerrechtsvertrag nichtig, der gegen *ius cogens* verstößt.

---

162. Was ist ein „Staatsvertrag"?

Ein Staatsvertrag gehört zu den Völkerrechtsquellen, also den Typen der Normen der Völkerrechtsordnung, und bezeichnet einen völkerrechtlichen Vertrag. Dieser ist eine Vereinbarung zwischen Völkerrechtssubjekten (Staaten und internationale Organisationen) über eine Angelegenheit der internationalen Beziehungen. Die völkerrechtlichen Verträge werden allgemein auch als „internationale Verträge" bezeichnet. Wenn es sich nicht nur um reine Verwaltungsabkommen handelt, welche die vollziehende Gewalt in eigener Zuständigkeit regelt, sondern um völkerrechtliche Regelungen, deren Inhalte nur durch einen gesetzgeberischen Akt innerstaatlich durchgeführt werden können, wird ein solcher völkerrechtlicher Vertrag zudem als „Staatsvertrag" benannt.

163. In welchem Zusammenhang stehen die Begriffe „Souveränität" und „Transformation"?

Der souveräne Staat übt die Staatsgewalt im nationalen Bereich selbst, alleine und unbeeinflusst von den internationalen Beziehungen und unbeeinflusst vom Völkerrecht und anderen Völkerrechtssubjekten aus. Wegen dieser „Souveränität" der Staaten hat das Völkerrecht auf nationaler Ebene keine Wirkung. Es ist aber möglich, dass die nationale Rechtsordnung das Völkerrecht im innerstaatlichen Bereich gesondert in Geltung setzt. Diese Umwandlung von Völkerrecht in nationales Recht wird „Transformation" genannt.

164. Wie unterscheiden sich „generelle Transformation" und „spezielle Transformation"?

Eine staatliche Rechtsordnung setzt mit „genereller Transformation" das Völkerrecht allgemein allein aufgrund seiner völkerrechtlichen Verbindlichkeit im innerstaatlichen Bereich in Geltung, ohne dass es dafür eines nationalen Rechtsetzungsaktes bedürfte. Dagegen sind bei „spezieller Transformation" einzelne nationale Rechtsetzungsakte erforderlich, wenn das Völkerrecht im innerstaatlichen Bereich in Geltung gesetzt werden soll. In Deutschland werden nach Art. 59 Abs. 2 GG die völkerrechtlichen Verträge innerstaatlich speziell transformiert durch ein „Transformationsgesetz".

165. Welche Bedeutung hat das Völkerrecht für die Polizeiarbeit?

Die Globalisierung betrifft alle gesellschaftlichen Bereiche und macht daher auch vor der Kriminalität nicht halt. Dem Völkerrecht kommt dabei einerseits erhebliche Bedeutung in Bezug auf eine enge internationale Kooperation der Polizei zur Bekämpfung des organisierten Verbrechens zu. Besondere, der Bekämpfung durch die Polizei vordringliche Kriminalitätsbereiche auf internationaler Ebene sind etwa Geldwäsche, internationaler Drogenhandel, Schlepperkriminalität, Waffenhandel, Zuhälterei und Menschenhandel, Falschspiel und unerlaubtes Glücksspiel, Schutzgelderpressung, Herstellung und Verbreitung von Falschgeld, Eigentums- und Vermögensstraftaten, Scheck- und Kreditkartenfälschung, Straftaten gegen die Umwelt, unerlaubter Handel mit radioaktiven und nuklearen Materialien, unerlaubter Handel mit Kulturgut und andere Straftaten von erheblicher Bedeutung sowie derzeit vor allem der internationale Terrorismus. Das Völkerrecht ermöglicht den Abschluss bilateraler Kooperationsabkommen zwischen Staaten, in denen die Zusammenarbeit der Sicherheitsbehörden, vor allem der Polizeien, bei der Bekämpfung der organisierten Kriminalität geregelt wird. So wurde zum Beispiel mittels des Völkerrechts am 26. Juli 1995 Europol gegründet (Unterzeichnung des EUROPOL-Übereinkommens durch die Ständigen Vertreter der EU-Mitgliedstaaten in Brüssel: BT-Drs. 13/4176, S. 5). In dem Verbalnotenwechsel vom 30. November/22. Dezember 1994 zwischen der Bundesregierung und der Regierung der Niederlande wurde eine Vereinbarung getroffen über den vorläufigen Status des im Namen der Bundesregierung zu Europol in Den Haag abgeordneten Personals, die am 7. Januar 1995 in Kraft trat (BGBl. 1995 II, 215). Danach genießen Verbindungsbeamte und andere Mitglieder des Personals, die im Namen der Bundesregierung in der Europol-Drogeneinheit in Den Haag beschäftigt werden und sich aus diesem Grund in den Niederlanden niederlassen, mit bestimmten Einschränkungen die Vorrechte und Immunitäten, die Mitgliedern des Verwaltungs- und technischen Personals der in den Niederlanden eingerichteten diplomatischen Missionen nach dem Wiener Übereinkommen von 1961 zustehen. Weitere Polizei- und Grenzschutzabkommen wurden mit allen Anrainerstaaten Deutschlands mittels des Völkerrechts getroffen. Schließlich bietet das Völkerrecht auch die Möglichkeit der Zusammenarbeit im polizeilichen Ausbildungswesen. Politisches Ziel ist es, über die Zusammenarbeit im polizeilichen Ausbildungswesen dazu beizutragen, dass ausländische Polizeibeamte in ihrem Heimatland verstärkt über rechtsstaatliches Behördenhandeln, wie beispielsweise über strafrechtliche Ermittlungsmethoden im Rechtsstaat, weitergebildet werden. „Durch eine Verbesserung der Ausbildung der Polizei soll ein Beitrag zum Menschenrechtsschutz geleistet werden" (BT-Drs. 13/2123, S. 7).

---

166. Was hat der Europarat mit der Europäischen Union zu tun und welche Zielsetzungen hat der Europarat?

Ausgangspunkt und erstes Diskussionsforum Europas war der Haager Kongress vom 7. bis 11 Mai 1948 in Den Haag, Niederlande, an dem mehr als 1.000 Delegierte – darunter 70 amtierende oder ehemalige Minister europäischer Regierungen sowie über 100 Parlamentarier und herausragende Personen des öffentlichen Lebens – aus 19 europäischen Ländern teilnahmen, z. B. Robert Schuman, Alcide de Gasperi, Paul-Henri Spaak und Konrad Adenauer. Die vom Haager Kongress aufgestellte Forderung zur Einberufung einer europäischen Versammlung führte schließlich zur Bildung des Europarats mit Sitz in Straßburg. Der Europarat ist damit die älteste zwischenstaatliche politische Organisation des Kontinents. Ursprünglich von 10 Staaten gegründet, gehören ihm heute bereits 46 Mitglieder mit rund 800 Mio. Einwohnern an. Zwei weitere Staaten haben den Beitritt zum Europarat beantragt (Belarus und Montenegro) und fünf Staaten haben den Beobachterstatus erhalten (Heiliger Stuhl, Vereinigte Staaten, Kanada, Japan und Mexiko). Der Europarat, der seinen Sitz in Straßburg (Frankreich) hat, unterscheidet sich also von der Europäischen Union mit ihren 27 Mitgliedern und hat unmittelbar mit der EU nichts zu tun. Aber kein Land ist bisher der Union beigetreten, ohne zuvor Mitglied des Europarats zu sein.
Der Europarat wurde vor allem gegründet, um die Menschenrechte und die parlamentarische Demokratie zu schützen und die Rechtsstaatlichkeit sicherzustellen. Seine Zielsetzung beinhaltet darüber hinaus, europaweit Abkommen zur Harmonisierung der sozialen und rechtlichen

Praktiken der Mitgliedstaaten zu schließen und das Bewusstsein für die europäische Identität zu wecken, die sich auf die gemeinsamen und über die Kulturunterschiede hinausgehenden Werte gründet. Aus diesen Zielsetzungen entwickelte der Europarat seit 1989 folgende wesentlichen Aufgaben: Er versteht sich als politischer Anker und Hüter der Menschenrechte für die postkommunistischen Demokratien Europas und will den Ländern Mittel- und Osteuropas helfen, gemeinsam mit den Wirtschaftsreformen auch die politischen, rechtlichen und konstitutionellen Reformen durchzuführen und zu konsolidieren. Dafür will der Europarat Sachkenntnisse in Bereichen wie Menschenrechte, kommunale Demokratie, Erziehung, Kultur und Umwelt zur Verfügung stellen. Neben der Verteidigung der Menschenrechte und der pluralistischen Demokratie in Europa will der Staatenbund auch Lösungen finden zu gesellschaftlichen Problemen wie zum Beispiel Schutz für Minderheiten, Abwehr von Ausländerfeindlichkeit und Intoleranz sowie Bekämpfen von Gesundheitsgefahren (z. B. AIDS) und Kriminalität (z. B. Drogenprobleme etc.). Außerdem will der Europarat u. a. aktiv für Umweltschutz und Ethik in der Biologie eintreten.

📖 *Landfried, Christine: Das politische System der Europäischen Union, Wiesbaden 2008; Raue, Julia: Der Europarat als Verfassungsgestalter seiner neuen Mitgliedstaaten: Vom Beobachter zum Reformer in Osteuropa? Zürich, 2005; Winkler, Günther: Der Europarat und die Verfassungsautonomie seiner Mitgliedstaaten, Wien 2005; Wittinger, Michaela: Der Europarat: Die Entwicklung seines Rechts und der „europäischen Verfassungswerte", Baden-Baden 2005.*

---

167. Welche Organe hat der Europarat und welche Aufgaben und Funktionen haben sie?

Zu den Organen des Europarats zählt zum einen die *Parlamentarische Versammlung* mit 315 Abgeordneten aus den nationalen Parlamenten sowie einer gleich hohen Anzahl an Stellvertretern. Der amtierende Präsident ist Réné van der Linden (Niederlande). Durch einen Ständigen Ausschuss und 13 Fachausschüsse wird die Arbeitskontinuität gesichert. Zum anderen ist das *Ministerkomitee* zu nennen, das sich aus den Außenministern der 46 Mitgliedstaaten bzw. ihren Stellvertretern, den Ständigen Vertretern/Botschaftern in Straßburg, zusammensetzt. Das

Ministerkomitee ist das Exekutiv- und Entscheidungsorgan. Schließlich gehört zu den Organen der Kongress der Gemeinden und Regionen des Europarates, der aus einer Kammer der Gemeinden und einer Kammer der Regionen besteht. Präsident des Kongresses ist Halvdan Skard (Norwegen). Ein *Generalsekretariat* ohne selbstständige Aufgaben erfüllt als einziges ständiges Organ Dienstleistungsfunktionen für Ministerkomitee und Parlamentarische Versammlung, die zudem den Generalsekretär, der dem Ministerkomitee verantwortlich ist, wählt. An der Spitze des Generalsekretariat von rund 1 800 europäischen Beamten steht seit dem 1. September 2004 für fünf Jahre der Brite Terry Davis (Vereinigtes Königreich), der vorher Präsident der Parlamentarischen Versammlung und ehemaliger Vorsitzender der sozialistischen Fraktion in der Parlamentarischen Versammlung des Europarates war.

---

168. Welche rechtlichen Funktionen haben die Konventionen des Europarats?

Verlautbarungen des Europarats sind die sogenannten *Konventionen*, denen außer den Mitgliedern auch Drittstaaten beitreten können. Sie haben lediglich appellativen Charakter und sind keine Rechtsakte. Die Unterzeichnerstaaten werden durch die Konventionen also nur aufgefordert und nicht verpflichtet, ihr nationales Recht den Konventionsinhalten anzupassen.

Unterabschnitt:
Internationale polizeiliche
Zusammenarbeit / Auslandseinsätze

169. Seit wann und wie sind die Menschenrechte im Völkerrecht verankert?

Seit Ende des Zweiten Weltkriegs sind in der internationalen Politik erhebliche Anstrengungen unternommen worden, die Menschenrechte im Völkerrecht weltweit zu verankern und durchzusetzen. Beflügelt wurde dieser Prozess nicht zuletzt durch die Aktivitäten von Nicht-Regierungsorganisationen, den sog. non-governmental-organizations (NGO), wie z. B. „amnesty international" (s. dazu 📖 Ipsen, § 6, Rdnr. 19 ff.). Diese NGOs brachten die Verletzungen von Menschenrechten immer wieder auf die politische Agenda. Zu den wichtigsten Instrumenten des universellen Menschenrechtsschutzes, die auch für Deutschland durch Ratifikation bzw. als Ausdruck des Völkergewohnheitsrechts verbindlich sind, zählen die folgenden Verträge, Erklärungen und Beschlüsse: die Charta der Vereinten Nationen von 1945, die Allgemeine Erklärung der Menschenrechte von 1948, die Konvention zur Verhütung und Bestrafung des Völkermordes aus demselben Jahr, die Genfer Flüchtlingskonvention von 1951, die Konvention über die politische Rechte der Frau von 1953, die Konvention über die Rechtstellung der Staatenlosen von 1954, die Konvention zur Unterdrückung des Menschenhandels und sklavereiähnlicher Praktiken von 1956, die Konvention zur Beseitigung jeder Form der Rassendiskriminierung von 1966, der Internationale Pakt über bürgerliche und politische Rechte von 1966 einschließlich des Fakultativprotokolls zum „Menschenrechtsausschuss", der Internationale Pakt über wirtschaftliche, soziale und kulturelle Rechte von 1966, die Anti-Apartheid-Konvention von 1973, die Konvention zur Beseitigung jeder Form von Diskriminierung der Frau von 1979, die Erklärung über die Beseitigung aller Formen von Intoleranz und Diskriminierung aufgrund der Religion oder der Überzeugung von 1981, die Konvention gegen Folter und andere grausame, unmenschliche oder erniedrigende Behandlung oder Strafe von 1984, die

Konvention über die Rechte des Kindes von 1989, das Zweite Fakultativprotokoll zum Internationalen Pakt über bürgerliche und politische Rechte zur Abschaffung der Todesstrafe aus demselben Jahr, die Erklärung über die Rechte von Personen, die nationalen oder ethischen, religiösen und sprachlichen Minderheiten angehören, von 1992, die Erklärung über die Beseitigung der Gewalt gegen Frauen von 1993, das Statut des Internationalen Gerichts zur Verfolgung der Verantwortlichen für die seit 1991 im Hoheitsgebiet des ehemaligen Jugoslawien begangenen Verstöße gegen das humanitäre Völkerrecht von 1993 (VN-Sicherheitsrats-Res. 827), und die Schaffung des Internationalen Gerichts für Rwanda von 1994 (VN-Sicherheitsrats-Res. 955). Die Durchsetzung der Menschenrechte auf völkerrechtlicher Ebene steht dabei nicht nur vor dem Problem des seit einigen Jahren wieder bestrittenen sog. *„Universalitätsprinzips"* (vgl. dazu ⌑ Herdegen, § 26, Rdnr. 13). Dabei wird Kritik an der Menschenrechtsidee als spezifisches, angeblich nicht übertragbares Konzept der westlich-abendländischen Kulturtradition geübt. Diese Kritik wird häufig jedoch bloß von Diktaturen vorgebracht, um ihre Gewaltherrschaft zu verbergen. Auch lassen sich in den westlichen Staaten Initiativen beobachten, die den Menschenrechten angesichts vermeintlicher „Individualisierung" sog. *„Menschenpflichten"* gegenüberstellen wollen. So hat der seit 1983 bestehende *„Inter Action Council"*, eine Vereinigung ehemaliger Staats- und Regierungschefs, der als Ehrenvorsitzender auch Alt Bundeskanzler Helmut Schmidt angehört, den Entwurf einer „Allgemeinen Erklärung der Menschenpflichten" („A Universal Declaration of Human Responsibilities"; vgl. ⌨ www.interactioncouncil.org/meetings/m972.html) vorgelegt (vgl. dazu ⌑ van Ooyen, Menschenrechte, S. 1249). Dem ist entgegenzuhalten: Die Menschenrechte sind ohnehin immer auch gemeinschaftsbezogen und daher auf den Mitmenschen hin bezogen zu verstehen. Dies ergibt sich bereits aus Art. 29 der UN-Menschenrechtserklärung von 1948, in dem es heißt: „1. Jeder Mensch hat Pflichten gegenüber der Gemeinschaft, in der allein die freie und volle Entwicklung seiner Persönlichkeit möglich ist. 2. Jeder Mensch ist in Ausübung seiner Rechte und Freiheiten nur den Beschränkungen unterworfen, die das Gesetz ausschließlich zu dem Zwecke vorsieht, um die Anerkennung und Achtung der Rechte und Freiheiten der anderen zu gewährleisten und den gerechten Anforderungen der Moral, der öffentlichen Ordnung und der allgemeinen Wohlfahrt in einer demokratischen Gesellschaft zu genügen. 3. Rechte und Freiheiten dürfen in keinem Fall im Widerspruch zu den Zielen und Grundsätzen der Vereinten Nationen ausgeübt werden." Da die Menschen gesetzlich auferlegte Pflichten schon genug haben (und immer mehr Pflichten durch übereilte Politikaktivitäten hinzutreten), besteht bei der geforderten Verankerung von „Menschenpflichten" die vielmehr die Gefahr, dass die Rechte in den Hintergrund gedrängt bzw. vorenthalten werden. Trotz dieser problematischen aktuellen Diskussionstendenzen ist das Kernproblem jedoch nach wie vor der Mangel an einer zentralen Durchsetzungs- und Sanktionsinstanz, die zumindest die eklatantesten Fälle von Menschenrechtsverletzungen ahndet. Dennoch hat die Positivierung und Institutionalisierung des internationalen Menschenrechtsschutzes auch im Völkerrecht in den letzten Jahren erhebliche Erweiterungen erfahren. Anknüpfend an die seinerzeit im Völkerrecht einmalige strafrechtliche Verfolgung der Hauptkriegsverbrecher durch die Internationalen Militärgerichtshöfe in Nürnberg und Tokio (insb.: Kriegsverbrechen und Verbrechen gegen die Menschlichkeit) über die Einsetzung zweier Straftribunale durch den UN-Sicherheitsrat 1993 und 1994 angesichts der Gräueltaten im früheren Jugoslawien und in Rwanda mündeten diese Anstrengungen in das 1998 aufgelegte Statut des neuen Internationalen Strafgerichtshofs (IStGH) in Den Haag. In Deutschland wurde dafür die Änderung des Art. 16 Abs. 2 GG notwendig, der nunmehr u. a. eine Auslieferung an den IStGH zulässt. Aufseiten der VN zeichnet sich zudem generell die Tendenz ab, die Verletzung von Menschenrechten als Bedrohung bzw. Bruch des Friedens und damit die sog. „humanitäre Intervention" als Frieden schaffende Maßnahme nach Kap. VII UN-Charta zu verstehen. In einem Einzelfall haben sich darüber hinaus auch einige Staaten geweigert, die Immunität eines Diplomaten als Hinderungsgrund für gerichtliche Verfahren einschließlich Strafverfolgung zu sehen, da dieser als früherer Diktator Menschenrechtsverletzungen zu verantworten hat („Fall Pinochet"). Auch für Deutschland gewinnt die Beachtung von Menschenrechten durch andere Staaten eine zunehmende Bedeutung in der Außenpolitik, z. B. bei der Entwicklungszusammenarbeit oder bei der Genehmigung von Waffenexporten (📖 van Ooyen, Menschenrechte, S. 1251).

Neben dem weltweiten Menschenrechtsschutz ist auf regionaler völkerrechtlicher Ebene auch die Institutionalisierung vorangeschritten. In Europa sind hier zu nennen die Dokumente des KSZE-Prozesses der Konferenz für Sicherheit und Zusammenarbeit in Europa (KSZE, heute OSZE; vgl. zum KSZE-Prozess 📖 Ipsen, § 61, Rdnr. 58 ff.; zur OSZE 📖 Stein / von Buttlar, Rdnr. 456 ff.) und vor allem die vom Europarat 1950 aufgelegte „Konvention zum Schutze der Menschenrechte und Grundfreiheiten", die umgangssprachlich als Europäische Menschenrechtskonvention (EMRK) bezeichnet wird, einschließlich ihrer Folgeprotokolle (s. 📖 Ipsen, § 49, Rdnr. 3 ff.). Die EMRK und ihre Folgeprotokolle sind auch für Deutschland verbindlich. Mit dem Inkrafttreten des 11. Protokolls zur EMRK ist der schon seit Jahrzehnten bestehende Europäische Gerichtshof für Menschenrechte (EGMR) einer umfassenden Reform unterzogen worden, die insbesondere durch die Einführung der Individualbeschwerde einen im völkerrechtlichen Vergleich einzigartigen gerichtlichen Menschenrechtsschutz implementiert hat. Dies gilt jedoch nicht für die *„Europäische Sozialcharta"* (vgl. dazu 📖 Ipsen, § 14, Rdnr. 13 ff.) von 1961 (mit Zusatzprotokoll von 1988), welche die EMRK im sozialen Bereich ergänzt, da die hier formulierten sozialen Rechte eher bloß programmatisch verankert wurden, aber andererseits die Sozialcharta der Europäischen Union von 1989 beeinflusste (📖 van Ooyen, Menschenrechte, S. 1251; vgl. auch 📖 van Ooyen, Politik und Verfassung, S. 256 ff.; 262 ff.; 270 ff.).

📖 *Herdegen*, Matthias: Völkerrecht. 8. Aufl., München 2009; *Ipsen*, Knut / *Epping*, Volker / *Heintschel von Heinegg*, Wolff: Völkerrecht. 6. Aufl., München 2010; *van Ooyen*, Robert Chr.: Menschenrechte, in: Möllers, Martin H. W. (Hg.), Wörterbuch der Polizei. 2. Aufl., München 2010, S. 1248-1254; *van Ooyen*, Robert Chr.: Politik und Verfassung. Beiträge zu einer politikwissenschaftlichen Verfassungslehre. Wiesbaden 2006.

---

170. Wenn man von den „klassischen" Definitionen der Begriffe „Krieg" und „Frieden" ausgeht, welchen grundsätzlichen Wandel im Bereich der internationalen Politik hat sich auf das Verhältnis von innerer und äußerer Sicherheit ausgewirkt?

Die bewaffneten Konflikte der ersten Hälfte des 20. Jahrhunderts (z. B. Erster und Zweiter Weltkrieg) waren Kriege im klassischen Verständnis des Völkerrechts: Es handelte sich um militärische Konflikte zwischen Staaten unter vollständigem Abbruch der friedlichen Beziehungen. Zum

Teil erfolgte sogar noch eine formale Kriegserklärung. Der Bürgerkrieg dagegen war grundsätzlich kein Krieg im völkerrechtlichen Sinne, sondern eine innerstaatliche Angelegenheit. Umgekehrt wurde Frieden üblicherweise als *Abwesenheit von Krieg* oder als *Abwesenheit von militärischer Gewalt* definiert (sog. „negativer Friedensbegriff"). Bei der Formulierung des Gewaltverbots in Art. 2 Abs. 4 UN-Charta hatte man diese scharfe völkerrechtliche Trennung von Krieg und Frieden, äußerer und innerer Sicherheit – mit Interventionsverbot in die inneren Angelegenheiten nach Art. 2 Abs. 7 UN-Charta – vor Augen. Die Kompetenz des UN-Sicherheitsrats beschränkte sich daher ursprünglich im Wesentlichen auf die Verhinderung und Sanktionierung zwischenstaatlicher Gewalt, als „ultima ratio" mit militärischen Zwangsmaßnahmen nach Kap. VII UN-Charta („Krieg gegen den Friedensbrecher"). Zwar gibt es immer noch bewaffnete Konflikte zwischen Staaten, die man im weitesten Sinne unter den Kriegsbegriff, der heute begrifflich international als „bewaffneter Konflikt" bezeichnet wird, subsumieren kann, wie z. B. der „1. Golfkrieg" zwischen Irak und Iran, der „2. Golfkrieg" mit dem Überfall Iraks auf Kuwait etc. Die nunmehr weitaus größere und weiter zunehmende Zahl von bewaffneten Konflikten sind jedoch Bürgerkriege: Sie werden z. T. mit offener oder verdeckter Intervention durch Drittstaaten geführt, z. B. früher der „Vietnam-Krieg", gegenwärtig die „humanitären Interventionen" wie im Fall „Kosovo". Ganz aktuell entstehen die bewaffneten Konflikte häufig unter der Bedingung der „Implosion" von Staaten, wie z. B. „Somalia", „Jugoslawien", „Kongo", „Sudan" etc., und bisweilen auch in der Form von „Clan-Kriegen" mit Verstrickung in den internationalen Terrorismus, wie z. B. „Afghanistan" oder auch „Libanon" (📖 Gareis, S. 479 ff.; vgl. auch van Creveld und Münkler). Die scharfe Trennung zwischen innerer und äußerer Sicherheit kommt so ins „Rutschen" und mit ihr die Trennung von Militär und Polizei (📖 Lange, S. 21 ff.). Damit verschiebt sich der Schwerpunkt der Friedenssicherung durch die Streitkräfte von militärischen Maßnahmen, wie Kampfeinsätze gegen einen Aggressor und Soldaten als „Blauhelme", zunehmend zu Tätigkeiten der innerstaatlichen „Befriedung". Dazu gehören der Aufbau und die Garantie von öffentlicher Sicherheit und Ordnung, die Bekämpfung von Terrorismus und die Verfolgung von Straftätern im Rahmen der neuen internationalen Strafgerichtshöfe. Diese friedenssichernden Maßnahmen der Streitkräfte („Policekeeping") sind mithin also Polizeiaufgaben (vgl. dazu 📖 Mainzinger, S. 235 ff.; 📖 Eisele, S. 195 ff.).

📖 **Eisele**, *Manfred: „Policekeeping" – Anmerkungen zu internationalen Polizeieinsätzen, in: Möllers / van Ooyen (Hg.), Europäisierung und Internationalisierung der Polizei, Frankfurt/M 2006, S. 195-206;* **Fischer**, *Peter /* **Köck**, *Heribert F.: Allgemeines Völkerrecht, 6. Aufl., Wien 2004;* **Gareis**, *Sven B.: Die neuen Gesichter des Krieges – Wesensmerkmale, Reaktionsformen und erforderliche Strategien, in: Möllers / van Ooyen, JBÖS 2002/03, Frankfurt/M. 2003, S. 479-495;* **Hobe**, *Stephan: Einführung in das Völkerrecht, 9. Aufl., Tübingen 2008;* **Lange**, *Hans-Jürgen: Konturen des neuen Sicherheitsbegriffs. Zur These des Zusammenwachsen von globaler, äußerer und innerer Sicherheit; in: van Ooyen / Möllers, Die Öffentliche Sicherheit auf dem Prüfstand: 11. September und NPD-Verbot, Frankfurt/M 2002, S. 21-26;* **Mainzinger**, *Christian, Aufbau des Grenzschutzes in Bosnien und Herzegowina im Auftrag der Vereinten Nationen, in: Möllers / van Ooyen / Spohrer (Hg.), Die Polizei des Bundes in der rechtsstaatlichen pluralistischen Demokratie, Opladen 2003, S. 235-258;* **Münkler**, *Herfried: Die neuen Kriege, 3. Aufl., Reinbek 2004;* **van Creveld**, *Martin: Die Zukunft des Krieges. Wie wird Krieg geführt und warum, 3. Aufl. München 2004.*

---

171. Wie ist unter Zugrundelegung des Urteils[11] des Zweiten Senats des Bundesverfassungsgerichts aus dem Jahre 1994, das sich auf den Auslandseinsatz der Bundeswehr bezieht, die verfassungsrechtliche Problematik für solche Auslandseinsätze zu beurteilen?

Es war umstritten, ob mit Art. 24 GG ein Kampfeinsatz der Bundeswehr „out of area" gedeckt ist. Nach Art. 87a Abs. 2 GG ist ein Einsatz der Bundeswehr außer zur Verteidigung nur zulässig, soweit es das Grundgesetz ausdrücklich zulässt. Hierzu gab es zwei kontroverse Auffassungen: Die eine, die sich im Übrigen auch auf die jahrzehntelange Staatspraxis stützen konnte, verneinte dies, weil mit Art. 87a Abs. 4 und Art. 35 GG die Fälle ausdrücklicher verfassungsrechtlicher Ermächtigungen zum Bundeswehreinsatz erschöpft sind. Beide Artikel betreffen jedoch gerade nicht den bewaffneten Kampfeinsatz „out of area", son-

---

11 Die Leitsätze des Urteils sind zu finden unter BVerfGE 90, 286 f. oder können zum Beispiel nachgelesen werden bei Grimm, Dieter / Kirchhof, Michael (Hg.): Entscheidungen des Bundesverfassungsgerichts. Studienauswahl in 2 Bänden. Bearbeitet von Michael Eichberger, 2. Aufl., Tübingen 1997, Band II. S. 547-548.

dern den Einsatz der Bundeswehr beim inneren Notstand bzw. im Rahmen der Hilfe bei Katastrophen und/oder Unglücksfällen. In Art. 24 GG hingegen ist von einem Einsatz der Bundeswehr gar nicht *ausdrücklich* die Rede. Die Gegenmeinung, die sich mit der Entscheidung des BVerfG grundsätzlich durchsetzte (vgl. Leitsatz 1), vertrat die Ansicht, dass Art. 24 GG gerade als eine *ausdrückliche* Ermächtigung im Sinne von Art. 87a Abs. 2 GG zu begreifen sei: Die Tatsache, dass Deutschland hiernach Systemen kollektiver Sicherheit beitreten kann, beinhaltet ja auch die vollständige Übernahme der mit diesen völkerrechtlichen Verträgen verbundenen militärischen Pflichten, wie z. B. die Teilnahme an „VN-Blauhelmen" oder militärischen Zwangsmaßnahmen des VN-Sicherheitsrats nach Kap. VII VN-Charta (vgl. hierzu m. w. N.: 📖 van Ooyen, S. 90 ff.). Nach dieser Auffassung stellt sich dann allenfalls nachgeordnet das Problem der Entscheidungskompetenz (Parlament oder Regierung; hierzu Leitsatz 3a) und das der Definition des Begriffs „System kollektiver Sicherheit" (nur UNO oder auch Bündnisse wie NATO; hierzu Leitsatz 5).

📖 *van Ooyen, Robert Chr.: Die neue Welt des Krieges und das Recht: Out-of-Area-Einsätze der Bundeswehr im verfassungsfreien Raum, in: Internationale Politik und Gesellschaft, 1/2002, S. 90-110.*

---

172. Wenn man die Leitsätze der Entscheidung des Bundesverfassungsgerichts zum Auslandseinsatz der Bundeswehr[12] mit den Regelungen zur Verwendung der Bundespolizei im Ausland nach § 8 BPOLG vergleicht, welche maßgeblichen Unterschiede lassen sich dann beim jeweiligen Auslandseinsatz feststellen?

Beim Vergleich der gesetzlichen Regelung nach dem BPOLG und den Leitsätzen der Entscheidung des BVerfG zum Auslandseinsatz der Bundeswehr lassen sich drei zentrale Unterschiede erkennen: Zum einen ist im BPOLG die Bundespolizei ausdrücklich auf polizeiliche und nicht-militärische Einsätze beschränkt. Zum anderen ist der Einsatz der Bundeswehr grundsätzlich an die vorherige Zustimmung des Bundestages

---

12 Die Leitsätze des Urteils sind zu finden unter BVerfGE 90, 286 f. oder können zum Beispiel nachgelesen werden bei Grimm, Dieter / Kirchhof, Michael (Hg.): Entscheidungen des Bundesverfassungsgerichts. Studienauswahl in 2 Bänden. Bearbeitet von Michael Eichberger, 2. Aufl., Tübingen 1997, Band II, S. 547-548.

gebunden: Es gilt der sog. Parlamentsvorbehalt, der in Leitsatz 3a festgelegt ist. Im Unterschied hierzu liegt nach § 8 BPOLG grundsätzlich die Kompetenz bei der Bundesregierung, in Ausnahmefällen sogar nur beim BMI im Einvernehmen mit dem AA. Der Bundestag muss nur unterrichtet werden, kann allenfalls dann den Einsatz aber beenden (§ 8 Abs. 1 BPOLG). Allerdings gibt es für die Streitkräfte den auch im Polizeibereich bekannten Ausnahmefall „Gefahr im Verzuge": In diesen Fällen wäre auch ohne vorherige Parlamentszustimmung ein Auslandseinsatz der Bundeswehr statthaft. Allerdings hat das BVerfG in seiner Entscheidung diesen Fall nur in engen Grenzen als zulässig erachtet. Schließlich muss aber drittens für die Bundespolizei völkerrechtlich noch beachtet werden, dass der BPOL-Einsatz an die Zustimmung des betroffenen Staates gebunden ist (§ 8 Abs. 1 und 2 BPOLG). Diese völkerrechtliche Zustimmung ist bei bewaffneten Einsätzen der Bundeswehr nicht zwingend. Denn die Entsendung von VN-Blauhelmen erfolgt zwar auch nur mit Zustimmung der betroffenen Konfliktparteien (s. z. B. den „Libanon-Einsatz" im Mittelmeer), militärische Zwangsmaßnahmen der VN dagegen richten sich ja gegen einen Aggressor, sodass eine vorherige Zustimmung von diesem nicht realisierbar wäre.

---

173. Was ist unter Zugrundlegung der Meinung des Autors des Auszugs aus dem Text „Aufbau des Grenzschutzes in Bosnien und Herzegowina im Auftrag der UN. Ein Erfahrungs- und Projektbericht des Projektleiters" von Christian Mainzinger[13] die zentrale politische Problematik beim Aufbau des Grenzschutzes von Bosnien und Herzegowina gewesen?

Die zentrale politische Problematik ergibt sich aus dem 1992 ausgebrochenen (Bürger-)krieg, der die Bosniaken, Serben und Kroaten zu erbitterten Feinden machte und zu „ethnischen Säuberungen" bis hin zum Völkermord führte (Zn. 1-7[14]). Für den Aufbau einer gesamtstaatlichen Grenzpolizei folgte hieraus, dass diese nur multi-ethnisch „quotiert" organisiert werden konnte – einschließlich eines dreiköpfigen Direktoriums als Leitung (Zn. 15-18) – um die Interessen einer jeden Volksgrup-

---

13 Der Textauszug befindet sich im Dokumentationsteil auf S. 416.
14 Die Zeilen-Nummern (Zn.) beziehen sich auf den hier abgedruckten Textauszug auf S. 416.

pe nach Repräsentation zu berücksichtigen und so zu einer gewissen Befriedung zu gelangen. Der Autor beurteilt diese Lösung grundsätzlich als positiv (Zn. 23-25). Er weist aber auch auf die Schwierigkeiten hin, die sich aus dieser „Quotierung" nach multi-ethnischen Gesichtspunkten ergeben, nämlich konfliktträchtige Personalauswahl infolge des Streits um Posten, sog. „Patronageeffekte" statt Personalrekrutierung nach fachlicher Qualifikation (Zn. 26-35).

3. Abschnitt: Politisches System der EU

Unterabschnitt:
Historische Entwicklung der Europäischen Union

174. Wie unterscheiden sich die Begriffe „Europarecht" und „Unionsrecht" sowie „Politisches System der Europäischen Union"?

Ursprünglich wurde unter „Europarecht" in der rechtswissenschaftlichen Lehre allgemein das Recht der europäischen internationalen Organisationen verstanden. In den Justizausbildungsordnungen der Bundesrepublik Deutschland beschränkt sich heute der Begriff „Europarecht", der in wenigen Bundesländern auch als „Europäisches Gemeinschaftsrecht" oder „Recht der Europäischen Gemeinschaften" bezeichnet wird, auf die Europäische Union, die ihren Ausgangspunkt in den drei europäischen Gemeinschaften EGKS, EWG und EAG hatte. Somit wird unter diesem Begriff das Recht der drei europäischen internationalen bzw. supranationalen Organisationen unter Ausklammerung aller übrigen Staaten und Organisationen verstanden (vgl. 📖 Schweitzer / Hummer, S. 13). Zur Klarstellung und vor allem, um die Sicht auf die Europäische Union nicht zu einseitig rechtswissenschaftlich zu betrachten, wird in der Politikwissenschaft der Begriff „Europarecht" richtigerweise ersetzt in „Politisches System der Europäischen Union" (vgl. z. B. 📖 Landfried). Dadurch wird einerseits deutlich, dass die europäische Integration vor allem auf einer politischen und weniger auf einer rechtlichen Entwicklung voranschreitet und andererseits, dass der Integrationsprozess noch nicht abgeschlossen ist. Innerhalb der politikwissenschaftlichen Fragestellungen zum „Politischen System der Europäischen Union" stehen selbstverständlich auch rechtliche Fragestellungen, die – vor allem mit Blick auf die Urteile des Bundesverfassungsgerichts – unter den Begriff „Europarecht" subsumiert werden.

Enger gefasst ist der Begriff „Unionsrecht". Dieser bezeichnet nur diejenigen Rechtsnormen, die von den Organen der Europäischen Union ausgehen und in jedem Mitgliedsland wirken. Man unterscheidet *primäres Unionsrecht*, mit dem die Verträge, Anhänge und Protokolle bezeichnet werden, und *sekundäres Unionsrecht*, mit dem die Verordnungen, Richtlinien, Individuellen Entscheidungen und Empfehlungen gemeint sind, die von Ministerrat und/oder Kommission verabschiedet werden. Im Gegensatz zum primären Unionsrecht braucht das sekundäre nicht von den Mitgliedstaaten ratifiziert zu werden. Das liegt daran, dass das sekundäre Unionsrecht vom primären materiell begrenzt wird und inhaltlich nicht über die Bestimmungen der Verträge, Anhänge und Zusatzprotokolle hinausgehen darf. Dass dies nicht geschieht, wird sichergestellt durch die Möglichkeit der Normenkontrolle durch den Gerichtshof der Europäischen Union (vgl. 📖 Magiera, S. 199 ff.).

📖 *Landfried, Christine: Das politische System der Europäischen Union, Wiesbaden 2008; Magiera, Siegfried: Europäischer Gerichtshof, in: Weidenfeld / Wessels (Hg.): Europa von A-Z, 11. Aufl., Baden-Baden 2009, S. 199-204; Schweitzer, Michael / Hummer, Waldemar / Obwexer, Walter: Europarecht. Das Recht der Europäischen Union, Wien 2007.*

---

175. Welche vier Motive sind schlagwortartig als Grundlage für die europäische Integration zu nennen?

Europa ist im Verlauf seiner Geschichte in alle großen Auseinandersetzungen einbezogen gewesen. Es hat die Spannungen zwischen griechischer und römischer Klassik und zwischen Kirche und Staat und die Aufspaltung des Kontinents in viele Kleinstaaten miterlebt. Der Erwerb und Verlust von Territorien bildete die Grundlage der Geschichtsdaten (vgl. ausführlich 📖 Seibt). Die territoriale Zersplitterung des Kontinents wurde infolge politischer und wirtschaftlicher Fortschritte (Aufklärung) teilweise in den entstehenden Nationalstaaten des 19. Jahrhunderts aufgelöst. Das Europabewusstsein geriet in Wettstreit mit national begrenzten Interessen. Europa stand schließlich zu Beginn des 20. Jahrhunderts im Mittelpunkt der politischen und wirtschaftlichen Welt (📖 Weidenfeld, S. 20 f.). Infolge des technischen Voranschreitens und der damit verbundenen zunehmenden Mobilität der Menschen geriet Europa nach den verheerenden Zerstörungen durch zwei Weltkriege und dem damit verbundenen wirtschaftlichen Niedergang an eine weltpolitische Randlage. Die neuen Weltmächte wurden die USA und die UdSSR, die ihren gesellschaftspolitischen Konflikt – der Mensch als Person und die Volkssouveränität als Legitimation staatlichen Handelns einerseits, der Mensch als Gattungswesen und Volksdemokratie andererseits – auf dem

europäischen Kontinent, der nun in West und Ost aufgeteilt war, austrugen.
Vier Motive (nach 📖 Weidenfeld sind es fünf, s. S. 21 f.) bestimmten wesentlich die europäische Integration: Wichtigstes ist das *Motiv der Friedenssicherung*: Nach den Erfahrungen zweier Weltkriege bestand bei den Menschen in Europa der Wunsch nach Sicherheit und Frieden. Ein geeintes Europa schien diesen Wunsch eher zu erfüllen als die einzelnen Nationalstaaten für sich. Außerdem wollte man geeint einer möglich erscheinenden kommunistischen Expansion entgegentreten. An zweiter Stelle ist das *Motiv der Erwartung gemeinsamer Macht* zu nennen, das auch den *Wunsch nach einem neuen Selbstverständnis* (📖 Weidenfeld, S. 21) beinhaltet. Im zweiten Weltkrieg hatten sich die europäischen Staaten, die bis dahin international eine bedeutende Rolle spielten, wirtschaftlich gegenseitig zerstört und damit ihre Vormachtstellung zu Gunsten der Großmächte USA und UdSSR eingebüßt. Den zu diesen Weltmächten vergleichsweise kleinen europäischen Staaten blieb nur die Hoffnung, dass sie diese Macht, die sie als Nationalstaat verloren hatten, in der Gemeinschaft zurückerlangen würden. Dabei spielte es auch eine Rolle, eine neue Gemeinschaftserfahrung zu bieten, welche die nationalistische Einstellung, die bis zum Zweiten Weltkrieg die europäischen Staaten prägte, überwinden sollte. Freizügigkeit prägt das *Motiv der Freiheit von Handel und Verkehr*. Die freie, freizügige, ungehinderte Bewegung von Personen, Kapital und Waren, aber auch von Meinungen und Informationen waren schon häufiger der Wunsch der Bürger in Europa gewesen. Verstärkt wurde dieser Wunsch durch die gerade erst erfahrenen Beschränkungen während des zweiten Weltkriegs. Für die Bürger besonders spürbar ist das *Motiv des wirtschaftlichen Wohlstands*. Wirtschaftlich waren die Staaten Europas nach dem zweiten Weltkrieg am Boden. Ein gemeinsamer Markt sollte den Handel intensivieren. Mit der Intensivierung des Handels in ganz Europa sollte ein großer wirtschaftlicher Aufschwung einhergehen und schließlich zur ökonomischen Stabilität in Europas Staaten führen. Erwartet wurde dabei eine erhebliche Anhebung des Lebensstandards.

📖 *Seibt*, Ferdinand: Die Begründung Europas. Ein Zwischenbericht über die letzten tausend Jahre, Bundeszentrale für politische Bildung, Band 478, Bonn 2005; **Weidenfeld**, Werner: Europa – aber wo liegt es?, in: Weidenfeld (Hg.), Europa-Handbuch, Bonn 2002, S. 15-40.

---

176. Die Montanunion war die erste Gemeinschaft in der Entwicklung der europäischen Integration. Welche Hauptmotive gab es zu ihrer Gründung und welche Strukturen hatte sie?

Auf Initiative des französischen Außenministers Robert Schuman („Schuman-Plan" vom 9. Mai 1950) kam es zwischen den Ländern Frankreich, Italien, Deutschland, Belgien, Niederlande und Luxemburg am 18. April 1951 zur Unterzeichnung des Vertrages über die Europäische Gemeinschaft für Kohle und Stahl (EGKS), der am 23. Juli 1952 in Kraft trat. Hauptmotive für diese Gründung waren die Hoffnung auf Beendigung der Erbfeindschaft zwischen Frankreich und Deutschland sowie die Schaffung eines Grundsteins für die europäische Föderation (⚲ Weidenfeld, S. 22). Denn die EGKS sollte einerseits einen gemeinsamen Markt für Kohle und Stahl in den sechs Gründerstaaten schaffen und andererseits damit gleichzeitig eine gemeinsame Kontrolle, Planung und Verwertung dieser Grundstoffe und deren Produkte ermöglichen. Die gegenseitige Kontrolle der damals für Kriege wichtigsten Güter Kohle und Stahl sollte Kriegstreiben eines Mitgliedstaates von vornherein ausschließen.

Die Exekutivrechte hatte nach dem Vertrag eine *Hohe Behörde*, die politischen Richtlinien- und Legislativrechte der sog. besondere *Ministerrat*. Daneben besaß die *Gemeinsame Versammlung* die Qualität eines Diskussionsgremiums mit einigen Kontrollrechten, die aber sehr eingeschränkt waren. Erstmals war damit die supranationale Organisation eines zentralen Politikbereichs gelungen, der bislang in nationalstaatlicher Kompetenz lag.

⚲ *Weidenfeld*, Werner: Europa – aber wo liegt es?, in: Weidenfeld (Hg.), Europa-Handbuch, Bonn 2002, S. 15-40.

---

177. Wie ist der Unterschied des EG-Rechts zu Völkerrecht zu erläutern?

Das EG-Recht betrifft eine Organisation, die – zumindest in ihrer Ersten Säule – „supranational" ausgestaltet ist. D. h. einige Politikfeldern, also Teilbereiche gesamtstaatlicher Aufgaben, sind „überstaatlich" organisiert in dem Sinne, dass nicht mehr die teilnehmenden Nationen in diesen Politikfeldern die Hoheitsrechte wahrnehmen, sondern diese an die überstaatliche Organisation, hier eben die EG, abgegeben haben. Somit verfügt die EU als Rechtsordnung „eigener Art" (so schon ✐ BVerfGE 37, 271 – Solange I) über *eigene* Hoheitsrechte. Ein Teil ihrer Rechtsakte, hier insbesondere die EG-Verordnungen, gelten daher unmittelbar in den Mitgliedstaaten und haben den sog. „Durchgriff".

Dagegen kennt das Völkerrecht nur den Begriff „international". Mit ihm wird auf den „zwischenstaatlichen" Charakter einer Organisation hingewiesen. Die an der internationalen Organisation (z. B. die Vereinten Nationen [VN] oder der Europarat) teilnehmenden Nationen verlieren nicht ihre Hoheitsgewalt, auch nicht in dem Politikfeld, das in der internationalen Organisation zur Debatte steht und vertraglich vereinbart wird. Internationale Organisationen sind völkerrechtlich geregelt. Im Unterschied zum EG-Recht bedürfen die Rechtsakte internationaler Organisationen zu ihrer Wirksamkeit erst der „Zwischenschaltung" eines innerstaatlichen Recht setzenden Akts. Erst durch die „Transformation" bzw. „Rechtsanwendungsbefehl" werden damit die Resolutionen internationaler Organisationen national umgesetzt (vgl. ▭ Hobe).

▭ *Hobe, Stephan: Einführung in das Völkerrecht. 9. Aufl., Stuttgart 2008.*

---

178. Welche Vorteile hat ein europäischer Binnenmarkt gegenüber einem nationalstaatlich abgeschotteten Markt?

Ein nationalstaatlich abgeschotteter Markt will heimische Produkte schützen. Dies wird dadurch erreicht, dass Produkte aus anderen Staaten mit Einfuhrzöllen belegt werden, um zum Beispiel Produkte, die in anderen Staaten aufgrund anderer Strukturen billiger angeboten werden, künstlich zu verteuern. Wird zum Beispiel Wein in Großbritannien eingeführt, weil das Land aufgrund klimatischer Bedingungen selbst nicht oder nicht genügend (preiswerten) Wein produziert, erhebt das Land Steuern, weil Briten, die ausländischen Wein trinken, weniger heimische Produkte

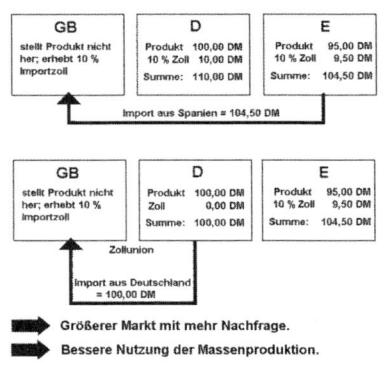

(z. B. „Ale", „Whisky") konsumieren und der Staatshaushalt dennoch Einnahmen erzielt. In obigem Schaubild sind zwei Situationen dargestellt, oben die Situation bevor es den EU-Binnenmarkt gab, unten die Situation, nachdem Großbritannien und Deutschland EG-Mitglieder waren, Spanien aber noch nicht. Es lässt sich erkennen, dass sich durch den Binnenmarkt die Importströme verändern. Aufgrund der Zollunion wird das Produkt aus Deutschland billiger, sodass der Wein nicht mehr aus Spanien, sondern aus Deutschland bezogen wird. Gleichzeitig ist der Markt größer geworden, sodass die Massenproduktion besser genutzt werden kann. Diese wiederum bedingt günstigere Preise, sodass sich mehr Menschen (auch im produzierenden Staat selbst) das Produkt leisten können. Durch den Binnenmarkt wird also für die Bürger mehr Wohlstand erreicht.

---

179. Welche dem Maastricht-Vertrag vorhergehenden Verträge gibt es?

Am 18. April 1951 wurde der Vertrag über die Europäische Gemeinschaft für Kohle und Stahl (EGKS) unterzeichnet, der am 23. Juli 1952 in Kraft trat. Am 27. Mai 1952 wurde der Vertrag zur Errichtung der Europäischen Verteidigungsgemeinschaft (EVG) abgeschlossen; er scheiterte aber 1954 in der französischen Nationalversammlung, sodass auch die Europäische Politische Gemeinschaft (EPG) vorerst wieder aufgegeben wurde. Am 25. März 1957 folgten aber die sog. „Römischen Verträge" zur Gründung der Europäischen Wirtschaftsgemeinschaft (EWG) und der Europäischen Atomgemeinschaft (EAG = EURATOM). Schließlich wurde die Einheitliche Europäische Akte (EEA) am 17. Februar 1986 in Luxemburg von neun Mitgliedstaaten (später auch von den anderen) unterzeichnet. Die EEA ist ein Vertrag zwischen den Mitgliedsländern zur Änderung und Ergänzung der Gründungsverträge, wobei die Änderungen und Ergänzungen sich vor allem auf den EWG-Vertrag beziehen und dort unter das in Art. 236 EWGV geregelte Verfahren zur förmlichen Vertragsänderung fällt. Die EEA trat am 1. Juli 1987 in Kraft.

📖 *Weidenfeld*, Werner: *Europäische Einigung im historischen Überblick, in: Weidenfeld / Wessels (Hg.), Europa von A-Z, 11. Aufl., Baden-Baden 2009, S. 19-53.*

Unterabschnitt:
Europäisches Recht in nationaler Transformation

180. Welcher Unterschied besteht zwischen dem EuGH und dem EGMR?

Die Urteile des Europäischen Gerichtshofs (EuGH), der Organ der Europäischen Union ist, binden alle Verfahrensbeteiligten. Die Urteile beziehen sich auf das supranationale Recht der EU. Sie werden in der amtlichen Sammlung veröffentlicht und ihr Tenor außerdem im Amtsblatt der Europäischen Union abgedruckt. Seit Inkrafttreten des Maastrichter Vertrags über die Europäische Union kann der EuGH nach Art. 171 EGV auch Zwangsgelder verhängen, wenn sich EU-Mitgliedstaaten dem Urteil des Gerichts nicht fügen. Demgegenüber ist der Europäische Gerichtshof für Menschenrechte (EGMR) in Straßburg dem Europarat zuzuordnen. Seine Urteile beziehen sich auf die Vorschriften der Europäischen Konvention zum Schutze der Menschenrechte und Grundfreiheiten (Europäische Menschenrechtskonvention – EMRK), sodass deren Bindungswirkung daher völkerrechtlichen Strukturen unterliegt (📖 Ipsen, § 49, Rdnr. 9 ff.). Daraus ist zunächst abzuleiten, dass die innerstaatliche Verbindlichkeit der Entscheidungen des EGMR eher „schwach" ist. Tatsächlich aber hat das Bundesverfassungsgericht 2004 (✏ BVerfG 2 BvR 1481/04 vom 14.10.2004) entschieden, dass sich die Bindungswirkung des EGMR auf alle staatlichen Organe erstreckt und diese grundsätzlich verpflichtet, „im Rahmen ihrer Zuständigkeit und ohne Verstoß gegen die Bindung an Recht und Gesetz (Art. 20 Abs. 3 GG) einen fortdauernden Konventionsverstoß zu beenden und einen konventionsgemäßen Zustand herzustellen" (Absatz-Nr. 30 nach 🖳 www.bverfg.de/entscheidungen/rs20041014_2bvr148104.html; zur Verbindlichkeit der Entscheidungen des EGMR vgl. 📖 van Ooyen, S. 262-269).

📖 *Ipsen, Jörn: Staatsrecht II: Grundrechte. 12. Aufl., Neuwied 2009; van Ooyen, Robert Chr.: Politik und Verfassung. Beiträge zu einer politikwissenschaftlichen Verfassungslehre. Wiesbaden 2006.*

181. Welcher Unterschied besteht – ausgehend von der EU – zwischen einer „supranationalen Organisation" und einer „internationalen Organisation"?

Der Begriff „supranational" zielt auf den „überstaatlichen", der Begriff „international" auf den „zwischenstaatlichen" Charakter einer Organisation. Internationale Organisationen sind völkerrechtlich geregelt. Dagegen verfügt die EU als Rechtsordnung „eigener Art" (so schon ✐ BVerfGE 37, 271 – Solange I) über eigene Hoheitsrechte. Ein Teil ihrer Rechtsakte, hier insbesondere die EG-Verordnungen, gelten daher unmittelbar in den Mitgliedstaaten und haben den sog. „Durchgriff". Im Unterschied dazu bedürfen die Rechtsakte internationaler Organisationen zu ihrer Wirksamkeit erst der „Zwischenschaltung" eines innerstaatlichen rechtssetzenden Akts. Erst durch „Transformation" bzw. „Rechtsanwendungsbefehl" werden damit die Resolutionen internationaler Organisationen national umgesetzt (vgl. 📖 Bieber / Epiney / Haag).

📖 *Bieber*, Roland / *Epiney*, Astrid / *Haag*, Marcel (Hg.): *Recht der Europäischen Union, Europarecht und Politik*, 8. Aufl., Baden-Baden 2008; *Bieber*, Roland (Einf.): *Europarecht: Textausgabe mit einer Einführung von Roland Bieber*, 20. Aufl., Baden-Baden 2010.

182. Was ist unter sekundäres EG-Recht zu verstehen?

Zum primären Unionsrecht gehören alle Verträge nebst Anhängen und Protokollen. Unter sekundäres Unionsrecht versteht man das aus dem primären Recht folgende Recht, das von den Organen der EU erlassen wird, also Verordnungen, Richtlinien, individuelle Entscheidungen sowie Empfehlungen und Stellungnahmen.

183. Wie ist die Mehrheits- und Minderheitsmeinung aus „Solange I" staatstheoretisch zu erläutern?

Im Beschluss des Bundesverfassungsgerichts von 1974 (✐ BVerfGE 37, 271) prüfte das Gericht grundlegend das Problem des „Vorrangs" des EG-Rechts vor einfachem Gesetzesrecht, das aber längst anerkannt war (vgl. 📖 Bieber / Epiney / Haag, S. 132), und darüber hinaus, ob das aus den Verträgen abgeleitete sekundäre Gemeinschaftsrecht, insbesondere EG-Verordnungen, sich auch über verfassungsrechtliche Bestimmungen hinwegsetzen darf. Dabei kam das Gericht in seiner Mehrheitsentscheidung (5 : 3) zu dem Ergebnis, dass zwar das Gemeinschaftsrecht eine „Rechtsordnung eigener Art" sei, dass es aber *neben* dem deutschen Verfassungsrecht im Sinne der dualistischen Theorie von Heinrich Triepel (📖 van Ooyen, S. 12) existiere und von „staatlicher Autonomie" gar keine Rede sein könne. Die Mehrheit der Richter entscheid gegen den ausdrücklichen Wortlaut des Art. 24 GG, dass „im Rahmen europäischer Integration überhaupt keine Hoheitsrechte abgegeben worden seien" (📖 van Ooyen, ebd.). Dagegen betonte die Minderheit der drei Richter, dass zwar der Kern der Verfassung, insbesondere der Grundrechtsschutz, gar nicht über Art. 24 GG aufgegeben werden kann. Allerdings muss der Europäischen Gemeinschaft ein solcher Grundrechtsschutz zugestanden werden, obwohl (sogar bis heute) ein formal verabschiedeter Grundrechtskatalog fehlt. Denn alle Mitgliedstaaten sind vor Beitritt zur Europäischen Gemeinschaft bereits Mitglied im Europarat und haben dort die Europäische Konvention zum Schutze der Menschenrechte und Grundfreiheiten (Europäische Menschenrechtskonvention – EMRK) anerkannt. Dadurch – so die Minderheitsmeinung – liege ein dem deutschen vergleichbarer, europäischer Grundrechtsschutz vor. Da in Art. 24 Abs. 1 GG vorgesehen ist, dass Deutschland Hoheitsrechte auf zwischenstaatliche Einrichtungen übertragen kann, müsse hier davon auch ausgegangen werden (zur genauen Analyse vgl. 📖 van Ooyen, S. 11-17).

📖 **Bieber**, Roland / **Epiney**, Astrid / **Haag**, Marcel (Hg.): *Recht der Europäischen Union, Europarecht und Politik, 8. Aufl., Baden-Baden 2008; van Ooyen, Robert Chr.: Die Staatstheorie des Bundesverfassungsgerichts und Europa. Von Solange über Maastricht zu Lissabon, 3. Aufl., Baden-Baden 2010.*

---

184. Wie ist überblicksmäßig der Inhalt des Maastricht-Vertrags zu erläutern?

Der Maastrichter Vertrag stellte nach der Einheitlichen Europäischen Akte die zweite, umfassende Reform der Gemeinschaftsverträge dar und bestimmt bis heute neue Bereiche der Zusammenarbeit. Der Maastrichter Vertrag will vor allem den Wandel von der Gemeinschaft zur Union im Sinne eines Bundesstaates. Drei Pfeiler sollen die Union tragen: *1. Säule* und Hauptstütze ist der EG-Vertrag (EGV), der den bisher gültigen EWG-Vertrag umfassend fortschreibt. Der EGV enthält auch die Bestimmungen zur Wirtschafts- und Währungsunion sowie zur Unionsbürgerschaft. Die *2. Säule* betreffen die Regelungen über die Zusammenarbeit in den Bereichen Justiz und Inneres. Die *3. Säule* ist die Gemeinsame Außen- und Sicherheitspolitik (EPZ).

---

185. Welche Änderungen in Bezug auf das Wahlrecht kennt der Maastricht-Vertrag?

Mit In-Kraft-Treten des Maastricht-Vertrags, also des Vertrags über die Europäische Union, am 1. November 1993 erhielten die Staatsangehörigen der Mitgliedstaaten die Unionsbürgerschaft, mit der verschiedene Rechte verbunden sind. In Bezug auf das Wahlrecht haben nunmehr alle Unionsbürger das aktive und passive Wahlrecht bei Wahlen zum Europäischen Parlament (EP), auch wenn sie ihren Wohnsitz in einem anderen EU-Staat haben. Ebenso haben die Unionsbürger das kommunale Wahlrecht an ihrem jeweiligen Wohnsitz. Damit die Möglichkeit der zweimaligen Stimmabgabe verhindert wird, müssen sich die Unionsbürgerinnen und Unionsbürger, die in einem anderen EU-Mitgliedstaat EP-Abgeordnete wählen wollen, bei Wahlen zum Europäischen Parlament zuvor in der Gemeinde ihres Heimatlandes (eine aus Wien stammende Österreicherin, die in München lebt, also in Wien) den Antrag stellen, im Wohnsitzstaat wählen zu wollen und die Erklärung abgeben, dass sie von ihrem Wahlrecht nur einmal Gebrauch machen. Wählen können die Unionsbürgerinnen und Unionsbürger in ihrem Wohnsitzstaat aber nur die Parteien, die sich dort zur Wahl stellen (die Österreicherin in München kann also nur deutsche Parteien wählen). Für die Gemeindewahlen bestehen diese Formalitäten nur in einigen Mitgliedsländern der EU. In Deutschland etwa hat Bayern festgelegt, dass sich EU-Bürgerinnen und EU-Bürger, die an bayerischen Kommunalwahlen teilnehmen wollen, registrieren lassen müssen (📖 Fritzler / Unser, S. 73).
📖 *Fritzler*, Marc / *Unser*, Günther: Die Europäische Union. Reihe „Politik kurz gefasst" der BpB, 2. Aufl., Bonn 2001.*

---

186. Aus welchem Personenkreis besteht der Europäische Rat und was sind seine Aufgaben?

In den EG-Gründungsverträgen war ursprünglich der Europäische Rat nicht vorgesehen. Er entstand 1974 außerhalb eines EG-Vertrags durch den Beschluss der Staats- und Regierungschefs der EG, zukünftig regelmäßig drei-, mindestens aber zweimal im Jahr zu tagen. Seitdem treffen sich die Staats- und Regierungschefs der EU-Länder sowie der Präsident der Kommission der Europäischen Union, unterstützt von den Außenministern und einem Mitglied der EU-Kommission, um über Grundsatzfragen der europäischen Zusammenarbeit und der internationalen Politik zu beraten und zu beschließen. Entscheidungen des Europäischen Rats können nur durch Konsens zustande kommen. Vertragsgrundlage des Europäischen Rates (ER) wurde schließlich zunächst Art. 2 EEA. Nach Inkrafttreten des Vertrags von Maastricht über die Europäische Union (VvM) war Vertragsgrundlage Art. D (Gemeinsame Bestimmungen) VvM, der nunmehr Art. 4 EUV ist. Allerdings steht dieses Gremium „oberhalb" der Europäischen Union und ist damit „extrakonstitutionell" außerhalb der Kontrolle des Europäischen Gerichtshofs angesiedelt. Damit gehört der ER nicht zu den Organen der EU (vgl. 📖 Wessels, Europa von A-Z, S. 206), sollte es aber nach dem Vertrag über eine Verfassung für Europa werden (s. Art. I-18 VEK). Auch nach dem Lissaboner Vertrag ist der ER nicht unmittelbar an der Rechtsetzung beteiligt, sollte aber nach dem Verfassungsentwurf künftig „Europäische Beschlüsse" fassen können (vgl. z. B. Art. I-23 Abs. 3 VEK) Art. 4 Abs. 1 EUV gibt „...der Europäische Rat ... der Union die für ihre Entwicklung erforderlichen Impulse und legt die allgemeinen politischen Zielvorstellungen für diese Entwicklung fest." Da somit der ER die Grundlinien der EU-Politik bestimmt, beeinflusst er wesentlich die Entwicklung des Integrationsprozesses. Faktisch nimmt der Europäische Rat vier Funktionen wahr: 1. Zwischen den Regierungschefs findet ein informeller und vertraulicher Gedankenaustausch zu allen wesentlichen Fragen internationaler Politik statt. 2. Die Staats- und Regierungschefs sind die Initiatoren für die wesentliche Ausweitung des Bereichs der gemeinsamen Aktivitäten. Auch wenn er keine rechtsverbindlichen Beschlüsse für die EU verabschiedet hat, so ist der ER in der Realität das zentrale Entscheidungsgremium der Union. 3. Für die Organe der

Europäischen Union und die Mitgliedstaaten verabschiedet der ER allgemeine Leitlinien vor allem in wirtschaftlichen und sozialpolitischen Fragen. 4. Der ER verkündet außenpolitisch als besonders wichtig angesehene Erklärungen (vgl. 📖 Wessels, Europa-Handbuch, S. 331 f.; 📖 Fritzler / Unser, S. 40 f.).

📖 *Fritzler, Marc / Unser, Günther: Die Europäische Union. Reihe „Politik kurz gefasst" der BpB, 2. Aufl., Bonn 2001; Läufer, Thomas (Hg.): Vertrag über eine Verfassung für Europa. Entwurf des Europäischen Konvents vom 18. Juli 2003, Bonn 2004; Wessels, Wolfgang: Europäischer Rat, in: Weidenfeld / Wessels (Hg.), Europa von A-Z, 11. Aufl. Baden-Baden 2009, S. 205-210; Wessels, Wolfgang: Das politische System der EU, in: Weidenfeld (Hg.), Europa-Handbuch, Bonn 2002, S. 329-347.*

---

187. Welche Rolle übt das Europäische Parlament im politischen System der Europäischen Union aus?

Das Europäische Parlament (EP) ist das demokratische Organ der EU, dessen Mitglieder nach Art. 190 EGV in allgemeiner, unmittelbarer Wahl gewählt werden. Das EP hat im Vergleich mit den nationalen Parlamenten nur begrenzte Rechte, die sich aber im Laufe der Entwicklung der Europäischen Integration stetig erweiterten. Vorläufer des EP war die Gemeinsame Versammlung der EGKS. Die 7. Direktwahl fand 2009 statt, gewählt wurden 736 Abgeordnete, darunter 99 aus Deutschland. Neue Beitritts- oder Assoziierungsabkommen sind von der Zustimmung des EP abhängig. Im Übrigen ist das EP auf Kontroll- und Anhörungsrechte beschränkt. Dadurch wird dem parlamentarischen Organ des EU-Systems eine Bedeutungsschwäche unterstellt, die allgemein zur Forderung nach konstitutioneller Stärkung des EP führt. Denn es ist schon mit dem Maastricht-Urteil des Bundesverfassungsgerichts vom 12. Oktober 1993 (✒ BVerfGE 89, 155) festgestellt, dass zwar das Demokratieprinzip die Bundesrepublik Deutschland nicht an einer Mitgliedschaft in einer supranational organisierten, zwischenstaatlichen Gemeinschaft hindert. „Voraussetzung der Mitgliedschaft ist aber, daß eine vom Volk ausgehende Legitimation und Einflußnahme auch innerhalb des Staatenverbundes gesichert ist." (2. Leitsatz, 2. Satz; zur demokratischen Legitimation vgl. 📖 van Ooyen, S. 23 ff.). In dem Verfassungsentwurf des Europäischen Konvents (VEK) vom 18. Juli 2003 (vgl. 📖 Läufer) ist dazu vorgesehen, die Rechte des Europäischen Parlaments in Art. I-33 VEK so zu stärken, dass es künftig gemeinsam mit dem Ministerrat Europäische Gesetze und Rahmengesetze nach dem in Art. III-302 VEK festgelegten Verfahren erlässt (vgl. 📖 Läufer, S. 38). Dies ist aber mit dem Vertrag von Lissabon von 2008 nicht erreicht worden. Derzeit erfüllt das EP verschiedene Funktionen: Erstens ist es ein Ort der Diskussion, in dem Sorgen und Nöte der Bürger und deren Lösungsvorschläge, aber auch Interessen artikuliert sowie Initiativen entwickelt werden. Es erfüllt damit eine *Forumsrolle*. Das EP wirkt am Zustandekommen des Unionshaushalts mit und verfügt im Kooperationsverfahren, das für die EU-Gesetzgebung zum europäischen Binnenmarkt eingeführt wurde, über erweiterte Mitspracherechte. Zweitens erfüllt das EP die Rolle der *Legislative*. Allerdings ist die gesetzgeberische Kompetenz auch nach Inkrafttreten des Vertrags über die Europäische Union noch stark beschränkt, wobei aber eine Gewaltenteilung zwischen Legislative (EP) und Exekutive (EU-Kommission) bereits gegeben ist. Derzeit ist das EP in unterschiedlichen Formen *Mitgestalter* an den Entscheidungen der EU, weil es insgesamt über so viele Mittel und Befugnisse verfügt, dass die anderen Beteiligten des Entscheidungsprozesses auf das EP Rücksicht nehmen müssen. Das EP ist zwar bisher noch nicht zum europäischen Gesetzgebungsorgan geworden, dennoch entspricht seine Stellung dem klassischen Gewaltenteilungsschema in höherem Maße als die manches nationalen Parlaments, da es in seiner Gesamtheit die Exekutive kontrolliert – nicht nur über eine stets in der Minderheit befindlichen Opposition (📖 Maurer, S. 217 ff.; vgl. auch 📖 Wessels, S. 332-336).

📖 *Läufer*, Thomas (Hg.): Vertrag über eine Verfassung für Europa. Entwurf des Europäischen Konvents vom 18. Juli 2003, Bonn 2004; **Maurer**, Andreas: Europäisches Parlament, in: Weidenfeld / Wessels (Hg.), Europa von A-Z, 11. Aufl., Baden-Baden 2009, S. 217-225; **van Ooyen**, Robert Chr.: Die Staatstheorie des Bundesverfassungsgerichts und Europa. Von Solange über Maastricht zu Lissabon, 3. Aufl., Baden-Baden 2010; **Wessels**, Wolfgang: Das politische System der EU, in: Weidenfeld (Hg.), Europa-Handbuch, Bonn 2002, S. 329-347.

188. Aus welchem Personenkreis besteht der Rat der Europäischen Union und was sind seine Aufgaben?

Der Rat oder auch Ministerrat der Europäischen Union ist nach dem Europäischen Rat das oberste Entscheidungsgremium der Europäischen Union. In ihm treten die Außenminister oder die jeweils zuständigen Fachminister als weisungsgebundene Vertreter der nationalen Regierungen zur Beratung und Beschlussfassung zusammen. Dabei ist die jeweilige Stimmengewichtung (von 3 [Malta] bis zu 29 [z. B. Deutschland]) von der Größe des Landes abhängig. Vertragsgrundlagen des Ministerrats, der sich aus je einem Vertreter der Mitgliedstaaten auf Ministerebene zusammensetzt, sind Art. 145 bis 154 EGV. Die wichtigste Funktion des Ministerrats besteht in der Vertretung der Interessen der Mitgliedstaaten auf der EU-Ebene. Der Rat nimmt hier die Funktion einer gesetzgebenden Gewalt wahr. Nach dem Verfassungsentwurf des Europäischen Konvents (VEK) vom 18. Juli 2003 (vgl. ⌨ Läufer) war ursprünglich vorgesehen, die Rechte des Europäischen Parlaments in Art. I-33 VEK so zu stärken, dass es künftig *gemeinsam* mit dem Ministerrat Europäische Gesetze und Rahmengesetze nach dem in Art. III-302 VEK festgelegten Verfahren erlässt (vgl. ⌨ Läufer, S. 38). Dies wurde aber mit dem Lissabonner Vertrag 2008 nicht erreicht. Dennoch sinkt weiter die Macht des Rats, der ursprünglich sogar außerdem Befugnisse der ausführenden Gewalt hatte. Da aber immer noch maßgeblich der Rat das gesetzgebende Organ der EU ist, lässt sich daraus schließen, dass im Wesentlichen die Interessen der Mitgliedstaaten und nicht das Gemeinschaftsinteresse die Politik der Europäischen Union bestimmen (vgl. ⌨ Umbach, S. 306 ff.). Viele Entscheidungen müssen deshalb einstimmig gefasst werden, damit in einer Gemeinschaft mit gleichen Rechten und Pflichten kein Mitgliedstaat in wichtigen Fragen überstimmt werden kann. Der Ministerrat fällt seine Entscheidungen bei bestimmten Fragen mit Einstimmigkeit (z. B. beim Steuerrecht), bei anderen mit qualifizierter Mehrheit und im Übrigen mit einfacher Mehrheit. Ist eine qualifizierte Mehrheit gefordert, muss neben der Mehrheit (u. U. auch zwei Drittel) der Mitgliedstaaten mindestens drei Fünftel der Bevölkerung der Union repräsentiert sein. Die innerhalb der EU-Institutionen dominante Stellung des Ministerrats wurde durch die EEA, den VvM und den VvA weiter eingeschränkt: In der Haushalts- und in der Assoziierungspolitik sowie bei Verträgen zur Erweiterung der EG muss der Rat seine Entscheidungskompetenz mit dem Europäischen Parlament teilen. Die Exekutivbefugnisse sind auf die EU-Kommission übertragen. Nur auf Grundlage eines Vorschlags der Kommission hin – abgesehen von unwesentlichen Ausnahmen – kann der Ministerrat tätig werden. An allen Sitzungen des Rates und seinen nachgeordneten Behörden beteiligen sich deshalb Vertreter der Kommission, die zu jeder Zeit das Recht haben, den Vorschlag der Kommission zu ändern oder sogar zurückzunehmen. Der Rat kann hingegen einen Vorschlag der Kommission nur einstimmig ändern. Da der Rat häufig mit einer qualifizierten Mehrheit den Text der Kommission verabschiedet, kommen Beschlüsse des Ministerrates nur selten ohne Zustimmung der Kommission zustande (🕮 Wessels, S. 334-336).

🕮 *Läufer, Thomas (Hg.): Vertrag über eine Verfassung für Europa. Entwurf des Europäischen Konvents vom 18. Juli 2003, Bonn 2004;* **Umbach, Gaby:** *Rat der EU, in: Weidenfeld / Wessels (Hg.), Europa von A-Z, 11. Aufl., Baden-Baden 2009, S. 306-314;* **Wessels,** *Wolfgang: Das politische System der EU, in: Weidenfeld (Hg.), Europa-Handbuch, Bonn 2002, S. 329-347.*

---

189. Welche Aufgaben und Funktionen übt die Europäische Kommission aus?

Die Europäische Kommission (EK) hat ihre Vertragsgrundlagen in Art. 211-219 EGV. Sie ist als unabhängiges, überstaatliches Organ auf die Interessen der Gemeinschaft verpflichtet. Sie ist einerseits für die Durchführung der Ratsbeschlüsse oder die Anwendung der EG-Vertragsbestimmungen verantwortlich, hat andererseits aber auch ein weitgehendes Initiativ- und Vorschlagsrecht, mit dem sie die Union vorantreiben kann. Die Kommission besteht aus Mitgliedern, die Staatsangehörige eines der Mitgliedstaaten der EU sein müssen. Nach Art. I-25 Abs. 3 VEK sollte sich die stimmberechtigte Gesamtzahl ab dem 1. November 2009 nur noch auf 15 Mitglieder beschränken, die im Rotationssystem aufgrund eines Europäischen Beschlusses des ER innerhalb der Mitgliedstaaten wechseln (vgl. 🕮 Läufer, S. 33 f.). Dies ist aber mit dem Lissabonner Vertrag von 2008 nicht gelungen. Seit dem Beitritt Rumäniens und Bulgariens entsendet jeder Mitgliedstaat 1 Kommissionsmitglied, sodass derzeit eine Gesamtzahl von 27 Kommissionsmitgliedern vorliegt (📖 Diedrichs, S. 151).

Die Kommissionsmitglieder werden nach Art. 157 Abs. 1 EGV aufgrund ihrer allgemeinen Befähigung ausgewählt und müssen volle Gewähr für ihre Unabhängigkeit bieten. Im gegenseitigen Einvernehmen wird von den Mitgliedstaaten der Kommissionspräsident nach Anhörung des Europäischen Parlaments benannt. Seit Inkrafttreten des VvA hat er nach Art. 219 Abs. 1 EGV die Richtlinienkompetenz. Die übrigen Kommissionsmitglieder werden von den Regierungen der Mitgliedstaaten unter Konsultation des bereits benannten Kommissionspräsidenten *benannt*. Die Kommissionsmitglieder müssen dann *als Kollegium* die Zustimmung des Europäischen Parlaments erhalten und werden anschließend von den Mitgliedstaaten für die Dauer von fünf Jahren einvernehmlich *ernannt* (vgl. 📖 Umbach, S. 306 ff.). Die Kommission kann weder vom Ministerrat noch von den Mitgliedstaaten abgesetzt werden. Nur ein Misstrauensvotum des Europäischen Parlaments kann das Kommissionskollegium zum Rücktritt zwingen. Art. I-26 Abs. 3 Satz 2 VEK sieht aber vor, dass einzelne Kommissarinnen und Kommissare ihr Amt niederlegen müssen, wenn der Kommissionspräsident dazu auffordert.

Die Kommission hat ihren Sitz in Brüssel. Bei Abstimmungen muss die Kommission mit absoluter Mehrheit ihre Beschlüsse fassen. Alle Informationen und alle Aktivitäten der EU laufen bei der Kommission zusammen, und die meisten gehen von ihr aus (vgl. 📖 Wessels, S. 336). In den vergemeinschafteten Bereichen der EU hat die EK allein das Recht, dem Ministerrat Gesetzesinitiativen zur Verabschiedung vorzuschlagen. Vorschläge der EK dürfen vom Rat nur einstimmig abgeändert werden, während die Kommission selbst, die ja an allen Beratungen während des Entscheidungsverfahrens teilnehmen darf, ihren Vorschlag jederzeit im laufenden Verfahren abändern kann. Damit ist die Kommission als Motor der Integration und Herrin des Verfahrens die *Schaltzentrale der EU*. Gleichzeitig kontrolliert die EK, ob die Mitgliedstaaten und die Unternehmen (innerhalb und außerhalb) der Europäischen Union das primäre und sekundäre Gemeinschaftsrecht anwenden. In dieser Funktion wacht sie also einerseits über die Einhaltung der Vertragsbestimmungen (zum Beispiel freier Warenverkehr oder Nichtdiskriminierung) und andererseits auch darüber, ob die EU-Richtlinien korrekt und vollständig in nationales Recht umgesetzt worden sind. Dabei bringt die EK ermittelte Verstöße gegen das EG-Recht vor den Gerichtshof der Europäischen Union (EuGH). In diesem Zusammenhang ist auf der einen Seite das Vertragsverletzungsverfahren nach Art. 226-228 EGV und auf der anderen die Kompetenzen der Kommission auf dem Gebiet des Wettbewerbsrechts zu erwähnen. Die EK kann nämlich bei Nichteinhaltung des Wettbewerbsrechts gegen einzelne Unternehmen Sanktionen aussprechen, gegen welche die Unternehmen wiederum nur die Möglichkeit der Klage vor dem EuGH haben. Damit ist die Kommission auch als *Hüterin der Verträge* anzusehen. Darüber hinaus hat die Kommission der EU auch das Recht (und teilweise die Pflicht), Durchführungsbestimmungen und Rechtsverordnungen zu erlassen (sog. Komitologie). Daraus ergibt sich, dass die Kommission sozusagen die Exekutive der Europäischen Union ist. Sie hat, da sie auf Zuarbeit eines großen Verwaltungsapparates angewiesen ist, einen Stab von rund 20.000 Personen (⊞ Diederichs, S. 149) in verschiedenen so genannten Generaldirektionen, die den nationalen Ministerien durchaus vergleichbar sind (vgl. ⊞ Nicolaysen, Europa-Handbuch, S. 348 ff.; ⊞ Schweitzer / Hummer, S. 45 ff.).

⊞ **Diedrichs**, Udo: Europäische Kommission, in: Weidenfeld / Wessels (Hg.): Europa von A-Z, 11. Aufl., Baden-Baden 2009, S. 149-159; **Läufer**, Thomas (Hg.): Vertrag über eine Verfassung für Europa. Entwurf des Europäischen Konvents vom 18. Juli 2003, Bonn 2004; **Nicolaysen**, Gert: Europarecht I. Die Europäische Integrationsverfassung, 2. Aufl., Baden-Baden 2002; **Nicolaysen**, Gert: Die Europäische Union als Rechtsgemeinschaft, in: Weidenfeld (Hg.): Europa-Handbuch, Bonn 2002, S. 348-360; **Schweitzer**, Michael / **Hummer**, Waldemar / **Obwexer**, Walter: Europarecht. Das Recht der Europäischen Union, Wien 2007; **Umbach**, Gaby: Rat der EU, in: Weidenfeld / Wessels (Hg.), Europa von A-Z, 11. Aufl., Baden-Baden 2009, S. 306-314.

---

190. Wie ist die Zusammensetzung des Gerichtshofs der EU und welche Aufgaben sind ihm zugesprochen?

Der Gerichtshof der Europäischen Union (EuGH) hat seinen Sitz in Luxemburg. Jedes EU-Mitgliedsland entsendet jeweils einen Richter. Den Richtern stehen acht Generalanwälte zur Seite. Die Generalanwälte bereiten parallel zu den Berichterstattern bei den Richtern die anhängigen Streitsachen auf, geben in der mündlichen Verhandlung eine

Streitsachen auf, geben in der mündlichen Verhandlung eine unabhängige Stellungnahme ab und stellen dort Schlussanträge in Form von Rechtsgutachten mit konkretem Entscheidungsvorschlag. An den Urteilsberatungen und Abstimmungen nehmen sie nicht Teil, gehören als Institution aber zum Gericht. Von den Mitgliedstaaten werden Richter und Generalanwälte nach Art. 223 EGV im gegenseitigen Einvernehmen für sechs Jahre ernannt (vgl. ☐ Magiera, S. 199 f.). Alle drei Jahre findet eine teilweise Neubesetzung der Stellen der Generalanwälte und der Richter statt. Die Richter wählen aus ihrer Mitte den Präsidenten des EuGH für jeweils die Hälfte der Amtsperiode (drei Jahre), wobei die Wiederwahl möglich ist. In seiner Aufgabenstellung und Arbeitsweise lässt sich der EuGH mit den obersten Gerichten der Mitgliedsländer vergleichen. Grundvoraussetzung ist eine von politischen und nationalen Interessen unabhängige Aufgabenwahrnehmung (☐ Fritzler / Unser, S. 60-63). 1989 wurde dem EuGH zusätzlich ein sog. Gericht erster Instanz (GeI) beigeordnet, das den EuGH bei EU-internen Streitigkeiten wie Wettbewerbsverfahren, Klagen von Unternehmen und Verbänden sowie Organstreitigkeiten, also bei Verfahren mit umfangreichen, zeitraubenden Beweisaufnahmen, entlasten soll. Dem Gericht erster Instanz gehört jeweils ein Richter aus jedem EU-Mitgliedstaat an. An diesen Grundlagen hielt auch der Verfassungsentwurf des Europäischen Konvents (VEK) vom 18. Juli 2003 (vgl. ☐ Läufer, VEK) im Wesentlichen in Art. I-28 VEK fest (vgl. ☐ Läufer, VEK, S. 35). Durch den Lissabonner Vertrag von 2008 hat sich ebenfalls nicht geändert.

Vertragsgrundlagen des EuGH sind Art. 220-245 EGV. Bei Klagen von Mitgliedstaaten oder von EU-Organen entscheidet der Europäische Gerichtshof in Vollsitzung, ansonsten bildet er Kammern mit je drei, fünf oder sieben Richtern (Art. 221 EGV). Die Beratungen sind nicht öffentlich. Es entscheidet die Mehrheitsmeinung der Richter. Verfahrenssprachen sind die Amtssprachen der Europäischen Union, Arbeitssprache ist Französisch. Die Urteile des EuGH, die in der amtlichen Sammlung veröffentlicht und deren Tenor außerdem im Amtsblatt der Europäischen Union abgedruckt werden, binden die Verfahrensbeteiligten. Seit Inkrafttreten des Maastrichter Vertrags über die Europäische Union kann der EuGH nach Art. 228 EG auch Zwangsgelder verhängen, wenn sich EU-Mitgliedstaaten dem Urteil des Gerichts nicht fügen. Dem EuGH sind aber die Kompetenzen nach Art. 46 EUV ausdrücklich nur auf eindeutig ausgewiesene Bereiche der EG (1. Säule) beschränkt, betreffen nicht die Politikbereiche der GASP, der Gemeinsamen Außen- und Sicherheitspolitik, und nur ganz begrenzt die PJZS, die Polizeiliche und justizielle Zusammenarbeit in Strafsachen (vgl. ☐ Wessels, S. 339-340).

☐ *Läufer, Thomas (Hg.): Vertrag über eine Verfassung für Europa. Entwurf des Europäischen Konvents vom 18. Juli 2003, Bonn 2004; **Magiera**, Siegfried: Europäischer Gerichtshof, in: Weidenfeld / Wessels (Hg.): Europa von A-Z, 11. Aufl., Baden-Baden 2009, S. 199-204; **Vedder**, Christoph / **Heintschel von Heinegg**, Wolff (Hg.): Europäischer Verfassungsvertrag, Handkommentar, Baden-Baden 2007; **Wessels**, Wolfgang: Das politische System der EU, in: Weidenfeld (Hg.), Europa-Handbuch, Bundeszentrale für politische Bildung, Band 373, Bonn 2002, S. 329-347.*

---

191. Welche Aufgaben sind der Europäischen Zentralbank, der Europäischen Investitionsbank und dem Europäischen Rechnungshof zugedacht?

Die Europäische Zentralbank (EZB) in Frankfurt/M wurde am 1. Juni 1998 mit dem Beschluss zum Übergang in die dritte Stufe der Wirtschafts- und Währungsunion (WWU) der Staats- und Regierungschefs der EU errichtet. Sie hat ihre Vertragsgrundlagen in Art. 8 sowie 105-124 EGV i. V. m. dem Protokoll zum EG-Vertrag über die Satzung des Europäischen Systems der Zentralbanken und der Europäischen Zentralbank. Die EZB hat vor allem die Aufgabe, die Preisstabilität in der EU zu gewährleisten. Dadurch unterstützt sie die allgemeine Wirtschaftspolitik der Gemeinschaft. Voraussetzung dafür war, dass die an der Währungsunion teilnehmenden Staaten einen wesentlichen Teil ihrer staatlichen Hoheitsgewalt im Bereich der Währungspolitik an das Europäische System der Zentralbanken (ESZB) und die EZB abgegeben haben (☐ Linsenmann, S. 195 ff.).

Bereits 1958 wurde bei Abschluss des EWG-Vertrages auch die Europäische Investitionsbank (EIB) mit Sitz in Luxemburg geschaffen. Sie ist ein von den übrigen Institutionen der EU unabhängiges öffentlich-rechtliches Kreditinstitut und hat ihre gesetzlichen Grundlagen in Art. 266 und Art. 267 EGV. Mitglieder der EIB sind die Mitgliedstaaten. Ihre Aufgabe besteht vor allem darin, die EU wirtschaftlich weiter zu entwickeln, indem sie zu einer ausgewogenen und reibungslosen Entwicklung des Gemeinsamen Marktes im Interesse der Gemeinschaft beiträgt. Vor allem stellt die EIB nach Art. 267 Buchst. a)-c) EGV Kapital für Investitionsvorhaben, die im Interesse der EU liegen, aber über den freien Wettbewerb nicht finanziert werden können, zur Verfügung. Daher fließen die Darlehnsgelder der EIB überwiegend in Projekte von strukturschwachen Gebieten der EU.

Der Maastrichter Vertrag vom 7. Februar 1992 erhob den Europäischen Rechnungshof (EuRH), der erstmals 1977 seine Arbeit aufgenommen hatte, in den Rang eines Hauptorgans. Grundlage des Rechnungshofs, der seinen Sitz in Luxemburg hat, sind Art. 7 und Art. 246-248 EGV. Entsprechend der Zahl der EU-Mitgliedstaaten hat der EuRH 27 Mitglieder, die nach Anhörung des Europäischen Parlaments einstimmig auf sechs Jahre ernannt werden. Der Präsident wird für drei Jahre gewählt. Als Kollegialorgan beschließt der EuRH in der Regel mit der Mehrheit seiner Mitglieder. Der EuRH prüft nach Art. 248 EGV die Rechtmäßigkeit und Ordnungsmäßigkeit aller Einnahmen und Ausgaben der Union und ihrer Organe, unabhängig davon, ob sie im Haushaltsplan ausdrücklich ausgewiesen sind oder nicht. Darüber hinaus prüft er die Wirtschaftlichkeit der Haushaltsführung der Europäischen Union. So erstattet der Europäische Rechnungshof nach Abschluss eines jeden Haushaltsjahres einen Jahresbericht, den das EP prüft, bevor es der Kommission die Entlastung erteilt (📖 Magiera / Krehan, S. 210 ff.).

📖 *Linsenmann, Ingo: Europäische Zentralbank, in: Weidenfeld / Wessels (Hg.), Europa von A-Z, 11. Aufl., Baden-Baden 2009, S. 195-198;* **Magiera**, *Siegfried /* **Krehan**, *Katrin: Europäischer Rechnungshof, in: Weidenfeld / Wessels (Hg.), Europa von A-Z, 11. Aufl., Baden-Baden 2009, S. 210-213.*

---

192. Welche Aufgaben als EU-Institutionen haben der Europäische Wirtschafts- und Sozialausschuss und der Ausschuss der Regionen?

Nach Art. 257-262 EGV besteht der 1957 gegründete Europäische Wirtschafts- und Sozialausschuss (EWSA) aus bis zu 350 Mitgliedern, die sich aus Vertretern verschiedener Gruppen des wirtschaftlichen und sozialen Lebens zusammensetzen. Gemäß Art. 257 EGV gehören zu diesen Gruppen Erzeuger, Landwirte, Verkehrsunternehmer, Arbeitnehmer, Kaufleute, Handwerker, freie Berufe, Verbraucher sowie Vertreter der

Allgemeinheit. Die Aufgabe des EWSA besteht darin, den verschiedenen Interessengruppen des wirtschaftlichen und sozialen Lebens eine angemessene Vertretung in der EU zu sichern. Die Funktion des EWSA besteht darin, Rat und Kommission der EU zu beraten. Der EWSA muss dabei sowohl vom Rat als auch von der Kommission in bestimmten Fällen angehört werden. Umgekehrt können Rat und Kommission innerhalb einer Frist von mindestens einem Monat eine Stellungnahme vom EWSA einfordern. Da der EWSA aber nur eine beratende Funktion hat, gehört er nicht unmittelbar zu den Organen der Europäischen Union, sondern ist als Sekundär- oder Nebenorgan der Europäischen Union anzusehen (vgl. 📖 Linsenmann, S. 214). Auch nach dem Lissabonner Vertrag vom 9.5.2008 bleibt der EWSA gemäß Art. 7 VvL eine beratende Einrichtung der Union (vgl. 📖 Läufer, S. 37).

Die Mitglieder des EWSA werden auf Vorschlag der nationalen Regierungen vom Rat auf vier Jahre ernannt. Dieses Vorschlagsrecht steht unter der Prämisse, dass die Regierungen doppelt so viele Kandidaten benennen müssen, wie Sitze ihnen zustehen (Art. 259 EGV) und die Zusammensetzung so gewählt ist, dass die verschiedenen Gruppen des wirtschaftlichen und sozialen Lebens auch angemessen repräsentiert sind. Aus ihrer Mitte wählen die Mitglieder des EWSA nach Art. 260 EGV für zwei Jahre einen Präsidenten und ein Präsidium. Außerdem geben sie sich eine Geschäftsordnung. Das Präsidium hat die Aufgabe, die Arbeiten des EWSA zu organisieren und zu koordinieren. Der höchste politische Beamte des EWSA ist der Generalsekretär, dessen Einflussmöglichkeiten nicht zu unterschätzen sind. Sein „Verwaltungsapparat" umfasst rund 500 Angestellte, die nicht nur die administrative, sondern auch die inhaltliche Kontinuität des Ausschusses darstellen. Alle wesentlichen Dokumente werden aber vom Plenum – als dem obersten Beschluss fassenden Organ – in der Regel mit einfacher Mehrheit bei einem Präsenzquorum von mehr als der Hälfte der Mitglieder verabschiedet (📖 Linsenmann, S. 213 ff.).

Mit dem Ausschuss der Regionen (AdR) hat der Maastrichter Vertrag den Ländern mehr Mitwirkungsrechte bei der Gestaltung der Europäischen Union eingeräumt. Der AdR, der seine gesetzliche Grundlage in den Art. 263-265 EGV hat, ist ein beratender Ausschuss, der sich aus Vertretern der regionalen und lokalen Gebietskörperschaften zusammensetzt. Die unabhängigen Mitglieder des Ausschusses, die an keine

Weisungen gebunden sind, sowie eine gleiche Anzahl von Stellvertretern werden nach Art. 263 EGV vom Ministerrat auf Vorschlag der Mitgliedstaaten für vier Jahre ernannt, wobei eine Wiederernennung zulässig ist. Die Funktion des AdR besteht darin, Rat und Kommission der EU zu beraten. Er muss dabei sowohl vom Rat als auch von der Kommission in bestimmten Fällen angehört werden. Umgekehrt können Rat und Kommission innerhalb einer Frist von mindestens einem Monat eine Stellungnahme vom Ausschuss der Regionen einfordern. Da er aber nur eine beratende Funktion hat, gehört er – wie der EWSA – nicht unmittelbar zu den Organen der Europäischen Union (s. 📖 Mittag, S. 85). Der Ausschuss der Regionen wählt aus seiner Mitte einen Präsidenten und das Präsidium auf zwei Jahre und gibt sich nach Art. 264 EG eine Geschäftsordnung. Nach längeren Debatten in Deutschland darüber, wie die 24 Sitze der Bundesrepublik besetzt werden sollen, insbesondere, ob auch die Kommunen Vertreter entsenden dürften, hat man sich darüber geeinigt, dass 21 Sitze den Ländern und drei den Regionalverbänden und Kommunen zur Verfügung stehen sollen (vgl. 📖 Mittag, S. 74 ff.).

📖 ***Läufer**, Thomas (Hg.): Vertrag über eine Verfassung für Europa. Entwurf des Europäischen Konvents vom 18. Juli 2003, Bonn 2004; Linsenmann, Ingo: Europäischer Wirtschafts- und Sozialausschuss, in: Weidenfeld / Wessels (Hg.): Europa von A-Z, 11. Aufl., Baden-Baden 2009, S. 213-216; **Mittag**, Jürgen: Ausschuss der Regionen, in: Weidenfeld / Wessels (Hg.): Europa von A-Z, 11. Aufl., Baden-Baden 2009, S. 84-87.*

---

193. Wie ist die Währungsunion nach dem Maastricht-Vertrag zu erläutern?

In einer Währungsunion sind die Wechselkurse der beteiligten Währungen unwiderruflich und unveränderlich festgeschrieben oder es gibt eine gemeinsame einheitliche Währung. Der Kapitalverkehr zwischen den Mitgliedern der Währungsunion erfolgt über die Ländergrenzen hinweg ohne jegliche Behinderung und Kontrolle. Die Währungspolitik (Geldmenge, Wechselkurse gegenüber Drittstaaten, Leitzinsen) wird zentral gestaltet. Zur Sicherung der Währungsstabilität werden alle Mitgliedstaaten zu einer hohen Haushaltsdisziplin angehalten (z. B. Begrenzung der Staatsausgaben und der Staatsverschuldung). Die Teilnahme an einer Währungsunion bedeutet, dass die Einzelstaaten in vielen Politikbereichen – nicht nur hinsichtlich der Währungspolitik – auf ihre Souveränität (Eigenständigkeit) verzichten, z. B. in der Haushaltspolitik, bei den Steuern, in der Tarifpolitik und in der Außenwirtschaftspolitik (📖 Hillenbrand, S. 370 ff.). Daraus ergibt sich, dass die Einführung der D-Mark in Ostdeutschland am 1. Juli 1990 keine Währungsunion, sondern eine *Währungsreform* war: Denn die deutsche Vereinheitlichung der Geldmittel war systemübergreifend. Zwar war zum Zeitpunkt der Einführung der D-Mark in der ehemaligen DDR eine demokratisch legitimierte Regierung im Amt, es fehlte jedoch sowohl an demokratischen Strukturen in allen gesellschaftlichen Bereichen als auch an marktwirtschaftlichen Strukturen und Know-how. Zudem ließen die verfügbaren Informationen keine wirklich verlässliche Einschätzung der Wirtschaftskraft der damaligen DDR zu.

Dagegen waren und sind die an der europäischen Währungsunion beteiligten EU-Staaten nicht nur durchweg Demokratien und verfügen nicht nur allesamt über eine langjährige marktwirtschaftliche Ordnung – wenngleich auch mit unterschiedlichen Ausprägungen –, zum Zeitpunkt der Verwirklichung der Währungsunion hatten sie bereits mehrere Jahre (seit 1993) einen gemeinsamen Binnenmarkt ohne Grenzen gebildet. Der europäischen Währungsunion ging also eine lange Phase der engsten wirtschaftlichen Zusammenarbeit voraus. Daher war die Einführung der Euro-Währung keine Währungsreform, sondern vielmehr muss der Austausch von DM zu € als lediglich andere Maßeinheit verstanden werden. So kann dieselbe Strecke sowohl in Kilometern (= DM) als auch in Meilen (= €) gemessen werden, es bleibt dieselbe Strecke! Da der € zum Zeitpunkt der Umstellung 1,95583 DM wert war und ist, wurden in Deutschland sämtliche DM-Beträge im entsprechenden Verhältnis umgestellt. Zu verhindern war aber nicht, dass von einigen Händlern die Umstellung ausgenutzt wurde.

Der Vorteil einer einheitlichen Währung liegt auf der Hand: Es wurde für alle Unternehmen das Wechselkursrisiko beseitigt, eigene Produkte können in anderen EU-Staaten erleichtert angeboten werden, grenzüberschreitende Investitionen fallen leichter und werden attraktiver und die Buchführung bei multinationalen Tätigkeiten der Unternehmer vereinfacht sich. Die Vorteile des Binnenmarktes werden deshalb erst durch eine gemeinsame Währung vollständig ausgeschöpft. Eine einheitliche Währung hat überdies eine disziplinierende Wirkung, denn kein Land kann beispielsweise ohne weiteres mehr nationales Geld drucken, um sein Haushaltsdefizit zu decken oder die Staatsschulden zu senken. Schließlich beinhaltet die Europäische Währungsunion auch einen psychologisch bedeutsamen Aspekt: Eine einheitliche Währung verstärkt das Gefühl, sich als Europäer zu fühlen, und trägt damit zur Identitätsbildung der EU-Bevölkerung bei (vgl. ⌑ Hillenbrand, S. 370 f.). Damit die einheitliche europäische Währung so stabil wie möglich bleibt, muss jedes Land, das der Währungsunion beitreten möchte, folgende Konvergenzkriterien erfüllen: 1. *Inflationsrate*: Die Preissteigerung darf höchstens um 1,5 Prozentpunkte über der Rate der drei stabilsten Länder liegen. 2. *Staatsdefizit*: Die Ausgaben der öffentlichen Hand dürfen im laufenden Haushaltsjahr die Einnahmen um maximal 3 % des Bruttoinlandsproduktes übersteigen. 3. *Staatsschulden*: Der Schuldenstand („Altschulden") des öffentlichen Sektors (Bund, Länder, Kommunen) darf 60 % des Bruttoinlandsproduktes nicht übersteigen. 4. *Wechselkurse*: Eine Währung muss vor der Prüfung mindestens zwei Jahre lang die normalen Bandbreiten des Europäischen Währungssystems ohne starke Spannungen eingehalten haben. 5. *Zinsniveau*: Die Zinsen für langfristige Kredite dürfen höchstens 2 Prozentpunkte höher sein als der Durchschnitt der drei stabilsten Länder. Diese Konvergenzkriterien sind Bestandteil des Amsterdamer Vertrags und gelten auch für die Zukunft. Die Europäische Zentralbank (EZB) ist zuständig, die Einhaltung der Kriterien bei den Mitgliedstaaten zu überwachen (⌑ Linsenmann, S. 195 ff.).

⌑ *Hillenbrand, Olaf: Die Wirtschafts- und Währungsunion, in: Weidenfeld / Wessels (Hg.), Europa von A-Z, 11. Aufl., Baden-Baden 2009, S. 370-373; Linsenmann, Ingo: Europäische Zentralbank, in: Weidenfeld / Wessels (Hg.), Europa von A-Z, 11. Aufl., Baden-Baden 2009, S. 195-198.*

---

194. Was ist unter der Problematik zum Demokratiedefizit der EU zu verstehen?

Im Hinblick auf das „Demokratiedefizit" der EG – direkt gewähltes Europaparlament, das aber keine vollen parlamentarischen Gesetzgebungsrechte hat – hat das Bundesverfassungsgericht (BVerfG) in seiner Maastricht-Entscheidung (✐ BVerfGE 89, 155) ausgeführt, dass das durch Art. 79 Abs. 3 GG geschützte Demokratieprinzip (noch) nicht verletzt ist, weil dem Bundestag Aufgaben und Befugnisse von substanziellem Gewicht verbleiben und der Prozess der europäischen Integration nach wie vor dem Prinzip der begrenzten Einzelermächtigung folgt (hier seinerzeit: Übertragung der Währungshoheit durch den Maastricht-Vertrag). Da die EU kein (Bundes-)Staat ist, ist im europäischen Bereich der innerstaatliche Maßstab der demokratischen Legitimation von Staatsgewalt nicht mit der gleichen Strenge anzulegen. Das Gericht mahnte aber zugleich an, dass der weitere Integrationsprozess mit einer weiteren Demokratisierung Schritt zu halten habe (d. h. insb. Stärkung der Rechte des Europaparlaments).

---

195. Parlamente haben unter anderem die Aufgabe, die Exekutive zu kontrollieren. Worin besteht bezüglich dieser Aufgabe der Unterschied zwischen dem Bundestag und dem Europäischen Parlament?

Das Europäische Parlament ist zwar bisher noch nicht zum europäischen Gesetzgebungsorgan geworden, dennoch entspricht seine Stellung dem klassischen Gewaltenteilungsschema in höherem Maße als die Gewaltenteilung in manchen nationalen Parlamenten. Während in Deutschland der Bundestag im Wesentlichen nämlich nur über die Opposition die Regierung kontrolliert, da ja die Parlamentsmehrheit die Regierung stellt, kontrolliert das Europäische Parlament in seiner Gesamtheit die Exekutive und eben nicht nur über eine stets in der Minderheit befindlichen Opposition.

---

196. Im Jahr 2005 erklärte der Zweite Senat des Bundesverfassungsgerichts eine Verfassungsbeschwerde gegen das Gesetz des Deutschen Bundestags zur Umsetzung des Rahmenbeschlusses über den Europäischen Haftbefehl (EuHbG) für begründet und damit das Gesetz für verfassungswidrig und nichtig. Der Beschwerdeführer hatte in seiner Beschwerde – neben der Verletzung von Art. 16 Abs. 2, Art. 19 Abs. 4 und Art. 103 Abs. 2 GG – in Anlehnung an die „Maastricht-Entscheidung" des Bundesverfassungsgerichts auch vorgetragen, dass das EuHbG insgesamt gegen das Demokratieprinzip des Grundgesetzes verstoße und zu einer unzulässigen „Entstaatlichung" führe, welche die Staatsangehörigkeit auflöse. Warum wies in seiner Begründung das Bundesverfassungsgericht gerade diese, sich auf die „Maastricht-Entscheidung" berufene Argumentation, zurück? Und warum konnte sich der Beschwerdeführer darauf nicht berufen?

In seiner Begründung zum EU-Haftbefehl bestreitet das Bundesverfassungsgericht (BVerfG), dass mit der Einschränkung des Auslieferungsverbots Deutscher auf der Grundlage von Art. 16 Abs. 2 GG i. V. m. EuHbG überhaupt eine „Entstaatlichung" gegeben sei – sei es im Sinne der Aufgabe der Staatsangehörigkeit oder sei es im Sinne der Übertragung von substanziellen Staatsaufgaben – und betont dabei zudem, dass der Prozess der europäischen Integration sich nach wie vor nach dem Prinzip der begrenzten Einzelermächtigung vollziehe. Deshalb ergäbe sich keine Notwendigkeit, eine Verletzung des Demokratieprinzips darüber hinausgehend zu prüfen. Es ist zu erkennen, dass sich die Ausführungen des BVerfG hinsichtlich des „Demokratiedefizits" seinerzeit in der „Maastricht-Entscheidung" nur auf den Bereich der „ersten Säule" des EU-Vertrags bezogen. Denn nur hier findet überhaupt die supranationale Integration statt – und nur hier sehen sich die Bürgerinnen und Bürger mit einer Hoheitsgewalt konfrontiert, die sie unmittelbar betrifft, d. h. vor allem ohne Zwischenschaltung der Gesetzgebung durch den Deutschen Bundestag („Durchgriff" der EG-Verordnung), ohne dass zumindest ein durch Wahlen gleich hoch legitimierter europäischer Gesetzgeber dies gegenüber den Wählerinnen und Wähler verantworten müsste. Denn die Rechtsetzungskompetenz im Bereich der EG liegt im Schwerpunkt beim Ministerrat, der aber im Vergleich zum direkt gewählten Europaparlament viel schwächer demokratisch legitimiert ist. Im Falle des EU-Haftbefehls handelt es sich aber, wie aus der Entscheidung zu entnehmen ist, um die zwischenstaatliche Kooperation im Bereich der „dritten Säule". Hier jedoch erfolgt – so das BVerfG – die europäische Zusammenarbeit nur auf der Grundlage des Völkerrechts. So musste der Rahmenbeschluss ja auch durch ein Gesetz des Bundestags umgesetzt werden, um überhaupt innerstaatliche Geltung zu erlangen. Es liegt daher, wie für das Völkerrecht typisch, gar kein „Durchgriff" vor. Und genau deshalb kann das in der „Maastricht-Entscheidung" diskutierte „Demokratiedefizit" der europäischen Ebene hier – wie auch bei anderen Formen internationaler Kooperation – gar keine primäre Rolle spielen, erfolgt doch die demokratische Legitimation in diesem Falle – vom Anhörungsrecht des Europäischen Parlaments abgesehen – ausschließlich durch den nationalen Gesetzgeber, der, wie das Gericht ausführt, sich ja auch einer Umsetzung verweigern kann (vgl. 📖 van Ooyen, S. 43 ff.).

📖 *Bieber*, *Roland* / *Epiney*, *Astrid* / ***Haag***, *Marcel (Hg.): Recht der Europäischen Union, Europarecht und Politik, 8. Aufl., Baden-Baden 2008;* ***van Ooyen***, *Robert Chr.: Die Staatstheorie des Bundesverfassungsgerichts und Europa. Von Solange über Maastricht zu Lissabon, 3. Aufl., Baden-Baden 2010.*

---

197. Was ist unter der Problematik „Kompetenzkompetenz" zu verstehen?

Der Begriff der „Kompetenzkompetenz" bezieht sich auf die jeder Demokratie inne wohnende Volkssouveränität, die vor allem durch Wahlen unmittelbar wahrgenommen wird. Im Grundgesetz ist dies in Art. 20 Abs. 2 Satz 2, 1. Halbs. GG aufgeführt, der dadurch auf Art. 38 GG verweist. Dieses Element der demokratischen Wahl, das Teilhabegarantie an der Legitimation der Staatsgewalt durch das Volk ist, könnte aber durch das politische System der Europäischen Union, wie es im Vertrag über die Europäische Union vom 7. Februar 1992 festgesetzt wurde, betroffen sein. Die Verfassungsklage des Beschwerdeführers vor dem Bundesverfassungsgericht richtete sich gegen das Zustimmungsgesetz des Deutschen Bundestags zum Unionsvertrag. In seinem sog. „Maastricht-Urteil" (✎ BVerfGE 89, 155[15]) stellte das Bundesverfassungsgericht zunächst fest, dass Art. 38 GG verbürge, dass den Bürgerinnen und Bürgern das Wahlrecht zum Deutschen Bundestag zusteht. In der logischen Folge ergibt sich daraus: „Gibt der Deutsche Bundestag Aufgaben und Befugnisse auf, insbesondere zur Gesetzgebung und zur Wahl und Kontrolle anderer Träger von Staatsgewalt, so berührt das den Sachbereich, auf den der demokratische Gehalt des Art. 38 GG sich bezieht... Art. 38 GG schließt es im Anwendungsbereich des Art. 23 GG aus, die durch die Wahl bewirkte Legitimation von Staatsgewalt und Einflußnahme auf deren Ausübung durch die Verlagerung von Aufgaben und Befugnissen des Bundestages so zu entleeren, daß das demokratische Prinzip, soweit es Art. 79 Abs. 3 i. V. m. Art. 20 Abs. 1 und 2 für unantastbar erklärt, verletzt wird" (✎ BVerfGE 89, 155 [171]). Seitens des Beschwerdeführers wurde dabei nicht nur vorgebracht, dass schon vor dem Unionsvertrag fast 80 % aller Regelungen des Wirtschaftsrechts und 50 % überhaupt aller deutschen Gesetze durch das Gemeinschaftsrecht festgelegt bzw. mitbestimmt würden. Befürchtet wurde vor allem ein dynamischer Automatismus, der durch die Übertragung von Kompetenzkompetenz in stetige Kompetenzausweitung mündete – und zwar unumkehrbar. Das BVerfG hielt aber die Verfassungsbeschwerde für unbegründet und verwies zunächst auf das Prinzip der begrenzten Einzelermächtigung, das „keine Kompetenz-Kompetenz für die Europäische Union begründet und die Inanspruchnahme weiterer Aufgaben und Befugnisse durch Europäische Union und Europäische Gemeinschaften von Vertragsergänzungen und Vertragsänderungen abhängig gemacht, mithin der zustimmenden Entscheidung der nationalen Parlamente vorbehalten wird" (✎ BVerfGE 89, 155 [181]). In Bezug auf den EU-Vertrag und die Problematik demokratischer Legitimation einschließlich der Kontrolle von politischer Macht, die sich eben aus der „Staatsgewalt" ergibt, war das Gericht der Ansicht, dass der Umfang der eingeräumten Aufgaben und Befugnisse begrenzt sei. Durch „...die im Vertrag geregelte Form der Willensbildung in der Europäischen Union und den Organen der Europäischen Gemeinschaften werden die Entschei-

---

15 Das „Maastricht-Urteil" kann zum Beispiel in entscheidenden Textausschnitten nachgelesen werden bei Grimm, Dieter / Kirchhof, Michael (Hg.): Entscheidungen des Bundesverfassungsgerichts. Studienauswahl in 2 Bänden. Bearbeitet von Michael Eichberger, 2. Aufl., Tübingen 1997, Band II, S. 453-491.

dungs- und Kontrollzuständigkeiten des Deutschen Bundestages noch nicht in einer Weise entleert, die das Demokratieprinzip, soweit es Art. 79 Abs. 3 GG für unantastbar erklärt, verletzt" (📖 BVerfGE 89, 155 [181]; vgl. zum „Demokratiedefizit" 📖 van Ooyen, S. 23-31).

📖 *van Ooyen, Robert Chr.: Die Staatstheorie des Bundesverfassungsgerichts und Europa. Von Solange über Maastricht zu Lissabon, 3. Aufl., Baden-Baden 2010.*

---

198. Welche Wirkung haben die Urteile des EuGH?

Die Urteile des Europäischen Gerichtshofs, die in der amtlichen Sammlung veröffentlicht und deren Tenor außerdem im Amtsblatt der Europäischen Union abgedruckt werden, binden die Verfahrensbeteiligten. Seit Inkrafttreten des Maastrichter Vertrags über die Europäische Union kann der EuGH nach Art. 171 EGV auch Zwangsgelder verhängen, wenn sich EU-Mitgliedstaaten dem Urteil des Gerichts nicht fügen.

---

199. Welches Kooperationsverhältnis gibt es zwischen dem BVerfG und dem EuGH?

In seinem „Maastricht-Urteil" (📖 BVerfGE 89, 155; Hinweise in Frage 197.) behandelte das Bundesverfassungsgericht nicht nur das Demokratiedefizit und ging auf die Grundrechtsgarantien ein. Es machte vielmehr auch detaillierte Ausführungen zum „Kooperationsverhältnis" zwischen BVerfG und EuGH, zu den Prüfungsvorbehalten des Verfassungsgerichts sowie zu den Folgen möglicher Kompetenzüberschreitungen der EU (vgl. ausführlich 📖 Folz). Zwar wurde die Verfassungsbeschwerde zurückgewiesen und die Vereinbarkeit des EU-Vertrages mit dem deutschen Grundgesetz erklärt, gleichzeitig wurde aber (in auffällig scharfem Ton) ein eigenständiger Prüfungsvorbehalt des BVerfG gegenüber dem europäischen Recht proklamiert, der den gesamten Bereich der Gemeinschaftskompetenzen umfassen sollte (vgl. 📖 Lhotta / Ketelhut, S. 473 f.). In Fortführung der staatsrechtlichen Argumentationslinie (vgl. dazu 📖 van Ooyen, S. 25 ff.) begründete das BVerfG seinen Prüfungsvorbehalt in kompetenziellen Belangen – unter Ignorierung des Art. 24 Abs. 1 GG – mit den verfassungsrechtlichen Schranken, die eine Übertragung von Hoheitsrechten auf die überstaatlichen Einrichtungen begrenzten. Akte der europäischen Ebene, die unzulässig den Vertrag erweitern, seien kompetenzwidrig und keinesfalls durch das nationale Zustimmungsgesetz *und* das Integrationsprogramm des EU-Vertrages gedeckt (✐ BVerfGE 89, 155 [188]). Ein solcher „ausbrechender Rechtsakt" könne in der Bundesrepublik keine Bindungswirkung entfalten. „Das BVerfG stellte damit den Vorrang des Gemeinschaftsrechts unter den Vorbehalt einer kompetenzgemäßen Aufgabenerfüllung seitens der EU bzw. EG und baute damit seine Kontrolle des europäischen Integrationsprozesses weiter aus." (📖 Lhotta / Ketelhut, S. 474). Damit war insbesondere der Regelung des Art. 308 EGV (1992 noch Art. 235 EGV) ein Riegel vorgesetzt, die unter bestimmten Rahmenbedingungen und Mitwirkung von Rat, Kommission und Europäischem Parlament eine Ausweitung der europäischen Kompetenzen zulässt. An solchen Kompetenzerweiterungen war oft der EuGH beteiligt. Die am Effektivitätsgrundsatz ausgerichtete Rechtsprechung des EuGH, die zusammen mit der in Art. 308 EGV verankerten „dynamischen Erweiterung" der Gründungsverträge das ursprünglich im Vertragswerk angelegte Prinzip der begrenzten Einzelermächtigung aushebelten, wurde von den Verfassungsrichtern kritisch kommentiert und als Fehlentwicklung gerügt (vgl. ✐ BVerfGE 89, 155 [210]). Der EuGH reagierte auf diese „Warnung" des Bundesverfassungsgerichts und stellte 1996 innerhalb eines Gutachtenverfahrens ausdrücklich fest, dass die Grenzen dieser Klausel über die „dynamische Erweiterung" im Rahmen einer auf den Grundsatz der begrenzten Einzelermächtigung errichteten institutionellen Ordnung dort verlaufen, wo sie in materieller Hinsicht auf eine Vertragsänderung hinauslaufen (✐ EuGH, Gutachten 9/94, Slg. 1996, I-1759, Rz. 30). „Damit hatte der EuGH sich in Fragen der Gemeinschaftskompetenzen der Position des Bundesverfassungsgerichtes angeschlossen." (📖 Lhotta / Ketelhut, ebd.).

Die Folgeurteile zeigen, dass sich die Spannungen zwischen dem BVerfG und dem EuGH danach gelegt haben. Das Bundesverfassungsgericht pflegt inzwischen einen eher „pragmatischen" Umgang mit europarechtlichen Fragestellungen, sodass eher von einem „Kurs der Kooperation gegenüber der Alternative Konfrontation" (📖 Schwarze, S. 233) gesprochen werden kann. Das ergibt sich insbesondere aus dem Beschluss des Zweiten Senats vom 7. Juni 2000 zur Entscheidung „Bananenmarktordnung", in der Verfassungsbeschwerden und Vorlagen von Gerichten, die eine Verletzung in Grundrechten des Grundgesetzes durch sekundäres Gemeinschaftsrecht geltend machen, schon „von vornherein unzulässig [sind], wenn ihre Begründung nicht darlegt, dass die europäische Rechtsentwicklung einschließlich der Rechtssprechung des Europäischen Gerichtshofs ... unter den erforderlichen Grundrechtsstandard abgesunken ist." (✎ BVerfGE 102, 147, 1. Leitsatz). Im Verhältnis zum EuGH findet somit ein allmählicher „Teilrückzug des BVerfG aus der Kontrolle der Rechtmäßigkeit gemeinschaftsrechtlicher Rechtsakte" (📖 Nicolaysen / Nowak, S. 1233) stattfindet (vgl. 📖 Lhotta / Ketelhut, S. 474-476; 📖 van Ooyen).

📖 *Folz, Hans-Peter: Demokratie und Integration. Der Konflikt zwischen Bundesverfassungsgericht und Europäischem Gerichtshof über die Kontrolle der Gemeinschaftskompetenzen, Heidelberg 1999; **Lhotta**, Roland / **Ketelhut**, Jörn: Bundesverfassungsgericht und Europäische Integration, in: van Ooyen / Möllers (Hg.), Das Bundesverfassungsgericht im politischen System, Wiesbaden 2006, S. 465-476; **Schwarze**, Jürgen: Das „Kooperationsverhältnis" des BVerfG mit dem Europäischen Gerichtshof, in: Badura / Dreier (Hg.), Festschrift 50 Jahre Bundesverfassungsgericht, Bd. 1, Tübingen 2001, S. 223-243; **Nicolaysen**, Gert / Nowak, Carsten: Teilrückzug des BVerfG aus der Kontrolle der Rechtmäßigkeit gemeinschaftsrechtlicher Rechtsakte: Neuere Entwicklungen und Perspektiven, in: NJW 2001, Heft 17, S. 1233-1238; **van Ooyen**, Robert Chr.: Die Staatstheorie des Bundesverfassungsgerichts und Europa. Von Solange über Maastricht zu EU-Haftbefehl, 3. Aufl., Baden-Baden 2010.*

---

200. Welche Vorgaben hat das Bundesverfassungsgericht für den weiteren Integrationsprozess gegeben?

Das „Maastricht-Urteil" (✎ BVerfGE 89, 155; weitere Hinweise bei Frage 197.) des Bundesverfassungsgerichts von 1993 galt wegen des hierin formulierten nationalstaatlichen Souveränitätsvorbehalts als „europafeindlich". Inzwischen hat sich ein vollständiger Generationswechsel vollzogen; u. a. ist der Berichterstatter im Maastricht-Urteil, Paul Kirchhof, im Jahr 1999 ausgeschieden. Seitdem liegen zwei neue grundsätzliche Entscheidungen zum Europarecht vor, die auf den ersten Blick eine europafreundlichere Einstellung des Gerichts zum Ausdruck bringen. Die eine Entscheidung betrifft die Bindungswirkung der Urteile des Europäischen Gerichtshofs für Menschenrechte (EGMR) im Jahr 2004 (✎ BVerfG 2 BvR 1481/04 vom 14.10.2004) und die andere die Verfassungswidrigkeit des EU-Haftbefehlsgesetzes von 2005 (✐ BVerfG 2 BvR 2236/04 vom 18.07.2005). Beide Entscheidungen bringen aber tatsächlich zum Ausdruck, dass die „Staatstheorie" des Zweiten Senats weiterhin dem „liberal-konservativen Etatismus" verpflichtet bleibt (vgl. ⌨ van Ooyen, S. 58). Denn der Senat orientiert sich weiterhin am „etatistischen" Verständnis des klassischen Völkerrechts, das schon in der Maastricht-Entscheidung zum Ausdruck kam: „Mit der durch den Vertrag von Maastricht begründeten Unionsbürgerschaft wird zwischen den Staatsangehörigen der Mitgliedstaaten ein auf Dauer angelegtes rechtliches Band geknüpft, das zwar nicht eine der gemeinsamen Zugehörigkeit zu einem Staat vergleichbare Dichte besitzt, dem bestehenden Maß existentieller Gemeinsamkeit jedoch einen rechtlich verbindlichen Ausdruck verleiht..." (✐ BVerfGE 89, 155 [182]). Dabei greift das BVerfG auf die Begrifflichkeit der „Homogenität des Volkes" nach Carl Schmitt zurück, der behauptete: „Zur Demokratie gehört ... notwendig erstens Homogenität und zweitens – nötigenfalls – die Ausscheidung oder Vernichtung des Heterogenen" (⌨ Schmitt, S. 14). Das BVerfG ignoriert den Paradigmenwechsel im Bereich des europäischen Menschenrechtsschutzes und greift im Falle des EU-Haftbefehls unmittelbar auf das in der Maastricht-Entscheidung entwickelte Verständnis von „Staat", „Demokratie" und „Europa" zurück. Damit ergibt sich insgesamt, dass sich das Bundesverfassungsgericht eine differenziertere Sicht, die mehr „Europafreundlichkeit" gebracht hätte, selbst abschneidet, indem es die relativ grobe Zweiteilung von Staats- und Völkerrecht, die offensichtlich immer noch nicht in der Staatsrechtslehre überwunden zu sein scheint, permanent auf den Integrationsprozess projiziert (nachgewiesen bei ⌨ van Ooyen, S. 55-59).

⌨ *Schmitt, Carl: Die geistesgeschichtliche Lage des heutigen Parlamentarismus, 8. Aufl., Berlin 1993; **van Ooyen**, Robert Chr.: Die Staatstheorie des Bundesverfassungsgerichts und Europa. Von Solange über Maastricht zu Lissabon, 3. Aufl., Baden-Baden 2010.*

201. Wie ist die EU-Verfassung vor dem Hintergrund des Verfassungsbegriffs zu begreifen?

Geht man von der sog. „normativen Staatstheorie" zum Beispiel nach Kant aus, wonach ein Staat „die Vereinigung einer Menge von Menschen unter Rechtsgesetzen" ist (📖 Kant, S. 169 [§ 45]), muss die Verfassung – so schon Kelsen (vgl. van Ooyen, Begriff des Politischen, S. 182) – als Ausdruck der politischen Machtverhältnisse begriffen werden. So lässt sich leicht nachvollziehen, dass die Verfassung der iranischen Theokratie grundlegend anders ausgestaltet ist als das deutsche Grundgesetz. Die Funktion der Verfassung in einer pluralistischen Gesellschaft ist die einer „Vereinssatzung" (vgl. hierzu 📖 van Ooyen, Der Staat der Moderne). Diese „Vereinssatzung" lenkt die Auseinandersetzung der politischen Gruppen, indem sie Spielregeln aufstellt, welche „zivilisierte" Verfahrensabläufe vorgibt, die für alle Beteiligten des politischen Prozesses „rational", also berechenbar sind. Das nach diesen Spielregeln (der Verfassung) vollzogene pluralistische Kräftespiel mündet in der Herstellung des „Gemeinwohls". Denn das Ergebnis des Kräftespiels (= „Resultierende") ist letztlich der zwischen Mehrheit und Minderheit ausgehandelte Gesetzesbeschluss des Parlaments als dem primären Ort einer parteipolitisch organisierten pluralistischen Demokratie. „Zugleich ist die Verfassung in der Festlegung dieser Regeln auch der Minimalkonsens, auf den sich die politischen Gruppen geeinigt haben." (📖 van Ooyen, Begriff des Politischen, S. 182). Vor diesem Hintergrund lässt sich erkennen, dass der Entwurf des Europäischen Konvents vom 18. Juli 2003 zu dem Vertrag über eine Verfassung für Europa (vgl. dazu 📖 Läufer) eine solche „Vereinssatzung" darstellt. Weil aber in Frankreich und in den Niederlanden dieser EU-Verfassung nicht zugestimmt wurde, kann sie (noch) nicht als Ausdruck der politischen Machtverhältnisse begriffen werden. Sollten aber die Mehrheitsverhältnisse dazu führen, dass die EU-Verfassung (in modifizierter Form) verabschiedet wird, stellt sich die Frage, ob etwa in der Staatsrechtslehre begrifflich immer noch von der „Homogenität des Volkes" nach Carl Schmitt gesprochen werden kann und ob nicht das in der Maastricht-Entscheidung entwickelte Verständnis von „Staat", „Demokratie" und „Europa", das vor allem eine relativ grobe Zweiteilung von Staats- und Völkerrecht „pflegt", endgültig überholt ist.

📖 *Kant, Immanuel: Die Metaphysik der Sitten, Reclam-Ausgabe, Stuttgart 1990;* *Läufer, Thomas (Hg.): Vertrag über eine Verfassung für Europa. Entwurf des Europäischen Konvents vom 18. Juli 2003, Bonn 2004;* ***van Ooyen,*** *Robert Chr.: Der Begriff des Politischen des Bundesverfassungsgerichts, Berlin 2005;* ***van Ooyen,*** *Robert Chr.: Der Staat der Moderne. Hans Kelsens Plura-*

lismustheorie, Berlin 2003; **Vedder**, *Christoph /* **Heintschel von Heinegg**, *Wolff (Hg.): Europäischer Verfassungsvertrag, Handkommentar, Baden-Baden 2007.*

202. Welche Institution der Europäischen Union tritt für den Schutz der Menschenrechte ein?

Im Bereich der Europäischen Union ist es vor allem der Europäische Gerichtshof, der an Hand der EMRK in seiner Spruchpraxis den im Gemeinschaftsrecht nur lückenhaft enthaltenen Grundrechtsschutz entwickelte, da die neue EU-Verfassung mit ihrem Grundrechtskatalog zunächst nicht verabschiedet werden konnte (vgl. aus deutscher Sicht hierzu ✎ BVerfGE 37, 271 „Solange I"; BVerfGE 73, 339 „Solange II"; BVerfGE 89, 155 „Maastricht-Vertrag"). Da aber mit dem Lissabonner Vertrag auch die Europäische Grundrechtecharta verabschiedet wurde, ist damit zu rechnen, dass der EuGH in seiner Rechtsprechung neue Maßstäbe setzen wird.

203. Wie ist die Europa-Rechtsprechung des Bundesverfassungsgerichts in ihren wichtigsten Argumentationslinien von „Solange I" bis zur Maastricht-Entscheidung zu rekonstruieren?

Bei der „Solange I-Entscheidung" (✎ BVerfGE 37, 271) ging es grundsätzlich um die Problematik, ob (sekundäres) EG-Recht Vorrang sogar vor nationalem Verfassungsrecht hat. Dabei wurde speziell die Frage erörtert, ob durch eine EG-Verordnung der Grundrechtsschutz des deutschen Grundgesetzes ausgehebelt werden kann. Das BVerfG kam zur Ansicht, dass nach Art. 24 GG nicht wirklich Hoheitsrechte auf die EG übertragen würden, sondern dass lediglich eine sog. bloße „Öffnung" der nationalen Rechtsordnung vorliege, sodass EG-Recht ohne weiteres auf Grundrechtsverstöße am Grundgesetz geprüft werden kann. Diese Maxime unterstellte das BVerfG insbesondere, solange kein vergleichbarer Grundrechtskatalog auf europäischer Ebene existiert. Anderer Ansicht war seinerzeit die Minderheitsmeinung: Gerade weil ein europäischer Grundrechtsstandard infolge der Rechtsprechung des EuGH und der Geltung der EMRK schon längst vorhanden sei, lehnte sie die Überprüfung von EG-Recht ab, soweit es nicht aus den durch Art. 79

Abs. 3 GG geschützten „ewigen" Strukturprinzipien der Verfassung ausbreche. In der Solange II-Entscheidung sah das BVerfG (✎ BVerfGE 73, 339) dann einen dem Grundgesetz vergleichbaren Grundrechtsschutz durch den EuGH als inzwischen gegeben an und erklärte weitere Vorlagen zur Überprüfung von EG-Recht für unzulässig. Mit dem Maastricht-Vertrag wurde insb. eingeführt: die Währungsunion, die Unionsbürgerschaft und die Gründung der EU als politische Union, die aus drei Säulen besteht. Streitpunkt beim BVerfG war vor allem, ob die weitere Übertragung von Hoheitsrechten nicht die Gefahr eines „unumkehrbaren" „dynamischen Automatismus" und die der Errichtung einer Kompetenz-Kompetenz seitens der EU beinhalte. Ferner wurde gefragt, ob die zunehmende Aufgabenübertragung vom Bundestag auf europäische Organe nicht die direkte demokratische Legitimation und Kontrolle der deutschen Staatsgewalt via Bundestagswahlen sinnentleerte. Hinzu kam, dass diese nach „Brüssel" übertragenen Kompetenzen nicht dem direkt gewählten Europaparlament, sondern nach wie vor dem nur sehr mittelbar legitimierten Ministerrat zufielen, sodass die Mehrheit der Richter ein „Demokratiedefizit" sahen (✎ BVerfGE 89, 155). Das BVerfG führte dazu aus: Zwar würden die wesentlichen Entscheidungen – insb. die Verordnungen als „Gesetze" der EU – nach wie vor vom nur recht mittelbar demokratisch legitimierten Ministerrat in einem nicht öffentlichen Verfahren beschlossen. Doch würde mit Maastricht weder ein „europäischer Staat" gegründet noch müsse ein solcher dynamischer Automatismus befürchtet werden. Die EU bliebe weiterhin dem Prinzip der begrenzten Einzelermächtigung verpflichtet, die Übertragung weiterer Hoheitsrechte daher an die Zustimmung des deutschen Parlaments gebunden und Deutschland als einer der „Herren der Verträge" weiterhin „souveräner Staat". Auch mit der Gründung der EU sei die Gemeinschaft nach wie vor primär als eine Wirtschaftsgemeinschaft zu begreifen, da die beiden neuen Säulen von „Gemeinsame Außen- und Sicherheitspolitik" (GASP) und Justiz/Inneres bloß intergouvernemental ausgestaltet seien. Beim Bundestag verblieben daher substanzielle Aufgaben und Befugnisse, die das Wahlrecht nach Art. 38 GG als Ausdruck der Legitimation und Kontrolle der Staatsgewalt nicht sinnentleerten (vgl. auch „Wesentlichkeitstheorie"). Solange dies so sei, sei jedenfalls im Hinblick auf das demokratische Legitimationsniveau der Gemeinschaft daher auch nicht derselbe strenge Maßstab anzulegen, der inner-

staatlich mit dem nach Art. 79 Abs. 3 GG unaufgebbaren Demokratieprinzip des Art. 20 GG maßgeblich ist. Die bloß mittelbare Rückkoppe-
lung über die nationalen Regierungen reiche hier folglich aus, sodass
Art. 38 GG nicht verletzt würde. Das Gericht betonte auch die von der
Verfassung gewollte „Integrationsoffenheit", mahnte aber an, dass „die
demokratischen Grundlagen der Union Schritt haltend mit der Integration ausgebaut werden" müssen (*BVerfGE 89, 155). In einem vom
Gericht bezeichneten sog. „Kooperationsverhältnis" mit dem EuGH behält es sich vor, EG-Recht insb. im Hinblick auf die generelle Gewährleistung des unabdingbaren Grundrechtsstandards weiterhin zu prüfen.

 *van Ooyen, Robert Chr.: Die Staatstheorie des Bundesverfassungsgerichts
und Europa. Von Solange über Maastricht zu Lissabon, 3. Aufl., Baden-Baden
2010.*

**204. Das „Europol-Übereinkommen" wurde – wie der Rahmenbe-
schluss zum EU-Haftbefehl – in der sog. „Dritten Säule" geschlossen. Was ist unter der „Drei-Säulen-Konstruktion" der EU zu
verstehen?**

Die „Drei-Säulen-Konstruktion" wurde mit dem Maastrichtvertrag eingeführt: Unter dem „Dach" der Europäischen Union gibt es die erste
Säule der supranationalen Integration (= insb. EG-Vertrag), die zweite
Säule der Gemeinsamen Außen- und Sicherheitspolitik sowie die dritte
Säule der Zusammenarbeit in den Bereichen von Justiz und Inneres. Nur
in der ersten Säule können die EG-Organe das mit „Durchgriff" ausgestattete supranationale EG-Recht (insb. EG-Verordnung) setzen (mit
grundsätzlichem Vorrang sogar gegenüber nationalem Verfassungsrecht); in den beiden anderen Säulen folgt die Zusammenarbeit der EU-
Staaten dagegen auf der traditionellen Grundlage des Völkerrechts.

**205. Welche verfassungsrechtliche Grundlage ist für die innerstaat-
liche Geltung der beiden völkerrechtlichen Akte „Europol-Übereinkommen" und „Rahmenbeschluss zum EU-Haftbefehl" einschlägig?**

Einschlägig ist Art. 59 Abs. 2 GG, wonach völkerrechtliche Verträge in
der Regel durch parlamentarische Zustimmung in Form eines Bundesgesetzes innerstaatliche Geltung erlangen.

---

206. Um welche polizeiliche Einrichtung geht es bei der EG-Verordnung Nr. 863/2007[16] und warum liegt aus deutscher verfassungsrechtlicher Sicht bei dieser EG-Verordnung kein „Demokratiedefizit" vor, wenn man von der „Maastricht-Entscheidung" des Bundesverfassungsgerichts ausgeht?

In der abgedruckten VO geht es um eine Änderung der EG-VO über die Europäische Grenzschutzagentur („Agentur"), um sog. „Soforteinsatzteams für Grenzsicherungszwecke" einzurichten. Beim „Demokratiedefizit" im Rahmen der „Maastricht-Entscheidung" des BVerfG handelte es sich insbesondere um das Problem, dass im Rahmen des supranationalen Rechts der „1. Säule" legislative Kompetenzen mit sog. „Durchgriff" auf die Bürgerinnen und Bürger (insb. EG-Verordnung) vom Deutschen Bundestag auf die Europäische Union (EU) übertragen werden, ohne dass eine gleich starke demokratische Legitimation durch das ebenfalls direkt gewählte Europaparlament (EP) erfolgte (vgl. auch die „Wesentlichkeitstheorie" des Bundesverfassungsgerichts). Das BVerfG hatte daher seinerzeit für weitere Schritte zur Vertiefung der europäischen Integration eine hiermit einhergehende Demokratisierung, also insbesondere die Stärkung der Kompetenzen des EP gefordert. Zwar ist der nur mittelbar legitimierte Ministerrat im Bereich der Legislative der EG immer noch etwas stärker als das EuP, doch inzwischen müssen die meisten EG-VO von beiden Kammern, Rat und Parlament gemeinsam beschlossen werden. Es ist daher im vorliegenden Falle zu erkennen, dass es sich bei der VO 863/2007 zur Einrichtung solcher Sofort-Einsatzteams der Europäischen Grenzschutzagentur genau um eine solche von Rat und EuP gemeinsam beschlossene VO handelt. Und genau deshalb spielt hier das „Demokratiedefizit" grundsätzlich keine Rolle mehr, tritt doch an die Stelle des Deutschen Bundestags das durch Direktwahl demokratisch gleich hoch legitimierte EuP, das hier auch über vergleichbare Legislativ-Kompetenzen verfügt (📖 zur Maastricht-Entscheidung van Ooyen: 43 ff. m. w. N.).

📖 *Bieber, Roland / Epiney, Astrid / Haag, Marcel (Hg.): Recht der Europäischen Union, Europarecht und Politik, 8. Aufl., Baden-Baden 2008; van Ooyen,*

---

16 Textauszug auf S. 402.

Robert Chr.: Die Staatstheorie des Bundesverfassungsgerichts und Europa. Von Solange über Maastricht zu Lissabon, 3. Aufl., Baden-Baden 2010.

207. In seinem Aufsatz[17] „Polizei ohne wirksame Kontrolle? Schwierigkeiten parlamentarischer und gerichtlicher Kontrolle Europols" kritisiert Wolfgang Wagner das „Demokratiedefizit", das auf EU-Ebene besteht. Wieso greift die von Wagner vorgebrachte Kritik zum „Demokratiedefizit" nicht, wenn man von der zitierten Auffassung des Bundesverfassungsgerichts zum EU-Haftbefehl[18] ausgeht? Was lässt sich aus der Sicht Wagners wiederum gegen die Argumentation des BVerfG einwenden?

Es ist zu erkennen, dass es sich im Falle von Europol und EU-Haftbefehl um die zwischenstaatliche Kooperation im Bereich der „dritten Säule" handelt. Hier jedoch erfolgt die Zusammenarbeit nur auf der Grundlage des Völkerrechts. Denn beide „Verträge" mussten ja durch ein Gesetz des Bundestags erst umgesetzt werden, um überhaupt innerstaatliche Geltung zu erlangen. Daher gab es hier keinen „Durchgriff" wie im EG-Recht der „Ersten Säule". Und genau deshalb spielt hier das „Demokratiedefizit" – wie bei allen Formen internationaler Kooperation – gar keine Rolle, erfolgt doch die demokratische Legitimation – vom Anhörungsrecht des Europäischen Parlaments abgesehen – ausschließlich durch den nationalen Gesetzgeber. Dieser – so führt das Bundesverfassungsgericht (BVerfG) aus – kann sich ja einer Umsetzung verweigern. Aus Wagners Sicht lässt sich dagegen anführen, dass bei dieser eher „formalen" Sicht ein reduziertes, „statisches" Verständnis von Demokratie zugrunde liegt: In diesem Sinne ist zwar im Falle von Europol – sowie auch beim EU-Haftbefehl – eine formale Legitimation durch den Zustimmungsbeschluss des Bundestags gegeben. Dabei wird jedoch ausgeblendet, dass in Entscheidungsprozessen internationaler Kooperation die Exekutive gegenüber dem Parlament immer am „längeren Machthe-

---

17 S. dazu einen Textauszug im Dokumentationsteil auf S. 412.
18 Das Urteil des Zweiten Senats vom 18. Juli 2005 (2 BvR 2236/04) kann eingesehen werden bei van Ooyen, Robert Chr.: Die Staatstheorie des Bundesverfassungsgerichts und Europa. Von Solange über Maastricht zu Lissabon. Baden-Baden 2006, S. 76-105 oder unter ▣ www.bverfg.de/entscheidungen/rs20050718_2bvr223604.html.

bel" sitzt (hier insb. Zn. 10-11[19]). Wagner nennt dafür folgende Gründe: Reduktion der Parlamentszustimmung auf eine „Ja-Nein-Entscheidung", die nur die Annahme oder Ablehnung der von der Regierung ausgehandelten Europol-Konvention ermöglicht (Zn. 12-13), ferner den Informationsvorsprung (Zn. 13-14) sowie die „Verantwortungsdiffusion" der Regierung (Zn. 14-15), die ihre Verantwortung abwälzen kann (zur Entscheidung des BVerfG zum EU-Haftbefehl vgl. 📖 van Ooyen, S. 43 ff. m. w. N.).

📖 *Bieber*, Roland / *Epiney*, Astrid / *Haag*, Marcel (Hg.): Recht der Europäischen Union, Europarecht und Politik, 8. Aufl., Baden-Baden 2008; *van Ooyen*, Robert Chr.: Die Staatstheorie des Bundesverfassungsgerichts und Europa. Von Solange über Maastricht zu Lissabon, 3. Aufl., Baden-Baden 2010.

---

19 Die Zeilen-Nummern (Zn.) beziehen sich auf den hier abgedruckten Textauszug ab S. 412.

4. Abschnitt: Politikwissenschaft

Unterabschnitt:
Demokratietheorie / Pluralismus / Gemeinwohl

---

208. Was sind die zentralen Aussagen der Pluralismustheorie nach Ernst Fraenkel?

Die Pluralismustheorie nach Ernst Fraenkel (📖 Fraenkel, S. 165 ff.) geht von der Vielfalt der politischen, ökonomischen, religiösen, kulturellen usw. Interessen und Meinungen der Individuen aus, die sich in Gruppen zwecks Interessensdurchsetzung organisieren. Solche Gruppen können Parteien, Verbände, Vereine, Bürgerinitiativen, Religionsgesellschaften, ethnische Gruppen usw. sein. Diese Gruppen gestalten so den demokratischen Prozess einer offenen Gesellschaft. Dieses Verständnis von Demokratie zielt nicht auf die „Harmonie" eines vermeintlich einheitlichen – homogenen – „Volkswillens", sondern ist grundsätzlich auf Verschiedenheit, Streit und Konflikt hin angelegt. Das „Gemeinwohl" einer solchen Gesellschaft ist nicht von vornherein festgelegt, sondern ergibt sich als „Resultierende" aus dem „Kräftespiel" der politischen Interessen. Fraenkel bezeichnet dies als sog. „a posteriori-Gemeinwohl". Der Wettbewerb um die politische Macht, mit deren Hilfe die eigenen, „egoistischen" Interessen durchgesetzt werden sollen, ist daher kein „Makel", sondern unerlässliche Grundbedingungen einer modernen Gesellschaft. Das Funktionieren einer pluralistischen Demokratie ist aber an gewisse Voraussetzungen geknüpft, welche die Gesellschaft „zusammenhalten" und vor einem Bürgerkrieg schützen. Hierzu zählt Fraenkel insbesondere das „fair play" des demokratischen Wettbewerbs der Gruppen. Dieses spiegelt sich z. B. in der Chancengleichheit und im Minderheitsschutz wider. Ferner gehört zu den Voraussetzungen die Akzeptanz von Verfahren und „Spielregeln" zum friedlichen Austragen von Konflikten. Solche „Spielregeln" sind z. B. Mehrheitsentscheidungen und Wahlen. Außerdem rechnet Fraenkel zu den Voraussetzungen ein – wenn auch im Laufe der Zeit wandelbarer – Grundkonsens, der von allen Gruppen nicht infrage gestellt wird. Zu einem solchen Grundkonsens zählen etwa Verfassungsprinzipien und die pluralistischen

„Spielregeln" selbst, die im Grundgesetz zum Beispiel durch Art. 79 Abs. 3 GG geschützt werden (📖 van Ooyen, S. 51 ff.).

📖 *Fraenkel, Ernst: Der Pluralismus als Strukturelement der freiheitlich-rechtsstaatlichen Demokratie; in: Ders., Deutschland und die westlichen Demokratien, 5. Aufl., Stuttgart 1973, S. 197-221; van Ooyen, Robert Chr.: Der Staat der Moderne, Berlin 2003.*

---

209. Die Gesellschaft der Bundesrepublik Deutschland wird u. a. als eine „pluralistische Gesellschaft" bezeichnet. Was ist unter diesem Begriff zu verstehen und Welche Bedeutung hat der Pluralismus für den politischen Willensbildungsprozess?

Als „pluralistisch" bezeichnet man eine Gesellschaft, die in vielfältige, konkurrierende Schichten, Gruppen, Gemeinschaften, Einrichtungen etc. untergliedert ist, und in der diese Gruppierungen auch weitestgehende Handlungsfreiheit haben. Pluralismus ist das Gegenbild zu dem Modell einer homogenen, bzw. „gleichgeschalteten" Gesellschaft und zu autoritären bzw. totalitären Staatsvorstellungen. Pluralismus ist zunächst ein beschreibender (empirischer) Begriff. Der Begriff hat aber auch insofern einen normativen Sinn, als in einer freiheitlichen Demokratie die Vielfalt der Ziele, Interessen, Handlungsformen, Einflussmöglichkeiten etc. sowohl politisch gewollt ist, als auch rechtlich ermöglicht werden muss (zum Beispiel Meinungs- und Versammlungsfreiheit, Tarifautonomie, Mehrparteiensystem, formalisierte Beteiligung am Staatshandeln). In einer pluralistischen Gesellschaft beteiligen sich gesellschaftliche Gruppierungen und Vereinigungen am politischen Willensbildungsprozess, insbesondere in Gestalt von (mehreren) politischen Parteien, aber auch mit Hilfe von Verbänden, Interessengruppen, Bürgerinitiativen, sozialen Bewegungen (zum Beispiel Friedensbewegung). Diese gesellschaftliche Interessenvielfalt „schlägt durch" bis in die staatsleitenden Organe Parlament und Regierung und in die Verwaltungsspitzen (zum Beispiel Ministerialbürokratie). Es wird bezweifelt, ob alle relevanten gesellschaftlichen Gruppen angemessen Einfluss ausüben können (Problem der sozialen Chancengleichheit), und es wird befürchtet, dass bei übermäßigem Druck und Einfluss partikularer Interessen(verbände) das Gesamtinteresse der Gesellschaft, das Gemeinwohl, zu kurz kommt.

---

210. Wie ist nach Ernst Fraenkel der Gegenbegriff zu „Pluralismus" zu erläutern?

Wenn Fraenkel sagt, „*Wir empfinden die Verwendung der Bezeichnung 'DDR' auf das Gebilde jenseits des 'Eisernen Vorhangs' und der Mauer nicht zuletzt deshalb als eine Provokation, weil nach unser aller Überzeugung ein Herrschaftssystem nicht gleichzeitig totalitär und demokratisch zu sein vermag.*" und „*Die westlichen Demokratien einschließlich der Bundesrepublik sind keine totalitären Staaten, weil sie kraft Verfassungsrechts zwar eine im Wesentlichen uneingeschränkte juristische* Omnikompetenz *besitzen, es jedoch mit Nachdruck ablehnen, in der Verfassungswirklichkeit eine soziale Omnipotenz auszuüben.*" sowie „*Die von abhängigen Frontorganisationen umrahmte Kaderpartei ist ebenso charakteristisch für einen jeden totalen Staat, wie die von zahllosen unabhängigen Interessengruppen umgebene Vielzahl von Mitgliederparteien für jeden pluralistischen Staat bezeichnend ist.*" (📖 Fraenkel, S. 197 ff.), dann ergibt sich daraus, dass Gegenbegriff zu Pluralismus bei Fraenkel der Totalitarismus ist.

📖 **Fraenkel**, *Ernst: Der Pluralismus als Strukturelement der freiheitlichrechtsstaatlichen Demokratie; in: Ders., Deutschland und die westlichen Demokratien, 5. Aufl., Stuttgart 1973, S. 197-221;* **van Ooyen**, *Robert Chr.: Der Staat der Moderne, Berlin 2003.*

---

211. Welche zentrale Problematik gibt „Pluralismus" in einer modernen Massendemokratie aus Sicht der Pluralismustheorie, wenn man sich historische Beispiele vor Augen führt?

Das zentrale Problem des Politischen im 20. Jahrhundert ist das der „Herrschaft der Massen" und die damit verbundene Gefahr von (totalitären) Diktaturen. Es ist eine Folge der Ausdehnung der Staatsgewalt in den Bereich von Wirtschaft und Gesellschaft, sowie der Entwicklung politischer Gleichheit (z. B. Demokratisierung des Wahlrechts), die natürlich nicht rückgängig gemacht werden kann und soll. Zugleich aber hat die geschichtliche Erfahrung des 20. Jahrhunderts drastisch gezeigt, dass Massen in ungeheurem Maße manipulierbar sind. Massengesellschaften schrecken auch nicht vor der Abschaffung der pluralistischen Demokratie zurück. Diktatoren als „Führer" können sich hierüber – zumindest zeitweise – plebiszitäre Legitimation verschaffen. Als Beispiele auf der „rechten" Seite können der italienische Faschismus unter Mussolini und der Nationalsozialismus genannt werden. „Links" zeigte die Geschichte diese Phänomene z. B. im Stalinismus und Maoismus. Auf „islamistischer" Seite kann als Beispiel die Errichtung des „Gottesstaates" unter Khomeini angeführt werden.

---

212. Welche Ausprägungen kennt das Grundgesetz zum „Pluralismus"?

Das Grundgesetz kennt eine Fülle von Ausprägungen zum „Pluralismus", die sich direkt oder indirekt aus den einzelnen Bestimmungen ergeben. In erster Linie gehören dazu die Grundrechte: Schon die freie Entfaltung der Persönlichkeit in Art. 2 Abs. 1 GG zeigt, dass es in der Gesellschaft eine Vielzahl unterschiedlicher, auch gegensätzlicher Strömungen sowie organisierte und nichtorganisierte Gruppen gibt, die faktisch und rechtlich die Möglichkeit haben, ihre Interessen und Meinungen frei zu vertreten und ihre Ziele aktiv zu verfolgen. Sie können nach Belieben (= frei) kooperieren oder konkurrieren. Daraus lässt sich im Zusammenspiel mit der Eigentumsfreiheit nach Art. 14 Abs. 1 Satz 1 GG und der Berufsfreiheit nach Art. 12 Abs. 1 Satz 1 GG z. B. für den Bereich der Wirtschaft konkurrierende Unternehmen und die freie Marktwirtschaft ableiten. Aus dem Diskriminierungsverbot des Art. 3 Abs. 3 GG ergibt sich die gesellschaftliche Vielfalt anhand der Aufzählungen. Die Glaubensfreiheit des Art. 4 Abs. 1 u. 2 GG lässt weltanschaulich-religiöse Pluralität erkennen, da von unterschiedlichen Weltanschauungsgemeinschaften, Konfessionen und Sekten ausgegangen wird. Pluralismus zeigen auch die Grundrechte des Art. 5 Abs. 1 GG, da sich in der Meinungs- und Informationsfreiheit ebenso wie in der Presse-, Rundfunk- und Filmberichterstattungsfreiheit die gesellschaftliche Vielfalt widerspiegelt. Im Zusammenspiel mit der Versammlungsfreiheit des Art. 8 Abs. 1 GG sowie der Vereinigungs- und Koalitionsfreiheit nach Art. 9 Abs. 1 u. 3 GG lässt sich im politischen Bereich sowie in der sozialen Struktur Meinungsvielfalt, soziale Schichten, konkurrierende Gruppen, Interessenverbände und das Mehrparteiensystem erkennen, das schließlich in Art. 21 GG konkret verankert ist und Parteienkonkurrenz, inkl. Oppositionsrechte festlegt. Eine zusätzliche Verstärkung des Pluralismus im Grundgesetz wird durch die Prinzipien der Bundesstaatlichkeit und der Gewaltenteilung manifestiert (📖 van Ooyen, S. 17 ff.).

📖 *van Ooyen, Robert Chr.: Politik und Verfassung. Beiträge zu einer politikwissenschaftlichen Verfassungslehre. Wiesbaden 2006.*

---

213. Welche Voraussetzungen in pluralistischen Gesellschaften sind beim Vergleich der unterschiedlichen Konzepte von „Gemeinwohl" in totalitären Diktaturen und in pluralistischen Gesellschaften nach Fraenkel gegeben?

Typisch für totalitäre Diktaturen ist das sog. „a-priori-Gemeinwohl". Eine bestimmte politische Gruppe (hier: Einheitspartei) tritt mit dem Anspruch auf, das Wohl aller, den „Volkswillen" von vorn herein bestimmen zu können und auch zu vertreten. Hiervon abweichende Interessen und Auffassungen werden als „illegitim" begriffen und als „egoistisch", „volksfeindlich", „klassenfeindlich" usw. bezeichnet. Sie werden in typischer Weise für „geschlossene" Gesellschaften nach dem „Freund-Feind-Schema" rigoros unterdrückt und verfolgt. Demgegenüber begreift die Pluralismustheorie das Gemeinwohl „a posteriori". Danach ergibt sich das Gemeinwohl bloß als eine Art „Resultante" aus dem „Kräftespiel" des Gruppenprozesses: Die in verschiedenen Gruppen (Parteien, Verbände usw.) organisierten Bürgerinnen und Bürger artikulieren ihre unterschiedlichen Interessen und Meinungen, streiten und kämpfen im politischen Prozess um deren Durchsetzung. Die Artikulation und machtpolitische Durchsetzung eigener Interessen im politischen Prozess durch Wahlen, „Lobbyismus" usw. ist daher nicht nur legitim, sondern sozusagen die Voraussetzung von pluralistischen Demokratien. Allerdings ist ihr Funktionieren an bestimmte Voraussetzungen gebunden. Fraenkel benennt dies mit den Begriffen „fair play" und „consensus omnium": Auch in einer pluralistischen Gesellschaft muss daher immer ein gewisser normativer Grundkonsens bestehen, über den in der jeweiligen Zeit nicht gestritten wird, der aber selbstverständlich wandelbar bleibt. Dazu gehört auch die Akzeptanz bestimmter fundamentaler „Spielregeln" des demokratischen „fair play", wie z. B. Chancengleichheit, Kompromissfähigkeit, Gewaltlosigkeit und die Akzeptanz von Mehrheitsentscheidungen (vgl. 📖 van Ooyen, S. 51 ff.).

  📖 *van Ooyen, Robert Chr.: Der Staat der Moderne. Hans Kelsens Pluralismustheorie, Beiträge zur Politischen Wissenschaft, Band 125, Berlin 2003.*

---

214. Wie ist das Gemeinwohl nach Ernst Fraenkel zu definieren?

Das Gemeinwohl nach Fraenkel entsteht „a posteriori" als Ergebnis aus dem „Kräftespiel" des Gruppenprozesses: Die in verschiedenen Gruppen (z. B. Parteien und Interessenverbände) organisierten Bürgerinnen und Bürger artikulieren ihre unterschiedlichen Interessen und Meinungen, streiten und kämpfen im politischen Prozess um deren Durchsetzung. Die Artikulation und machtpolitische Durchsetzung eigener Interessen im politischen Prozess durch Wahlen, „Lobbyismus" usw. ist daher nicht nur legitim, sondern sozusagen die Voraussetzung von pluralistischen Demokratien. Das Gemeinwohl ist daher in Abhängigkeit von Mehrheitsverhältnissen zu sehen (vgl. 📖 Fraenkel, S. 197 ff.).

  📖 *Fraenkel, Ernst: Der Pluralismus als Strukturelement der freiheitlich-rechtsstaatlichen Demokratie, in: ders., Deutschland und die westlichen Demokratien, 5. Aufl., Stuttgart 1973, S. 197-221 .*

---

215. Welche normativen Voraussetzungen erfordert „Pluralismus"?

Pluralismus ist zunächst zwar ein beschreibender Begriff, der sich (empirisch) aus Erfahrung ergibt. In einer Staatsorganisation hat der Begriff aber auch insofern einen normativen Sinn, als in einer freiheitlichen Demokratie die Vielfalt der Ziele, Interessen, Handlungsformen, Einflussmöglichkeiten etc. sowohl politisch gewollt ist, als auch rechtlich ermöglicht werden muss. Dies geschieht zum Beispiel durch Meinungs- und Versammlungsfreiheit, Tarifautonomie, Mehrparteiensystem oder der formalisierten Beteiligung am Staatshandeln.

---

216. In modernen westlichen Gesellschaften, die einerseits durch Säkularisierung und zugleich durch zunehmende religiöse Pluralität gekennzeichnet sind, beinhaltet das Verhältnis Staat, Kirche und Religionsausübung Problematiken, die sich gerade im öffentlichen Dienst widerspiegeln. In einer Reihe von Entscheidungen hat das Bundesverfassungsgericht hierzu Stellung genommen, maßgeblich war etwa seine Entscheidung[20] zum sog. „Kopftuch-Streit". Wie ist im „Kopftuch-Streit" das Urteil des Bundesverfassungsgerichts aus pluralistischer Sicht zu beurteilen?

Zunächst ist festzuhalten, dass das „Kopftuch-Verbot" nach Auffassung des BVerfG nicht zulässig war, weil eine (landes-)gesetzliche Grundlage für den Grundrechtseingriff fehlte (1. Leitsatz; Zn. 2-4[21]). Der Unterschied des vorliegenden Falles zur sog. „Kruzifix-Entscheidung" des BVerfG, in der das Anbringen von Kreuzen in den Klassenräumen staatlicher Schulen abgelehnt wurde, liegt nach Auffassung des Gerichts darin, dass es dort um eine *staatliche* Anordnung zur Anbringung eines religiösen Symbols ging, während hier hingegen es sich um die Ausübung eines Grundrechts (im Staatsdienst) durch eine Lehrerin handelt (Zn. 40-47). Den Begriff der „staatlichen Neutralität" definiert das BVerfG so: „Staatliche Neutralität" wird „nicht als eine distanzierende im Sinne einer strikten Trennung von Staat und Kirche" gesehen, sondern als „eine offene ..., die Glaubensfreiheit für alle Bekenntnisse gleichermaßen fördernde Haltung" verstanden (Zn. 27-30). Daraus folgt also keine strikte „Abstinenz" (wie z. B. in Frankreich), sondern nur die Gleichbehandlungspflicht gegenüber allen Religionen und – hiermit verbunden – das Verbot, Bewertungen vorzunehmen (Zn. 32-39). Die Entscheidung des BVerfG lässt unter Zugrundelegung der Fraenkel'schen Pluralismustheorie (s. dazu Frage 208.) für den Gesetzgeber zwei Optionen offen, die der „staatlichen Neutralität" im Sinne der Gleichbehandlung Rechung tragen, und die sich jeweils pluralismustheoretisch beschreiben lassen: Auf der einen Seite ist sogar eine stärkere Einbeziehung des religiösen Pluralismus in den staatlichen/schulischen Bereich denkbar, da die Schule kein von der

---

20 Ein Auszug aus der Entscheidung des BVerfG zum „Kopftuch-Streit" befindet sich im Dokumentationsteil ab S. 407.

21 Die Zeilen-Nummern (Zn.) beziehen sich auf den hier abgedruckten Textauszug ab S. 407.

Schule kein von der Gesellschaft „abgehobener" Raum ist und sich so am besten im Sinne der Integration das einüben lässt, was ohnehin gesellschaftliche Realität ist (Zn. 51-57). Auf der anderen Seite ist auch eine striktere Trennung von Staat und religiöser Vielfalt möglich, um das Potenzial von Konflikten zu reduzieren und den Schulfrieden im Sinne eines dem Pluralismus vorausgesetzten „Grundkonsenses" (s. o. Frage 208.) zu gewährleisten (Zn. 57-63; vgl. 📖 van Ooyen, S. 113 ff.).

📖 *van Ooyen, Robert Chr.: Politik und Verfassung. Beiträge zu einer politikwissenschaftlichen Verfassungslehre. Wiesbaden 2006.*

---

217. Welche Unterschiede könnten zwischen dem Tragen eines „Kopftuchs" als Lehrerin und als Polizeibeamtin bestehen, wenn man die „Kopftuch-Entscheidung"[22] des Bundesverfassungsgerichts berücksichtigt?

Das Gericht führt aus, dass Grundrechte zwar grundsätzlich im öffentlichen Dienst Geltung haben, dass sich die öffentlich Bediensteten jedoch im Hinblick auf die Funktion ihres Amtes Einschränkungen gefallen lassen müssen, soweit diese Einschränkungen durch das funktionelle Amt sachlich begründbar sind (Zn. 12-16[23]). Da eine Polizeibeamtin in Ausübung ihres Amtes (zumindest im Schutzdienst) im Unterschied zu einer Lehrerin eine Uniform tragen muss, ließe sich ein striktes Verbot des „Kopftuchs" mit der Uniformpflicht rechtfertigen, selbst wenn man es im Bereich der Schule zuließe. Es lässt sich aber auch der gegenteilige Standpunkt vertreten: Denn wieso sollte das Tragen eines „Kopftuchs" im Rahmen der Uniform die Amtsausübung beeinträchtigen? Ein sachlicher Grund der Differenzierung zwischen Lehrerin und Polizistin ist daher nicht zwingend gegeben (vgl. hierzu z. B. die Praxis in Großbritannien: Tragen von Turbanen bei Polizisten pakistanischer/indischer Herkunft).

📖 *Lanzerath, Sonja: Religiöse Kleidung und öffentlicher Dienst. Zur Zulässigkeit dienstrechtlicher Bekleidungsverbote in Schule, Gerichtsbarkeit und Polizei, Frankfurt/M u. a. 2003.*

---

22 Ein Auszug aus der Entscheidung des BVerfG zum „Kopftuch-Streit" befindet sich im Dokumentationsteil ab S. 407.

23 Die Zeilen-Nummern (Zn.) beziehen sich auf den hier abgedruckten Textauszug ab S. 407.

---

218. Wie sind die wesentlichen Grundsätze der innerparteilichen Demokratie zu erläutern und welche Gründe haben den Verfassungsgeber bewogen, die Parteien der Bundesrepublik Deutschland auf die innerparteiliche Demokratie zu verpflichten?

Die wesentlichen Grundsätze der innerparteilichen Demokratie orientieren sich an den Wesenselementen des Demokratieprinzips. Danach ist sodann festzustellen, dass zu den wesentlichen Grundsätzen der innerparteilichen Demokratie eine Satzung, welche die Rechte und Pflichten der Mitglieder festlegt, und ein Programm mit der politischen Zielsetzung der Partei gehören. Außerdem ist es erforderlich, die Partei in Gebietsverbände zu gliedern zur Herstellung und Aufrechterhaltung des Kontakts mit den Bürgern. Der innerparteiliche Prozess der Willensbildung und Entscheidungsfindung auf programmatischer Ebene muss so geregelt sein, dass er von unten nach oben verläuft. Demokratisches Instrument dazu sind regelmäßige innerparteiliche Wahlen zur Bestellung der Funktionsträger der Partei. Dabei ist auch der Minderheitenschutz zu beachten, damit Randgruppen innerhalb der Partei nicht so einfach ausgegrenzt werden können.

Dass innerparteiliche Demokratie notwendig ist, hat im Wesentlichen drei Gründe: Zum einen kann die allgemeine demokratische Ordnung nur bewahrt werden, wenn auch die innere Ordnung der sie tragenden Parteien demokratischen Grundsätzen entspricht. Zum anderen ist empirisch erwiesen, dass in jeder Organisation latent die Tendenz erkennbar ist, unliebsame Opponenten auszuschließen oder zumindest „an den Rand" zu drängen. Schließlich zeigt die Erfahrung in der Weimarer Republik, dass die Parteien, die diesen demokratischen Grundsätzen nicht verpflichtet waren, zum Untergang dieses demokratischen Systems beigetragen haben (zur innerparteilichen Demokratie in der Praxis vgl. 📖 Rudzio, S. 144 ff.).

📖 *Rudzio, Wolfgang: Das politische System der Bundesrepublik Deutschland, 7. Aufl., Wiesbaden 2006;* **Zehetmair,** *Hans (Hg.): Das deutsche Parteiensystem. Perspektiven für das 21. Jahrhundert, Wiesbaden 2005.*

---

219. Was haben politische Parteien und Interessenverbände in Deutschland gemeinsam und was unterscheidet sie?

Gemeinsam haben Parteien, die in Art. 21 GG ihre verfassungsmäßige Verankerung haben, und Verbände, die sich in der Vereinigungs- und Koalitionsfreiheit des Art. 9 Abs. 1 und 3 GG wiederfinden, dass sie dem Vereinsrecht unterliegen. Für die Parteien gilt allerdings das Parteiengesetz als lex specialis und das Vereinsrecht als lex generalis. Ferner lassen sich Parteien und Verbände (s. o.) aus dem Grundgesetz unmittelbar (Parteien: Art. 21 GG) oder mittelbar (Verbände: Art. 9 GG) herleiten. Beide sind auf Dauer angelegt, weisen recht einheitliche (oder ähnliche) Organisationsformen auf und vertreten in erster Linie die Interessen ihrer Mitglieder.

Parteien und Verbände unterscheiden sich dadurch, dass Parteien gesamtgesellschaftliche Verantwortung übernehmen und sich deshalb an alle Bürger richten. Sie haben daher auch das sog. Parteienprivileg aus Art. 21 Abs. 2 GG, dass nur das Bundesverfassungsgericht sie verbieten kann (vgl. 📖 van Ooyen / Möllers). Verbände hingegen lehnen gesamtgesellschaftliche Verantwortung ab und verfolgen vielmehr partikulare Interessen verschiedener Gruppen der Gesellschaft. Für Parteien ist die Politik Existenzzweck, sie wollen die Staatsführung möglichst übernehmen. Dagegen ist für die Verbände die Politik lediglich Mittel zum Zweck, sie zielen darauf, die Staatsorgane in ihrem Sinne zu beeinflussen. Parteien besetzen mittels Wahlen Parlament und Regierung, die Interessenverbände agieren mit Schwerpunkt im vorparlamentarischen Raum. Formal lässt sich außerdem unterscheiden, dass innere Parteifreiheit einer strengeren Verbandsstruktur gegenübersteht.
📖 *van Ooyen, Robert Chr. / Möllers, Martin H. W. (Hg.): Das Bundesverfassungsgericht im politischen System, Wiesbaden 2006.*

---

220. Kann man in der Bundesrepublik Deutschland eigentlich von der „Herrschaft" der Verbände sprechen?

Die Antwort auf diese Frage muss abwägend gestaltet sein. Zum einen könnte deshalb zugestimmt werden, weil in den Verbänden ein erhebliches Wählerpotential organisiert ist. Das betrifft nicht nur Arbeitgeber-

und Arbeitnehmerverbände, sondern auch Konsumentenverbände wie zum Beispiel der Automobilclub ADAC, der mehr als 11 Mio. Mitglieder hat. Einige größere Berufsverbände haben – gestützt auf Art. 9 Abs. 3 GG – zum Teil eine sehr wirksame Interessenvertretung. Starke Verbände werden deshalb gegenüber schwer organisierbaren Interessen überproportional berücksichtigt. Dabei gehen gruppenegoistische Lösungsfindungen zu Lasten des Gemeinwohls. Ein Beispiel dazu gaben und geben die Apotheker- und Ärzteverbände im Zusammenhang mit der „Gesundheitsreform". Allerdings könnte man andererseits auch ablehnen, von der „Herrschaft" der Verbände zu sprechen. Denn politische Entscheidungen werden mit Bindungswirkung nur vom Parlament getroffen. Das Grundgesetz weist den Interessenverbänden daher auch nur einen geringen – und auch keinen ausgeformten – Gestaltungsauftrag zu. Letztlich bleiben die Verbände bei der Durchsetzung ihrer Ziele auf Parteien, Regierung und Verwaltung angewiesen.

---

221. Welche beiden Grundprinzipien muss die Verfassung einer rechtsstaatlichen Demokratie enthalten?

Zu den Grundprinzipien der rechtsstaatlichen, konstitutionellen Demokratie gehören zunächst einmal die *Gewaltenteilung* und andererseits der *Schutz der persönlichen Freiheitssphäre* des Bürgers. Beide sind eng miteinander verknüpft, weil sie Machtmissbrauch und Willkürherrschaft verhindern.

---

222. Welche Arten von Gewaltenteilung kann man in der Bundesrepublik Deutschland erkennen?

Zum einen gibt es die *horizontale Gewaltenteilung* durch abgegrenzte, sich gegenseitig kontrollierende Herrschaftsbereiche, die sich nach Art. 20 Abs. 2 Satz 2, 2. Halbsatz GG in Legislative, Exekutive und Judikative niederschlagen. Dazu tritt die *vertikale Gewaltenteilung* durch föderalem Staatsaufbau, der in Bund und Länder gegliedert ist, wobei den Gemeinden verfassungsrechtlich nach Art. 28 Abs. 2 GG, einklagbar nach Art. 93 Abs. 1 Nr. 4b GG, Eigenständigkeit zugebilligt ist. Darüber hinaus hat Deutschland *Laizismus* über die Art. 140 GG

i. V. m. Art. 137 Abs. 1 WRV eingeführt und damit die Trennung von Kirche und Staat verankert. Schließlich sind als weitere Arten von Gewaltenteilung noch zu nennen die Verhinderung von Wirtschaftskartellen, vor allem als Ausfluss von Art. 14 Abs. 2 GG, und die Verhinderung des Missbrauchs ökonomischer Macht zur politischen Einflussnahme, wie sie sich insbesondere aus Art. 21 Abs. 1 Satz 3 GG ergibt.

Unterabschnitt:
Politischer Extremismus / Islamismus

223. Welche Schlussfolgerung zog der Parlamentarische Rat aus Weimar?

Nach ganz herrschender Meinung im Parlamentarischen Rat sollten im Grundgesetz die Mängel der Weimarer Reichsverfassung nicht mehr enthalten sein. Die Weimarer Verfassung verstand das Demokratieprinzip als bloß formales politisches System, das inhaltlich neutral war. Das Grundgesetz sollte dagegen dem Demokratieprinzip einen wertgebundenen Inhalt geben, dessen Substanz die *„freiheitlich demokratische Grundordnung"* bildet. Um insbesondere eine Diktatur zu verhindern, wie sie sich hat aus der Weimarer Verfassung bilden können, und das demokratische Prinzip staatlich zu erhalten, wurden in das Grundgesetz Artikel aufgenommen, die bewusst die Erhaltung der Identität des unabänderlichen Grundwertesystems als Grenze setzte durch demokratische Solidarität (keine Freiheit für die Feinde der Freiheit). Nach Meinung des Bundesverfassungsgerichts nimmt das Grundgesetz „aus dem Pluralismus von Zielen und Werten [...] gewisse Grundprinzipien der Staatsgestaltung heraus, die, wenn sie einmal auf demokratische Weise gebilligt sind, als absolute Werte und unverzichtbare Schutzgüter anerkannt und deshalb entschlossen gegen alle Angriffe verteidigt werden sollen; soweit zum Zwecke dieser Verteidigung Einschränkungen der politischen Betätigungsfreiheit der Gegner erforderlich sind, werden sie in Kauf genommen." (✍ BVerfGE 5, 85 [139]). Die wertgebundene Demokratie ist deshalb die logische Voraussetzung der abwehrbereiten, streitbaren Demokratie. Die Anerkennung höchster unabänderlicher Werte, die auch von einer formaldemokratisch zustande gekommenen verfassungsändernden Mehrheit nicht aufgehoben werden dürfen (vgl. Art. 79 Abs. 3 i. V. m. Art. 1 und 20 GG), schafft ein Spannungsverhältnis zwischen den durch Maßnahmen zum Schutz der Demokratie erforderlichen Eingriffen in die Freiheitssphäre des Einzelnen und dem Prinzip der Freiheit.

Das Grundgesetz gibt etwa die Möglichkeit des Parteienverbotes nach Art. 21 Abs. 2 GG, von dem die rechtsextreme SRP (Sozialistische Reichspartei) 1952 und die linksextreme KPD 1956 betroffen wurden. Auch Vereinigungen können nach Art. 9 Abs. 2 GG verboten werden. Darüber hinaus bestehen die Möglichkeiten der Verwirkung von Grundrechten nach Art. 18 GG, die aber bisher in der Praxis nicht angewandt wurde, die Beschränkung der Freizügigkeit nach Art. 11 Abs. 2 GG, die Schaffung einer Verfassungsschutzbehörde nach Art. 73 Abs. 1 Nr. 10. b) und Art. 87 Abs. 1 Satz 2 GG sowie Einsatz von Streitkräften nach Art. 87a Abs. 4 GG. Streitig ist die Auslegung und Anwendung des Art. 33 Abs. 5 GG, der bestimmt, dass das Recht des öffentlichen Dienstes unter Beachtung der hergebrachten Grundsätze des Berufsbeamtentums zu regeln ist. Streitig ist hier vor allem die politische Treuepflicht der Beamten zum Dienstherrn und zur Verfassung sowie das Spannungsverhältnis zu Art. 21 Abs. 1 GG. So betraf der sogenannte Extremistenbeschluss der Regierungschefs von Bund und Ländern von 1972 den Ausschluss von „verfassungsfeindlichen" Bewerbern und Angehörigen aus dem öffentlichen Dienst, insbesondere der Beamtenschaft. Es stellt sich die Frage, ob dieser Beschluss noch angewendet werden soll oder nicht. Die SPD-regierten Bundesländer haben sich bereits seit einigen Jahren von dem Beschluss distanziert, die CDU/CSU-regierten Bundesländer wenden ihn inzwischen aber auch nicht mehr an (vgl. 📖 Rudzio, S. 36 ff.).

📖 *Rudzio, Wolfgang: Das politische System der Bundesrepublik Deutschland, 7. Aufl., Wiesbaden 2006.*

---

224. Welches Konzept liegt der „wehrhaften Demokratie" zugrunde?

Zum Konzept der „wehrhaften Demokratie" gehören 1. die Wertgebundenheit, 2. die Abwehrbereitschaft, Streitbarkeit und 3. die Vorverlagerung des Demokratieschutzes. Fehlt eines dieser Kennzeichen, lässt sich nicht von einer streitbaren Demokratie sprechen. Unter *Wertgebundenheit* ist zu verstehen, dass der demokratische Verfassungsstaat sich zu besonderen, in historischen Erfahrungen gewachsenen Werten bekennt, die er nicht abschaffen will. Dabei ist allerdings die Frage, was zum unabdingbaren Minimalkonsens gehört, allgemein – etwa in der UN oder im Europarat – nicht abschließend geklärt. Es stellt sich nämlich die Frage, ob der Minimalkonsens wandelbar ist oder Prinzipien umfasst, die universell und zeitlos sind. Wer der ersten Position zuneigt, sieht sich in der Gefahr eines demokratietheoretischen Relativismus; wer sich die zweite zu Eigen macht, muss sich unter Umständen den Vorwurf eines Apologeten des Status quo oder des „Kulturimperialismus" gefallen lassen. Als *Abwehrbereitschaft, Streitbarkeit* ist auszumachen, dass der demokratische Verfassungsstaat sich gegenüber extremistischen Positionen verteidigen will und dann damit seine Abwehrbereitschaft zeigt. Denn Demokratie wird nicht nur im Sinne der Volkssouveränität verstanden, sondern der demokratische Verfassungsstaat muss sich seiner Gegner erwehren. Das ergibt sich bereits aus der Bejahung der Wertgebundenheit. Allerdings besteht dabei immer die Gefahr, dass der demokratische Verfassungsstaat überzogen seine Streitbarkeit anwendet: Man denke etwa an den sog. Extremistenbeschluss der Regierungschefs von Bund und Ländern von 1972, der den Ausschluss von „verfassungsfeindlichen" Bewerbern und Angehörigen aus dem öffentlichen Dienst, insbesondere der Beamtenschaft betraf. Danach war z. B. die Entfernung von Briefzustellern aus dem öffentlichen Dienst vorgesehen, wenn sie Mitglieder in einer kommunistischen Partei waren. *Vorverlagerung des Demokratieschutzes* bedeutet, dass der demokratische Verfassungsstaat nicht erst dann abwehren will, wenn der politische Extremismus gegen Gesetzesbestimmungen verstößt. Schon im Vorfeld seiner Aktivitäten soll der politische Extremismus gestört werden. Auch wenn bei der Vorverlagerung des Demokratieschutzes nicht abschließend geklärt ist, ob die Legalität der Verfassungsordnung durch die Vorverlagerung nicht ausgehöhlt wird, muss der demokratische Verfassungsstaat immer dann so vorgehen, wenn die Extremisten sich der „Legalitätstaktik" bedienen. Andernfalls kann der Demokratieschutz verloren gehen.

Die Anerkennung höchster unabänderlicher Werte, die vom GG geschützt werden, manifestiert sich in der *Freiheitlich demokratischen Grundordnung* (FdGO).

📖 *Backes*, Uwe / *Jesse*, Eckhard: Politischer Extremismus in der Bundesrepublik Deutschland, 3. Aufl., Bonn 1993; *Möllers*, Martin H. W.: Extremisten vor dem Bundesverfassungsgericht. Ist die deutsche Demokratie gegen Verfassungsfeinde wehrhaft?, in: Pfahl-Traughber (Hg.), Jahrbuch für Extremismus- und Terrorismusforschung 2009, Brühl/Rheinland 2010, S. 87-124.

---

225. Auch von einer formaldemokratisch zustande gekommenen verfassungsändernden Mehrheit dürfen bestimmte Grundprinzipien nicht aufgehoben werden. Wo steht die Rechtsgrundlage dafür und welche Beispiele aus dem Grundgesetz legen die Abwehrbereitschaft fest?

Die Rechtsgrundlage ist die Ewigkeitsklausel, Art. 79 Abs. 3 GG. Beispiele aus dem Grundgesetz, welche die Abwehrbereitschaft festlegen, sind Art. 2 Abs. 1, 2. Halbs. 2. Alt. GG, in dem die persönliche Freiheit innerhalb des Rahmens der verfassungsmäßigen Ordnung beschränkt wird, Art. 5 Abs. 3 Satz 2 GG, in dem verankert ist, dass die Freiheit der Lehre nicht von der Verfassungstreue entbindet, Art. 9 Abs. 2, 2. Alt. GG mit dem Verbot von Vereinigungen, die gegen die verfassungsmäßige Ordnung verstoßen, Art. 10 Abs. 2 Satz 2, 1. Alt. GG, der Beschränkungen des Post- und Fernmeldegeheimnisses ohne Mitteilung an den Betroffenen zum Schutz der freiheitlichen demokratischen Grundordnung enthält, Art. 11 Abs. 2, 2. Halbs. 2. Alt. GG mit der Beschränkung der Freizügigkeit zur Abwehr einer drohenden Gefahr für die freiheitliche demokratische Grundordnung, Art. 18 Satz 1 GG mit der Verwirkung von Grundrechten wegen ihres Missbrauchs im Kampf gegen die freiheitliche demokratische Grundordnung, Art. 20 Abs. 4 GG, der das Widerstandsrecht gegen alle, welche die freiheitliche demokratische Grundordnung beseitigen wollen, enthält, Art. 21 Abs. 2 Satz 1, 1. Alt. GG mit dem Verbot von Parteien, welche die freiheitliche demokratische Grundordnung beeinträchtigen oder beseitigen wollen, Art. 73 Abs. 1 Nr. 10. b) 1. Alt. GG, der im Rahmen der ausschließlichen Gesetzgebungskompetenz des Bundes Verfassungsschutzbehörden zum Schutz der freiheitlichen demokratischen Grundordnung vorsieht. Weiter sind zu nennen Art. 79 Abs. 3 GG, der Schutz gewährt in der 1. Alt. für die föderative Ordnung, in der 2. Alt. für die Mitwirkung der Länder an der Bundesgesetzgebung, in der 3. Alt. i. V. m. Art. 1 GG für die Grundsätze des Art. 1 GG (Schutz der Menschenwürde, Schutz des Kernbereichs der Menschenwürde in allen aufgeführten – auch justiziellen – Grundrechten [Art. 1-19, 101, 103, 104 GG], Grundrechtsbindung aller drei Gewalten), 3. Alt. i. V. m. Art. 20 GG für die Grundsätze des Art. 20 GG (Schutz für die Prinzipien Republik, Demokratie, Sozialstaat, Rechtsstaat, Volkssouveränität, Gewaltenteilung, Gesetzmäßigkeit der Verwaltung). Schließlich legen die Abwehrbereitschaft noch die Art. 87 Abs. 1 Satz 2, 4. Alt. GG mit der Errichtung einer Verfassungsschutzbehörde, Art. 87a Abs. 4, 2. Alt. GG mit dem Streitkräfteeinsatz zur Abwehr einer drohenden Gefahr für die freiheitliche demokratische Grundordnung, Art. 91 Abs. 1, 2. Alt. GG mit dem Einsatz von Polizeikräften aus Bund und Ländern sowie von anderen Verwaltungen zur Abwehr einer drohenden Gefahr für die freiheitliche demokratische Grundordnung und Art. 98 Abs. 2 GG mit der Richterklage wegen Verstoßes gegen die Grundsätze des Grundgesetzes fest.

---

226. Welche „Waffen" kennzeichnet die wehrhafte Demokratie, um unmittelbar gegen Verfassungsfeinde vorzugehen?

Schärfste „Waffen" (⌨ van Ooyen, S. 121) bietet das Grundgesetz vor allem durch die Möglichkeit des Parteienverbots nach Art. 21 Abs. 2 GG, von dem die rechtsextreme Sozialistische Reichspartei (SRP) 1952 und die linksextreme Kommunistische Partei Deutschlands (KPD) 1956 betroffen wurden. Auch Vereinigungen können nach Art. 9 Abs. 2 GG verboten werden. Seit 1964, dem Jahr der Verabschiedung des Vereinsgesetzes (VereinsG), welches das Verbotsverfahren regelt, sind – weitgehend unbeobachtet von der Öffentlichkeit – allein auf Bundesebene fast 100 Vereinigungen verboten worden. Darüber hinaus besteht die Möglichkeit der durch das Bundesverfassungsgericht ausgesprochenen Verwirkung von Grundrechten nach Art. 18 GG, zu denen es zwar schon Verfahren gegeben hat, die aber bisher durch das Gericht noch nicht verhängt wurde.

⌨ *Möllers, Martin H. W. / van Ooyen, Robert Chr. (Hg.): Parteiverbotsverfahren, JBÖS - Sonderband 2, 3. Aufl., Frankfurt/M 2011; van Ooyen, Robert Chr.: „Kaltes Parteiverbot" – das NPD-Verfahren im rechtspolitischen Rückblick des FAP-Beschlusses; in: van Ooyen / Möllers (Hg.), Die öffentliche Sicherheit auf dem Prüfstand: 11. September und NPD-Verbot, Frankfurt a. M. 2002, S. 121-129.*

---

227. Was unterscheidet Grundrechtsverwirkung, Parteiverbot und Vereinsverbot?

Während Vereinsverbote gemäß Art. 9 Abs. 2 GG von den Regierungen in Bund und Ländern nach dem Vereinsgesetz verhängt werden können, müssen Grundrechtsverwirkungen nach Art. 18 GG und Parteiverbote nach Art. 21 Abs. 2 GG grundsätzlich nach den Maßgaben des Bundesverfassungsgerichtsgesetz beim BVerfG beantragt werden. Dieses hat allein das Entscheidungsmonopol.

📖 *Möllers, Martin H. W.: Voraussetzungen, Ablauf und Rechtsfolgen von Verfahren, die zu Partei- und Vereinsverboten sowie zur Grundrechtsverwirkung führen, in: Möllers / van Ooyen (Hg.), Politischer Extremismus 2: Terrorismus und wehrhafte Demokratie, Frankfurt/M 2007, S. 379-423; Möllers, Martin H. W. / van Ooyen, Robert Chr. (Hg.): Parteiverbotsverfahren, JBÖS - Sonderband 2, 3. Aufl., Frankfurt/M 2011.*

228. Wie laufen die Verfahren von Partei- und Vereinsverboten und zur Grundrechtsverwirkung in der Praxis ab?

Betrachtet man die Instrumente der wehrhaften Demokratie in ihrer praktischen Bewährung, lässt sich feststellen, dass die Verfahren, für die das Bundesverfassungsgericht das Entscheidungsmonopol hat, zumindest zahlenmäßig nahezu bedeutungslos sind. Denn alle Anträge nach Art. 21 Abs. 2 GG und nach Art. 18 GG sind in den letzten fünfzig Jahren ohne Erfolg geblieben. Lediglich in den 1950er Jahren wurden zwei Parteien verboten. Dagegen gehen die Verfahren zum Verbot von Vereinigungen nach Art. 9 Abs. 2 GG, für die allein die Exekutive zuständig ist, in die Hunderte, wenn die Verbote auf Länderebene zu den knapp 100 auf Bundesebene hinzugerechnet werden. Damit scheint die wehrhafte Demokratie vor allem in den Händen der Exekutive zu liegen, deren Aktivitäten insbesondere der Wahrung der öffentlichen Sicherheit dient.

📖 *Möllers, Martin H. W.: Voraussetzungen, Ablauf und Rechtsfolgen von Verfahren, die zu Partei- und Vereinsverboten sowie zur Grundrechtsverwirkung führen, in: Möllers / van Ooyen (Hg.), Politischer Extremismus 2: Terrorismus und wehrhafte Demokratie, Frankfurt/M 2007, S. 379-423.*

---

229. Welche Unterscheidung lässt sich den Begriffen politischer Extremismus und Radikalismus zuordnen?

Geht man zunächst von der Wortbedeutung des Begriffs „Extremismus" aus, ist festzustellen, dass (lat.) „extremus" der Entfernteste, auch der Schlechteste heißt. Entscheidend ist der Standpunkt des Betrachters. In unserer pluralistischen Demokratie kann dies nur der demokratische Verfassungsstaat mit festgelegten fundamentalen Werten und Spielregeln sein. Daraus ergibt sich dann die Definition für den „politischen Extremismus", der alle unterschiedlichen politischen Gesinnungen und Bestrebungen, die den demokratischen Verfassungsstaat und seine fundamentalen Werte und Spielregeln ablehnen, bezeichnet.

Dagegen lässt sich der Sinngehalt des Begriffs „Radikalismus" dem (lat.) Wort „radix" zu entnehmen, das so viel wie Wurzel, Grund, Ursprung bedeutet. Hier zeigt sich der Standpunkt des Betrachters jeweils individuell, also unabhängig vom demokratischen Verfassungsstaat, sodass festgelegte Werte und Spielregeln jeweils vom Standpunkt abhängig sind. Daraus ergibt sich dann die Definition für den „politischen Radikalismus", der grundsätzlich eine Geisteshaltung und Handlungsweise bezeichnet, die einmal gefassten Grundsätze kompromisslos bis zum äußersten durchzusetzen. Daher gibt es auch radikale Demokraten. In der Politik wird Radikalismus heute i. d. R. für konsequente politische Einstellungen und Programme verwendet, die auf sofortige Veränderung von Institutionen und/oder Herrschaftsverhältnissen drängen. Erst wenn sich die politischen Einstellungen (Grundsätze) gegen Verfassungsprinzipien richten, überschreitet Radikalismus die Grenze zum Extremismus.

📖 ***Backes**, Uwe / **Jesse**, Eckhard: Politischer Extremismus in der Bundesrepublik Deutschland, 3. Aufl., Bonn 1993.*

---

230. Welcher rechtsstaatliche Grundsatz wird von linken und rechten Extremisten jeweils unterschiedlich falsch interpretiert?

Unterschiedlich falsch interpretiert wird der Gleichheitssatz, nach dem „Gleiches gleich und Ungleiches ungleich zu behandeln ist. Die Ablehnung des demokratischen Verfassungsstaates beruht bei Rechtsextremisten darauf, dass sie die Grundannahme, dass alle Menschen gleich sind, ausschließen. Dagegen beruht die Ablehnung des demokratischen Verfassungsstaates bei Linksextremisten darauf, dass sie den Gleichheitsgrundsatz auf alle Lebensbereiche ausdehnen und damit die Idee der individuellen Freiheit überlagern.

---

231. Welche Problematik ergibt die Links-Rechts Abgrenzung beim Extremismus?

Das „Links-Rechts-Schema" entstand zur Zeit der Französischen Revolution und bezog sich ursprünglich auf die Haltung der politischen Gruppen in der französischen Nationalversammlung („Sitzordnung") zur Stellung des Königs. Seitdem haben sich die politischen Programmpunkte nicht nur erheblich verschoben, sondern auch noch „vermischt" und zur „Flügelbildung" innerhalb von Parteien geführt. Spätestens seit der Weimarer Republik lassen sich daher bis heute immer wieder erhebliche inhaltliche Überschneidungen von „linken" und „rechten" politischen Gruppen selbst im Bereich des Extremismus beobachten. Als Beispiele können genant werden der „Nationalbolschewismus"; Stalins „Sozialismus in einem Land"; „linker" und „rechter" Antiamerikanismus; „Gemeinschaftskonzepte" usw. Diese Überschneidungen erklären zum Teil auch ein Wechseln von einem „Lager" in das andere, wie etwa Mussolini, der erst Sozialist war, oder H. Mahlers Weg vom Links- zum Rechtsextremismus.

---

232. Welches historische Beispiel zur Links-Rechts Abgrenzung kann genannt werden?

Das „Links-Rechts-Schema" entstand zur Zeit der Französischen Revolution und bezog sich ursprünglich auf die Haltung der politischen Gruppen in der französischen Nationalversammlung („Sitzordnung") zur Stellung des Königs.

---

233. Auffällig sind die *gemeinsamen* Denkstrukturen aller Extremisten, aus denen sich ihre Kritikelemente ableiten lassen: Welche sind dies zum Beispiel?

Gemeinsames Wesensmerkmal aller extremistischen Kräfte von links bis rechts ist nicht nur die schablonenhafte Auseinandersetzung mit dem demokratischen Verfassungsstaat und seinem pluralistischen System. Auffällig vielmehr ist es, dass ihr strategisches Waffenarsenal weitgehend austauschbar ist: Es gibt kein Mittel der extremen Linken, das nicht auch bereits von der extremen Rechten angewendet worden ist – und umgekehrt. Ebenso auffällig sind die gemeinsamen Denkstrukturen aller Extremisten, aus denen sich ihre Kritikelemente ableiten lassen. Dazu gehört zum Beispiel der *Anspruch auf ausschließlichen Zugang zur historisch-politischen Wahrheit*: Alle extremistischen Theorien gründen auf den Anspruch, allein und ausschließlich den Zugang zur historisch-politischen Wahrheit zu haben. Dabei beruft man sich entweder auf die Gesetze der Natur (hier vor allem Rechtsextremisten) oder auf die Regeln der Vernunft (so hauptsächlich Linksextremisten). Typisch für beide Seiten ist auch die *Respektlosigkeit vor der Meinung Andersdenkender*: Die Meinung anderer wird – abgeleitet von dem Anspruch, im Recht zu sein, und in Überzeugung der eigenen Unfehlbarkeit – als untolerierbar abgelehnt und radikal bekämpft. Die eigene Einstellung führt regelmäßig auch zur *Legitimierung jeder Art von Mitteln – vor allem radikaler – zur Zielerreichung*: Die Überzeugung von der absoluten, nicht zu bezweifelnden Gültigkeit der eigenen Anschauungen führt zu einer fanatischen Entschlossenheit, der jedes zum Ziel führende Mittel legitim erscheint. Dabei werden besonders radikale (oft gewalttätige) – und daher in der Öffentlichkeit erhebliches Aufsehen erregende – Aktionen in aller Regel einem ausgewogenen Handeln vorgezogen. Gemeinsam ist beiden Gruppierungen auch die *Ablehnung der Vielfalt und Festhalten an der Idee der Einheitlichkeit*: Pluralismus der Meinungen, Interessen und Überzeugungen und jede Art von Vielfalt im politischen Denken werden von den Extremisten abgelehnt. Sie vertreten vielmehr die Idee der Einheitlichkeit. Dabei sehnen sich die Rechtsextremisten nach der Geborgenheit traditioneller Gemeinschaften zurück, während die Linksextremisten nach neuen Formen konfliktfreien Zusammenlebens suchen. Ausgangspunkt dafür ist auf beiden Seiten die

Annahme einer ursprünglichen Harmonie: Die dem Pluralismus inne-
wohnenden Interessengegensätze und Meinungsverschiedenheiten sind
den Extremisten zuwider. Sie gehen stattdessen von einem Zustand ursprünglicher Harmonie aus und sehen Meinungsverschiedenheiten als
Produkt heilloser Entfremdung an. Schließlich sehen linke und rechte
Extremisten auch noch die *Notwendigkeit größter Opfer*: Um die Entfremdung der Welt wieder rückgängig zu machen und das Ziel der ursprünglichen Harmonie zu erreichen, bedarf es nach Ansicht der Extremisten einer radikalen Veränderung. Sie wird nur dadurch erreicht, dass
auch größte Opfer in Kauf genommen werden.

**234. Im islamistischen Extremismus finden sich inhaltliche und
formelle Überschneidungen mit dem Links- und Rechtsextremismus. Welche Beispiele können hierfür genannt werden?**

Als auffälligstes Beispiel für eine inhaltliche und formelle Überschnei-
dung mit dem Links- und Rechtsextremismus können im islamistischen
Extremismus zunächst die Terroranschläge genannt werden. Hier ist
festzustellen, dass der moderne Terrorismus seinen Ursprung im
Linksextremismus hat, insbesondere beim russischen Anarchismus des
19. Jahrhunderts. Weitere Beispiele sind der Antisemitismus bzw. Anti-
Israelismus, der sich im europäischen Rechtsextremismus, z. B. im Nationalsozialismus, aber z. T. auch im Linksextremismus findet sowie der
Anti-Amerikanismus. Die Ablehnung rechtsstaatlicher Demokratien
(FdGO) ist ebenso typisches Merkmal aller Extremisten wie die Annahme von Verschwörungstheorien. Dazu gehören auch „Freund-Feind-
Muster" und Dämonisierung des politischen Gegners als das „Böse"
(z. B. „Kapitalisten"; „Juden", „Ungläubige" usw.). Eine Parallele des
islamistischen Extremismus zum faschistischen „Führerprinzip" der
Rechts- und Linksextremisten lässt sich außerdem feststellen: Die strenge Hierarchie und Unterordnung unter einen „unfehlbaren Führer" hat
„rechts" ihr Beispiel bei Mussolini, Hitler, „links" etwa bei Lenin, Stalin, Mao. „Islamistisch" ist es zum Beispiel bei Khomeini, bin Laden
und anderen wiederzufinden.

📖 *Vgl. m. w. N.:* **Berman**, *Paul: Terror und Liberalismus, Hamburg 2004;*
Gray, *John: Die Geburt al-Qaidas aus dem Geist der Moderne, München 2004;*
Pfahl-Traughber, *Armin: Antisemitismus in der islamischen Welt; in: Blätter*

10/2004, S. 1251 ff.; **van Ooyen**, *Robert Chr.: Moderner Terrorismus und politische Religion. Zur Rezeption westlicher Ideologien im „Islamismus"; in: Möllers / van Ooyen (Hg.), Jahrbuch Öffentliche Sicherheit (JBÖS) 2004/05, Frankfurt/M 2005, S. 181-188;* **Wöhler-Khalfallah**, *Khadija Katja: Islamischer Fundamentalismus, in: Möllers (Hg.), Wörterbuch der Polizei, 2. Aufl., München 2010, S. 1015-1017 mit weiteren Nachweisen.*

---

235. Welcher Maßstab ist für die „Verfassungswidrigkeit" von Parteien anzulegen?

Maßstab für die „Verfassungswidrigkeit" von Parteien ist die Ablehnung der Freiheitlich demokratischen Grundordnung (FdGO), also von Kernelementen des Demokratie- und Rechtsstaatsprinzips (vgl. hierzu ✐ BVerfGE 2, 1 – SRP-Verbot). Dazu gehört auch die innerparteiliche Demokratie.

---

236. Gegen welche Verfassungsfeinde sind bisher die meisten Verfahren von Partei- und Vereinsverboten und zur Grundrechtsverwirkung eingeleitet worden?

Von den fünf Verfahren zu Parteiverboten richteten sich vier gegen rechtsextremistische Parteien/Organisationen, da zwei nach Beschluss des BVerfG nicht den Parteienbegriff erfüllten. Auch bei den Vereinsverboten trifft die erhebliche Mehrheit rechtsextremistische Gruppierengen; erst seit dem 11. September 2001 werden vor allem islamistische Organisationen verboten, was nicht zuletzt auch mit der Aufhebung des sog. „Religionsprivilegs" im Vereinsgesetz zusammenhängt. Die Verfahren zur Grundrechtsverwirkung betrafen ausschließlich rechtsextremistische Personen; alle Verfahren führten aber nicht zur Grundrechtsverwirkung, sondern wurden eingestellt.

📖 **Möllers**, *Martin H. W.: Voraussetzungen, Ablauf und Rechtsfolgen von Verfahren, die zu Partei- und Vereinsverboten sowie zur Grundrechtsverwirkung führen, in: Möllers / van Ooyen (Hg.), Politischer Extremismus 2: Terrorismus und wehrhafte Demokratie, Frankfurt/M 2007, S. 379-423.*

237. Welche Erklärungsansätze für Fremdenfeindlichkeit können erläutert werden?

Es können drei Erklärungsansätze für Fremdenfeindlichkeit erläutert werden: Der *sozialpsychologische Erklärungsansatz* geht davon aus, dass grundsätzlich jeder Mensch vor dem Unbekannten, Fremden, das sich sowohl auf Personen, aber auch auf Sachen beziehen kann, Angst hat. Vor allem steckt darin die Angst vor dem verborgenen Fremden im Menschen selbst und Angst vor dem eigenen Fremdwerden. Damit könnte auch ein Identitätsverlust, z. B. in Form der Vereinsamung, verbunden sein. Nicht zufällig wird daher die Aggression gegen Andersartige überwiegend in Gruppen ausgelebt. In der Regel sind dies Personen mit beschädigter Identität, denen die Gruppe Stütze und Halt in einer bedrohlich erlebten Welt verspricht. Dazu muss allerdings das Opfer nun Täter, die Gewalt zur befreienden Tat umdefiniert werden. Als *sozioökonomischer Erklärungsansatz* kann eine als hart empfundene gesellschaftliche Benachteiligung herangeführt werden und eine damit zusammenhängende tatsächliche missliche wirtschaftliche Lage oder zumindest eine als übel empfundene. Die Diskussion um Ausländerbeschäftigung wurde und wird nämlich immer dann umso heftiger, wenn die eigene „Wohlstandsfestung" bedroht erscheint. Auch die sog. Frustrations-Aggressions-Hypothese fällt in den Rahmen des sozioökonomischen Erklärungsansatzes. Als *sozialpolitischer Erklärungsansatz* wird bezeichnet, wenn das latente Misstrauen allem Fremden gegenüber unter bestimmten Bedingungen instrumentalisiert und demagogisch ausgebeutet wird (z. B. „Kinder statt Inder"). Es tritt dann in der extremsten Form als Xenophobie oder Fremdenhass auf. Klassische Beispiele sind etwa die immer wieder populistisch von Politikerinnen und Politikern geforderten „Volksentscheide" zu anstehenden Themen, die das Grundgesetz gar nicht vorsieht (z. B. „zum Euro", „zur Rechtschreibreform" etc.). Aber vor allem rechtsextreme Gruppierungen und Parteien nutzen die allgemeine Angst sozialpolitisch aus und versuchen vor allem bei bildungsfernen Schichten ohne Hintergrundwissen auf Stimmenfang zu gehen (vgl. 📖 Mühlem, S. 3 f.). Eine Vielzahl von historischen Beispielen zur Fremdenfeindlichkeit – nicht nur in Deutschland – können genannt werden, die nicht zuletzt auch einen sozialpolitischen Hintergrund haben: Hier ist etwa der Volksentscheid der „Schweizer" über „Ausländerquote", pogromartige Ausschreitungen von „Spaniern" gegen zugewanderte „Afrikaner", „Franzosen" gegen „Araber", „Tschechen" und „Rumänen" gegen „Roma", „Serben" gegen „Kroaten" gegen „Bosnier", „Polnische Christen" gegen „Polnische Juden", „Deutsche" gegen „Polen", „Deutsche" gegen „Türken", „Türken" gegen „Kurden" „brandenburgische Skinheads" gegen „Ausländer" und „Sozialhilfeempfänger" (Auflistung nach 📖 van Ooyen, Rechtsextremismus, S. 97) – „die Reihe ließe sich mit wechselnder Intensität fast beliebig fortsetzen: in Deutschland, in Europa, vielleicht überall" (📖 van Ooyen, ebd.).

📖 *Mühlum, Albert: Armutswanderung, Asyl und Abwehrverhalten. Globale und nationale Dilemmata, in: APuZ B7/1993, S. 3-15; van Ooyen, Robert Chr.: Rechtsextremismus, Fremdenfeindlichkeit und Integration, in RuP 2001, S. 97-101; van Ooyen, Robert Chr.: Politik und Verfassung. Beiträge zu einer politikwissenschaftlichen Verfassungslehre. Wiesbaden 2006 (insb. S. 119 ff.).*

238. Welche Stellung haben die Parteien im Grundgesetz?

Da Parteien gesamtgesellschaftliche Verantwortung übernehmen und sich deshalb an alle Bürger und nicht nur – wie Interessenverbände – an bestimmte Gruppierungen richten, hat das Grundgesetz ihnen in Art. 21 GG ein Parteienprivileg eingerichtet (st. Rspr.: vgl. ✐ BVerfGE 1, 208 [225]; 2, 1 [73]; 44, 125 [145]; 52, 63 [82]; 74, 40 [85]; 85, 264 [284 f.]; 91, 262 [267]). Das Funktionieren der parlamentarischen Demokratie ist eng mit der Wirksamkeit von politischen Parteien verbunden (📖 Zippelius / Würtenberger, S. 84). Durch Art. 21 GG sind die politischen Parteien in das Verfassungssystem integriert. Daher sind die Abgeordneten in der Regel Mitglieder einer bestimmten politischen Partei (vgl. Art. 21 GG; §§ 1, 2, 17 PartG; §§ 6, 7, 18, 20, 21, 27 BWahlG). Als *Parteivertreterinnen* und *Parteivertreter* vertreten sie Ziele und Programm ihrer Partei. Diese hat sie als Kandidatin oder Kandidaten nominiert und den Wahlkampf geführt. Parteien wirken auf diese Weise unmittelbar an der Bildung von Staatsorganen mit (✐ BVerfGE 89, 243 [251 ff.]). „Die Durchführung von Parlamentswahlen ist ohne Parteien heute nicht denkbar." (📖 Tsatsos, S. 139). Die Wähler wählen in der Regel zuerst nach Parteien, genauer nach deren Programm und deren Parteiführung, dann erst die Person des Abgeordneten (vgl. dazu schon ✐ BVerfGE 2, 1, 72 [SRP-Entscheidung]). Das Parteienprivileg ist dennoch aber lediglich als verfassungsrechtliche Institutionalisierung der Parteienwirklichkeit aufzufassen, nicht jedoch kann Art. 21 GG als rechtliche Erweiterung der tatsächlichen Rolle im demokratischen Staat begriffen werden, sodass dem freien Mandat von Abgeordneten nach Art. 38 Abs. 1 Satz 2 GG immer der Vorrang gebührt (vgl. ausführlich 📖 Möllers, S. 222-225).

📖 *Möllers, Rosalie: Rechtsgutachten: Kann das Bundeswahlgesetz nach vorliegendem Sachverhalt geändert werden?, in: **Möllers**, Martin H. W.: Wissenschaftliche Abschlussarbeiten für Bachelor, Master oder Diplom an Hochschulen für die Polizei, Frankfurt/M 2007, S. 211-233; **Tsatsos**, Dimitris T.: Die politischen Parteien in der Grundgesetzordnung, in: Gabriel / Niedermayer / Stöss (Hg.), Parteiendemokratie in Deutschland, Bonn 2001, S. 131-158; **Zippelius**, Reinhold / **Würtenberger**, Thomas: Deutsches Staatsrecht, 31. Aufl., München 2005.*

---

239. Welche Unterschiede sind bei Art. 9 Abs. 2 GG und Art. 21 Abs. 2 GG festzumachen?

Art. 9 GG bezieht sich grundsätzlich auf Vereinigungen, während Art. 21 GG das Parteienprivileg enthält. Jeweils der zweite Absatz in den beiden Artikeln regelt, in welchen Fällen der Verein bzw. die Partei verboten werden darf. Vereinigungen, deren Zwecke oder deren Tätigkeit den Strafgesetzen zuwiderlaufen oder die sich gegen die verfassungsmäßige Ordnung oder gegen den Gedanken der Völkerverständigung richten, sind nach Art. 9 Abs. 2 GG verboten. Dieses Verbot ist nach h. M. eine *verfassungsunmittelbare Schranke* in Form der verfassungsrechtlichen Rechtfertigung für einen Eingriff in die Vereinigungsfreiheit. Die Verbotsgründe des Art. 9 Abs. 2 GG sind abschließend aufgezählt, andere Gründe können nicht zu einem Vereinsverbot führen (vgl. 📖 Möllers, S. 142). Im Einzelnen gibt es somit drei Verbotsgründe für Vereinigungen: Verboten sind Vereinigungen, *deren Zwecke oder deren Tätigkeit den Strafgesetzen zuwiderlaufen.* Zu den Strafgesetzen i. S. d. Art. 9 Abs. 2 GG zählen alle Strafvorschriften des StGB und des Nebenstrafrechts, die ein Verhalten unabhängig von ihrer vereinsmäßigen Begehung pönalisieren. Ebenso verboten sind Vereinigungen, *die sich gegen die verfassungsmäßige Ordnung richten.* Die verfassungsmäßige Ordnung ist mit der Freiheitlichen demokratischen Grundordnung (FdGO) gleichzusetzen und in § 4 Abs. 2 BVerfSchG legaldefiniert. Danach gehören im Einzelnen zur FdGO: Volkssouveränität, Wahlen nach den Wahlrechtsgrundsätzen, Rechtsstaatsprinzip, Gesetzmäßigkeitsprinzip, Gewaltenteilungsgrundsatz, Recht auf Opposition, Mehrparteienprinzip, Chancengleichheit der Parteien, Regierung auf Zeit, Parlamentarische Verantwortlichkeit der Regierung, Unabhängigkeit und Rechtsbindung der Gerichte, Ausschluss jeder Gewalt- und Willkürherrschaft, Menschenrechte nach dem Grundgesetz (vgl. die Aufzählung bei ⊞ Möllers, S. 142). Schließlich sind auch solche Vereinigungen verboten, *die sich gegen den Gedanken der Völkerverständigung richten.* Dies sind insbesondere solche, welche „die Minderwertigkeit von bestimmten Rassen, Völkern oder Nationen propagieren" (⊞ Pieroth / Schlink, Rdnr. 750).

Der Unterschied ist deshalb wichtig, weil Art. 21 Abs. 1 und 2 GG gegenüber Art. 9 Abs. 1 und 2 GG die speziellere Vorschrift ist, sodass bei Parteien Art. 9 GG insoweit keine Anwendung findet (vgl. ⊞ Ipsen, Rdnr. 569). Grundsätzlich bedarf es in beiden Fällen eines *Verbotsverfahrens* und eines *Verbotsaktes*. Während aber bei Vereinigungen die zuständige Behörde für das Verbotsverfahren nach § 3 VereinsG ausreicht, muss über die Frage der Verfassungswidrigkeit bei Parteien das Bundesverfassungsgericht entscheiden (vgl. ⊞ Möllers, S. 143).

⊞ *Ipsen, Jörn: Staatsrecht II: Grundrechte. 12. Aufl., Neuwied 2009; **Möllers**, Martin H. W.: Polizei und Grundrechte. Lehrbuch zu den Grundrechten in der polizeilichen Praxis, Blaue Reihe: Studienbücher für die Polizei, 2. Aufl., Frankfurt/M 2011; **Pieroth**, Bodo / **Schlink**, Bernhard: Grundrechte. Staatsrecht II, 25. Aufl., Heidelberg 2009.*

---

240. Welche Prüfkriterien hat das Bundesverfassungsgericht für das Verbot einer Partei in seiner Rechtsprechung aufgestellt?

Zur Beantwortung dieser Frage sollten folgende vier Prüfkriterien genannt werden: Es muss sich überhaupt um eine Partei im Sinne der Legaldefinition von Art. 21 GG i. V. m. § 2 PartG handeln; ansonsten fällt die Gruppierung, wie z. B. im Verfahren gegen die FAP, unter das Vereinsverbot nach Art. 9 Abs. 2 GG (vgl. hierzu ✐ BVerfGE 91, 276 – Parteienbegriff II [FAP]), Ablehnung der Freiheitlich demokratische Grundordnung (FdGO), also von Kernelementen des Demokratie- und

Rechtsstaatsprinzips (vgl. hierzu 🖉 BVerfGE 2, 1 – SRP-Verbot). Dazu gehört auch die innerparteiliche Demokratie. Die bloße Ablehnung der FdGO reicht nicht aus. Vielmehr muss die sog. „aktiv kämpferische, aggressive Haltung" der Partei hinzu kommen, die jedoch nicht einen gewaltsamen Umsturzversuch voraussetzt, sondern bloß die grundsätzliche, dauernde Bekämpfung der FdGO (vgl. hierzu 🖉 BVerfGE 5, 85 – KPD-Verbot). Außerdem gehört als Prüfkriterium der Grundsatz der Verhältnismäßigkeit als Kernelement des Rechtsstaatsprinzips hinzu. Diesen berücksichtigt das BVerfG in seiner Rechtsprechung ausnahmslos. Daher muss ein Parteiverbot – insbesondere insgesamt – auch angemessen sein.

📖 *Möllers, Martin H. W. / van Ooyen, Robert Chr. (Hg.): Parteiverbotsverfahren, JBÖS - Sonderband 2, 3. Aufl., Frankfurt/M 2011; van Ooyen, Robert Chr.: „Kaltes Parteiverbot" – das NPD-Verfahren im rechtspolitischen Rückblick des FAP-Beschlusses; in: van Ooyen / Möllers (Hg.), Die öffentliche Sicherheit auf dem Prüfstand: 11. September und NPD-Verbot, Frankfurt/M 2002, S. 121-129.*

---

241. Die KPD wurde verboten, obwohl sie sich zur Legalität des Grundgesetzes bekannte. Die Verfahren gegen die FAP in den 1990er Jahren als auch gegen die NPD 2003 scheiterten dagegen vor dem Bundesverfassungsgericht. Was sind die hierfür maßgeblichen Gründe bei allen drei Verfahren?

Die KPD wurde verboten, obwohl sie sich zur Legalität des Grundgesetzes bekannte, weil das BVerfG in ihrem Bekenntnis zur Freiheitlich demokratischen Grundordnung (FdGO) nur eine Taktik zur Beseitigung des demokratischen Verfassungsstaats im Sinne eines kommunistischen Umsturzes sah. Denn die KPD hielt ja an ihrer Ideologie und dem Endziel der Errichtung einer „Diktatur des Proletariats" fest (vgl. 🖉 BVerfGE 5, 85 – KPD-Verbot, Leitsätze). So erinnerte diese Taktik an das Muster der sog. „legalen Machtergreifung" der Weimarer Zeit, also an das Vorgehen der Nationalsozialisten, die Demokratie mit „legalen", „demokratischen" Mitteln zu beseitigen. Die FAP hingegen erfüllte nach Meinung des Gerichts nicht die in § 2 PartG formulierten Kriterien des Parteibegriffs. Das BVerfG bescheinigte der FAP insb. hinsichtlich der Organisationsstruktur die mangelnde Handlungsfähigkeit sowie ihre Beschränkung auf bloße interne Vereinsarbeit außerhalb der politischen Öffentlichkeit, sodass sie als bloßer Verein nach Art. 9 Abs. 2 GG durch den Bundesinnenminister verboten werden konnte (vgl. m. w. N. ⌑ van Ooyen, S. 123 ff.). Beim NPD-Verfahren wurde seitens des BVerfG die sog. „V-Leute-Problematik" moniert: Denn NPD-Funktionäre in führenden Positionen arbeiteten zugleich für den Verfassungsschutz. Das BVerfG sah es daher als unmöglich an, dass das Parteiverbotsverfahren nach rechtsstaatlichen Maßstäben weitergeführt werden könnte (vgl. m. w. N. ⌑ Bull, S. 197 ff.).

⌑ ***Bull***, *Hans-Peter: Verfehltes Verfahren, Niederlage der abwehrbereiten Demokratie oder Sieg der Toleranz? – Zur Einstellung des NPD-Verbotsverfahrens; in: Möllers / van Ooyen (Hg.), Jahrbuch Öffentliche Sicherheit 2002/03, Frankfurt/M 2003, S. 197-217;* ***Möllers***, *Martin H. W. /* ***van Ooyen***, *Robert Chr. (Hg.): Parteiverbotsverfahren, JBÖS - Sonderband 2, 3. Aufl., Frankfurt/M 2011;* ***van Ooyen***, *Robert Chr.: „Kaltes Parteiverbot" – das NPD-Verfahren im rechtspolitischen Rückblick des FAP-Beschlusses; in: van Ooyen / Möllers (Hg.), Die öffentliche Sicherheit auf dem Prüfstand: 11. September und NPD-Verbot, Frankfurt/M 2002, S. 121-129.*

---

242. Welchen maßgeblichen Grund und mit welchen Argumentationen gibt das Bundesverfassungsgericht in seinem „FAP-Beschluss" für das Scheitern des Parteiverbotsverfahrens gegen die FAP an?[24]

Die FAP erfüllte nach Meinung des Gerichts nicht die in § 2 PartG formulierten Kriterien des Parteibegriffs. Die FAP als eine Gruppierung, die vorwiegend außerhalb der politischen Öffentlichkeit tätig ist und deren „Partei" leben sich weitgehend auf interne Vereinsarbeit beschränkt, ist keine Partei im Sinne des Grundgesetzes (Zn. 90-92[25]), sodass sie als bloßer Verein nach Art. 9 Abs. 2 GG durch den Bundesinnenminister verboten werden konnte (vgl. dazu m. w. N. ⌑ van Ooyen, S. 121 ff.). Das Verfassungsgericht führte insbesondere die folgenden Tatsachen an, um seinen Schluss zu rechtfertigen: Der FAP fehle eine bestimmungsgemäße Handlungs- und Arbeitsfähigkeit (Zn. 37-41): Der Schriftverkehr wird bloß über Postfächer geführt (Zn. 53). Es erfolgt keine jährli-

---

24 Ein Auszug aus dem „FAP-Beschluss" des BVerfG befindet sich im Dokumentationsteil ab S. 409.

25 Die Zeilen-Nummern (Zn.) beziehen sich auf den hier abgedruckten Textauszug ab S. 409.

che öffentliche Rechenschaftslegung (Zn. 54-61). Außerdem hat die FAP keine ausreichende Finanz- und Personaldecke (Zn. 65, 70). Die Partei pflegt keine besonderen Aktivitäten in der Öffentlichkeit (Zn. 70-71; 79-80). Die FAP hat keinerlei Unterstützung in der Bevölkerung (Zn. 93) und war nie in der Lage, eine größere Anzahl von Kandidaten für verschiedene Wahlbezirke aufzustellen (Zn. 105-106). Außerdem sei die in der Satzung und im Programm der FAP niedergelegte Zielsetzung der politischen Einflussnahme und der parlamentarischen Vertretung nicht „ernsthaft" (Zn. 108-112).

📖 *Möllers, Martin H. W. / van Ooyen, Robert Chr. (Hg.): Parteiverbotsverfahren, JBÖS - Sonderband 2, 3. Aufl., Frankfurt/M 2011; van Ooyen, Robert Chr.: „Kaltes Parteiverbot" – das NPD-Verfahren im rechtspolitischen Rückblick des FAP-Beschlusses; in: van Ooyen / Möllers (Hg.), Die öffentliche Sicherheit auf dem Prüfstand: 11. September und NPD-Verbot, Frankfurt/M 2002, S. 121-129.*

---

243. In seiner Entscheidung zum Parteiverbotsverfahren gegen die FAP[26] führt das Bundesverfassungsgericht aus, die in der Satzung und im Programm der FAP niedergelegte Zielsetzung der politischen Einflussnahme und der parlamentarischen Vertretung sei nicht „ernsthaft". Welchen Vor- und welchen Nachteil für die Demokratie könnte eine solche Begründung zukünftig haben?

Faktisch hat das Bundesverfassungsgericht (BVerfG) in seinem Beschluss einen neuen „Rechtsbegriff" geschaffen, der nun neben die Begriffe „Verein" und „Partei" tritt: nämlich den einer Vereinigung als „Scheinpartei", die sich mangels „Ernsthaftigkeit" den privilegierten Parteistatus nur erschleicht. Daraus ergeben sich folgende Konsequenzen: Als Vorteil könnte gewichtet werden, dass mit einer solchen Begründung Extremisten der Weg in das Parteienprivileg „abgeschnitten" werden kann. Als Nachteil ist aber auch zu sehen, dass in umgekehrter Schlussfolgerung eine solche Begründung die Möglichkeit von „Parteiverboten" durch die Exekutive eröffnet. Genau das kann jedoch wohl kaum im Sinne des Art. 21 GG sein.

---

26 Ein Auszug aus dem „FAP-Beschluss" des BVerfG befindet sich im Dokumentationsteil ab S. 409.

📖 *Möllers, Martin H. W. / van Ooyen, Robert Chr. (Hg.): Parteiverbotsverfahren, JBÖS - Sonderband 2, 3. Aufl., Frankfurt/M 2011.*

---

244. Welche Gründe können angeführt werden, die für Parteiverbote sprechen und welche sprechen dagegen?

Für Parteiverbote lässt sich z. B. anführen: Parteien zu verbieten ist eine normative Vorgabe des Grundgesetzes in Art. 21 Abs. 2 GG, sodass Parteiverbote durch die Verfassung vorgesehen sind. Gerade wegen der „Weimarer Erfahrung" gilt es, Extremismus zu bekämpfen. Parteiverbote haben außerdem eine Abschreckungswirkung: Ein Parteiverbot zielt weniger auf den harten Kern extremistischer Parteien als vielmehr auf das nicht gefestigte Wähler- und Sympathisantenumfeld. Schließlich gibt es einen moralischen Grund: Extremistische Parteien sind angesichts der deutschen Geschichte und der Opfer der Diktaturen nicht hinnehmbar. Schließlich ist zu berücksichtigen, dass Parteien aus Steuergeldern finanziert werden: Solange kein Verbot verhängt worden ist, wird der Extremismus infolge der Gleichbehandlung bei der Parteienfinanzierung auch noch staatlich subventioniert. Extremistische Aktivitäten schädigen das Ansehen Deutschlands in der Welt, schrecken ausländische Investoren ab und/oder erschweren deutsche Exporte ins Ausland.

Gegen Parteiverbote ist anzuführen: Es gibt ein Risiko eines „staatlich geprüften" Extremismus, wenn Verfahren vor dem Gericht scheitern. Außerdem stellen sich Parteiverbote als Eingriff in den Parteienpluralismus dar. Eine offene Gesellschaft wie die Demokratie muss auch Extremisten aushalten und nicht durch Verbote, sondern in der politischen Auseinandersetzung bekämpfen. Es sollte nicht mit „Kanonen auf Spatzen" geschossen werden: In der Regel sind extremistische Parteien Splitterparteien, die bei Wahlen kaum Resonanz finden (vgl. z. B. K-Parteien in den 1960er-1980er Jahren). Parteiverbote sind Mittel der Diktatur und mit einer Demokratie daher nicht vereinbar. Die Möglichkeit von Parteiverboten ist ein deutscher „Sonderweg" aufgrund historischer Erfahrung. Da die Demokratie in Deutschland aber inzwischen soweit gefestigt ist, scheint das Argument der „Weimarer Erfahrung" nunmehr hinfällig geworden zu sein. Durch ein Parteiverbot kann eine extremistische Partei eine „Aufwertung" erfahren, weil ein Nimbus des

Verbotenen entsteht. Außerdem könnte so ein „Märtyrerstatus" als „Verfolgte" entstehen. Parteiverbote sind bloß „symbolische" Politik: Denn weder ist damit das extremistische Gedankengut aus der Welt geschafft, noch kann die weitere politische Aktivität wirklich effektiv unterbunden werden (z. B. beim Verbot der NPD würde ein Eintritt der NPD-Anhänger in die DVU erfolgen). Mit dem Parteiverbot könnte schließlich ein Abdrängen ihrer Anhänger in den „Untergrund" einhergehen, das mit erschwerter Kontrolle und möglicher Radikalisierung bis hin zum Terrorismus verbunden sein könnte.

📖 *Möllers, Martin H. W. / van Ooyen, Robert Chr. (Hg.): Parteiverbotsverfahren, JBÖS - Sonderband 2, 3. Aufl., Frankfurt/M 2011; van Ooyen, Robert Chr.: Die Parteiverbotsverfahren vor dem Bundesverfassungsgericht, in: van Ooyen / Möllers (Hg.), Das Bundesverfassungsgericht im politischen System, Wiesbaden 2006, S. 333-349.*

---

245. In der Fachliteratur zum Extremismus wird regelmäßig die These vertreten, dass die Einteilung von Parteien nach dem sog. „Links-Mitte-Rechts-Schema" nur bedingt sinnvoll ist. Wie ist diese These vor dem Hintergrund des Ursprungs des Schemas und historischer und aktueller Beispiele zu beurteilen?

Das Schema entstand vor dem Hintergrund der Sitzordnung in der Nationalversammlung zur Zeit der Französischen Revolution bzw. in Deutschland zur Zeit der „Paulskirche" 1848/49. „Rechts" saßen die konservativen Anhänger des alten Regimes, „links" die progressiven, reformorientierten Kräfte (vgl. m. w. N. 📖 Backes / Jesse, S. 29 ff.). Das Schema ist daher schon aus historischen Gründen heute fragwürdig, weil wandelbar: Was in der Paulskirche z. B. extrem „links" war (sog. „Radikaldemokraten"), ist heute die politische „Mitte". Darüber hinaus hat im Laufe der Zeit eine Durchmischung der Programmpunkte stattgefunden. So haben z. B. „rechte" Parteien in ihre Programmatik längst auch „linke" Positionen eingebaut und umgekehrt. Das gilt selbst für extremistische Parteien. Hier sind z. B. die sog. „Nationalbolschewisten" der Weimarer Republik, das auch auf die Arbeiterschaft und das Kleinbürgertum zielende Parteiprogramm der NSDAP von 1920 sowie der „nationalkommunistische" Kurs in der Sowjetunion unter Stalin zu nennen. Deutlich wird das schließlich auch bei den sog. „Volksparteien"

SPD und CDU/CSU: Beide haben sich in Programmatik und sozialer Schichtung zur „Mitte" hin angenähert. Zum Beispiel hat sich die SPD von der Arbeiterpartei der Weimarer Zeit hin zu einer Partei der „Neuen Mitte" gewandelt. Dabei haben aber die Parteien selbst eine entsprechende Binnendifferenzierung von linken und rechten Parteiflügeln ausgebildet Hier ist zum Beispiel der christlich-soziale Arbeitnehmerflügel der CDU zu nennen. Auch weiter von der Mitte abweichende Parteien sind nicht klar einzuordnen. Zum Beispiel gibt es einen „konservativen", kleinbürgerlichen Habitus in der Partei Die Linke.PDS. Dennoch behält das Schema auch unter diesen Einschränkungen und Differenzierungen eine gewisse Gültigkeit. Analysiert man konkrete Parteien, so lassen sie sich schon „linken" bzw. „rechten" Positionen zuordnen. So ist beispielsweise die NPD klar rechtsextremistisch (🕮 Hartleb, S. 61 ff.).

🕮 *Backes, Uwe / Jesse, Eckhard: Politischer Extremismus in der Bundesrepublik Deutschland, 3. Aufl., Bonn 1993; Hartleb, Florian: Die PDS als erstarkter bundespolitischer Faktor – Linkspopulismus im Zeichen eines sich wandelnden Parteiensystems, in: Möllers / van Ooyen (Hg.), JBÖS 2006/07, Frankfurt/M 2007, S. 61-68.*

---

246. Das Bundesverfassungsgericht hat in einem Parteiverbotsverfahren nach Art. 21 Abs. 2 GG der FAP das Parteienprivileg abgesprochen und sich dabei auf § 2 PartG gestützt. Welche Gründe wurden dabei in dem Beschluss des Bundesverfassungsgerichts genannt?

Das von der Bundesregierung angestrengte Parteiverbotsverfahren wurde nach dem Beschluss des Bundesverfassungsgerichts (BVerfG) abgewiesen, weil die FAP keine Partei im Sinne von Art. 21 GG i. V. m. § 2 PartG ist, sondern nur eine „Vereinigung", die aber keine Gewähr für die „Ernsthaftigkeit" der Einflussnahme auf die politische Willensbildung bietet – und zwar auch nicht in Zukunft. Ausschlaggebend für den Beschluss war die Konkretisierung im § 2 PartG, der über die Beteiligung an Wahlen auf Landes- bzw. Bundesebene (§ 2 Abs. 2) hinaus insbesondere im Abs. 1 die weitere Vorgabe für den Parteienstatus macht. Die FAP fiel damit unter Art. 9 Abs. 2 GG und nicht unter Art. 21 Abs. 2 GG, sodass kein Parteiverbotsverfahren gegen sie eröffnet werden konnte. Das BVerfG führte mit Bezug zu § 2 Abs. 1 PartG insbesondere drei Gründe auf: Zum ersten stellte das Gericht den mangelhaften Organisationsgrad und die nur geringe Anzahl der Mitglieder der FAP fest, sodass sie zu einer tatsächlichen Mitwirkung an der politischen Willensbildung nicht imstande war. Dieser Eindruck wurde verfestigt durch kaum existente Landesverbände, fehlende finanzielle Mittel und Schriftverkehr über bloße Postfächer. Ferner wurde in dem Beschluss das geringe Hervortreten der FAP in der Öffentlichkeit genannt. Denn grundsätzlich beschränkten sich die Aktivitäten der FAP auf bloß interne Vereinsarbeit. Schließlich stellte das BVerfG die fehlende Unterstützung in der Bevölkerung fest. Denn die FAP hatte ihre Wahlaktivitäten nahezu eingestellt und konnte bei früheren Wahlen auch kaum Stimmen erringen (vgl. 📖 van Ooyen, S. 127).

📖 *Möllers, Martin H. W. / van Ooyen, Robert Chr. (Hg.): Parteiverbotsverfahren, JBÖS - Sonderband 2, 3. Aufl., Frankfurt/M 2011; van Ooyen, Robert Chr.: „Kaltes Parteiverbot" – das NPD-Verfahren im rechtspolitischen Rückblick des FAP-Beschlusses; in: van Ooyen / Möllers (Hg.), Die Öffentliche Sicherheit auf dem Prüfstand. 11. September und NPD-Verbot, Frankfurt/M 2002, S. 121-129.*

---

247. Welches rechtspolitische Motiv lag – mit Blick auf Art. 9 und Art. 21 GG – der Entscheidung des Bundesverfassungsgerichts zum Verbot der FAP[27] zugrunde?

Im Unterschied zur Weimarer Verfassung ist mit dem Grundgesetz nicht nur das Konzept der „wehrhaften Demokratie" verfassungsrechtlich verankert worden; es wird mit Art. 9 und 21 GG auch klar zwischen Parteien und bloßen Vereinigungen unterschieden. Aufgrund ihrer herausragenden Bedeutung für die politische Willensbildung in der Demokratie genießen die Parteien daher einen bevorrechtigten Status: das Verbot wegen Verfassungswidrigkeit kann nur durch das Bundesverfassungsgericht (BVerfG) verhängt werden (Art. 21 Abs. 2 GG). Demgegenüber sind entsprechende Vereinigungen allein durch Art. 9 Abs. 2 GG schon verboten, sodass der zuständige Innenminister bei extremistischen Ver-

---

27 Die Begründung zum Beschluss des BVerfG sind zu finden unter BVerfGE 91, 276 ff. oder können zum Beispiel nachgelesen werden bei van Ooyen, Robert Chr. / Möllers, Martin H. W. (Hg.): Die Öffentliche Sicherheit auf dem Prüfstand. 11. September und NPD-Verbot, Frankfurt/M 2002, S. 265-280.

einen direkt vollziehen kann. Dies ist dann auch bei der neo-nazistischen FAP unmittelbar nach der Abweisung des Antrags durch das BVerfG geschehen. Der Nachteil ist, dass das BVerfG mit seiner Argumentation diese Unterscheidung aufzuheben droht: Denn nun kann kleinen politischen Vereinigungen leicht der Parteistatus wegen mangelnder „Ernsthaftigkeit" abgesprochen werden, obwohl sie sich an Parlamentswahlen auf Landes- oder Bundesebene – mit welchem Stimmenerfolg auch immer – beteiligen. „Parteiverbote" werden also erleichtert, indem man sie einfach in den Bereich des „Vereinsverbots" abschiebt. Darin kann man aber auch einen gewissen Vorteil sehen: Der Kampf gegen extremistische Gruppierungen wird erleichtert, da diesen der Weg in den Parteienstatus „abgeschnitten" wird. Insbesondere zu Beginn der 1990er Jahre wurde befürchtet, dass die zunehmenden rechtsextremistischen Gruppierungen als „Scheinparteien" die gegen sie drohenden Vereinsverbote durch Parteigründungen unterlaufen würden. Daraus erklärt sich wohl das rechtspolitische Motiv der Entscheidung des BVerfG (vgl. 📖 van Ooyen, „Kaltes Parteiverbot", S. 123 ff.).

📖 *Möllers, Martin H. W. / van Ooyen, Robert Chr. (Hg.): Parteiverbotsverfahren, JBÖS - Sonderband 2, 3. Aufl., Frankfurt/M 2011; van Ooyen, Robert Chr.: „Vereinsverbote" gegen „Scheinparteien"?; in: RuP – Vierteljahreshefte für Rechts- und Verwaltungspolitik, 3/2004, S. 172 ff.; van Ooyen, Robert Chr.: „Kaltes Parteiverbot" – das NPD-Verfahren im rechtspolitischen Rückblick des FAP-Beschlusses; in: van Ooyen / Möllers (Hg.), Die Öffentliche Sicherheit auf dem Prüfstand. 11. September und NPD-Verbot, Frankfurt/M 2002, S. 121-129.*

---

248. Wenn man das 25-Punkte-Programm der NSDAP von 1920[28] betrachtet, fällt auf, dass die Programmpunkte nicht nur typisch rechtsextremistische Aussagen treffen. Welche rechtsextremistischen Programmpunkte gibt es? Welche inhaltlichen Aussagen sind anderen politischen Richtungen zuzuordnen? Welche Gründe lassen sich dafür finden, dass auch andere Richtungen in das Programm aufgenommen wurden?

Rechtsextremistische Programmpunkte sind z. B.: Nr. 4, in der die völkische Ideologie und der Antisemitismus zum Ausdruck kommen, Nr. 8,

---

28 S. dazu den Dokumentationsteil ab S. 413.

in der ebenfalls die völkische Ideologie wiederholt wird und Fremdenfeindlichkeit propagiert wird durch das Konzept der „geschlossenen Gemeinschaft", die sich gegen „Fremde" abschottet. Ferner sind zu nennen Nr. 23, in der neben der völkischen Ideologie die Diskriminierung von „Nicht-Deutschen" im Bereich der Presse verankert ist, und Nr. 24, in der Rassismus und Antisemitismus zum Ausdruck kommen. Es lassen sich aber auch „linke" Programmpunkte finden, wie z. B. die Forderung nach „Verstaatlichung" in Nr. 13, der „Ausbau der Altersversorgung" in Nr. 15, „unentgeltliche Enteignung von Boden" in Nr. 17 und Förderung von „Kindern armer Eltern" in Nr. 20 (usw.). Dadurch sollte die sozialdemokratisch und kommunistisch orientierte Arbeiterschaft angesprochen werden. Zugleich zielte die NSDAP-Programmatik auf den „Mittelstand" und die „Kleinbürger" (Kleinbauern), die sowohl Angst hatten vor dem Verlust ihres Eigentums durch den „Bolschewismus" als auch vor dem Wettbewerbsdruck eines „zügellosen Kapitalismus". Deutlich wird dies z. B. in den Forderungen nach „gesundem Mittelstand" mit Blick auf „kleine Gewerbetreibende" in Nr. 16. In dieselbe Richtung geht die „Bodenreform / Abschaffung des Bodenzinses" in Nr. 17 sowie die „Abschaffung des Arbeits- und mühelosen Einkommens" – von Sozialhilfeempfängern bzw. Reichen – in Nr. 11 usw.

Das „Links-Rechts-Schema" entstand zur Zeit der Französischen Revolution und bezog sich ursprünglich auf die Haltung der politischen Gruppen in der französischen Nationalversammlung („Sitzordnung") zur Stellung des Königs. Seitdem haben sich die politischen Programmpunkte aber nicht nur erheblich verschoben, sondern auch noch „vermischt" und zur „Flügelbildung" innerhalb von Parteien geführt. Spätestens seit der Weimarer Republik lassen sich daher bis heute immer wieder erhebliche inhaltliche Überschneidungen von „linken" und „rechten" politischen Gruppen selbst im Bereich des Extremismus beobachten (z. B. „Nationalbolschewismus"; Stalins „Sozialismus in einem Land"; „linker" und „rechter" Antiamerikanismus; „Gemeinschaftskonzepte" usw.), die auch ein Wechseln von einem „Lager" in das andere zum Teil erklären (z. B. Mussolini, der erst Sozialist war; H. Mahlers Weg vom Links- zum Rechtsextremismus usw.). Auch für die NSDAP gilt dies zumindest in programmatischer Hinsicht. Deutlich wird das u. a. darin, dass schon ihr Parteiname „National*sozialistische* Deutsche *Arbeiter*partei" zwischen „links" und „rechts" „oszilliert". Ferner zeigt dies die schon oben aufgezeigte Programmatik, die neben den rechtsextremistischen Programmpunkten vereinzelt „linke", aber auch „kleinbürgerliche" Positionen der „Mitte" widerspiegelt und so die These von der NSDAP als Phänomen des sog. „Mittelstandsextremismus" (vgl. schon 📖 Lipset, S. 131 ff.) aufgeworfen hat. Schließlich ergibt sich die „Durchmischung" an der internen „Flügelbildung"; sog. „linker", später dann entmachteter, „Strasser-Flügel" der NSDAP. Machtpolitisch betrachtet zeigt sich hieran aber auch die Strategie der NSDAP, durch breiteste programmatische Öffnung und – in heutiger Diktion – mit Hilfe von „populistischen" Versprechungen nach „allen Seiten" möglichst viele potenzielle Wähler anzusprechen. Dies wird in der Terminologie der amerikanischen Wahlforschung als Vorläufer der sog. „catch-all-parties" gesehen werden (vgl. m. w. N. 📖 Falter, S. 484 ff.). Vor diesem wahltaktischen Hintergrund lassen sich (auch) die – relativ – hohen Wahlerfolge der NSDAP in der Endphase der Weimarer Republik erklären.

📖 *Falter, Jürgen W.: Wahlen und Wählerverhalten unter besonderer Berücksichtigung des Aufstiegs der NSDAP nach 1928; in: Bracher / Jacobsen / Funke (Hg.), Die Weimarer Republik 1918-1933, 3. Aufl. 1998, S. 484 ff.; Lipset, Seymour M.: Nationalsozialismus – ein Faschismus der Mitte; in: Ders., Soziologie der Demokratie, Neuwied 1962, S. 131 ff.*

---

249. Angenommen, es würde eine neue Partei gegründet, nämlich die „Partei des Volkes (PdV)". Diese vertritt in ihrem politischen Programm folgende Positionen: 1. Der Bundestag ist zum Beuteobjekt der Parteien degeneriert; das deutsche Volk wird hier nicht mehr repräsentiert. Die PdV fordert daher die Ersetzung des gewählten Parlaments durch eine berufsständische Kammer, in der wirklich die sozialen Schichten des deutschen Volkes nach Berufsverbänden in ihrer jeweiligen gesellschaftlichen Stärke vertreten werden (Arbeiter, Bauern, Unternehmer, Beamte, Freiberufler usw.). 2. Deutschland ist in der EU Nettozahler und zahlt seit Jahrzehnten drauf. Die PdV fordert daher den Austritt aus der EU / EG. 3. Die kapitalistischen USA führen permanent ungerechte Kriege um Öl, die nicht im Interesse des deutschen Volkes sind. Die PdV fordert daher eine Außenpolitik, die zu den USA auf Distanz geht. 4. Bei der Wahl des Bundespräsidenten wird das Amt nur parteipolitisch missbraucht. Die PdV fordert daher hinsichtlich des Staatsoberhaupts die Errichtung einer konstitutionellen Monarchie nach britischem Vorbild". Wären – unter Berücksichtigung des Prüfungsmaßstabs – diese vier Forderungen der PdV-Partei als extremistisch einzustufen, sodass die Partei verfassungswidrig im Sinne des Grundgesetzes sein könnte?

Prüfungsmaßstab ist nach Art. 21 Abs. 2 GG die Freiheitlich demokratische Grundordnung (FdGO), die sich aus den Kernelementen von Demokratie- und Rechtsstaatsprinzip im Sinne des Grundgesetzes ergibt. Dabei reicht der Verstoß gegen ein Merkmal schon aus. Die erste Forderung muss als extremistisch und verfassungswidrig eingestuft werden, da eine Abschaffung des gewählten Bundestags zu Gunsten einer ständestaatlichen Kammer gegen den Kern des Demokratieprinzips, hier insb. Volkssouveränität und Wahlen, verstößt. Zur zweiten und dritten Forderung ist festzustellen, dass sie zulässig sind. Anti-Amerikanismus und anti-europäische Positionen werden zwar von „linken" und „rechten" Extremisten vertreten und offenbaren deren anti-westliche Grundeinstellung. Für sich genommen sind sie aber wohl *rechtlich* noch zulässig, da unmittelbar kein Verstoß gegen Demokratie- und Rechtsstaatsprinzip zu erkennen ist. Allerdings muss Art. 3 GG beachtet werden, der von der Gleichheit aller Menschen ausgeht und in dem letztlich auch die

Chancengleichheit verankert ist. Die vierte Forderung ist wiederum extremistisch und verfassungswidrig: Auch wenn in Großbritannien Monarchie möglich ist, so muss – gemessen an der FdGO – bei uns ein Verstoß gegen das Demokratieprinzip festgestellt werden. Denn dadurch wird insb. Gegen den Grundsatz der demokratischen Republik (Art. 20 Abs. 1 GG), gegen die Legitimation durch das Volk (Art. 20 Abs. 2 GG) und die „Herrschaft auf Zeit", ein wesentliches Merkmal des Demokratieprinzips (Art. 20 Abs. 1 GG), verstoßen. Alle Grundsätze des Art. 20 GG sind durch die „Ewigkeitsklausel" des Art. 79 Abs. 3 GG geschützt.

---

250. Welche Erklärungsansätze für politischen Extremismus lassen sich dem Textauszug von „Backes / Jesse"[29] entnehmen?

Zu erkennen sind im Textauszug drei Erklärungsansätze für politischen Extremismus. Zunächst nennen die Autoren die *Persönlichkeit* als Erklärungsansatz (Zn. 1-28[30]): Der auch in methodischer Hinsicht („Umfragen") bemerkenswerte Ansatz geht auf die im Text genannte Forschungsgruppe um Adorno zurück. Kernthese ist, dass (rechts)extremistische Einstellungen und Verhaltensweisen durch die autoritäre Persönlichkeit (autoritäre Erziehung / Sozialisation) bedingt sind. Deshalb habe der Rechtsextremismus in der Form des Nationalsozialismus gerade in Deutschland so „erfolgreich" sein können. Danach folgt der *ökonomische* Erklärungsansatz (Zn. 29-46): Kernthese ist der Zusammenhang zwischen ökonomischer Modernisierung / Kapitalismus und (Rechts)extremismus. In „klassischer" Ausprägung wird hier ein direkter Zusammenhang zwischen Massenarbeitslosigkeit und politischem Extremismus postuliert, der vor allem durch den Aufstieg der NSDAP (aber auch KPD) seit der Weltwirtschaftskrise in der Endphase Weimars gegeben schien. Zuletzt geben Backes / Jesse einen *politischen* Erklärungsansatz (Zn. 47-70): Dieser Ansatz sucht die Ursachen für Extremismus aus (u. U. nur vermeintlichen) „Defiziten" des politischen Systems und der politischen Kultur zu bestimmen. Vor allem sollen dies sein: „Verkrustungen" der parlamentarischen Parteiendemokratie, Hilflosigkeit im Umgang mit Protestkulturen aber auch durch utopistische

---

29 Der Textauszug befindet sich im Dokumentationsteil ab S. 417.
30 Die Zeilen-Nummern (Zn.) beziehen sich auf den hier abgedruckten Textauszug ab S. 417.

Ideologien hervorgerufene überzogene Erwartungshaltungen an die Problemlösungsfähigkeit des politischen Systems.

📖 *Backes, Uwe / Jesse, Eckhard: Politischer Extremismus in der Bundesrepublik Deutschland, 3. Aufl., Bonn 1993.*

---

251. In den Berichten des Bundesamtes für Verfassungsschutz und in der wissenschaftlichen Literatur wird herausgestellt, dass die Zunahme von Rechtsextremismus seit den 1990er Jahren gerade auch in den neuen Bundesländern zu beobachten ist. Wie lässt sich dieses Phänomen mit den im Text „Backes / Jesse" genannten Erklärungsansätzen für Extremismus aus Frage 250. erklären?

Im Textauszug nennen die Autoren drei Erklärungsansätze für politischen Extremismus. Zunächst nennen sie die *Persönlichkeit* als Erklärungsansatz. In einer Diktatur wie der früheren DDR sind die Menschen über Jahrzehnte autoritär sozialisiert worden. Daher liegt es nicht fern, den Ansatz von der „autoritären Persönlichkeit" hier heranzuziehen. Beim *ökonomischen* Erklärungsansatz ist anzubringen, dass Massenarbeitslosigkeit infolge der erheblichen ökonomischen Umbrüche und Verwerfungen gerade auch ein Problem der neuen Bundesländer ist. Zur Überprüfung dieser These bietet sich z. B. ein Vergleich mit entsprechenden Regionen der alten Bundesländer an. Für den *politischen* Erklärungsansatz könnte argumentiert werden: Das politische System der Bundesrepublik Deutschland wird z. T. von der – vor allem älteren – Bevölkerung als „fremd", durch westliche politische Eliten bestimmt, wahrgenommen. Politische Skandale haben diese Sichtweise teilweise noch verstärkt. Zugleich wird das politische System auch mit nicht einlösbaren Ansprüchen der „Vollversorgung" konfrontiert, die im „Staatssozialismus" der früheren DDR kultiviert worden sind und weiter fortwirken.

---

252. Welche inhaltlichen und formellen Überschneidungen mit dem Links- und Rechtsextremismus lassen sich im islamistischen Extremismus finden?

Der moderne Terrorismus hat seinen Ursprung im Linksextremismus, vor allem beim russischen Anarchismus des 19. Jahrhunderts. Hierauf wurzeln die islamistischen Terroranschläge. Dagegen findet sich der islamistische Antisemitismus bzw. Anti-Israelismus im europäischen Rechtsextremismus; hier sind beispielsweise die nazistischen Auffassungen zu nennen. Antisemitismus und Anti-Israelismus gibt es aber z. T. auch im Linksextremismus. Ähnliches ist für den Anti-Amerikanismus zu sagen. Die Ablehnung rechtsstaatlicher Demokratien, insbesondere die freiheitliche demokratische Grundordnung, ist ein typisches Merkmal bei allen Extremisten. Ebenso gehören Verschwörungstheorien zum extremistischen „Allgemeingut". Das bei islamistischen Extremisten verbreitete „Freund-Feind-Muster" und die Dämonisierung des politischen Gegners als das „Böse" hat seinen Ursprung ebenfalls in links- und rechtsextremistischen Kategorien, wenn von „Kapitalisten", „Juden", „Ungläubige" usw. geredet wird. Auch das üblicherweise faschistisch zugeordnete „Führerprinzip" ist tatsächlich typisch für alle Extremisten: Denn eine strenge Hierarchie und Unterordnung unter einen „unfehlbaren Führer" gab es nicht nur „rechts" mit beispielsweise Mussolini und Hitler, sondern auch „links" mit z. B. Lenin, Stalin und Mao. Die islamistischen Extremisten übertrugen dieses „Führerprinzip" z. B. auf Khomeini und Osama bin Laden sowie weiteren „Führern".

📖 *Berman*, *Paul: Terror und Liberalismus, Hamburg 2004;* *Gray*, *John: Die Geburt al-Qaidas aus dem Geist der Moderne, München 2004;* *Pfahl-Traughber*, *Armin: Antisemitismus in der islamischen Welt; in: Blätter 10/2004, S. 1251 ff.;* *van Ooyen*, *Robert Chr.: Moderner Terrorismus und politische Religion. Zur Rezeption westlicher Ideologien im „Islamismus"; in: Möllers / van Ooyen (Hg.), JBÖS 2004/05, Frankfurt/M 2005, S. 181-188;* *Wöhler-Khalfallah*, *Khadija Katja: Islamischer Fundamentalismus, in: Möllers (Hg.), Wörterbuch der Polizei, 2. Aufl., München 2010, S. 1015-1017.*

Unterabschnitt:
Nord-Süd-Konflikt und Migration

---

253. Wie ist der Begriff „Nord-Süd-Konflikt" zu definieren, wenn auch die Unterschiede zum „Ost-West-Konflikt" einbezogen werden?

Der „Nord-Süd-Konflikt" ist im Grundsatz ein sozio-ökonomischer, außenwirtschaftlicher und verteilungspolitischer Interessenkonflikt zwischen Entwicklungsländern und (westlich-kapitalistischen) Industrieländern. Grundlage ist ein Nord-Süd-Entwicklungsgefälle in Bezug auf technische Fertigkeiten, wirtschaftliche Produktivität und materiellem Lebensstandard (📖 Matthies, S. 3). Der Begriff entstand als Korrespondenzbegriff zum „Ost-West-Konflikt" Anfang der 1970er Jahre. Im Unterschied zum „Ost-West-Konflikt", bei dem die Akteure einerseits die Ostblockstaaten und andererseits die westlichen Demokratien waren, ist der „Nord-Süd-Konflikt" geographisch nicht genau bestimmt, da es auch reiche Südländer wie z. B. Australien und Neuseeland und arme Nordländer wie z. B. Albanien gibt. Der Nord-Süd-Konflikt hat bisher niemals einen mit dem Ost-West-Konflikt vergleichbaren Organisations- und Intensitätsgrad erreicht. Insbesondere gab es keinen militärischen Nord-Süd-Schlagabtausch (📖 Nuscheler, S. 476).
📖 *Matthies, Volker: Neues Feindbild Dritte Welt: Verschärft sich der Nord-Süd-Konflikt?, in: APuZ B25-26/1991, S. 3-11; Nuscheler, Franz: Der Nord-Süd-Konflikt: Vom Kampfbegriff zur Leerformel?, in: Möllers / van Ooyen (Hg.), JBÖS 2002/03, Frankfurt/M 2003, S. 465-478.*

---

254. Welche erhebliche Friedensgefährdung geht vom Nord-Süd-Gefälle aus?

Das Konfliktpotenzial ist nach Nuscheler (📖 S. 469 f.) eine „globale Apartheid" und besteht aus Verelendung, Hoffnungslosigkeit, aus inner- und zwischenstaatlichen Verteilungskämpfen um verknappende Ressourcen, aus armutsbedingter Umweltzerstörung und Massenmigration. Die Reaktionen auf die terroristischen Anschläge gegen die Festungen der westlichen Wirtschafts- und Militärmacht sowie auf den vom „Norden" ausgehenden Krieg im Irak förderten zutage, dass es im „Süden" innerhalb und auch außerhalb der islamischen Welt „eine breite Solidarisierung gegen die westliche Arroganz der Macht und eine aus Minderwertigkeitskomplexen genährte Mischung aus Faszination und Hass gibt" (☐ Nuscheler, S. 476). Im „Norden" verstärkte die Angst vor dem internationalen Terrorismus das „neue Feindbild Dritte Welt".

☐ *Nuscheler, Franz: Der Nord-Süd-Konflikt: Vom Kampfbegriff zur Leerformel?, in: Möllers / van Ooyen (Hg.), JBÖS 2002/03, Frankfurt/M 2003, S. 465-478.*

---

255. Der Harvard-Politologe Samuel P. Huntington stellte die These vom Clash of Civilizations[31] auf und sieht darin das Hauptpotenzial künftiger Friedensgefährdung. Wie ist diese These zu bewerten?

Wird diese Frage vor dem Hintergrund entsprechender Aussagen von deutschen Politikwissenschaftlern betrachtet, so muss sich ein anderes Bild ergeben: Für Nuscheler (☐ S. 477) steht nicht der „Kampf der Kulturen" als Ursache des Nord-Süd-Konflikts im Mittelpunkt. Vielmehr bildet seiner Meinung nach die wachsende Kluft zwischen einer reichen Weltminderheit und einer armen Weltmehrheit das gefährlichste Konfliktgemenge des 21. Jahrhunderts. Das immer mehr sich vergrößernde Nord-Süd-Gefälle sieht Nuscheler als friedensgefährdende Ursache. Auch Tibi (☐ S. 138) hat eine andere Auffassung. Seiner Meinung nach können rivalisierende Zivilisationen – bei ihm sind dies vor allem die demokratischen Staaten gegenüber den Staaten des Islams – nur auf der Basis kulturübergreifender internationaler „Moralität" zueinander finden. Wesentlicher Punkt dieser Moralität ist nach seiner Auffassung die kulturübergreifende Geltung des Rechts, vor allem in Bezug auf Menschenrechte und Demokratie. Menschenrechte und Demokratie bauen auf der kulturellen Moderne auf und fußen im Islam insb. auf der Tradition des islamischen Rationalismus des Mittelalters.

☐ *Nuscheler, Franz: Der Nord-Süd-Konflikt: Vom Kampfbegriff zur Leerformel?, in: Möllers / van Ooyen (Hg.), JBÖS 2002/03, Frankfurt/M 2003, S. 465-478; **Tibi**, Bassam: Die unterstellte Einheit von Staat und Religion ist der Inhalt der Politisierung des Islam: Islamismus als Spielart des religiösen Fundamentalismus, in: Möllers / van Ooyen (Hg.), JBÖS 2002/03, Frankfurt/M 2003, S. 125-144.*

---

31 Dt. Ausgabe: Kampf der Kulturen, München – Wien 1996.

256. Wie ist der Begriff „Migration" zu definieren?

Migration ist der dauerhafte, „freiwillige" Wechsel einzelner Menschen oder ganzer Gruppen in eine andere Region oder Gesellschaft. Dadurch unterscheidet sich ein Migrant von einem Flüchtling im Sinne der Genfer Flüchtlingskonvention von 1951, der wegen Rasse, Religion, Nationalität, politischer Überzeugung, sozialer Gruppenzugehörigkeit verfolgt wird. Dieser definitorische Begriffsunterschied ist aber faktisch nicht mehr gegeben, da man von Bürgerkriegsflüchtlingen ebenso spricht wie von Armuts- und Umweltflüchtlingen.

257. Welche unterschiedliche Form von Migration gibt es?

Als Formen der Migration sind zu nennen: die interne Migration, die sich vor allem als Landflucht darstellt, die politische Migration, die durch Verfolgung und Vertreibung entsteht, die immer mehr abnehmende Ost-West-Migration sowie die ökonomisch-ökologische Migration, die infolge wirtschaftlicher (Überlebens-)Probleme entsteht.

258. Wie sind die sog. „push- und pull"-Faktoren zu definieren?

Ziel der großen Wanderungsbewegungen sind seit Mitte des vorigen Jahrhunderts stets die industrialisierten Staaten der Welt. Die Migrationsforschung unterscheidet dabei *Push-* und *Pull-*Faktoren. Als *primär*, d. h. für den Aufbruch aus der angestammten Heimat entscheidend, gelten Schubkräfte (Push-Faktoren) wie regelmäßige Menschenrechtsverletzungen, die immer noch in der Mehrheit der Staaten der Welt begangen werden, Bedrohung und Verfolgung von Minderheiten, Krieg und Bürgerkrieg, absolute Verelendung, wachsende Umweltprobleme, z. B. infolge von Wasserknappheit und Bodenerosion, Hunger, wirtschaftliche Not und Perspektivlosigkeit, die auch ohne direkte Existenzgefährdung entstehen kann. Erst danach, also sekundär, wirken sich Sogfaktoren (Pull-Faktoren) wie Wohlstand (hoher Lebensstandard) und Stadtkultur bei der Wahl eines Zufluchtsortes aus. Deshalb vertritt die UNO schon seit 1980 die These, dass Fluchtprävention bei den *Push*-Faktoren ansetzen muss (ﬃ Nuscheler, S. 475 ff.).

   📕 *Nuscheler, Franz: Der Nord-Süd-Konflikt: Vom Kampfbegriff zur Leerformel?, in: Möllers / van Ooyen (Hg.), JBÖS 2002/03, Frankfurt/M 2003, S. 465-478.*

---

259. Gibt es eine globale Konfliktformation zwischen Süd und Nord und welche Arten und Verfahren des Konflikts hat es in der Vergangenheit gegeben? Was waren die Ursachen dafür?

Anders als beim Ost-West-Konflikt gibt es keine Blockbildung, vielmehr treffen einzelne Gruppierungen des Südens auf solche des Nordens. Ein großer globaler Konflikt stellte die Ölkrise dar, als Staaten des Südens den Westen mit Hilfe der Kartellstrategie der OPEC und der organisierten Gegenmachtbildung durch Blockfreie sowie durch die sog. „Gruppe der 77" unter Druck setzten. Als Ursachen der Ölkrise lassen sich sowohl politische als auch wirtschaftliche Begründungen finden: *Politisch* gilt als Ursache der „6-Tage-Krieg" von 1967 zwischen Israel und den arabischen Anrainerstaaten. Diese verloren den Krieg und mussten sogar erhebliche Gebietsverluste hinnehmen wegen Israels Unterstützung durch den Westen. Auch heute noch stehen diese Gebiete (z. B. Golanhöhen, Gaza-Streifen) im Mittelpunkt des Nahostkonflikts. Der „6-Tage-Krieg" führte in einem ersten Schritt zum Boykott der Öllieferungen an die israelischen Verbündeten, vor allem die USA und Deutschland, das damals 75 % seines Ölbedarfs aus dem Nahen Osten bezog. *Wirtschaftlich* war Ursache des Konflikts, dass aufgrund wissenschaftlicher Forschung allgemein bewusst wurde, dass die Ölreserven zu Ende gehen werden und daher aus Sicht der Erdöl exportierenden Staaten die Ölförderung verlangsamt und das Öl teurer verkauft werden musste, um noch rechtzeitig die Volkswirtschaft zu sanieren.

---

260. Welche Folgen für die Industrieländer hat die Ölkrise tatsächlich gebracht?

Es gibt eine ganze Reihe von Entwicklungen, die erheblich ursächlich auf die Ölkrise zurückzuführen sind: Zum einen gehört dazu das Aufkommen – um nicht zu sagen das rasante „Pushen" – der Atomenergie, da sich die rohstoffarmen westlichen Industriestaaten davon eine Unabhängigkeit vom Öl erhofften. So schnell wurden Atomanlagen errichtet, dass die Politik sogar versäumte, gleichzeitig für Endlager des radioaktiven Abfallprodukts zu sorgen. Da der Ölpreis sich um ein Vielfaches erhöht hatte (Anstieg um 500 %!), rentierten sich nunmehr Ölförderungen in der Nordsee aus größeren Tiefen. Inzwischen gehören zu den zehn wichtigsten Ölproduzenten der Welt Europäer: Großbritannien und vor allem Norwegen, das inzwischen so wohlhabend ist, dass es das einzige europäische Land ist, das schuldenfrei ist und sogar einen Jahreshaushalt für schlechte Zeiten angelegt hat. Eine weitere Entwicklung ist es, dass Energiesparen in Europa als neues Bewusstsein weite Bevölkerungskreise und letztlich auch die Industrie erreicht (z. B. der erste „Sparkäfer" wird von VW gebaut) und entsprechende Bürgerinitiativen entstehen lässt, die sich schließlich zu Parteien entwickeln (z. B. „Die Grünen"). Während vor der Ölkrise noch Vollbeschäftigung herrscht, 1964 gibt es in Westdeutschland 100.000 Arbeitslose bei 600.000 offenen Stellen, 1969 sind es 110.000 Arbeitslose bei 800.000 offenen Stellen (offiziell begrüßt wird der 1 Mio. Gastarbeiter, ein Portugiese, und beglückwünscht mit Blumen und Moped unter Jubel der Bevölkerung), beginnt mit dem Niedergang der deutschen Wirtschaft infolge der Ölkrise die Zeit der Arbeitslosigkeit. Die kommunale Neugliederung von 1967 bis 1975 in allen westlichen Bundesländern war ursprünglich – vor der Ölkrise – von großen Entwicklungsplänen getragen; es sollte in allen Kommunen eine schlagfertige Verwaltung entstehen und umfängliche Dienstleistungen für die Bürgerinnen und Bürger erfüllen. Daher werden in Westdeutschland in den 1960er Jahren sehr viele Schwimmbäder, Musikschulen, Bibliotheken, Stadthallen und andere öffentliche Einrichtungen geplant. Durch die Ölkrise verteuern sich aber drastisch nahezu alle Produkte, da aus Erdöl nicht nur Benzin für Motoren gemacht wird, sondern auch Kunststoffe und Veredlungsprodukte selbst für Speisen. Fast alle Bauplanungen der Kommunen werden rückgängig gemacht, bereits angefangene können nur durch Verschulden realisiert werden. Auch die Folgekosten erhöhen sich. Da den ortsansässigen Handwerkern und Bauunternehmern die Aufträge fehlen, beginnt nunmehr der Stellenabbau. 1982 wird die sozial-liberale Koalition unter Bundeskanzler Helmut Schmidt durch den folgenden Bundeskanzler Helmut Kohl in der sog. „Wende" abgelöst, weil es inzwischen 1,2 Mio. Arbeitslose gibt.

📖 *Krämer, Hans R.: Die Europäische Gemeinschaft und die Ölkrise, Baden-Baden 1980; Vogler, Oskar: Herausforderung Ölkrise. Risiken, Vorsorge, Alternative, München 1981.*

---

261. Die Entwicklungsländer sind sozio-ökonomisch, politisch und kulturell extrem heterogen strukturiert. Die Industrieländer sind kulturell zwar auch heterogen, sozioökonomisch und politisch aber sehr homogen strukturiert. Welche staatsrechtliche Begründung lässt sich für diese politische und sozioökonomische Homogenität der Industrieländer finden?

Alle Industriestaaten sind Demokratien und haben das System der freien, sozialen Marktwirtschaft. Denn das Demokratieprinzip bedingt eine grundsätzliche gegenseitige Abhängigkeit (Interdependenz) des politischen, gesellschaftlichen und wirtschaftlichen Systems. Wesentliches Element der Demokratie ist der Pluralismus. Denn die Volkssouveränität kann sich nur auf der Basis individueller Selbstbestimmung entfalten. Als pluralistisch bezeichnet man eine Gesellschaft, die in vielfältige, konkurrierende Schichten, Gruppen, Gemeinschaften, Einrichtungen etc. untergliedert ist, und in der diese Gruppierungen auch weitestgehende Handlungsfreiheit haben. Pluralismus ist das Gegenbild zu dem Modell einer homogenen bzw. „gleichgeschalteten" Gesellschaft und zu autoritären bzw. totalitären Staatsvorstellungen. Pluralismus ist zwar zunächst ein beschreibender (empirischer) Begriff. Pluralismus hat aber auch insofern einen normativen Sinn, als in einer freiheitlichen Demokratie die Vielfalt der Ziele, Interessen, Handlungsformen, Einflussmöglichkeiten etc. nicht nur politisch gewollt ist, sondern auch rechtlich ermöglicht werden muss. Die freie Entfaltung der Persönlichkeit (Art. 2 Abs. 1 GG) muss daher für alle gesellschaftlichen Bereiche gelten. Damit ist im sozio-ökonomischen Bereich von Demokratien, in denen eines der wesentlichen Elemente auch das Sozialstaatsprinzip ist, immer die freie Marktwirtschaft in Form der sozialen Marktwirtschaft zwingend. Umgekehrt bedingt die wirtschaftliche Freiheit ein freiheitliches politisches System, das nur die Staatsform der Demokratie gewährleisten kann. Daher ist es kein Wunder, dass die Industriestaaten sozioökonomisch und politisch sehr homogen strukturiert sind.

---

262. Wie steht es um die Konfliktfähigkeit und Konfliktwilligkeit der „Dritten Welt", früher und heute? Gibt es überhaupt noch einen „Nord-Süd-Konflikt" nach Ende des Kalten Krieges?

Die Entwicklungsländer, zusammengeschlossen in der Gruppe der 77, der bis heute über 140 Staaten mit ihren Sprechern (u. a.) Algerien, Brasilien, Indien und Mexiko angehören, forderten eine neue Weltwirtschaftsordnung; u. a.: Umwandlung der Weltbank in eine Entwicklungsbank und Abzweigung von jährlich 1 % des Bruttosozialprodukts der Industrienationen für die Entwicklungsländer. Auch nach Ende des Kalten Krieges gibt es einen „Nord-Süd-Konflikt", da sich die Konfliktursachen sogar verstärkt, nämlich das Entwicklungsgefälle noch weiter vergrößert haben.

📖 *Matthies, Volker: Neues Feindbild Dritte Welt: Verschärft sich der Nord-Süd-Konflikt?, in: APuZ B25-26/1991, S. 3-11;* **Nuscheler,** *Franz: Der Nord-Süd-Konflikt: Vom Kampfbegriff zur Leerformel?, in: Möllers / van Ooyen (Hg.), JBÖS 2002/03, Frankfurt/M 2003, S. 465-478.*

---

263. Bei der Frage, welche Friedensgefährdung vom Nord-Süd-Gefälle ausgeht, ist von den Problemlagen in den Entwicklungsländern auszugehen. Welche Problemlagen sind als typisch anzusehen und welche Folgen ergeben sich aus diesen Problemlagen?

Typische Problemlagen in den Entwicklungsländern sind Hunger und soziale Katastrophen: Die ungebremste Bevölkerungszunahme in vielen Entwicklungsländern, wie z. B. in Indien, das 1930 noch 200 Mio. Einwohner hatte und im Jahr 2000 bereits die Grenze zu 1 Mrd. überschritt, führt dazu, dass das Land die eigene Bevölkerung nicht mehr ernähren kann. Blanke Not, aber auch Raubbau führt dann zu ökologischen Katastrophen, wie Monokulturen, Staudämme, Abholzung des Regenwalds. Diese wiederum befördern Klassenkämpfe und Staatskrisen sowie in deren Folge inner- und zwischenstaatliche Verteilungskämpfe und Massenfluchtbewegungen. Diese Problemlagen und ihre Entwicklungen führen dann zu anderen, neuen Sicherheitsproblemen wie armutsbedingter Umweltzerstörung mit globalen Wirkungen, aber auch Anbau von Drogenpflanzen. Diese Entwicklungen bringen häufig Extremismus und organisierte Kriminalität in den Entwicklungsländern hervor.

---

264. Welche in den Industrieländern bereits heute wirksamen Folgen aus diesen Entwicklungen in den Entwicklungsländern lassen sich erkennen? Mit anderen Worten: Was hat die Polizei mit diesen Entwicklungen in den Entwicklungsländern zu tun?

Ein großes Folgeproblem der Entwicklung in den Entwicklungsländern ist vor allem die Migration, also der dauerhafte, „freiwillige" Wechsel einzelner Menschen oder ganzer Gruppen in eine andere Region oder Gesellschaft aus den verschiedensten Gründen. Dies führt z. B. zur illegalen Einwanderung einschließlich des illegalen Lebens im Verborgenen innerhalb der Europäischen Union. Mit den Einschleusungen entstehen aber auch Drogenkriminalität, Raub- und Diebeszüge krimineller Banden, die international operieren. In Europa entwickelt sich Ausländerextremismus und -terrorismus, die sich auch in Deutschland ausbreiten. Dies wiederum schürt Ängste bei den Menschen, die bereits hier leben, unabhängig davon, ob sie Deutsche oder Ausländer sind, aus denen sich Fremdenfeindlichkeit entwickelt, der zu gewalttätigen Übergriffen von Deutschen auf Ausländer führt.

📖 *Schott, Tilmann: Einschleusen von Ausländern. Eine Einführung in die rechtlichen Grundlagen der §§ 96, 97 AufenthG mit Hinweisen zu den Sachgebieten Schengen/EU-Recht, Menschenhandel und Betäubungsmitteleinfuhr, Frankfurt/M 2007.*

---

265. Welche Rolle spielen Sogfaktoren im Zusammenhang mit Wanderungsbewegungen?

Ziel der großen Wanderungsbewegungen sind seit Mitte des vorigen Jahrhunderts stets die industrialisierten Staaten der Welt. Die Migrationsforschung unterscheidet dabei *Push-* und *Pull-*Faktoren. Pull-Faktoren sind die Sogfaktoren, wie Wohlstand mit hohem Lebensstandard und Stadtkultur. Bei der Wahl eines Zufluchtsortes bestimmen sie *sekundär* die Wanderung. Deshalb vertritt die UNO schon seit 1980 die These, dass Fluchtprävention bei den *Push*-Faktoren ansetzen muss (📖 Nuscheler, S. 475 ff.).

📖 *Nuscheler, Franz: Der Nord-Süd-Konflikt: Vom Kampfbegriff zur Leerformel?, in: Möllers / van Ooyen (Hg.), JBÖS 2002/03, Frankfurt/M 2003, S. 465-478.*

266. Seit mehr als 100 Jahren wird in Deutschland die Ausländerbeschäftigung diskutiert. Lediglich Begriffe und Problemschwerpunkte haben sich geändert. Welche entsprechenden Ausländergruppen sind chronologisch zu nennen?

Waren es vor der Jahrhundertwende die „Ruhrpolen" im Bergbau und die „Wanderarbeiter", danach die „Fremdarbeiter" der Weimarer Republik sowie die „Zwangsarbeiter" im Nationalsozialismus, so sind es später die „Gastarbeiter" der Nachkriegszeit und heute die „ausländischen Arbeitnehmer".

267. Welche Möglichkeiten haben die Armen, ihrer Armut zu entfliehen?

Wie sich am Beispiel Somalia zeigt, gehört *stilles Verhungern*, das in menschenverachtender Weise von den reichen Industrienationen hingenommen wird, zur Flucht aus der Armut dazu. Als weitere Möglichkeit gilt der *individuelle Aufbruch* von Familien oder Sippen, die in die Industriestaaten drängen. Aus westlicher Sicht besonders problematisch ist vor allem der *kollektive Aufbruch* zu sehen, wie er sich z. B. schon bei Albanern nach Italien und Kubanern nach USA gezeigt hat und wie er derzeit von vielen afrikanischen Männern durchgeführt wird. Es gibt darüber noch hinausgehend auch die *gewaltsame Aneignung* etwa durch Fundamentalismus oder die – ebenfalls vorstellbaren – *Hungeraufstände* mit militärischer Erpressung und sogar *Vernichtungsstrategien*. Zu diesen gehören beispielhaft die Ausrottung von Volksstämmen, wie sie schon versucht wurden bei Tamilen und Singhalesen in Sri Lanka, Hutus und Tussies in Rwanda oder Sunniten und Schiiten im Irak; auch die Inbrandsetzung der Ölfelder und die Ableitung von Rohöl ins Meer durch den inzwischen hingerichteten Diktator des Iraks sind hier als Beispiele zu nennen.

📖 *Mühlum, Albert: Armutswanderung, Asyl und Abwehrverhalten. Globale und nationale Dilemmata, in: APuZ B7/1993, S. 3-15.*

268. Welche Ansätze zu einer friedlichen Bewältigung des Nord-Süd-Konflikts gibt es?

Als Ansätze zu einer friedlichen Bewältigung des Nord-Süd-Konflikts werden vorgeschlagen: die Verhinderung der Proliferation von Massenvernichtungsmitteln durch Globalisierung von Rüstungskontrolle und Abrüstung und die Dämpfung von Angebot und Nachfrage im Drogenhandel. Dazu ist einerseits erforderlich, im Entwicklungsland realistische alternative Anbaufrüchte bereit zu stellen und dafür aus den Industriestatten Einkommensbeihilfen zu gewähren. Ebenso notwendig ist aber auch die Drosselung des Drogenkonsums im Industrieland, um die Nachfrage erheblich zu verringern. Als weitere Ansätze zur friedlichen Bewältigung des Nord-Süd-Konflikts gelten die Eindämmung der Fluchtbewegungen durch Bekämpfung der Fluchtursachen, die Verhinderung der Umweltzerstörung durch ökologische Vorsorge im Weltmaßstab sowie die faire und vor allem gleichberechtigte Zusammenarbeit der Industrieländer mit den Entwicklungsländern.

📖 *Mühlum*, Albert: Armutswanderung, Asyl und Abwehrverhalten. Globale und nationale Dilemmata, in: APuZ B7/1993, S. 3-15.

5. Abschnitt: Psychologie

Unterabschnitt:
Persönlichkeitspsychologie

269. Welche beiden einschlägigen Definitionen des Begriffs „Persönlichkeit" in der Psychologie können genannt werden?

Nach dem Wörterbuch der Psychologie (📖 Dorsch, 2004) ist Persönlichkeit ein stabiles und überdauerndes Muster von Merkmalen, die das Denken, Fühlen und Handeln einer Person beeinflussen und prägen und die nicht nur aus der momentanen Situation heraus verstanden werden können, sondern aus relativ dauerhaften Erlebens- und Handlungsdispositionen.

Die Definition nach Herrmann (📖 1991) lautet: „Persönlichkeit ist das jedem Menschen eigenartige, relativ stabile und den Zeitlauf überdauernde Verhaltenskorrelat."

📖 *Häcker, Hartmut / Stapf, Kurt H.: Dorsch Psychologisches Wörterbuch, 14. Aufl., Bern 2009; Herrmann, Theo: Lehrbuch der empirischen Persönlichkeitsforschung, 6. Aufl., Göttingen 1991.*

270. Welche zwei grundsätzlichen Sichtweisen bestimmen in der Psychologie die Erforschung und Beschreibung von Persönlichkeit?

Zum einen betont man das Individuum mit seinen Eigenschaften. Das entspricht auch am ehesten der „Alltagspsychologie", die Personen feste Eigenschaften zuordnet. Die Betonung liegt hier auf Vererbung und relativer Unveränderbarkeit der Persönlichkeit.

Zum anderen legt man den Schwerpunkt auf die Situation, in der ein Verhalten auftritt und betrachtet dieses Verhalten als Reaktion. Auf diese Reaktion reagiert wiederum die soziale Umwelt (= Konsequenz). Der Mensch entwickelt schließlich im Verlauf vieler vergleichbarer Situationen, Reaktionen und Konsequenzen die für ihn typischen Verhaltensstile, die zusammen genommen seine Persönlichkeit ausmachen. Diese Sichtweise betont eher die Veränderbarkeit.

Heutiger Stand ist die Erkenntnis, dass Individuum (Vererbung, durch frühkindliche Prägung festgelegte Merkmale) und Situation (gelerntes, aber grundsätzlich änderbares Verhalten) in einem komplizierten Wechselspiel stehen.

---

271. Was kennzeichnet den empirischen Ansatz in der Persönlichkeitspsychologie und wie ist die Antwort mit Hilfe des S-O-R – Modells zu verdeutlichen?

Beobachtungsebene *empirischer* (Empirie = Erfahrungswissenschaft) oder *quantitativer* Theorien der Persönlichkeit ist die Situation, in der das Individuum in bestimmter Weise reagiert (Reiz-Reaktions-Theorie). Zumeist werden diese Reaktionen in kontrollierten Situationen gemessen, also in *Experimenten*.

Ein einfaches empirisches Modell ist das *S-O-R-Modell*. In diesem Modell wirkt auf einen Organismus (O) eine *beobachtbare* Reizsituation S ein (S für *lat.* Stimulus, Reiz) , auf die er mit einer *beobachtbaren* Verhaltensänderung R (für Reaktion) reagiert. Gleichzeitig wird das Verhalten des Organismus als Funktion vorhergegangener Reizsituationen angesehen und damit der Sachverhalt berücksichtigt, dass zwischen Reizsituation und Verhalten weitere, nicht direkt zu beobachtende Bedingungen *im* Individuum liegen, welches man deshalb „black box" nennt. Es handelt sich dabei um die Ergebnisse vergangener Lernprozesse, die so zahlreich und komplex miteinander verwoben sind, dass man sie nicht kontrollieren sondern (in diesem Modell) nur pauschal als vorhanden annehmen kann. Sie bestimmen das durch die Reizsituation ausgelöste Verhalten mit und werden *intervenierende Variablen* genannt.

---

272. Wie können die wesentlichen Elemente der Persönlichkeitstheorie von Sigmund Freud beschrieben werden?

Mit der auf Sigmund *Freud* (1856-1939) zurückgehenden „Psychoanalyse" sind genau betrachtet drei Dimensionen erfasst, nämlich die Methode zur Erforschung des „Unbewussten", die damit verbundene Therapie psychischer Störungen und das aus den daraus erwachsenen Erkenntnissen gebildete Theoriegebäude.

Freud begriff den Menschen als ein psycho-physiologisches „System", dem eine begrenzte Menge psychischer Energie zur Verfügung steht.

Beim Neugeborenen ist diese Energie nur als „Es" vorhanden, als völlig unbewusster Trieb, den Freud als Sexualtrieb bezeichnete. Dieses dem Lustprinzip gehorchende Es will die Triebenergie sofort entladen. Dem setzt die Lebensrealität jedoch Schranken. Art und Ausmaß der damit verbundenen Frustrationen bestimmen die psychischen Grundlagen der späteren Erwachsenenpersönlichkeit. In drei Phasen der kindlichen Entwicklung richtet sich das aus dem Es kommende, auf Triebbefriedigung ausgerichtete Lustgefühl auf unterschiedliche Körperregionen: Zuerst in der „oralen Phase" auf die Mundzone durch das Einsaugen der Nahrung.

In der „analen Phase" des zweiten und dritten Lebensjahres werden zuerst das Ausscheiden, später das Zurückhalten des Kots als lustvoll erlebt und im Verlauf der Reinlichkeitserziehung Selbstkontrolle und Orientieren an den Normen der Umwelt erlernt. Da in diese Zeit auch der Spracherwerb und zunehmende motorische Kontrolle (wie das Laufen lernen) fallen, wird dem Kind das Erleben persönlicher Macht bewusst (von außen wahrgenommen als „frühkindlicher Trotz"). In der „Lust am Zurückhalten" spiegelt sich demnach der erwachende Widerstand gegen Forderungen der Umwelt.

Bereits in diesen beiden Phasen spaltet sich das „Ich" vom Es ab und wird Vermittler zur Außenwelt (den Eltern), indem es nach dem Realitätsprinzip bei Konflikten rational nach Lösungen sucht. Aus diesen Konflikten mit den elterlichen Ge- und Verboten, später Normen und Idealen, entwickelt sich ab dem dritten bis zum sechsten Lebensjahr das „Über-Ich" in der „genitalen Entwicklungsphase". Diese ist gekennzeichnet durch den „Ödipus-Komplex": Das Kind beansprucht den jeweils gegengeschlechtlichen Elternteil für sich allein und nimmt den gleichgeschlechtlichen als Rivalen wahr. Da aber der Vater dem Sohn und die Mutter der Tochter überlegen sind, können die aufkommenden Schuld- und Angstgefühle des Kindes nur durch Identifikation, d. h. Übernahme der väterlichen (bzw. mütterlichen) Normen und Geschlechterrolle bewältigt werden. Diese sind nun im Über-Ich als „Ich-Ideal" oder „Gewissen" gespeichert. Dem Ich fällt damit die Aufgabe zu, zwischen Triebimpulsen des Es und der Kontrollinstanz des Über-Ich persönlichkeitsintern zu vermitteln und zugleich mit der sozialen Umwelt zu kommunizieren.

📕 *Freud*, Sigmund: Gesammelte Werke Band 11: Vorlesungen zur Einführung in die Psychoanalyse. Herausgegeben von Anna *Freud*, Frankfurt/M, 1998.

273. Wie sind die Faktoren der „Big-Five-Theorie" zu beschreiben?

Die „Big Five" sind das zur Zeit aktuelle Ergebnis der empirischen Persönlichkeitsforschung. Jeder der fünf Faktoren der Persönlichkeit hat auch einen Gegenpol. Sie lauten:

a. Extraversion (gesellig, temperamentvoll, aktiv) gegenüber Introversion (zurückhaltend, verschlossen, ruhig).

b. Emotionale Stabilität (belastbar, ausgeglichen, ruhig, aber auch stumpf) gegenüber emotionaler Labilität (nervös, ängstlich, unsicher, gehemmt, besorgt).

c. Soziale Verträglichkeit (hilfsbereit, wohlwollend, mitfühlend, aber auch nachgiebig und passiv) gegenüber sozialer Unverträglichkeit (egozentrisch, rigide, misstrauisch).

d. Gewissenhaftigkeit (verlässlich, sorgfältig, aber auch penibel) gegenüber Nachlässigkeit (gleichgültig, nachlässig, locker, chaotisch).

e. Kultiviertheit (gebildet, anspruchsvoll, ästhetisch, kreativ) gegenüber Unkultiviertheit (subaltern, unbeweglich, stumpf).

📕 *Schuler*, Heinz: Psychologische Personalauswahl, 3. Aufl., Göttingen 2000.

274. Wie sind psychische Störungen gemäß international anerkannter Einteilungen zu definieren und klassifizieren?

Psychische Störungen sind vor einem bestimmten kulturellen Hintergrund auffällig abweichende bzw. als krankhaft wahrgenommene Denk- und Verhaltensweisen, die von der Psychopathologie fachterminologisch beschreiben und systematisiert werden. Aktuell dienen dazu die Diagnoseschlüssel des DSM-IV (Diagnostisches und statistisches Manual psychischer Störungen) von 2003 der American Psychiatric Association und des ICD-10 (International Classification of Deseases) der Weltgesundheitsorganisation (WHO) von 2004.
Eine psychische Störung ist gekennzeichnet durch die statistische Seltenheit des für sie typischen Verhaltens, welches bei anderen Unbehagen hervorruft und soziale Normen verletzt. Die betroffene Person verhält sich irrational, schmälert ihr Wohlbefinden, verspürt Leidensdruck

und gefährdet sich und/oder andere. Eine auf die wichtigsten Erscheinungsformen beschränkte Einteilung enthält:

1. Angststörungen. Hierzu zählen

a) die generalisierte, andauernde Angst, die unerwartet eintretende Panikstörung,

b) die Phobien als übertriebene Furchtreaktionen auf Tiere (Spinnen, Schlangen, Ratten etc.), Blut, Höhen, engen Räumen, Fremden (Xenophobie) usw.,

c) Zwangsstörungen (Ängste lösen Zwangshandlungen aus, z.B. wiederholte Kontrollen abgeschlossener Türen und ausgeschalteter Geräte, dauerndes Händewaschen oder Duschen),

d) posttraumatische Belastungsstörungen.

2. Affektive Störungen, unterteilt in

a) Depression (bez. als Major Depression), gekennzeichnet durch Dysphorie (Gefühl von Bedrücktheit, Verlust von Freude und Interesse), Appetitlosigkeit, Konzentrationsprobleme, zu viel oder zu wenig Schlaf, verlangsamte Motorik (selten aber auch hohe Erregung), Selbstvorwürfe, Schuldgefühle und Suizidneigung.

b) die bipolare Störung (früher: manisch-depressiv), bei der Phasen von Depression sich mit ungewöhnlich gehobenen Stimmungslagen abwechseln, in denen sich die Person z.B. bzgl. ihrer Attraktivität, Intelligenz, Kräfte unrealistisch überschätzt, riskant und übermäßig aktiv lebt.

3. Persönlichkeitsstörungen; diese werden in zehn Arten drei Bereichen zugeordnet:

a) Exzentrisches Verhalten kann paranoid sein (misstrauisch ggü. anderen), schizoid (fehlendes Bedürfnis nach sozialen Beziehungen, Emotionslosigkeit) od. schizotypisch (Unbehagen und verzerrte Wahrnehmungen in sozialen Situationen)

b) Störungen der Affektregulation liegen vor bei antisozialer Persönlichkeit, dem Borderline-Syndrom, histrionischem Verhalten (übersteigertes Aufmerksamkeitsbedürfnis, Affektiertheit) und Narzissmus (Extremes Bedürfnis nach Bewunderung, Größenwahn) c) Ängstlich-furchtsames Verhalten drückt sich aus in Selbstunsicherheit (Kontakt- und Versagensängste), Abhängigkeit und Zwanghaftigkeit (Pedanterie).

4. Somatoforme und dissoziative Störungen haben höheren Krankheitswert als die vorgenannten. Bei einer somatoformen Störung werden Krankheiten schwerer empfunden als die Medizin zu erklären vermag:

Hypochonder leiden an der Angst, krank werden zu können und/oder glauben irrtümlich krank zu sein. Somatisierungsgestörte haben über Jahre verschiedene Beschwerden, die medizinisch nicht erklärbar sind. Konversionsgestörte (veraltet: Hysteriker) sind ohne medizinischen Grund durch den Verlust einer Körperfunktion gekennzeichnet (Lähmung, Blindheit), allerdings nach vorangegangenem Stresserleben. Dissoziativ Gestörte sind in ihrer Identität beschädigt, indem sie z.b. große Teile davon vergessen (dissoziative Amnesie). Bei der dissoziativen Identitätsstörung existieren innerhalb einer Person zwei und mehr eigenständige weitere (ugs. als Persönlichkeitsspaltung, fälschlich Schizophrenie bezeichnet), die oft Gegenpole zum eigentlichen Selbst bilden.

5. Schizophrene Störungen sind gekennzeichnet durch Störungen des Denkens (zerfahren, verworren), der Affekte (inadäquat, ins Gegenteil verkehrt, instabil, flach oder ekstatisch) und des Ich-Erlebens (Rückzug aus der Wirklichkeit ins Binnenleben, Gefühl der Beeinflussung der Gedanken und Gefühle von außen), außerdem Wahnvorstellungen (Verfolgung, Vergiftung), halluzinierte Sinneseindrücke und unterschiedlichste Bewegungsstörungen. Unterformen sind Hebephrenie (läppisch, enthemmt oder zurückgezogen, um religiöse oder esoterische Themen kreisendes, zerfahrenes Denken), die paranoid-halluzinatorische Schizophrenie (Beziehungs-, Verfolgungswahn mit befehlend-bedrohenden akustischen Halluzinationen) und katatone Formen (Haltungsstarre, unterbrochen durch aggressiven Erregungssturm, Handlungs- und Sprechstereotypien).

6. Psychische Störungen in Kindheit und Jugend umfassen geistige Behinderung, Entwicklungs-, Lern-, Kommunikations- und Essstörungen. Oft thematisiert wird die Aufmerksamkeits-Defizit-Störung (ADS) mit Hyperaktivität und Impulsivität.

7. Delir (Delirium tremens), Demenz, amnestische und weitere kognitive Störungen, die z.b. auf Alterungsprozesse zurück zu führen sind.

8. Essstörungen (hier: bei Erwachsenen) gehen i.d.R. auf ungelöste Konflikte, sexuellen Missbrauch oder falsche Ideale („Models") zurück. Bei der Magersucht (Anorexia nervosa) besteht irrationale Angst, übergewichtig zu sein oder zu werden. Essen wird vermieden oder heimlich erbrochen. Die Folge kann Auszehrung bis zum Tod sein. Bei der Bulimia nervosa kommt es zu „Fressattacken" mit anschließendem Erbrechen od. Abführen (Klistier, Medikamente).

9. Schlafstörungen können Einschlaf- oder Durchschlafstörungen sein, von Alpträumen oder Schlafwandeln begleiteter Schlaf. Ursächlich sind Stress, Alkohol, Arzneimittel, aber auch unregelmäßige Schlafzeiten durch Schichtarbeit.

10. Vorgetäuschte Störungen, z.b. das Münchhausen-Syndrom und „Kliniktourismus".

11. Sexuelle und Geschlechtsidentitätsstörungen beinhalten u.a. Erregungs- und Orgasmusstörungen, Aversionen gegen Sexualität, Exhibitionismus, Fetischismus, Sadismus, Masochismus, Pädophilie und Voyeurismus.

12. Anpassungsstörungen sind unangemessene Reaktionen auf benennbare psychosoziale Belastungen; sie gehen zeitlich u./od. in ihrer Intensität über das „normale" Maß hinaus. Sie können sich als Depression, Angststörung, mangelnde Impulskontrolle oder psychosomatische Krankheiten ausdrücken.

13. Weitere, zusätzliche Störungen der Impulskontrolle umfassen Pyromanie, die explosible Störung (unkontrollierte Gewaltausbrüche), Spielsucht, Kleptomanie, Trichotillomanie (zwanghaftes Ausreißen eigener Haare).

14. Unter „andere klinisch relevante Probleme" werden u.a. schulische, religiöse und kulturelle Probleme genannt, Folgen von Missbrauch und Vernachlässigung, Trauer u.v.m.

15. Störungen, die im Zusammenhang mit missbräuchlich verwendeten Drogen einschließlich Alkohol, mit den Nebenwirkungen von Medikamenten und mit toxischen Stoffen stehen.

📖 *Dilling, H. & Freyberger, H.J.: Taschenführer zur ICD-10-Klassifikation psychischer Störungen, Bern 2008; Saß, H. u.a.: Diagnostisches und statistisches Manual psychischer Störungen (DSM-IV-TR), Göttingen 2003.*

---

275. Wie sollten Polizeivollzugsbeamte mit psychisch gestörten Personen umgehen?

Ein psychisch Gestörter ist eine Minderheit von einer Person, darum gilt der Grundsatz: Feste Regeln gibt es nicht!

In dem Maß, mit dem die psychische Störung zunimmt, nehmen physische Fähigkeiten ab. Darum sind bei psychisch Gestörten, die sich in der Öffentlichkeit bewegen, immer noch gesunde Anteile vorhanden, auf die man achten sollte. Fragen nach Name, Datum, gegenwärtigem Ort und Grund des Aufenthalts geben genauere Auskunft über die Befindlichkeit.

Dazu gehört auch das Fragen bzw. Umsehen nach Bezugspersonen. Viele psychisch Gestörte haben zu ihrem Arzt, ihrem Partner, einem Betreuer etc. ein enges Vertrauensverhältnis und hören auf diese Personen.

Auffällige Verhaltensweisen sollte man nicht werten und nicht zu tief nachfragen, da dadurch u. U. ein psychotischer Schub oder Panikattacken ausgelöst werden könnten. Man sollte sich deshalb auch nicht auf weitschweifiges Reden, Lamentieren, Schilderungen fremder Wesen usw. einlassen.

Vielmehr sollten Situation und Umgebung verändert werden („Gehen wir doch ein Stück..."), denn mitunter lösen bestimmte, für andere Menschen harmlose Objekte oder Ereignisse heftige Emotionen aus (Werbeplakate, Durchsagen, Personen).

Die Grundsätze der Eigensicherung müssen besonders beachtet werden: Unvermutete Gewaltausbrüche sind möglich, und insbesondere Schizophrene verfügen über hohe Körperkraft und Schmerzunempfindlichkeit (das gilt auch dann, wenn sie weiblich und/oder gebrechlich wirken).

Liegt die Gefahr einer Selbst- oder Fremdgefährdung vor, ist ein (Amts-)Arzt hinzuzuziehen. Oft ist eine psychiatrische Ambulanz in der Nähe. Entsprechende Rufnummern sollten der Dienststelle bekannt sein. Bei vorübergehendem Gewahrsam in einer Zelle muss die Person ständig beobachtet werden, da Suizidgefahr besteht. Außerdem wurden bereits körperliche Krankheitssymptome, vor allem bei Diabetes, falsch gedeutet, was zu Todesfällen führte.

📖 *Krauthan*, *Günter: Psychologisches Grundwissen für Polizeibeamte, 4. Aufl., Weinheim 2004.*

---

276. Bei Amoktätern liegt oft eine schwere Persönlichkeitsstörung vor. Wie definiert die Kriminalpsychologie Begriff und Wesen einer Amoktat?

Vom Wortstamm her leitet sich „Amok" vom malaiischen „amuk" ab, was soviel wie Wut oder wütend bedeutet. Eventuell aus einem Affektstau heraus oder um eine Schande auszulöschen, stürzten sich Malaien in einem plötzlichen Gefühlsausbruch mit dem Dolch bewaffnet auf andere Menschen und töteten wahllos. Am Ende brachten sie sich selbst um oder wurden umgebracht.

Persönlichkeitspsychologisch gilt Amok als extremer Erregungszustand mit schweren Aggressionen, Bewusstseinseinengung auf einen ganz bestimmten, nachvollziehbaren Inhalt und einem aggressiven Bewegungsdrang bis zum Zusammenbruch, der in seiner Handlungskonsequenz meist tödlich endet.

☊ *Dornblüth von Gruyter, O.: Pschyrembel Klinisches Wörterbuch, 262. Aufl., Berlin 2010; Lübbert, M.: Amok – der Lauf der Männlichkeit, Frankfurt/M. 2002; Reuter, W. & Grommeck, C.S.: Amok: Phänomen und Worst Case, Rothenburg 2008.*

---

277. Wie lautet die polizeitaktische Definition einer Amoklage?

Von einer Amoklage ist auszugehen, wenn eine oder mehrere unberechenbare Persone(n) mittels Waffen, gefährlicher Gegenstände oder körperlicher Gewalt in aktiver, andauernder Verletzungs-, oder Tötungs- und wahrscheinlicher Suizidabsicht scheinbar ziel- und planlos eine unbestimmte Zahl von Opfern an Leib oder Leben schädigt oder dies versucht.

☊ *Kuhleber, H. W.: Einsatzlehre (Band 1), 2. Aufl., Hilden 2001.*

---

278. Welche Erkenntnisse zur Täterpersönlichkeit von Amokläufern lassen sich beschreiben?

Amoktäter sind stark überwiegend (zu ca. 95%) männlichen Geschlechts und nahezu immer Einzeltäter. Aus oft schwierigen familiären Konstellationen, Schulversagen, sozialer Isolation und/oder wirtschaftlichem Abstieg entsteht das Gefühl der Zurückweisung durch andere, das sich zur depressiven Verstimmung steigern kann. Parallel entwickeln sich narzisstische Persönlichkeitszüge. Die empfundene Machtlosigkeit mündet in den Wunsch, zumindest einmal im Leben Macht über andere zu spüren, endlich Ernst genommen zu werden und sich durch das Töten der vermeintlich Schuldigen zu rächen. Mit diesen zunehmend aggressiven Gedanken einher werden (vor allem bei jugendlichen Tätern) einschlägige Filme und Computerspiele („Ego-Shooter") teilweise exzessiv konsumiert. Den Amoklauf bereits ahnend, beschaffen sich die Täter

Waffen, in deren Handhabung sie zu hoher Fertigkeit gelangen, z. B. durch die Mitgliedschaft in Schützenvereinen. In einer finalen Tat will man erst- und letztmalig Grandiosität erleben. In der Regel führt dann ein konkretes, niederschmetterndes Ereignis (Schulverweis, abgelehnte Anträge) zur Tatausübung. Die Tat selbst dauert fast nie länger als zwei Stunden, da der Täter sich in einer Affektphase befindet, vor deren Abklingen er den „Heldentod" sucht, oft als verdeckten Suizid, indem er eingesetzte Polizeikräfte attackiert (vor allem in den USA als „suicide by cop"). Nur drei Prozent aller Amoktäter stellen sich freiwillig.

Bei vielen Amoktätern wird ein Mangel am Neurotransmitter (Botenstoff) Serotonin vermutet, der die Affekte regelt. Eine schwere psychiatrische Erkrankung lag bei 40 bis 60 % der Amoktäter vor, 50 bis 70% waren in psychiatrischer Behandlung. Es könnte mithin eine verminderte oder auszuschließende Schuldfähigkeit nach §§ 20, 21 StGB vorliegen.

📖 *Lübbert*, M.: *Amok – der Lauf der Männlichkeit, Frankfurt/M. 2002*; *Reuter*, W. & *Grommeck*, C.S.: *Amok: Phänomen und Worst Case, Rothenburg 2008*.

---

279. Was ist beim polizeilichen Vorgehen während einer Amoklage bzgl. der Täterpersönlichkeit besonders zu beachten?

Es handelt sich meistens, aber nicht immer, um einen männlichen Einzeltäter. Findet die Amoktat an einer Schule statt, wird es sich um einen Jugendlichen handeln, was in einer direkten Konfrontation beim Polizeibeamten zur Handlungsblockade und damit hoher Selbstgefährdung führen kann, alternativ durch den Zwang zum Schießen-Müssen zu einem Post-Shooting-Trauma. Da der Täter von seinen Affekten gesteuert wird, sind die Möglichkeiten zur verbalen, vernunftgeprägten Einwirkung gering. Er ist an einer hohen Opferzahl interessiert, geht wahl- und rücksichtslos vor und verfügt wahrscheinlich über gute Waffen- und Schießkenntnisse. Es bestehen allerdings Chancen, dass er auf Grund seiner Erregung verwirrt und kopflos handelt und dadurch z. B. bei Magazinwechsel oder Ladehemmungen überfordert ist oder Flucht- und Deckungsmöglichkeiten nicht nutzt. In seinem Grandiositätserleben geht er hohe Risiken ein, was schlussendlich in eine Suche nach dem „Heldentod" als „Suicide by cop" mündet.

📖 ***Lübbert**, M.: Amok – der Lauf der Männlichkeit, Frankfurt/M. 2002; **Reuter**, W. & **Grommeck**, C.S.: Amok: Phänomen und Worst Case, Rothenburg 2008.*

Unterabschnitt:
Motivationspsychologie

---

280. Wie sind die Begriffe „Motiv" und „Motivation" voneinander abzugrenzen?

Ein Motiv ist ein isolierter, noch nicht aktualisierter Beweggrund des Verhaltens (🕮 von Rosenstiel, 2006). Man unterscheidet primäre (angeborene) und sekundäre (gelernte) Motive.
Primäre Motive sind:
– Versorgungsmotive: Hunger, Durst, Schlaf, Atmen
– Vermeidungsmotive: Angst, Schmerz, Erniedrigung vermeiden wollen
– Arterhaltung: Sexualität, Altruismus
– Geselligkeit, Kontakt
– Bewegung, Tätig-Sein
– Zuneigung
– Anerkennung, Geltung, Status
– Streben nach Erkenntnis: Neugier, Lernen, Verstehen, Kompetenz erwerben
Ein bewusst gewordenes Motiv aktiviert Energieausschüttung und veranlasst den Menschen zum Nachdenken über Möglichkeiten zu seiner Befriedigung (Energie- und Zielaspekt von Motiven). Das heißt noch nicht, dass der Mensch nun handelt, er befindet sich noch im Stadium des Wollens.
Von Motivation spricht man erst, „... wenn in konkreten Situationen aus dem Zusammenspiel aktivierter Motive Verhalten entsteht" (🕮 von Rosenstiel, 2006), welches darauf abzielt, die Mangelbedürfnisse zu beheben.

🕮 *von Rosenstiel, Lutz: Grundlagen der Organisationspsychologie. Basiswissen und Anwendungshinweise, 6. Aufl., Stuttgart 2007.*

281. Worin unterscheiden sich in der Motivationspsychologie die Inhalts- von den Prozesstheorien?

Motivationstheorien, die nach den angestrebten *Zielen* des Individuums fragen, bezeichnet man als *Inhaltstheorien*. Sie gehen davon aus, dass der Mensch ein Motiv(-bündel) befriedigen will und dafür zielgerichtetes Verhalten zeigt. Sie fragen danach, *was* den Menschen motiviert, jedoch behaupten auch, dass die Ziele hierarchisch in Richtung Anerkennung und Selbstentfaltung angeordnet sind. Beispiele sind die Theorien von Maslow (1954) und Herzberg (1959).

Oft aber ist auch der *Weg zum Ziel* motivierend. Das Verkaufsgespräch, das Malen des Bildes, das Problemlösen. Jene Theorien, die sich mit dem Weg befassen, werden *Prozesstheorien* genannt. Sie fragen danach, welches Verhalten der Mensch aus welchen Gründen wählt und wie man sein Verhalten vorhersagen kann.

282. Wie kann die Bedürfnispyramide von Maslow beschrieben werden?

Maslow (1954) hat seine Erfahrungen als Psychotherapeut in ein Modell umgesetzt, das sich aufgrund seiner augenscheinlichen Plausibilität weit verbreitet hat und trotz seiner zwischenzeitlichen Widerlegung hält. Seiner Ansicht nach sind Bedürfnisse bzw. Motive (beide begriffe werden analog gebraucht) hierarchisch in fünf Ebenen aufgebaut. Die unteren vier Ebenen funktionieren nach dem Modell der Homöostase (Streben des Menschen nach innerem Ausgleich im Sinne eines ständigen Anpassungsprozesses oder Fließgleichgewichts). Sie werden als *Defizitmotive* bezeichnet. Wird das Ziel erreicht, ist der Drang beendet und es wird ein Ziel der nächst höheren Ebene angestrebt. Das bedeutet: Befriedigte Bedürfnisse motivieren nicht mehr! Von der untersten Ebene her nach oben gehend sind es die physiologischen Grundbedürfnisse wie Essen und Trinken, die Sicherheits-

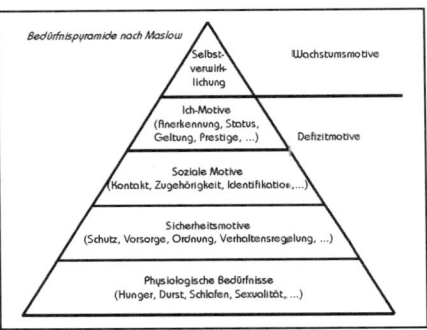

und Schutzmotive, soziale Bedürfnisse nach Kontakt, Mitgliedschaft und Nähe und Ich-Motive wie Anerkennung und Prestige.

Die *Wachstumsmotive* der oberen Ebene der Selbstentfaltung jedoch können nie befriedigt werden, sie verstärken sich sozusagen mit der Annäherung.

 📖 *Maslow, Abraham: Motivation und Persönlichkeit. 7. Aufl., Reinbek 1999.*

---

283. Wie kann das Motivationsmodell von Herzberg beschrieben werden?

Das Modell der Arbeitsmotivation von Herzberg (1967) geht davon aus, dass Mitarbeiter zwei Sätze (sog. sets) von Grundbedürfnissen haben:

1) *Hygienebedürfnisse* sind Arbeitsbedingungen, die bei Nicht-Vorhandensein Unzufriedenheit hervorrufen: Bezahlung, Arbeitsplatzsicherheit, Reglementierungen, Art der Führung, zwischenmenschliche Beziehungen. Sind diese *extrinsischen* Arbeitsbedingungen erfüllt, besteht *keine Unzufriedenheit,* aber nicht unbedingt Zufriedenheit oder Motivation!

2) *Motivationsbedürfnisse* bauen bei Vorhandensein dagegen die gewünschte (Leistungs-)Motivation auf: Anerkennung, Verantwortung, Beförderung, die Arbeit selbst, wenn sie Chancen für geistig-persönliches Wachsen bietet. Sind diese Bedingungen nicht gegeben, besteht zwar nicht unbedingt Unzufriedenheit, aber zumindest keine Zufriedenheit und keine Motivation zur Leistung.

Wichtig ist also, dass Autonomie und Selbstverantwortung am Arbeitsplatz gegeben sind.

Herzberg schlägt deshalb vor, die Arbeit des einzelnen durch interessante, stimulierende Tätigkeiten anzureichern (job enrichment).

 📖 *Herzberg, Frederick et al.: The motivation to work, 24. Aufl., New Brunswick 1993.*

---

284. Wie könnte man die Motivationstheorie von Adams erläutern?

Die Motivationstheorie von Adams (1963) gehört zu den Prozesstheorien. Sie fußt auf der Annahme, dass der Mensch nach einem Zustand des inneren Gleichgewichts strebt (homöostatisches Prinzip). Demnach vergleicht der Einzelne, was er der Organisation gibt und von ihr dafür bekommt mit dem, was andere in vergleichbarer Situation ihr geben und von ihr dafür bekommen.

Gegeben werden z. B. Leistung, Zeit, Bildung, Treue, Identifikation und Fleiß. Dafür erhalten die Mitarbeiter ein Einkommen, Sicherheit, Anerkennung, soziale Kontakte usw.

Ziel der Mitarbeiterinnen und Mitarbeiter ist ein Zustand nach dem Motto: „So gerecht wie möglich", deshalb nennt Adams sein Modell Equity- oder Gerechtigkeitstheorie.

Erhalten andere bei gleichem Einsatz scheinbar mehr, fühlt man sich benachteiligt. Tatsächlich reduzierten Arbeiter bei entsprechenden Untersuchungen ihre Leistung, wenn andere, „faulere", für das gleiche Geld weniger produzierten.

Erhält man selbst zu viel, hat man ein schlechtes Gewissen. Akkordarbeiter verlangsamten z. B. ihr Arbeitstempo, wenn sie feststellten, dass Kollegen bei gleicher Leistung einen geringeren Stücklohn bekamen (wenn auch genau betrachtet danach immer noch Ungerechtigkeit herrschte; beide Gruppen erhielten zwar nun den gleichen Betrag ausbezahlt, aber die einen für ein geringeres Arbeitstempo, da ihr Stücklohn höher war).

All diese inneren Bewertungsprozesse haben mit der „Realität" wenig zu tun: Je nach subjektivem Vergleich nimmt man die eigene Belohnung als zu klein, die des anderen überhöht wahr bzw. man nimmt den eigenen Einsatz überhöht und den des anderen verkleinert wahr.

📖 *von Rosenstiel, Lutz: Grundlagen der Organisationspsychologie. Basiswissen und Anwendungshinweise, 6. Aufl., Stuttgart 2007;* **Weinert,** *Ansfried: Organisations- und Personalpsychologie, 5. Aufl., Weinheim 2004.*

---

285. Welche Thesen zur Arbeitsmotivation stellt der Populärwissenschaftler Sprenger auf?

Sprenger (1992, 1995) postuliert, dass sich insbesondere im öffentlichen Dienst ein Klima der „organisierten Unverantwortlichkeit" und Fürsorgementalität ausgebreitet habe. Motivation sei letztendlich immer, und Versuche einer Motivation von außen würden irgendwann als Manipulation entlarvt. Ohne die Herkunft zu benennen, wiederholt Sprenger damit die Thesen von Adams (1963).

Sprengers Vorstellungen von Motivation gehen von einem „Prinzip Selbstverantwortung" aus, welches drei Grundbedingungen habe:

a) Der Freiheit der Wahl: Jede Entscheidung sei Resultat eines „Preis-vergleichs". Der Mitarbeiter habe seinen Beruf auf dieser Grundlage gewählt, er behalte oder verlasse ihn deswegen.

b) Wer sich für einen Beruf entschieden habe, bringe auch Initiative, Wollen und Engagement mit. Das sollten vorgesetzte Stellen aufgreifen und nutzen.

c) Entscheidend sei die dritte Säule: Die Organisation müsse Freiräume für dieses Engagement bieten und Antworten liefern. Angstfreiheit und positives Fehlermanagement gehörten dazu. Der Kreativität der Mitarbeiter sei Raum zu geben.

Die Kritik an Sprenger entzündet sich vor allem an seiner optimistischen, einschwörenden Rhetorik. Generell sei die Vorstellung vom freien Willen in einer komplexen, reizüberfluteten und von Leistungsdruck geprägten Gesellschaft reine Manipulation: Sie erzeuge Schuldgefühle bei denen, die nicht mit dem nötigen Elan versehen, Opfer von Massen-entlassungen oder minderbegabt sind. Er lenke von der gesellschaftspolitischen Verantwortung ab auf die des Individuums.

📖 *Sprenger, Reinhard K.: Mythos Motivation: Wege aus der Sackgasse, 18. Aufl., Frankfurt/M 2007; **Sprenger**, Reinhard K.: Das Prinzip Selbstverantwortung. Wege zur Motivation, 12. Aufl., Frankfurt/M 2007.*

Unterabschnitt:
Aggressionspsychologie

286. Wie definiert Selg den Begriff „Aggression"?

Nach Selg (1964) besteht Aggression „... in einem gegen Personen oder Objekte gerichteten Austeilen schädigender Reize. Eine Aggression kann offen oder verdeckt, positiv oder negativ sein."
📖 *Selg, Herbert: Zur Aggression verdammt?, 6. Aufl., Stuttgart 1982.*

287. Was versteht Selg unter positiver bzw. negativer Aggression?

Positive Aggression ist nach Selg (1964) gesellschaftlich gebilligt, entsprechend ist *negative* Aggression eine gesellschaftlich missbilligte Form. In unserer Kultur ist z. B. der Boxsport populär, und wir erlauben unseren Kindern Kriegsspiele am Computer. Andernorts werden Menschen öffentlich hingerichtet oder Ehebrecherinnen gesteinigt, Erscheinungen, die auch hierzulande einst die Massen anzogen (Hexenverbrennungen). Das aber heißt: Die Einstellung zur Erscheinungsform der Aggression ist Wandlungen unterworfen. Dies zu akzeptieren, bereitet Probleme (Stichworte: These der natürlichen Menschenrechte, Moralbegriff, Widerstand z. B. in islamischen Ländern gegen westlichen „Kultur- und Werteimperialismus"). Ein unkritisches Beispiel ist die Notwehr als Abwehr eines bösartigen Angriffs.

288. Was versteht man unter instrumenteller Aggression?

Im Falle instrumenteller Aggression wird aggressives Verhalten zum Erreichen eines Ziels (als Mittel zum Zweck) eingesetzt, z. B. das Festnehmen eines Tatverdächtigen, das Räumen unter Einsatz von Schlagstöcken und Wasserwerfern, das Verteilen von Strafarbeiten. Begleitemotionen sind nicht notwendigerweise vorhanden. Auch das „notwendige Foul (Notbremse)" oder das „Aufschwatzen" eines für das Opfer ungünstigen Vertrags sind instrumentelle Aggressionen. Zweck sind die Sieg- oder Leistungsprämie, gegen das zufällige Opfer bestehen keine persönlichen Hassgefühle. Bis zu einem gewissen Grad sind dies Verhaltensweisen, die in der Leistungsgesellschaft latent erwünscht sind (und damit positive Aggression darstellen).

---

289. Welcher philosophischen Grundannahme folgen die Triebtheorien zur Aggression.

Grundlage sind die Thesen von Thomas Hobbes (1588-1650): Die Menschen sind demnach egoistische, triebgesteuerte Wesen („Der Mensch ist des Menschen Wolf"). Aus der Erkenntnis, dass sie sich voreinander schützen müssen, übertragen sie dem Staat das Gewaltmonopol. Ein „starker Staat" muss die Aggressionsneigung des einzelnen unterdrücken. Diese Vorstellung prägte das Menschenbild der „Triebtheoretiker" in der Psychologie.

---

290. Wie könnte man kurz die philosophische Grundlage der Lerntheorien der Aggression darstellen?

Die „Lerntheoretiker" beziehen sich auf Jean Jacques Rousseau (1712-1778): Von Natur aus sei der Mensch gut. Erst die Gesellschaft bringe Aggression hervor, indem sie willkürliche Schranken zwischen Menschen setze. Anlass für Aggression sei zumeist der Streit um Besitz. Rousseau forderte ein „Zurück zur Natur" und zur natürlichen Gleichheit der Menschen (er inspirierte die französische Revolution). Lernpsychologische Modelle gehen demnach davon aus, dass Aggression wie alle Verhaltensmuster das Ergebnis von Lernprozessen ist. Nur die Möglichkeit (Disposition), Wut zu empfinden und aggressiv zu handeln, sei angeboren.

---

291. Wie kann kurz die Aggressionstheorie von Freud beschrieben werden?

Sigmund Freud (1856-1939) geht von einem angeborenen Aggressionstrieb aus (und zwar ab 1920 als „Todestrieb", der verdrängt und auf andere Personen umgelenkt werde). Wie bei einem Staubecken lade sich mit der Zeit ein Aggressionspotenzial auf, das immer stärker der Abfuhr bedürfe. Gewalt und Kriege seien deshalb unvermeidbar. Nur durch eine starke Kulturleistung könne der Todestrieb unterdrückt und seine Energie in gesellschaftlich Akzeptables umgewandelt werden (Vorgang der „Sublimation"). Das Verbot von Aggression müsse dabei fest im Gewissen („Über-Ich") verankert werden.

📖 *Freud, Sigmund: Jenseits des Lustprinzips, Leipzig 1920.*

---

292. Wie kann kurz die biologische Aggressionstheorie von Lorenz beschrieben werden?

Bei Konrad Lorenz ist die Aggression „Das sogenannte Böse" (1963). In der Natur ist sie als angeborener Instinkt lebens- und arterhaltend und damit zweckvoll (Verteilung im Lebensraum, Festlegen der Rangordnung, Beuteerwerb etc.). Aggressives Verhalten benötigt allerdings einen auslösenden Reiz und läuft oft in Form einer Instinktkette ab, die innerhalb der Tierarten durch Unterwerfungszeichen und Tötungshemmungen endet. Beim Menschen ist die kulturelle Entwicklung der Waffen den natürlichen Hemmungen im körperlichen Kampf davongeeilt. Außerdem führen unnatürliche Umstände bei Tieren wie Menschen zu Tötungshandlungen (z. B. sozialer Stress). Fehlen die Auslösereize, so Lorenz, kann auch spontane Aggression entstehen. Dieser Fehlfunktion müsse man entgegenwirken, indem man die Aggression kanalisiert und z. B. Sportstätten baut.

📖 *Lorenz, Konrad: Das sogenannte Böse, 22. Aufl., München 2000.*

---

293. Wie ist die Frustrations-Aggressions-Hypothese von Dollard zu erläutern?

Dollard (1939) ist stark vom psychoanalytischen Ansatz Freuds beeinflusst. Für ihn sind bereits das Abstillen des Säuglings oder das Sauberkeitstraining des Kleinkinds Frustrationserfahrungen, die sich beim Erwachsenen als verzögerte oder verschobene Aggressionen auswirken. Ein gesundes Maß an Frustration bereits in der Kindheit verhindere eine überstarke Aggression bei Erwachsenen und lasse sie gesellschaftlich nützliche Varianten wählen (Fleiß, Beharrungsvermögen, Anstrengung, Selbstkontrolle).

Frustration ist nach Dollard ein Gefühlszustand, der eintritt, wenn eine Zielreaktion gestört wird. Frustration entsteht durch physische Barrieren, Verzögerungen zwischen Beginn und Abschluss einer Reaktionssequenz, Wegfall oder Verminderung von Belohnung oder dem Auftreten neuer Reaktionstendenzen, die mit den laufenden unvereinbar sind. *Aggression* ist nach Dollard ein Verhalten mit der Absicht, einen Organismus oder Organismus-Ersatz zu schädigen oder zu bedrohen.

Die Kernhypothesen Dollards lauten:

a. Frustration führt immer zu Aggression, und beobachteter Aggression muss Frustration vorausgegangen sein.

b. Die Stärke der Aggression ist proportional zur Stärke der Frustration.

c. Durch Aggression erfolgt Katharsis (*gr.* Reinigung), d. h. die Abreaktion reduziert das Aggressionspotenzial.

d. Eine Hemmung der Aggression führt zur Verschiebung auf andere Objekte. Ein vom Vorgesetzten kritisierter Mann tritt später gegen seinen Schreibtisch, mobbt mit anderen Frustrierten einen Kollegen oder richtet die Aggression auf sich selbst, indem er sich Vorwürfe macht oder krank wird.

📖 *Dollard, John: Frustration und Aggression, 5. Aufl., Weinheim 1973.*

---

294. Wie könnte die Imitationstheorie der Aggression von Bandura erläutert werden?

Die Imitationstheorie der Aggression nach Bandura gehört zu den Lerntheorien. Beobachtetes aggressives Verhalten kann demnach Modellcharakter haben. Die beobachtete Aggression muss aber als gerechtfertigt (legitim) erscheinen. Aggressives Verhalten wird imitiert, wenn das Modell Erfolg hatte bzw. belohnt wurde (stellvertretende Verstärkung) oder auch nur nicht bestraft wurde. Es genügt sogar, wenn der Imitierende für das nachgeahmte Verhalten eine Belohnung erwartet, ohne dass das Modell selbst etwas davon hatte. Wer z. B. ein Foulspiel und die Bestrafung des Verursachers beobachtet, findet die Idee selbst nicht schlecht und nimmt sich vor, in einer ähnlichen Situation auch foul zu spielen, nur eben geschickter.

Aggression ist also nach Bandura gelernt und kann, zumindest prinzipiell, „verlernt" (gelöscht) werden. Das konsequente Nicht-Beachten aggressiven Verhaltens bei Kindern führt nach einer Phase der Zunahme

zum völligen Verschwinden (dagegen führt ein gelegentliches Nachgeben zur festesten Verankerung des unerwünschten Verhaltens).
Bandura stellte weiterhin fest, dass sich Aggressionen übertragen: Wird eine Person mit bestimmten Eigenschaften misshandelt, führt dies zu erhöhter Aggressionsbereitschaft gegenüber Personen mit ähnlichen Eigenschaften (Beruf, Rasse usw.). Wichtig ist dabei aber auch, ob diese Person sympathisch war oder nicht und wie Aggression generell von denjenigen, die sie ausüben, bewertet wird, z. B. als „gesund" oder „männlich".

📖 *Bandura*, *Albert: Aggression, Stuttgart 1979.*

---

295. Welche Faktoren prägen die „autoritäre Persönlichkeit" laut Adorno?

In der von Adorno (1950) begründeten Autoritarismus-Theorie wird versucht, ein Syndrom von Feindseligkeit und Ethnozentrismus als Folge konstanter, zusammenhängender Persönlichkeitseigenschaften zu begreifen, nämlich

– *Konventionalismus*: Rigides Haften an den konventionellen Moralvorstellungen der Mittelschicht.

– *Unterwerfung unter die Autorität*: Unkritische, submissive Einstellung gegenüber idealisierten moralischen Autoritäten der eigenen Gruppe.

– *Autoritäre Aggression*: Menschen, die den Konventionen zuwiderhandeln, werden gemieden, verachtet und bestraft.

– *Anti-Intrazeption*: Ablehnung alles Subjektiven, der Phantasie, der Empfindsamkeit.

– *Aberglaube und Stereotypie*: Mystischer Glaube an die Vorherbestimmtheit des individuellen Schicksals; rigide Denkgewohnheiten.

– *Stärke und Härte*: Sich beschäftigen mit der Dimension Dominanz-Submission, stark-schwach, Führer-Geführter; Identifikation mit Herrscherfiguren; Überbetonen von Stärke und Härte.

– *Destruktivität und Zynismus*: Generelle Feindseligkeit, Verunglimpfung des Menschen.

– *Projektion*: Glaube an unheilvolle Geschehnisse in der Welt. Projektion eigener unbewusster Impulse nach außen.

– *Sexualität*: Übertriebene Beschäftigung mit sexuellen „Perversionen".

📖 **Adorno**, *Theodor W.: Die autoritäre Persönlichkeit, in: Sanford (Hg.), Moderne psychologische Forschung, Bd. 3, Weinheim 1971, S. 60-76.*

Unterabschnitt:
Konfliktpsychologie

296. Wie definiert die Psychologie den Begriff „Konflikt", und welche Unterteilung nimmt sie dabei üblicher Weise vor?

Der Begriff Konflikt ist aus dem lateinischen „conflictus" für Kampf, Streit, Zusammenstoß abgeleitet. In der Psychologie ist er definiert als ein Zustand, in dem zwei Elemente gleichzeitig gegensätzlich oder unvereinbar sind. Diese Elemente können Gedanken, Wünsche, Erwartungen an andere oder auch Personen sein. Daraus ergibt sich die Unterteilung in intrapersonale (in einer Person bestehende) und interpersonale (zwischen zwei und mehr Personen bestehende) Konflikte.
Beck, R. & Schwarz, G.: Konfliktmanagement, 2. Aufl., Augsburg 2000; Berkel, K. u.a.: Konflikttraining: Konflikte verstehen, analysieren, bewältigen, Hamburg 2010.

297. Welche Arten intrapersonaler Konflikte lassen sich beschreiben?

Intrapersonale Konflikte treten auf als:
1. Annäherungs-Annäherungs-Konflikte, bei denen die Wahl zwischen zwei oder mehreren Möglichkeiten besteht, die alle ein gutes Ergebnis versprechen. Die Entscheidung für die eine schließt die andere(n) aus.
2. Vermeidungs-Vermeidungs-Konflikte, bei denen man zwischen zwei oder mehr negativen Möglichkeiten wählen muss.
3. Annäherungs-Vermeidungs-Konflikte, bei denen jede Entscheidung sowohl positive wie negative Folgen hätte. Diese Art von Konflikten ist die häufigste.
Beck, R. & Schwarz, G.: Konfliktmanagement, 2. Aufl., Augsburg 2000; Berkel, K. u.a.: Konflikttraining: Konflikte verstehen, analysieren, bewältigen, Hamburg 2010.

---

298. In sozialen Gemeinschaften sind interpersonalen Konflikte nicht zu vermeiden. Welche Konfliktarten sind dort und speziell in einer hierarchischen Organisation wie der Polizei beispielhaft vorhanden?

Zwischenmenschliche Konflikte treten in emotional belastender Weise als Beziehungskonflikte in Form zwischenmenschlicher Probleme auf. Deren Ursache können wiederum Bedürfniskonflikte sein, wenn man sich vom Verhalten einer anderen Person in der Erfüllung der eigenen gerade aktuellen Motive behindert oder unverstanden fühlt. Tiefer gehend sind Wertkonflikte, bei denen eine Partei das Verhalten oder die Einstellung der anderen moralisch für falsch hält und eine Änderung herbeiführen möchte, was wiederum auf Ablehnung bzw. Forderung nach Akzeptanz stößt. Machtkonflikte spielen sich zwischen gleichrangigen Personen ab (z. B. Gruppen- oder Zugführer), den Vertretern verschiedener Behörden in Zuständigkeitsfragen oder auch Mitarbeitern und unpopulären Vorgesetzten. Möglich sind auch reine Sachkonflikte, z. B. darüber, wie man eine Aufgabe am besten erledigt bzw. in Form von Verteilungskonflikten bei begrenzten Ressourcen (Material, Urlaubszeiten, Beurteilungsnoten).

📖 *Beck*, R. & *Schwarz*, G.: Konfliktmanagement, 2. Aufl., Augsburg 2000; *Berkel*, K. u.a.: Konflikttraining: Konflikte verstehen, analysieren, bewältigen, Hamburg 2010.

---

299. Wie lässt sich die Dynamik ungelöster oder verdeckter Konflikte in einer Organisation wie der Bundespolizei sozialpsychologisch beschreiben?

Konflikte weisen auf Probleme hin, fördern innovatives und kreatives Denken und verhindern Stagnation. Gerade in auf Harmonie und Gemeinschaft angelegten Organisationen werden Konflikte jedoch oft nicht angesprochen oder offen ausgetragen, sondern verleugnet oder „wegbefohlen". In Organisationen herrscht aber immer auch ein unausgesprochenes Konkurrenzdenken, das sich an der Ausweitung und Verteidigung von Macht darstellt. Konflikte entstehen, wenn jemand versucht, seine Kompetenzen oder räumliche Bereiche auszudehnen, sich mit privater Ausstattung abheben will, Arbeiten an Kollegen abschiebt oder vor den Mächtigen positiv auffallen will. Im Ergebnis entstehen „verdeckte Konflikte". Deren Anzeichen sind z. B. Cliquenbildung, Vermeiden von Gesprächen, betonte Sachlichkeit im Umgang, aber auch Pseudoharmonie und Glorifizieren der Vergangenheit.

Ungelöste Konflikte neigen aber irgendwann zum Ausbruch und zur Eskalation. Die mildeste Form der Austragung ist die Debatte, während in der strengeren Form, dem Spiel, es bereits darum geht, den Gegner zu besiegen. Erlaubt sind alle Spielregeln der Organisation: Appelle an Vorgesetzte, Einberufen von Besprechungen, Beschwerden usw. Wird am Ende die Person des Gegners an sich als Grund allen Übels erkannt, befindet man sich in der Variante des Kampfes. Es geht nur noch darum, wer bleibt oder geht. Dazu ist jedes Mittel bis zur körperlichen Gewalt recht. Dieses Verhaltensmuster wird begleitet durch eine fortschreitende Einschränkung der Wahrnehmungs- und Entscheidungsfähigkeit.

Die starke emotionale Beteiligung hat außerdem auf allen Stufen die Nebenwirkung, dass es die kritische Urteilsbildung vermindert oder sogar vollständig unterdrückt. Die Folge ist ein unreflektiertes Handeln, das im Nachhinein oft bereut wird.

Es ist darum notwendig, für die Regelung des Verhaltens der Mitglieder bestimmte Vorschriften und Normen einzuführen. Diese betreffen beispielsweise die Art der auszuführenden Tätigkeiten, die formalen Kommunikationswege, die Arbeitszeit oder den Urlaub. Gerade in zentralistisch strukturierten, bürokratischen Organisationen findet man dann aber häufig eine Überdeterminiertheit des Verhaltens der Mitglieder durch Verfügungen, Erlasse u. ä., die zu Frustration führt.

📖 *Beck, R. & Schwarz, G.: Konfliktmanagement, 2. Aufl., Augsburg 2000; Berkel, K. u.a.: Konflikttraining: Konflikte verstehen, analysieren, bewältigen, Hamburg 2010.*

---

300. Welche Möglichkeiten zur Konfliktprophylaxe in der Bundespolizei lassen sich beschreiben?

Das Beachten der Grundsätze von Leitbild und KFS, die jederzeitige Ansprechbarkeit von Vorgesetzten, Kenntnisse von Konfliktursachen und die Fähigkeit, sich in andere Menschen hineinversetzen zu können verhindern oder entschärfen bereits viele Konflikte. Im Detail sind z. B.

rechtzeitig klare Verteilungskriterien aufzustellen, wenn knappe Güter vergeben werden müssen. Mögliche Konfliktparteien müssen die gleichen Kontakt- und Informationsmöglichkeiten haben, Gewinner und Verlierer sollte es nicht geben (Verluste kann man durch andere Güter oder Maßnahmen kompensieren). Hilfreich sind auch Aufklärung über negative Formen der Konfliktaustragung (Mobbing, Bossing) sowie deren Ächtung und Trainings zur Förderung sozialer Kompetenzen.

Konfliktprophylaxe bedeutet aber nicht Konfliktverhinderung! Meinungsstreit fördert vielmehr innovatives Denken und zwingt zum Nachdenken über eigene Positionen. Unterschiedliche Standpunkte anzuhören und deren Existenz zu akzeptieren ist eine wichtige Kompetenz von Führungskräften.

🤔 *Beck, R. & Schwarz, G.: Konfliktmanagement, 2. Aufl., Augsburg 2000; Berkel, K. u.a.: Konflikttraining: Konflikte verstehen, analysieren, bewältigen, Hamburg 2010.*

---

301. Welche Möglichkeiten zum produktiven Umgang mit Konflikten in der Bundespolizei lassen sich beschreiben?

Organisationsinterne Konflikte soll man rechtzeitig bewusst machen und ansprechen, denn unterdrückte Konflikte schwelen weiter und gefährden den Zusammenhalt des Teams. Das gemeinsame Lösen von Konflikten führt bei Teammitgliedern dazu, andere in ihrer Andersartigkeit zu akzeptieren und selbst akzeptiert zu werden. Gelungene Konfliktbearbeitung steigert Gruppenzusammenhalt und -leistung. Konfliktmanagement heißt, den Konflikt als solchen zur Kenntnis zu nehmen und das Ziel zu verfolgen, ihn zu beseitigen. Um dies erfolgreich zu erreichen, müssen als Voraussetzungen Freiwilligkeit, Kooperationsbereitschaft und Konsensorientierung aller Beteiligten gegeben sein. Beim Kompromiss als möglicher Lösung gibt jede Partei etwas auf und gibt sich mit einem Minimum zufrieden. Der Vorteil ist, dass beide ihr Problem untereinander gelöst haben, der Nachteil liegt darin, dass keiner sein Ziel erreicht hat und der Konflikt bald wieder hochkochen könnte. Oft müssen Dritte, meist Vorgesetzte, entscheiden. Eine andere Variante ist die Delegation: Beide Parteien erklären sich damit einverstanden, dass eine möglichst gemeinsam bestimmte neutrale dritte Partei den Konflikt durch Entscheidung löst und dass sie sich diesem Beschluss fügen werden. Diese dritte Partei können Vorgesetzte, Gerichte oder Experten sein. Ähnlich ist es mit dem Hinzuziehen von Mediatoren. Als neutrale Schlichter eröffnen sie neue Kommunikationswege, ergründen die wahren Interessen der Parteien und erarbeiten gemeinsam mit ihnen einen zukunfts- und lösungsorientierte Interessensausgleich. Den Mediatoren kommt keine Entscheidungsbefugnis zu, sondern die Rolle der Prozessmoderation. Sie machen auf gemeinsame Ziele aufmerksam und weichen erstarrte Verhandlungspositionen auf.

📖 *Beck, R. & Schwarz, G.: Konfliktmanagement, 2. Aufl., Augsburg 2000; Berkel, K. u.a.: Konflikttraining: Konflikte verstehen, analysieren, bewältigen, Hamburg 2010.*

---

302. In Konflikten mit Bürgerinnen und Bürgern, die der Polizei kritisch gegenüberstehen, können auch härtere Verhandlungstechniken angebracht sein, um letztlich eine Eskalation zu vermeiden. Welche Grundsätze und Möglichkeiten nennt hier die Verhandlungspsychologie?

Gutes Verhandeln in schwierigen Situationen ist vor allem Stressmanagement. Es ist hilfreich, die Phasen einer Konfliktverhandlung (z. B. mit „Castor-Gegnern") zu kennen und zu beachten: Nach emotionalem Beginn, oft von Vorwürfen geprägt, folgt eine konstruktive Zeit. Kurz vor der entscheidenden Einigung kochen wieder Emotionen hoch, weil nun die Angst dominiert, man sei manipuliert worden oder hätte etwas übersehen. Es empfiehlt sich also, Zwischenergebnisse festzuhalten, am Ende nicht einzubrechen, sondern bereits Erzieltes zusammenzufassen.

Bereits in der Vorbereitung des Gesprächs sollte man eigene Ziele definieren, einen Forderungskatalog aufstellen, aber darin auch Wegstreichbares einbauen. Wenn machbar, sollte man Rollen verteilen: Eine Person ist Unterhändler und argumentiert mit vorgegebenen Grenzen. Eine andere ist Entscheider, bleibt im Hintergrund und kommt der Gegenseite in entscheidenden Momenten ein Stück weiter entgegen als der Unterhändler.

Empfohlene Kommunikationstechniken sind u.a., die Gegenseite nach ihren Zielen zu fragen, Informationen zu sammeln und selbst wenige zu geben, abwartend zu schweigen. Wer die meisten Gesprächsanteile hat,

meint nämlich zu dominieren und leistet sich am Ende ein großzügiges Entgegenkommen.
Flexibilität ist wichtig, denn wer sich schnell festlegt, hat keinen Spielraum mehr und überlässt dem anderen die Initiative. Statt Forderungen zu stellen, sollte die andere Seite gefragt werden, worauf sie verzichten oder wo sie entgegenkommen könnte, ob sie tragfähige Vorschläge hätte. Eigene Positionen sollte man im Konjunktiv formulieren, um Festlegungen zu vermeiden („Wir könnten ... "; „Wäre es möglich ...").
Schnelles Nachgeben ist zu vermeiden, bei der Gegenseite stellt sich ein Erfolgsgefühl erst ein, wenn die Mühe entsprechend groß war. Auch soll man nur nachgeben, wenn man etwas dafür bekommt. Als Lösungen bieten sich schließlich „Pakete" an, aus denen man einzelne eigene Forderungen herausnehmen und Angebote der Gegenseite hineintun kann.
Auf Grund des erwähnten Misstrauens in der Schlussphase einer Verhandlung ist es wichtig, aufkommende Siegermentalität zu zügeln.
📖 *Nitzsche von Linde, I.: Praxisbuch Konfliktlösung, Wien 2009;* **Pfetsch,** *F. R.: Verhandeln in Konflikten: Grundlagen – Theorie – Praxis, Wiesbaden 2006.*

Unterabschnitt:
Wahrnehmungspsychologie

303. Wie könnte man den Begriff „Wahrnehmung" definieren?

Wahrnehmung ist die Bezeichnung für die Funktion, die es dem Organismus mittels seiner Sinnesorgane ermöglicht, Reize aus der Innen- und Außenwelt aufzunehmen und zu verarbeiten.

Die Wahrnehmung steht bei diesem Vorgang unter dem Einfluss von Gedächtnisinhalten, Stimmungen, Gefühlen, Erwartungen und Denkprozessen, kann also nie wirklich objektiv sein. Vor allem aber nicht, weil sie in ihrer Kapazität sehr begrenzt ist.

📖 *Goldstein, E. Bruce: Wahrnehmungspsychologie, 7. Aufl., Heidelberg 2007.*

304. Was versteht man unter dem „Flaschenhals-Modell der Wahrnehmung"?

Nach dem Modell der Informationsverarbeitung von Keidel (1985) treffen 1 Milliarde Reize (bit) den menschlichen Organismus je Sekunde. 100 Reize kann er bewusst verarbeiten. Diese ordnen sich wiederum in 7 bis 9 Muster. Das Gehirn wird in dieser Theorie als Auswahlfilter gesehen und deshalb auch als *„Flaschenhalsmodell der Wahrnehmung"* bezeichnet. „Wahrnehmung" ist letztlich das, was diesen Filter passiert und in das Bewusstsein vordringt. Manche Reize werden wegen momentaner Reizüberflutung in eine „Warteschleife" gebracht. Sie werden gelöscht, abgespeichert oder verdrängt (nur scheinbar vergessen, im Unterbewusstsein wirkend). Träume dienen dazu, einen Teil dieser Informationen abzuarbeiten.

Je Sekunde gibt der Mensch wiederum 10 Millionen bit an die Umwelt ab und zwar über Motorik (Körpersprache, Mimik), Sprache im Sinne reiner Information, Tonfall und Geruch. Der Großteil dieser abgegebenen Information ist also ungesteuert. Das ist für den Polizeiberuf z. B. wichtig bei Vernehmungen (man kann sich nicht zu 100 % verstellen). Die Funktion des Filters wird von Reizschwellen, Stimmungen, Gefühlen, Einstellungen und der Aufmerksamkeitsrichtung gesteuert.

Letztere hängt ab von Unterschieden, Intensität und Auffälligkeit bei Form, Größe, Lautstärke, Farben, Gerüchen, Berührungen, Bewegung, Wiederholung und Schlüsselwörter („Feuer!", „Hilfe!"). Aus dieser Begrenztheit heraus sind Wahrnehmungsfehler unvermeidlich.

📕 **Keidel**, *Wolf-Dieter: Kurzgefasstes Lehrbuch der Physiologie, 6. Aufl., Stuttgart 1985.*

---

305. Welche unbewussten Wahrnehmungsfehler werden in der einschlägigen Literatur genannt?

Da die menschliche Wahrnehmungsfähigkeit begrenzt ist, dienen größtenteils unbewusste Mechanismen dazu, den Organismus vor Überlastung (Reizüberflutung) zu schützen und den Zustand wenn auch nur scheinbarer Ordnung und Gesetzmäßigkeiten zu erzeugen.
Die bekanntesten *Wahrnehmungsfehler* sind:
Der *Primacy-Effekt:* Der erste Eindruck (z. B. das äußere Erscheinungsbild) gibt scheinbar Aufschluss über Einstellungen und Fähigkeiten des Beurteilten („Kleider machen Leute"). Dies führt leicht zu sozialen Stereotypen, die ihrerseits wieder den ersten Eindruck beeinflussen. Angeblich steht das erste Urteil nach sieben Sek. fest. Der „Primacy-Effekt" macht einen stärkeren Eindruck als nachfolgende und erschwert die Einstellungskorrektur, insbesondere bei negativen ersten Eindrücken.
Transferleistungen: Von einem Merkmal wird auf die Person geschlossen: Alle Arbeitslosen / Bayern / Polizisten sind ... Diese Aussagen stellen sich oft als „Menschenkenntnis" dar.
Selektion von ins Bild passenden Merkmalen: Man sieht (nicht), was man (nicht) sehen will.
Addition passender Merkmale: Das scheinbar Zutreffende wird immer im Kontext mit ähnlichen Wahrnehmungen gesehen und wiegt darum schwerer als das isoliert betrachtete Unpassende.
Unvollständige Sinneseindrücke über die „*Gestaltergänzung*" komplettieren. Ein Beispiel ist der „Knallzeuge", der nur den Knall des Verkehrsunfalls gehört, den zeitlich davor liegenden Hergang aber nicht bemerkt hat. Diesen ergänzt er aber unbewusst zu einer kompletten Sequenz.

Lineares Denken: Man erwartet z. B. „irgendwie bei der Prüfung durchzukommen, weil das bei mir immer so war". Oder der Raser im Nebel glaubt, er könne weiter dicht hinter dem Vordermann herfahren, weil es die letzten 3 Minuten auch gut ging.

Gruppen- oder Konformitätsdruck: Aus unbewusster Angst, von der Gruppe ausgegrenzt zu werden und aus der Lernerfahrung heraus, dass ein Gruppenergebnis meist richtiger ausfällt als ein individuelles, gleicht man seine Meinung unwillkürlich an.

Rosenthal – Effekt oder *self-fulfilling-prophecy*: Synonyme für das Phänomen, dass sich eine Person irgendwann so verhält, wie man es ihr von Anfang an unterstellte. Wer z. B. als ungeschickt gilt, fühlt sich ständig beobachtet, verkrampft und macht Fehler. Dies wird dann zum Beweis für die Richtigkeit des Vorurteils genommen. In der Kriminologie wurde dieses Phänomen zum „*Labeling-Approach*" erweitert.

Fehlinterpretation kultureller Unterschiede: Die geringere körperliche Distanzzone der Südeuropäer wird als Aufdringlichkeit missverstanden, indische Sikhs reagieren aggressiv, wenn man ihren Turban durchsuchen will, manche Araber haben Probleme mit weiblichen Sicherheitskräften usw. Wer die Moralvorschriften einer fremden Kultur nicht kennt, unterstellt deren Vertretern gern Widerspenstigkeit oder Feindseligkeit.

📖 *Goldstein, E. Bruce: Wahrnehmungspsychologie, 7. Aufl., Heidelberg 2007; **Häcker**, Hartmut / **Stapf**, Kurt H.: Dorsch Psychologisches Wörterbuch, 14. Aufl., Bern 2009; **Krauthan**, Günter: Psychologisches Grundwissen für Polizeibeamte, 4. Aufl., Weinheim 2004.*

---

306. Wie lauten die Kernaussagen der „Hypothesentheorie der Wahrnehmung"?

Die *Hypothesentheorie der Wahrnehmung* von Bruner / Postman (1951, zit. nach 📖 Sticher-Gil, S. 54) trifft folgende Aussagen:
Jede Wahrnehmung ist mit Erwartungen verbunden, welche die Aufmerksamkeit steuern. Diese Erwartungen sind gelernte Hypothesen. Die Stärke einer Hypothese hängt davon ab, wie oft sie bereits bestätigt wurde, ob und wie viele alternative Hypothesen zur Verfügung stehen und wie sehr der Mensch selbst und seine Umgebung von dieser Hypothese überzeugt sind.

Je stärker eine Hypothese ist, desto schneller wird sie aktiviert und desto mehr widersprechende Informationen sind nötig, um sie zu widerlegen.
📖 *Sticher-Gil*, Birgitta: *Polizei- und Kriminalpsychologie, 2. Aufl., Frankfurt/M 2007.*

---

307. Während eine ältere Dame bei der Fluggastkontrolle den Metalldetektor passiert, ertönt dessen Alarm. Können Sie mit Hilfe der Hypothesentheorie der Wahrnehmung begründen, warum die anwesenden Kontrollbeamten ruhig und gelassen bleiben?

Die PVB und Angestellten des Fluggastkontrolldienstes haben im Lauf von Monaten und Jahren die Erfahrung gemacht, dass solche Alarme in nahezu allen Fällen völlig harmlos sind. Anlass waren immer vergessene Metallgegenstände wie Schlüssel, Schmuck usw., selten mehr oder weniger harmlose für Fluggäste verbotene Gegenstände wie Messer. Diese immer gleichen Erfahrungen führen aktuell zur Hypothese, dass es sich auch jetzt um einen Fehlalarm handelt. Eine weitere gelernte starke Hypothese besagt, dass von älteren Damen keine Gefährdung ausgeht. Diese Hypothese ist sozusagen die logische Folge aus einer weiteren Hypothese, der zu Folge Gefahren nur von jüngeren Männern ausgehen. Beide Hypothesen wurden oft bestätigt, alternative Hypothesen gibt es praktisch nicht, und bei allen Beteiligten herrscht (unbewusstes) Einvernehmen über deren Richtigkeit. Da die Hypothesen sehr stark sind, werden sie sofort aktiviert und alternative Hypothesen gar nicht erst getestet. Aus diesem Grund bleiben alle ruhig.

---

308. Wie ist der Begriff „Einstellung" nach Festinger zu erläutern?

Von einer Einstellung spricht Festinger (1954), wenn eine Wahrnehmung mit einer *Wertung* verknüpft wird. Dies geschieht beim Vorgang des Wahrnehmens: Man würde einen Imbiss nicht als verlockend wahrnehmen, wenn nicht das Hungermotiv dafür gesorgt hätte, den Duft von Bratwurst entsprechend zu werten. Die Frustration darüber, im Bahnhof nicht Inliner fahren zu dürfen, liefert die Wertung dieses Verbots: „Die Deutschen müssen eben immer alles verbieten."

Nach Festinger haben Einstellungen eine kognitive Komponente (das subjektiv geprägte „Wissen"), eine affektive (freudige Zustimmung, Ärger, Wut) und eine aktionale (spontaner Beifall oder Verteidigungsdrang). Normaler Weise sind die Komponenten gleichgerichtet, „konsonant".

📖 *Festinger, Leon: Theorie der kognitiven Dissonanz. Hg.: Irle, Martin & Müntmann, Volker, Bern 1978.*

---

309. Wie ist der Begriff der „kognitiven Dissonanz" nach Festinger zu erläutern?

Der Mensch strebt ein inneres Fließgleichgewicht, einen harmonischen Gleichklang seiner Einstellungen an (sog. „homöostatisches Prinzip). Kognitive, affektive und aktionale Elemente einer Einstellung sind deshalb gleichgerichtet. Wird ein Widerspruch in Form eines „falschen" kognitiven Elements wahrgenommen, tritt ein unangenehmes affektives Spannungsgefühl ein. Dieses bezeichnet Festinger als „kognitive Dissonanz", das gleichzeitige Vorhandensein gegensätzlicher Gedanken. Zum Beispiel liest der Besitzer einer Luxuslimousine, dass solche Fahrzeuge einen hohen Ausstoß an CO_2 produzieren.

📖 *Festinger, Leon: Theorie der kognitiven Dissonanz. Hg.: Irle, Martin & Müntmann, Volker, Bern 1978.*

---

310. Auf welche Weise versuchen Menschen nach Festinger kognitive Dissonanz zu reduzieren?

Gemäß dem homöostatischen Prinzip versucht der Mensch, ein aufgetretenes Spannungsgefühl auszugleichen. Dazu könnte der Autobesitzer aus der vorherigen Frage
– die neue, „falsche" Information bzw. deren Urheber abwerten („Alles nicht bewiesen"; „Umwelthysteriker")
– der „richtigen" alten Einstellung neue Information hinzufügen (Kraftfahrzeuge verursachen nur ein Viertel der Luftverschmutzung)
– die eigene Einstellung ändern bzw. modifizieren. Hier stellte Festinger den „Ruck zur Entscheidung" fest: Viele „Bekehrten" vertreten mit missionarischem Eifer ihre neue Einstellung, um schnell wieder in den ausgeglichenen Zustand kognitiver Konsonanz zu kommen.

📖 *Festinger, Leon: Theorie der kognitiven Dissonanz. Hg.: Irle, Martin & Müntmann, Volker, Bern 1978.*

311. Wie wäre der Begriff der Vigilanz zu erläutern, und in welchen Bereichen der Bundespolizei könnten PVB davon betroffen sein?

Vigilanz ist ein Zustand, in dem langes Beobachten bei extrem niedriger Signalrate gefordert ist. Als normale Folge tritt das Vigilanzsyndrom, d. h. ein spätes oder ausbleibendes Reagieren auf. Auch die wenigen relevanten Hinweisreize bleiben unentdeckt. Diese Gefahr besteht z. B. im Objektschutz, wo praktisch nie etwas passiert oder bei Kontrolltätigkeiten. Abhilfe schafft man z. B. dadurch, dass sich mehrere Personen bei diesen monotonen Aufgaben abwechseln. Im Fluggastkontrolldienst werden z. B. alle 20 Minuten die Positionen gewechselt.

📖 *Büttner, Gerhard: Diagnostik von Konzentration und Aufmerksamkeit, Bern 2004.*

Unterabschnitt:
Massenpsychologie

---

312. Wie kann man die älteren Ideen einer Psychologie der Masse von neueren sozialpsychologischen Erkenntnissen abgrenzen?

In der vorpsychologischen und älteren sozialpsychologischen Literatur verstand man unter einer *Masse* jede Ansammlung von Menschen und damit gleichzeitig automatisch Steuerungs- und Kontrollverlust, Gefühlsansteckung, Suggestibilität, Verantwortungslosigkeit und Allmachtsgefühle beim Einzelnen, die in kollektive Aggression münden (Le Bon, 1895). Der Mensch in der Masse folge nur noch seinen Instinkten.

Dies ist aber nicht die zwangsläufige Folge: So verliefen im Zeitraum 1985 bis 2000 immer mindestens 96 % aller Demonstrationen in Deutschland gewaltfrei ab. Auch Konzerte oder Fußballspiele sind Massenveranstaltungen und selten von (massiver, von fast allen Teilnehmern getragener) Gewalt begleitet. Für das Nebeneinander vieler Menschen an einem Ort ist daher der Begriff „Menge" zutreffender.

Auch ist zu bedenken, dass die Menschen generell nicht allein zu Großereignissen gehen, sondern in einer Gruppe Gleichgesinnter. Damit unterliegen sie gruppendynamischen Einflüssen.

Eine *Gruppe* besteht aus zwei bis elf Personen, die gemeinsame Normen, Riten und Symbole entwickelt haben. Die Kommunikation aller mit allen ist aufgrund der Anzahl möglich. Man spricht von einen *Untereinander*.

Eine *Menge* ist eine Vielzahl von Personen an einem Ort, die sich gegenseitig kaum beeinflussen. Sie haben ein gemeinsames allgemeines Ziel (wie bei Versammlungen oder Veranstaltungen üblich) und bestehen oft aus Gruppen. Dies wir als *Nebeneinander* bezeichnet.

Die *Masse* ist eine aktivierte Menge. Sie ist auf ein prägnantes, gefühlsbeladenes Ziel ausgerichtet. Die Gruppenbindung ist aufgelöst, es herrscht Gefühlsansteckung und Stimulation durch geringe Distanzzonen. Damit ist ein *Miteinander* erreicht. Ein Umkippen von der Menge zur Masse muss in polizeilich relevanten Situationen vermieden werden.

 ⌹ *Hofstätter*, Peter R.: Kritik der Massenpsychologie, 2. Neuausgabe, Reinbek 1990; *Le Bon*, Gustave: Psychologie der Massen, Neuaufl., Hamburg 2009.

---

313. Welchen psychologischen Einflüssen sind Menschen in einer Massensituation ausgesetzt?

Das *Wir-Gefühl* ist eine emotionale und damit eher irrationale Einstellung dahin gehend, dass jede/r Teilnehmer/in nur seine/ihre Gemeinsamkeiten mit den anderen wahrnimmt und nicht mehr die individuellen Unterschiede. Damit einher gehen hohe Sympathien für die (unbekannten) Mitstreiter und eine starke Ablehnung der „Anderen".

Bei Veranstaltungen ist man emotionalisiert und möchte die Emotionen in Aktionen ausdrücken: Mitsingen, rhythmisch klatschen, in Sprechchöre einfallen, sich bewegen, leider manchmal auch schmähen, blockieren und drängeln. Es herrscht ein starkes *Bedürfnis nach Aktionismus*.

Aktive Minoritäten sind diejenigen wenigen Personen, die dieses Bedürfnis nach Aktionismus ausnutzen, indem sie den Teilnehmerinnen und Teilnehmern Aktionen vormachen bzw. sie dazu animieren. Sie fordern z. B. über Lautsprecher zum Bleiben auf, feuern zu Sprechchören an oder haken sich bei anderen unter. Sie suchen oft herausgehobene Positionen oder benutzen Megafone, um akustisch auf sich aufmerksam zu machen. In beiden Fällen liegt eine *Postierung* vor. Die Masse neigt zum Imitieren und Mitmachen, weil es Sicherheit verschafft, das zu tun, was alle tun.

Daraus resultiert *Verhaltensnivellierung*. Alle tun dasselbe, das Verhalten des einzelnen gleicht sich dem der anderen an. Nachdenken und kritische Reflexion finden nicht statt.

Nicht nur das Verhalten, auch die Gefühle stecken sich wechselseitig an. Bei dieser *emotionalen Ansteckung* sieht jeder im anderen das Spiegelbild seines Verhaltens. Dadurch wird man im eigenen Verhalten bestärkt, was wiederum andere feststellen.

Wenn sich alle gleich verhalten, fühlt sich jede/r gleichermaßen frei von Verantwortung. Das Maß an Verantwortung verteilt sich gewissermaßen auf alle. Der Fachbegriff lautet *Verantwortungsdiffusion*.

Wir-Gefühl und das Bedürfnis nach Aktionismus verführen dazu, bei jedem kleinen Ereignis stehen zu bleiben und sich zu beteiligen (*Fokussierung*). Man möchte deutlich machen, dass man „dazu gehört". Bekannt ist, dass sich um mit Polizisten diskutierende Personen sofort ein Kreis bildet.

📖 *Schmalzl, Hans-Peter: Das Protestgeschehen, seine Eskalationsanfälligkeit und seine Mythen und Dilemmata für die Polizei. In: Die Polizei (Bd. 95), 2004, S. 108-113.*

---

314. Was besagt die These vom „Mythos der Verhaltenskonstanz"?

Die meisten Menschen glauben nicht, dass sie anfällig für solche massenpsychologische Einflüsse sind. Sie meinen sich immer kontrollieren zu können und über ein bestimmtes Verhaltensrepertoire zu verfügen, also in ihrem Verhalten konstant zu sein. Dieses Denken ist nach Füllgrabe et al. (📖 1990) ein Mythos (Mythos: eine gern geglaubte Überlieferung mit Gegenwartsbezug, hier gemeint im Sinne eines positiven Vorurteils).

📖 *Füllgrabe, Uwe / Hornthal, Steffen / Meier-Welser, Conrad (Hg.): Polizeipsychologie. Lehrbuch der Psychologie für die Ausbildung in der Polizei, 3. Aufl., Stuttgart 1990.*

---

315. Welche von der Polizei zu berücksichtigenden sozialpsychologischen Besonderheiten treten bei Anhängern von „Bewegungen" auf?

Bei Bewegungen (Friedens-, Anti-Atom-, extremistische Bewegungen) entwickeln sich subkulturelle Tendenzen: Eine eigentümliche Sprache und Denkweise („Bullenstaat", „Atomstaat"), Mythen und Legenden („Damals in Gorleben") und eine bis ins Irrationale gehende Betonung von Symbolen (Fahnen, Orte der „Bewegung"). Dadurch können heftige Konflikte entstehen (z. B. durch das Durchsuchen eines Hüttendorfes oder das Beschlagnahmen eines Transparents), generell sind die Mitglieder nur schwer anzusprechen oder mit Vernunftappellen zu erreichen.

Neben einer *Abstumpfung* dem Geschehen gegenüber findet auch eine *Sensibilisierung*, d. h. eine übertrieben empfindliche und einseitige

Wahrnehmung polizeilichen Handelns statt (Die Schutzausstattung wird als Provokation, Zurückhaltung als Verleiten zum Rechtsbruch gedeutet). Beide Phänomene gibt es aber auch auf Seiten der Polizei!

316. Wie lässt sich der Begriff „Gewaltfalle" erläutern?

Gewaltbereite Minderheiten versuchen massenpsychologische Stimmungen auszunutzen, indem zunächst aus dem sicheren Umfeld der Masse heraus die Polizei durch Angriffe provoziert wird und bei der darauf folgenden Verfolgung Solidarisierungseffekte ausgelöst werden, da das Wir-Gefühl verlangt, Mitglieder der eigenen Gruppe zu schützen. In der Nachphase betreibt man über die Medien Desinformation und Anklage. Die *Gewaltfalle* kann durch professionelles Einschreiten speziell ausgebildeter Zugriffseinheiten entschärft werden. Sie stellt auch eine Herausforderung für die polizeiliche Öffentlichkeitsarbeit dar.

317. Wie lässt sich der Begriff „Sympathiefalle" erläutern?

Die *Sympathiefalle* ist eher bei rechtsradikalen und –extremen Demonstranten verbreitet. Generell zeigen sie sich disziplinierter, gehorsamer und vorgeblich rechtstreuer als die oft radikalen linksautonomen Gegendemonstranten und können sich als Opfer stilisieren.

318. Welche Formen des Protestverhaltens nennt Schmalzl (1996), und welche polizeilichen Reaktionen empfiehlt er jeweils?

Schmalzl (1996) geht von drei Grundformen des Protests aus, die mit jeweils der dem Ziel der Deeskalation entsprechend günstigsten polizeilichen Reaktion zu beantworten seien.

Expressiver Protest verfolgt die Absicht, möglichst kreativ und originell eine Botschaft medienwirksam zu inszenieren. Begrenzte Regelverstöße werden in Kauf genommen (einschließende Menschenkette, eine Fuhre Mist abladen). Die Polizeikräfte sollten zurückhaltend-routiniert, vorgehen, aber darauf achten, dass sie nicht als lächerliche Figuren zum Teil des Spiels werden.

Beim *explorativen Protest* versucht man die Grenzen zu testen. Regel-
verletzungen und Rechtsbrüche sind hier immanent, man rechnet mit einem (über-)harten Eingreifen der Einsatzkräfte, um die Opferrolle einnehmen zu können. Beispiele sind Gleisbesetzungen bei Castor-
Transporten oder kreative nazismusnahe Symbolik. Beim polizeilichen
Einschreiten beginnt man zu verhandeln: Nur 10 Minuten sitzen bleiben
dürfen für das Fernsehen (aus denen 30 werden und schließlich ein
„Bleiberecht", da die Polizei ja nichts dagegen hatte). Einen Totenkopf
an der Schirmmütze tragen dürfen, weil das ja nicht unbedingt etwas mit
der SS zu tun haben müsse etc.

Rechtsicherheit und einen klaren Auftrag vorausgesetzt, müssen
Einsatzkräfte bei dieser Protestform Konsequenz und Durchsetzungswil-
len zeigen. Es ist ggf. durchaus möglich, auf den Schienen sitzende Personen dort noch 10 Minuten verweilen zu lassen, wenn die Lage es erlaubt, doch wird ihnen gesagt, dass sie genau diese Zeit später zu gehen
haben, andernfalls werde geräumt. Was dann aber auch auf die Minute
geschieht.

Der *instrumentelle Protest* hat sich vom Ziel der Demonstration gelöst.
Extrem aggressives Verhalten dient, wenn überhaupt, einem übergeord-
neten Ziel: Dem Kampf gegen den Staat, dessen Demaskierung als „faschistisch" oder der Gewalt selbst. Hier bleibt nur sofortiges entschiede-
nes polizeiliches Handeln.

📖 *Schmalzl, Hans-Peter: Das Protestgeschehen, seine Eskalationsanfälligkeit
und seine Mythen und Dilemmata für die Polizei. In: Die Polizei (Bd. 95),
2004, S. 108-113.*

**319. Welche polizeiinternen Problemfelder im Zusammenhang mit
geschlossenen Einsätzen wurden in Mitarbeiterbefragungen der Polizei beschrieben?**

Seit dem „Saarbrücker Gutachten" zur Arbeitszufriedenheit in den Be-
reitschaftspolizeien von 1989 hat es immer wieder derartige Untersuchungen gegeben, so 1990 in Baden-Württemberg, 1991 in Niedersachsen, 1994 in Bayern oder 1996 im damaligen BGS.

Ständig wiederkehrende Kritik bezogen auf geschlossene Einsätze bezieht sich auf Informationsmängel, nicht nur organisatorischer Art
(Zeitpunkt der offiziellen Bekanntgabe), sondern auch aus- und fortbil-

dungsbezogen. Das polizeiliche Gegenüber werde typisiert, zum Gegner aufgebaut. In Übungslagen gehe man oft vom „schlimmsten Fall" aus, was bei unerfahrenen Polizisten Angst und Aggressionen hervorrufe. Aus einer „Angst vor der Angst" heraus, so die Befürchtung, könne es zur „Panik nach vorn" kommen.

Ein immanentes Problem stellt das Empfinden von Passivität dar: Viele PVB haben das Gefühl, im Demonstrationsgeschehen nur auf Aktionen des Gegenübers reagieren zu können bzw. zu dürfen (dabei sind sie auch als Glied einer Absperrkette Teil der Polizei-Bürger-Interaktion). Ein sich daraus ergebendes Unterlegenheitsgefühl schafft Frustration, die sich beim Übergang zur Aktivität (Räumen) in Aggression äußern kann. Allgemein wird sich beklagt über fehlenden politischen Rückhalt: Bei (angeblichen oder tatsächlichen) Skandalen, Fehlschlägen etc. im Einsatz zögen sich die politisch Verantwortlichen zurück und ließen die Polizei „im Regen stehen".

Auch ein ständiger Rechtfertigungsdruck wird beklagt: Sich absichernde Politiker, sensationslüsterne Medienvertreter und eine kritische Justiz würden Entscheidungen, die PVB im Sekundenbereich treffen mussten, in ausufernder und kleinlicher Weise nachuntersuchen, zerlegen, kritisieren, anprangern. Als Reaktion baue sich eine „Mauer des Schweigens" auf.

Als Hintergründe dieser Befürchtungen nennt die Literatur (⌂ Maibach 1996, ⌂ Behr 2000) externe Kontrollattribuierung, d. h. Verschieben der Gründe für Erfolg oder Misserfolg auf andere. Und damit Ablehnen und Delegieren von Verantwortung nach oben, passives Konsum- und Fürsorgedenken, Ablehnung mehrdeutiger Situationen und Obrigkeitsdenken. Ferner wird eine mangelnde Akzeptanz der Kontrollinstanzen einer freiheitlich-pluralistischen Gesellschaftsordnung beklagt, aus der sich Abschottung, Kameraderie und eine misstrauisch-argwöhnische Grundhaltung ergäben.

⌂ *Behr, Rafael: Cop Culture – der Alltag des Gewaltmonopols: Männlichkeit, Handlungsmuster und Kultur in der Polizei, 2. Aufl., Wiesbaden 2008; Maibach, Gerda: Polizisten und Gewalt, Reinbek 1996.*

---

320. Welche Möglichkeiten zur Deeskalation im Vorfeld oder während laufender polizeilicher Großlagen gibt es?

In der polizeipsychologischen Fachliteratur werden folgende Möglichkeiten zur *Deeskalation* genannt:

Generell vorhanden sein sollte eine professionelle und absatzfähige polizeiliche Presse- und Öffentlichkeitsarbeit.

Vor Großereignissen sollten Vorgespräche mit der Veranstaltungsleitung stattfinden; Ergebnisse sollten öffentlich gemacht werden, auch Gründe für ein Scheitern.

Speziell ausgebildete Kontaktbeamte und Konfliktmanager suchen den Kontakt zu Protestgruppen bzw. zur Bevölkerung wie anlässlich der Castor-Transporte.

Eben diese PVB bilden mit Vertretern der Veranstaltungsleitung Teams zur Deeskalation aufkommender Konflikte vor Ort.

Polizeiliche Infostände am Kundgebungsort dienen der Versachlichung, Kommunikation und als Wellenbrecher.

Lautsprecherdurchsagen sollten professionalisiert werden, z. B. durch geschulte Sprecher, die deutlich, langsam und ruhig reden und improvisationsfähig sind. Die Texte müssen kurz (bis 40 Sekunden), klar, einfach, sachlich, glaubhaft und plausibel sein sowie zu einem Verhalten auffordern, aus dem die Zielgruppe für sich einen Nutzen erkennen kann.

Die Vorbereitungen auf Sitzblockaden sollten technisch-praktisch, aber auch mental erfolgen.

Dokumentationen sind auf das Notwendige zu beschränken.

Bei Räumungen muss man „Ventile" und Flucträume bedenken, um Panik zu vermeiden. Eine sich bewegende Masse soll möglichst von hinten her geteilt werden, um den Druck der Hinterleute auf die Vorderen zu nehmen.

📖 *Hücker, Fritz: Rhetorische Deeskalation, 2. Aufl., Stuttgart 2005;* **Schmalzl**, *Hans-Peter: Das Protestgeschehen, seine Eskalationsanfälligkeit und seine Mythen und Dilemmata für die Polizei. In: Die Polizei (Bd. 95), 2004, S. 108-113.*

321. Nach welchen Kriterien erfolgt die gebräuchliche Kategorisierung von Fußballfans?

Sportpsychologie und Polizei ordnen die Fußballanhänger nach den Kategorien A, B und C.

Rein erlebnisorientierte Fans und auch der Großteil der fußballzentrierten „Kuttenfans" (benannt nach den mit Vereinsemblemen betickten ärmellosen Westen ihrer Träger) bilden mit bis zu 98 % das Gros der Stadionbesucher. Diese Angehörigen der *Kategorie A* (friedliche Zuschauer) distanzieren sich deutlich von denen der anderen Kategorien. Ein Teil nimmt zwar während der Sportveranstaltung Alkohol zu sich, Straftaten werden aber von ihnen nur selten verübt.

Zur *Kategorie B* ist der konfliktgefährdete und bei Gelegenheit gewaltgeneigte Fan zu zählen, der zwischen dem friedlichen und dem Gewalt suchenden der Kategorie C einzuordnen ist, wobei die Übergänge sowohl nach A als auch nach C fließend sind. Übereinstimmendes Merkmal der Mitglieder dieser Kategorie B ist ihre grundsätzliche Bereitschaft, sich an gewalttätigen Aktionen zu beteiligen. Auffällig ist auch ihr übermäßiger Alkoholkonsum. Sie haben aber immer noch ein überwiegendes Interesse am Verlauf des Spiels, zu dem sie angereist sind. B-Fans werden häufig von denjenigen der Kategorie C in deren gewaltsame Aktionen eingebunden.

Es existiert aber auch eine zahlenmäßig kleine Gruppe wirklicher Gewalttäter, die zur *Kategorie C* gezählt werden. Diese nutzen die spannungsgeladene Atmosphäre geeigneter Situationen aus, um gewalttätige Auseinandersetzungen zu provozieren, an denen sie sich entweder selbst beteiligen oder deren Ablauf sie aus sicherer Entfernung beobachten.

Diese echten Gewalttäter unterscheiden sich von den Fans in einigen typischen Punkten: Sie sind am eigentlichen Spielgeschehen nicht interessiert, streifen vielmehr auch während des Spiels auf der Suche nach Auseinandersetzungen im Stadion umher. Sie kleiden sich in unverfängliches Zivil, sieht man von Angehörigengewalttätiger „Fanclubs" oder den auch hier vertretenen „Skinheads" einmal ab.

Entgegen der allgemeinen Annahme ist die Arbeitslosenquote unter ihnen nicht oder kaum höher als im Durchschnitt. Auch spielt, zumindest bei den „Profis" unter ihnen, der Alkohol kaum eine Rolle.

Waffen werden wegen der meist strengen Einlasskontrollen vor dem Stadion für den späteren Gebrauch gelagert. Ins Stadion geschmuggelt werden Messer, Knallkörper und Leuchtspurmunition, wozu oft der weibliche Anhang der Gewalttäter benutzt wird, da für die Kontrollen zu wenige Polizeibeamtinnen zur Verfügung stehen.

Das Wertsystem gewalttätiger Gruppen enthält neben „Tugenden" wie Männlichkeit, Mut und Kameradschaft ein Feindbild, das neben gegnerischen Fans, Spielern und rivalisierenden Gruppen auch Polizei und Ordnungskräfte einschließt.

📖 *Pilz, Gunter A.: Rechtsextremismus und ‚rechte' Tendenzen im Fußballumfeld – aktuelle Erscheinungen – Herausforderungen für die Prävention; in: Möllers, Martin / van Ooyen (Hg.), Jahrbuch Öffentliche Sicherheit (JBÖS) 2006/07, Frankfurt/M 2007, S. 121-136;* **Spohrer**, *Hans-Thomas: Einsatz in Fußballstadien. In: Stein, Frank (Hg.), Grundlagen der Polizeipsychologie, Göttingen 2003, S. 71-82.*

---

322. Mit den sog. „Ultras" etabliert sich eine weitere Gruppierung in der Fußballfan-Szene. Wie lassen sich diese beschreiben und einordnen?

„Ultras" sehen sich als unbedingte, rückhaltlose Fußballfans, die jede Kommerzialisierung dieser Sportart ablehnen. Ihr Protest gegen das Umbenennen von Stadien in von Konzernen gesponserte Arenen, hohe Eintrittspreise, den Medien zu Liebe veränderte Anstoßzeiten, Direktübertragungen wichtiger Spiele im TV nur gegen Geld, horrende Ablösesummen für Spieler u.v.m. kann in Gewalt münden, verbleibt aber zumeist auf verbal-aggressiver Ebene. In den Stadien separieren sie sich von den „Kuttenfans", deren Gesänge sie durch regelrechte „Choreografien" überbieten. Das rituelle Abbrennen von Pyrotechnik bringt sie regelmäßig in Konfrontation mit Polizeikräften. Deren Vorgehen empfinden sie als Willkür und Diskriminierung, so dass sich der Protestruf „A!C!A!B!" („All Cops are Bastards") eingebürgert hat. Einige „Ultras" haben sich, ausgehend von der italienischen Szene, eine diffuse rechtslastige Ideologie angeeignet und sind wie die Hooligans gewalttätig. Ob man diese Untergruppe noch einmal extra als sog. „Hooltras" klassifizieren sollte, ist noch strittig.

📖 *Gabler, J.: Die Ultras: Fußballfans und Fußballkulturen in Deutschland, Köln 2010.*

323. Welche massenpsychologischen Phänomene nutzen Fußball-Hooligans zu ihren Zwecken aus?

Die Zuschauer und Fans sind emotionalisiert. Sie mussten besonders im Gedränge der Stehplatzkurven ihre sozialen Schutzzonen aufgeben und empfinden den sozialen Stress als erregende Spannung, die jederzeit in Panik oder Aggression umschlagen kann. Das gemeinsame Ziel, den eigenen Verein zu unterstützen, drückt sich in gemeinschaftlichen Aktionen aus (Gesänge, Schlachtrufe, rhythmische Bewegungen), in denen der einzelne seine persönliche Verantwortung kaum noch wahrnimmt. Durch diese herabgesetzte Selbstkontrolle, verbunden mit der hohen Emotionalisierung, schließt er sich eher Fluchtbewegungen oder Handgreiflichkeiten an.

Die Strategie der Gewalttäter besteht darin, gezielt Eskalationen zu provozieren. Eine Möglichkeit dazu ist zum Beispiel die Empörung durch das Werfen von Gegenständen oder das Drängen in Richtung Spielfeld so zu steigern, dass die Sicherheitskräfte zum Einschreiten gezwungen werden.

Im Fall stark gefüllter Stehplatzkurven versuchen Gewalttäter, Massenstürze zu inszenieren, indem sie beispielsweise mehrere Zuschauer die steil abfallenden Tribünenstufen hinunterstoßen. Aus dem folgenden Durcheinander entwickeln sich dann oft Schlägereien. Auch versuchen Gewalttäter, sich bei Fangruppen einzuschmeicheln, indem sie zum Beispiel Alkohol anbieten. Werden sie von der Gruppe akzeptiert, attackieren sie gegnerische Fans im Vertrauen darauf, dass ihre neugewonnenen Freunde sie „heraushauen" werden, wozu diese sich durch ihr Wertsystem (Kameradschaft, „alle für einen") zumeist auch verpflichtet fühlen. Während Gewalttäter selten Alkohol konsumieren, nutzen sie dessen Wirkung auf Fußballfans gerne aus, zum Beispiel unüberlegtes Handeln und die Anfälligkeit für Gerüchte.

📖 *Spohrer, Hans-Thomas: Einsatz in Fußballstadien. In: Stein, Frank (Hg.), Grundlagen der Polizeipsychologie, Göttingen 2003, S. 71-82.*

---

324. Welche Rolle spielt die Polizei für Fußball-Hooligans?

Das Verhalten der Polizeikräfte ist in das Kalkül der Gewalttäter mit einbezogen. In der Vorbereitungsphase ist es das Ziel, unentdeckt zu bleiben. Das erfolgreiche „Austricksen" der Polizei bringt Bewunderung und Anerkennung.

Auf einem archaischen Niveau wird die Polizei aber von den Gewalttätern akzeptiert: Sie ist die Autorität, die in der Lage ist, ihnen gewalttätig Grenzen zu setzen. Die Polizei kann deshalb im Vorfeld von Gewalttaten durch entschlossenes Eingreifen dieses latente Bedürfnis nach Autorität nutzen. Gleichzeitig wird die Polizei auch als Sicherheitsfaktor benötigt. Es wird von ihr erwartet, dass sie bei Schlägereien so rechtzeitig eingreift, dass das Geschehen nicht zu sehr eskaliert. Die Gewalttäter übertragen ihr damit die Verantwortung für das von ihnen begonnene Handeln.

Körperliche Auseinandersetzungen mit Polizeibeamten werden in der Regel vermieden. Eine Festnahme gilt als Bestätigung „erfolgreichen" Handelns. Sie wird deshalb auch vom Betroffenen als Auszeichnung erlebt. Man legt allerdings Wert auf einen „ehrenvollen Abgang"; Polizeibeamte sollten also, wenn die Lage dies zulässt, auf den Einsatz von Zwangsmitteln verzichten.

325. Welche psychologisch begründeten Maßnahmen werden zur Gewaltprävention bei Fußballspielen eingesetzt?

Seitens der Städte und Vereine wird mit den Fans in Projekten sozialpädagogisch gearbeitet. Fanbeauftragte und „Streetworker" nehmen Kontakt zu den Fangruppen auf und stehen als Ansprechpartner zur Verfügung.

Die polizeiliche Vorfeldarbeit besteht unter anderem aus einem ständigen Informationsaustausch über Fan-Aktivitäten und erkannte Störer sowie Kontakten mit den Vereinen, Ordnungsdiensten und (friedlichen) Fanclubs. „Kontaktbeamte" halten sich bei den Spielen im Fanblock auf und beugen durch ihre Anwesenheit und persönliche Bekanntschaft mit den Fans Straftaten vor.

Ständiger Aufmerksamkeit bedarf auch die bauliche Situation der Stadien, um Panik- und sonstiges Fehlverhalten in seinen Auswirkungen zu begrenzen: Es sind Flucht- und Rettungswege festzulegen und kenntlich zu machen, stabile Umzäunungen zum Spielfeld und zwischen den Blöcken zu installieren (zusätzlich „Wellenbrecher" in den Blöcken), Fluchtöffnungen in diese Zäune einzulassen und Beobachtungs- und Bereitstellungsräume für die Polizei vorzusehen. Von der Einsatzleitzentrale muss der Stadion-Innenraum überblickt werden können. Die Lautsprecheranlage muss das gesamte Stadiongelände beschallen und bei Bedarf von der Polizei genutzt werden können. Abschreckend wirkt der demonstrative Einsatz von Videokameras, generell werden die Ränge videoüberwacht.

Gemeinsam mit dem Veranstalter wird schon beim Kartenvorverkauf auf die Unterbringung gegnerischer Fangruppen in getrennten Blöcken geachtet, die Mitglieder des Ordnungsdienstes werden regelmäßig geschult, und für bestimmte Lagen (Feuer, Panik, Räumung) sind Lautsprecherdurchsagen vorbereitet.

Allgemein üblich ist das Trennen und Kanalisieren der rivalisierenden Fangruppen, beginnend mit deren Anreise. Zivile und uniformierte Kräfte begleiten die Fans auf ihrem Weg zum Stadion und beugen so Straftaten aus deren Reihen und Übergriffen heimischer Gewalttäter vor. In dieser Phase sollten die Beamten versuchen, mit den Fans ins Gespräch zu kommen, um dem Entstehen eines Feindbildes entgegenzuwirken und den einzelnen aus der Anonymität herauszuziehen. Gegebenenfalls sind an den Zufahrtswegen weitere Kräfte (verdeckt) bereitzuhalten.

In den Stadien selbst sind durch eine gründliche Eingangskontrolle gefährliche Gegenstände sicherzustellen sowie stark angetrunkene oder aggressiv auftretende Besucher in Gewahrsam zu nehmen.

Auf die räumliche Trennung der Fans wird weiterhin geachtet; vor allem muss nun auch ein Überwechseln einzelner Gruppen in gegnerische Blocks vermieden werden. Hierzu werden an den Ein- und Übergängen zu den Fanblocks Beamte postiert. Zusätzlich können Raumschutzstreifen Personen kontrollieren und verwarnen, die auf den Außenwegen auffällig werden. Die sichtbare Präsenz dieser Streifen und an zentralen Punkten bereitgestellter Kräfte beugt bereits in hohem Maß Gewalttaten vor. Eine demonstrativ starke Massierung der Kräfte, zum Beispiel am Spielfeld, kann allerdings zur Folge haben, dass die Fans das Gefühl der Eigenverantwortung verlieren.

Bei verbalen Provokationen (dazu gehören auch neonazistische Parolen) empfiehlt sich Gelassenheit, ebenso bei kleineren Rangeleien, die meist intern beendet werden. Das Einschreiten von Sicherheitskräften macht Gewalttäter auf das Geschehen aufmerksam und lässt sie versuchen, den Konflikt zu verschärfen. Bis zu dessen Bereinigung ist aber ein ständiges Beobachten der Situation notwendig, um gegebenenfalls rasch einschreiten zu können.

Sicherheitskräfte vor Ort haben bei hitzigen verbalen Auseinandersetzungen oft mit schlichtenden Gesprächen Erfolg. Bei aufkommender Unruhe hat es sich bewährt, Polizeikräfte in den betreffenden Block einsickern zu lassen.

Erkannte Störer und Provokateure sind bei ständig erneut aufkommender Unruhe aus der Gruppe heraus in Gewahrsam zu nehmen. Dies muss schnell und konsequent mit einem genügend großen Kräfteaufgebot geschehen.

Konsequentes Handeln ist auch bei erkannten Bewegungen in den Fanblöcken erforderlich. Solche Bewegungen werden von einzelnen Störern verursacht, die zum Beispiel aus dem Block hinausdrängen, am Trenngitter rütteln oder es zu überklettern versuchen. Gelingt ihnen der Durchbruch, hat dieser Erfolg Signalwirkung für viele andere. Die Polizei muss dann in einem Ausmaß Gewalt anwenden, dass sie damit weitere Angriffe auslöst. Eine zusätzliche Gefahr liegt dann in den Folgen von Angst- und Panikreaktionen. Es sind also unverzüglich geschlossene Einheiten zwischen die gegnerischen Gruppen beziehungsweise vor die Absperrungen zu stellen, um weitere Durchbruchsbewegungen zu verhindern. Weitere Kräfte in den Blöcken selbst sollen zusätzlich abschrecken.

Nach Spielende sind die abziehenden Fangruppen wiederum zu beobachten und bestimmte Stadtteile sowie die Bahnhöfe mit Raumschutzkräften zu überwachen. Die bereits angeführten Grundsätze (Getrennthalten, gezieltes Herausgreifen von Rädelsführern, Einsatz von Dokumentationsmitteln, aber auch souveräne Gelassenheit und das Bemühen um Gesprächskontakt) gelten auch jetzt noch.

📖 ***Spohrer***, *Hans-Thomas: Einsatz in Fußballstadien. In: Stein, Frank (Hg.), Grundlagen der Polizeipsychologie, Göttingen 2003, S. 71-82.*

Unterabschnitt:
Stresspsychologie

326. Welche Problematik ergibt sich, wenn man den Begriff „Stress" definieren will?

Der Begriff *Stress* ist nicht einheitlich bestimmt. In der Literatur gliedern sich die Stresstheorien in reizorientierte, reaktionsorientierte und transaktionale bzw. kognitive Theorien. Stress wird demzufolge entweder als Reiz, Reaktion oder Gesamtvorgang (Reiz, Verarbeitung, Reaktion) definiert, woraus sich die gegenwärtige Begriffsverwirrung ergibt.
📖 *Spohrer, Hans-Thomas: Stress. In: **Möllers**, Martin H. W.: Wörterbuch der Polizei, 2. Aufl., München 2010, S. 1903.*

327. Wie könnte man die von Selye 1963 gewählte Definition für Stress erläutern?

Selye definierte 1963 *Stress* als „ ... eine programmierte Reaktion auf Anforderungsreize aus der Umwelt. Wird die Reaktion als belastend erlebt, spricht man von Distress, wird sie positiv erlebt, von Eustress."
Ein auslösender Faktor (Stressor) aktiviert Wahrnehmung, Herz-Kreislaufsystem und Muskelspannung. Der Organismus wird auf Flucht oder Kampf eingestellt (bei Überlastung tritt eine Schockstarre ein). Dieser Automatismus war und ist von der biologischen Evolution her sinnvoll, kann bei Anforderungen der heutigen Zeit jedoch nutzlos oder schädlich sein, denn die kulturelle Evolution fordert u. a. Selbstbeherrschung, Geduld oder Unterordnung. Das Programm reagiert nicht nur bei physischen, sondern auch bei psychischen Stressoren. Damit gehört die Stresstheorie von Selye zu den biologisch geprägten Reaktionstheorien. Bei identischen physiologischen Vorgänge unterscheiden sich Eu- und Distress nur in der subjektiven Wahrnehmung der Situation. So erlebt ein Sachbearbeiter einen komplizierten Vorgang als Herausforderung (Eustress), ein anderer würde ihn als Belastung empfinden (Distress).
📖 *Selye, Hans: Stress beherrscht unser Leben, München 1991.*

---

328. Wie wäre der Ablauf des „allgemeinen Adaptionssyndroms" von Selye zu erläutern?

Selye geht von folgenden Voraussetzungen aus: Der Mensch strebt ein inneres Fließgleichgewicht an (homöostatisches Prinzip). Stress setzt dieses Fließgleichgewicht vorübergehend außer Kraft, da Energien zur Bewältigung benötigt werden. In einer Erholungsphase kann der Organismus dann wieder regenerieren. Das Aktivieren des Herz-Kreislaufsystems trägt bei genügend Gelegenheit zur Erholung sogar zur Gesunderhaltung bei, der Mensch muss seinen Stress „ausleben" können. Den programmierten Stressverlauf nennt Selye das *allgemeine Adaptionssyndrom* (AAS). Bei Auftreten eines Stressreizes (Stressors) können drei Phasen beobachtet werden:

Zunächst tritt die *Alarmphase* ein. Sie unterteilt sich in einen ersten kurzen Schock mit Leistungsabfall durch absinkenden Blutdruck und den darauf folgenden *Gegenschock* mit Mobilisierung der körpereigenen Abwehr („Ruf zu den Waffen"-Reaktion). Die Hirnanhangdrüse (Hypophyse) produziert ACTH (das adrenocorticotrope Hormon, das wiederum in der Nebennierenrinde die Ausschüttung von über 30 anderen Hormonen bewirkt, u. a. Endorphine zur Schmerzhemmung, Adrenalin, Nor-Adrenalin und ein Schilddrüsenhormon, das wiederum die Energieerzeugung des Organismus anregt.

Dadurch tritt der Organismus in eine *Widerstandsphase*, die im Normalfall bis zur Beseitigung des Stressors andauert. Die regenerierende *Erholungsphase* tritt ein, wenn der Stress bewältigt wurde. Falls jedoch der Stressor nicht beseitigt werden konnte, tritt eine *Erschöpfungsphase* ein: Der Organismus ist jetzt geschwächt, die erhöhte Hormonausschüttung nicht haltbar und es

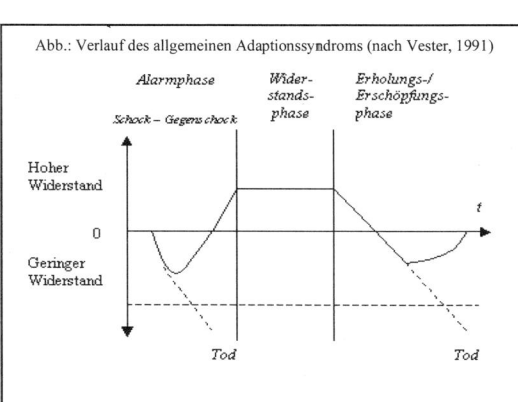

Abb.: Verlauf des allgemeinen Adaptionssyndroms (nach Vester, 1991)

kommt im Extremfall zum Tod. Langfristig führt unzureichende Stressabwehr zu psychosomatischen Krankheiten, meist verbunden mit ungesunden Abwehrversuchen wie Rauchen.

📖 *Selye, Hans: Stress beherrscht unser Leben, München 1991;* **Vester,** *Frederic: Phänomen Stress. Wo liegt sein Ursprung, warum ist er lebenswichtig, wodurch ist er entartet?, Neuaufl., München 2008.*

---

329. Wie reagiert nach den biologischen Stressmodellen von Selye und Vester das autonome Nervensystem bei Stress?

Das autonome oder vegetative Nervensystem reguliert ohne direkte bewusste Einflussmöglichkeit durch den Menschen dessen Organtätigkeit durch das Zusammenspiel diverser Hormone. Es unterteilt sich (vereinfacht dargestellt) in einen aktivierenden *Sympathicus-* und einen regenerierenden *Parasympathicus*-Anteil.

Auf Stress reagiert das autonome Nervensystem nach Ausschüttung des adrenocorticotropen Hormons (ACTH) über den Sympathicus durch Verengung der Blutgefäße, Beschleunigung von Herztätigkeit und Atmung, Erhöhung des Blutdrucks, des Blutgerinnungsfaktors, der Blutfett- und -zuckeranteile sowie Hemmung der Magen- und Verdauungstätigkeit und der Sexualfunktionen. Möglich ist auch, dass das im Nebennierenrindenmark erzeugte Hormon Noradrenalin über die Hemmung der Synapsentätigkeit eine *Denkblockade* auslöst. Der Parasympathicus-Anteil wirkt genau gegenteilig, es werden also u. a. die Blutgefäße wieder erweitert, der Herzschlag verlangsamt sich und die Verdauungstätigkeit nimmt wieder zu.

📖 *Selye, Hans: Stress beherrscht unser Leben, München 1991;* **Vester,** *Frederic: Phänomen Stress. Wo liegt sein Ursprung, warum ist er lebenswichtig, wodurch ist er entartet?, Neuaufl., München 2008.*

---

330. Welche extremen Stresstypen ergeben sich aus dem Modell von Selye?

Da Stress das autonome Nervensystem beeinflusst, können Menschen extrem über einen von dessen Strängen reagieren:
Der *Sympathikotoniker* ist von misstrauisch-aggressiver Grundstimmung und ständig angespannt. Auf Stress reagiert er besonders intensiv und lange, Erholungsphasen werden oft durch neuen Ärger verhindert.

Wichtig sind ihm Gewissenhaftigkeit, Respekt, Macht und Wettbewerbssituationen. Er drückt anderen sein Redetempo auf, wirkt egozentrisch und ungeduldig, ist schnell verärgert und in seinen Reaktionen nachdrücklich und fordernd. Die Mimik ist gespannt, der Atem gehetzt. Ihm drohen Bluthochdruck und Herzinfarkt.

Der *Vagotoniker* (abgeleitet von *Nervus Vagus*, dem Hauptnerv des Parasympathicus) hingegen verbleibt in der Schockphase der Alarmreaktion. Er besitzt eine auf Harmonie angelegte Persönlichkeitsstruktur, kann sich schlecht wehren, lässt sich alles aufbürden und leugnet Ärger oder Überlastung. Seine Wut „frisst er in sich hinein", was zu Magengeschwüren und Verdauungsproblemen führen kann.

📖 *Selye, Hans: Psychological stress and psychopathology, New York 1982.*

---

331. Welche kurz- und langfristigen Maßnahmen gegen Stress werden in der Literatur empfohlen?

Kurzfristige Maßnahmen schaffen in der konkreten Situation Erleichterung, beseitigen aber nicht die Ursache und können langfristig schaden (z. B. zu Gedankenflucht führen). Hierzu zählen spontane Entspannung (tiefes Durchatmen), innere Ablenkung (Gedanken an den Urlaub), äußere Ablenkung (Musik hören) und positive Selbstgespräche. *Langfristige Maßnahmen* hingegen beseitigen die Ursachen des Stress. Sie erfordern allerdings Selbsterkenntnis, Ausdauer und den Willen zur Veränderung. Zu diesen Maßnahmen zählen problemlösende Aussprachen, Einstellungsänderungen, systematische Problemlösung und verschiedene Entspannungstrainings wie autogenes Training oder die progressive Muskelentspannung.

📖 *Brengelmann, Johannes C.: Stressbewältigungstraining, Frankfurt 1988.*

---

332. Was versteht man unter einem seelischen Trauma?

Ein Ereignis, das den Tod, ernste Verletzungen oder Gefahr für sich oder andere beinhaltet und mit intensiver Furcht, Hilflosigkeit und Entsetzen verbunden ist, kann eine seelische Verletzung (*Trauma*) hervorrufen. Das geschieht vor allem dann, wenn die betroffene Person mit solchen Ereignissen vorher noch nie oder kaum konfrontiert war und über unzureichende Abwehr- oder Bewältigungsmechanismen verfügt.

📖 *Teegen, Frauke: Posttraumatische Belastungsstörungen bei gefährdeten Berufsgruppen, Bern 2003.*

---

333. Wie kann eine posttraumatische Belastungsreaktion beschrieben werden?

Auf ungewöhnliche seelische und/oder körperliche Belastungen bzw. Belastungssituationen kann binnen weniger Minuten eine *posttraumatische Belastungsreaktion* erfolgen. Dabei ist die betroffene Person klinisch betrachtet nicht krank oder gestört. Zu Beginn sind die Betroffenen wie betäubt, später verängstigt, verärgert, hilflos, verzweifelt und depressiv. Manche zeigen hektische Überaktivität, andere flüchten „kopflos", wieder andere ziehen sich bis zur Erstarrung zurück. Im Normalfall endet die akute Belastungsreaktion nach mehreren Stunden.

---

334. Welches sind die Kennzeichen einer posttraumatischen Belastungsstörung nach der aktuell gültigen psychiatrischen Definition?

Psychische Störungsbilder mit Krankheitswert sind im „Diagnostischen und statistischen Manual psychischer Störungen (DSM)" beschrieben. Seit 1996 gilt das DSM-IV mit folgender Definition: *Posttraumatische Belastungsstörungen* (PTBS, engl. PTSD für „post-traumatic stress disorder") folgen unter Umständen auf ein traumatisches Ereignis, dauern länger als vier Wochen, lösen eine wesentliche Einschränkung der Lebensqualität aus und bestehen aus drei Symptombereichen:

a) *Wiedererleben* in Form von wiederkehrenden, sich aufdrängenden Bildern, Träumen und Flashback-Situationen, bei denen an das Ereignis erinnernde Geräusche, Gerüche oder Bilder schockartige Reaktionen auslösen.

b) *Vermeiden* in Form von Teilamnesie, einem Gefühl der Unwirklichkeit, dem Nicht-Aufsuchen-Wollen bestimmter Orte oder Personen und der Abwehr von Erinnerungen und Gedanken.

c) *Erhöhtes Erregungsniveau* in Form von Reizbarkeit, erhöhter Wachsamkeit, Misstrauen, Konzentrationsproblemen, Schreckreaktionen und Schlafstörungen.

📖 ***Mitchell**, Jeffrey / **Everly**, George: Handbuch Einsatznachsorge: Critical Incident Stress Management, 2. Aufl., Edewecht 2005; **Teegen**, Frauke: Posttraumatische Belastungsstörungen bei gefährdeten Berufsgruppen, Bern 2003.*

---

335. Was ist das Besondere an einer chronischen posttraumatischen Belastungsstörung?

Eine chronische posttraumatische Belastungsstörung dauert länger als 3 Monate. Die Belastungen durch das erhöhte Erregungsniveau können zum „Burn-out-Syndrom" führen. Dessen Anzeichen wiederum (Desinteresse, Passivität, Leistungsverweigerung) können mit denen einer inneren Kündigung verwechselt werden, sodass die Betroffenen noch zusätzlichen Druck von Vorgesetzten und Kollegen erfahren.

📖 ***Teegen**, Frauke: Posttraumatische Belastungsstörungen bei gefährdeten Berufsgruppen, Bern 2003.*

---

336. Welche Grundsätze einsatzbegleitender Betreuung bei Anzeichen von posttraumatischen Belastungs*reaktionen* sollten Kolleginnen und Kollegen untereinander beachten?

Grundsätzlich ist zu entscheiden, wann besser ein Arzt zu Rate gezogen werden sollte, da u. a. Schockgefahr besteht. Ansonsten sollte man zeitnah eingreifen, damit die Belastung sich nicht manifestiert. Betroffene sollten wenn möglich nahe am Ereignisort verbleiben, nicht durch „Abtransport" pathologisiert werden . Mit der Entfernung vom Ort steigt die Belastung nämlich an, da Betroffene Gefühle von Peinlichkeit, Versagen und Verrat an ihren Kollegen empfinden. Bei persönlichen Gesprächen helfen vertraute Kollegen mit ähnlichen Erfahrungen oft mehr als unbekannte Therapeuten. In diese Gesprächen sollte man nur das gegenwärtig Belastende behandeln und nicht in grundsätzliche Ausführungen über die Eigenschaften der betroffenen Person oder gar ähnliche Vorfälle verfallen. Es wäre hilfreich, die Person im Einsatz zu belassen, ihr einfache, ruhige Aufgaben zuzuweisen und sie langsam wieder an das Geschehen heranzuführen.

📖 *Mitchell*, Jeffrey / *Everly*, George: *Handbuch Einsatznachsorge: Critical Incident Stress Management, 2. Aufl., Edewecht 2005.*

---

337. Welche Verhaltensweisen von Kolleginnen und Kollegen könnten auf eine eventuelle Suizidgefährdung hindeuten?

Generell verändert sich eine suizidgefährdete Person in ihrem Verhalten. Im Vergleich zu früher zieht sie sich stärker zurück. Auf Anfrage sagt sie, ihr könne sowieso niemand helfen, keiner verstehe sie. Sie wirkt besonders bedrückt oder aggressiv; äußert sich häufig pessimistisch, verfällt ins Grübeln. Die Motorik ist vermindert, die Person wirkt erschöpft und ausgelaugt. Phasen heftiger gefühlsmäßiger Bewegtheit wechseln mit Phasen auffälliger Ruhe und Gelassenheit. Es treten Verhaltensweisen mit „Endgültigkeitscharakter" auf, jemand verschenkt z. B. Dinge, an denen er bekanntermaßen sehr hängt, macht sein Testament oder spricht sich mit anderen aus. Mehr als im Spaß oder in unangemessenen Situationen spricht die Person davon, dass es genug sei, sie werde sich aufhängen, vor den Zug werfen oder ähnlich.

📖 *Bronisch*, Thomas: *Der Suizid. Ursachen – Warnsignale – Prävention,* München 1995.

---

338. Worauf sollten Vorgesetzte achten, wenn sie versuchen wollen, suizidgefährdeten Kolleginnen und Kollegen zu helfen?

Hilfe bedeutet, die Sichtweise und Gefühle des Suizidgefährdeten ernst zu nehmen und dessen Konflikt zwischen leben und sterben wollen nachzuvollziehen und auszuhalten. Je früher man Kontakt mit dem Suizidgefährdeten aufnimmt und mit ihm über das spricht, was an ihm und mit ihm passiert, desto besser sind die Chancen für die Rettung. Positiv ist, dass jemand der Hilfe sucht, seine Mitmenschen und seine Selbstheilungskräfte noch nicht ganz abgeschrieben hat. In einem Gespräch sollte man die Situation des Suizidgefährdeten ernst nehmen und das auch mitteilen. Hilfe *kann* darin bestehen, den Menschen der an Suizid denkt, daran zu erinnern, dass er frühere Krisen auch überwunden hat; ihn zu erinnern, wie er das gemacht hat, ihn in seinen Kompetenzen zur Lösung von Krisen zu bestärken. Darüber hinaus sollte man Hilfen aufzeigen, weitere Schritte vereinbaren und einen neuen Gesprächstermin festlegen, um einen Anker in der Zukunft zu setzen.

📖 *Bronisch, Thomas: Der Suizid. Ursachen – Warnsignale – Prävention, München 1995.*

6. Abschnitt: Didaktik

Unterabschnitt:
Biologische Voraussetzungen des Lernens

---

339. Was bedeutet Lernen?

Lernen kann man auffassen als jede Art von Aufnahme eines Wissensgehaltes oder einer Verhaltensmöglichkeit (📖 Rombach, S. 6). Daneben gibt es aber eine Reihe weiterer lerntheoretischer Konzepte. Im Mittelpunkt dieser Konzepte stehen *Veränderung* und *Erfahrung*. Denn Lernen ist ein Vorgang, den man für eine beobachtete Verhaltensveränderung verantwortlich macht. Insofern kann Lernen für den Neuerwerb und die Eliminierung, also das Erlernen und Verlernen stehen, kann Anpassung und Fehlanpassung (zum Beispiel bei Ängsten) sein. Außerdem kann Lernen kontinuierliches Anderswerden oder schlagartiger Wechsel durch Einsicht bedeuten (📖 Weidenmann, S. 996).

Die Lernenden werden nach Lerntypen unterschieden, die sich nach Frederik Vester (📖) aus den Sinnesorganen ableiten. Es gibt dementsprechend sechs allgemeine *Lerntypen* von Menschen: Den visuellen Sehtyp, den auditiven Hörtyp, den haptischen Fühltyp, den verbalen Gesprächstyp, den schmeckenden oder den riechenden Lerntyp. Je mehr Wahrnehmungssinne bei der Wissensaufnahme beteiligt sind, desto höher ist der Lernerfolg. Steht nur das Hören zur Verfügung, liegt die Wissensaufnahme bei rund 20 %, bei nur Sehen schon bei 30 %; zusammen erbringen sie jedoch 50 % und in Kombination mit Sprechen sogar 70 % Wissensaufnahme. Den höchsten Effekt hat das Selbermachen, das rund 90 % Lernerfolg bringt (vgl. 📖 Maier, S. 19 ff.).

Der Informationsverarbeitungsprozess des Lernens gliedert sich in die beiden Phasen „Einatmen" und „Ausatmen". Dabei bedeutet der Prozess der Informationsaufnahme die Phase des Einatmens, während die Wiedergabe und die Anwendung die Phase des Ausatmens bezeichnet. Erst die Abwechselung zwischen beiden Phasen sichert den dauerhaften Lernerfolg (vgl. 📖 Vester, S. 84 ff.).

📖 *Maier*, Wolfgang: *Mit Medien motivieren. Beispiele für den Unterricht mit CD-Rom. PraxisReihe Bildung und Information, Wiesbaden 2001;* ***Rombach****, Heinrich: Lexikon der Pädagogik in 4 Bänden, Bd. 3: „Kultur bis Schulbuch",*

Freiburg 1970; **Vester,** *Frederic: Denken, Lernen, Vergessen, Was geht in unserem Kopf vor, wie lernt das Gehirn, und wann lässt es uns im Stich?, Neuauflage, München 2009;* **Weidenmann,** *Bernd: Lernen – Lerntheorie; in: Lenzen (Hg.), Pädagogische Grundbegriffe 2, 7. Aufl., Reinbek 2004, S. 996-1010.*

340. Was ist unter dem Begriff der „Tagesleistungskurve" zu verstehen?

Jeder Mensch ist in seiner Leistungsfähigkeit nicht nur im Laufe des Tages sondern auch in Bezug auf Tageszyklen natürlichen Schwankungen unterworfen. Diese chronobiologischen Rhythmen über mehrere Tage werden umgangssprachlich mit dem Begriff „Biorhythmus" bezeichnet und umfassen Zeitläufte von 23 bis 33 Tagen. Da der Biorhythmus aber individuell unterschiedlichen Schwankungen unterliegt, sind exakte Tageszyklen des Biorhythmus für die wissenschaftliche Biologie und Medizin nicht plausibel. Die vom Biorhythmus postulierten Langzeitrhythmen, die mittels Computerprogrammen nur scheinbar untermauert werden, sind faktisch jedoch nicht messbar und daher wissenschaftlich nicht belegt (📖 Anske, S. 31 m. w. N.).

Dagegen sind können aber „Tagesleistungskurven" medizinisch und biologisch nachgewiesen werden, sofern sie nicht individuell durch äußere Faktoren beeinflusst werden. Bei den meisten Menschen wird die größte Leistungsfähigkeit am Ende einer ausreichenden Ruhephase des Schlafes in der Nacht vormittags erreicht. Um die Mittagszeit fällt die Leistungsfähigkeit – verstärkt durch den Verdauungsprozess des Mittagessens – steil ab; die meisten Menschen werden daher schläfrig. Erst in den frühen Abendstunden steigt die Leistungsfähigkeit nochmals leicht an, sinkt aber erheblich ab dem späten Abend und während der Nacht. Größere Abweichungen von dieser durchschnittlichen Tagesleistungskurve ergeben sich bei Abendmenschen bzw. Morgenmenschen, die nicht nur zwei, sondern mehrere Phasen höherer Leistungsfähigkeit haben. Beim Abendmensch steigt dabei die Leistungsfähigkeit bis zum Abend hin, beim Morgenmensch ist sie morgens am höchsten und fällt kontinuierlich bis zum Abend (📖 Seiwert, S. 62 f.).

📖 *Anske, Ute: Pilotstudie zur Charakterisierung funktioneller Gesundheitszustände mittels Chronopsychobiologischer Regulationsdiagnostik, Diss., Berlin*

2003; Seiwert, Lothar J.: 30 Minuten für optimales Zeitmanagement, 10. Aufl., Offenbach 2007.

341. Welche Bedeutung hat der Prozess des Ein- und Ausatmens?

Aus lernpsychologischer Sicht ist das Lernen als Informationsverarbeitungsprozess zu begreifen, der sich in aufnehmender und wiedergebender Lerntätigkeit ausdrückt. Diese Lerntätigkeit spiegelt sich in den beiden Phasen „Einatmen" und „Ausatmen" wider. Dabei bedeutet der Prozess der *Informationsaufnahme* die Phase des Einatmens, während die *Wiedergabe und die Anwendung* die Phase des Ausatmens bezeichnet. Beim Einatmen wird betrachtet, beobachtet, gelesen, zugehört, abgezeichnet auswendig gelernt etc., bim Ausatmen geht es um das Erklären, Vortragen, Diskutieren, Simulieren und Rollen Spielen, Aufzeichnen, Aufgaben Lösen und andere eigenständige Arbeitstätigkeiten. Erst die Abwechselung zwischen beiden Phasen sichert den dauerhaften Lernerfolg. Daher sollen in einem Unterricht Phasen des Einatmens und des Ausatmens aufeinander folgen.

342. Was sind „Eingangskanäle" und warum sind sie Grundlage für die Unterrichtsvorbereitung?

Eingangskanäle sind sinnliche Wahrnehmungen eines Menschen, mit deren Hilfe er Lerninhalte in das Gehirn aufnimmt. Zu diesen Sinnen gehören abstrakt Sehen, Hören, Fühlen, Riechen, Schmecken, Sprechen. Sie bilden den Kern der Eingangskanäle, die aber mit vielen anderen Faktoren, die individuell unterschiedlich ausgeprägt sind, in Wechselwirkung stehen. Solche Faktoren sind zum Beispiel persönliche Eigenschaften (zum Beispiel Konzentrationsfähigkeit, Begeisterungsbereitschaft und Neugierigkeit) und auch Lerninhalt, Lernsituation (Umgebung), aktuelle Gefühle und auch Gewohnheiten. Gerade aus den individuellen Faktoren ergibt sich, dass es unmöglich ist, alle Eingangskanäle komplett in die Unterrichtsvorbereitung einzubeziehen, nicht nur aus quantitativen Gründen sondern auch qualitativ, weil die Lehrenden selbst Individuen sind und daher die Wechselwirkungsfaktoren anderer Menschen gar nicht immer erspüren können.

Um aber mehrere Wahrnehmungsfelder im Gehirn der Lernenden anzusprechen, müssen so viele Eingangskanäle wie möglich in den Lernprozess eingebaut werden, um auf diese Weise mehr Verknüpfungsmöglichkeiten für ein tieferes Verständnis bei den Lernenden zu erzielen. Darauf richtet sich in besonderer Weise die Unterrichtsvorbereitung.

📖 *Vester, Frederic: Denken, Lernen, Vergessen, Was geht in unserem Kopf vor, wie lernt das Gehirn, und wann lässt es uns im Stich?, Neuauflage, München 2009.*

343. Welche allgemeinen Lerntypen beschreibt Vester in seiner biologisch geprägten Lerntheorie?

Über die Eingangskanäle der sinnlichen Wahrnehmungen wird der Lernstoff von Mensch zu Mensch verschieden in spezieller Weise ausgeprägt in das Gehirn aufgenommen. Es ergeben sich aus den Sinnesorganen abgeleitet sechs allgemeine *Lerntypen* von Menschen: Den visuellen Sehtyp, den auditiven Hörtyp, den haptischen Fühltyp, den verbalen Gesprächstyp, den schmeckenden oder den riechenden Lerntyp.

📖 *Vester, Frederic: Denken, Lernen, Vergessen, Was geht in unserem Kopf vor, wie lernt das Gehirn, und wann lässt es uns im Stich?, Neuauflage, München 2009.*

344. Wie ausdifferenziert sind die von Vester beschriebenen grundlegenden Lerntypen?

Leider nicht sehr. Jeder Mensch stellt eine einzigartige Komposition der grundlegenden Lerntypen dar. Die Eingangskanäle sind nämlich nicht nur auf die sichtbaren Sinnesorgane begrenzt, sondern stehen vielmehr mit vielen anderen Faktoren in Wechselwirkung, die sowohl vom Lernstoff, von der Umgebung, von den individuellen Assoziationen, Gefühlen und Gewohnheiten als auch von unterschiedlichen Reaktionen des vegetativen Nervensystems mit den damit gekoppelten hormonellen und Stoffwechselfunktionen ausgehen. Damit ist es dem Lehrenden unmöglich, auf jeden Lerntyp seiner Lehrgruppe einzugehen.

Wenn jeder Mensch ein einzigartiger Lerntyp ist, was nützt diese Erkenntnis den Lehrenden und Lernenden?

Für alle Unterrichtenden ist schon das bloße Wissen um diese Vielfalt von größter Wichtigkeit, auch wenn sie selbst als Lehrende im Unterricht oder Professoren in einer Vorlesung glatt überfordert wären, wollten sie gleichzeitig jeden einzelnen Lerntyp optimal ansprechen. Wer sich bewusst ist, dass es nicht *den* Schüler gibt, ja nicht einmal den guten oder den schlechten Schüler, der wird viele „Fehlleistungen" aber auch viele „Glanzleistungen" als Resultat zufällig falscher oder richtiger Ansprache des Lerntyps verstehen und nicht ausschließlich als Ausdruck der Dummheit, Faulheit, Intelligenz, des Fleißes oder des Interesses eines Schülers oder Studierenden.

Da die Lehrenden als aktive Faktoren ausscheiden, liegt es in erster Linie bei den Schülerinnen und Schülern selbst, herauszufinden, welchem individuellen Lerntyp sie angehören. Im Anhang des Buches von Vester befinden sich Fragen, mit deren Hilfe der eigene Lerntyp und das eigene Lernverhalten herausgefunden werden können. Jedes Wissen um den eigenen Lerntyp verbessert neben der Leistung in Ausbildung und Studium selbst auch die gesamte emotionale Struktur. Die Tatsache, dass das Lernen auf einmal klappt – ganz gleich, auf welchem Wege –, bedeutet ein Erfolgserlebnis, welches das Denken befreit und das Lernen verbessert.

---

345. Wie könnte man die Aufnahme des Lernstoffs durch die Strukturen oder Stufen des Gedächtnisses beschreiben?

Jeder Mensch hat ein *Ultrakurzzeitgedächtnis* (UZG), ein *Kurzzeitgedächtnis* (KZG) und ein *Langzeitgedächtnis* (LZG). Jede Information, die auf Dauer gespeichert werden will, muss durch die „Pforte" des UZG durch das KZG ins LZG wandern, um hier abrufbereit dauerhaft gespeichert zu werden.

Im UZG halten sich die eingehenden Informationen nur einige Sekunden lang in Form von messbaren elektrischen Strömen auf und klingen dann, wenn sie nichts gefunden haben, woran sie sich festhalten können, unweigerlich wieder ab. Die bewusste Aufnahme einer Information ins Ultrakurzzeitgedächtnis hängt nämlich von der Aufmerksamkeit ab, die wiederum von den bereits vorhandenen *Assoziationen* abhängig ist, also von den mit dieser Information bereits möglichen Gedankenverbindungen. Gibt es keine Anhaltspunkte als Erkennungssignale für das Gehirn, an denen die neue Information angeknüpft werden kann, wird eine solche Information nicht gespeichert.

Hat jedoch die Information den „Pförtner" UZG passiert, weil bestimmte Assoziationen angesprochen wurden, ist der nächste Schritt des Lernens die Aufnahme im „Vorzimmer", im Kurzzeitgedächtnis, um endlich in die „Zentrale", ins Langzeitgedächtnis, vorzudringen. Die letzten beiden Schritte sind bereits stoffliche Verankerungen, keine reinen Ionenströme oder Schwingungskreise mehr.

📖 *Möllers, Martin H. W.: Lehren und Prüfen bei der Polizei. Ein Lehrbuch der Didaktik und ihrer Methoden, Blaue Reihe: Studienbücher für die Polizei, 2. Aufl., Frankfurt/M 2011; Vester, Frederic: Denken, Lernen, Vergessen, Was geht in unserem Kopf vor, wie lernt das Gehirn, und wann lässt es uns im Stich?, Neuauflage, München 2009.*

---

346. Welche Funktionen sind den beiden menschlichen Gehirnhälften zuzuschreiben?

Die meisten Menschen sind Rechtshänder. Für sie gilt, dass die linke Gehirnhälfte die vier rationalen Funktionen des *Schreibens*, das der Kommunikation und Verständigung untereinander dient, des *logischen Denkens*, das für das Erfassen von komplexen Zusammenhängen benötigt wird, der *Sprache*, die ebenfalls Instrument der Kommunikation und der Verständigung untereinander ist, und des *Zahlengedächtnisses*, das für das Einprägen und die Merkfähigkeitsfunktion gebraucht wird, enthält. Dagegen sind in der rechten Gehirnhälfte die vier kreativen Funktionen der *künstlerischen Fähigkeiten*, welche die Voraussetzung bieten kreativ zu sein und z. B. Bilder zu malen oder ein Instrument zu spielen, die *Vorstellungskraft*, die ebenfalls dazu dient, kreativ zu sein, die *musikalischen Fähigkeiten*, die für alle musischen Betätigungen notwendig sind, und die *Einsichtsfähigkeit*, welche die Fähigkeit gewährt, begangene Fehler einzusehen und Kritik anzunehmen (Kritikfähigkeit), verankert.

Bei den Linkshändern sind die Funktionen der beiden Gehirnhälften vertauscht.

347. Wie funktioniert nach Vester das Erinnern?

Alle Erinnerungen sind überall und nirgends über die ganze Großhirnrinde verteilt; dazwischen Kreuz- und Querverbindungen (Assoziationen), die sich oft schon bei der Aufnahme ausbilden, oft aber auch erst später beim Erinnern, beim nachträglichen Einprägen und Verarbeiten. Diese Assoziationswelt eines ganzen Milieus wirkt auf das Erinnerungsvermögen, auf das Verankern und Abrufen eines Lernstoffs, ein. Begriffe, die im Kontext eines bestimmten Ortes gehört und anschließend vergessen wurden, geraten an eben diesem Ort wieder ins Gedächtnis zurück. Ebenso kann eine einzelne Information eine gesamte Gefühlswelt wieder entstehen lassen. Gerüche, Melodien und andere Sekundärassoziationen können alle Erinnerungen, Gedanken und Gefühle an Liebeserlebnisse, Enttäuschungen, Unterrichtsstunden, Wanderungen und anderes wieder hervorrufen.

📖 *Vester, Frederic: Denken, Lernen, Vergessen, Was geht in unserem Kopf vor, wie lernt das Gehirn, und wann lässt es uns im Stich?, Neuauflage, München 2009.*

348. Wie entsteht beim Lernen eine Denkblockade?

Beim Lernen werden Nervenzellen im Gehirn aktiviert, die über Schaltstellen, die *Synapsen*, miteinander in Verbindung stehen. Zur Weiterleitung von Nervenimpulsen schütten die Synapsen Botenstoffe (Neurotransmitter) aus. Werden zu viele unbekannte Informationen geliefert, u. U. auch noch in zu schneller Abfolge, reagieren Lernende mit Abwehr und Frustration. Damit einher geht eine erhöhte Produktion des Stresshormons *Noradrenalin* in den Nebennieren. Noradrenalin hemmt aber die Ausschüttung der Neurotransmitter, mit der Folge, dass die Nervenimpulse nicht mehr oder kaum noch weitergeleitet werden können. So kommt es zur *Denkblockade*. Die Lernenden können keine Information mehr speichern, verlieren den Anschluss und werden dadurch noch weiter frustriert.

Auch in Prüfungen kann die Frustration über eine nicht verstandene Frage oder natürlich auch die eigene mangelhafte Vorbereitung zur Denkblockade führen.

349. Wie können Lehrende erreichen, dass Informationen über das Ultrakurzzeitgedächtnis (UZG) der Lernenden hinaus langfristig verankert werden?

Damit Informationen aus dem UZG fester verankert werden, um ins Kurzzeitgedächtnis zu gelangen, muss die Information in wenigen Sekunden aus dem UZG abgerufen werden. Sie muss sich an weiteren, bereits fest gespeicherten Informationen (Assoziationen) verankern können. Über je mehr Kanäle eine Information ins UZG eintrifft, um so eher wird sie solche Assoziationsmöglichkeiten vorfinden. Je mehr Assoziationen aber, desto größer auch die Motivation und damit auch die Aufmerksamkeit zum Lernen.

Es kommt deshalb darauf an, die Information, die Lehrerinnen und Lehrer oder Dozentinnen und Dozenten an Schülerinnen, Schüler und Studierende abgeben wollen gut zu verpacken, also in bekannte Begleitinformationen einzubauen. Es muss darum im Unterricht beachtet werden, dass die beim Lernen gespeicherte Information eben nicht nur aus dem Stoff besteht, der gelernt wird, sondern auch aus allen dabei mitgespeicherten, mitschwingenden übrigen Wahrnehmungen. Ein Lerninhalt ist immer begleitet von einer Menge anderer Informationen. Die Gesamtinformation besteht somit auch aus den Geräuschen, den Gerüchen des Raumes, den positiven und negativen Gefühlen, der Sonne, die gerade ins Zimmer scheint, kurz, aus dem ganzen Milieu.

Weil nun Primär- und Sekundärinformationen nicht einfach voneinander zu trennen sind, verknüpft sich der eigentliche Lerninhalt durch die während des Lernens vorhandenen Wahrnehmungen und Gefühle mit einer Vielzahl weiterer Gehirnzellen und Erinnerungsfelder. Diese Verknüpfung ist dann für das Lernen vorteilhaft, wenn der neue Lerninhalt mit vertrauten, angenehmen Begleitinformationen verbunden ist. Er lässt sich dann weitaus besser im Gehirn verankern und später wiederfinden, als wenn etwa zum fremden Stoff auch noch eine fremde Verpackung käme. Eine vertraute Verpackung hingegen vermittelt sogar ein kleines Erfolgserlebnis; nämlich das Gefühl des Wiedererkennens. Durch die Vielfachverankerung schwingen außerdem auch andere Eingangskanäle mit und aktivieren Wahrnehmungsfelder im Gehirn, die von der – vielleicht nur verbal-abstrakten – Information selbst gar nicht genutzt wurden, aber nun indirekt doch beteiligt sind.

350. Wie könnten Lehrende verschiedene Eingangskanäle der Lernenden nutzen, um Informationen besser in deren Gehirn zu verankern?

Es gibt viele kreative Möglichkeiten, im Unterricht mehrere Eingangskanäle anzusprechen. Neben die klassische Form des Unterrichts durch die Medien Lehrer, Buch und Tafel treten andere Formen mit vielen, praktisch kostenlosen Möglichkeiten. So sollten etwa die Gegenstände, die besprochen werden, wenn möglich in den Unterricht mitgebracht werden, um sie ertasten und fühlen zu lassen. Der Einsatz moderner Medien wie Overhead-Projektoren, Dia- und Filmprojektoren, Tonquellengeräten und Computern sollte für Unterrichtszwecke konsequent genutzt werden.

Neben dem Einsatz von Medien spielt die Reihenfolge des angebotenen Lernstoffes eine große Rolle. Aufmerksamkeit und Einordnung für einen neuen, fremden Stoff bleiben aus, wenn man ihn nicht so aufbaut, dass zunächst der größere Zusammenhang, der ihm seinen Sinn gibt, aufgezeigt wird. Es ist deshalb nicht mit den Details eines neuen Stoffes zu beginnen, nicht mit Einzelinformationen, sondern immer mit größeren Zusammenhängen. Der richtige Lehrweg führt vom Ganzen zum Einzelnen.

Wenn eine Information mit Freude, Erfolgserlebnis, Neugier und Spaß verbunden ist, wird sie besser im Gedächtnis verankert, weil nämlich nur dadurch eine positive Hormonreaktion aktiviert wird. Es ist also wichtig, den Lernprozess von unangenehmen Begleitereignissen zu befreien und das Lernen mit schönen und angenehmen Ereignissen zu verknüpfen. Wird nämlich die Ausschüttung von Stresshormonen durch die Nebennieren und im Gehirn weiter verringert, können die vorhandenen Assoziationsmöglichkeiten für das Denken und Lernen voll genutzt werden. Da beim späteren Erinnern der so gespeicherten Information auch die Freude, der Spaß oder die Begeisterung wieder erinnert werden, ergibt sich ein doppelter Effekt, weil alle Empfindungen bei der gesamten inneren Verarbeitung des Stoffes positiv abfärben und damit auch den Organismus in angespannten Situationen wie etwa beim Abfragen im Examen entstressen. Außerdem ist es eine bekannte Tatsache, dass die mit positiven Erlebnissen verbundenen Ereignisse besser im Langzeitgedächtnis behalten werden.

351. Wie lassen sich die von Vester auf der Grundlage biologischer Voraussetzungen des Lernens entwickelten Konsequenzen für Lehrende zusammenfassen?

Die Beherrschung der Grundmuster unserer biologischen Lernvoraussetzungen lassen sich in Anlehnung an Vester (1996, S. 189 ff.) in zwölf Punkten, die von den Lehrenden beeinflusst werden können, zusammenfassen. Sie sollen die Vorbereitung des Unterrichts erleichtern helfen und zur besseren Verständigung im Unterricht selbst beitragen:

1. *Die Lehrenden müssen regelmäßig die Lernziele vermitteln*: Die Lernenden müssen zu jedem Zeitpunkt den Sinn dessen einsehen können, was sie hören, sehen, lesen oder tun. Sie sollten immer wissen, wofür sie einen Stoff lernen, was sie damit anfangen, wie sie ihn umsetzen können. Der Sinn muss offen ausgedrückt sein, sonst wird das Lernen stark behindert.

2. *Die Lehrenden müssen bei den Lernenden Neugierde wecken, um dadurch „Fremdeln" zu kompensieren*: Unbekannter, fremder Stoff oder neue Begriffe wirken zunächst feindlich, erzeugen also Frustration und Lernabwehr. Neugierde ist der wichtigste Naturtrieb, der diese innere Abwehr überwindet.

3. *Die Lehrenden müssen neue Lehrinhalte in bereits behandelte (alte) Unterrichtsthemen verpacken*: Neue Details und Informationen lassen sich für die Lernenden an bekannten Inhalten leicht assoziieren und vergrößern die Lernbereitschaft. Unbekannte Inhalte sind also möglichst in vertrauter Verpackung vom Fachlehrer anbieten.

4. *Die Lehrenden müssen so ihre Unterrichtsinhalte vermitteln, dass sie vom Ganzen zum Detail (erst der Stamm, dann die Verästelung) vorgehen*: Zuerst sollten die Lehrenden einen bekannten und größeren allgemeinen Zusammenhang bieten. Dann erst Details und Einzelinformationen, damit sich diese gezielt und richtig (und dadurch gekoppelt mit Erfolgserlebnissen) einordnen können. So entstehen außerdem erhöhte Lernmotivation, vertraute Assoziationsmöglichkeiten und gezieltes Abrufen des sinnvoll gespeicherten Lerninhalts.

5. *Die Lehrenden müssen die Überlagerung zusammentreffender Informationen mit gleichem Inhalt vermeiden*: Nicht jede Information sollte von den Lehrenden noch innerhalb des Ultrakurzzeitgedächtnisses in abgewandelter Form wiederholt werden. Statt dessen Beispiele bringen,

die an der Wirklichkeit und somit an vielen Eingangskanälen orientiert sind.

6. *Die Lehrenden müssen Handlungsabläufe und Erklärungen vor den Begriff stellen*: Grundsätzlich schrecken neue Begriffe die Lernenden und dämpfen ihre Lernmotivation. Daher sind zuerst die Handlungsabläufe oder das Phänomen von den Lehrenden zu nennen und zu beschreiben, insbesondere durch den Einbau von Beispielen, dann erst ist zu abstrahieren und das neue „Codewort", der Begriff, zu nennen.

7. *Die Lehrenden müssen zusätzliche Assoziationen im Unterricht anbieten*: Dafür sind von den Lehrenden möglichst komplexe Anknüpfungsmöglichkeiten zu schaffen durch Beziehungen zu interessanten, lustigen oder extremen Fakten. Durch ein hohes Maß an Anschaulichkeit in der Darstellung schwingen bei den Lernenden nicht benutzte Eingangskanäle mit und garantieren bessere Übergänge ins Kurzzeit- und Langzeitgedächtnis.

8. *Die Lehrenden müssen in aufgelockerter Atmosphäre Lernspaß liefern*: Das Lesen von Texten, Zuhören und Verarbeiten von Lehrmaterial muss Lernenden grundsätzlich Spaß machen. Das erhöht die Lern-, Assoziations- und Abrufleistung über eine positive hormonelle Gesamtlage.

9. *Die Lehrenden müssen im Unterrichtsprozess viele Eingangskanäle der Lernenden ansprechen*: Je mehr Wahrnehmungsfelder die Lernenden durch die Unterrichtsmethode der Lehrenden angesprochen bekommen, desto mehr Verknüpfungsmöglichkeiten für das tiefere Verständnis bietet sich den Lernenden im Gehirn mit dem Effekt der Steigerung von Aufmerksamkeit und Lernmotivation.

10. *Die Lehrenden müssen immer wirklichkeitsbezogen ihren Unterricht aufbereiten*: Die Vernetzung der neuen Informationen mit den realen Lebenserfahrungen der Lernenden durch die Lehrenden lässt die Lerninhalte leichter ins Gedächtnis eingehen und eine erhöhte Verfestigung des Gelernten verankern, weil die reale Umwelt die neuen Informationen mit in die Wirklichkeit übernehmen.

11. *Die Lehrenden müssen alle Lehrinhalte und Informationen wiederholen*: Die Wiederholung von Lehrinhalten nach einem zeitlichen Abstand durch die Lehrenden lässt weitere Verknüpfungen in anderen Stimmungslagen der Lernenden zu und spricht dadurch neue Wahrnehmungskanäle an. Durch Wiederholungen werden die Lehrinhalte nicht

nur auf einen Eingangskanal reduziert, sondern entwickeln sich zu Mehrkanal-Informationen.

12. *Die Lehrenden müssen alle vorangegangenen Einzelpunkte miteinander verknüpfen*: Eine dichte Verknüpfung und Abstimmung dieser 12 Punkte selbst, aber auch aller Fakten eines Unterrichts, eines eingesetzten Buches, anderer Lehrmaterialien oder einer Aufgabe miteinander vermittelt Erfolgserlebnisse bei den Lernenden und fördert das Behalten wie auch das kreative Kombinieren ohne zusätzlichen Aufwand. Man sollte sie für jeden praktischen Fall gegeneinander abwägen und mit dem jeweiligen Lerntyp der Schüler / Studierenden in Einklang bringen.

📖 *Vester, Frederic: Denken, Lernen, Vergessen, Was geht in unserem Kopf vor, wie lernt das Gehirn, und wann lässt es uns im Stich?, Neuauflage, München 2009.*

Unterabschnitt:
Unterrichtslehre: Voraussetzungen und Methoden

---

352. Welche Bedeutung kommt der Didaktik in einer Polizeiorganisation zu?

Die Didaktik ist ein wichtiger Bestandteil der Aus- und Fortbildung des mittleren, gehobenen und höheren Dienstes. Deshalb gibt es bei der Polizei sehr viele Fachlehrerinnen und Fachlehrer. Denn die Didaktik zielt darauf ab, einen optimalen Lernerfolg zu gewinnen und durch fachkundige Mitarbeiterinnen und Mitarbeiter eine qualifizierte Polizeiorganisation zu erhalten. Ferner ist zu beachten, dass die Polizei hierarchisch strukturiert ist, sodass die Didaktik zum Berufsalltag gehört. Denn auch jede Anweisung von Mitarbeiterinnen und Mitarbeitern und erst recht alle Arten von Einweisungen in fachliche Zusammenhänge stellen eine didaktische Situation dar. Denn in allen diesen Fällen gilt es, einen Lernerfolg zu erzielen (📖 Möllers, S. 11).

📖 *Möllers, Martin H. W.: Lehren und Prüfen bei der Polizei. Ein Lehrbuch der Didaktik und ihrer Methoden, Blaue Reihe: Studienbücher für die Polizei, 2. Aufl., Frankfurt/M 2011.*

---

353. Wie lassen sich die Begriffe „Didaktik" und „Methodik" erläutern?

Ursprünglich bezeichnet Didaktik allgemein die „Kunst des Lehrens" (grch. διδακτός [didaktós]: gelehrt). Dabei wird heute der Begriff der allgemeinen Didaktik unterschiedlich verwendet: erstens als *Unterrichtslehre*, also als der Wissenschaft vom Unterricht und seinem Ablauf, zweitens als *Bildungslehre*, somit der Theorie der Bildungsinhalte und des Lehrplans. Dabei gibt es allgemeine Didaktiken, die fächerübergreifend angelegt sind, sowie spezielle (sog. Fachdidaktiken), die auch Aspekte der Stoffvermittlung bezüglich eines bestimmten Fachs berücksichtigen. Die Didaktik befasst sich also damit, den Unterricht z. B. bei allen Aus-, Fort- und Weiterbildungen im Polizeibereich methodisch und praktisch – also polizeipraxisbezogen – angemessen zu planen, durchzuführen und kritisch zu reflektieren (📖 Möllers, S. 27). Damit versteht sich die Methodik, die sich mit Verfahrensweisen auseinandersetzt, Menschen unter pädagogischen Zielvorstellungen bewusst und planmäßig zu beeinflussen (grch. μεθοδεία [methodeía]: List, Trug; μέθοδος [méthodos]: Weg, etwas zu erreichen), als Teil der Didaktik (📖 Jank / Meyer, S. 16).

In der Pädagogik vertreten allerdings die Anhänger der „Bildungstheoretischen Didaktik" (z. B. 📖 Wolfgang Klafki) die Auffassung, dass der Begriff „Didaktik" sich allein auf die Bildungslehre bezieht, sich als Theorie der Bildungsinhalts, ihrer Struktur, ihrer Auswahl und Rechtfertigung versteht und daher (nur) nach dem „Was" des Lehrens fragt, während Unterrichtslehre als „Methodik" begriffen wird, die nach dem „Wie" des Lehrens fragt. Modernere Didaktiken, insbesondere die „Schülerorientierte Didaktik" nach Hilbert Meyer (📖), stehen dieser Auffassung allerdings kritisch bis ablehnend gegenüber (📖 Meyer / Meyer 2007). Für eine nutzbringende Lehre, die sich auf die Polizeipraxis bezieht, erscheint eine solche Trennung eher gekünzelt, weil Fragen nach polizeirelevanten Bildungsinhalten automatisch methodische Überlegungen einschließt.

📖 *Jank, Werner / Meyer, Hilbert: Didaktische Modelle, 7. Aufl., Stuttgart 2002; Klafki, Wolfgang: Neue Studien zur Bildungstheorie und Didaktik: Zeitgemäße Allgemeinbildung und kritisch-konstruktive Didaktik, 6. Aufl., Weinheim 2007; Meyer, Hilbert: Leitfaden zur Unterrichtsvorbereitung, 16. Aufl., Frankfurt/M 2003; Meyer, Meinert A. / Meyer, Hilbert: Wolfgang Klafki. Eine Didaktik für das 21. Jahrhundert?, Weinheim 2007; Möllers, Martin H. W.: Lehren und Prüfen bei der Polizei. Ein Lehrbuch der Didaktik und ihrer Methoden, Blaue Reihe: Studienbücher für die Polizei, 2. Aufl., Frankfurt/M 2011.*

---

354. Welche Grundsätze sind für eine erwachsenengerechte Unterrichtung zu beachten?

In der Erwachsenenbildung lassen sich rund zwölf Grundsätze ermitteln, die sich auf die Beherrschung der Grundmuster unserer biologischen Lernvoraussetzungen beziehen und vom Fachlehrer beeinflusst werden können. Sie sollen die Vorbereitung des Unterrichts erleichtern helfen und zur besseren Verständigung im Unterricht selbst beitragen (📖 Vester, S. 197 ff.):

1. *Lernziele sind regelmäßig zu vermitteln*: Die Lernenden müssen zu jedem Zeitpunkt den Sinn dessen einsehen können, was sie hören, sehen, lesen oder tun. Sie sollten immer wissen, wofür sie einen Stoff lernen, was sie damit anfangen, wie sie ihn umsetzen können. Der Sinn muss offen ausgedrückt sein, sonst wird das Lernen stark behindert. Dies gilt insbesondere für Fächer oder auch nur einzelne Fachgebiete, deren Notwendigkeit in der Regel von den Lernenden im Polizeivollzugsdienst nicht eingesehen wird. Wer denkt schon zu Ausbildungsbeginn daran, dass Didaktik als Teil der Pädagogik Lerngegenstand bei der Polizei ist? Welcher Auszubildende bei der Polizei, dem grundsätzlich klar ist, rechtswissenschaftlichen Unterricht während der Ausbildung zu erhalten, ist sich aber von vornherein bewusst, dass er auch Personalvertretungsrecht büffeln muss?

2. *Bei den Lernenden ist Neugierde zu wecken*: Durch das Wecken von Neugier wird das „Fremdeln" kompensiert: Unbekannter, fremder Stoff oder neue Begriffe wirken zunächst feindlich und lösen Stresshormone aus, erzeugen also Frustration und Lernabwehr. Neugierde ist der wichtigste Naturtrieb, der diese innere Abwehr überwindet. Wenn Neugier und Erwartung bei den Lernenden fehlen, wird die für den Lernerfolg so wichtige Lernbereitschaft nicht gefördert.

3. *Neue Lehrinhalte sind in bereits behandelte Unterrichtsthemen zu verpacken*: Die Fachlehrerinnen und Fachlehrer müssen neue Lehrinhalte in bereits behandelte (alte) Unterrichtsthemen verpacken: Neue Details und Informationen lassen sich für die Lernenden an bekannten Inhalten unter Einbezug von Praxisbeispielen leicht assoziieren und vergrößern die Lernbereitschaft. Unbekannte Inhalte sind also möglichst in einer vertrauten Verpackung anzubieten.

4. *Vom Ganzen muss zum Detail vorgegangen werden*: Die Lehrenden müssen so ihre Unterrichtsinhalte vermitteln, dass sie vom Ganzen zum Detail (erst der Stamm, dann die Verästelung) vorgehen: Zuerst sollten sie einen bekannten und größeren allgemeinen Zusammenhang bieten. Dann erst Details und Einzelinformationen, damit sich diese gezielt und richtig (und dadurch gekoppelt mit Erfolgserlebnissen) einordnen können. So entstehen außerdem erhöhte Lernmotivation, vertraute Assoziationsmöglichkeiten und gezielteres Abrufen des sinnvoll gespeicherten Lerninhalts.

5. *Überlagerungen zusammentreffender Informationen mit gleichem Inhalt sind zu vermeiden*: Die Überlagerung zusammentreffender Informationen mit gleichem Inhalt verwirrt die Lernenden. Daher darf nicht jede Information von den Lehrenden noch innerhalb des Ultrakurzzeitgedächtnisses in abgewandelter Form wiederholt werden. Stattdessen sind Beispiele zu bringen, die an der Wirklichkeit und somit an vielen Eingangskanälen orientiert sind.

6. *Handlungsabläufe und Erklärungen sind vor den Begriff, die Abstraktion zu stellen*: Handlungsabläufe und ihre Erklärungen sind vor den Begriff zu stellen, da grundsätzlich neue Begriffe die Lernenden abschrecken und ihre Lernmotivation dämpfen. Daher sind zuerst die Handlungsabläufe oder das Phänomen von den Lehrenden zu nennen und zu beschreiben, insbesondere durch den Einbau von Beispielen, dann erst ist zu abstrahieren und das neue „Codewort", der neue (taktische) Begriff, die neue Rechtsnorm zu nennen.

7. *Zusätzliche Assoziationen sind im Unterricht anzubieten*: Dafür sind von den Lehrenden möglichst komplexe Anknüpfungsmöglichkeiten zu schaffen, indem Beziehungen zu interessanten, lustigen oder extremen Fakten hergestellt werden. Durch ein hohes Maß an Anschaulichkeit in der Darstellung schwingen bei den Lernenden nichtbenutzte Eingangskanäle mit und garantieren bessere Übergänge ins Kurzzeit- und Langzeitgedächtnis.

8. *In aufgelockerter Atmosphäre ist Lernspaß zu liefern*: Das Lesen von Texten, Zuhören und Verarbeiten von Lehr- und Lernmaterial muss den Lernenden grundsätzlich Spaß machen. Dies erhöht die Lern-, Assoziations- und Abrufleistung über eine positive hormonelle Gesamtlage. Ungeeignet sind dafür jedoch zusammenhanglose Witze oder gar Späße auf Kosten Einzelner aus der Gruppe der Lernenden.

9. *Viele Eingangskanäle sind anzusprechen*: Je mehr Wahrnehmungsfelder bei den Lernenden durch die Unterrichtsmethode der Lehrenden angesprochen werden, desto mehr Verknüpfungsmöglichkeiten für das tiefere Verständnis bietet sich ihnen im Gehirn mit dem Effekt der Steigerung von Aufmerksamkeit und Lernmotivation.

10. *Der Unterricht ist realitätsnah aufzubereiten*: Die Vernetzung der neuen Informationen mit den realen Lebenserfahrungen der Lernenden durch die Fachlehrerinnen und Fachlehrer lässt die Lerninhalte leichter ins Gedächtnis eingehen und eine erhöhte Verfestigung des Gelernten

verankern, weil die reale Umwelt die neuen Informationen mit in die Wirklichkeit übernimmt.

11. *Wiederholungsphasen sind einzubauen:* Die Wiederholung von Lehrinhalten nach einem zeitlichen Abstand durch die Lehrenden lässt weitere Verknüpfungen in anderen Stimmungslagen der Lernenden zu und spricht dadurch neue Wahrnehmungskanäle an. Durch Wiederholungen werden die Lehrinhalte nicht nur auf einen Eingangskanal reduziert, sondern entwickeln sich zu Mehrkanal-Informationen.

12. *Alle vorangegangenen Einzelpunkte sind miteinander zu verknüpfen:* Eine dichte Verknüpfung und Abstimmung dieser zuvor genannten elf Punkte miteinander verstärkt Erfolgserlebnisse bei den Lernenden. Dazu gehört aber auch die Einbindung und Verknüpfung aller Fakten einer Lehrveranstaltung, eines eingesetzten Buches, anderer Lehrmaterialien oder einer Aufgabe. Außerdem fördert es das Behalten und das kreative Kombinieren der Lernstoffe ohne zusätzlichen Aufwand. Man sollte sie für jeden praktischen Fall gegeneinander abwägen und mit dem jeweiligen Lerntyp der Lernenden in Einklang bringen (zu den 12 Grundsätzen vgl. ⌘ Möllers, S. 24-26).

⌘ *Möllers, Martin H. W.: Lehren und Prüfen bei der Polizei. Ein Lehrbuch der Didaktik und ihrer Methoden, Blaue Reihe: Studienbücher für die Polizei, 2. Aufl., Frankfurt/M 2011; Vester, Frederic: Denken, Lernen, Vergessen, Was geht in unserem Kopf vor, wie lernt das Gehirn, und wann lässt es uns im Stich?, Neuauflage, München 2009.*

---

355. Was ist unter der „Lernzielhierarchie" zu verstehen?

Ein Lernziel ist in enger Definition die „sprachlich artikulierte Vorstellung über die durch Unterricht (oder andere Lehrveranstaltungen) zu bewirkende gewünschte Verhaltensveränderung eines Lernenden." (⌘ Meyer, S. 137; vgl. dazu auch die weite Definition auf S. 140). Bei der Lernzielhierarchie geht es um die Stufen des Kleinarbeitens von abstrakten Lernzielangaben. Dabei wird in der Polizeipraxis das leitende Lernziel für einen ganzen Lehrgang als *Leitziel* bezeichnet. Es könnte zum Beispiel lauten: „Leitziel des Studiums am Fachbereich Bundespolizei der Fachhochschule des Bundes für öffentliche Verwaltung ist es, die Anwärterinnen und Anwärter für den Beruf des Polizeikommissars in der Bundespolizei zu qualifizieren." Die übrigen hierarchischen Stufen werden nach Möller (S. 80) als *Richtziel, Grobziel* und *Feinziel* bezeichnet.

Richtziele sind auf dem höchsten Abstraktionsniveau formuliert und schließen nur sehr wenige alternative Konkretisierungen aus. Sie beziehen sich zumeist auf ganze Fächer oder Studiengebiete. Zum Beispiel könnte ein solches Richtziel lauten: „Die Studierenden sollen staatsrechtliche und politische Grundlagen des Verwaltungshandelns kennen lernen und im der polizeilichen Praxis anwenden können."

Grobziele sind auf dem mittleren Abstraktionsniveau formuliert und schließen bereits eine größere Reihe von Konkretisierungen aus. Sie beziehen sich zumeist auf Unterrichtseinheiten. Zum Beispiel könnte ein solches Grobziel lauten: „Die Studierenden sollen den Staat als organisiertes gesellschaftliches Handeln erkennen sowie verschiedene Staatsbegriffe und Staatsformen unterscheiden können."

Feinziele sind auf dem niedrigsten Abstraktionsniveau formuliert und besitzen den höchsten Präzisionsgrad. Sie erlauben eine Bestimmung des gewünschten Verhaltens der Lernenden und schließen alternative Interpretationen aus. Sie beziehen sich zumeist auf einzelne Lernschritte. Zum Beispiel könnte ein solches Feinziel lauten: „Die Studierenden sollen die freiheitliche demokratische Grundordnung nach dem Grundgesetz als obersten Verfassungsgrundsatz erläutern können."

 Meyer, *Hilbert: Leitfaden zur Unterrichtsvorbereitung, 16. Aufl., Frankfurt/M 2003; Möller, Christine: Technik der Lernplanung. Methoden und Probleme der Lernzielerstellung, 5. Aufl., Weinheim 1994.*

---

356. Welche Unterschiede, insbesondere welche Vor- und Nachteile, sind den Unterrichtsverfahren „Lehrvortrag" und „Gruppenarbeit" zuzuschreiben?

Ein „Lehrvortrag" hat vor allem die *Vorteile,* dass ein großes Stoffvolumen vermittelt werden kann, weil Rückfragen durch bzw. Erarbeitungsfragen an die Lernenden entfallen. Außerdem können durch Vortrag wichtige Grundinformationen des Themengebiets mit bisher bei den Lernenden unbekanntem Inhalt in kurzer Zeit vermittelt werden. Die „Gruppenarbeit" bietet die Vorteile, dass jeder einzelne Lernende in der Gruppe eingebunden ist und stark gefordert wird, sodass Gruppenarbeit aktiviert. Die Persönlichkeitsbildung der Lernenden erfährt einen positiven Schub, weil Hemmungen abgebaut werden und eine gemeinsame Leistung zum Ziel führt.

Als *Nachteile* beim „Lehrvortrag" sind vor allem der vergleichsweise geringe Behaltensgrad (Lernerfolg) zu nennen sowie eine frühzeitige Ermüdung erzielt wird, da beim Lehrvortrag besondere Konzentration erforderlich wird. Für die „Gruppenarbeit" sind als Nachteile nicht von der Hand zu weisen, dass sich einzelne Teilnehmerinnen und Teilnehmer in der Gruppe passiv verhalten können, insbesondere wenn es Meinungsführerschaft gibt und der Gruppensprecher sich nicht an die Spielregeln hält. Schließlich ist der hohe organisatorische und Zeitaufwand ein Nachteil der Gruppenarbeit.

---

357. Wann bietet sich ein „Vortrag", wann eine „Gruppenarbeit" für den Unterrichtseinsatz an?

Ein Lehrervortrag bietet sich dann an, wenn die Lernenden keinerlei Vorkenntnisse haben. Dies ist vor allem bei der Einführung in ein neues Thema gegeben. Ferner bietet sich der Vortrag an, wenn der Komplexitätsgrad des Themas sehr gering ist und daher eine methodisch besonders ausgefeilte „Erarbeitung" nicht zwingend notwendig erscheint.

Eine Gruppenarbeit bietet sich zum Unterrichtseinsatz an, wenn es komplexe Thematiken gibt, bei denen es für den Lernerfolg auf das selbstständige Erarbeiten, Vertiefen oder Anwenden des Stoffes ankommt. Ferner ist Gruppenarbeit angebracht, um die Teilnehmerinnen und Teilnehmer des Lernprozesses zu aktivieren.

---

358. Was ist für die Planung einer „Gruppenarbeit" im Unterricht zu beachten?

Die Planung einer Gruppenarbeit im Unterricht erfordert die Berücksichtigung von fünf Merkpunkten: den *formalen Voraussetzungen*, den *Einsatzformen*, der *Verlaufsregelung*, das *Lehrerverhalten* sowie die *Auswertung*.

Zu den *formalen Voraussetzungen* zur Planung einer Gruppenarbeit gehört zunächst die Prüfung, ob der Zeitrahmen für die Gruppenarbeit vorhanden ist. Außerdem müssen ausreichend Räumlichkeiten zur Verfügung stehen. Zu überlegen ist in diesem Zusammenhang ferner, ob genügend Grundlagenwissen für die Gruppenarbeit bei den Teilnehmerinnen und Teilnehmern vorhanden ist oder erst durch Unterricht oder Arbeitspapiere grundgelegt werden muss. Schließlich ist zu eruieren, ob die beteiligten Personen den Ablauf einer Gruppenarbeit kennen.

Grundsätzlich unterscheidet man bei den *Einsatzformen* einer Gruppenarbeit zwei Verfahren. In Abhängigkeit von Lernzielen und Lerninhalt könnte ein arbeitsgleiches Verfahren angestrebt werden; d. h. alle eingerichteten Gruppen bearbeiten dasselbe Thema. Alternativ gibt es aber das arbeitsteilige Verfahren, bei dem jede Gruppe sich mit einem Teil aus dem Gesamtthema befasst. Für einen erfolgreichen Gruppenunterricht sollte die Auswahl der Gruppenarbeitsthemen nicht zu harmonisch sein. Denn Gruppenunterricht ist regelmäßig dann am erfolgreichsten, wenn sich die Unterrichtsbereiche durch geringen Konsens unter den Lernenden ausweisen und Einstellungen über kontroverse Themen verändert werden sollen (□ Möllers, S. 144 f.; □ Gage / Berliner, S. 494).

Bei der *Verlaufsregelung* werden den Teilnehmerinnen und Teilnehmern zunächst die Spielregelungen der Gruppenarbeitsmethode bekanntgegeben. Dies gilt insbesondere, wenn in den Gruppen Kreativtechniken wie etwa Metaplan verwendet werden sollen (□ Mehrmann, S. 15). Dazu gehört vor allem eine klare Aufgabenstellung und die Einteilung der Gruppenmitglieder, die vor allem nach fachlichen und nicht nach persönlichen Gesichtspunkten vorzunehmen ist. Nach der Zuordnung der Gruppen zu den zur Verfügung stehenden Arbeitsräumen und der Bekanntgabe der Erarbeitungszeit, ist den Teilnehmerinnen und Teilnehmern Gelegenheit für Fragen zu geben, die vor der Gruppenarbeit beantwortet werden.

Während der Gruppenarbeit kommt es entscheidend auf das *Lehrerverhalten* an: Die Arbeitsgruppen sind zu unterstützen. Insbesondere ist durch Nachfragen herauszufinden, ob das Thema erfasst ist, die richtigen Arbeitsansätze gefunden wurden und die zur Verfügung gestellte Zeit reicht. Hilfestellung kann die Lehrkraft zum Beispiel dabei geben, die richtigen Arbeitsmittel richtig einzusetzen und das Arbeitsergebnis sicherzustellen. Ferner können Tipps für die Auswahl und die Erstellung von Medien für die anschließende Präsentation gegeben werden. Zu beachten bei der Hilfestellung ist es, dass die Nähe zu den einzelnen Lernenden während der Gruppenarbeit die Teilnehmerinnen und Teilnehmer dazu verleitet, Rückfragen zu stellen und die Verantwortung für den geforderten Arbeitsablauf wieder an die Lehrkraft zurückzugeben (⎕ Möllers, S. 147, ⎕ Meyer, S. 268).

Um ein Gesamtarbeitsergebnis aller Gruppen sicherzustellen, ist ihre *Auswertung* im Plenum unbedingt notwendig. Die Kontaktaufnahme nach außen ist erforderlich, weil sich die Gruppenidentität verfestigt hat. Als Lernziel wird hierdurch die Präsentation der Ergebnisse vor anderen erreicht (⎕ Möllers, S. 147).

⎕ *Gage, Nathanael L. / Berliner, David C.: Pädagogische Psychologie, 5. Aufl., Weinheim 1996; Mehrmann, Elisabeth: Moderierte Gruppenarbeit mit Metaplan-Technik, Düsseldorf 1994; Meyer, Hilbert: Unterrichtsmethoden II: Praxisband, 12. Aufl., Frankfurt am Main 2005; Möllers, Martin H. W.: Lehren und Prüfen bei der Polizei. Ein Lehrbuch der Didaktik und ihrer Methoden, Blaue Reihe: Studienbücher für die Polizei, 2. Aufl., Frankfurt/M 2011.*

---

359. Welche Vorteile und welche Gefahren sind bei einer Vorlesung gegeben und welche Anforderungen an die lehrende Person setzt die Vorlesung voraus?

Während der Vorlesung tragen die Lehrenden den zu vermittelnden Lerninhalt vor, ohne dass die Lernenden sich mit eigenen Beiträgen beteiligen können. Dadurch ergibt sich der *Vorteile*, dass ein großes Stoffvolumen in den Unterricht eingebracht und unbekannter Lerninhalt in kurzer Zeit vermittelt werden kann. Da die Vorlesung in der Regel aber nur den auditiven Lerntyp anspricht, bestehen die *Gefahren*, dass nur wenig vom Lerninhalt behalten wird und die Lernenden wegen des höheren Konzentrationserfordernisses, da beherrschendes Element nur die Sprache ist, besonders schnell ermüden. Daher ist bei den Anforderungen an die lehrende Person festzustellen, dass die Lehrkräfte bei Einsatz der Methodik „Vorlesung" ein besonderes rhetorisches Geschick unter Einschluss von Mimik und Gestik intensiv beherrschen.

---

360. Wie ist „Frontalunterricht" zu definieren und welche Vor- und Nachteile hat er und welche Gefahren sind zu bewältigen?

Frontalunterricht ist ein auf die Lehrenden zentrierter Unterricht, bei denen die Kommunikation zwischen Lehrenden und Lernenden und nahezu nicht die der Lernenden untereinander im Vordergrund steht (📖 Meyer, S. 182). Im Frontalunterricht halten die Lehrenden „die Fäden in der Hand", indem sie die wesentlichen Steuerungs-, Kontroll- und Bewertungsaufgaben selbst unternehmen (📖 Möllers, S. 139 f.). Typische Lernmedien sind Overheadprojektor, Tafel, Kartenmaterial, Power-Point-Präsentation kombiniert mit Arbeitsblättern in Form des Präsentationsausdrucks und in der Funktion von Notizzetteln! Frontalunterricht ist die häufigste Sozialform der polizeilichen Aus- und Fortbildung, da er thematisch orientiert ist und der Unterrichtsablauf kognitiv strukturiert ist. Typischerweise wird Frontalunterricht so durchgeführt: Stundeneröffnung mit Begrüßung und organisatorischen Hinweisen; Unterrichtseinstieg häufig mit Wiederholungen; Präsentation neuen Stoffes, meist deduktiv vorgetragen; Arbeit am neuen Stoff mit Hilfe von Folien und/oder Tafelbild; zusammenfassende Ergebnissicherung durch Lehrende oder Lernende.

Wesentlicher *Nachteil* des Frontalunterrichts ist es, dass die Lernenden zum Wahren von Ruhe, Ordnung und Disziplin sowie zur Passivität und zum Konsumverhalten erzogen werden (Meyer stellt sogar die These auf, dass Frontalunterricht zum obrigkeitsstaatlichen Denken und Fühlen erzieht: 📖 Meyer, S. 184). Letzteres wird schon dadurch deutlich, dass die Lernenden ihre Zeit mit dem Abschreiben von Folien verschwenden und für kleinste Details des Unterrichts die Lehrenden von den Anwärterinnen und Anwärtern des Polizeivollzugsdienstes immer wieder aufgefordert werden, Arbeitsblätter in Form von kurzen Zusammenfassungen und Musterlösungen zu erstellen. Gerade in der hierarchischen Ordnung bei der Polizei in Bund und den Ländern verstärkt Frontalunterricht die allgemeine Einstellung, nur auf Anweisung zu arbeiten und die eigene Kreativität verkümmern zu lassen. Die Verantwortung für den eigenen Lernerfolg – mit allen beruflichen Folgekonsequenzen – wird dadurch von den Lernenden selbst auf die Lehrenden abgeschoben (📖 Möllers, S. 140).

Als *Vorteil* ist aber auch festzustellen, dass Frontalunterricht vor allen anderen Sozialformen geeignet ist, Sach-, Sinn- und Problemzusammenhänge aus Sicht und mit den Mitteln der Lehrenden darzustellen. Er hat daher immer dann seinen Stellenwert, „wenn eine allgemeine *Orientierungsgrundlage* hergestellt, wenn ein neues *Wissengebiet dargestellt* werden soll, wenn *Arbeitsergebnisse gesichert* und wenn *Leistungsstände* der Schüler *überprüft* werden sollen" (📖 Meyer, S. 183). Insofern hat der Frontalunterricht für den Unterricht durchaus seine Berechtigung.

Beim Frontalunterricht bestehen zwei *Gefahren*, welche die Lehrenden beobachten müssen: Zum einen kommt es leicht vor, dass die Lehrenden mit nur einigen wenigen Leistungsträgern in der Lehrgruppe die Lehrveranstaltung bestreiten und leistungsschwächere Lernende dem Unterrichtsverlauf nicht mehr folgen können. Hier kommt es darauf an, dass Phasen von z. B. Gruppen- oder Stillarbeit in den Frontalunterricht eingebaut werden, die allen Teilnehmerinnen und Teilnehmern die Chance geben, den aktuellen Wissensstand zu erreichen (📖 Möllers, S. 140 f.). Gerade in der Erwachsenenbildung ist zu beobachten, dass viele Lernende Aufmerksamkeit, Interesse und Verständnis den Lehrenden nur vormachen. Sie melden sich zum Schein, machen ein interessiertes Gesicht während des Unterrichts oder heucheln in den Pausen durch Zusatzfragen eine besondere Begeisterung für das Thema. Gerade im Frontalunterricht lässt sich eine solche Verhaltensweise am bequemsten praktizieren. Erst in den mündlichen und schriftlichen Leistungsnachweisen zeigt sich dann viel zu spät der wahre Lernerfolg. Lehrende müssen daher ein solches Lernendenverhalten erkennen und es durch Beherrschung der Spielregeln für die Interaktion zwischen Lehrenden und Lernenden abzustellen versuchen (📖 Meyer, S. 184). Dazu gehört vor allem, Frontalunterricht nicht wie eine Einbahnstraße zu strukturieren (📖 Möllers, S. 141).

📖 *Meyer*, Hilbert: *Unterrichtsmethoden II: Praxisband, 12. Aufl., Frankfurt am Main 2005; Möllers, Martin H. W.: Lehren und Prüfen bei der Polizei. Ein Lehrbuch der Didaktik und ihrer Methoden, Blaue Reihe: Studienbücher für die Polizei, 2. Aufl., Frankfurt/M 2011.*

---

361. Was gilt in der Pädagogik als didaktische Relation?

In jedem Lehr- und Lernprozess bestehen wechselseitige Abhängigkeiten und Beziehungen zwischen den beteiligten Menschen und den ihnen zur Verfügung stehenden Instrumentarien im weiten Sinne. In der Pädagogik werden – unter Bezugnahme auf geometrische Formen – unterschiedliche Faktoren in solche didaktischen Relationen gestellt. Als *„Didaktisches Dreieck"* wird bereits seit langem in der Pädagogik die Beziehung von Lernziel, Lerninhalt und Lernmethoden beschrieben. Als *„didaktischen Quader"* veranschaulicht Aebli die drei Dimensionen von Unterricht in Form von Lerninhalt, Lernprozess und Lernmedien (vgl. ⌨ Möllers, S. 39; ⌨ Aebli, S. 25-28), aus denen er die zwölf Grundformen des Lehrens entwickelt. Beim *„didaktischen Viereck"* sind Untersuchungssubjekte und -objekte Lehrende, Lernende, Lerninhalte und Lernmedien mit ihren wechselseitigen Beziehungen. Schließlich können in einem *didaktischen Achteck* Lernziele und Lerninhalte (Aus- und/oder Fortbildungsstoff), Lehrende (Ausbilder, Fachlehrer, Dozenten), Lerngruppe sowie die organisatorischen Bedingungen, der Lernprozess (Ausbildungsverfahren), die Lehrmittel (Ausbildungsmittel) und die Erfolgskontrolle.

⌨ *Aebli, Hans: Zwölf Grundformen des Lehrens. Eine allgemeine Didaktik auf psychologischer Grundlage, 13. Aufl., Stuttgart 2006; **Möllers**, Martin H. W.: Lehren und Prüfen bei der Polizei. Ein Lehrbuch der Didaktik und ihrer Methoden, Blaue Reihe: Studienbücher für die Polizei, 2. Aufl., Frankfurt/M 2011.*

---

362. Welche drei Merksätze eröffnen eine Unterrichtsstunde und welche beschließen sie?

Unterrichtsstunden werden eröffnet, indem Lehrende die Lernziele und das Thema der Stunde nennen und kurz erläutern. An Polizeihochschulen ist die Problematik des zu behandelnden Stoffes im Kontext der Polizeipraxis aufzuzeigen. Schließlich sind als „Aufhänger" ein aktuelles Ereignis oder ein Fallbeispiel zu wählen.

Unterrichtsstunden werden geschlossen, indem Lehrende eine Lernzielkontrolle durchführen. Dazu ist der behandelte Lerninhalt durch Lehrende oder Lernende zusammenzufassen. Schließlich endet die Stunde mit einem Ausblick auf das Thema der nächsten Stunde.

---

363. Was bedeutet Adressatenanalyse und warum wird sie für die Unterrichtsvorbereitung benötigt?

Bei der Adressatenanalyse geht es um die Analyse der Individuen in der Lerngruppe. Untersucht wird einerseits die *„Ist-Befähigung"* im Bezug auf Qualifikation und Motivation sowie andererseits das aktuelle Können, also das „Potenzial" der Lernenden. Grundlage ist die Erkenntnis, dass jeder Lernende ein Individuum (Pluralismus) ist, das spezielle Lernvoraussetzungen besitzt. Diese werden durch die genetischen Anlagen bestimmt und sind durch die Umwelt (Sozialisation) beeinflusst. Zu diesen individuell ausgeprägten Lernvoraussetzungen gehören zum Beispiel der allgemeine Entwicklungsstand, zu dem nicht nur die geistige und körperliche Reife, sondern auch Fähigkeiten wie etwa die Konzentrationsfähigkeit zu zählen sind, ferner die Intelligenz, die schulische und außerschulische Vorbildung sowie die Lernmotivation (Begeisterungsbereitschaft). Individuell ausgeprägte Lernvoraussetzungen bestimmt außerdem das Verhalten, das Interesse am Stoff (Neugierigkeit), (fremd-)sprachliche Fähig- und Fertigkeiten sowie sehr ausgeprägt das aktuelle Befinden während des Lernprozesses.

Das konkrete Wissen um die Vielgestaltigkeit der individuell ausgeprägten Lernvoraussetzungen bildet für die Unterrichtsvorbereitung die Grundlage für das Verhalten der Lehrenden, die Wahl der Unterrichtsinhalte und der mit ihnen in unmittelbarem Zusammenhang stehenden Lernziele. Die Adressatenanalyse bestimmt daher maßgeblich die Wahl der Lehrmethoden und der eingesetzten Lernmittel und beeinflusst die Lerndauer; in Abhängigkeit von den örtlichen Gegebenheiten kann sie ggf. auch die Auswahl des Lernortes festlegen.

---

364. Wie ist das Wirkungssystem des Unterrichtes (Didaktisches Achteck) zu erläutern?

In einem „Didaktischen Achteck" werden die *Lernziele* und die *Lerninhalte*, also der Aus- und/oder Fortbildungsstoff, sowie die *Lehrenden*, die Ausbilderinnen und Ausbilder, Fachlehrer und Fachlehrerinnen, Dozentinnen und Dozentinnen und Dozenten sein können, die *Lerngruppe* sowie die *organisatorischen Bedingungen*, der eigentliche *Lernprozess*, der das Ausbildungsverfahren bzw. den Unterrichtsablauf darstellt, die *Lehrmittel*, die nicht nur schulische Attribute, sondern in polizeilichen Aus- und Fortbildungsinstitutionen auch spezielle Ausbildungsmittel (z. B. Waffen) sind, und die *Erfolgskontrolle* miteinander in Wechselbeziehung gebracht. Alle Elemente beeinflussen und bedingen sich gegenseitig. Sie stellen das Wirkungssystem des Unterrichts dar.

---

365. Wie sind die Funktionen des Gedächtnisses zu erläutern?

Mit Gedächtnis wird die Fähigkeit bezeichnet, Informationen, die entweder aus der Umwelt stammen oder die wir selbst erzeugt haben, zu speichern. Bei Bedarf sollen die Informationen in kurzer Zeit abrufbar sein. Schon aus dieser Umschreibung lässt sich erahnen, dass es von großer Bedeutung ist, wie das gespeicherte Wissen organisiert ist. Gedächtnisinhalte können verloren gehen. Trotzdem hat man oft noch die Gewissheit, dass die gesuchte Information irgendwo im Speicher ist – sie liegt einem förmlich auf der Zunge. Erst viel später oder durch einen passenden Hinweisreiz findet sich die gesuchte Information. Informationen, die aus der Umwelt oder aus unserem Denkapparat stammen, können danach unterschieden werden, ob sie eher abstrakt-verbal oder anschaulich-konkret sind. Die „Kontingenztheorie", ein Begriff aus der Führungslehre, ist eher abstrakt verbal, das „Einzelgespräch", ebenfalls aus der Führungslehre, ist eher anschaulich-konkret. Diese Informationen müssen für die Speicherung wahrgenommen werden können. Zusätzlich muss die Aufmerksamkeit auf sie gerichtet sein. Sind die beiden Bedingungen erfüllt, gelangen die Informationen in den Kurzzeitspeicher. Jeder Mensch hat ein Ultrakurzzeitgedächtnis (UZG), ein Kurzzeitgedächtnis (KZG) und ein Langzeitgedächtnis (LZG). Jede Information, die auf Dauer gespeichert werden will, muss durch die „Pforte" des UZG über das KZG ins LZG wandern, um hier abrufbereit dauerhaft gespeichert zu werden (vgl. 📖 Möllers, S. 19 ff.).

In das Kurzzeitgedächtnis (KZG) passt nur eine begrenzte Menge von Informationen. Durch inneres Wiederholen kann verhindert werden, dass sie nach einigen Sekunden aus dem Kurzzeitspeicher herausfallen, also vergessen werden. Muss man sich z. B. für einen kurzen Zeitraum eine neue Telefonnummer merken, wird dies durch inneres Wiederholen bzw. sich Aufsagen erreicht. Sollen die Informationen langfristig gespeichert werden, muss man sie in den Langzeitspeicher übertragen. Bei abstrakt-verbalem Material ist das ziemlich anstrengend. Für solche Informationen gibt es nur steile Treppen, die in den Langzeitspeicher führen. Diese Treppen symbolisieren Gedächtnisstrategien, wie z. B. das Ordnen von Wörtern nach Oberbegriffen, das Zusammenfassen von umfangreichem Material, das Herausarbeiten wichtiger Kerngedanken, das Einüben einer möglichen Rede, der Vergleich und die Verknüpfung mit alten Gedächtnisinhalten u. Ä.

Die zu speichernden Informationen müssen durch die Gedanken über bestimmte Strategiewege ins LZG getragen werden. Je weiter die Informationen dahinein transportiert werden, desto besser sind sie in der Abrufphase wieder zugänglich. Je mehr Arbeit in die Speicherung der Informationen gesteckt wird, desto leichter gelingt der Abruf. In den höheren Regionen des Langzeitspeichers sind die Informationen vernetzter, d. h., es gibt mehr Verbindungen zwischen den Gedächtnisinhalten. Die abgespeicherte Information ist dann auf verschiedenen Wegen zugänglich. Ist ein Weg nicht mehr passierbar, kann eine Umleitung gewählt werden. Auch wenn die bequemen Wege am einfachsten sind, sollten sie nicht immer wieder verwendet werden. Denn bei immer gleichen Strategien gibt es folglich relativ wenig Wege zu einer abgespeicherten Information (vgl. ⌨ Gourmelon / Mayer / Mayer, S. 112 ff.).

⌨ *Möllers*, Martin H. W.: *Lehren und Prüfen bei der Polizei. Ein Lehrbuch der Didaktik und ihrer Methoden, Blaue Reihe: Studienbücher für die Polizei, 2. Aufl., Frankfurt/M 2011;* **Gourmelon**, *Andreas /* **Mayer**, *Michael /* **Mayer**, *Thomas: Prüfungsgespräche erfolgreich führen, Stuttgart 1992.*

---

366. Wie heißen die zwölf Grundformen des Lehrens nach *Aebli*?

Das Lehrgeschehen kann in drei Dimensionen betrachtet werden: die Dimensionen der *Lernmedien*, der *Lerninhalte* und der *Lernprozesse*. Alle Dimensionen bedingen sich aber gegenseitig und sind voneinander abhängig. Denn die Kompetenz in den Ausdrucksmitteln und in den Mitteln der Verwirklichung geistiger Gehalte bedingt auch die Kompetenz der Inhalte, der Sachkenntnisse. Medien dienen der Erfahrungsbildung und diese Erfahrung hat einen Inhalt, der aber nur dann vermittelt werden kann, wenn die Lehrenden um den Ablauf von Lernprozessen wissen. Sie müssen ein Gefühl für die Abfolge der notwendigen Phasen (oder Funktionen) des Lernprozesses haben (vgl. 📖 Möllers, S. 39; 📖 Aebli, S. 25-28). Dargestellt werden kann dieses dreidimensionale System an dem Modell eines Quaders. Danach bestehen die Lerninhalte aus den Grundformen *„Handlung"*, *„Operation"* und *„Begriff"*, die Lernprozesse aus den Grundformen *„Problemlösender Aufbau"*, *„Durcharbeiten"*, *„Üben, Wiederholen"* und *„Anwenden"* und die Dimension der Lernmedien aus den Grundformen *„Erzählen und Referieren"*, *„Vorzeigen und Nachahmen"*, *„Anschauen und Beobachten"*, *„Texte Lesen"* und *„Texte Schreiben"*.

📖 *Aebli, Hans: Zwölf Grundformen des Lehrens. Eine allgemeine Didaktik auf psychologischer Grundlage, 13. Aufl., Stuttgart 2006; **Möllers**, Martin H. W.: Lehren und Prüfen bei der Polizei. Ein Lehrbuch der Didaktik und ihrer Methoden, Blaue Reihe: Studienbücher für die Polizei, 2. Aufl., Frankfurt/M 2011.*

---

367. Wie ist aus der Analyse von geistigen Entwicklungsstufen bei Kleinkindern der abstrakte Aufbau gedanklicher Strukturen zu erklären?

Ursprung geistigen Lebens ist bei Kleinkindern die Handlung. Ein kleines Kind sieht, wie die Mutter den weinenden Bruder „tröstet" (Beispiel nach 📖 Möllers, Abstraktionsprinzip, S. 58 f.). Es sieht aber nur den Handlungsablauf des Tröstens. Es sieht, wie die Mutter den kleinen Bruder in den Arm nimmt, ihn streichelt und bedächtig auf ihn einredet; und es sieht das Ergebnis dieser Handlung: Der Bruder hat aufgehört zu weinen. Das Kind wird nun diesen Handlungsablauf verinnerlichen, sich diesen Handlungsablauf einprägen und im Handlungsgedächtnis abspeichern. Fängt der kleine Bruder wieder an zu weinen, wird es dieses abgespeicherte Handlungsschema „abrufen" und anwenden. Dieser zuerst noch rein mechanische Vorgang dringt nach einigen Wiederholungen ins Bewusstsein des Kindes ein. Es stellt geradezu die mathematische Operation an: Nehme ich eine weinende Person in den Arm, streichle sie und rede gütlich auf sie ein, dann hört sie auf zu weinen und lacht wieder. Das Kind löst sich also von den teilnehmenden Subjekten und Objekten der ursprünglichen Handlung, hat eine abstrakte Vorstellung von diesem Handlungsablauf. Jetzt ist es in der Lage, dieses Handlungsschema auch auf andere Teilnehmer (Subjekte oder Objekte) anzuwenden, also etwa auf einen weinenden Nachbarsjungen. Da es aber viele solcher für ein Kleinkind ganz neue Handlungsschemata erlernen und abspeichern muss, wird es, um das Gedächtnis nicht überladen zu müssen, für jede Handlung einen Begriff bilden, der den komplexen Handlungsablauf enthält. Es wird hier also den Begriff „Trösten" bilden und immer die diesem Begriff immanenten Handlungsabläufe „abrufen" können, wenn von ihm verlangt wird, jemanden zu trösten (vgl. 📖 Möllers, Lehren, S. 48).

Genau diese Strukturen sind für den didaktischen Aspekt zunutze zu machen. Gerade bei der Polizei gibt es eine Fülle von Handlungsabläufen, die perfekt bei Berücksichtigung verschiedenster Aspekte beherrscht werden müssen. Ein Beispiel ist etwa die Personenkontrolle anlässlich des Streifen- und Kontrollgangs, die Aspekte der korrekten Rechtsanwendung ebenso verinnerlichen muss wie Eigensicherung etc.

📖 *Möllers, Martin H. W.: Das Wesen des Sachenrechts in Gegenüberstellung zum Schuldrecht unter dem besonderen Aspekt einer Erfassung des Abstraktionsprinzips, dargestellt am Institut des Eigentums an beweglichen Sachen, (📖), Egelsbach 1992; Möllers, Martin H. W.: Lehren und Prüfen bei der Polizei. Ein Lehrbuch der Didaktik und ihrer Methoden, Blaue Reihe: Studienbücher für die Polizei, 2. Aufl., Frankfurt/M 2011.*

---

368. Wie sind – in der didaktisch richtigen Reihenfolge – in Anlehnung an *Aebli* die vier Unterrichtsphasen (Ablaufphasen) im *Lernprozess* zu erklären, die das Gerüst zur Vermittlung des Themas „Die Personenkontrolle" bilden?

Allgemeines Lernziel von Lehrveranstaltungen an Ausbildungsstätten für den Polizeivollzugsdienst ist nicht nur die reine Wissensvermittlung, sondern eine darüber hinausgehende Bildung, die als Hilfe zur Selbstverwirklichung im Polizeivollzugsdienst oder auch einfach als *soziale Kompetenz* verstanden wird. Das bedeutet in erster Linie, dass die bereits durch schulische Prozesse gewonnene Selbstständigkeit und das Selbstvertrauen der Polizistinnen und Polizisten weiterentwickelt werden müssen. Selbstvertrauen lässt sich erreichen oder steigern, indem man die eigene Kompetenz erfährt, zu Erkenntnissen zu gelangen. Auf die Lehrveranstaltungen bezogen heißt das, die Anwärterinnen und Anwärter sollen lernen, Probleme selbst zu entdecken und über selbst gefundene Wege ihre Lösungen und Lösungsansätze zu erreichen. Auf dieses Problem lösende Denken wird ja vor allem in ihrem späteren Berufsleben, auf das ihre Ausbildung hinarbeitet, besonders hoher Wert gelegt. Deshalb wird im Unterricht durch das Verfahren des entdeckenden, forschenden und genetischen Lernens das Ziel der Verstärkung von Selbstständigkeit und Selbstvertrauen der Lernenden erreicht. Einstieg in dieses Verfahren ist der problemorientierte Aufbau (vgl. 📖 Aepkers / Liebig sowie 📖 Wagenschein).

Der Unterricht zum Thema „Personenkontrolle" lässt sich in Form eines *problemorientierten Aufbaus* so darstellen: Wenn eine solche Personenkontrolle gefilmt wird, sollte darauf geachtet werden, dass *versteckte* Fehler in die Szene einfließen. Es dürfen aber keine groben, leicht zu erkennenden Fehler sein. Denn die darin enthaltenen Fehler sind viel zu offensichtlich und tragen daher nicht zum Aufbau einer Fragehaltung bei den Lernenden bei. Im Gegenteil: Bei den Lernenden würde – ebenso wie beim fehlerfreien Film – das Gefühl erzeugt, die Problemfelder alle entdeckt zu haben, sodass ein weiteres Besprechen der einzelnen Phasen der Personenkontrolle überflüssig erscheint (Motivation beendet!). Nur versteckte Fehler im Film führen überhaupt zum *Aufbau einer Fragehaltung*, indem nach seiner Vorführung von der Fachlehrerin bzw. dem Fachlehrer lediglich die Frage aufgeworfen wird, was an dieser – für Anfänger oberflächlich betrachtet eigentlich einwandfreien – Personenkontrolle alles falsch gewesen ist. Jetzt erst sind sich die Lernenden bewusst, dass sie eben noch nicht alles über dieses Thema wissen und es sich selbst erschließen müssen. Ihre angeborene Neugierde treibt die Lernenden in der anschließenden Phase des *Durcharbeitens*, wenn der Film (z. B. in auf Folie gebannten Szenen) noch einmal in einzelnen Schritten gezeigt wird, dazu, die Fehler selbstständig zu finden und alle Problemfelder rund um die Personenkontrolle abzuarbeiten. Schließlich ist es möglich, die „Personenkontrolle" in Rollenspielen zu *üben und zu wiederholen*, bis das Beherrschen dieses Handlungsablaufs allgemein als sicher eingestuft werden kann. Danach folgt die konkrete *Anwendung* in der Praxis (vgl. 📖 Möllers, S. 51).

📖 *Aepkers, Michael / Liebig, Sabine (Hg.): Entdeckendes, forschendes und genetisches Lernen. Basiswissen Pädagogik, Unterrichtskonzepte und -techniken, Bd. 4, Baltmannsweiler 2002; Wagenschein, Martin: Verstehen lernen. Genetisch – Sokratisch – Exemplarisch, Weinheim 1999; Möllers, Martin*

H. W.: Lehren und Prüfen bei der Polizei. Ein Lehrbuch der Didaktik und ihrer Methoden, Blaue Reihe: Studienbücher für die Polizei, 2. Aufl., Frankfurt/M 2011.

---

369. Wie ist zu begründen, warum insbesondere die *erste Phase* des Lernprozesses beim Thema „Personenkontrolle" wichtig ist?

Auf der einen Seite ist der Problem lösende Aufbau als erste Phase des Lernprozesses schon wegen der Entwicklung der sozialen Kompetenz notwendig (vgl. dazu die Antwort zu Frage 368.). Auf der anderen Seite muss hier beim Thema „Personenkontrolle" einerseits Berücksichtigung finden, dass die Selbstmotivation der Lernenden eher nicht so hoch sein wird, weil das Thema von den meisten voraussichtlich nicht als besonders schwierig gilt. Denn nichts strahlt mehr Langeweile aus als Themen, die man schon kennt bzw. zu kennen glaubt. Andererseits ist das Thema aber deshalb so wichtig, weil es den Berufsalltag der PVB bestimmt und daher nahezu perfekt beherrscht werden muss.

---

370. Wie ist es zu erläutern und zu begründen, welches *objektive Interesse* die Polizeimeisteranwärterinnen und Polizeimeisteranwärter am Unterricht haben?

Objektive Interessen sind die überindividuellen Handlungsmotive, die unabhängig davon bestehen, ob sie dem einzelnen Mitglied der Lerngruppe bewusst sind (vgl. ⌂ Meyer, S. 205). Deshalb müssen die objektiven Interessen der Polizeimeisteranwärterinnen und Polizeimeisteranwärter in Abhängigkeit zu ihrer gegenwärtigen und vermutlich zukünftigen sozialen und beruflichen Lage bestimmt werden. Da im Mittelpunkt der gewählte – in der Regel Jahrzehnte andauernde – Polizeiberuf des PVB steht, ist das objektive Interesse zunächst, diesen Beruf möglichst bestens und fruchtbar zum Nutzen einer Polizeikarriere auszuüben. Genau dazu verhilft aber nur eine optimale Ausbildung. Letztere – im Sinne eines höchstmöglichen Lernerfolgs – ist damit das objektive Interesse. Die Berücksichtigung der objektiven Interessen der angehenden Polizistinnen und Polizisten macht es also notwendig, ihnen ein bestimmtes Können für ihren späteren Beruf allein durch die Ausbildung zu leisten. Zu diesem Können zählt auf der einen Seite die *polizei-*

fachliche Ausbildung, zum anderen die *verhaltensorientierte Ausbildung* (einschließlich der Einstellung zum Beruf), die im Wesentlichen meint, dass die Polizeianwärterinnen und Polizeimeisteranwärter das erlernte Fachwissen auch *anwenden* können (vgl. Möllers, S. 30 f.).

📖 *Meyer, Hilbert: Leitfaden zur Unterrichtsvorbereitung, 16. Aufl., Frankfurt/M 2003; Möllers, Martin H. W.: Lehren und Prüfen bei der Polizei. Ein Lehrbuch der Didaktik und ihrer Methoden, Blaue Reihe: Studienbücher für die Polizei, 2. Aufl., Frankfurt/M 2011.*

---

371. Auf welche drei Bereiche erstreckt sich Unterrichtsmethodik?

Die Methodiken in einem Lehr-/Lernprozess betreffen nicht nur die Lernmedien. Vielmehr können auch verschiedene Methoden bei der Präsentation der Lernfunktionen (Lernprozess) und der Darbietung der jeweiligen Lerninhalte angewendet werden. Es sind Formen und Verfahren, in und mit denen sich Lehrende und Lernende die sie umgebende natürliche und gesellschaftliche Wirklichkeit aneignen, soweit die institutionellen Rahmenbedingungen es zulassen (vgl. 📖 Meyer, S. 327). Didaktisch ist jede Unterrichtsmethode, die sich aus dem Zusammenspiel von Vermittlung und Aneignung ergibt, darauf gerichtet, die Lernenden zu motivieren, um sie dadurch zu aktivieren (📖 Pätzold, S. 11). Unterrichtsmethoden in Bezug auf die Lernmedien beziehen sich auf die Bereiche, die klassisch zu den „Medien" gezählt werden, nämlich Tafel, Folie, PowerPoint-Präsentation, Film, Metaplan, Flipchart, Pinwand etc. (vgl. dazu ausführlich 📖 Möllers, S. 123-139). In Bezug auf den Lernprozess geht es bei den Unterrichtsmethoden um verschiedene Sozialformen im Unterricht. Dies sind aus Sicht der Lehrenden: Frontalunterricht, Vorlesung, Unterrichtsgespräch, aus Sicht der Lernenden: Gruppenarbeit, Stillarbeit, Referat. Außerdem gehören in diesen Bereich als Unterrichtsmethoden noch der Einsatz von Kreativtechniken, die aber jeweils bestimmte Sozialformen voraussetzen (vgl. dazu ausführlich 📖 Möllers, S. 139-156). Schließlich werden noch unterschieden die Unterrichtsmethoden in Bezug auf die Lerninhalte. Die drei wichtigsten sind die induktive Vorgehensweise und die deduktive Vorgehensweise sowie das genetische Verfahren (vgl. dazu 📖 Möllers, S. 156-161).

📖 *Meyer, Hilbert: Leitfaden zur Unterrichtsvorbereitung, 16. Aufl., Frankfurt/M 2003; Möllers, Martin H. W.: Lehren und Prüfen bei der Polizei. Ein*

Lehrbuch der Didaktik und ihrer Methoden, Blaue Reihe: Studienbücher für die Polizei, 2. Aufl., Frankfurt/M 2011; **Pätzold**, *Günter: Lehren und Lernen in der beruflichen Bildung, Kurseinheit 1: Individuelles und kooperatives Lernen, Hagen 1997.*

---

372. Ist die Methodik, einen längeren neuen Text von den Lernenden vorlesen zu lassen, aus didaktischer Sicht besonders vorteilhaft oder besonders nachteilig?

Aus didaktischer Sicht ist die Methodik, einen längeren, neuen Text von den Lernenden vorlesen zu lassen, besonders nachteilig. Denn es gibt nur einen einzigen pädagogisch sinnvollen Grund, jemanden aus der Lernendengruppe den fremden Text vorlesen zu lassen: Dieser Grund kann nur darin liegen, der bisher dozierenden Stimme eine Pause zu gönnen und die Zuhörerinnen und Zuhörer mit einem anders gearteten Geräusch stressmäßig zu entlasten. Diesem Grund stehen aber einige erhebliche Nachteile gegenüber: Zum einen wird die Person, die den fremden, neuen Text liest, quasi vorgeführt, da sie sich mit größter Wahrscheinlichkeit irgendwann „verlesen" wird, was meistens peinlich ist. Zum anderen wird diese Person vom Unterrichtsgeschehen faktisch ausgeschlossen. Denn beim lauten Vorlesen fällt die gesamte Konzentration auf das korrekte Lesen, der Textinhalt wird üblicherweise dabei nicht mehr wahrgenommen. Während der Unterricht nach dem Vorlesen beginnt, nimmt nun die lesende Person den Textinhalt auf. Das Vorlesen durch ungeübte Vorleserinnen und Vorleser erschwert zudem die Inhaltsaufnahme bei den anderen Zuhörerinnen und Zuhörern, die diesen neuen Text ja ebenfalls das erste Mal wahrnehmen müssen. Damit tritt der Grund für das „Vorlesen Lassen" in den Hintergrund. Es kommt hinzu, dass ein besserer Effekt der Entlastung von Dozentin bzw. Dozent und Lernenden im Übrigen dadurch zu erreichen wäre, dass niemand liest und dadurch Ruhe in den Unterrichtsraum einkehrt, wenn also alle Teilnehmerinnen und Teilnehmer selbst für sich – nach individuellem Rhythmus und Vermögen – lesen.

---

373. Wäre es didaktisch vorteilhaft, denselben Text, der als Arbeitsblatt verteilt ist, vorzulesen und gleichzeitig per Folie an die Wand zu werfen?

Es wäre unvorteilhaft, da es zu Interferenzen kommt, die Denkblockaden auslösen! Der Leserhythmus aller im Unterrichtsraum befindlichen Personen ist unterschiedlich. Da gleichzeitig jeder versucht, selbstständig den Text vom Arbeitsblatt zu lesen, wird die Konzentration durch das – in einem anderen Rhythmus – Vorlesen des anderen gestört. Wer sich auf das *Zuhören* konzentriert, braucht das Arbeitsblatt nicht und wird es als störend empfinden, wenn der Vorleser holperig oder mit fehlerhaften Betonungen vorliest. Der Vorleser selbst konzentriert sich auf den Akt des Vorlesens ohne den Inhalt geistig aufzunehmen. Während unterrichtlich die Erarbeitung beginnt, schaltet der Vorleser ab und liest den Text für sich ein zweites Mal, wobei wiederum seine Konzentration durch die Geräusche des eingesetzten Unterrichts erheblich beeinträchtigt wird.

374. Welche Merksätze können zum Lehr- und Unterrichtsgespräch herangeführt werden?

Lehr- und Unterrichtsgespräche sind Dialoge zwischen der lehrenden Person und den Lernenden, die in der Erwachsenenbildung vor allem das Kommunikationsbedürfnis berücksichtigen. Die Lehrenden müssen dabei folgende Merksätze beachten: Das Gespräch ist zu ordnen, der „rote Faden" darf nicht verloren gehen. Wichtiges ist für die Lernenden besonders zu betonen. Es müssen den Lernenden genügend Denkpausen eingerichtet werden. Es ist darauf zu achten, dass der größte Redeanteil bei den Lernenden liegt. Dazu gehört es, das „Lehrerecho" zu vermeiden. Fragen und Probleme der Lerngruppe sind an die Gruppe weiterzugeben. Beiträge sind sachlich und vor allem ehrlich zu bewerten. Zwischenergebnisse sind zusammenzufassen.

---

375. Wie Funktion haben Lehr- und Unterrichtsgespräche und welche Vorteile, Gefahren und Anforderungen an die Lehrkraft bergen sie?

Lehr- und Unterrichtsgespräche sind Dialoge zwischen der Lehrkraft und den Lernenden. In der Erwachsenenbildung befriedigen sie das Kommunikationsbedürfnis. Bei Lehr- und Unterrichtsgesprächen werden die Lernenden aktiv in das Unterrichtsgeschehen einbezogen und angeregt, sich die Lern- bzw. Ausbildungsinhalte selbst zu erarbeiten.

Als *Vorteil* ist zum einen die hohe Lernwirksamkeit durch aktives und kritisches Mitdenken der Lernenden zu nennen, die dadurch zur vermehrten Speicherung von Informationen in das Langzeitgedächtnis führt. Zum anderen bringt die Auswertung von Beiträgen der Teilnehmerinnen und Teilnehmer mehr Motivation bei den Lernenden.

Lehr- und Unterrichtsgespräche bergen die *Gefahr* in sich, dass es zur Abweichung von der „Lernspur" kommt und das eigentliche Thema verlassen wird. Sie können außerdem – wenn erst einmal die Diskussion in Gang kommt – die Zeitplanung über den Haufen werfen.

Schließlich ergibt sich daraus als *Anforderungen an die Lehrkraft*, dass die souveräne Kenntnisse der Lerninhalte hat und grundsätzlich über ausreichende Fähigkeiten zur lebendigen Gesprächsführung verfügt. Dazu muss die lehrende Person Wesentliches von Unwesentlichem unterscheiden können, um eine Themenabweichung zu verhindern. Außerdem sollten Merkblätter vorbereitet werden, um die Themenabweichung zu vermeiden.

---

376. Unterstellt, es gibt drei Kurzfilme zum Thema „Personenkontrolle". Welcher ist aus motivationstheoretischer Sicht zum Unterrichtseinstieg einzusetzen, der fehlerlose, der mit offensichtlichen Fehlern oder der mit versteckten Fehlern?

Nur der Film mit den versteckten Fehlern führt überhaupt zum Aufbau einer motivationsfördernden Fragehaltung, indem nach seiner Vorführung vom Fachlehrer lediglich die Frage aufgeworfen wird, was an dieser – für die Anfänger zunächst als einwandfrei eingeschätzten – Personenkontrolle alles falsch gewesen ist. Jetzt erst werden sich die Anwärterinnen und Anwärter bewusst, dass sie eben noch nicht alles über dieses Thema wissen und die notwendige Motivation, am Thema zu arbeiten, aufbauen.

---

377. Was heißt es, Lehrstoffe zu veranschaulichen und auf welche Weisen lässt sich Veranschaulichung erreichen?

Sätze wie „Wir haben Sie überhaupt nicht verstanden!" oder „der Stoff ist mir viel zu abstrakt!" fallen häufig in den Pausen nach Beendigung von Lehrveranstaltungen. Ursache dafür ist, dass aus dem richtigen Bestreben heraus, den Theoriegehalt des Lehrstoffes deutlich herauszuarbeiten, die Veranschaulichung unterrichtlicher Sachverhalte bei vielen Dozentinnen und Dozenten zu kurz kommt (vgl. 📖 Klingberg, S. 266). Die Veranschaulichung von Lehrstoffen ist aber als pädagogisches Prinzip eine der wichtigsten und auch unbestrittenen Forderungen. Denn besonders ergiebig sind Lehrveranstaltungen, die das Prinzip der Veranschaulichung von Lehrstoffen am stärksten berücksichtigen (vgl. 📖 Beck, S. 335). Lehrstoff zu veranschaulichen heißt, solche besonderen Fälle, Phänomene, Versuche, Personen und Ereignisse zu finden, in oder an denen die Struktur des jeweiligen Inhalts der Lehrveranstaltung den Lernenden dieses Ausbildungsabschnitts, dieser Lehrgruppe, interessant, fragwürdig, zugänglich, begreiflich, also eben besonders „anschaulich" gemacht werden kann (so 📖 Klafki, S. 140).
Veranschaulichung lässt sich auf zweierlei Weise erreichen: entweder durch die Wirklichkeit selbst oder durch Nachbildung der Wirklichkeit (vgl. 📖 Beck, S. 335 ff.). Bei der Wirklichkeit selbst werden die Lehrgegenstände vor die Sinne der Lernenden gestellt, damit sie sie erfassen. Denn die „Vorstellung von Gegenständen bilden wir letztlich immer an der konkreten Wirklichkeit" (📖 Aebli, S. 101). Die aufgesuchte oder hereingeholte Wirklichkeit gilt nicht nur für die Berufspraktika. Auch in theoretischen Lehrveranstaltungen wird sie eingesetzt. Der Weg zur Veranschaulichung ist aber nur dann gelungen, wenn die Lernenden vom Sacherfassen zum Sinn- und Strukturerfassen vorstoßen. Für die theoretischen Lehrveranstaltungen bietet sich als gangbarer Weg zur Veranschaulichung vor allem an, die Wirklichkeit nachzuahmen, also keine echte Wirklichkeit in die Lehrveranstaltungen hereinzuholen, son-

dern eine vorstellbare, die den Ablauf einer tatsächlich möglichen Lebenswirklichkeit wiedergibt (vgl. ⌑ Möllers, S. 65-67).

⌑ *Aebli, Hans: Zwölf Grundformen des Lehrens. Eine allgemeine Didaktik auf psychologischer Grundlage, 13. Aufl., Stuttgart 2006; Beck, Horst: Die Veranschaulichung von Lehrstoffen, dargestellt an Beispielen aus kaufmännischen Fächern, in: Gönner / Reip (Hg.), Unterrichtsplanung für kaufmännische Schulen, 3. Aufl., Wiesbaden 1982, S. 335 ff.; Klafki, Wolfgang: Studien zur Bildungstheorie und Didaktik, Weinheim 1972; Klingberg, Lothar: Einführung in die Allgemeine Didaktik, Frankfurt/M 1975; Möllers, Martin H. W.: Lehren und Prüfen bei der Polizei. Ein Lehrbuch der Didaktik und ihrer Methoden, Blaue Reihe: Studienbücher für die Polizei, 2. Aufl., Frankfurt/M 2011.*

---

378. Welche Fehler können bei der Verwendung einer Lautgestalt im Unterricht auftreten?

Lautgestalten haben bei den meisten Lehrerinnen und Lehrern den höchsten Anteil bei der Vermittlung des Lehrstoffes. Häufig wird dabei übersehen, dass gesprochene Worte den Nachteil haben, nur für Sekundenbruchteile im Raum zu sein, um sofort durch weitere ersetzt zu werden. Die Aufnahme gesprochener Worte setzt bei den Lernenden höchste Konzentration voraus. Damit ist aber nicht immer zu rechnen: Es genügt, dass der Sitznachbar stört, dass jemand im Raum hustet, dass ein lautes Fahrzeug am Fenster vorbei fährt. Dadurch können wichtige Informationen verloren gehen, die eine Problemlage entwickeln, dass Einzelne am nachfolgenden Unterricht geistig nicht mehr teilnehmen können. Denn die Neugierde treibt dazu, erst das Problem zu lösen. Damit ist unter Umständen die Konzentration für den Rest der Stunde nicht mehr aufzubringen, sodass sie mit einer größeren Verständnislücke frustriert in die Pause gehen.

Die Lehrenden müssen sich also ständig vergewissern, dass die wichtigen Details des Lehrstoffs auch von ausnahmslos allen Lernenden erfasst wurden.

---

379. Welche Fehler können bei der Verwendung einer visuellen Gestalt im Unterricht auftreten?

Bei der Verwendung einer visuellen Gestalt im Unterricht können Fehler auftreten. Dies ist immer dann der Fall, wenn von den gewohnten Wahrnehmungsformen abgewichen wird. Wer z. B. von klein auf gewohnt ist, die Uhrzeit von einer analogen Uhr mit Zifferblatt und Zeigern abzulesen, wird sich mit einer digitalen Uhr sehr schwer tun. Zeigt die digitale Uhr „09:47" an, braucht das Gehirn wegen der Verwendung einer ungewohnten visuellen Gestalt länger als sonst üblich festzustellen, dass es Viertel vor zehn Uhr ist. Zahlen sollten besser in Ziffern und nicht mittels Buchstaben visualisiert werden: „fünfzehn Euro" beansprucht das Gehirn mehr als „15 €". Auch bei bildhaften Darstellungen z. B. auf Folie können solche Grundregeln schnell verletzt werden. Zum Beispiel sind bei Schaubildern senkrecht von unten nach oben angeordnete Begriffe, wie es gelegentlich in Büchern oder auf Lehrfolien zu sehen ist, sehr viel schwerer lesbar als waagerecht angeordnete.

---

380. In welchem Sinne ist begrifflich die „algebraische Variable" im Unterricht zu verstehen und welche Fehler können bei ihrer Verwendung auftreten?

Die „algebraische Variable" steht dafür, dass Lehrerinnen und Lehrer in ihren Lehrveranstaltungen bestimmte Inhalte gar nicht konkret nennen und dadurch wichtige Informationen, die zur Lösung des anstehenden Problems von den Lernenden gebraucht werden, nicht liefern. Ihre Verwendung ist tatsächlich der häufigste Fehler im Lehrprozess. Das liegt vor allem daran, dass jeder Mensch nur das lehren und unterrichten kann, was er selbst weiß und kennt. Deshalb gibt es für das Lehrpersonal in Bezug auf den Lehrstoff, den sie selbst präsentieren, keine Wissenslücken. Ihre natürliche Wissenslücke besteht aber darin, dass sie nicht wissen sondern nur erahnen können, was die Zuhörerinnen und Zuhörer vielleicht an Basiswissen nicht wissen, sodass es von den Lehrenden vorab geliefert werden muss. Wer zum Beispiel weiß, dass ein Gottesdienst auf freiem Felde gar nicht unter den Versammlungsbegriff der Versammlungsfreiheit nach Art. 8 GG fällt, wird dies möglicherweise den Zuhörern nicht sagen, weil er es ja weiß (vgl. 📖 Möllers, S. 69). Als „algebraische Variablen" können auch Fachbegriffe und Fremdworte auftreten, die von den Lernenden nicht gewusst werden. Sie werden in aller Regel bei der polizeilichen Erwachsenenbildung von den Lernenden nicht nachgefragt, weil sich niemand die Blöße geben will, diese Fachbegriffe nicht zu kennen. Da die Lehrkraft einen Begriff wie selbstverständlich verwendet (z. B. „Proliferation"), wird angenommen, dass ihn wohl alle anderen Lehrgangsteilnehmerinnen und Lehrgangsteilnehmer kennen – nur eben man selbst nicht. Bei der Unterrichtsvorbereitung haben die Lehrenden daher genau darauf zu achten, welche Lücken an vorauszusetzendem Wissen vorhanden sind, die noch vor Lösung des anstehenden Sachproblems gefüllt werden müssen. Der Gebrauch von Fachbegriffen ist aber selbstverständlich einzufordern, sie sollten jedoch zunächst verständlich erklärt werden. Auf die eigene Verwendung von Fremdwörtern, soweit sie keine Fachbegriffe sind, oder von nicht gängigen Abkürzungen ist zu verzichten (vgl. 📖 Möllers, S. 70).

📖 *Möllers, Martin H. W.: Lehren und Prüfen bei der Polizei. Ein Lehrbuch der Didaktik und ihrer Methoden, Blaue Reihe: Studienbücher für die Polizei, 2. Aufl., Frankfurt/M 2011.*

---

381. Welcher Zusammenhang besteht zwischen Abstraktionsvermögen und Lebensalter und wie wirkt sich dies im Lehrprozess aus?

Bei der Durchführung der Lehrveranstaltungen muss grundsätzlich bedacht werden, dass die Abstraktionsfähigkeit des Menschen vom Lebensalter und seiner damit verbundenen Reifeentwicklung abhängig ist. Das heißt in aller Regel, dass Fachlehrerinnen und Fachlehrer allein aufgrund ihres höheren Alters fähig sind, in höheren abstrakten Bereichen zu denken als die vor ihnen sitzenden Polizeibeamten in der Ausbildung. Das wiederum birgt die Gefahr in sich, dass die Lehrenden die notwendige Übereinstimmung zwischen Abstraktionsfähigkeit der Auszubildenden und dem Abstraktionsniveau der angestrebten Lernziele nicht erreichen, insbesondere nicht bei rein verbaler Vermittlung. Ein Indiz dafür, dass diese Übereinstimmung nicht gegeben ist, bilden Aussagen wie: „Ich weiß gar nicht, was Sie überhaupt wollen!".

---

382. Was bewirkt die Fallmethode für die polizeifachliche Ausbildung?

Neben den allgemeinen Lernzielen – polizeifachliche Ausbildung einerseits, Vermittlung sozialer Kompetenz andererseits – muss durch eine möglichst lernendenorientierte Lehrveranstaltung erreicht werden, dass die Auszubildenden mehr Handlungsspielräume im Lehrprozess erhalten. Gerade dieses Ziel kann auf dem Wege einer problemorientierten Lehrveranstaltung erreicht werden. Diese geht von einem Sachverhalt aus, in dem ein Problem eingebettet ist, das zu finden und zu lösen die Lernenden anregen soll. Dadurch werden sie außerdem aktiv am Lernprozess beteiligt. Diese Vorgehensweise wird als sog. „Fallmethode" bezeichnet. Ein zu Beginn der Erarbeitungsphase eingegebener praktischer Fall enthält einerseits alle und andererseits möglichst nur solche Informationen, die für die Fallentscheidung relevant sind. Besonders anschaulich baut er bei den Lernenden eine Fragehaltung (Kernproblem) auf, die zur Analyse und Lösung des Problems anregt. Praktische, insbesondere nachgeahmte und auf das Wesentliche reduzierte Fälle bilden also ein geeignetes Mittel der problemorientierten Lehrveranstaltung, um den Auszubildenden mehr Handlungsspielräume zuzubilligen (vgl. 📕 Möllers, S. 73). Bei der Ausbildung zum Polizeivollzugsdienst ist eine enorme Fülle an zu vermittelnden Lehrstoff in allen Fächern festzustellen, selbst wenn man nur elementare Grundkenntnisse vermitteln will. Deshalb scheint die unterrichtliche Behandlung von praktischen Fällen schon aus zeitökonomischen Gründen dem Erreichen der Lernziele zu widersprechen. Hier ist aber zu bedenken, dass mit einer lückenlosen, systematischen Behandlung aller Wissensstoffe des Lehrplans den Anwärterinnen und -anwärtern zum PVD nicht gedient ist, weil wegen der Fülle des Stoffes nur eine oberflächliche Behandlung aller Themen in den Lehrveranstaltungen erreicht werden kann. Unter diesen Voraussetzungen ist es dann auch zu verneinen, dass es bei den Lernenden zu einer echten Aufnahme der dargebotenen Wissensgüter kommt. Einen Ausweg kann hier nur das Prinzip des exemplarischen Lernens bieten, bei dem die exemplarisch herausgegriffenen Stoffgebiete allerdings so ausgewählt sein müssen, dass sie repräsentativ für viele stehen. Denn lassen sich die in den Lehrveranstaltungen erarbeiteten Sachverhalte auch auf Gegenstände übertragen, die nicht eigens thematisiert worden sind und sich daher – scheinbar – als Wissenslücken darstellen, entsteht bei den Lernenden am Ende doch noch ein abgerundetes Bild. Anhand des praktischen Falls können Wissensstoffe erarbeitet werden, wenn er am Anfang einer Lehreinheit steht. Die mit dem Fall eingegebenen Informationen vermitteln den Sachzusammenhang, aus dem – besonders anschaulich – die Problemlage ermittelt und Lösungsansätze entwickelt werden können. Durch den Fall gelangen die Auszubildenden so zu Kenntnissen, die dann, wenn ein anderer Sachverhalt am Ende der Lehreinheit steht, zu Erkenntnissen werden, indem die Auszubildenden zeigen, dass der in den Lehrveranstaltungen behandelte Stoff „subjektives Bildungsgut" geworden ist, denn Anwendung ist Vertiefung. Die Fallmethode bietet damit sowohl Wissensvermittlung als auch Wissensanwendung. Damit lässt sich zusammenfassend feststellen, dass die Fallmethode den Aufbau einer Fragehaltung zur Analyse und Lösung des Problems ermöglicht und das Prinzip des exemplarischen Lernens fördert. Auf diese Weise werden die Kenntnisse zu Erkenntnissen weiterentwickelt, sodass zusätzlich zur Wissensvermittlung auch die Wissensanwendung stattfindet (vgl. 📖 Möllers, S. 73-75).

📖 *Möllers, Martin H. W.: Lehren und Prüfen bei der Polizei. Ein Lehrbuch der Didaktik und ihrer Methoden, Blaue Reihe: Studienbücher für die Polizei, 2. Aufl., Frankfurt/M 2011.*

---

383. Welche Funktion üben Prüfungen bei Ausbildungsgängen im Polizeivollzugsdienst aus?

Prüfungen haben immer verschiedene Funktionen, die sich je nach ihrem Verwendungszweck aus Sicht der Polizeiinstitutionen, der Prüfungskandidatinnen und -kandidaten und der Prüferinnen und Prüfer unterscheiden: Vom Standpunkt der Bildungsinstitutionen bei der Polizei geben Prüfungen zunächst einmal unmittelbar eine Prognose für die weitere erfolgreiche Ausbildung im Vorbereitungsdienst für den Polizeivollzugsdienst und mittelbar auch für die spätere berufliche Bewährung ab. Ferner sind sie das Instrumentarium zur personellen (Besten-)Auslese durch Festlegung einer Leistungsschwelle, die es ermöglicht, geeignete von ungeeigneten Auszubildenden bzw. Studierenden zu trennen. Als weitere Funktion muss auch die Möglichkeit der Verwirklichung der curricularen Vorgaben im Vergleich mit anderen entsprechenden Bildungsinstitutionen, z. B. verschiedene Ausbildungseinrichtungen der Polizeien in Bund und Ländern gelten. Vom Standpunkt der Geprüften aus sind Prüfungen ernsthafte Herausforderungen zur Leistungsabgabe sowie Rückmeldung und Beleg der eigenen Leistungsfähigkeit, die sich sowohl auf die Leistungskriterien als auch auf den Vergleich mit anderen Geprüften beziehen. Vom Standpunkt der Prüferinnen und Prüfer aus, die zugleich auch Lehrende sind, haben Prüfungen die Funktion der eigenen Leistungskontrolle im Hinblick auf das Stoffangebot, die gewählten Lehrmethoden sowie auf die Lernbereitschaft und Lernfähigkeit der Adressaten im jeweiligen Vorbereitungsdienst für den Polizeivollzugsdienst.

---

384. Welche Lernziele werden unterschieden und welche Verhaltensdimensionen können sie betreffen?

Lernziele der verschiedenen Ausbildungspläne bei der Polizei werden auf unterschiedlichen Abstraktionsebenen geführt. In der Literatur werden grundsätzlich Richt(lern)ziele, Grob(lern)ziele und Fein(lern)ziele unterschieden. Insbesondere die Richtziele und die Grobziele sind aber auf einer sehr hohen Abstraktionsebene, sodass Feinlernziele von den Fachlehrerinnen und Fachlehrern bestimmt werden müssen. Bei den Verhaltensdimensionen, auf welche die Lernziele gerichtet sind, werden allgemein unterschieden *kognitives Verhalten*, wie denken, argumentieren, subsumieren, *affektives Verhalten*, wie zum Beispiel bei der Polizei Einstellungen zu Zielen im Polizeivollzugsdienst oder Einstellungen zur freiheitlich demokratischen Grundordnung, und schließlich psychomotorisches Verhalten, das z. B. bei der Polizei den Umgang mit Fahrzeugen und Waffen betrifft.

---

385. Lernziele werden in Intensitätsstufen (IS) aufgegliedert. Wie viel Stufen gibt es und welche Bedeutung haben sie?

In Literatur und Praxis haben sich folgende vier IS für kognitives Lernzielverhalten eingebürgert und bewährt, sodass sie auch in die Lehr- und Ausbildungspläne aller Ausbildungsebenen bei der Polizei übernommen wurden. Die jeweils höhere IS baut auf der niederen auf, sodass die niederen Fähigkeiten vorhanden sein müssen, wenn die höhere erreicht werden soll. Für die Lernzielstufung bei kognitiven Prozessen lässt sich dann folgendes Endverhalten beschreiben: Zur Stufe des Kennens / Wissens (= *Reproduktion*) gehört die gedächtnismäßige Wiedergabe des Gelernten, also kennen, nennen. Zur Stufe des Verstehens (= *Reorganisation*) gehört die selbstständige Verarbeitung und Anordnung des Gelernten, also verstehen, erläutern. Zur Stufe des Anwendens (= *Transfer*) gehört die Übertragung auf neue ähnliche Aufgaben, also anwenden, lösen. Schließlich gehört zur Stufe des Beurteilens (= *Problemlösung*) die kritische Bewertung des Gelernten sowie Finden neuer Lösungsansätze, also beurteilen, entwickeln (vgl. Möllers, S. 85-86).

Möllers, Martin H. W.: Lehren und Prüfen bei der Polizei. Ein Lehrbuch der Didaktik und ihrer Methoden, Blaue Reihe: Studienbücher für die Polizei, 2. Aufl., Frankfurt/M 2011.

---

386. Im Lernprozess gibt es verschiedene Komplexitätsstufen (KS). Wie viel Stufen gibt es und welche Bedeutung haben sie?

Das Verhalten kann einerseits verschieden abstrakt sein und Richt-, Grob- und Feinlernziele betreffen, in verschiedenen Dimensionen kognitiv, affektiv und psychomotorisch auftreten sowie innerhalb der Dimensionen auf verschiedenen Intensitätsstufen gezeigt werden. Bei den Unterrichtsinhalten wird allgemein in vier KS unterschieden: Die niedrigste Stufe machen Einzelheiten, Fakten oder Paragraphen aus. Sie sind Informationsteile, die in einem unverbundenem Zusammenhang zu anderen Informationen stehen. Komplexer sind dagegen schon Begriffe und Regeln, die erfahrungsgemäß begründete Schemata zur Ordnung einer verwirrenden Vielfalt von Einzelheiten beinhalten. Modelle, Methoden und Gesetze sind noch komplexer, weil sie die Voraussage und Steuerung von Handlungen und Ereignissen geben. Die höchste Stufe der Komplexität machen schließlich Theorie aus, die Systeme aus Gesetzmäßigkeiten und der sie verknüpfenden Beziehungen darstellen (vgl. Möllers, S. 87).

Möllers, Martin H. W.: Lehren und Prüfen bei der Polizei. Ein Lehrbuch der Didaktik und ihrer Methoden, Blaue Reihe: Studienbücher für die Polizei, 2. Aufl., Frankfurt/M 2011.

7. Abschnitt: Technik wissenschaftlichen Arbeitens

Unterabschnitt:
Bedingungen der Wissenschaftlichkeit

387. Wie könnte man den Begriff „Wissenschaft" definieren?

Wissenschaft lässt sich sehr allgemein definieren als die Gesamtheit der kollektiven Erkenntnis einschließlich des Wissens um die Methoden zu Erlangung eben dieser Erkenntnis und weiter das Sammeln, Lehren und Weiterentwickeln von Erkenntnis und Methodik. Auf einzelne begrenzte Bereiche bezogen spricht man von Einzelwissenschaften. Von der klassischen Definition her ist *Wissenschaft* also ein System allgemeiner, begründeter und vorläufig wahrer Sätze über einen thematischen Bereich. Darüber hinaus ist Wissenschaft jede intersubjektiv überprüfbare Untersuchung von Tatbeständen und die auf ihr beruhende, systematische Beschreibung und – wenn möglich – Erklärung der untersuchten Tatbestände (📖 Speck, S. 726).

📖 *Hegenbart, Rainer: Wörterbuch der Philosophie, Bindlach 1994; Speck, Josef: Handbuch wissenschaftstheoretischer Begriffe, Bd. 3, Göttingen 1980.*

388. Was unterscheidet im Wesentlichen wissenschaftliches vom alltäglichen Denken?

Im Alltag werden Erlebnisse subjektiv auf der Basis bisheriger Lebenserfahrungen bewertet. Es gibt keinen Unterschied zwischen Wirklichkeit und Realität, da den Menschen die Begrenztheit ihrer Sinnesorgane, Aufnahme- und Verarbeitungskapazitäten nicht bewusst ist. Das eigene Handeln wird kaum kritisch reflektiert, ebenso wenig die persönlichen Einstellungen und Werthaltungen. kommuniziert wird in einer Alltagssprache, deren Begriffe und Schlussfolgerungen individuell und subjektiv sind, sodass zwischen den Kommunizierenden permanent Missverständnisse entstehen.

Wissenschaftliches Denken beginnt bereits bei der grundlegenden Frage nach dem Wirklichkeitsbegriff und daraus folgend nach den möglichen Wegen zur Erkenntnis. Wissenschaft definiert Begriffe und systematisiert sie in einem Ordnungsschema. Sie gewinnt mit überprüften Methoden Erkenntnisse und bleibt auf Distanz zu ihrem Forschungsgegenstand. Die Erkenntnisse werden nicht (moralisch) gewertet und schriftlich in Form wissenschaftlicher Aufsätze, Forschungsberichte, Gutachten etc. kommuniziert. Damit werden sie auch zur Diskussion gestellt; aus dem entstehenden Disput heraus entwickelt sich die Wissenschaft fort, sie ist also offen für Veränderungen. Voraussetzung sind exakte Definitionen, eine (oft abstrakte) Fachsprache, nachvollziehbare Kriterien des Vorgehens.

📕 *Spohrer, Hans-Thomas: Der Theorie-Praxis-Streit am Beispiel des Hochschulstudiums in der Polizei – ein Beitrag aus sozialwissenschaftlicher Sicht. In: Möllers, Martin H. W. / van Ooyen, Robert Chr. / Spohrer, Hans-Thomas (Hg.), Die Polizei des Bundes in der rechtsstaatlichen pluralistischen Demokratie, Opladen 2003, S. 57-64.*

---

389. Anhand welcher Merkmale können Studierende feststellen, ob sie sich gerade mit einem wissenschaftlichen oder nur populärwissenschaftlichen Fachbuch beschäftigen?

Wissenschaftliche Literatur ist für eine entsprechend vorgebildete Leserschaft bestimmt. Sie lässt sich einer bestimmten Disziplin zuordnen und verwendet deren Fachsprache. Sie basiert auf vorhandenen Erkenntnissen, die sie zusammenfassend darstellt und deren Herkunft sie belegt. Diese (Literatur-) Quellen sind korrekt zitiert und in einem eigenen Verzeichnis aufgeführt. Auf ihnen basiert eine eigenständige weiterführende wissenschaftliche Leistung unter Benutzung der jeweiligen Methodik. Die Arbeit ist logisch und nachvollziehbar aufgebaut und gegliedert. Rein äußerlich fallen eingerückte Literaturhinweise, Fußnoten, das erwähnte Literaturverzeichnis, ein Stichwort- und Autorenregister, oft auch Anhänge und je nach Fachgebiet auch Abbildungen und Tabellen auf.

Populärwissenschaftliche Literatur ist alltagssprachlich formuliert. Im Ausdruck ist sie leicht verständlich, oft auch mitreißend, visionär oder einschwörend formuliert. Ihre Verfasser erwecken den Eindruck, lange gesuchte einfache Antworten auf komplexe Problemlagen gefunden zu haben. Dabei folgen sie oft nur Meinungstrends oder stellen sich bewusst provokativ gegen allgemeine Überzeugungen, um Abnehmer unter einer vermuteten „schweigenden Mehrheit" zu finden. Der Text ist in

Kapitel, aber nicht in tiefere Gliederungsebenen eingeteilt. Das Literaturverzeichnis ist kurz oder fehlt ganz.

Wenn überhaupt wissenschaftliche Thesen vermittelt werden, dann oberflächlich und einseitig zum Zweck der Beweisführung für die eigene Meinung ausgewählt. Zitate fehlen meist völlig, wenn vorhanden, erfolgen sie in manipulativer Absicht. Gern zitiert werden klassische Geistesgrößen wie Goethe, Genies wie Einstein oder berühmte Politiker und Feldherren. Die Erkenntnisebene ist die des persönlichen Erlebens, was gern als Lebenserfahrung und Menschenkenntnis bezeichnet wird. Der Text wird durch „typische Begebenheiten" aufgelockert, aus denen Beweiskraft für die Richtigkeit der Aussagen gezogen wird. Der Realität oder „Praxis" wird Vorrang vor abstrakten Modellen zugesprochen.

📖 *Möllers, Martin H. W.: Wissenschaftliche Abschlussarbeiten für Bachelor, Master oder Diplom an Hochschulen für die Polizei. Die Technik des wissenschaftlichen Arbeitens: Themenfindung, Literaturrecherche, Gliederung, Fußnotenapparat, Zitiertechnik, Quellenangaben, Tipps für WORD®, Kriterien für die Bewertung, Blaue Reihe: Studienbücher für die Polizei, Frankfurt/M 2007.*

---

390. Welche Funktion haben Diplom- oder künftig Bachelorarbeiten an Hochschulen der Polizei.

Eine Diplom- oder Bachelorarbeit stellt bereits eine komplexe Form wissenschaftlichen Arbeitens dar. Die Studierenden an den (Fach-) Hochschulen der Polizei sollen zum Ende ihrer Studienzeit nachweisen, „dass sie in der Lage sind, innerhalb einer vorgegebenen Zeit Probleme aus den Inhalten der Ausbildung nach wissenschaftlichen Methoden selbstständig zu bearbeiten …" (Nr. 3 der Richtlinien für die Anfertigung von Diplomarbeiten am Fachbereich Bundespolizei der Fachhochschule des Bundes). In einer Diplomarbeit sollen bereits gesicherte wissenschaftliche Erkenntnisse Lösungsstrategien für ein konkretes polizeiliches Praxisproblem liefern.

📖 *Möllers, Martin H. W.: Wissenschaftliche Abschlussarbeiten für Bachelor, Master oder Diplom an Hochschulen der Polizei, Frankfurt/M 2007.*

391. Welche Methoden kennt die Rechtswissenschaft?

Das Argumentieren mit Hilfe von Gerichtsurteilen, Gutachten und juristischer Fachliteratur ist für Studierende an Polizeihochschulen sicher das gängige und auch ein akzeptables Vorgehen bei Erstellen eigener Abschlussarbeiten, genau betrachtet handelt es sich aber „nur" um Methoden zweiter Ordnung.

Eine grundlegende Methode der (normativen) Rechtswissenschaft ist die Auslegung oder Interpretation: Gerade unbestimmte Rechtsnormen bedürfen der Ermittlung ihrer Aussage im konkreten Fall, z. B. ob er unter die jeweilige Norm subsumiert werden kann. Die klassischen Methoden der Auslegung nach Friedrich Carl von Savigny (1779-1861), dem Begründer der historischen Rechtsschule, sind die historische Auslegung (Was wollte der Gesetzgeber erreichen?), die grammatische Auslegung (die Bedeutung juristischer Begriffe, z. B. „Werkzeug" oder „bewaffnet"), die systematische Auslegung, die eigentlich nur aus der Voraussetzung besteht, dass Gesetze widerspruchsfrei zueinander stehen, und die teleologische Auslegung, die nach dem Sinn und Zweck einer Norm fragt, womit sie über die rein historische Auslegung hinausgeht, weil sie den gesellschaftlichen Wandel mit berücksichtigt.

Ergänzend wird heute noch die verfassungskonforme Auslegung genannt, die voraussetzt, dass ein Gesetz nicht der Verfassung widersprechen kann. Weiter genannt werden, eher im Sinn von ergänzendem „Werkzeug" die Analogiebildung (Anwendung einer Rechtnorm auf einen von ihr eigentlich nicht abgedeckten Sachverhalt) und die teleologische Reduktion (z. B. ist Selbstmord nicht strafbar, obwohl doch gemäß der Definition von Mord ein Mensch getötet wird).

Aus der grammatischen Auslegung hat sich die *Rechtshermeneutik* entwickelt, die den Schwerpunkt auf das sprachliche Verstehen des Textes und den Bedeutungswandel von Begriffen legt.

In der juristischen Methodenlehre spielt insgesamt die *Logik* eine große Rolle, da eine wesentliche Aufgabe der Juristen im Argumentieren liegt. Insbesondere die Aussagelogik ist aber auch für den Polizeiberuf von großer Bedeutung. Zentrale Begriffe sind u. a. Negation, Konjunktion, Disjunktion, Implikation, Replikation und Äquivalenz.

📖 *Alexy, Robert: Theorie der juristischen Argumentation: Die Theorie des rationalen Diskurses als Theorie der juristischen Begründung, Neuaufl., Frank-*

furt/M 2008; **Canaris,** *Claus-Wilhelm* / **Larenz,** *Karl: Methodenlehre der Rechtswissenschaft, 4. Aufl., Berlin 2009.*

392. Welche Methoden kennt die empirische Sozialforschung?

Empirie oder Empirismus geht davon aus, dass auf Erfahrung beruhende Erkenntnis einzige Quelle des Wissens sein kann.

Die einschlägigen Methoden sind die *Beobachtung* als gezielte und geplante Wahrnehmung und Erfassung sozialer Phänomene, die *Befragung* in Form offener, halbstandardisierter, oder standardisierter Erfassung von Daten mit Hilfe von Fragen, *Tests* (standardisierte, geeichte Messverfahren zur Feststellung individueller Merkmalsausprägungen) und das *Experiment* als absichtliches, geplantes Herbeiführen eines Vorgangs mit unabhängiger und abhängiger Variablen zur gezielten Beobachtung. Unabdingbar sind vertiefte Kenntnisse der jeweiligen Anwendung, Konstruktion und Auswertung, was wiederum das Beherrschen deskriptiver und inferenzstatistischer Berechnungen verlangt.

📖 *Diekmann, Andreas: Empirische Sozialforschung: Grundlagen, Methoden, Anwendungen, 18. Aufl., Reinbek 2007.*

393. Welche Tipps kann man Studierenden geben, die noch keine Idee für ein Thema ihrer wissenschaftlichen Abschlussarbeit gefunden haben?

Ideen suchende Studierende sollten beispielsweise fortlaufend Notizen zu Medienberichten über aktuelle polizeiliche Themen anfertigen und in einer Art „wissenschaftlichem Tagebuch" sammeln. Bereits daraus können sich Impulse für ein Arbeitsthema einstellen. Auch empfiehlt sich ein Querlesen des Studienplans, dessen umfangreicher Fächerkanon kann in Verknüpfung mit eigenen Interesseschwerpunkten ebenfalls Ideen liefern. Kirchlich Engagierte entdecken z. B. die Berufsethik, Computerbegeisterte die polizeiliche EDV, Sportler die Sportwissenschaft und Technikinteressierte die Funk- oder Waffentechnik. Außerdem findet man im Intranet der Bundespolizei eine Liste mit Themenvorschlägen von Lehrenden und Praktikern.

Abzuraten ist hingegen von Themen, die sich aus persönlicher Betroffenheit anbieten (Scheidungsgründe bei Polizisten, Benachteiligung von

Frauen in der Polizei etc.), weil emotionale Nähe und wissenschaftliche Distanz einander ausschließen. Des Weiteren verbieten sich Themen, die wissenschaftliche Spezialisierung voraussetzen (falls nicht zufällig bereits vorhanden), wie die „Analyse polizeitaktischer Begriffe mit Hilfe der objektiven Hermeneutik" oder die „Ziele chinesischer Islamisten".

Auf jeden Fall sollte eine Idee zu einer Fragestellung präzisiert und mit entsprechender Hintergrundinformation versehen ein/e Dozent/in des Fachbereichs Bundespolizei an der FH Bund um weitere Beratung gebeten werden.

📖 *Möllers, Martin H. W.: Wissenschaftliche Abschlussarbeiten für Bachelor, Master oder Diplom an Hochschulen der Polizei, Frankfurt/M 2007, S. 43-46.*

---

394. Welche Überlegungen sollten Studierende bei der Entwicklung der konkreten Fragestellung ihrer wissenschaftlichen Abschlussarbeit anstellen?

Mit der Formulierung einer exakten Fragestellung steht und fällt der Erfolg einer Abschlussarbeit. Ohne klare Zielvorstellung bereiten Literaturauswahl, Hypothesenbildung und Methodik große Probleme und die Arbeit wird zu einer Ansammlung verschwommener Allgemeinplätze. Auf dem Weg von der Idee zur Fragestellung helfen Verfahren wie Cluster, Strukturbaum und Analogierad (nach 📖 Esselborn-Krumbiegel, S. 38-47). Zwingend erforderlich ist das Sichten der betreffenden wissenschaftlichen Literatur. Hier verschafft man sich besonders mit Hilfe wissenschaftlicher Fachzeitschriften einen schnellen Überblick, wer bereits wann was zur eigenen Themenvorstellung veröffentlicht hat und ob sie überhaupt Relevanz und Aktualität besitzt. Wichtig sind auch kritische Fragen an sich selbst, nämlich welche konkrete Frage man beantworten will, ob es überhaupt Quellen zur Beantwortung gibt (geeignete Statistiken, Literatur), ob man die nötige Methodik beherrscht (Erstellen von Umfragen, deren statistische Auswertung), ob das Thema überhaupt für andere interessant ist und ob nicht bereits eine ähnliche Thematik bereits bearbeitet wurde.

📖 *Esselborn-Krumbiegel, Helga: Von der Idee zum Text. Eine Anleitung zum wissenschaftlichen Schreiben, 2. Aufl., Paderborn 2004; Möllers, Martin*

H. W.: Wissenschaftliche Abschlussarbeiten für Bachelor, Master oder Diplom an Hochschulen der Polizei, Frankfurt/M 2007.

395. Welche Empfehlungen kann Kommilitonen für die Literaturrecherche in Bibliotheken gegeben werden?

Zunächst sollte grundsätzlich festgestellt werden, dass die Studierendenausweise nicht nur den Zutritt in alle Hochschulbibliotheken sondern oft auch das Ausstellen eines entsprechenden Benutzerausweises ermöglichen, mit dessen Hilfe wiederum Literatur entliehen werden kann. Nicht entleihbare Literatur kann vor ort kopiert werden (Titelblatt zwecks Zitation nicht vergessen!). Unbedingt muss man sich mit der Handhabung computergestützter wie manueller Bibliothekskataloge sowie den Besonderheiten juristischer Recherchemöglichkeiten wie Entscheidungssammlungen vertraut machen.

Wissenschaftliche Beiträge in Fachzeitschriften liefern nicht nur einen schnellen inhaltlichen Überblick, sie bieten auch über ihr Literaturverzeichnis Information zur weiteren Suche. Bei Büchern sind Sammelwerke interessant, weil sie schneller fertig gestellt und deshalb aktueller sind. Stellt man fest, dass sich die zitierte Literatur immer öfter wiederholt, kann man die Recherche langsam einstellen, sollte aber prüfen, ob man nicht in eine „Zitierkartell" geraten ist und inwieweit man auch kritische Literatur mit einbezogen hat.

📖 *Möllers, Martin H. W.: Wissenschaftliche Abschlussarbeiten für Bachelor, Master oder Diplom an Hochschulen der Polizei, Frankfurt/M 2007.*

396. Was ist bei der Literaturrecherche im Internet zu bedenken?

Grundsätzlich sind die gängigen Suchmaschinen wie Google oder Lycos zum Auffinden wissenschaftlicher Literatur ungeeignet. Auf den Websites von Sicherheitsbehörden, Kirchen, Gewerkschaften oder Parteien darf man keine wissenschaftliche Neutralität erwarten. Desgleichen wird die lexikalische Datenbank Wikipedia nicht als wissenschaftlich seriös anerkannt, da dort alle veröffentlichen dürfen, die sich dazu berufen fühlen.

Wissenschaftlich seriöse Datenbanken wie Juris sind hingegen an Universitäten angebunden. Auch deren Bibliothekskataloge bzw. der Metakatalog der Universität Karlsruhe (KVK – Karlsruher Virtueller Katalog) sind empfehlenswert. Zu beachten ist außerdem, dass man bei der Recherche die Fachzeitschriften mit einbezieht.

Ein Problem bei der Erstellung wissenschaftlicher Abschlussarbeiten stellt die bald nicht mehr zu überblickende Fülle an geeignet erscheinender Literatur dar. Welche Empfehlungen können Sie hinsichtlich des Vorgehens zu deren Auswertung geben?

Keinesfalls sollten die Studierenden versuchen, die Menge an Literatur lesen zu wollen. Vielmehr ist in einem ersten Schritt die populär- oder unwissenschaftliche Literatur auszusondern, erkennbar an fehlendem oder rudimentärem Literaturverzeichnis, sprachlicher Einfachheit, mangelnder akademischer Reputation der Verfasser etc.

Die seriöse wissenschaftliche Literatur wird zunächst gesichtet, d. h. auf Aktualität und tatsächliche Relevanz für die eigene Veröffentlichung geprüft. In dieser Phase genügt ein Überfliegen des Textes (Kapitelüberschriften, Abbildungen), das Lesen von Abstract, Klappentext und Inhaltsverzeichnis. Noch genauere Informationen liefern das Lesen von Einleitung und Zusammenfassung und besonders herausgehobenen Textpassagen (fett oder kursiv gedruckt, eingerückt oder in anderer Schriftgröße).

Die wirklich wichtige Literatur muss dann inhaltlich erfasst, also nicht nur wie Prosa gelesen sondern auch verstanden werden. Vor dem Lesen empfiehlt es sich, Leitfragen an den Text zu stellen, die der eigenen Arbeit weiterhelfen. Zentrale Begriffe und Passagen sollten bei eigener Literatur (sparsam) markiert, bei fremder notiert werden (Es empfehlen sich Fotokopien). Die jeweiligen Kapitel sind in eigenen Worten zusammenzufassen. Schließlich müssen die vorher formulierten Leitfragen auf den Text angewendet werden. Aus den Antworten und den Zusammenfassungen erhält man die Grundlage für das Exzerpt, die eigenständige, im Sinn der Fragestellung aufbereitete Zusammenfassung des Textes. Die Exzerpte der verarbeiteten Literatur bilden die Grundlage für den Theorieteil der eigenen Arbeit, deren Gliederung und im Ansatz bereits die Lösung der Fragestellung.

📖 ***Esselborn-Krumbiegel***, *Helga: Von der Idee zum Text. Eine Anleitung zum wissenschaftlichen Schreiben, 2. Aufl., Paderborn 2004;* **Möllers**, *Martin H. W.: Wissenschaftliche Abschlussarbeiten für Bachelor, Master oder Diplom an Hochschulen der Polizei, Frankfurt/M 2007.*

Unterabschnitt:
Wissenschaftliche Arbeiten und ihre Bewertung

---

397. Welche grundlegenden Regeln bestimmen eine korrekte Zitierweise?

Fremdes Gedankengut ist immer als solches kenntlich zu machen. Das ist nicht nur ein Gebot der Fairness und Ehrlichkeit, es dient auch der Untermauerung eigener Thesen, wenn anerkannte Autorinnen und Autoren sie bestärken. Des Weiteren sind anerkannte Theorien notwendige Grundlage jeder wissenschaftlichen Arbeit, und diese können nur fremden Quellen entnommen werden. Leserinnen und Leser sowie Korrigierende versetzt korrektes Zitieren in die Lage, die entsprechende Literatur zwecks Nachprüfung einzusehen. Wissenschaftliches Zitieren erfordert das Beachten der nachfolgenden vier allgemeinen Regeln:

Zitate sind im Schriftbild zu kennzeichnen: Nicht wörtliche Zitate sind an ihrem Ende in Form eines Fuß- oder Endnotenverweises oder auch durch eine Zeilenbeleg kenntlich zu machen. Wörtliche Zitate sind durch An- und Abführungszeichen zu kennzeichnen.

Wörtliche Zitate müssen ganz genau sein: Sie sind in Rechtschreibung und Zeichensetzung original, inklusive etwaiger Fehler, zu übernehmen. Sie dürfen zwar verkürzt wiedergegeben werden, aber dann muss die Auslassung gekennzeichnet sein (üblicher Weise durch drei Punkte) und vor allem muss der Sinn erhalten bleiben. Ergänzungen (durch eckige Klammern kenntlich gemacht) sind nur statthaft, wenn sie der grammatikalischen Anpassung an den eigenen Text dienen. Hebt man Wörter oder Satzteile hervor, muss (wiederum in eckigen Klammern) der entsprechende Hinweis folgen, dass diese Hervorhebung nicht im Original bestand. Zitate im Zitat werden durch Apostrophe kenntlich gemacht.

Zitate müssen aus erster Hand entnommen werden: Grundsätzlich sollte direkt aus der Originalliteratur zitiert werden, nur wenn dies zu aufwändig ist oder ein/e Zweitautor/in Zitate aus mehreren Quellen in wenigen Sätzen aufbereitet hat, macht das Sekundärzitat Sinn, muss aber als solches ausgewiesen werden („zitiert nach").

Zitate müssen inhaltlich dem Zweck ihres Belegs entsprechen: Sie sollen der Verstärkung der eigenen Meinung dienen oder es soll durch das Gegenüberstellen von Zitaten gegensätzlicher Auffassungen belegt werden, dass eine bestimmte Fragestellung auch unter Wissenschaftlern kontrovers diskutiert wird.

📖 *Andermann, Ulrich / Drees, Martin / Grätz, Frank: Duden. Wie verfasst man wissenschaftliche Arbeiten? Ein Leitfaden für das Studium und die Promotion, 3. Aufl., Mannheim 2006; Möllers, Martin H. W.: Wissenschaftliche Abschlussarbeiten für Bachelor, Master oder Diplom an Hochschulen der Polizei, Frankfurt/M 2007; Niederhauser, Jürg: Duden. Die schriftliche Arbeit - kurz gefasst: Eine Anleitung zum Schreiben von Belegarbeiten in Schule und Studium. Literatursuche, Materialsammlung und Manuskriptgestaltung mit vielen Beispielen, Mannheim 2006.*

---

398. Was unterscheidet „Quellen" von „Literatur"?

Umgangssprachlich und leider auch oft in der Polizeiliteratur werden die Begriffe gleichgesetzt. Beim wissenschaftlichen Arbeiten ist jedoch der Begriff „Quelle" der weiter gefasste: *Quellen* sind sämtliche Fundstellen, die dem Belegen aufgestellter Behauptungen in wissenschaftlichen Arbeiten dienen. Sie haben historischen Charakter, d. h. sie wurden in mündlicher, schriftlicher oder gegenständlicher Weise ausgedrückt und durch Aufzeichnung oder Sammlung dokumentiert. In der Regel ist oder war ihr eigentlicher Zweck nicht wissenschaftlicher Art. Mündliche Quellen können protokollierte Ansprachen, Festreden und Interviews mit Experten zum Thema der eigenen Arbeit sein (Experten haben nicht die primäre Funktion, Forschern Auskünfte zu erteilen). Schriftliche Quellen sind historische (nicht aber aktuelle) Gesetzestexte, Dienstanweisungen, rechtsextremistische Flugblätter, Prospekte, unveröffentlichte Manuskripte, etc., gegenständliche Quellen wären Skulpturen oder Waffen. Nicht wissenschaftliche Internetseiten, die z. B. als Beleg für Verschwörungstheorien benutzt werden, sollten geschlossen nach den übrigen Quellen aufgeführt werden.

In das *Literaturverzeichnis* gehören nur wissenschaftliche Bücher, Beiträge aus Sammelwerken, Fachlexika und Aufsätze aus Fachzeitschriften. Ebenso können Datenträger (CD-ROM, DVD), die wissenschaftlichen Ansprüchen genügen (z. B. Entscheidungssammlungen des BGH)

aufgenommen werden. Am Ende des Literaturverzeichnisses werden zusammenhängend diejenigen Belege aus dem Internet aufgeführt, die inhaltlich und durch ihre Autorenschaft als wissenschaftliche Beiträge gelten können. Literatur, die wissenschaftlichen Ansprüchen nicht genügt, ist nicht zitierfähig und wird, wenn sie aus nachvollziehbaren Gründen benötigt wurde, im Quellenverzeichnis oder gesondert aufgeführt. Dasselbe gilt für Unterrichts-Scripte und allgemeine Lexika wie Brockhaus. Gültige Gesetzestexte sind weder Quellen noch Literatur.
📖 *Möllers, Martin H. W.: Wissenschaftliche Abschlussarbeiten für Bachelor, Master oder Diplom an Hochschulen der Polizei, Frankfurt/M 2007.*

---

399. Welchen allgemeinen formalen Bewertungsaspekten muss eine Diplom- oder Bachelorarbeit genügen?

Zunächst muss die *formale Vollständigkeit* gegeben sein: An Universitäten und Fachhochschulen geben die einzelnen Fachbereiche verbindliche Hinweise zur äußeren Form der Abschlussarbeiten. Analog haben das Bundesministerium des Innern für den Fachbereich Bundespolizei sowie die Innenminister und -senatoren der Länder für ihre Polizei Richtlinien für die Anfertigung einer Diplomarbeit erlassen. Für die Bundespolizei muss die Arbeit gedruckt oder mit der Maschine geschrieben und gebunden vorgelegt werden. Ihr Umfang soll bei 30 bis 70 DIN-A4-Seiten Text liegen (Grafiken, Tabellen etc. werden nicht mitgezählt), deren Randmaß außen rechts sechs und ansonsten drei Zentimeter aufweist. Der Text ist einzeilig in der Schriftgröße 12 pt zu setzen. Die Fußnoten sind am Seitenende einzufügen.

Das Deckblatt der Arbeit ist als Muster vorgegeben. Ihm folgt eine dekadische oder alphanumerische Gliederung. Die Arbeit umfasst mindestens klar getrennt Einleitung, Haupt- und Schlussteil, Literaturverzeichnis, Abstract (eine halbseitige Zusammenfassung der Arbeit) und die ehrenwörtliche Erklärung, sie eigenständig verfasst und fremde Gedanken deutlich gemacht zu haben. Gegebenen Falls sind noch ein Abkürzungs-, Quellen-, Abbildungs- und Tabellenverzeichnis sowie Anlagen einzufügen.

Weiter wird das *äußere Erscheinungsbild* bewertet: Hier wird auf das Einhalten von vorgegebenen Randmaßen, eine durchgängige und richtige Seitennummerierung und die professionelle technische Ausführung von Tabellen und Abbildungen geachtet. Tippfehler sollten nicht vorkommen, und der Text sollte optisch klar und gut lesbar sein, was vor allem durch ein einheitliches Schriftbild und abgesetzte Überschriften erreicht wird.

Die Arbeit hat ferner den aktuell gültigen *Regeln zu Rechtschreibung, Grammatik, Zeichensetzung und Satzbau* zu folgen. Darüber hinaus gilt für den Gebrauch von *Ausdruck und Sprache*, dass die Formulierungen präzise, verständlich und fachsprachlich korrekt sein sollen. Umgangssprache einerseits und pseudo-wissenschaftliches „Anbiedern", künstliches Beamten- oder Soziologendeutsch andererseits sind zu vermeiden.

📖 *Möllers, Martin H. W.: Wissenschaftliche Abschlussarbeiten für Bachelor, Master oder Diplom an Hochschulen der Polizei, Frankfurt/M 2007.*

---

400. Welchen allgemeinen materiellen Bewertungsaspekten muss eine Diplom- oder Bachelorarbeit genügen?

Zu den *materiellen Bewertungsaspekten* zählen allgemein die Angemessenheit der Themenbearbeitung, die Strukturierung der Arbeit, die Absicherung der Thesen und die Interpretation der Ergebnisse. Die Arbeit soll über vorliegende Erkenntnisse hinausgehen. Um diese Kriterien erfüllen zu können, ist die Arbeit zielgerichtet logisch-konstruktiv aufzubauen. Es muss neueste einschlägige Literatur verwendet und aufbereitet werden, sodass eigene Gedanken und Schlussfolgerungen erkennbar sind. Lesende sollen Herangehensweise und Methodenwahl nachvollziehen können.

In der *Einleitung* sind theoretische wie praktische Bedeutung der Arbeit zu formulieren und eine klare Zielsetzung zu nennen. Nach einer kurzen Beschreibung des aktuellen Forschungsstandes sollen weiteres Vorgehen, Hilfsmittel und anzuwendende Methodik benannt und begründet werden.

Im *Hauptteil* sind neben den genannten Kriterien exakte Definitionen, korrekte Zitiertechnik, enger Themenbezug, Angemessenheit der Methodik, klare Befunddarstellung, eine kritische Reflexion der eigenen Arbeit und wissenschaftliche Distanz zum Thema wichtig.

Bei der Bewertung des *Schlussteils* wird darauf geachtet, dass in ihm die Ausgangssituation reflektiert wird, worauf eine Zusammenfassung der Vorgehensweise und der Ergebnisse folgt. Einer kritisch-distanzierten

Würdigung der Arbeit schließen sich Anregungen zu weiteren themen-
bezogenen Forschungen an. Keinesfalls dürfen im Schlussteil weitere
Thesen oder Untersuchungen auftauchen.

In der Regel wird ein *Abstract* gefordert, das für eine gute Bewertung im
Schriftbild der Arbeit auf höchstens einer halben DIN-A4-Seite kurz
und prägnant die Ausgangssituation reflektieren, Zielstellung und For-
schungsinteresse verdeutlichen, die theoretischen Grundlagen nennen
und Vorgehensweise und zentrale Ergebnisse darstellen soll.

📖 *Möllers, Martin H. W.: Wissenschaftliche Abschlussarbeiten für Bachelor,
Master oder Diplom an Hochschulen der Polizei, Frankfurt/M 2007.*

Dokumentationen

Schaubild der Kaiserreichsverfassung von 1871[32]:

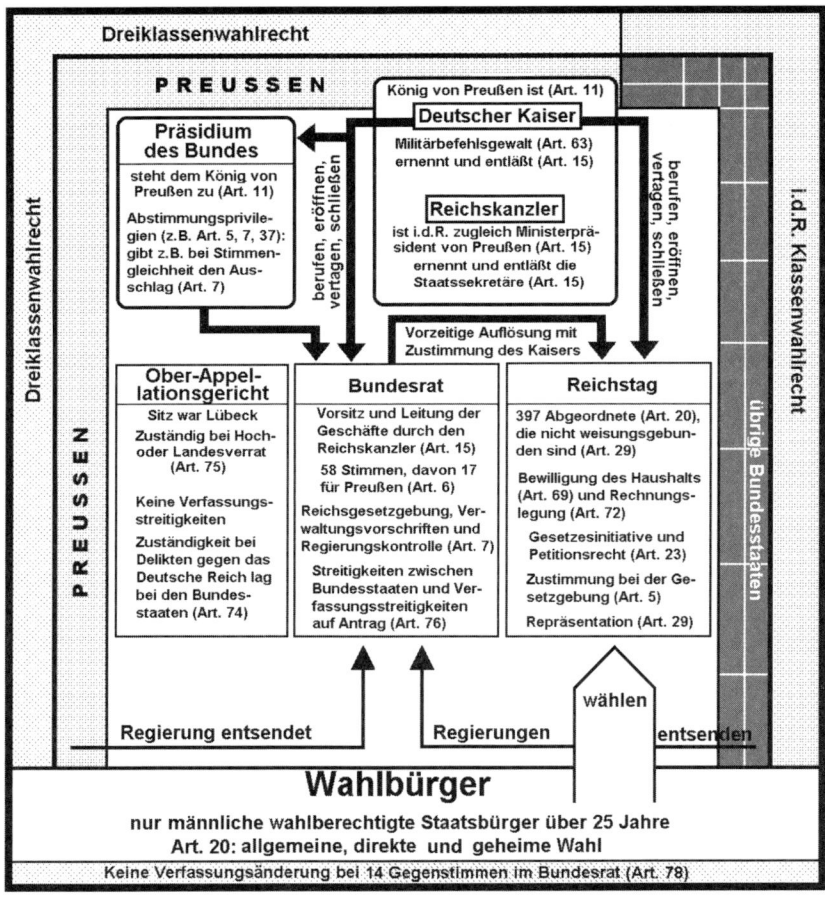

32 Eigener Entwurf nach dem Verfassungstext bei Hildebrandt, Horst (Hg.): Die deutschen Verfassungen des 19. und 20. Jahrhunderts, UTB, 14. Aufl., Stuttgart/Paderborn 1992, und auf der Grundlage des Schaubilds zur Verfassung von 1871 bei der Bundeszentrale für politische Bildung (🖳 www.bpb.de/themen/RIVCY5,0,0,Die_Verfassung_von_1871.html).

Texte zum Kaiserreich:

1 *1. Der Historiker Gerhard Ritter, Jahrgang 1888, schrieb 1965*[33]: „Man macht es sich
2 zu leicht, wenn man den Staat Bismarcks deshalb ‚zeitfremd' nennt, weil er keine
3 ‚parlamentarische' Regierungsverfassung im Sinn der modernen Demokratie besaß. Der
4 Mehrzahl der Deutschen erschien das damals keineswegs als verlockendes Ideal ... Rich-
5 tig ist aber, daß es Bismarck ganz und gar nicht verstanden hat, die Deutschen zu tätiger
6 und freudiger Mitwirkung am Staatsleben zu erziehen ..., die politischen Überzeugungen
7 seiner Gegner und die Ideale der Parteien wirklich ernst zu nehmen ... Der von ihm ent-
8 fesselte ‚Kulturkampf' gegen den politischen Katholizismus und die Polizeiverfolgung
9 der Sozialisten als ‚Staatsfeinde' gehören zu den traurigsten Erinnerungen deutscher In-
10 nenpolitik. Das alles hat für die Entwicklung deutschen Staatslebens ... böse Folgen ge-
11 habt."

12 *2. Der Historiker Golo Mann, Jahrgang 1909, schrieb 1966*[34]: „Ludendorff und Hitler
13 haben Bismarcks Werk nicht fortgesetzt, sie haben es zerstört ... Hätten sie es aber zer-
14 stören können, wenn nicht seine Grundlage ungesund gewesen wäre? Der Ursprung ge-
15 walttätig ..., die Verfassung des neuen Reiches schief, die Gesellschaft zänkisch, die Re-
16 gierung cäsarisch, Macht und Erfolg der neue Gott ... Bismarck [hat] die üble Gewohn-
17 heit ins Land gebracht ..., jeden, der der Obrigkeit Schwierigkeiten machte, als
18 ‚Reichsfeind' zu verketzern."

33 Ritter, Gerhard: Das Bismarck-Reich und wir; in: „Christ und Welt". Nr. 14, 1965.
34 Mann, Golo: Die erste Teilung; in: „Die Zeit" vom 1.7.1966.

Verordnung des Reichspräsidenten zum Schutz von Volk und Staat (Reichstagsbrandverordnung) vom 28. Februar 1933 (RGBl. I S. 83)[35]:

„Auf Grund des Artikels 48 Abs. 2 der Reichsverfassung wird zur Abwehr kommunistischer staatsgefährdender Gewaltakte folgendes verordnet:

1 § 1. Die Artikel 114, 115, 117, 118, 123, 124, 153 der Verfassung des Deutschen Reichs
2 werden bis auf weiteres außer Kraft gesetzt. Es sind daher Beschränkungen der persönli-
3 chen Freiheit, des Rechts der freien Meinungsäußerung, einschließlich der Pressefrei-
4 heit, des Vereins- und Versammlungsrechts, Eingriffe in das Brief-, Post-, Telegraphen-
5 und Fernsprechgeheimnis, Anordnungen von Haussuchungen und von Beschlagnahmen
6 sowie Beschränkungen des Eigentums auch außerhalb der sonst hierfür bestimmten ge-
7 setzlichen Grenzen zulässig.

8 § 2. Werden in einem Lande die zur Wiederherstellung der öffentlichen Sicherheit und
9 Ordnung nötigen Maßnahmen nicht getroffen, so kann die Reichsregierung insoweit die
10 Befugnisse der obersten Landesbehörde vorübergehend wahrnehmen.

11 § 3. Die Behörden der Länder und Gemeinden (Gemeindeverbände) haben den aufgrund
12 des § 2 erlassenen Anordnungen der Reichsregierung im Rahmen ihrer Zuständigkeit
13 Folge zu leisten.

14 § 4. Wer den von den obersten Landesbehörden oder den ihnen nachgeordneten Behör-
15 den zur Durchführung dieser Verordnung erlassenen Anordnungen oder den von der
16 Reichsregierung gemäß § 2 erlassenen Anordnungen zuwiderhandelt oder wer zu sol-
17 cher Zuwiderhandlung auffordert oder anreizt, wird, soweit nicht die Tat nach anderen
18 Vorschriften mit einer schweren Strafe bedroht ist, mit Gefängnis nicht unter einem Mo-
19 nat oder mit Geldstrafe von 150 bis 15.000 Reichsmark bestraft.
20 Wer durch Zuwiderhandlung nach Abs. 1 eine gemeine Gefahr für Menschenleben her-
21 beiführt, wird mit Zuchthaus, bei mildernden Umständen mit Gefängnis nicht unter
22 sechs Monaten und, wenn die Zuwiderhandlung den Tod eines Menschen verursacht,
23 mit dem Tode, bei mildernden Umständen mit Zuchthaus nicht unter zwei Jahren be-
24 straft. Daneben kann auf Vermögenseinziehung erkannt werden.
25 Wer zu einer gemeinschaftlichen Zuwiderhandlung (Abs. 2) auffordert oder anreizt,
26 wird mit Zuchthaus, bei mildernden Umständen mit Gefängnis nicht unter drei Monaten
27 bestraft.

28 § 5. Mit dem Tode sind die Verbrechen zu bestrafen, die das Strafgesetzbuch in den
29 §§ 81 (Hochverrat), 229 (Giftbeibringung), 307 (Brandstiftung), 311 (Explosion), 312

---

35 Quelle: Schuster, Rudolf (Hg.): Deutsche Verfassungen. Mit einer allgemeinen Einführung, besonderen Erläuterungen zu den jeweiligen dokumentierten Texten und einer Abhandlung über
„Politische, soziale sowie staats- und völkerrechtliche Probleme bei der Vollendung der Einheit
und Freiheit Deutschlands vor dem Hintergrund der internationalen Rahmenbedingungen",
Neuauflage, München 1992, S. 211-212.

30 (Überschwemmung), 315 Abs. 2 (Beschädigung von Eisenbahnanlagen), 324 (gemein-
31 gefährliche Vergiftung) mit lebenslangem Zuchthaus bedroht.
32 Mit dem Tode oder, soweit nicht bisher eine schwerere Strafe angedroht ist, mit lebens-
33 langem Zuchthaus bis zu 15 Jahren wird bestraft:
34 1. Wer es unternimmt, den Reichspräsidenten oder ein Mitglied oder einen Kommissar
35 der Reichsregierung oder einer Landesregierung zu töten, oder wer zu einer solchen Tö-
36 tung auffordert, sich erbietet, ein solches Erbieten annimmt oder eine solche Tötung mit
37 einem anderen verabredet;
38 2. wer in den Fällen des § 115 Abs. 2 des Strafgesetzbuchs (schwerer Aufruhr) oder des
39 § 125 Abs. 2 des Strafgesetzbuchs (schwerer Landfriedensbruch) die Tat mit Waffen o-
40 der in bewußtem und gewolltem Zusammenwirken mit einem Bewaffneten begeht;
41 3. wer eine Freiheitsberaubung (§ 239 des Strafgesetzbuchs) in der Absicht begeht, sich
42 des der Freiheit Beraubten als Geisel im politischen Kampfe zu bedienen.

43 § 6. Diese Verordnung tritt mit dem Tage der Verkündung in Kraft."

Das Gesetz zur Behebung der Not von Volk und Reich (Ermächtigungsgesetz) vom 24. März 1933 (RGBl. S. 141)[36]:

1 „Der Reichstag hat das folgende Gesetz beschlossen, das mit Zustimmung des Reichs-
2 rats hiermit verkündet wird, nachdem festgestellt ist, daß die Erfordernisse verfassungs-
3 ändernder Gesetzgebung erfüllt sind:

4 Art. 1 [**Gesetzgebungsrecht der Reichsregierung**] Reichsgesetze können außer in dem
5 in der Reichsverfassung vorgesehenen Verfahren auch durch die Reichsregierung be-
6 schlossen werden. Dies gilt auch für die in den Artikeln 85, Abs. 2 und 87 der Reichs-
7 verfassung bezeichneten Gesetze.

8 Art. 2 [**Abweichung von der Verfassung**] Die von der Reichsregierung beschlossenen
9 Reichsgesetze können von der Reichsverfassung abweichen, soweit sie nicht die Ein-
10 richtung des Reichstags und des Reichsrats als solche zum Gegenstand haben. Die Rech-
11 te des Reichspräsidenten bleiben unberührt.

12 Art. 3 [**Ausfertigung, Verkündung, Inkrafttreten**] Die von der Reichsregierung be-
13 schlossenen Reichsgesetze werden vom Reichskanzler ausgefertigt und im Reichsge-
14 setzblatt verkündet. Sie treten, soweit sie nichts anderes bestimmen, mit dem auf die
15 Verkündung folgenden Tage in Kraft. Die Artikel 68 bis 77 der Reichsverfassung finden
16 auf die von der Reichsregierung beschlossenen Gesetze keine Anwendung.

17 Art. 4 [**Staatsverträge**] Verträge des Reichs mit fremden Staaten. die sich auf Gegens-
18 tände der Reichsgesetzgebung beziehen, bedürfen nicht der Zustimmung der an der Ge-
19 setzgebung beteiligten Körperschaften. Die Reichsregierung erlässt die zur Durchfüh-
20 rung dieser Verträge erforderlichen Vorschriften.

21 Art. 5 [**Inkrafttreten**] Dieses Gesetz tritt mit dem Tage seiner Verkündung in Kraft. Es
22 tritt mit dem 1. April 1937 außer Kraft, es tritt ferner außer Kraft, wenn die gegenwärti-
23 ge Reichsregierung durch eine andere abgelöst wird."

---

36 Quelle: Schuster, Rudolf (Hg.): Deutsche Verfassungen. Mit einer allgemeinen Einführung, besonderen Erläuterungen zu den jeweiligen dokumentierten Texten und einer Abhandlung über
„Politische, soziale sowie staats- und völkerrechtliche Probleme bei der Vollendung der Einheit
und Freiheit Deutschlands vor dem Hintergrund der internationalen Rahmenbedingungen",
Neuauflage, München 1992, S. 209-210.

Auszug aus der Mitteilung über die Dreimächtekonferenz von Berlin (Potsdamer Abkommen) vom 2. August 1945[37]:

1 „I.

2 Am 17. Juli 1945 trafen sich der Präsident der Vereinigten Staaten von Amerika, Harry
3 S. Truman, der Vorsitzende des Rates der Volkskommissare der Union der Sozialisti-
4 schen Sowjetrepubliken, Generalissimus J. W. Stalin, und der Premierminister
5 Großbritanniens, Winston S. Churchill, sowie Herr Clement R. Attlee auf der von den
6 drei Mächten beschickten Berliner Konferenz. Sie wurden begleitet von den
7 Außenministern der drei Regierungen, W. M. Molotow, Herrn D. F. Byrnes und Herrn
8 A. Eden, den Stabschefs und anderen Beratern.
9 ...

10 **III. Deutschland**

11 Alliierte Armeen führen die Besetzung von ganz Deutschland durch, und das deutsche
12 Volk fängt an, die furchtbaren Verbrechen zu büßen, die unter der Leitung derer, welche
13 es zur Zeit ihrer Erfolge offen gebilligt hat und denen es blind gehorcht hat, begangen
14 worden. ...

15 A. P o l i t i s c h e   G r u n d s ä t z e

16 1. Entsprechend der Übereinkunft über das Kontrollsystem in Deutschland wird die
17 höchste Regierungsgewalt in Deutschland durch die Oberbefehlshaber der Streitkräfte
18 der Vereinigten Staaten von Amerika, des Vereinigten Königreichs, der Union der Sozi-
19 alistischen Sowjetrepubliken und der Französischen Republik nach den Weisungen ihrer
20 entsprechenden Regierungen ausgeübt, und zwar von jedem in seiner Besatzungszone
21 sowie gemeinsam in ihrer Eigenschaft als Mitglieder des Kontrollrates in den Deutsch-
22 land als Ganzes betreffenden Fragen.
23 2. Soweit dieses praktisch durchführbar ist, muss die Behandlung der deutschen Bevöl-
24 kerung in ganz Deutschland gleich sein.
25 3. Die Ziele der Besetzung Deutschlands, durch welche der Kontrollrat sich leiten lassen
26 soll, sind:
27 (I) Völlige Abrüstung und Entmilitarisierung Deutschlands und die Ausschaltung der
28 gesamten deutschen Industrie, welche für eine Kriegsproduktion benutzt werden kann
29 oder deren Überwachung. ...
30 (II) Das deutsche Volk muß überzeugt werden, daß es eine totale militärische Niederlage
31 erlitten hat und daß es sich nicht der Verantwortung entziehen kann für das, was es
32 selbst dadurch auf sich geladen hat, daß seine eigene mitleidlose Kriegführung und der
33 fanatische Widerstand der Nazis die deutsche Wirtschaft zerstört und Chaos und Elend
34 unvermeidlich gemacht haben.
35 (III) Die Nationalsozialistische Partei mit ihren angeschlossenen Gliederungen und Un-
36 terorganisationen ist zu vernichten; alle nationalsozialistischen Ämter sind aufzulösen;

---

37 Quelle: 🖳 www.documentarchiv.de/in/1945/potsdamer-abkommen.html.

es sind Sicherheiten dafür zu schaffen, daß sie in keiner Form wieder auferstehen können; jeder nazistischen und militaristischen Betätigung und Propaganda ist vorzubeugen. (IV) Die endgültige Umgestaltung des deutschen politischen Lebens auf demokratischer Grundlage und eine eventuelle friedliche Mitarbeit Deutschlands am internationalen Leben sind vorzubereiten.

4. Alle nazistischen Gesetze ... müssen abgeschafft werden.

5. Kriegsverbrecher und alle diejenigen, die an der Planung oder Verwirklichung nazistischer Maßnahmen, die Greuel oder Kriegsverbrechen nach sich zogen oder als Ergebnis hatten, teilgenommen haben, sind zu verhaften und dem Gericht zu übergeben. ...

6. Alle Mitglieder der nazistischen Partei, welche mehr als nominell an ihrer Tätigkeit teilgenommen haben, und alle anderen Personen, die den alliierten Zielen feindlich gegenüberstehen, sind aus den öffentlichen oder halböffentlichen Ämtern und von den verantwortlichen Posten in wichtigen Privatunternehmungen zu entfernen. ...

7. Das Erziehungswesen in Deutschland muß so überwacht werden, daß die nazistischen und militaristischen Lehren völlig entfernt werden und eine erfolgreiche Entwicklung der demokratischen Ideen möglich gemacht wird.

8. Das Gerichtswesen wird entsprechend den Grundsätzen der Demokratie und der Gerechtigkeit auf der Grundlage der Gesetzlichkeit und der Gleichheit aller Bürger vor dem Gesetz ohne Unterschied der Rasse, der Nationalität und der Religion reorganisiert werden.

9. Die Verwaltung Deutschlands muß in Richtung auf eine Dezentralisation der politischen Struktur und der Entwicklung einer örtlichen Selbstverantwortung durchgeführt werden. Zu diesem Zwecke:

(I) Die lokale Selbstverwaltung wird in ganz Deutschland nach demokratischen Grundsätzen ... wiederhergestellt.

(II) In ganz Deutschland sind alle demokratischen politischen Parteien zu erlauben und zu fördern mit der Einräumung des Rechtes, Versammlungen einzuberufen und öffentliche Diskussionen durchzuführen. ...

(IV) Bis auf weiteres wird keine zentrale deutsche Regierung errichtet werden. Jedoch werden einige wichtige zentrale deutsche Verwaltungsabteilungen errichtet werden, an deren Spitze Staatssekretäre stehen, und zwar auf den Gebieten des Finanzwesens, des Transportwesens, des Verkehrswesens, des Außenhandels und der Industrie. Diese Abteilungen werden unter der Leitung des Kontrollrates tätig sein.

10. ...

B. Wirtschaftliche Grundsätze

11. ...

12. In praktisch kürzester Frist ist das deutsche Wirtschaftsleben zu dezentralisieren mit dem Ziel der Vernichtung der bestehenden übermäßigen Konzentration der Wirtschaftskraft ...

14. Während der Besatzungszeit ist Deutschland als eine wirtschaftliche Einheit zu betrachten. ...

15. – 19. ...

IV. Reparationen aus Deutschland

80 ...

81 1. Die Reparationsansprüche der UdSSR sollen durch Entnahmen aus der von der

82 UdSSR besetzten Zone in Deutschland und durch angemessene deutsche Auslandsgut-

83 haben befriedigt werden.

84 ...

85 3. Die Reparationsansprüche der Vereinigten Staaten, des Vereinigten Königreiches und

86 der anderen zu Reparationsforderungen berechtigten Länder würden aus den westlichen

87 Zonen und den entsprechenden deutschen Auslandsguthaben befriedigt werden.

88 ...

89 **XIII. Ordnungsmäßige Überführung deutscher Bevölkerungsteile**

90 ..."

Texte von Präambeln deutscher Verfassungen[38]:

1 *Verfassung des Deutschen Reichs (Bismarcksche Reichsverfassung) vom 16. April*
2 *1871*[39]: „Seine Majestät der König von Preußen im Namen des Norddeutschen Bundes,
3 Seine Majestät der König von Bayern, Seine Majestät der König von Württemberg, Sei-
4 ne Königliche Hoheit der Großherzog von Hessen und bei Rhein für die südlich vom
5 Main belegenen Teile des Großherzogtums Hessen schließen einen ewigen Bund zum
6 Schutze des Bundesgebietes und des innerhalb desselben gültigen Rechtes, sowie zur
7 Pflege der Wohlfahrt des deutschen Volkes. Dieser Bund wird den Namen Deutsches
8 Reich führen und wird nachstehende Verfassung haben."
9 *Verfassung des Deutschen Reichs (Weimarer Verfassung) vom 11. August 1919*[40]: „Das
10 Deutsche Volk, einig in seinen Stämmen und von dem Willen beseelt, sein Reich in
11 Freiheit und Gerechtigkeit zu erneuern und zu festigen, dem inneren und dem äußeren
12 Frieden zu dienen und den gesellschaftlichen Fortschritt zu fördern, hat sich diese Ver-
13 fassung gegeben."
14 *Grundgesetz für die Bundesrepublik Deutschland vom 23. Mai 1949*[41]: „Im Bewusstsein
15 seiner Verantwortung vor Gott und den Menschen, von dem Willen beseelt, seine natio-
16 nale und staatliche Einheit zu wahren und als gleichberechtigtes Glied in einem verein-
17 ten Europa dem Frieden der Welt zu dienen, hat das Deutsche Volk in den Ländern Ba-
18 den, Bayern, Bremen, Hamburg, Hessen, Niedersachsen, Nordrhein-Westfalen, Rhein-
19 land-Pfalz, Schleswig-Holstein, Württemberg-Baden und Württemberg-Hohenzollern,
20 um dem staatlichen Leben für eine Übergangszeit eine neue Ordnung zu geben, kraft
21 seiner verfassungsgebenden Gewalt dieses Grundgesetz der Bundesrepublik Deutsch-
22 land beschlossen. Es hat auch für jene Deutschen gehandelt, denen mitzuwirken versagt
23 war. Das gesamte Deutsche Volk bleibt aufgefordert, in freier Selbstbestimmung die
24 Einheit und Freiheit Deutschlands zu vollenden."

---

38 Quelle: Schuster, Rudolf (Hg.): Deutsche Verfassungen. Mit einer allgemeinen Einführung, be-
    sonderen Erläuterungen zu den jeweiligen dokumentierten Texten und einer Abhandlung über
    „Politische, soziale sowie staats- und völkerrechtliche Probleme bei der Vollendung der Einheit
    und Freiheit Deutschlands vor dem Hintergrund der internationalen Rahmenbedingungen",
    Neuauflage, München 1992.
39 Bismarck hatte dem Norddeutschen Bund eine Verfassung mit Parlament und allgemeinem,
    gleichem Wahlrecht gegeben, die 1871 auf das Deutsche Reich übertragen wurde. S. Schuster,
    S. 137.
40 S. Schuster, S. 169.
41 In seiner ursprünglichen Fassung ohne die späteren Änderungen; s. Schuster, S. 213, Fn. 1.

Art. 13 der Verfassung der Russischen Föderation[42] lautet:

1 „1. In der Russischen Föderation wird die ideologische Vielfalt anerkannt.
2 2. Es gibt keine Staats- oder Pflichtideologie.
3 3. In der Russischen Föderation wird die politische Vielfalt sowie das Mehrparteiensys-
4 tem anerkannt.
5 4. Gesellschaftliche Vereinigungen sind vor dem Gesetz gleich.
6 5. Die Bildung und Tätigkeit von gesellschaftlichen Vereinigungen, deren Ziele oder
7 Handlungen auf die gewaltsame Beseitigung der Grundlagen der verfassungsmäßigen
8 Ordnung, die Zerstörung der Einheit der Russischen Föderation, die Untergrabung der
9 staatlichen Sicherheit, die Bildung bewaffneter Formationen oder das Anstacheln zu so-
10 zialem, rassischem, nationalem oder religiösem Hass gerichtet sind, sind verboten.“

Art. 4 der weißrussischen Verfassung[43] lautet:

11 „Die Demokratie in der Republik Belarus wird auf der Grundlage der Vielfalt politischer
12 Institute, Ideologien und Meinungen realisiert.
13 Keine Ideologie politischer Parteien, religiöser oder anderer gesellschaftlicher Vereini-
14 gungen, sozialer Gruppen kann für die Bürger als bindend festgelegt werden.“

---

42 In der am 12. Dezember 1993 durch Referendum angenommenen Fassung, Text veröffentlicht in Rossijskaja Gasjeta vom 11. November 1993; Bearbeitung und Übersetzung im vollen Wortlaut durch Thomas Oertner, Berlin. Gesamttext in Deutsch unter 💻 www.constitution.ru/de.
43 In der Fassung vom 15. März 1994; Übersetzung: W. Ragalevitsch; Herausgabe vorbereitet vom Informationszentrum bei dem Ministerium für Auswärtige Angelegenheiten der Republik Belarus, Karl-Marks-Straße 16, 220050 Minsk; Tel. 0172/205842,272011; Fax 017U293383, Telex 252285 MENA BY.

Auszug aus der „Verordnung (EG) Nr. 863/2007 des Europäischen Parlamentes und des Rates vom 11. Juli 2007 ... zur Änderung der Verordnung (EG) Nr. 2007/2004[44] *..":*

1 „DAS EUROPÄISCHE PARLAMENT UND DER RAT DER EUROPÄISCHEN U-
2 NION — gestützt auf den Vertrag zur Gründung der Europäischen Gemeinschaft, ...
3 HABEN FOLGENDE VERORDNUNG ERLASSEN ..."
4 „in Erwägung nachstehender Gründe:

5 (1) Am 26. Oktober 2004 erließ der Rat die Verordnung (EG) Nr. 2007/2004 ([2]) zur Er-
6 richtung einer Europäischen Agentur für die operative Zusammenarbeit an den Außen-
7 grenzen der Mitgliedstaaten der Europäischen Union („Agentur").

8 (2) Ein Mitgliedstaat, der sich in einer Lage befindet, die verstärkte technische oder ope-
9 rative Unterstützung an seinen Außengrenzen erfordert, kann ... bei der Agentur im Falle
10 der Beteiligung anderer Mitgliedstaaten Hilfestellung durch Koordinierung anfordern.

11 (3) Ein wirksamer Schutz der Außengrenzen durch Grenzübertrittskontrollen und
12 Grenzüberwachung trägt zur Bekämpfung der illegalen Zuwanderung und des Men-
13 schenhandels sowie zur Vorbeugung jeglicher Bedrohung der inneren Sicherheit, der öf-
14 fentlichen Ordnung, der öffentlichen Gesundheit und der internationalen Beziehungen
15 der Mitgliedstaaten bei. Grenzkontrollen liegen nicht nur im Interesse des Mitglied-
16 staats, an dessen Außengrenzen sie erfolgen, sondern auch im Interesse sämtlicher Mit-
17 gliedstaaten, die die Grenzkontrollen an den Binnengrenzen abgeschafft haben. ...

18 (5) Die derzeit auf europäischer Ebene bestehenden Möglichkeiten der effektiven prakti-
19 schen Unterstützung bei der Personenkontrolle an den Außengrenzen und der Überwa-
20 chung der Außengrenzen werden als unzureichend betrachtet, insbesondere in den Fäl-
21 len, in denen sich Mitgliedstaaten dem Zustrom einer großen Anzahl von Drittstaatsan-
22 gehörigen gegenübersehen, die versuchen, illegal in das Hoheitsgebiet der Mitgliedstaa-
23 ten einzureisen.

24 (6) Die Mitgliedstaaten sollten daher, im Rahmen der Agentur, die Entsendung von So-
25 forteinsatzteams für Grenzsicherungszwecke aus besonders ausgebildeten Experten an-
26 derer Mitgliedstaaten in ihr eigenes Hoheitsgebiet zur befristeten Unterstützung ihrer na-
27 tionalen Grenzschutzbeamten anfordern können. ...

28 (7) Die Entsendung von Soforteinsatzteams für Grenzsicherungszwecke, die für einen
29 begrenzten Zeitraum Unterstützung leisten sollen, sollte in Ausnahme- und Notsituatio-
30 nen erfolgen. ... Die Soforteinsatzteams für Grenzsicherungszwecke sind nicht dafür
31 vorgesehen, über lange Zeit Unterstützung zu leisten.

---

44 Quelle: Amtsblatt der Europäischen Union vom 31. Juli 2007, L 199 / Seiten 30-39 DE; ⌨
http://eur-lex.europa.eu/LexUriServ/LexUriServ.do?uri=OJ:L:2007:199:0030:0039:DE:PDF.

([2]) ABl. L 349 vom 25.11.2004, S. 1.

32 (8) ... Zur Gewährleistung der wirksamen Arbeit der Soforteinsatzteams sollten die Mit-
33 gliedstaaten eine angemessene Zahl von Grenzschutzbeamten (den „Soforteinsatzpool"),
34 insbesondere entsprechend der Spezialisierung und Größe ihrer eigenen Grenzschutzor-
35 ganisationen, bereitstellen. ..."

Auszug aus dem Luftsicherheitsgesetz[45] in der ursprünglichen Fassung:

1 „...

2 **Abschnitt 3: Unterstützung und Amtshilfe durch die Streitkräfte**

3 § 13 [**Entscheidung der Bundesregierung**]: ...

4 § 14 [**Einsatzmaßnahme, Anordnungsbefugnis**]: (1) Zur Verhinde-
5 rung des Eintritts eines besonders schweren Unglücksfalls dürfen die
6 Streitkräfte im Luftraum Luftfahrzeuge abdrängen, zur Landung zwin-
7 gen, den Einsatz von Waffengewalt androhen oder Warnschüsse abge-
8 ben.
9 (2) Von mehreren möglichen Maßnahmen ist diejenige auszuwählen, die
10 den Einzelnen und die Allgemeinheit voraussichtlich am wenigsten be-
11 einträchtigt. Die Maßnahme darf nur so lange und so weit durchgeführt
12 werden, wie ihr Zweck es erfordert. Sie darf nicht zu einem Nachteil
13 führen, der zu dem erstrebten Erfolg erkennbar außer Verhältnis steht.
14 (3) Die unmittelbare Einwirkung mit Waffengewalt ist nur zulässig,
15 wenn nach den Umständen davon auszugehen ist, dass das Luftfahrzeug
16 gegen das Leben von Menschen eingesetzt werden soll, und sie das ein-
17 zige Mittel zur Abwehr dieser gegenwärtigen Gefahr ist.[46]
18 (4) Die Maßnahme nach Absatz 3 kann nur der Bundesminister der Ver-
19 teidigung oder im Vertretungsfall das zu seiner Vertretung berechtigte
20 Mitglied der Bundesregierung anordnen. ...

21 § 15 [**Sonstige Maßnahmen**]: ...“

---

45 Aus: Borsdorff, Anke / Kastner, Martin / Deyda, Christian (Hg.): Gesetzessammlung für die Bundespolizei. Textsammlung für Ausbildung, Prüfung und Praxis, Lübeck 2008.
46 Dieser Absatz [im Original im *Kursivdruck*] ist gemäß Urteil des BVerfG vom 15.02.2006 (BGBl. I, S. 466) mit Art. 2 Abs. 2 Satz 1 i. V. m. Art. 87a Abs. 2 und Art. 35 Abs. 2 und 3 i. V. m. Art. 1 Abs. 1 GG unvereinbar und damit nichtig.

BVerfG, Urteil des Ersten Senats vom 15.02.2006 -1 BvR 357/05-
„Nichtigkeit der Abschussermächtigung im LuftSiG" (Auszug)[47]:

1 „...

2 (b) Die Einsatzmaßnahme der unmittelbaren Einwirkung auf ein Luftfahrzeug mit Waf-
3 fengewalt nach § 14 Abs. 3 LuftSiG wahrt jedoch deshalb nicht den Rahmen des Art. 35
4 Abs. 2 Satz 2 GG, weil diese Vorschrift einen Kampfeinsatz der Streitkräfte mit spezi-
5 fisch militärischen Waffen bei der Bekämpfung von Naturkatastrophen und besonders
6 schweren Unglücksfällen nicht erlaubt.

7 (aa) Die „Hilfe", von der Art. 35 Abs. 2 Satz 2 GG spricht, wird den Ländern gewährt,
8 damit diese die ihnen obliegende Aufgabe der Bewältigung von Naturkatastrophen und
9 besonders schweren Unglücksfällen wirksam erfüllen können. Davon geht zutreffend
10 auch § 13 Abs. 1 LuftSiG aus, nach dem der Einsatz der Streitkräfte der Unterstützung
11 der Polizeikräfte der Länder bei der Verhinderung des Eintritts eines besonders schwe-
12 ren Unglücksfalls im Rahmen der Gefahrenabwehr dienen soll, soweit es zur wirksamen
13 Bekämpfung erforderlich ist. Die Ausrichtung auf diese Aufgabe im Zuständigkeitsbe-
14 reich der Gefahrenabwehrbehörden der Länder, der ausweislich der Gesetzesbegründung
15 durch die §§ 13 bis 15 LuftSiG nicht angetastet werden soll (vgl. BTDrucks 15/2361,
16 S. 20 zu § 13), bestimmt notwendig auch die Art der Hilfsmittel, die beim Einsatz der
17 Streitkräfte zum Zweck der Hilfeleistung verwandt werden dürfen. Sie können nicht von
18 qualitativ anderer Art sein als diejenigen, die den Polizeikräften der Länder für die Erle-
19 digung ihrer Aufgaben originär zur Verfügung stehen. Das bedeutet, dass die Streitkräf-
20 te, wenn sie nach Art. 35 Abs. 2 Satz 2 GG auf Anforderung eines Landes „zur Hilfe"
21 eingesetzt werden, zwar die Waffen verwenden dürfen, die das Recht des betreffenden
22 Landes für dessen Polizeikräfte vorsieht. Militärische Kampfmittel, beispielsweise die
23 Bordwaffen eines Kampfflugzeugs, wie sie für Maßnahmen nach § 14 Abs. 3 LuftSiG
24 benötigt werden, dürfen dagegen nicht zum Einsatz gebracht werden.

25 (bb) Dieses Normverständnis, zu dem der Wortlaut sowie Sinn und Zweck des Art. 35
26 Abs. 2 Satz 2 GG zwingen, wird durch den systematischen Standort und die Entste-
27 hungsgeschichte dieser Vorschrift bestätigt. Der regionale Katastrophennotstand im Sin-
28 ne des Art. 35 Abs. 2 Satz 2 GG sollte nach dem von der Bundesregierung vorgelegten
29 Entwurf einer Notstandsverfassung ursprünglich – zusammen mit dem so genannten in-
30 neren Notstand – in Art. 91 GG geregelt werden (vgl. BTDrucks V/1879, S. 3). Ziel des
31 Vorschlags war es, den Einsatz der Streitkräfte im Innern gegenüber dem Bürger und im
32 Hinblick auf die Kompetenzverteilung des Grundgesetzes auch für den Fall der regiona-
33 len Katastrophenhilfe verfassungsrechtlich zu legitimieren (vgl. BTDrucks V/1879, S.
34 23 zu Art. 91 Abs. 1). Die Streitkräfte sollten aber nach dem ausdrücklichen Wortlaut
35 der beabsichtigten Regelung lediglich „als Polizeikräfte" zur Verfügung gestellt werden
36 können. Die Bundesregierung wollte auf diese Weise sicherstellen, dass die Streitkräfte
37 allein für polizeiliche Aufgaben und nur mit den polizeirechtlich vorgesehenen Befug-
38 nissen gegenüber dem Staatsbürger eingesetzt werden können (vgl. BTDrucks V/1879,
39 S. 23 zu Art. 91 Abs. 2). Das schließt die Aussage ein, dass die Verwendung spezifisch
40 militärischer Bewaffnung beim Einsatz der Streitkräfte im Aufgabenbereich der Länder
41 ausgeschlossen sein sollte.

---

47 Aus: www.bverfg.de/entscheidungen/rs20060215_1bvr035705.html, Absatz-Nr. 105-109.

42 Die einschränkende Formulierung einer Verwendung der Streitkräfte „als Polizeikräfte"
43 ist zwar im späteren Verfassungstext nicht mehr enthalten; auf sie ist im Zusammenhang
44 mit dem Vorschlag des Bundestagsrechtsausschusses verzichtet worden, die Hilfe zu-
45 gunsten der Länder im Fall des Katastrophennotstands in Art. 35 Abs. 2 und 3 GG und
46 die Unterstützung der Länder bei der Bekämpfung des inneren Notstands in Art. 87 a
47 Abs. 4 und Art. 91 GG in unterschiedlichen Sachzusammenhängen zu regeln (vgl. dazu
48 BTDrucks V/2873, S. 2 unter B, S. 9 zu § 1 Nr. 2 c). Eine gegenständliche Erweiterung
49 der zulässigen Einsatzmittel der Streitkräfte auf militärtypische Waffen war damit aber
50 nicht beabsichtigt (vgl. auch Cl. Arndt, DVBl 1968, S. 729 <730>).
51 Der Ausschuss wollte im Gegenteil mit der von ihm vorgeschlagenen – und später vom
52 verfassungsändernden Gesetzgeber insoweit auch übernommenen – Vorschrift die
53 Schwelle für den Einsatz der Streitkräfte als bewaffnete Macht gegenüber der Regie-
54 rungsvorlage anheben und den bewaffneten Einsatz der Bundeswehr nur für die Be-
55 kämpfung von Gruppen militärisch bewaffneter Aufständischer nach Art. 87 a Abs. 4
56 GG zulassen (vgl. BTDrucks V/2873, S. 2 unter B). Das findet seinen sichtbaren Aus-
57 druck darin, dass die Bestimmung über den Einsatz der Streitkräfte im regionalen Ka-
58 tastrophenfall in den Bund und Länder betreffenden Abschnitt II des Grundgesetzes
59 nicht in den Abschnitt VIII eingestellt worden ist, in dem auch die militärische Verwen-
60 dung der Streitkräfte geregelt ist. Deren Einsatz „zur Hilfe" nach Art. 35 Abs. 2 Satz 2
61 GG sollte sich nach den Vorstellungen des Verfassungsgesetzgebers ausdrücklich darauf
62 beschränken, es der Bundeswehr zu ermöglichen, im Rahmen eines regionalen Katastro-
63 pheneinsatzes die dabei anfallenden Aufgaben und Zwangsbefugnisse polizeilicher Art
64 wahrzunehmen, beispielsweise gefährdete Grundstücke abzusperren und Verkehrsrege-
65 lungen zu treffen (vgl. BTDrucks V/2873, S. 10 zu Art. 35 Abs. 2; zum verfassungspoli-
66 tischen Hintergrund der norddeutschen Flutkatastrophe im Jahre 1962 s. auch die Aus-
67 führungen von Senator Ruhnau [Hamburg, SPD] in der 3. öffentlichen Informationssit-
68 zung des Rechts- und des Innenausschusses des 5. Deutschen Bundestages am 30. No-
69 vember 1967, Protokoll, S. 8, und des Abg. Schmidt [Hamburg, SPD] in der 175. Sit-
70 zung des 5. Deutschen Bundestages am 16. Mai 1968, Sten. Ber., S. 9444). ..."

BVerfGE 2 BvR 1436/02 vom 03.06.2003 – „Kopftuch"[48]

„Leitsätze zum Urteil des Zweiten Senats vom 24. September 2003
Ein Verbot für Lehrkräfte, in Schule und Unterricht ein Kopftuch zu tragen, findet im geltenden Recht des Landes Baden-Württemberg keine hinreichend bestimmte gesetzliche Grundlage.
Der mit zunehmender religiöser Pluralität verbundene gesellschaftliche Wandel kann für den Gesetzgeber Anlass zu einer Neubestimmung des zulässigen Ausmaßes religiöser Bezüge in der Schule sein.
...

Gründe:

...

Auch im Beamtenverhältnis beanspruchen die Grundrechte Geltung, wobei der Pflichtenkreis des Beamten gemäß Art. 33 Abs. 5 GG dessen rechtliche Möglichkeit begrenzt, von Grundrechten Gebrauch zu machen. ... Der Grundrechtsausübung des Beamten im Dienst können Grenzen gesetzt werden, die sich aus allgemeinen Anforderungen an den öffentlichen Dienst oder aus besonderen Erfordernissen des jeweiligen öffentlichen Amtes ergeben. ... Das Grundgesetz begründet für den Staat als Heimstatt aller Staatsbürger ... die Pflicht zu weltanschaulicher Neutralität. Es verwehrt die Einführung staatskirchlicher Rechtsformen und untersagt die Privilegierung bestimmter Bekenntnisse ebenso wie die Ausgrenzung Andersgläubiger. ... Der Staat hat auf eine am Gleichheitssatz orientierte Behandlung der verschiedenen Religions- und Weltanschauungsgemeinschaften zu achten ... und darf sich nicht mit einer bestimmten Religionsgemeinschaft identifizieren. ... Der freiheitliche Staat des Grundgesetzes ist gekennzeichnet von Offenheit gegenüber der Vielfalt weltanschaulich-religiöser Überzeugungen und gründet dies auf ein Menschenbild, das von der Würde des Menschen und der freien Entfaltung der Persönlichkeit in Selbstbestimmung und Eigenverantwortung geprägt ist. ... Die dem Staat gebotene religiös-weltanschauliche Neutralität ist indes nicht als eine distanzierende im Sinne einer strikten Trennung von Staat und Kirche, sondern als eine offene und übergreifende, die Glaubensfreiheit für alle Bekenntnisse gleichermaßen fördernde Haltung zu verstehen. Art. 4 Abs. 1 und 2 GG gebietet auch in positivem Sinn, den Raum für die aktive Betätigung der Glaubensüberzeugung und die Verwirklichung der autonomen Persönlichkeit auf weltanschaulich-religiösem Gebiet zu sichern. ... Der Staat darf lediglich keine gezielte Beeinflussung im Dienste einer bestimmten politischen, ideologischen oder weltanschaulichen Richtung betreiben oder sich durch von ihm ausgehende oder ihm zuzurechnende Maßnahmen ausdrücklich oder konkludent mit einem bestimmten Glauben oder einer bestimmten Weltanschauung identifizieren und dadurch den religiösen Frieden in der Gesellschaft von sich aus gefährden. ... Auch verwehrt es der Grundsatz religiös-weltanschaulicher Neutralität dem Staat, Glauben und Lehre einer Religionsgemeinschaft als solche zu bewerten. ... Im Hinblick auf die Wirkung religiöser Ausdrucksmittel ist danach zu unterscheiden, ob das in Frage stehende Zeichen auf Veranlassung der Schulbehörde oder aufgrund eige-

---

48 Aus: www.bverfg.de/entscheidungen/rs20030924_2bvr143602.html, Leitsätze sowie Absatz-Nr. 34-65.

42 ner Entscheidung von einer einzelnen Lehrkraft verwendet wird, die hierfür das indivi-
43 duelle Freiheitsrecht des Art. 4 Abs. 1 und 2 GG in Anspruch nehmen kann. Duldet der
44 Staat in der Schule eine Bekleidung von Lehrern, die diese aufgrund individueller Ent-
45 scheidung tragen und die als religiös motiviert zu deuten ist, so kann dies mit einer staat-
46 lichen Anordnung, religiöse Symbole in der Schule anzubringen, nicht gleichgesetzt
47 werden. ... Der Staat, der eine mit dem Tragen eines Kopftuchs verbundene religiöse
48 Aussage einer einzelnen Lehrerin hinnimmt, macht diese Aussage nicht schon dadurch
49 zu seiner eigenen und muss sie sich auch nicht als von ihm beabsichtigt zurechnen las-
50 sen. ...
51 Die Schule ist der Ort, an dem unterschiedliche religiöse Auffassungen unausweichlich
52 aufeinander treffen und wo sich dieses Nebeneinander in besonders empfindlicher Weise
53 auswirkt. Ein tolerantes Miteinander mit Andersgesinnten könnte hier am nachhaltigsten
54 durch Erziehung geübt werden. ... Es ließen sich deshalb Gründe dafür anführen, die zu-
55 nehmende religiöse Vielfalt in der Schule aufzunehmen und als Mittel für die Einübung
56 von gegenseitiger Toleranz zu nutzen, um so einen Beitrag in dem Bemühen um Integra-
57 tion zu leisten. Andererseits ist die beschriebene Entwicklung auch mit einem größeren
58 Potenzial möglicher Konflikte in der Schule verbunden. Es mag deshalb auch gute
59 Gründe dafür geben, der staatlichen Neutralitätspflicht im schulischen Bereich eine
60 striktere und mehr als bisher distanzierende Bedeutung beizumessen und demgemäß
61 auch durch das äußere Erscheinungsbild einer Lehrkraft vermittelte religiöse Bezüge
62 von den Schülern grundsätzlich fern zu halten, um Konflikte mit Schülern, Eltern oder
63 anderen Lehrkräften von vornherein zu vermeiden.“

Auszug aus dem Beschluss des Bundesverfassungsgerichts: BVerfGE 91, 276 – FAP und Parteienbegriff II[49]

„... **B.**

I. Über die Frage der Verfassungswidrigkeit einer Partei entscheidet das Bundesverfassungsgericht (Art. 21 Abs. 2 Satz 2 GG, §§ 13 Nr. 2, 43 ff. BVerfGG). Das Verbot politischer Vereinigungen, die nicht Parteien sind, ist Sache der vollziehenden Gewalt (Art. 9 Abs. 2 GG, §§ 3 ff. VereinsG). Ein Antrag festzustellen, ob eine Partei verfassungswidrig ist, ist mithin nur zulässig, wenn es sich bei der Antragsgegnerin um eine Partei handelt. ...

II. 1. Parteien sind Vereinigungen von Bürgern, die dauernd oder für längere Zeit für den Bereich des Bundes oder eines Landes auf die politische Willensbildung Einfluss nehmen und an der Vertretung des Volkes im Deutschen Bundestag oder einem Landtag mitwirken wollen, wenn sie nach dem Gesamtbild der tatsächlichen Verhältnisse, insbesondere nach Umfang und Festigkeit ihrer Organisation, nach der Zahl ihrer Mitglieder und nach ihrem Hervortreten in der Öffentlichkeit eine ausreichende Gewähr für die Ernsthaftigkeit dieser Zielsetzung bieten (§ 2 Abs. 1 Satz 1 PartG).

Das Bundesverfassungsgericht geht in ständiger Rechtsprechung davon aus, dass der Gesetzgeber den Parteienbegriff des Art. 21 Abs. 1 GG durch diese Legaldefinition in verfassungsmäßiger Weise konkretisiert hat (vgl. BVerfGE 89, 266 [269 f.] m. N.). Sie ist danach auch für die in den vorliegenden Verfahren zu entscheidende Frage maßgeblich, ob die Antragsgegnerin eine Partei ist. ...

III. Gemessen an diesem Maßstab ist die Antragsgegnerin keine Partei.

Zwar handelt es sich bei der FAP um eine Vereinigung von Bürgern, die – nach ihrer Satzung und ihrem Programm – auf die politische Willensbildung Einfluss nehmen und an der Vertretung des Volkes in den Parlamenten mitwirken will. Jedoch bietet die Antragsgegnerin nach dem Gesamtbild ihrer tatsächlichen Verhältnisse, wie es sich nach dem Vortrag der Verfahrensbeteiligten und dem vorliegenden Tatsachenmaterial darstellt, insbesondere nach Umfang und Festigkeit ihrer Organisation, nach der Zahl ihrer Mitglieder und nach ihrem Hervortreten in der Öffentlichkeit keine ausreichende Gewähr für die Ernsthaftigkeit dieser Zielsetzung.

1. Die FAP gliedert sich formal in einen Bundesvorstand und eine Mehrzahl von Landesverbänden, die zum Teil über einige Untergliederungen auf Kreisebene verfügen. Angesichts der – selbst wenn man die neuesten Schätzungen des Bundesamtes für Verfassungsschutz zu Grunde legt – geringen Anzahl der Mitglieder besteht indes diese Organisation im Wesentlichen nur auf dem Papier. Da es sich bei der Antragsgegnerin nicht um eine regional begrenzte Gruppe von relativer Dichte, sondern um eine über viele Bundesländer verstreute Vereinigung handelt, ist nicht ersichtlich, wie mit den vorhandenen Mitgliedern über eine bloße Vereinsarbeit hinaus eine Mitwirkung in Volksvertretungen des Bundes und der Länder vorbereitet und durchgeführt werden soll. Die geringe Mitgliederzahl und die dadurch bedingte mangelnde Organisationsdichte haben in der Vergangenheit dazu geführt, dass die FAP zu einer kontinuierlichen und effektiven Mitwirkung an der politischen Willensbildung des Volkes weitgehend außerstande

---

49 Aus: van Ooyen, Robert Chr. / Möllers, Martin H. W. (Hg.): Die Öffentliche Sicherheit auf dem Prüfstand: 11. September und NPD-Verbot, Frankfurt/M 2002, S. 271-280.

41 gewesen ist. Dies zeigt sich beispielhaft an der nur gelegentlichen und in den letzten Jah-
42 ren eingestellten Beteiligung der FAP an Wahlen, aber auch daran, dass, wie der Bun-
43 desrat in seiner Antragsschrift erwähnt, zur Zeit einige Landesverbände der FAP inaktiv
44 oder tatsächlich nicht vorhanden sind. Auch die unterschiedlichen Angaben, welche die
45 Antragsgegnerin einerseits gegenüber dem Bundeswahlleiter, andererseits gegenüber
46 dem Bundesverfassungsgericht über die Existenz von Landesverbänden gemacht hat,
47 zeigen, dass die Gründung und Fortdauer dieser Verbände vielfach auf tönernen Füßen
48 steht.
49 Ausdruck einer für eine bestimmungsgemäße Handlungs- und Arbeitsfähigkeit – nicht
50 zuletzt wegen fehlender finanzieller Mittel – nicht ausreichenden Organisation ist es,
51 dass die FAP nach ihren beim Bundeswahlleiter nach § 6 Abs. 3 PartG eingereichten
52 Unterlagen offenbar über eingerichtete Geschäftsstellen weder auf Bundes- noch auf
53 Landesebene verfügt; der Schriftverkehr läuft über Postfächer.
54 Die FAP ist in der Zeit ihres Bestehens ihrer Pflicht zur jährlichen öffentlichen Rechen-
55 schaftslegung nach § 23 PartG nicht nachgekommen. Zwar wird der Parteienstatus durch
56 eine solche Rechenschaftslegung weder begründet, noch schließt die Nichterfüllung die-
57 ser Pflicht ihn von vornherein aus. Jedoch kann eine ständige Nichterfüllung der Pflicht
58 zur öffentlichen Rechenschaftslegung – die nicht zuletzt auch Rückschlüsse auf die
59 Ernstlichkeit des Willens, Partei sein zu wollen, zulässt – gerade bei kleineren Splitter-
60 gruppen Hinweise auf den Organisationsgrad und die finanzielle Leistungsfähigkeit ge-
61 ben. Denn die Erstellung jährlicher Rechenschaftsberichte setzt eine funktionstüchtige
62 laufende Buchführung voraus und bringt – aufgrund der notwendigen Kontrolle durch
63 einen Wirtschafts- oder vereidigten Buchprüfer – finanzielle Belastungen mit sich. Auch
64 aus dem vorliegenden Schriftmaterial, insbesondere der an einigen Stellen in den Publi-
65 kationen der FAP selbst angesprochenen prekären finanziellen Lage der Partei, ergibt
66 sich, dass die Antragsgegnerin nicht über den Organisationsgrad und Mitgliederbestand
67 verfügt, der – wie das tatsächliche Erscheinungsbild der FAP zeigt – für eine geordnete
68 und kontinuierliche Parteiarbeit wie auch für die Durchführung effektiver Wahlkämpfe
69 ausreichend ist.
70 2. Die Defizite im personellen und organisatorischen Bereich werden auch nicht durch
71 besondere Aktivitäten in der Öffentlichkeit ausgeglichen.
72 Die Antragsgegnerin tritt im Wesentlichen nur mit Aktionen im Zusammenhang mit den
73 jährlichen Gedenkfeiern für Rudolf Heß, die von verschiedenen rechtsextremen Grup-
74 pierungen getragen werden, in Erscheinung; auf entsprechende Veranstaltungen am 14.
75 und 17. August 1993 in Fulda und Cottbus wird insoweit in den Antragsschriften Bezug
76 genommen. Dem vorliegenden Schriftmaterial lässt sich nicht entnehmen, dass die FAP
77 darüber hinaus in nennenswertem Umfang politisch aktiv ist. Sie beschränkt sich – auch
78 nach ihrem Vortrag in den vorliegenden Verfahren – in erster Linie auf interne Zusam-
79 menkünfte. Von einem Hervortreten in der Öffentlichkeit und einer nachhaltigen Reso-
80 nanz als politischer Partei kann keine Rede sein.
81 Dies gilt auch im Hinblick auf die – im Übrigen meist kurzlebigen und in ihrer Existenz
82 regelmäßig mit der Mitgliedschaft des jeweiligen Herausgebers verbundenen – wech-
83 selnden Publikationen der Antragsgegnerin in der Vergangenheit. Die zur Zeit – bun-
84 desweit – erscheinenden Zeitungen „Neue Nation" und „Standarte" sind aufgrund ihrer
85 geringen Auflage, ihrer unregelmäßigen Erscheinungsweise und der Art ihrer Verbrei-
86 tung in Form vor allem der Übersendung an Mitglieder, Anhänger befreundeter Grup-

87 pierungen und Interessenten aus dem „nationalen Lager" nicht geeignet, die FAP und ih-
88 re politischen Vorstellungen der breiteren Öffentlichkeit und damit den Wählern bekannt
89 zu machen.
90 Eine Gruppierung, die vorwiegend außerhalb der politischen Öffentlichkeit tätig ist und
91 deren „Partei"leben sich weitgehend auf interne Vereinsarbeit beschränkt, ist keine Par-
92 tei im Sinne des Grundgesetzes.
93 3. Die Antragsgegnerin verfügt über keinerlei Unterstützung in der Bevölkerung. Sie hat
94 in der letzten Zeit ihre früheren gelegentlichen – allerdings ohne jeden ins Gewicht fal-
95 lenden Erfolg gebliebenen – Wahlaktivitäten nahezu gänzlich eingestellt. Das letzte Mal
96 hat sie als „Partei" 1990 an den Landtagswahlen in Nordrhein-Westfalen und dort auch
97 nur in einem Wahlkreis mit einem Ergebnis von 56 Stimmen teilgenommen; in Berlin,
98 dem neben Nordrhein-Westfalen stärksten Verband, haben im Mai 1992 Mitglieder der
99 FAP nicht einmal mehr als Partei, sondern nur als Wählergemeinschaft für die Bezirks-
100 verordnetenversammlungen kandidiert. Demgegenüber hat sich die Antragsgegnerin
101 weder an den Bundestagswahlen 1990 und 1994 noch an den letzten Landtags- und Bür-
102 gerschaftswahlen in Baden-Württemberg, Bremen und Hamburg und auch nicht an der
103 Europawahl 1994 beteiligt, obwohl gerade dies die Wahlen gewesen sind, zu denen sie –
104 neben Nordrhein-Westfalen – in früheren Jahren gelegentlich angetreten ist.
105 Soweit sich die FAP früher an Wahlen beteiligt hat, war sie im Übrigen nie in der Lage,
106 eine größere Anzahl von Kandidaten für verschiedene Wahlbezirke aufzustellen...
107 Zudem blieb die Antragsgegnerin bei sämtlichen Wahlen, an denen sie sich seit ihrer
108 Gründung beteiligt hat, erfolglos (0,00 bis 0,07 v. H. der gültigen Stimmen). Insoweit
109 kann ersichtlich nicht davon gesprochen werden, dass hinter den verbalen Zielsetzungen
110 dieser Vereinigung Wirklichkeiten stehen, die es erlauben, sie als Ausdruck eines ernst-
111 haften, in nicht zu geringem Umfang im Volk vorhandenen politischen Willens anzuse-
112 hen.
113 4. Nach alledem kann nicht davon gesprochen werden, die in der Satzung und im Pro-
114 gramm der Antragsgegnerin niedergelegte Zielsetzung der politischen Einflussnahme
115 und der parlamentarischen Vertretung sei „ernsthaft". Es handelt sich vielmehr um eine
116 offenbar aussichtslose Absicht, die das Ziel parlamentarischer Vertretung als gänzlich
117 wirklichkeitsfern erscheinen lässt. Es ist auch nicht erkennbar, dass die Antragsgegnerin
118 irgendwelche erheblichen Anstrengungen unternommen hat, um ihre derzeitige Situation
119 grundlegend zu ändern. Wenn eine Vereinigung sich aber offenkundig mit dem Zustand
120 absoluter Bedeutungslosigkeit – wie er auch aus ihrer Antragserwiderung hervorgeht –
121 abfindet, erweist sich der bekundete Wille zur politischen Einflussnahme und zur Mit-
122 wirkung an der Vertretung des Volkes in den Parlamenten als ein bloß vorgeblicher,
123 mithin als Maskerade.
124 Angesichts ihrer mangelnden Organisationsdichte, einer nicht ausreichend handlungs-
125 und arbeitsfähigen Parteiorganisation, des geringen Mitgliederbestandes, des fehlenden
126 kontinuierlichen Hervortretens in der Öffentlichkeit und des Mangels an jeglichem Wi-
127 derhall in der Bevölkerung bietet die FAP keine ausreichende Gewähr für die Ernsthaf-
128 tigkeit ihrer politischen Zielsetzung. Sie ist keine Partei im Sinne von Art. 21 GG, § 2
129 Abs. 1 PartG. Das besondere, wegen der herausgehobenen verfassungsrechtlichen Stel-
130 lung der politischen Parteien beim Bundesverfassungsgericht monopolisierte, vom all-
131 gemeinen Vereinsrecht abweichende Verbotsverfahren findet deshalb auf sie keine An-
132 wendung."

Textauszug[50] „Polizei ohne wirksame Kontrolle? Schwierigkeiten parlamentarischer und gerichtlicher Kontrolle Europols" von Wolfgang Wagner[51]:

1 „Die effektive ‚Kontrolle der Kontrolleure' durch Parlamente, Datenschutzbeauftragte,
2 unabhängige Gerichte und eine kritische Öffentlichkeit ist eine der bedeutendsten Er-
3 rungenschaften des demokratischen Rechtsstaats. Durch die verstärkte europäische poli-
4 zeiliche Zusammenarbeit droht diese Errungenschaft auf nationaler Ebene an Effektivität
5 einzubüßen, ohne dass auf inter- bzw. supranationaler Ebene Kontrollmechanismen ge-
6 schaffen worden wären, die das Defizit auf nationaler Ebene ausgleichen würden. ... (So)
7 ist das ‚Demokratiedefizit' in der EU aufgrund der weitreichenden Souveränitätsübertra-
8 gungen besonders ausgeprägt und im Bereich der Polizeikooperation aufgrund der Rele-
9 vanz der Bürgerrechte besonders brisant... (es) verschiebt sich die innerstaatliche
10 Machtbalance durch internationale Kooperation ... generell zu Gunsten der Exekutive
11 und zu Lasten von Parlamenten ... Denn internationale Vereinbarungen erfordern entwe-
12 der überhaupt keine Ratifizierung oder lassen ... lediglich die Möglichkeit einer ‚Ja-
13 oder-Nein'-Abstimmung (zu). Regierungen können... den privilegierten Zugang zu In-
14 formationen nutzen, den sie durch zwischenstaatliche Kooperation erhalten... Sie können
15 Verantwortung abwälzen oder sich des Zustandekommens einer Vereinbarung rühmen".

---

50 Aus: Möllers, Martin H. W. / van Ooyen, Robert Chr. (Hg): Europäisierung und Internationali-
    sierung der Polizei, Frankfurt/M 2006, S. 89 ff., hier S. 100.
51 Der Autor ist Wissenschaftler der Hessischen Stiftung für Friedens- und Konfliktforschung.

25-Punkte-Programm der NSDAP[52]

Das Programm der Deutschen Arbeiterpartei ist ein Zeit-Programm. Die Führer lehnen es ab, nach Erreichung der im Programm aufgestellten Ziele neue aufzustellen, nur zu dem Zwecke, um durch künstlich gesteigerte Unzufriedenheit der Massen das Fortbestehen der Partei zu ermöglichen.

1. Wir fordern den Zusammenschluß aller Deutschen aufgrund des Selbstbestimmungsrechtes der Völker zu einem Groß-Deutschland.

2. Wir fordern die Gleichberechtigung des deutschen Volkes gegenüber den anderen Nationen, Aufhebung der Friedensverträge von Versailles und St Germain.

3. Wir fordern Land und Boden (Kolonien) zur Ernährung unseres Volkes und Ansiedlung unseres Bevölkerungsüberschusses.

4. Staatsbürger kann nur sein, wer Volksgenosse ist. Volksgenosse kann nur sein, wer deutschen Blutes ist, ohne Rücksichtnahme auf Konfession. Kein Jude kann daher Volksgenosse sein.

5. Wer nicht Staatsbürger ist, soll nur als Gast in Deutschland leben können und muß unter Fremdengesetzgebung stehen.

6. Das Recht, über Führung und Gesetze des Staates zu bestimmen, darf nur dem Staatsbürger zustehen. Daher fordern wir, daß jedes öffentliche Amt, gleichgültig welcher Art, gleich ob im Reich, Land oder Gemeinde, nur durch Staatsbürger bekleidet werden darf. Wir bekämpfen die korrumpierende Parlamentswirtschaft einer Stellenbesetzung nur nach Parteigesichtspunkten ohne Rücksichten auf Charakter und Fähigkeiten.

7. Wir fordern, daß sich der Staat verpflichtet, in erster Linie für die Erwerbs- und Lebensmöglichkeit der Staatsbürger zu sorgen. Wenn es nicht möglich ist, die Gesamtbevölkerung des Staates zu ernähren, so sind die Angehörigen fremder Nationen (Nicht-Staatsbürger) aus dem Reiche auszuweisen.

8. Jede weitere Einwanderung Nicht-Deutscher ist zu verhindern. Wir fordern, daß alle Nicht-Deutschen, die seit dem 2. August 1914 in Deutschland eingewandert sind, sofort zum Verlassen des Reiches gezwungen werden.

9. Alle Staatsbürger müssen gleiche Rechte und Pflichten besitzen.

10. Erste Pflicht jedes Staatsbürgers muß sein, geistig oder körperlich zu schaffen. Die Tätigkeit des einzelnen darf nicht gegen die Interessen der Allgemeinheit verstoßen, sondern muß im Rahmen des Gesamten und zum Nutzen aller erfolgen. Daher fordern wir:

11. Abschaffung des Arbeits- und mühelosen Einkommens, Brechung der Zinsknechtschaft.

12. Im Hinblick auf die ungeheuren Opfer an Gut und Blut, die jeder Krieg vom Volke fordert, muß die persönliche Bereicherung durch den Krieg als Verbrechen am Volke bezeichnet werden: Wir fordern daher restlose Einziehung aller Kriegsgewinne.

13. Wir fordern die Verstaatlichung aller (bisher) bereits vergesellschafteten (Trusts) Betriebe.

14. Wir fordern Gewinnbeteiligung an Großbetrieben.

15. Wir fordern einen großzügigen Ausbau der Altersversorgung.

---

52 Quelle: Deutsches Historisches Museum (www.dhm.de).

16. Wir fordern die Schaffung eines gesunden Mittelstandes und seine Erhaltung, sofortige Kommunalisierung der Groß-Warenhäuser und ihre Vermietung zu billigen Preisen an kleine Gewerbetreibende, schärfste Berücksichtigung aller kleinen Gewerbetreibenden bei Lieferung an den Staat, die Länder oder Gemeinden.

17. Wir fordern eine unseren nationalen Bedürfnissen angepaßte Bodenreform, Schaffung eines Gesetzes zur unentgeltlichen Enteignung von Boden für gemeinnützige Zwecke. Abschaffung des Bodenzinses und Verhinderung jeder Bodenspekulation.

18. Wir fordern den Rücksichtslosen Kampf gegen diejenigen, die durch ihre Tätigkeit das Gemeininteresse schädigen. Gemeine Volksverbrecher, Wucherer, Schieber usw. sind mit dem Tode zu bestrafen, ohne Rücksichtnahme auf Konfession und Rasse.

19. Wir fordern Ersatz für das der materialistischen Weltordnung dienende römische Recht durch ein deutsches Gemeinrecht.

20. Um jedem fähigen und fleißigen Deutschen das Erreichen höherer Bildung und damit das Einrücken in führende Stellung zu ermöglichen, hat der Staat für einen gründlichen Ausbau unseres gesamten Volksbildungswesens Sorge zu tragen. Die Lehrpläne aller Bildungsanstalten sind den Erfordernissen des praktischen Lebens anzupassen. Das Erfassen des Staatsgedankens muß bereits mit dem Beginn des Verständnisses durch die Schule (Staatsbürgerkunde) erzielt werden. Wir fordern die Ausbildung besonders veranlagter Kinder armer Eltern ohne Rücksicht auf deren Stand oder Beruf auf Staatskosten.

21. Der Staat hat für die Hebung der Volksgesundheit zu sorgen durch den Schutz der Mutter und des Kindes, durch Verbot der Jugendarbeit, durch Herbeiführung der körperlichen Ertüchtigung mittels gesetzlicher Festlegung einer Turn- und Sportpflicht, durch größte Unterstützung aller sich mit körperlicher Jugendausbildung beschäftigenden Vereine.

22. Wir fordern die Abschaffung der Söldnertruppe und die Bildung eines Volksheeres.

23. Wir fordern den gesetzlichen Kampf gegen die bewußte politische Lüge und ihre Verbreitung durch die Presse. Um die Schaffung einer deutschen Presse zu ermöglichen, fordern wir, daß:

a. sämtliche Schriftleiter und Mitarbeiter von Zeitungen, die in deutscher Sprache erscheinen, Volksgenossen sein müssen,

b. nichtdeutsche Zeitungen zu ihrem Erscheinen der ausdrücklichen Genehmigung des Staates bedürfen. Sie dürfen nicht in deutscher Sprache gedruckt werden,

c. jede finanzielle Beteiligung an deutschen Zeitungen oder deren Beeinflussung durch Nicht-Deutsche gesetzlich verboten wird, und fordern als Strafe für Übertretungen die Schließung eines solchen Zeitungsbetriebes sowie die sofortige Ausweisung der daran beteiligten Nicht-Deutschen aus dem Reich.

Zeitungen, die gegen das Gemeinwohl verstoßen, sind zu verbieten. Wir fordern den gesetzlichen Kampf gegen eine Kunst und Literaturrichtung, die einen zersetzenden Einfluß auf unser Volksleben ausübt, und die Schließung von Veranstaltungen, die gegen vorstehende Forderungen verstoßen.

24. Wir fordern die Freiheit aller religiösen Bekenntnisse im Staat, soweit sie nicht dessen Bestand gefährden oder gegen das Sittlichkeits- und Moralgefühl der germanischen Rasse verstoßen.

Die Partei als solche vertritt den Standpunkt eines positiven Christentums, ohne sich konfessionell an ein bestimmtes Bekenntnis zu binden. Sie bekämpft den jüdischmaterialistischen Geist in und außer uns und ist überzeugt, daß eine dauernde Genesung unseres Volkes nur erfolgen kann von innen heraus auf der Grundlage: Gemeinnutz vor Eigennutz.

25. Zur Durchführung alles dessen fordern wir: Die Schaffung einer starken Zentralgewalt des Reiches. Unbedingte Autorität des politischen Zentralparlaments über das gesamte Reich und seine Organisationen im allgemeinen.

Die Bildung von Stände- und Berufskammern zur Durchführung der vom Reich erlassenen Rahmengesetze in den einzelnen Bundesstaaten.

Die Führer der Partei versprechen, wenn nötig unter Einsatz des eigenen Lebens für die Durchführung der vorstehenden Punkte rücksichtslos einzutreten.

München, den 24. Februar 1920.

Textauszug[53] „Aufbau des Grenzschutzes in Bosnien und Herzegowina im Auftrag der UN. Ein Erfahrungs- und Projektbericht des Projektleiters" von Christian Mainzinger:

1 „Im Zuge der kriegerischen Auseinandersetzungen, die 1992 ausbrachen und im Laufe
2 des Krieges alle drei Ethnien zu erbitterten Gegnern machten, stand vor allem die „eth-
3 nische Säuberung" von den jeweils beanspruchten Territorien im Vordergrund des Han-
4 delns, das sich in diesem Sinne vordringlich in der Herzegowina von den Kroaten gegen
5 die Serben und Bosniaken, im Norden des Landes von Serben und Kroaten wechselseitig
6 und in Sarajevo sowie im Osten des Landes von Serben gegen Bosniaken vollzog, wobei
7 in die letztgenannte Kategorie auch der Völkermord von Srebrenica fällt.
8 Die ethnische Verteilung gemäß dem Zensus von 1991 wurde per Gesetz als verbindli-
9 che Zusammensetzung des Gesamtpersonalkörpers im Grenzschutz festgelegt. Verbind-
10 lich wurde nicht nur die prozentuale Gesamtverteilung, sondern auch die anteilmäßige
11 Aufteilung in den jeweiligen (damals noch zu bildenden) Einheiten, basierend auf den
12 Erhebungen von 1991 auf Niveau der seinerzeitigen Gemeinden. Das Gesetz regelt wei-
13 terhin, dass – unabhängig von der Verteilung gemäß dem angesprochenen Zensus – kei-
14 ne Ethnie mit weniger als 10 % vertreten sein darf und weiterhin keine Ethnie mehr als
15 zwei Drittel der Beschäftigten in einer Einheit stellen darf. Außerdem wurde die Leitung
16 des Grenzschutzes von Bosnien und Herzegowina einem dreiköpfigen Direktorat über-
17 tragen, das aus einem Serben, einem Kroaten und einem Bosniaken bestehen muss, wo-
18 bei einer jeweils für die Dauer von acht Monaten den Vorsitz innehat. Im Ergebnis wur-
19 de für jeden einzelnen Dienstposten durch Erlass des Direktorates und mit Billigung der
20· Präsidentschaft jedem Dienstposten im Grenzschutz von Bosnien und Herzegowina eine
21 Ethnie zugeordnet. Diese Direktive erschwerte naturgemäß den Aufbau einer Grenz-
22 schutzorganisation dieser Größenordnung.
23 Jedoch gemessen an der mono-ethnischen Zusammensetzung der Polizeien der Teilstaa-
24 ten ist der multi-ethnisch durchmischte Grenzschutz von Bosnien und Herzegowina
25 durchaus als Erfolg anzusehen. Gleichwohl ergaben sich aus dieser gesetzlichen Vorga-
26 be für das Aufbauprojekt nicht unerhebliche Probleme: Auf der einen Seite sollte Eig-
27 nung, Leistung und Befähigung die Vergabe von öffentlichen Ämtern entscheiden. An-
28 dererseits war die Besetzung dieser öffentlichen Ämter im Grenzschutz nach ethnischen
29 Gesichtspunkten zu betreiben. Deshalb überrascht es nicht, dass die durch UNMIBH[54]
30 per Mandat zu überwachende Personalauswahl in den Bereichen Ausschreibung, Aus-
31 wahlverfahren und formeller Anstellung, inklusive einer individuellen Personenüberprü-
32 fung hinsichtlich einer Involvierung in Kriegsverbrechen, während der gesamten Pro-
33 jektzeit eines der konfliktträchtigsten und schwierigsten Arbeitsbereiche war. Das Direk-
34 torat seinerseits war von den jeweiligen politischen Lagern stets unter Druck, bestimmte
35 Personalmaßnahmen unabhängig von entsprechenden Qualifikationen zu verwirklichen.
36 Generell war zu beobachten, dass die drei Direktoren sich in ihrem politischen Rollen-
37 verständnis zuerst als Interessenvertretung ihrer Ethnie verstanden und eben diese Er-
38 wartung an sie von den jeweiligen politischen Lagern geknüpft wurde."

---

53 Aus: Möllers, Martin H. W. / van Ooyen, Robert Chr. (Hg.): Europäisierung und Internationalisierung der Polizei, Frankfurt/M 2006, S. 242 f.
54 United Nations Mission in Bosnia and Herzegovina.

Auszug aus: Backes / Jesse: Politischer Extremismus, 3. Aufl., Bonn 1993, S. 261 ff.

1   „Die Annahme, daß Persönlichkeit, Charakter, psychische Prädispositionen prägenden
2   Einfluß auf die Entwicklung politischer Vorstellungen und Verhaltensformen haben,
3   steht ganz am Anfang der Ursachenforschung zum politischen Extremismus: ‚Die Un-
4   tersuchungen, über die hier berichtet wird, waren an der Hypothese orientiert, daß die
5   politischen... Überzeugungen eines Individuums häufig ein umfassendes..., gleichsam
6   durch eine ‚Mentalität'... zusammengehaltenes Denkmuster bilden und dass dieses
7   Denkmuster Ausdruck verborgener Züge der individuellen Charakterstruktur ist'. Diese
8   programmatischen Sätze leiten die berühmte Studie zur ‚Authoritarian Personality'[55] ein,
9   die in den vierziger Jahren unter der Regie des... emigrierten Frankfurter Sozialwissen-
10 schaftlers Theodor W. Adorno entstand (Berkeley-Gruppe).
11 Die leitende Fragestellung des Werkes war vom Erleben (und Erleiden) der faschisti-
12 schen Bewegungen und insbesondere der Machtübernahme der Nationalsozialisten in
13 Deutschland... durchdrungen. Es sollte eine Erklärung gefunden werden, weshalb die
14 NSDAP in einer so bedeutenden Kulturnation Massenanhang hatte gewinnen können...
15 Nicht nur der Frageansatz, sondern auch die Methode, derer die Autoren sich bedienten,
16 sollte wegweisende Bedeutung erlangen: In einer Befragung repräsentativer Gruppen der
17 Bevölkerung... wurden Einstellungen im Hinblick auf bestimmte Inhalte ermittelt... die
18 sich an folgenden Merkmalen orientierte(n): ... Autoritäre Unterwürfigkeit, ... Autoritäre
19 Aggression, ... Machtdenken, ...Denken in Dimensionen wie Herrschaft – Unterwerfung,
20 stark – schwach, Führer – Gefolgschaft...
21 In verfeinerter Form fand die Annahme, es gäbe einen ursächlichen Zusammenhang
22 zwischen der ‚kapitalistischen' Wirtschaftsordnung und der Entstehung faschistischer
23 bzw. rechtsextremistischer Bestrebungen, Eingang in die Analysen zahlreicher Sozial-
24 wissenschaftler. So hat vor allem Wilhelm Heitmeyer in seinen breit angelegten empiri-
25 schen Studien die Aufmerksamkeit auf Folgeerscheinungen des ‚Spätkapitalismus'... ge-
26 lenkt: Konkurrenzkampf am Arbeitsplatz, Urbanisierung, Zerstörung traditioneller Mi-
27 lieus... – all dies fördere die Entstehung rechtsextremer Einstellungen und Verhaltens-
28 weisen...
29 Das Fehlen oder der relative Mangel materieller Güter stand lange Zeit im Mittelpunkt
30 von Erklärungsversuchen zur Entstehung extremistischer Bewegungen. So wurde ein
31 enger Zusammenhang zwischen der Weltwirtschaftskrise und den Erfolgen der Natio-
32 nalsozialisten hergestellt. Die Entwicklung des politischen Extremismus in der Bundes-
33 republik hat demgegenüber gezeigt, daß ökonomische Faktoren nicht immer ausschlag-
34 gebend sind. So lassen sich Erfolge der NPD in den sechziger Jahren (und deren Mißer-
35 folge in den Siebzigern) nur zu einem Teil aus ökonomischen Faktoren ableiten... auch
36 die Entstehung des Terrorismus ist nicht im Zusammenhang mit einer Wirtschaftskrise
37 zu erklären...
38 Was liegt näher, politischen... Extremismus als die Folge eines Vertrauensverlustes in
39 die Funktionsfähigkeit und Problemlösungskapazität des bestehenden politischen Sys-
40 tems zu deuten?.... Wenn wie in der Bundesrepublik in der ersten Hälfte der achtziger
41 Jahre Tausende an Demonstrationen im Rahmen der Friedens- und Ökobewegungen

---

55 Autoritäre Persönlichkeit.

42 teilnahmen, muß dieses Faktum auch ein Fragezeichen hinter die Problemlösungsfähig-
43 keit von Institutionen und gewählten Repräsentanten setzen, selbst eingedenk der Tatsa-
44 che, dass die Mehrheit mit derartigen Aktionen nur einen demokratischen Partizipations-
45 recht Ausdruck verleiht, die Anerkennungswürdigkeit des politischen Systems nicht
46 grundsätzlich bestreitet...
47 Die ‚alten' Parteien gelten als ‚verknöchert', ihre Programme als ‚verstaubt'. Die Politi-
48 ker in Bonn seien – wie in einem ‚Raumschiff' – gleichsam abgehoben von den Bedürf-
49 nissen und Interessen ‚der' Bevölkerung.... Manche dieser Einwände mögen überzogen
50 sein, andere aus vor- und antidemokratischen Denktraditionen schöpfen.... Das Ausmaß
51 politischen Protests wird aber nicht nur durch den Grad der Kritikwürdigkeit des betref-
52 fenden Systems bestimmt. Vielmehr kommt es entscheidend auch auf die Form an, mit
53 der die ‚etablierten' Kräfte auf die Herausforderungen reagieren.... Als sich Mitte bis
54 Ende der sechziger Jahre eine studentisch geprägte Protestbewegung formierte, standen
55 staatliche Repräsentanten diesem Phänomen unerfahren und vielfach unwillig gegen-
56 über. Dies zeigte sich nicht nur bei politischen Demonstrationen und neuartigen Akti-
57 onsformen, auf die die psychologisch ungeschulten Sicherheitskräfte mitunter hilflos
58 und mit übertriebener Härte reagierten... Offenkundig besteht zwischen Protestszene und
59 staatlichen Akteuren ein Handlungszusammenhang.
60 Unzufriedenheit und Protest... können aus berechtigter Kritik am ‚etablierten' Institutio-
61 nengefüge erwachsen, ebenso gut aber auch aus fragwürdigen, emotionalen und irratio-
62 nalen Gründen hervorgehen. So wird Protest häufig aus einer überzogenen Erwartungs-
63 haltung heraus artikuliert. Wenn etwa das Prinzip der Selbstverantwortung gegenüber
64 dem der kollektiven Verantwortung ganz in den Hintergrund gerät, mag bei vielen Bür-
65 gern der Eindruck entstehen, als sei das staatliche Gemeinwesen für das Wohl und Wehe
66 aller seiner Mitglieder zuständig. Aus dieser Haltung heraus ist es nur konsequent, alle
67 Probleme den politischen Entscheidungsträgern anzulasten. In eine ähnliche Richtung
68 wirken utopische Entwürfe von der vollständigen Überwindung irdischer Mühsal und
69 Bedrängnis, die im Umkreis politischer Protestbewegungen immer eine Rolle gespielt
70 haben".

Literaturverzeichnis

Aden, Hartmut: Polizeinahe Fachzeitschriften – Formen und Grenzen des Einflusses auf polizeiliche Deutungsmuster und politische Entscheidungsprozesse. In: Lange, Hans-Jürgen (Hg.): Die Polizei der Gesellschaft, Opladen 2003, S. 357-373.

Adorno, Theodor W.: Die autoritäre Persönlichkeit. In: Sanford, Filmore: Moderne psychologische Forschung, Band 3 (Entwicklungs-, Persönlichkeits- und Sozialpsychologie), S. 60-76, Weinheim 1971.

Aebli, Hans: Zwölf Grundformen des Lehrens. Eine allgemeine Didaktik auf psychologischer Grundlage, Medien und Inhalte didaktischer Kommunikation, der Lernzyklus, 13. Aufl., Stuttgart 2006.

Aepkers, Michael / *Liebig*, Sabine (Hg.): Entdeckendes, forschendes und genetisches Lernen. Basiswissen Pädagogik, Unterrichtskonzepte und -techniken, Bd. 4, Baltmannsweiler 2002.

Albrecht, Richard / *Reidegeld*, Eckart: Verwaltungssprache und Bürgerinteressen: Sprachbarrieren im Publikumsverkehr in ihrer Bedeutung für Rechtsinanspruchnahme und Rechtsausschöpfung. Möglichkeiten und Grenzung der Überwindung, in: ZfRSoz 1980, H. 2, Jg. 1, S. 232-248.

Albrecht, Wilma: Formulare und „Bürgernahe Verwaltung", in: ZfSSV 1986. Nr. 6, Jg. 40, S. 161-172.

Alexy, Robert: Theorie der juristischen Argumentation: Die Theorie des rationalen Diskurses als Theorie der juristischen Begründung, Neuaufl., Frankfurt/M 2008.

Andermann, Ulrich / *Drees*, Martin / *Grätz*, Frank: Duden. Wie verfasst man wissenschaftliche Arbeiten? Ein Leitfaden für das Studium und die Promotion, 3. Aufl., Mannheim 2006.

Anske, Ute: Pilotstudie zur Charakterisierung funktioneller Gesundheitszustände mittels Chronopsychobiologischer Regulationsdiagnostik, Diss., Berlin 2003.

Arolt, Volker / *Reimer*, Christian / *Dilling*, Horst: Basiswissen Psychiatrie und Psychotherapie, 6. Aufl., Heidelberg 2007.

Backes, Uwe / *Jesse*, Eckhard: Politischer Extremismus in der Bundesrepublik Deutschland, 3. Aufl., Bonn 1993.

Badura, Peter / *Dreier*, Horst (Hg.): Festschrift 50 Jahre Bundesverfassungsgericht. 2 Bde., Tübingen 2001.

Bandura, Albert: Aggression, Stuttgart 1979.

Beck, Horst: Die Veranschaulichung von Lehrstoffen, dargestellt an Beispielen aus kaufmännischen Fächern, in: Gönner / Reip (Hg.), Unterrichtsplanung für kaufmännische Schulen, 3. Aufl., Wiesbaden 1982, S. 335 ff.

Behr, Rafael: Cop Culture – der Alltag des Gewaltmonopols: Männlichkeit, Handlungsmuster und Kultur in der Polizei, 2. Aufl., Wiesbaden 2008.

Berman, Paul: Terror und Liberalismus, Hamburg 2004.

Beyer, Lothar / *Brinckmann*, Hans: Kommunalverwaltung im Umbruch. Verwaltungsreform im Interesse von Bürgern und Beschäftigten (= Zukunft durch öffentliche Dienste, Bd. 2). Köln 1990.

Bieber, Roland (Einf.): Europarecht: Textausgabe mit einer Einführung von Roland Bieber, 20. Aufl., Baden-Baden 2010.

Bieber, Roland / *Epiney*, Astrid / *Haag*, Marcel (Hg.): Recht der Europäischen Union, Europarecht und Politik, 8. Aufl., Baden-Baden 2008.

Bierhoff, Hans-Werner: Aggression und Gewalt, Stuttgart 1998.

Bockemühl, Jan: Zur Verwertbarkeit von präventiv-polizeilichen Erkenntnissen aus „Lauschangriffen" in Strafverfahren. „Von hinten durch die Brust ins Auge" – Die Legalisierung des „Großen Lauschangriffs" durch die Rechtsprechung des BGH?, in: JA 1996, S. 695-700.

Böckenförde, Stephan / *Gareis*, Sven Bernhard (Hg.): Deutsche Sicherheitspolitik, Opladen 2009.

Böker, Heinz: Depression, Manie und schizoaffektive Psychosen, Gießen 2001.

Bönders, Thomas (Hg.): Kompetenz und Verantwortung in der Bundesverwaltung: 30 Jahre Fachhochschule des Bundes für öffentliche Verwaltung, München 2009.

Borsdorff, Anke: Waffenrecht für den Bundesgrenzschutz – eine Gegenüberstellung des alten und des neuen Waffenrechts, in: Borsdorff (Hg.), Bundespolizei im 21. Jahrhundert, Frankfurt/M 2004, S. 65-98.

Borsdorff, Anke (Hg.): Bundespolizei im 21. Jahrhundert. Rechts- und polizeiwissenschaftliche Aufgabenfelder des Bundesgrenzschutzes. Festschrift zum 25-jährigen Bestehen der Fachhochschule des Bundes, Fachbereich Bundesgrenzschutz. Frankfurt/M 2004.

Borsdorff, Anke: Durchsuchungen, in: Möllers (Hg.), Wörterbuch der Polizei, 2. Aufl., München 2010, S. 520-522.

Borsdorff, Anke / *Deyda*, Christian: Luftsicherheitsgesetz für die Bundespolizei. Polizeiliches Einsatzrecht für Ausbildung, Prüfung und Praxis, Lübeck 2005.

Borsdorff, Anke / *Kastner*, Martin: Wissenstest – Polizeiliches Einsatzrecht. 444 Fragen – 444 Antworten für Ausbildung, Prüfung und Praxis im Polizeivollzugsdienst des Bundes und der Länder, 2. Aufl., Lübeck 2008.

Borsdorff, Anke / *Kastner*, Martin: Musterklausuren – Einsatzrecht für die Bundespolizei, 3. Aufl., Hilden/Rheinland 2007.

Borsdorff, Anke / *Kastner*, Martin / *Deyda*, Christian (Hg.): Gesetzessammlung für die Bundespolizei. Textsammlung für Ausbildung, Prüfung und Praxis, 3. Aufl., Lübeck 2010.

Bracher, Karl Dietrich / *Funke*, Manfred / *Jacobsen*, Hans-Adolf (Hg.): Die Weimarer Republik 1918-1933. Politik – Wirtschaft – Gesellschaft, Schriftenreihe der Bundeszentrale für politische Bildung, Band 251, 3. Aufl., Bonn 1998.

Brengelmann, Johannes C.: Stressbewältigungstraining, Frankfurt 1988.

Bronisch, Thomas: Der Suizid. Ursachen – Warnsignale – Prävention, München 1995.

Brunkhorst, Hauke: Die Folterdebatte des repressiven Liberalismus, in: Möllers / van Ooyen (Hg.), JBÖS 2004/05, Frankfurt/M 2005, S. 21-28.

Bull, Hans-Peter: Verfehltes Verfahren, Niederlage der abwehrbereiten Demokratie oder Sieg der Toleranz? – Zur Einstellung des NPD-Verbotsverfahrens, in: Möllers / van Ooyen (Hg.), JBÖS 2002/03, Frankfurt/M 2003, S. 197-217.

Büttner, Gerhard: Diagnostik von Konzentration und Aufmerksamkeit, Bern 2004.

Canaris, Claus-Wilhelm / *Larenz*, Karl: Methodenlehre der Rechtswissenschaft, 4. Aufl., Berlin 2009.

van Creveld, Martin: Die Zukunft des Krieges. Wie wird Krieg geführt und warum, 3. Aufl. München 2004.

DeCharms, Richard: Personal causation: The internal affective determinants of behavior, Hillsdale 1983.

Diedrichs, Udo: Europäische Kommission, in: Weidenfeld / Wessels (Hg.): Europa von A-Z, 11. Aufl., Baden-Baden 2009, S. 149-159.

Diekmann, Andreas: Empirische Sozialforschung: Grundlagen, Methoden, Anwendungen, 18. Aufl., Reinbek 2007.

Dietel, Alfred / *Gintzel*, Kurt / *Kniesel*, Michael: Demonstrations- und Versammlungsfreiheit. Kommentar zum Gesetz über Versammlungen und Aufzüge vom 24. Juli 1953, 15. Aufl., Köln 2008.

Dollard, John: Frustration und Aggression, 5. Aufl., Weinheim 1973.

Dreier, Horst (Hg.): Grundgesetz-Kommentar, Band 1, Art. 1-19, 2. Aufl., Tübingen 2008.

Eisele, Manfred: „Policekeeping" – Anmerkungen zu internationalen Polizeieinsätzen, in: Möllers / van Ooyen (Hg.), Europäisierung und Internationalisierung der Polizei, Frankfurt/M 2006, S. 195-206.

Eisenberg, Ulrich: Straf(verfahrens-)rechtliche Maßnahmen gegenüber „Organisiertem Verbrechen", in: NJW 1993, S. 1033-1039.

Eschenbach, Jürgen: Der verfassungsrechtliche Schutz des Eigentums, Berlin 1996.

Falter, Jürgen W.: Wahlen und Wählerverhalten unter bes. Berücksichtigung des Aufstiegs der NSDAP nach 1928, in: Bracher / Jacobsen / Funke (Hg.), Die Weimarer Republik 1918-1933, 2. Aufl. 1988, Bundeszentrale für politische Bildung, Bonn 1988, S. 484 ff.

Festinger, Leon: Theorie der kognitiven Dissonanz. Hg.: Irle, Martin / Müntmann, Volker, Bern 1978.

Fischer, Hans Georg: Europarecht. Grundkurs des Rechts der europäischen Union, 2. Aufl., Köln 2008.

Fischer, Peter / *Köck*, Heribert F.: Allgemeines Völkerrecht, 6. Aufl., Wien 2004.

Fischer, Thomas: Strafgesetzbuch und Nebengesetze, Kommentar, 57. Aufl., München 2010.

Folz, Hans-Peter: Demokratie und Integration. Der Konflikt zwischen Bundesverfassungsgericht und Europäischem Gerichtshof über die Kontrolle der Gemeinschaftskompetenzen, Heidelberg 1999.

Fraenkel, Ernst: Deutschland und die westlichen Demokratien, 5. Aufl., Stuttgart 1973.

Fraenkel, Ernst: Der Pluralismus als Strukturelement der freiheitlich-rechtsstaatlichen Demokratie, in: ders., Deutschland und die westlichen Demokratien, 5. Aufl., Stuttgart 1973, S. 197-221.

Freud, Sigmund: Jenseits des Lustprinzips, Leipzig 1920.

Freud, Sigmund: Gesammelte Werke Band 11: Vorlesungen zur Einführung in die Psychoanalyse. Herausgegeben von Anna Freud, Frankfurt/M 1998.

Fritzler, Marc / *Unser*, Günther: Die Europäische Union. Reihe „Politik kurz gefasst" der Bundeszentrale für politische Bildung, 2. Aufl., Bonn 2001.

Füllgrabe, Uwe / *Hornthal*, Steffen / *Meier-Welser*, Conrad (Hg.): Polizeipsychologie. Lehrbuch der Psychologie für die Ausbildung in der Polizei, 3. Aufl., Stuttgart 1990.

Gabriel, Oscar W. / *Niedermayer*, Oskar / *Stöss*, Richard (Hg.): Parteiendemokratie in Deutschland, Schriftenreihe Bd. 372, Bundeszentrale für politische Bildung, Bonn 2001.

Gage, Nathanael Lees / *Berliner*, David C.: Pädagogische Psychologie, 5. Aufl., Weinheim 1996.

Gareis, Sven B.: Die neuen Gesichter des Krieges – Wesensmerkmale, Reaktionsformen und erforderliche Strategien, in: Möllers / van Ooyen, JBÖS 2002/03, Frankfurt/M. 2003, S. 479-495.

Geiger, Rudolf: Grundgesetz und Völkerrecht. Ein Studienbuch, 4. Aufl., München 2009.

Goldstein, E. Bruce: Wahrnehmungspsychologie, 7. Aufl., Heidelberg 2007.

Gönner, Kurt / *Reip*, Hubert (Hg.): Unterrichtsplanung für kaufmännische Schulen. 3. Aufl., Bad Homburg 1998.

Gray, John: Die Geburt al-Qaidas aus dem Geist der Moderne, München 2004.

Grimm, Dieter / *Kirchhof*, Michael / *Eichberger*, Michael (Hg.): Entscheidungen des Bundesverfassungsgerichts. Studienauswahl in 2 Bänden. 3. Aufl., Tübingen 2007.

Grunow, Dieter: Bürgernahe Verwaltung. Theorie, Empirie, Praxismodelle, Frankfurt/M 1988.

Grunow, Dieter: Verwaltung in Nordrhein-Westfalen. Zwischen Ärmelschoner und E-Government, Münster 2003.

Gourmelon, Andreas / *Mayer*, Michael / *Mayer*, Thomas: Prüfungsgespräche erfolgreich führen, Stuttgart 1992.

Gusy, Christoph: Versammlungsfreiheit, in: Möllers (Hg.), Wörterbuch der Polizei, 2. Aufl., München 2010, S. 2128-2130.

Häcker, Hartmut / *Stapf*, Kurt H.: Dorsch Psychologisches Wörterbuch, 14. Aufl., Bern 2009.

Hartleb, Florian: Die PDS als erstarkter bundespolitischer Faktor – Linkspopulismus im Zeichen eines sich wandelnden Parteiensystems, in: Möllers / van Ooyen (Hg.), JBÖS 2006/07, Frankfurt/M 2007, S. 61-68.

Heckhausen, Heinz: Motivation und Handeln, 2. Aufl., Berlin 1989.

Heesen, Dietrich / *Hönle*, Jürgen / *Peilert*, Andreas: Bundesgrenzschutzgesetz – Verwaltungs-Vollstreckungsgesetz – Gesetz über den unmittelbaren Zwang. Kommentar, 4. Aufl., Hilden/Rhld. 2002.

Hegenbart, Rainer: Wörterbuch der Philosophie, Bindlach 1994.

Herdegen, Matthias: Völkerrecht. 8. Aufl., München 2009.

Herrmann, Ronald / *Lang*, Gerd / *Schneider*, Andreas: Polizeirelevante Grundrechte. Anleitung für Studium und Ausbildung, 3. Aufl., Stuttgart, 2008.

Herrmann, Theo: Lehrbuch der empirischen Persönlichkeitsforschung, 6. Aufl., Göttingen 1991.

Herzberg, Frederick et al.: The motivation to work, 24. Aufl., New Brunswick 1993.

Heyde, Wolfgang / *Ziller*, Gebhard: Legislative Exekutive – Rechtsprechung. Aufgaben, Organisation, Arbeitsweise, 19. Aufl., Troisdorf 2003.

Hildebrandt, Horst (Hg.): Die deutschen Verfassungen des 19. und 20. Jahrhunderts, UTB, 14. Aufl., Stuttgart/Paderborn 1992.

Hillenbrand, Olaf: Die Wirtschafts- und Währungsunion, in: Weidenfeld / Wessels (Hg.), Europa von A-Z, 11. Aufl., Baden-Baden 2009, S. 370-373.

Hillenbrand, Olaf: Europa-ABC: Einheitliche Europäische Akte, in: Weidenfeld / Wessels (Hg.), Europa von A-Z, 11. Aufl., Baden-Baden 2009, S. 417.

Hillenbrand, Olaf: Europa-ABC: Vertrag von Maastricht, in: Weidenfeld / Wessels (Hg.), Europa von A-Z, 11. Aufl. Baden-Baden 2009, S. 454.

Hobe, Stephan: Einführung in das Völkerrecht. 9. Aufl., Stuttgart 2008.

Hofe, Gerhard: Abschied vom weiten Wohnungsbegriff des Art. 13 GG?, in: ZRP 1995, S. 169-171.

Hofstätter, Peter R.: Kritik der Massenpsychologie, 2. vollst. überarb. und erw. Neuausgabe, Reinbek 1990.

Hömig, Dieter (Hg.): Grundgesetz für die Bundesrepublik Deutschland. Taschenkommentar, 8. Aufl., Baden-Baden 2007.

Hücker, Fritz: Rhetorische Deeskalation, 2. Aufl., Stuttgart 2005.

Hund, Horst: Der Einsatz technischer Mittel in Wohnungen. Versuch einer verfassungskonformen Lösung, in: ZRP 1995, S. 334-338.

Ipsen, Jörn: Staatsrecht I: Staatsorganisationsrecht. 21. Aufl., Neuwied 2009.

Ipsen, Jörn: Staatsrecht II: Grundrechte. 12. Aufl., Neuwied 2009.

Ipsen, Knut / *Epping*, Volker / *Heintschel von Heinegg*, Wolff: Völkerrecht. 6. Aufl., München 2010.

Jank, Werner/**Meyer**, Hilbert: Didaktische Modelle, 7. Aufl., Stuttgart 2002.

Jellinek, Georg: System der subjektiven öffentlichen Rechte, 2. Aufl., Tübingen 1919.

Kant, Immanuel: Die Metaphysik der Sitten, Reclam-Ausgabe, Stuttgart 1990.

Kastner, Martin: Freiheitsbeschränkung, in: Möllers (Hg.), Wörterbuch der Polizei, 2. Aufl., München 2010, S. 726-727.

Kastner, Martin: Freiheitsentziehung, in: Möllers (Hg.), Wörterbuch der Polizei, 2. Aufl., München 2010, S. 727-729.

Kastner, Martin: Gesetzlichkeitsprinzip, in: Möllers (Hg.), Wörterbuch der Polizei, 2. Aufl., München 2010, S. 831.

Kastner, Martin: Ne bis in idem (crimen judicetur), in: Möllers (Hg.), Wörterbuch der Polizei, 2. Aufl., München 2010, S. 1319.

Kastner, Martin: Vorläufige Festnahme, in: Möllers (Hg.), Wörterbuch der Polizei, 2. Aufl., München 2010, S. 2200-2201.

Kastner, Martin: Wohnung, in: Möllers (Hg.), Wörterbuch der Polizei, 2. Aufl., München 2010, S. 2283-2284.

Katz, Alfred: Staatsrecht. Grundkurs im öffentlichen Recht, 17. Aufl., Heidelberg 2007.

Keidel, Wolf-Dieter: Kurzgefasstes Lehrbuch der Physiologie, 6. Aufl., Stuttgart 1985.

Kelsen, Hans: Allgemeine Staatslehre (1925), 2. Neudruck, Wien 1993.

Klafki, Wolfgang: Studien zur Bildungstheorie und Didaktik, Weinheim 1972.

Klaffki, Wolfgang: Neue Studien zur Bildungstheorie und Didaktik: Zeitgemäße Allgemeinbildung und kritisch-konstruktive Didaktik, 6. Aufl., Weinheim 2007.

Klingberg, Lothar: Einführung in die Allgemeine Didaktik. Reprint der Ausgabe des Verlags Volk und Wissen Volkseigener Verlag, Berlin-Ost. Frankfurt/M o. J. (1975).

Krämer, Hans R.: Die Europäische Gemeinschaft und die Ölkrise, Baden-Baden 1980.

Krauthan, Günter: Psychologisches Grundwissen für Polizeibeamte, 4. Aufl., Weinheim 2004.

Kutscha, Martin: Der Lauschangriff im Polizeirecht der Länder, in: NJW 1994, S. 85-88.

Landfried, Christine: Das politische System der Europäischen Union, Wiesbaden 2008.

Lange, Hans-Jürgen: Konturen des neuen Sicherheitsbegriffs. Zur These des Zusammenwachsen von globaler, äußerer und innerer Sicherheit, in: van Ooyen / Möllers, Die Öffentliche Sicherheit auf dem Prüfstand: 11. September und NPD-Verbot, Frankfurt/M 2002, S. 21-26.

Lanzerath, Sonja: Religiöse Kleidung und öffentlicher Dienst. Zur Zulässigkeit dienstrechtlicher Bekleidungsverbote in Schule, Gerichtsbarkeit und Polizei, Frankfurt/M 2003.

Läufer, Thomas (Hg.): Vertrag von Nizza. Die EU der 25, Texte des EU-Vertrages und des EG-Vertrages mit Beitrittsvertrag, Europäische Sicherheitsstrategie, Charta der Grundrechte der Europäischen Union, deutsche Begleitgesetze, Schriftenreihe der Bundeszentrale für politische Bildung, Band 444, Bonn 2004.

Läufer, Thomas (Hg.): Vertrag über eine Verfassung für Europa. Entwurf des Europäischen Konvents vom 18. Juli 2003, Schriftenreihe der Bundeszentrale für politische Bildung, Band 427, Bonn 2004.

Le Bon, Gustave: Psychologie der Massen, Neuaufl., Hamburg 2009.

Lenzen, Dieter (Hg.): Pädagogische Grundbegriffe. Band 1: Aggression bis Interdisziplinarität, Band 2: Jugend bis Zeugnis, 7. Aufl., Reinbek bei Hamburg 2004.

Lhotta, Roland / *Ketelhut*, Jörn: Bundesverfassungsgericht und Europäische Integration, in: van Ooyen / Möllers (Hg.), Das Bundesverfassungsgericht im politischen System, Wiesbaden 2006, S. 465-476.

Linsenmann, Ingo: Europäische Zentralbank, in: Weidenfeld / Wessels (Hg.), Europa von A-Z, 11. Aufl., Baden-Baden 2009, S. 195-198.

Linsenmann, Ingo: Europäischer Wirtschafts- und Sozialausschuss, in: Weidenfeld / Wessels (Hg.): Europa von A-Z, 11. Aufl., Baden-Baden 2009, S. 213-216.

Lipset, Seymour M.: Nationalsozialismus – ein Faschismus der Mitte, in: ders., Soziologie der Demokratie, Neuwied 1962, S. 131 ff.

Lorenz, Konrad: Das sogenannte Böse, 22. Aufl., München 2000.

Magiera, Siegfried: Europäischer Gerichtshof, in: Weidenfeld / Wessels (Hg.): Europa von A-Z, 11. Aufl., Baden-Baden 2009, S. 199-204.

Magiera, Siegfried / *Krehan*, Katrin: Europäischer Rechnungshof, in: Weidenfeld / Wessels (Hg.), Europa von A-Z, 11. Aufl., Baden-Baden 2009, S. 210-213.

Maibach, Gerda: Polizisten und Gewalt, Reinbek 1996.

Maier, Wolfgang: Mit Medien motivieren. Beispiele für den Unterricht mit CD-Rom. PraxisReihe Bildung und Information, Wiesbaden 2001.

Mainzinger, Christian, Aufbau des Grenzschutzes in Bosnien und Herzegowina im Auftrag der Vereinten Nationen, in: Möllers / van Ooyen / Spohrer (Hg.), Die Polizei des Bundes in der rechtsstaatlichen pluralistischen Demokratie, Opladen 2003, S. 235-258.

von Mangoldt, Hermann / *Klein*, Friedrich / *Starck*, Christian (Hg.): Kommentar zum Grundgesetz, Bde. 1-3, 6. Aufl., München 2010.

Manssen, Gerrit: Staatsrecht II. Grundrechte, 6. Aufl., München 2009.

Maslow, Abraham: Motivation und Persönlichkeit. 7. Aufl., Reinbek 1999.

Matthies, Volker: Neues Feindbild Dritte Welt: Verschärft sich der Nord-Süd-Konflikt?, in: Aus Politik und Zeitgeschichte. Beilage zur Wochenzeitung Das Parlament, B25-26/1991, 14.06.1991, S. 3-11.

Maunz, Theodor / *Dürig*, Günter u. a.: Grundgesetz, Loseblatt-Kommentar in 6 Leinenordnern, 57. Ergänzungslieferung, München 2010.

Maurer, Andreas: Europäisches Parlament, in: Weidenfeld / Wessels (Hg.), Europa von A-Z, 11. Aufl. Baden-Baden 2009, S. 217-225.

Menze, Jörg (Hg.): Verfassungsrechtsprechung. Hundert Entscheidungen des Bundesverfassungsgerichts in Retrospektive, Tübingen 2000.

Meyer, Hilbert: Leitfaden zur Unterrichtsvorbereitung. Scriptor Ratgeber Schule Band 6, hrsgg. von Dietrich Albrecht, Ruth Fendel, Helmut Härle, Gerd-Bodo Reinert, 16. Aufl. (Nachdruck der 12. von 1993), Frankfurt/M 2003.

Meyer, Hilbert: Unterrichts-Methoden II: Praxisband, 13. Aufl. (Nachdruck der 9. von 1987), Frankfurt/M 2006.

Meyer, Meinert A. / *Meyer*, Hilbert: Wolfgang Klafki. Eine Didaktik für das 21. Jahrhundert?, Weinheim 2007.

Mitchell, Jeffrey / *Everly*, George: Handbuch Einsatznachsorge: Critical Incident Stress Management, 2. Aufl., Edewecht 2005.

Mittag, Jürgen: Ausschuss der Regionen, in: Weidenfeld / Wessels (Hg.): Europa von A-Z, 11. Aufl., Baden-Baden 2009, S. 84-87.

Möllers, Martin H. W.: Bürgernähe der Verwaltung als Thema der Ausbildung von Beamten des gehobenen nichttechnischen Dienstes. Deutsche Hochschulschriften, Band 556 (🖬), Egelsbach 1992.

Möllers, Martin H. W.: Das Wesen des Sachenrechts in Gegenüberstellung zum Schuldrecht unter dem besonderen Aspekt einer Erfassung des Abstraktionsprinzips, dargestellt am Institut des Eigentums an beweglichen Sachen. Ein Beitrag zur Rechtsdidaktik. Deutsche Hochschulschriften, Band 544 (🖬), Egelsbach 1992.

Möllers, Martin H. W.: Das politische System der Bundesrepublik Deutschland nach der Wiedervereinigung. Einführung in Staatsrecht und Politik für das Studium an der Fachhochschule des Bundes für öffentliche Verwaltung. Deutsche Hochschulschriften, Band 710 (🖬), Egelsbach 1993.

Möllers, Martin H. W. (Hg.): Veränderungen bei den Vollzugsaufgaben des Bundesgrenzschutzes durch Politik und Recht. Arbeiten zu Studium und Praxis im Bundesgrenzschutz, Band 5, Fachhochschule des Bundes für öffentliche Verwaltung, Fachbereich Bundesgrenzschutz, Lübeck 1999.

Möllers, Martin H. W.: PISA und Polizei – Zur Lesekompetenz im Fachhochschulstudium als Schlüsselqualifikation für den Polizeiberuf, in: Möllers / van Ooyen (Hg.), JBÖS 2002/03, Frankfurt/M 2003, S. 101-121.

Möllers, Martin H. W.: Vom Nutzen einer Diplomarbeit für den Polizeiberuf – ein Essay zur Einführung der Diplomarbeit an der Hochschule des BGS, in: Möllers / van Ooyen / Spohrer (Hg.), Polizei des Bundes in der rechtsstaatlichen pluralistischen Demokratie. Opladen 2003, S. 29-33.

Möllers, Martin H. W.: Nach der PISA-Studie – Didaktische Konzepte an Fachhochschulen nach finnischem Vorbild?, in: Möllers / van Ooyen / Spohrer (Hg.), Die Polizei des Bundes in der rechtsstaatlichen pluralistischen Demokratie. Opladen 2003, S. 35-57.

Möllers, Martin H. W.: Business-Knigge. Internationales Lexikon des guten Benehmens, Praxis & Erfolg, Bd. 3, Kiel 2005.

Möllers, Martin H. W.: Paradigmenwechsel im Bereich der Menschenwürde? Der Einfluss der Staatsrechtslehre auf die Rechtsprechung des Bundesverfassungsgerichts, in: van Ooyen / Möllers (Hg.), Das Bundesverfassungsgericht im politischen System, Wiesbaden 2006, S. 351-358.

Möllers, Martin H. W.: Aktuelle Entscheidungen des Bundesverfassungsgerichts zur Versammlungsfreiheit zwischen „Rechtsprechungstradition", „Zeitgeist" und „Staatsräson", in: JBÖS 2006/07, Frankfurt/M 2007, S. 353-363.

Möllers, Martin H. W.: Wissenschaftliche Abschlussarbeiten für Bachelor, Master oder Diplom an Hochschulen für die Polizei. Die Technik des wissenschaftlichen Arbeitens: Themenfindung, Literaturrecherche, Gliederung, Fußnotenapparat, Zitiertechnik, Quellenangaben, Tipps für WORD®, Kriterien für die Bewertung, Blaue Reihe: Studienbücher für die Polizei, Frankfurt/M 2007.

Möllers, Martin H. W.: Voraussetzungen, Ablauf und Rechtsfolgen von Verfahren, die zu Partei- und Vereinsverboten sowie zur Grundrechtsverwirkung führen, in: Möllers / van Ooyen (Hg.), Politischer Extremismus 2: Terrorismus und wehrhafte Demokratie, Frankfurt/M 2007, S. 379-423.

Möllers, Martin H. W.: Sicherheit statt Bürgerrecht? – Risikowahrnehmung und die Balance zwischen Bürgerfreiheit und Wahrung öffentlicher Sicherheit bei Katastrophenereignissen, in: Siedschlag (Hg.), Jahrbuch für europäische Sicherheitspolitik 2008, Baden-Baden 2008, S. 97-111.

Möllers, Martin H. W.: Keine Freiheit den Feinden der Freiheit – Instrumente wehrhafter Demokratie in der Praxis, in: JBÖS 2008/09, Frankfurt/M 2009, S. 117-151.

Möllers, Martin H. W.: Bekämpfung des internationalen Terrorismus auf den Weltmeeren – Seevölkerrecht / Verfassungsrecht / Seerecht – Tagungsbericht, in: JBÖS 2008/09, Frankfurt/M 2009, S. 661-680.

Möllers, Martin H. W.: Innenpolitische Dimensionen der Sicherheitspolitik in Deutschland, in: Böckenförde / Gareis (Hg.), Deutsche Sicherheitspolitik, Opladen 2009, S. 131-172.

Möllers, Martin H. W.: Die Traditionen politischer Kultur in Deutschland nach Ernst Fraenkel als (Vor-)Belastung des deutschen Parlamentarismus, in: van Ooyen / Möllers (Hg.), (Doppel-)Staat und Gruppeninteressen, Baden-Baden 2009, S. 207-249.

Möllers, Martin H. W.: Extremisten vor dem Bundesverfassungsgericht. Ist die deutsche Demokratie gegen Verfassungsfeinde wehrhaft?, in: Pfahl-Traughber (Hg.), Jahrbuch für Extremismus- und Terrorismusforschung 2009, Brühl/Rheinland 2010, S. 87-124.

Möllers, Martin H. W. (Hg.): Wörterbuch der Polizei. 2., neu bearbeitete und erweiterte Aufl., München 2010 (rund 2.500 Seiten).

Möllers, Martin H. W.: Ausbürgerungsverbot, in: Möllers (Hg.), Wörterbuch der Polizei, 2. Aufl., München 2010, S. 177-176.

Möllers, Martin H. W.: Auslieferungsverbot, in: Möllers (Hg.), Wörterbuch der Polizei, 2. Aufl., München 2010, S. 192.

Möllers, Martin H. W.: Berufsfreiheit, in: Möllers (Hg.), Wörterbuch der Polizei, 2. Aufl., München 2010, S. 256-258.

Möllers, Martin H. W.: Bundesrat, in: Möllers (Hg.), Wörterbuch der Polizei, 2. Aufl., München 2010, S. 377-379.

Möllers, Martin H. W.: Bundesregierung, in: Möllers (Hg.), Wörterbuch der Polizei, 2. Aufl., München 2010, S. 379-381.

Möllers, Martin H. W.: Bundesstaatsprinzip, in: Möllers (Hg.), Wörterbuch der Polizei, 2. Aufl., München 2010, S. 382-387.

Möllers, Martin H. W.: Bundesverwaltung, in: Möllers (Hg.), Wörterbuch der Polizei, 2. Aufl., München 2010, S. 390-392.

Möllers, Martin H. W.: Deutscher Bundestag, in: Möllers (Hg.), Wörterbuch der Polizei, 2. Aufl., München 2010, S. 455-460.

Möllers, Martin H. W.: Eigentumsfreiheit, in: Möllers (Hg.), Wörterbuch der Polizei, 2. Aufl., München 2010, S. 528-530.

Möllers, Martin H. W.: Freizügigkeit, in: Möllers (Hg.), Wörterbuch der Polizei, 2. Aufl., München 2010, S. 732.

Möllers, Martin H. W.: Grundgesetz, in: Möllers (Hg.), Wörterbuch der Polizei, 2. Aufl., München 2010, S. 875-878.

Möllers, Martin: Justizgrundrechte, in: Möllers (Hg.), Wörterbuch der Polizei, 2. Aufl., München 2010, S. 1045.

Möllers, Martin H. W.: Recht auf den gesetzlichen Richter, in: Möllers (Hg.), Wörterbuch der Polizei, 2. Aufl., München 2010, S. 1560-1561.

Möllers, Martin H. W.: Rechtliches Gehör, in: Möllers (Hg.), Wörterbuch der Polizei, 2. Aufl., München 2010, S. 1566-1567.

Möllers, Martin H. W.: Rechtswegegarantie, in: Möllers (Hg.), Wörterbuch der Polizei, 2. Aufl., München 2010, S. 1593-1594.

Möllers, Martin H. W.: Unverletzlichkeit der Wohnung, in: Möllers (Hg.), Wörterbuch der Polizei, 2. Aufl., München 2010, S. 2046-2048.

Möllers, Martin H. W.: Vereinigungsfreiheit, in: Möllers (Hg.), Wörterbuch der Polizei, 2. Aufl., München 2010, S. 2083-2084.

Möllers, Martin H. W.: Wahlrechtsgrundsätze, in: Möllers (Hg.), Wörterbuch der Polizei, 2. Aufl., München 2010, S. 2223-2224.

Möllers, Martin H. W.: Wahlsystem, in: Möllers (Hg.), Wörterbuch der Polizei, 2. Aufl., München 2010, S. 2224-2230.

Möllers, Martin H. W.: Lehren und Prüfen bei der Polizei. Ein Lehrbuch der Didaktik und ihrer Methoden, Blaue Reihe: Studienbücher für die Polizei, 2. Aufl., Frankfurt/M 2011.

Möllers, Martin H. W.: Polizei und Grundrechte. Lehrbuch zu den Grundrechten in der polizeilichen Praxis, Blaue Reihe: Studienbücher für die Polizei, 2. Aufl., Frankfurt/M 2011.

Möllers, Martin H. W. / *van Ooyen*, Robert Chr. (Hg.): Jahrbuch Öffentliche Sicherheit 2002/2003, Frankfurt/M 2003.

Möllers, Martin H. W. / *van Ooyen*, Robert Chr. (Hg.): Jahrbuch Öffentliche Sicherheit 2004/2005, Frankfurt/M 2005.

Möllers, Martin H. W. / *van Ooyen*, Robert Chr.: Bürgerfreiheit, Menschenrechte und Staatsräson – ausgewählte Grundrecht-Rechtsprechung im Bereich „Innere Sicherheit", in: van Ooyen / Möllers (Hg.), Das Bundesverfassungsgericht im politischen System, Wiesbaden 2006, S. 359-381.

Möllers, Martin H. W. / *van Ooyen*, Robert Chr. (Hg.): Jahrbuch Öffentliche Sicherheit 2006/2007, Frankfurt/M 2007.

Möllers, Martin H. W. / *van Ooyen*, Robert Chr. (Hg.): Politischer Extremismus 1: Formen und aktuelle Entwicklungen, Frankfurt/M 2007.

Möllers, Martin H. W. / *van Ooyen*, Robert Chr. (Hg.): Politischer Extremismus 2: Terrorismus und wehrhafte Demokratie, Frankfurt/M 2007.

Möllers, Martin H. W. / *van Ooyen*, Robert Chr.: Bundeskriminalamt, Bundespolizei und „neue" Sicherheit, in: APuZ 48/2008, S. 26-33.

Möllers, Martin H. W. / *van Ooyen*, Robert Chr. (Hg.): Europäisierung und Internationalisierung der Polizei, JBÖS - Sonderband 1, Band 1: Europäisierung, Band 2: Internationalisierung, 2., erweiterte Aufl., Frankfurt/M 2009.

Möllers, Martin H. W. / *van Ooyen*, Robert Chr.: Die Polizeien des Bundes im Spannungsfeld von Freiheit und „neuer", erweiterter Sicherheit, in: Bönders (Hg.), Kompetenz und Verantwortung in der Bundesverwaltung, München 2009, S. 407-418.

Möllers, Martin H. W. / *van Ooyen*, Robert Chr. (Hg.): Jahrbuch Öffentliche Sicherheit 2008/2009, Frankfurt/M 2009.

Möllers, Martin H. W. / *van Ooyen*, Robert Chr. (Hg.): Jahrbuch Öffentliche Sicherheit 2010/2011, Frankfurt/M 2011.

Möllers, Martin H. W. / *van Ooyen*, Robert Chr. (Hg.): Parteiverbotsverfahren, JBÖS - Sonderband 2, 3. Aufl., Frankfurt/M 2011.

Möllers, Martin H. W. / *van Ooyen*, Robert Chr. (Hg.): Bundesverfassungsgericht und öffentliche Sicherheit, JBÖS - Sonderband 3, Frankfurt/M 2011.

Möllers, Martin H. W. / *van Ooyen*, Robert Chr. / *Spohrer*, Hans-Thomas (Hg.): Die Polizei des Bundes in der rechtsstaatlichen pluralistischen Demokratie. 25 Jahre Fachhochschule des Bundes, Opladen 2003.

Möllers, Rosalie: Rechtsgutachten: Kann das Bundeswahlgesetz nach vorliegendem Sachverhalt geändert werden?, in: Möllers, Wissenschaftliche Abschlussarbeiten für Bachelor, Master oder Diplom an Hochschulen für die Polizei, Frankfurt/M 2007, S. 211-233.

Möllers, Rosalie: Europol – Rechtsstaatlicher „Sündenfall" oder demokratische „Waffe" gegen Kriminalität?, in: Möllers / van Ooyen (Hg.), Europäisierung und Internationalisierung der Polizei, Band 1: Europäisierung, 2. Aufl., Frankfurt/M 2009, S. 195-228.

Möllers, Rosalie: Die Errichtung der Europäischen Grenzschutzagentur aus institutionstheoretischer Perspektive, in: Möllers / van Ooyen (Hg.), Europäisierung und Internationalisierung der Polizei, Band 1: Europäisierung, 2. Aufl., Frankfurt/M 2009, S. 195-228.

Möllers, Rosalie: Einheit durch Vielfalt? – Die Innere Sicherheit im „neuen" Mehrebenensystem der Bundesrepublik aus politikwissenschaftlicher Sicht, in: JBÖS 2008/09, Frankfurt/M 2009, S. 397-416.

Möllers, Rosalie: Wirksamkeit und Effektivität der Europäischen Agentur FRONTEX, Frankfurt/M 2010.

Mühlum, Albert: Armutswanderung, Asyl und Abwehrverhalten. Globale und nationale Dilemmata, in: Aus Politik und Zeitgeschichte. Beilage zur Wochenzeitung Das Parlament, B7/1993, 12. Februar 1993, S. 3-15.

von Münch, Ingo / *Kunig*, Philip (Hg.): Grundgesetz-Kommentar, 2 Bde., 6. Aufl., München 2011.

Münkler, Herfried: Die neuen Kriege, 3. Aufl., Reinbek 2004.

Nicolaysen, Gert: Europarecht I. Die Europäische Integrationsverfassung, 2. Aufl., Baden-Baden 2002.

Nicolaysen, Gert / *Nowak*, Carsten: Teilrückzug des BVerfG aus der Kontrolle der Rechtmäßigkeit gemeinschaftsrechtlicher Rechtsakte: Neuere Entwicklungen und Perspektiven, in: NJW 2001, S. 1233-1238.

Niederhauser, Jürg: Duden. Die schriftliche Arbeit - kurz gefasst: Eine Anleitung zum Schreiben von Belegarbeiten in Schule und Studium. Literatursuche, Materialsammlung und Manuskriptgestaltung mit vielen Beispielen, Mannheim 2006.

Nuscheler, Franz: Der Nord-Süd-Konflikt: Vom Kampfbegriff zur Leerformel?, in: Möllers / van Ooyen (Hg.), JBÖS 2002/03, Frankfurt/M 2003, S. 465-478.

van Ooyen, Robert Chr.: Rechtsextremismus, Fremdenfeindlichkeit und Integration, in: RuP 2001, S. 97-101.

van Ooyen, Robert Chr.: Die neue Welt des Krieges und das Recht: Out-of-Area-Einsätze der Bundeswehr im verfassungsfreien Raum, in: Internationale Politik und Gesellschaft, 1/2002, S. 90-110.

van Ooyen, Robert Chr.: „Kaltes Parteiverbot" – das NPD-Verfahren im rechtspolitischen Rückblick des FAP-Beschlusses; in: van Ooyen / Möllers (Hg.), Die öffentliche Sicherheit auf dem Prüfstand: 11. September und NPD-Verbot, Frankfurt/M 2002, S. 121-129.

van Ooyen, Robert Chr.: Der Staat der Moderne. Hans Kelsens Pluralismustheorie, Beiträge zur Politischen Wissenschaft, Band 125, Berlin 2003.

van Ooyen, Robert Chr.: Rechtsprechung, politische Philosophie oder bloße Macht der Dezision? Das Bundesverfassungsgericht und das Asylrecht, in: Möllers / van Ooyen / Spohrer (Hg.), Die Polizei des Bundes in der rechtsstaatlichen pluralistischen Demokratie, Opladen 2003, S. 67-86.

van Ooyen, Robert Chr.: Der Begriff des Politischen des Bundesverfassungsgerichts. Beiträge zur Politischen Wissenschaft, Band 136, Berlin 2005.

van Ooyen, Robert Chr.: Moderner Terrorismus und politische Religion. Zur Rezeption westlicher Ideologien im „Islamismus", in: Möllers / van Ooyen (Hg.), JBÖS 2004/05, Frankfurt/M 2005, S. 181-188.

van Ooyen, Robert Chr.: Politik und Verfassung. Beiträge zu einer politikwissenschaftlichen Verfassungslehre, Wiesbaden 2006.

van Ooyen, Robert Chr.: Die Parteiverbotsverfahren vor dem Bundesverfassungsgericht, in: van Ooyen / Möllers (Hg.), Das Bundesverfassungsgericht im politischen System, Wiesbaden 2006, S. 333-349.

van Ooyen, Robert Chr.: Öffentliche Sicherheit und Freiheit. Politikwissenschaftliche Studien zu Staat, Polizei und wehrhafter Demokratie, Baden-Baden 2007.

van Ooyen, Robert Chr.: Demokratieprinzip, in: Möllers (Hg.), Wörterbuch der Polizei, 2. Aufl., München 2010, S. 443-445.

van Ooyen, Robert Chr.: Menschenrechte, in: Möllers (Hg.), Wörterbuch der Polizei, 2. Aufl., München 2010, S. 1248-1254.

van Ooyen, Robert Chr.: Menschenwürde, in: Möllers (Hg.), Wörterbuch der Polizei, 2. Aufl., München 2010, S. 1254-1256.

van Ooyen, Robert Chr.: Völkerrecht, in: Möllers (Hg.), Wörterbuch der Polizei, 2. Aufl., München 2010, S. 2180-2184.

van Ooyen, Robert Chr.: Volkssouveränität, in: Möllers (Hg.), Wörterbuch der Polizei, 2. Aufl., München 2010, S. 2185-2187.

van Ooyen, Robert Chr.: Die Staatstheorie des Bundesverfassungsgerichts und Europa. Von Solange über Maastricht zu Lissabon, 3. Aufl., Baden-Baden 2010.

van Ooyen, Robert Chr. / *Möllers*, Martin H. W. (Hg.): Die Öffentliche Sicherheit auf dem Prüfstand. 11. September und NPD-Verbot, Frankfurt/M 2002.

van Ooyen, Robert Chr. / *Möllers*, Martin H. W. (Hg.): Das Bundesverfassungsgericht im politischen System, Wiesbaden 2006.

van Ooyen, Robert Chr. / *Möllers*, Martin H. W. (Hg.): (Doppel-)Staat und Gruppeninteressen. Pluralismus – Parlamentarismus – Schmitt-Kritik bei Ernst Fraenkel, Baden-Baden 2009.

Pätzold, Günter: Lehren und Lernen in der beruflichen Bildung. Kurseinheit 1: Individuelles und kooperatives Lernen, FernUniversität Hagen, Fachbereich Kultur- und Sozialwissenschaften, Hagen 1997.

Pätzold, Günter: Lehren und Lernen in der beruflichen Bildung. Kurseinheit 2: Methodische Großformen, FernUniversität Hagen, Fachbereich Kultur- und Sozialwissenschaften, Hagen 1997.

Pätzold, Günter: Lehren und Lernen in der beruflichen Bildung. Kurseinheit 3: Organisationales Lernen und Lernende Organisation, FernUniversität Hagen, Fachbereich Kultur- und Sozialwissenschaften, Hagen 1997.

Pfahl-Traughber, Armin: Antisemitismus in der islamischen Welt, in: Blätter 10/2004, S. 1251 ff.

Pieper, Hans-Gerd: Grundrechte, Alpmann und Schmidt Juristische Lehrgänge, 13. Aufl., Münster 2008.

Pieroth, Bodo / *Schlink*, Bernhard: Grundrechte. Staatsrecht II, 25. Aufl., Heidelberg 2009.

Pilz, Gunter A.: Rechtsextremismus und „rechte" Tendenzen im Fußballumfeld – aktuelle Erscheinungen – Herausforderungen für die Prävention; in: Möllers, Martin / van Ooyen (Hg.), Jahrbuch Öffentliche Sicherheit (JBÖS) 2006/07, Frankfurt/M 2007, S. 121-136.

Raue, Julia: Der Europarat als Verfassungsgestalter seiner neuen Mitgliedstaaten: Vom Beobachter zum Reformer in Osteuropa?, Zürich 2005.

Reimer, Norbert: Europäisches Amt für Betrugsbekämpfung, in: Möllers (Hg.), Wörterbuch der Polizei, 2. Aufl., München 2010, S. 622-623.

Reineck, Karl-Michael: Allgemeine Staatslehre und Deutsches Staatsrecht, 15. Aufl., Hamburg 2007.

Reinecker, Hans S. / *Schmelzer*, Dieter: Verhaltenstherapie, Selbstregulation, Selbstmanagement, Göttingen 1996.

Reinecker, Hans: Zwangshandlungen und Zwangsgedanken, Göttingen 2009.

Reuther, Helmut: Europa im Schaubild, Bonn 1993.

Rill, Heinz Peter / *Ehlers*, Dirk / *Hänni*, Peter: Eigentumsschutz, Sozialbindung und Enteignung bei der Nutzung von Boden und Umwelt, Heft 51 der Veröffentlichungen der Vereinigung der Deutschen Staatsrechtslehrer (VVDStRL), Berlin 1992.

Rombach, Heinrich: Lexikon der Pädagogik, Neue Ausgabe in vier Bänden, Freiburg 1970.

Rosenau, Hartmut: Heiligt der Zweck die Mittel? – Theologisch-ethische Bemerkungen zu Gewalt und Folter, Toleranz und Intoleranz, in: JBÖS 2004/05, Frankfurt/M 2005, S. 37-49.

von Rosenstiel, Lutz: Grundlagen der Organisationspsychologie. Basiswissen und Anwendungshinweise, 6. Aufl., Stuttgart 2007.

Rudzio, Wolfgang: Das politische System der Bundesrepublik Deutschland, 7. Aufl., Wiesbaden 2006.

Sanford, Filmore (Hg.): Moderne psychologische Forschung, Bd. 3 (Entwicklungs-, Persönlichkeits- und Sozialpsychologie), Weinheim 1971.

Schäfer, Bernhard: Sicherheit und Menschenrechte: Menschenrechtsfreies Guantánamo Bay?, in: Möllers / van Ooyen (Hg.), JBÖS 2004/05, Frankfurt/M 2005, S. 79-106.

Schmalzl, Hans-Peter: Das Protestgeschehen, seine Eskalationsanfälligkeit und seine Mythen und Dilemmata für die Polizei. In: Die Polizei (Bd. 95), 2004, S. 108-113.

Schmidt, Rolf: Zur rechtlichen Zulässigkeit von Folter, um Menschenleben zu retten, in: JBÖS 2004/05, Frankfurt/M 2005, S. 29-35.

Schmidt, Rolf: Grundrechte sowie Grundzüge der Verfassungsbeschwerde. 11. Aufl., Grasberg bei Bremen 2009.

Schmidt-Bleibtreu, Bruno / *Hofmann*, Hans / *Hopfauf*, Axel (Hg.): Kommentar zum Grundgesetz, 11. Aufl., Neuwied 2008.

Schmitt, Carl: Verfassungsrechtliche Aufsätze aus den Jahren 1924 bis 1954. Materialien zu einer Verfassungslehre, 2. Aufl., Berlin 1973.

Schott, Tilmann: Einschleusen von Ausländern. Eine Einführung in die rechtlichen Grundlagen der §§ 96, 97 AufenthG mit Hinweisen zu den Sachgebieten Schengen/EU-Recht, Menschenhandel und Betäubungsmitteleinfuhr, Die Blaue Reihe: Studienbücher für die Polizei, hrsgg. von Martin H. W. Möllers, Frankfurt/M 2007.

Schott, Tilmann / *Möllers*, Martin H. W.: Strafrecht in der Sozialarbeit. Ein Leitfaden zur Praxis des Strafens, der Strafzumessung und des Strafverfahrens, Regensburg 2005.

Schuler, Heinz: Psychologische Personalauswahl. Einführung in die Berufseignungsdiagnostik, 3. Aufl., Göttingen 2000.

Schuster, Rudolf (Hg.): Deutsche Verfassungen. Mit einer allgemeinen Einführung, besonderen Erläuterungen zu den jeweiligen dokumentierten Texten und einer Abhandlung über „Politische, soziale sowie staats- und völkerrechtliche Probleme bei der Vollendung der Einheit und Freiheit Deutschlands vor dem Hintergrund der internationalen Rahmenbedingungen", Neuauflage, München 1992.

Schwabe, Jürgen (Hg.): Entscheidungen des Bundesverfassungsgerichts. Studienauswahl (Band 1-109), 8. Aufl., Hamburg 2004.

Schwarze, Jürgen: Das „Kooperationsverhältnis" des BVerfG mit dem Europäischen Gerichtshof, in: Badura / Dreier (Hg.), Festschrift 50 Jahre Bundesverfassungsgericht, 1. Bd., Tübingen 2001, S. 223-243.

Schweitzer, Michael / *Hummer*, Waldemar / *Obwexer*, Walter: Europarecht. Das Recht der Europäischen Union, Wien 2007.

Seibt, Ferdinand: Die Begründung Europas. Ein Zwischenbericht über die letzten tausend Jahre, Schriftenreihe der Bundeszentrale für politische Bildung, Band 478, Bonn 2005.

Seiwert, Lothar J.: 30 Minuten für optimales Zeitmanagement, 10. Aufl., Offenbach 2007.

Selg, Herbert: Zur Aggression verdammt?, 6. Aufl., Stuttgart 1982.

Selye, Hans: Psychological stress and psychopathology, New York 1982.

Selye, Hans: Stress beherrscht unser Leben, München 1991.

Siedschlag, Alexander (Hg.): Jahrbuch für europäische Sicherheitspolitik 2008, Baden-Baden 2008.

Speck, Josef: Handbuch wissenschaftstheoretischer Begriffe, Bd. 3, Göttingen 1980.

Spieß, Erika / *Rosenstiel*, Lutz von: Organisationspsychologie, München 2010.

Spohrer, Hans-Thomas: „Es passiert ja doch nie etwas ...", in: Fortbildung aktuell, Band 3, 1994, S. 22-24.

Spohrer, Hans-Thomas: Motivation, in: Möllers (Hg.): Wörterbuch der Polizei, 2. Aufl., München 2010, S. 1285.

Spohrer, Hans-Thomas: Persönlichkeit, in: Möllers (Hg.): Wörterbuch der Polizei, 2. Aufl., München 2010, S.1431-1432.

Spohrer, Hans-Thomas: Psychische Störungen, in: Möllers (Hg.): Wörterbuch der Polizei, 2. Aufl., München 2010, S. 1527-1528.

Spohrer, Hans-Thomas: Stress, in: Möllers (Hg.): Wörterbuch der Polizei, 2. Aufl., München 2010, S. 1903.

Spohrer, Hans-Thomas: Die „autoritäre Persönlichkeit" als Erklärungsansatz für Fremdenfeindlichkeit und Rechtsextremismus – ein aktuelles Konzept?, in: van Ooyen / Möllers (Hg.), Die öffentliche Sicherheit auf dem Prüfstand: 11. September und NPD-Verbot, Frankfurt/M 2002, S. 183-195.

Spohrer, Hans-Thomas: Der Theorie-Praxis-Streit am Beispiel des Hochschulstudiums der Polizei – ein Beitrag aus sozialwissenschaftlicher Sicht, in: Möllers / van Ooyen / Spohrer (Hg.), Die Polizei des Bundes in der rechtsstaatlichen pluralistischen Demokratie, Opladen 2003, S. 57-64.

Spohrer, Hans-Thomas: Einsatz in Fußballstadien, in: Stein (Hg.), Grundlagen der Polizeipsychologie, Göttingen 2003, S. 71-82.

Spohrer, Hans-Thomas: Zur Persönlichkeit islamistischer Selbstmordattentäter, in: Möllers / van Ooyen (Hg.), Jahrbuch Öffentliche Sicherheit 2002/03, Frankfurt/M 2003, S. 145-152.

Spohrer, Hans-Thomas / *Möllers*, Rosalie (Hg.): Rechtsprobleme exekutiver Befugniserweiterungen – Internationale polizeiliche Entwicklungen, Arbeiten zu Studium und Praxis in der Bundespolizei, Band 11, Fachhochschule des Bundes für öffentliche Verwaltung, Fachbereich Bundespolizei, Lübeck 2006.

Sprenger, Reinhard K.: Mythos Motivation: Wege aus der Sackgasse, 18. Aufl., Frankfurt/M 2007.

Sprenger, Reinhard K.: Das Prinzip Selbstverantwortung. Wege zur Motivation, 12. Aufl., Frankfurt/M 2007.

Starck, Christian / *Berg*, Wilfried / *Pieroth*, Bodo: Der Rechtsstaat und die Aufarbeitung der vor-rechtsstaatlichen Vergangenheit, Berlin 1992.

Stein, Frank (Hg.): Grundlagen der Polizeipsychologie, Göttingen 2003.

Stein, Torsten / *von Buttlar*, Christian: Völkerrecht, 12. Aufl., Köln 2008.

Sticher-Gil, Birgitta: Polizei- und Kriminalpsychologie, 2. Aufl., Frankfurt/M 2007.

Stuckenberg, Carl-Friedrich: BVerfGE 92, 1 – Sitzblockade (mit E 73, 206 – Mutlangen). Die erweiternde Auslegung des Gewaltbegriffs in § 240 I StGB verstößt im Zusammenhang mit Sitzdemonstrationen gegen Art. 103 II GG, in: Menze (Hg.), Verfassungsrechtsprechung, Tübingen 2000, S. 556-560.

Teegen, Frauke: Posttraumatische Belastungsstörungen bei gefährdeten Berufsgruppen, Bern 2003.

Tibi, Bassam: Die unterstellte Einheit von Staat und Religion ist der Inhalt der Politisierung des Islam: Islamismus als Spielart des religiösen Fundamentalismus, in: Möllers / van Ooyen (Hg.), JBÖS 2002/03, Frankfurt/M 2003, S. 125-144.

Tsatsos, Dimitris T.: Die politischen Parteien in der Grundgesetzordnung, in: Gabriel / Niedermayer / Stöss (Hg.), Parteiendemokratie in Deutschland, Bonn 2001, S. 131-158.

Umbach, Gaby: Rat der EU, in: Weidenfeld / Wessels (Hg.), Europa von A-Z, 11. Aufl., Baden-Baden 2009, S. 306-331.

Vedder, Christoph / *Heintschel von Heinegg*, Wolff (Hg.): Europäischer Verfassungsvertrag, Handkommentar, Baden-Baden 2007.

Vester, Frederic: Phänomen Stress. Wo liegt sein Ursprung, warum ist er lebenswichtig, wodurch ist er entartet?, Neuaufl., München 2008.

Vester, Frederic: Denken, Lernen, Vergessen, Was geht in unserem Kopf vor, wie lernt das Gehirn, und wann lässt es uns im Stich?, Neuauflage, München 2009.

Vogler, Oskar: Herausforderung Ölkrise. Risiken, Vorsorge, Alternative, München 1981.

Wagenschein, Martin: Verstehen lernen. Genetisch – Sokratisch – Exemplarisch, Mit einer Einführung von Hartmut von Hentig, Weinheim 1999.

Weber, Hannelore / *Rammsayer*, Thomas (Hg.): Handbuch der Persönlichkeitspsychologie und differentiellen Psychologie, Göttingen 2005.

Weidenfeld, Werner (Hg.): Europa-Handbuch: Bd. 1: Die Europäische Union, Politisches System und Politikbereiche; Bd. 2: Die Staatenwelt Europas, Bertelsmann Stiftung, 3. Aufl., Gütersloh 2002.

Weidenfeld, Werner: Europa – aber wo liegt es?, in: Weidenfeld (Hg.), Europa-Handbuch, 3. Aufl., Gütersloh 2002, S. 15-40.

Weidenfeld, Werner: Europäische Einigung im historischen Überblick, in: Weidenfeld / Wessels (Hg.), Europa von A-Z, 11. Aufl., Baden-Baden 2009, S. 19-53.

Weidenfeld, Werner / *Wessels*, Wolfgang (Hg.): Europa von A-Z. Taschenbuch der europäischen Integration, 11. Aufl., Baden-Baden 2009.

Weidenmann, Bernd: Lernen – Lerntheorie; in: Lenzen (Hg.), Pädagogische Grundbegriffe 2, 7. Aufl., Reinbek 2004, S. 996-1010.

Weinert, Ansfried: Organisations- und Personalpsychologie, 5. Aufl., Weinheim 2004.

Weinzierl, Ruth: Allgemeines Persönlichkeitsrecht, in: Möllers (Hg.), Wörterbuch der Polizei, 2. Aufl., München 2010, S. 56-57.

Wessels, Wolfgang: Das politische System der EU, in: Weidenfeld (Hg.), Europa-Handbuch, 3. Aufl., Gütersloh 2002, S. 329-347.

Wessels, Wolfgang: Europäischer Rat, in: Weidenfeld / Wessels (Hg.), Europa von A-Z, 11. Aufl. Baden-Baden 2009, S. 205-210.

Weil, Stephan: Verdeckte Ermittlungen im Strafverfahren und die Unverletzlichkeit der Wohnung, in: ZRP 1992, S. 243-247.

Will, Rosemarie: Christus oder Kant. Der Glaubenskrieg um die Menschenwürde, in: Blätter 10/2004, S. 1228-1241.

Winkler, Günther: Der Europarat und die Verfassungsautonomie seiner Mitgliedstaaten, Wien 2005.

Wittinger, Michaela: Der Europarat: Die Entwicklung seines Rechts und der „europäischen Verfassungswerte", Baden-Baden 2005.

Wöhler-Khalfallah, Khadija Katja: Islamischer Fundamentalismus, in: Möllers (Hg.), Wörterbuch der Polizei, 2. Aufl., München 2010, S. 1015-1017.

Wolff, Heinrich Amadeus: Neue Entwicklungen im Bund-Länder-Verhältnis im Bereich der inneren Sicherheit, in: Möllers / van Ooyen (Hg.), Jahrbuch Öffentliche Sicherheit 2006/07, Frankfurt/M 2007, S. 229-236.

Wunderlich, Gesa: Neurosen. Ein praktischer Leitfaden zu ihrem Verständnis, Stuttgart 1996.

Zehetmair, Hans (Hg.): Das deutsche Parteiensystem. Perspektiven für das 21. Jahrhundert, Wiesbaden 2005.

Ziegeler, Ernst: Kants Sittenlehre in gemeinverständlicher Darstellung, Leipzig 1919.

Zippelius, Reinhold: Allgemeine Staatslehre: Politikwissenschaft. Ein Studienbuch, 15. Aufl., München 2007.

Zippelius, Reinhold / *Würtenberger*, Thomas: Deutsches Staatsrecht. Ein Studienbuch, 32. Aufl., München 2008.

Abkürzungsverzeichnis

⊟	Microfiche
a. A.	anderer Ansicht
AA	Auswärtiges Amt (= Außenministerium)
a. a. O.	am angegebenen Ort
ABl.	Amtsblatt
Abs.	Absatz/Absätze
a. E.	am Ende
a. F.	alte(r) Fassung
Alt.	Alternative
AIDS	Acquired Immuno deficiency Syndrom = erworbenes Immunschwäche-Syndrom
AfK	Archiv für Kriminologie
AG	Amtsgericht
AK II	Arbeitskreis II (bereitet Beschlüsse der IMK vor)
Änd.	Änderung(en)
Anm.	Anmerkung
AöR	Archiv für öffentliches Recht
AP-gDBPOLV	Verordnung über die Ausbildung und Prüfung für die Laufbahn des gehobenen Polizeivollzugsdienstes in der Bundespolizei (früher: im Bundesgrenzschutz)
APR	Allgemeines Persönlichkeitsrecht
APuZ	Aus Politik und Zeitgeschichte. Beilage zur Wochenzeitung Das Parlament
ArbGG	Arbeitsgerichtsgesetz
Art.	Artikel
ASPiBGS	Schriftenreihe Arbeiten zu Studium und Praxis im Bundesgrenzschutz (bis Bd. 10)
ASPiBPOL	Schriftenreihe Arbeiten zu Studium und Praxis in der Bundespolizei (ab Band 11)

AStV	Ausschuss der ständigen Vertreter der nationalen Regierungen bei der EG (= Coreper)
AsylVfG	Asylverfahrensgesetz
AufenthG	Gesetz über den Aufenthalt, die Erwerbstätigkeit und die Integration von Ausländern im Bundesgebiet (kurz: Aufenthaltsgesetz)
AufenthG/EWG	Gesetz über die Einreise und den Aufenthalt von Staatsangehörigen der Mitgliedstaaten der Europäischen Wirtschaftsgemeinschaft (kurz: Aufenthaltsgesetz/EWG, mittlerweile ersetzt durch das FreizügG/EU)
AufenthVO	Aufenthaltsverordnung
AuR	Der Arzt und sein Recht (Zeitschrift)
BAG	Bundesarbeitsgericht
BBG	Bundesbeamtengesetz
Bd.	Band
Bde.	Bände
BDSG	Bundesdatenschutzgesetz
ber.	berichtigt
Beschl.	Beschluss
BFH	Bundesfinanzhof
BGB	Bürgerliches Gesetzbuch
BGBl.	Bundesgesetzblatt
BGH	Bundesgerichtshof
BGHSt	Amtliche Entscheidungssammlung des BGH in Strafsachen
BGHZ	Amtliche Entscheidungssammlung des BGH in Zivilsachen
BGS	Bundesgrenzschutz (heute: Bundespolizei)
BGSG	Bundesgrenzschutzgesetz (heute: Bundespolizeigesetz)
BIP	Bruttoinlandsprodukt
BKA	Bundeskriminalamt

BKAG	Gesetz über das Bundeskriminalamt und die Zusammenarbeit des Bundes und der Länder in kriminalpolizeilichen Angelegenheiten (kurz: Bundeskriminalamtgesetz)
Blätter	Blätter für deutsche und internationale Politik
BMI	Bundesministerium des Innern
BpB	Bundeszentrale für politische Bildung
BPOL	Bundespolizei (früher: Bundesgrenzschutz)
BPolBG	Bundespolizeibeamtengesetz
BPOLG	Bundespolizeigesetz (früher: Bundesgrenzschutzgesetz)
BR	Bundesrat
BRRG	Beamtenrechtsrahmengesetz
BSP	Bruttosozialprodukt
BT	Bundestag
BtMG	Betäubungsmittelgesetz
Buchst.	Buchstabe
BVerfG	Bundesverfassungsgericht
BVerfGE	Amtliche Entscheidungssammlung des Bundesverfassungsgerichts
BVerfGG	Bundesverfassungsgerichtsgesetz
BVerfSchG	Gesetz über die Zusammenarbeit des Bundes und der Länder in Angelegenheiten des Verfassungsschutzes und über das Bundesamt für Verfassungsschutz (Bundesverfassungsschutzgesetz)
BVerwG	Bundesverwaltungsgericht
BVerwGE	Amtliche Entscheidungssammlung des Bundesverwaltungsgerichts
BVFG	Gesetz über die Angelegenheiten der Vertriebenen und Flüchtlinge (kurz: Bundesvertriebenengesetz)
BVwVfG	Verwaltungsverfahrensgesetz des Bundes
BVwVG	Verwaltungs-Vollstreckungsgesetz des Bundes
BW	Baden-Württemberg
BWahlG	Bundeswahlgesetz

BWahlO	Bundeswahlordnung
bzgl.	bezüglich
cif-Preis	Preisbestandteile einer Ware = cost (Produktionskosten), insurance (Versicherungskosten) und freight (Transportkosten)
Coreper	Comité des Représentants Permanents (= AStV)
CR	Computerrecht (Zeitschrift)
DB	Der Betrieb (Zeitschrift)
ders.	derselbe
d. h.	das heißt
DHPol	Deutsche Hochschule der Polizei (ehemalige PFA)
dies.	dieselbe(n)
Diss.	Dissertation (Doktorarbeit)
DKriPo	Die Kriminalpolizei
DNA	Desoxyribonucleic acid (vgl. DNS)
DNP	Die neue Polizei
DNS	Desoxyribonukleinsäure (vgl. DNA)
DÖV	Die öffentliche Verwaltung
DP	Die Polizei
DPolBl	Deutsches Polizeiblatt (zitiert nach Heft, Jahr und ggf. Seite)
DRiG	Deutsches Richtergesetz
DRiZ	Deutsche Richterzeitung
Drs.	Drucksache
DuD	Datenschutz und Datensicherung – Recht und Sicherheit in Informationsverarbeitung und Kommunikation
DVBl	Deutsches Verwaltungsblatt
DVP	Deutsche Verwaltungspraxis
E	Amtliche Entscheidungssammlung

EAG	Europäische Atomgemeinschaft (= EURATOM)
EAGFL	Europäischer Ausrichtungs- und Garantiefonds für die Landwirtschaft
ebd.	ebenda
ebfs.	ebenfalls
EBO	Eisenbahn-Bau- und Betriebsordnung
ECHO	Amt für humanitäre Hilfe der Gemeinschaft
ECU	European Currency Unit (Europäische Währungseinheit), am 1.6.96 entsprach 1,00 ECU 1,92 DM
EEA	Einheitliche Europäische Akte
EFTA	European Free Trade Association (Europäische Freihandelsassoziation)
EG	Europäische Gemeinschaft(en)
EGKS	Europäische Gemeinschaft für Kohle und Stahl (Montanunion)
EGKSV	Vertrag der Europäischen Gemeinschaft für Kohle und Stahl
EGV	Vertrag zur Gründung der Europäischen Gemeinschaft
EGMR	Europäischer Gerichtshof für Menschenrechte
EIB	Europäische Investitionsbank
Einf.	Einführung
EK	Europäische Kommission
EM	(Fußball-)Europameisterschaft
EMRK	Europäische Menschenrechtskonvention (eigentlich: Konvention zum Schutze der Menschenrechte und Grundfreiheiten)
EoG	Europa ohne Grenzen; monatlicher Brief der Europäischen Kommission (Nr./Jahr, Seite)
EP	Europäisches Parlament
EPG	Europäische Politische Gemeinschaft
EPU	Europäische Parlamentarische Union
EPZ	Europäische Politische Zusammenarbeit
ER	Europäischer Rat

ESBO	Eisenbahn-Bau- und Betriebsordnung für Schmalspurbahnen
ESVLA	Europäische Stiftung zur Verbesserung der Lebens- und Arbeitsbedingungen
ESZB	Europäisches System der Zentralbanken
etc.	et cetera
EU	Europäische Union
EuGH	Gerichtshof der Europäischen Union
EuHbG	(vom BVerfG am 18.07.2005 für verfassungswidrig erklärtes) Gesetz zur Umsetzung des Rahmenbeschlusses über den Europäischen Haftbefehl
Euratom	Europäische Atomgemeinschaft (= EAG)
EuRH	Europäischer Rechnungshof
EUV	Vertrag über die Europäische Union (Maastricht und folgende)
EVG	Europäische Verteidigungsgemeinschaft
EVP	Europäische Volkspartei
evtl.	eventuell
EWF	Europäischer Währungsfonds
EWG	Europäische Wirtschaftsgemeinschaft
EWGV	EWG-Vertrag
EWR	Europäischer Wirtschaftsraum
EWS	Europäisches Währungssystem
EWSA	Europäischer Wirtschafts- und Sozialausschuss
EZB	Europäische Zentralbank
f.	folgende/r (§, Art., Seite)
FdGO	die Freiheitlich demokratische Grundordnung
ff.	fortfolgende (§§, Art., Seiten)
FGO	Finanzgerichtsordnung
Fn.	Fußnote
frz.	französisch
FS	Festschrift

FSB	Flugsicherheitsbegleiter
G 10	Gesetz zur Beschränkung des Brief-, Post- und Fernmeldgeheimnisses (Abhörgesetz)
GASP	Gemeinsame Außen- und Sicherheitspolitik
GeI	Gericht erster Instanz (auf Ebene der EU)
gem.	gemäß
GG	Grundgesetz
gg.	gegen
ggf.	gegebenenfalls
ggü.	gegenüber
GHP	Gesamthaushaltsplan
glz.	gleichzeitig
GOBT	Geschäftsordnung des Bundestags
grds.	grundsätzlich
GrS	Großer Senat
GVG	Gerichtsverfassungsgesetz
Gz.	Geschäftszeichen
GZT	gemeinsamer Zolltarif
H.	Heft
Halbs.	Halbsatz
Hg.	Herausgeber
h. L.	herrschende Lehre
h. M.	herrschende Meinung
hrsgg.	herausgegeben
HSOG	Hessisches Gesetz über die öffentliche Sicherheit und Ordnung
ICC	International Criminal Court – Internationaler Strafgerichtshof (IStGH)
i. d. F.	in der Fassung
i. d. F. d. B.	in der Fassung der Bekanntmachung

i. d. R.	in der Regel
i. d. S.	in diesem Sinne
i. E.	im Ergebnis / in Entstehung (bei Büchern, die sich im Druck befinden)
i. e. S.	im engeren Sinne
IGH	Internationaler Gerichtshof
i. H. v.	in Höhe von
IMK	Innenministerkonferenz
insb.	insbesondere
INPOL	Informationssystem der Polizei
IPBPR	Internationaler Pakt über bürgerliche und politische Rechte vom 19.12.1966
IRG	Gesetz über die internationale Rechtshilfe in Strafsachen
IKRK	Internationales Komitee vom Roten Kreuz
i. S. d.	im Sinne des/der
IStGH	Internationaler Strafgerichtshof – International Criminal Court (ICC)
i. S. v.	im Sinne von
i. V. m.	in Verbindung mit
IWF	Internationaler Währungsfonds
i. w. S.	im weiteren Sinne
JA	Juristische Arbeitsblätter
JBÖS	Jahrbuch Öffentliche Sicherheit
JET	Jahrbuch für Extremismus- und Terrorismusforschung
Jg.	Jahrgang
JGG	Jugendgerichtsgesetz
JR	Juristische Rundschau
Jura	Juristische Ausbildung
JuS	Juristische Schulung
JZ	Juristenzeitung

KMU	Kleine und mittlere Unternehmen (Unternehmenspolitik)
Kfz	Kraftfahrzeug
kg	Kilogramm
km/h	Kilometer pro Stunde
Krim	Kriminalistik
Kripo	Kriminalpolizei
KSZE	Konferenz für Sicherheit und Zusammenarbeit in Europa
KunstUrhG	Gesetz betreffend das Urheberrecht an Werken der bildenden Künste und der Photographie
LG	Landgericht
lit.	litera (lateinisch für „Buchstabe")
LKV	Landes- und Kommunalverwaltung – Verwaltungsrechts-Zeitschrift für die Länder Berlin, Brandenburg, Mecklenburg-Vorpommern, Sachsen, Sachsen-Anhalt und Thüringen
Lkw	Lastkraftwagen
LSA	Land Sachsen-Anhalt
LuftSiG	Luftsicherheitsgesetz
LuftVG	Luftverkehrsgesetz
LuftVO	Luftverkehrsordnung
LVerfG	Landesverfassungsgericht
LVwG	Landesverwaltungsgesetz (Allgemeines Verwaltungsgesetz für das Land Schleswig-Holstein)
MdEP	Mitglied des Europäischen Parlaments
MedR	(Zeitschrift für) Medizinrecht
ME PolG	Musterentwurf eines einheitlichen Polizeigesetzes (1977)
Mio.	Million(en)
MiStra	Anordnung über Mitteilungen in Strafsachen

mit spät. Änd.	mit späteren Änderungen
Mrd.	Milliarde(n)
m. w. N.	mit weiteren Nachweisen
NATO	North Atlantic Treaty Organization (Nordatlantik- pakt)
NdsVBl	Niedersächsische Verwaltungsblätter
n. F.	neue(r) Fassung
ng/ml	Nanogramm pro Milliliter
NJ	Neue Justiz
NJW	Neue Juristische Wochenschrift
NJW-RR	Neue Juristische Wochenschrift – Rechtsprechungs- report
NordÖR	Zeitschrift für öffentliches Recht in Norddeutschland
Nr.	Nummer(n)
NRW	Nordrhein-Westfalen
NStZ	Neue Zeitschrift für Strafrecht
NStZ-RR	Neue Zeitschrift für Strafrecht – Rechtsprechungsre- port
n. v.	nicht veröffentlicht
NVwZ	Neue Zeitschrift für Verwaltungsrecht
NVwZ-RR	Neue Zeitschrift für Verwaltungsrecht – Rechtspre- chungsreport
NZV	Neue Zeitschrift für Verkehrsrecht
OAU	Organization of African Unity (Organisation für Af- rikanische Einheit)
OECD	Organization for Economic Cooperation and Deve- lopment (Organisation für Wirtschaftliche Zusam- menarbeit und Entwicklung)
OEEC	Organization for European Economic Cooperation (Organisation für Europäische Wirtschaftliche Zu- sammenarbeit)
OLG	Oberlandesgericht

OLGZ	Amtliche Entscheidungssammlung der Oberlandesgerichte in Zivilsachen
OKVBG	Gesetz zur Verbesserung der Bekämpfung der Organisierten Kriminalität
OPEC	Organization of Petroleum Exporting Countries (Organisation Erdöl exportierender Länder)
OrgKG	Gesetz zur Bekämpfung des illegalen Rauschgifthandels und anderer Erscheinungsformen der Organisierten Kriminalität
OVG	Oberverwaltungsgericht
OWiG	Gesetz über Ordnungswidrigkeiten
PartG	Gesetz über die politischen Parteien (Parteiengesetz)
PässeV	Verordnung über amtliche Pässe der Bundesrepublik Deutschland
PassG	Passgesetz
PAuswG	Gesetz über Personalausweise
PC	Personal Computer
PDV	Polizeidienstvorschrift
PGO	Polizeigewahrsamsordnung
PFA	Polizei-Führungsakademie (seit 2007 DHPol)
Pkw	Personenkraftwagen
PM	Polizeimeister
PolG	Polizeigesetz
Rdnr.	Randnummer
rglm.	Regelmäßig
RGSt	Amtliche Entscheidungssammlung des Reichsgerichts in Strafsachen
RGW	Rat für gegenseitige Wirtschaftshilfe
Rhld	Rheinland
RiStBV	Richtlinien für das Strafverfahren und das Bußgeldverfahren
RL	Richtlinie

Rs	Rechtssache
RSG	Reizstoffsprühgerät
Rspr.	Rechtsprechung
RVO	Rechtsverordnung
RuP	Recht und Politik – Vierteljahreshefte für Rechts- und Verwaltungspolitik
RuStAG	Reichs- und Staatsangehörigkeitsgesetz (mittlerweile ersetzt durch das StAG)
s.	siehe
S.	Satz/Sätze, Seite(n)
SDI	Strategic Defense Initiative (Strategische Verteidigungsinitiative)
SDÜ	Schengener Durchführungsübereinkommen (auch: Schengen II)
SeemannsG	Seemannsgesetz
SG	Gesetz über die Rechtsstellung der Soldaten (Soldatengesetz)
SGB VIII	Sozialgesetzbuch Band VIII (Kinder- und Jugendhilfe)
SGG	Sozialgerichtsgesetz
SH	Schleswig-Holstein
SIRENE	Supplementary Information Request at the National Entry (eine Komponente des SIS)
SIS	Schengener Informationssystem
s. o.	siehe oben
SOG	Gesetz über die öffentliche Sicherheit und Ordnung
sog.	so genannt
spät.	späterer/-en
st.	ständig(e)
StAG	Staatsangehörigkeitsgesetz (Nachfolgergesetz zum früheren RuStAG)
StGB	Strafgesetzbuch
StPO	Strafprozessordnung

StrÄndG	Strafrechtsänderungsgesetz
StrEG	Gesetz über die Entschädigung für Strafverfolgungsmaßnahmen
StrRG	Strafrechtsreformgesetz
st. Rspr.	ständige Rechtsprechung
StVollzG	Gesetz über den Vollzug der Freiheitsstrafe und der freiheitsentziehenden Maßregeln der Besserung und Sicherung (Strafvollzugsgesetz)
s. u.	siehe unten
SÜ	Schengener Übereinkommen (auch: Schengen I)
StV	Strafverteidiger (Zeitschrift)
StVG	Straßenverkehrsgesetz
StVO	Straßenverkehrsordnung
StVollzG	Strafvollzugsgesetz
TierSchG	Tierschutzgesetz
TierSG	Tierseuchengesetz
TKG	Telekommunikationsgesetz
TKÜ	Telekommunikationsüberwachung
TÜ	Telefonüberwachung; teilweise auch: Technische Überwachung
tw.	teilweise
u. a.	unter anderem
u. Ä.	und Ähnliches
UEF	Union Européenne des Fédéralistes (Europäische Union der Föderalisten)
UG	Upstalsboom-Gesellschaft für historische Personenforschung und Bevölkerungsgeschichte in Ostfriesland e. V.
UN	United Nations (Vereinte Nationen)
UNHCR	United Nations High Commissioner for Refugees (Hochkommissar für Flüchtlinge der Vereinten Nationen)

UNICE	Union des Confédérations de l'Industrie et des Employeurs d'Europe (Union der Industrie- und Arbeitgeberverbände Europas)
UNFPA	United Nations Fund for Population Activities (Bevölkerungsfonds der UN)
UNO	United Nations Organization (Organisation der Vereinten Nationen)
UrhG	Gesetz über Urheberrechte und verwandte Schutzrecht (kurz: Urheberrechtsgesetz)
Urt.	Urteil
usw.	und so weiter
u. U.	unter Umständen
UZwG	Gesetz über den unmittelbaren Zwang bei Ausübung öffentlicher Gewalt durch Vollzugsbeamte des Bundes
UZwVwV-BMI	Allgemeine Verwaltungsvorschrift des Bundesministers des Innern zum Gesetz über den unmittelbaren Zwang bei Ausübung öffentlicher Gewalt durch Vollzugsbeamte des Bundes
v.	von/vom
VA	Verwaltungsakt
Var.	Variante
VBlBW	Verwaltungsblätter für Baden-Württemberg
VEK	Verfassungsentwurf des Europäischen Konvents
VE ME PolG	Vorentwurf für den Musterentwurf eines einheitlichen Polizeigesetzes
VereinsG	Gesetz zur Regelung des öffentlichen Vereinsrechts (Vereinsgesetz)
VerfGH	Entscheidungssammlung des Bayerischen Verfassungsgerichtshofs
VersG	Versammlungsgesetz
VersR	Versicherungsrecht (Zeitschrift)
VerwArch	Verwaltungsarchiv (Zeitschrift)

VG	Verwaltungsgericht
VGH	Verwaltungsgerichtshof
vgl.	vergleiche
VO	Verordnung
VR	Verwaltungsrundschau
VRS	Verkehrsrechtssammlung
VVDStRL	Veröffentlichungen der Vereinigung der Deutschen Staatsrechtslehrer
VVE	Vertrag über eine Verfassung Europas
VvA	Vertrag von Amsterdam
VvL	Vertrag von Lissabon
VvM	Vertrag von Maastricht
VvN	Vertrag von Nizza
VwGO	Verwaltungsgerichtsordnung
VwVfG	Verwaltungsverfahrensgesetz
WaffG	Waffengesetz
WEU	Westeuropäische Union
wg.	wegen
WRV	Weimarer Reichsverfassung
WSA	Wirtschafts- und Sozialausschuss (veraltete verkürzte Bezeichnung für EWSA)
WTA	World Trade Organization (Welthandelsorganisation)
WÜD	Wiener Übereinkommen über diplomatische Beziehungen
WWU	Wirtschafts- und Währungsunion
ZAR	Zeitschrift für Ausländerrecht und Ausländerpolitik
ZAP	Zeitschrift für die Anwaltspraxis
z. B.	zum Beispiel
ZBR	Zeitschrift für Beamtenrecht
ZfRSoz	Zeitschrift für Rechtssoziologie

ZfSSV	Zentralblatt für Sozialversicherung, Sozialhilfe und Versorgung – Zeitschrift für das Recht der Sozialen Sicherheit
ZLW	Zeitschrift für Luft- und Weltraumrecht
Zn.	Zeilen
ZPO	Zivilprozessordnung
ZRP	Zeitschrift für Rechtspolitik
z. T.	zum Teil
ZuVOWiG	(Bayerische) Landesverordnung über Zuständigkeiten im Ordnungswidrigkeitenrecht
ZVG	Zollverwaltungsgesetz
z. Zt.	zurzeit

Stichwortregister

Die Zahlen verweisen auf die Seiten im Buch; auf Stichworte, die mit einem genannten Begriff im Zusammenhang stehen, wird durch „→" hingewiesen.

Vorname	Nachname	E-Mail
Straße, Hausnummer	PLZ/Ort	Telefon

Lübecker Medien Verlag
Dr. Hatto Neubacher Nachf.
Inh. Gerda Göring
Bahnhofstr. 51
D-23689 Pansdorf
<u>Bestellung</u>

Formular im **frankierten Umschlag** oder
per FAX an **+49 (0) 45 1 - 40 92 06 4** oder
per E-Mail schicken als Anlage zur E-Mail an
Luebecker-Medien-Verlag@web.de

Besuchen Sie auch unsere Homepage:
www.luebecker-medien-verlag.de

Hiermit bestelle ich verbindlich die nachfolgend von mir kenntlich gemachten Produkte aus dem Programm des Lübecker Medien Verlags (LMV) gegen Rechnung (Inland) oder Vorkasse (Ausland).
Ich verpflichte mich, die Rechnung ohne Abzug sofort nach Erhalt der Ware durch Überweisung auf das in der Rechnung angegebene Konto zu überweisen. Die Allgemeinen Geschäftsbedingungen des LMV habe ich zur Kenntnis genommen und erkenne sie an. Ich weiß, dass die Lieferung auf den Vorrat beschränkt ist. **Innerhalb Deutschlands versendet der LMV stets versandkostenfrei.** Für Lieferungen ins Ausland wird eine Versandkostenpauschale erhoben. Diese beträgt im Bereich der Europäischen Union 5,00 € und im Übrigen 10,00 €. Auslandsbestellungen werden nur gegen Vorkasse ausgeführt.

Tragen Sie hier bitte die Anzahl der gewünschten Bücher ein und streichen Sie diejenigen Werke durch, die Sie nicht wollen:

Anz.	Titel	Preis
	Borsdorff, Anke/Kastner, Martin/Deyda, Christian **Gesetzessammlung für die Bundespolizei,** 4., aktualisierte und erweiterte Auflage 2011, ISBN 978-3-941138-15-5 Ich wünsche den Bezug im Abonnement.	*Einzelpreis* **49,- €** *Abonnement* **45,- €**
	LMV-Gesetzestext **Bundespolizeigesetz - BPolG und BPolZV,** 4., aktualisierte Auflage 2011, ISBN 978-3-941138-99-5 Ich wünsche den Bezug im Abonnement. (NUR an private Lieferanschrift!)	*Einzelpreis* **19,80 €** *Abonnement* **17,80 €**
	Borsdorff, Anke/Kastner, Martin **Modulwissen Einsatzrecht 1,** 1. Auflage 2011, ISBN 978-3-941138-13-1	**34,80 €**
	Borsdorff, Anke/Kastner, Martin **Modulwissen Einsatzrecht 2,** 1. Auflage 2011, ISBN 978-3-941138-14-8	**34,80 €**
	Bestellung des Downloadlinks (Folgen Sie hierfür den Angaben auf unserer Homepage !) **Einzelbestellung der CD Einsatzrecht** - nur die derzeit aktuelle CD – Ich wünsche den Bezug im Abonnement. (NUR an private Lieferanschrift!)	**6,- €** **9,50 €** **7,- €**
	Borsdorff, Anke/Kastner, Martin **Definitionskalender - Polizeiliches Einsatzrecht,** 1. Auflage 2009, ISBN 978-3-941138-02-5	**14,80 €**
	Borsdorff, Anke/Kastner, Martin **Wissenstest - Polizeiliches Einsatzrecht,** 2., aktualisierte und erweiterte Auflage 2008 ISBN 978-3-9810551-8-4	**29,95 €**
	Möllers, Martin H.W./Spohrer, Hans-Thomas **Wissenstest - Staats- und Gesellschaftswissenschaften für die Polizei,** 3., überarbeitete und erweiterte Auflage 2011, ISBN 978-3-941138-05-6	**34,80 €**
	Strietzel, Olaf **Wissenstest - Polizeiliche Führungslehre,** 1. Auflage 2010, ISBN 978-3-941138-04-9	**29,95 €**
	Borsdorff, Anke/Deyda, Christian **Luftsicherheitsgesetz für die Bundespolizei,** 1. Auflage 2005, ISBN 978-3-9810551-0-8	**19,95 €**
	Schott, Tilmann **Asylverfahrensrecht für die Grenzpolizei,** 1. Auflage 2009, ISBN 978-3-941138-03-2	**24,80 €**
	Kastner, Martin **„Es waren zwei Königskinder…",** 3. Auflage 2008, ISBN 978-3-94118-00-1	**14,80 €**

Ich möchte mit dem Newsletter des LMV immer auf aktuellem Stand bleiben.

Ort, Datum   ***Untersch***